HISTOIRE

ECCLÉSIASTIQUE

DES FRANCS

Typographie de H. Firmin Didot — Mesnil (Eure)

HISTOIRE

ECCLÉSIASTIQUE

DES FRANCS

PAR

SAINT GRÉGOIRE

ÉVÊQUE DE TOURS (DEPUIS 573 JUSQU'EN 594)

SUIVIE D'UN SOMMAIRE DE SES AUTRES OUVRAGES

ET PRÉCÉDÉE DE SA VIE ÉCRITE AU Xe SIÈCLE

PAR ODON, ABBÉ DE CLUNI

Traduction nouvelle

PAR HENRI BORDIER

TOME II

PARIS

LIBRAIRIE DE FIRMIN DIDOT FRÈRES, FILS ET Cie

IMPRIMEURS DE L'INSTITUT, RUE JACOB, 56

1861

Droits réservés

HISTOIRE ECCLÉSIASTIQUE
DES FRANCS,

EN DIX LIVRES.

LIVRE SIXIÈME.

1. Que Childebert passa du côté de Chilpéric, et de la fuite de Mummolus. — 2. Des envoyés de Chilpéric revenant d'Orient. — 3. Députation de Childebert à Chilpéric. — 4. Comment Lupus fut chassé du royaume de Childebert. — 5. Dispute avec un juif. — 6. De saint Hospitius le reclus, de son abstinence et de ses miracles. — 7. De la mort de Ferreolus, évêque d'Uzès. — 8. D'Eparchius, reclus de la ville d'Angoulême. — 9. De Domnolus, évêque des Cénomans. — 10. Du viol de la basilique de Saint-Martin. — 11. De l'évêque Theodorus, et de Dynamius. — 12. De l'armée dirigée contre ceux de Bourges. — 13. Du meurtre de Lupus et d'Ambrosius, citoyens de Tours. — 14. Des signes prodigieux qui apparurent. — 15. De la mort de l'évêque Felix. — 16. Pappolenus reprend sa femme. — 17. De juifs convertis par le roi Chilpéric. — 18. Des envoyés de Chilpéric de retour d'Espagne. — 19. Des hommes de Chilpéric sur la rivière d'Orge. — 20. De la mort du

duc Chrodin. — 21. De signes apparus. — 22. De l'évêque Cartherius. — 23. Qu'il naquit un fils au roi Chilpéric. — 24. Des perfidies de l'évêque Theodorus ; de Gundovald. — 25. Des signes et prodiges qui furent vus à cette époque. — 26. Du duc Guntchramn, et de Mummolus. — 27. Que le roi Chilpéric entra dans Paris. — 28. De Marcus le référendaire. — 29. Des filles du monastère de Poitiers, ou des miracles qui furent opérés dans le monastère de Sainte-Radegunde. — 30. De la mort de l'empereur Tiberius. — 31. De beaucoup de maux que le roi Chilpéric ordonna de faire ou fit lui-même dans les cités de son frère. — 32. De la mort de Leudastès. — 33. Sauterelles, maladies, prodiges. — 34. De la mort du fils de Chilpéric que celui-ci avait appelé Théodoric. — 35. De la mort du préfet Mummolus et de femmes tuées. — 36. De l'évêque Etherius et du déréglement d'un certain clerc. — 37. De l'assassinat de Lupentius, abbé de Gévaudan. — 38. De la mort de l'évêque Theodosius ; de son successeur. — 39.' De la mort de Remigius, évêque des Bituriges ; de l'incendie de la ville. Sulpicius succède à Remigius. — 40. De notre dispute contre un hérétique. — 41. Que le roi Chilpéric s'en alla avec ses trésors à Cambrai. — 42. Que Childebert se mit en marche pour l'Italie. — 43. Des rois galiciens. — 44. De divers prodiges. — 45. Des noces de Rigunthe fille de Chilpéric. — 46. De la mort du roi Chilpéric.

Fin des titres des chapitres. Ici commence le livre sixième partant de la sixième année du roi Childebert.

1. La sixième année de son règne (1), le roi Childebert, ayant rompu sa paix avec le roi Guntchramn, s'unit avec Chilpéric. Peu de temps après, Gogon meurt (2) et Wandelin est mis à sa place. Mummolus s'échappe, par la fuite (3), du royaume de Guntchramn, et s'enferme à l'abri des murs d'Avignon (4). A Lyon s'assemble un synode d'évêques (5),

(1) Année 581.
(2) Gogon, dont il a été question ci-dessus, liv. V, chap. XLVII, était un grand seigneur lettré, en commerce de vers et de lettres avec les beaux esprits de son temps, notamment avec Fortunat, qui lui adressa les quatre pièces placées en tête du 7e livre de ses Poésies. C'était Gogon que Sigebert avait chargé d'amener Brunehaut en Gaule.
(3) Voy. l. IV, ch. XLI-XLVI, et la Chroniq. de Marius d'Avenches.
(4) Voy. IV, XXX, cette ville appartenait à Childebert.
(5) Il s'agit vraisemblablement du troisième concile de Lyon, quoique

qui tranche des discussions relatives à divers sujets, et prononce judiciairement contre les gens le plus particulièrement répréhensibles. Le synode retourne ensuite vers le roi, auprès duquel il traite longuement de la fuite du duc Mummolus et un peu des querelles alors régnantes.

II. Cependant des envoyés du roi Chilpéric, qui trois ans auparavant étaient allés vers l'empereur Tiberius, revinrent, non sans avoir eu beaucoup de maux et de fatigues. Comme ils n'avaient pas osé aborder au port de Marseille à cause des discordes qui étaient entre les rois, ils s'en furent à Agde, ville située dans le royaume des Goths; mais avant qu'ils eussent atteint le rivage leur navire, poussé par le vent, fut jeté contre terre et brisé en pièces. Dans ce péril extrême, les députés et leurs serviteurs se saisirent de planches, et atteignirent la rive à grand peine, en perdant beaucoup de leurs gens; mais eux-mêmes échappèrent, pour la plupart. Quant aux effets que les vagues avaient rejetés sur le rivage, les habitants du pays les avaient pillés : ils en recouvrèrent ce qu'il y avait de meilleur et l'apportèrent au roi Chilpéric; néanmoins les habitants d'Agde en retinrent une grande partie. J'étais allé à cette époque à la ferme royale de Nogent (1), pour me présenter au roi. Le roi nous y montra un grand bassin (2), qu'il avait fait fabriquer d'or et de pierres précieuses, et qui pesait cinquante livres, en disant : « J'ai fait cela « pour ennoblir et faire briller la nation des Francs. Je ferai « bien d'autres choses encore si la vie me reste. » Il me montra aussi des médailles d'or, du poids d'une livre cha-

---

les collections de conciles le placent en 583. Nous en avons les six canons. Il n'y est question que de discipline ecclésiastique. (Dom Ruinart.)

(1) *Novigentum villam* ; peut-être Saint-Cloud, mais plutôt Nogent-sur-Marne, résidence très-habituelle des rois Mérovingiens.

(2) *Missorium* ou *mensorium*. Voy. Frédégaire, ch. LXXIII, et Flodoard, l. I, ch. XVIII.

cune, qu'avait envoyées l'empereur et qui portaient gravée d'un côté l'effigie de l'empereur, autour de laquelle était écrit : Tiberii. Constantini. Perpetui. Augusti (De Tibère Constantin (1), perpétuel auguste); de l'autre, un char à quatre chevaux avec son conducteur, et cette inscription : Gloria. Romanorum (Gloire des Romains). Il montra encore un grand nombre d'autres objets précieux qu'avaient apportés ses envoyés.

III. Comme il prolongeait ensuite son séjour dans cette villa, Egidius, évêque de Reims (2), vint en ambassade auprès du roi Chilpéric, avec les premiers d'entre les grands de Childebert; et là, une conférence ayant eu lieu pour que tous deux, quand le pouvoir du roi Guntchramn viendrait à disparaître (3), formassent entre eux une paisible alliance, le roi Chilpéric dit : « Par l'accumulation de mes péchés, il ne m'est pas resté de « fils, et je n'ai plus à présent d'autre héritier que le fils de « mon frère Sigebert, c'est-à-dire le roi Childebert. Qu'il soit « donc mon héritier pour tout ce que je pourrai acquérir par

---

(1) Les monnaies d'or de Tibère Constantin ne sont pas très-rares (voy. *Essai de classif. des suites byzantines* par M. de Saulcy, p. 31 et pl. III). Mais il s'agit ici de pièces purement commémoratives, appelées *médaillons*. Les temps modernes n'ont pas conservé de médaillon antique d'une dimension aussi énorme que celle dont parle ici Grégoire. Le plus grand qu'on ait connu est un médaillon d'or de Justinien (représenté d'un côté en buste, de l'autre côté à cheval ramenant devant lui la victoire, avec ces mots : d. n. justinianvs pp. avg. — salvs et gloria romanor. — conob), qui avait été acheté par l'ambassadeur de France à Constantinople en 1751, et qui déposé alors à la Bibliothèque du roi, y fut volé en 1831. Il portait trois pouces de diamètre et pesait 5 onces 3 gros. M. de Boze l'a décrit et fait graver dans les *Mém. de l'Acad. des Insc.*, t. XXVI, p. 523. Il peut donner une idée de ce qu'était celui de Tibère, car il n'y eut qu'une quinzaine d'années d'intervalle entre les deux frappes.

(2) On pense que c'est par lui que Grégoire de Tours avait été sacré évêque (Marolles et D. Ruinart).

(3) Gontran était âgé et sans autres enfants que des filles.

« mes travaux (1). Je demande seulement de jouir de tout
« ma vie durant, sans crainte et sans dispute. » Ceux-ci, lui
rendant grâces, confirmèrent, en signant des conventions, les
paroles qui s'étaient dites, et retournèrent à Childebert avec de
riches présents. Pendant qu'ils étaient en chemin, le roi Chilpéric envoya l'évêque Leudovald (2) avec les premiers de son
royaume, lesquels ayant donné et reçu le serment, et confirmé
les conventions, revinrent chargés aussi de présents.

IV. Cependant Lupus, duc de Champagne (3), était depuis
longtemps tourmenté par ses ennemis, qui le pillaient sans relâche, surtout par Ursion et Bertefred. Enfin, ayant fait un
pacte pour qu'il fût tué, ils firent marcher une armée contre
lui. A cette vue, la reine Brunichilde, affligée des injustes attaques faites à son fidèle, s'arma d'un mâle courage et se jeta
parmi les bataillons ennemis, en disant : « Arrêtez, ô guer-
« riers ! gardez-vous de faire cette mauvaise action ; gardez-
« vous de poursuivre un innocent! gardez-vous, pour un seul
« homme, de livrer un combat qui détruira le bien-être du
« pays » Elle parlait encore qu'Ursion répondit : « Retire-
« toi du milieu de nous, femme : qu'il te suffise d'avoir régné
« sous ton mari : maintenant c'est ton fils qui règne, et son
« royaume n'est pas sous ta garde, mais sous la nôtre. Va-
« t'en donc du milieu de nous, de peur que les pieds de nos
« chevaux ne te labourent comme de la terre. » Après avoir
pendant très-longtemps échangé de tels discours et d'autres
encore, la reine parvint, par son adresse, à les empêcher de
combattre. Mais, en quittant la place, ils se jetèrent sur les

(1) *In omnibus quæ laborare potuero*. Ces paroles semblent faire la distinction, si usuelle dans le droit du moyen âge, qui consiste à spécifier les acquêts par opposition aux propres. En ce sens la libéralité du roi n'aurait rien de vague.

(2) Évêque de Bayeux (voy. IX, xiii) ou d'Avranches.

(3) Fortunat (VII, vii-x) célèbre les louanges de ce personnage et de Magnulf, son frère. (Voy. Greg. IV, xlvii et IX, xi, xiv.)

maisons de Lupus, pillèrent ses richesses tout en feignant de les porter au trésor du roi, et les mirent dans leurs propres maisons, en proférant des menaces contre Lupus et en disant : « Il n'échappera pas vivant à la vigueur de nos bras. » Lui, se voyant en danger, mit sa femme en sûreté dans les murs de Laon, et s'enfuit auprès du roi Guntchramn. Reçu par celui-ci avec bienveillance, il resta caché auprès de lui, en attendant que Childebert parvînt à l'âge de la majorité (1).

V. Le roi Chilpéric, étant donc encore dans sa susdite villa de Nogent, ordonne qu'on fasse partir ses bagages, et se prépare à venir à Paris. Comme j'arrivais pour lui dire adieu, survint un juif nommé Priscus, dont il se servait familièrement pour acheter des objets de luxe. Le roi le prit doucement de sa main par les cheveux, et s'adressant à moi, dit : « Viens, prêtre de Dieu, et impose ta main sur lui. » Mais cet homme, tâchant de se dégager, le roi dit : « O esprit dur, « et génération toujours incrédule, qui ne comprend pas le « Fils de Dieu qui lui fut si souvent promis par les voix des « prophètes ! Il ne comprend pas les mystères de l'Église « figurés dans ses sacrifices ! » Comme il parlait ainsi, le juif répondit : « Dieu n'a pas besoin de mariage et ne s'enrichit « pas de progéniture ; et celui-là ne souffre aucun associé de « sa puissance, qui dit par la bouche de Moïse : *Voyez,* « *voyez que je suis le Seigneur, et qu'il n'est pas d'autre* « *Dieu que moi. C'est moi qui tuerai et qui ferai vivre,* « *qui frapperai et qui guérirai* (2). » — A quoi le roi répliqua : « Dieu a engendré de son sein, mais spirituellement, « un fils éternel, ni plus jeune d'âge ni moindre en pouvoir, « dont il a dit lui-même : *Je t'ai engendré de mon sein avant* « *l'étoile du jour* (3). Ce fils, né avant les siècles, il l'a envoyé

(1) *Ad legitimam ætatem*. Douze ans chez les Francs Saliens, quinze ans chez les Ripuaires (Pardessus *Loi, Sal.*, p. 452). Voy. ci-après, VII, XXXIII.
(2) Deutér., XXXII, 39.
(3) Ps. CIX, 3.

« dans les derniers siècles pour guérir le monde, comme dit
« ton prophète : *Il a envoyé son verbe et les a guéris* (1).
« Tu prétends qu'il n'engendre pas : écoute ton prophète
« prêtant ces paroles au Seigneur : *Moi qui fais enfanter les
« autres, n'enfanterai-je pas moi-même* (2)? Or il parle ici
« du peuple qui renaît en lui par la foi. » A cela le juif répondit : « Dieu a-t-il pu devenir homme, ou naître d'une
« femme, être frappé de coups, être condamné à mort? »
Là-dessus, le roi se taisant, je me mêlai de la querelle, et je
dis « que si Dieu, le Fils de Dieu, devint homme, ce n'était pas
« pour lui mais pour nous que cela était nécessaire; car il ne
« pouvait délivrer l'homme, retenu captif par le péché et soumis
« à la servitude du diable, s'il ne se fût fait homme. Pour moi,
« je n'irai pas chercher mes témoignages dans les évangiles ni
« chez l'apôtre, auxquels tu ne crois pas ; mais prenant mes
« témoignages dans tes livres mêmes, je te percerai de ton
« propre poignard, comme autrefois David, y lisons-nous, tua
« Goliath. Ainsi sur ce que Dieu devait être fait homme,
« écoute ton prophète : *Et Dieu*, dit-il, *et homme à la fois,
« qui jamais l'a pu connaître* (3)? Et ailleurs : *C'est là
« notre Dieu, et on n'en reconnaîtra pas d'autre que lui.
« Il a trouvé toute voie de la science, et l'a donnée à Jacob
« son enfant et à Israël son bien-aimé. Ensuite il a été vu
« sur la terre, et il a vécu avec les hommes* (4). Sur ce
« qu'il naît d'une vierge, écoute encore ton prophète disant :
« *Voici qu'une vierge concevra dans son ventre et enfan-
« tera un fils; et son nom sera Emmanuel, ce qui veut
« dire : Dieu est avec nous* (5). Sur ce qu'il devait être

---

(1) Ps. CVI, 20.
(2) Isaïe, LXVI, 9.
(3) Ces paroles ne se trouvent point dans notre Vulgate. (Guadet et Tar.)
(4) Baruch, III, 36, 37. 38.
(5) Isaïe, VII, 14 ; Matth., I, 23. Grégoire, qui ne veut combattre le juif
qu'avec les citations des livres juifs, ne devait pas ajouter ces mots :

« frappé, percé de clous, et chargé encore et accablé d'autres
« outrages, un autre prophète dit : *Ils ont percé mes mains*
« *et mes pieds; ils se sont partagé mes vêtements* (1), etc.; et
« ailleurs : *Ils m'ont donné du fiel pour nourriture, et dans*
« *ma soif ils m'ont abreuvé de vinaigre* (2). Et sur ce qu'il
« devait par le supplice même de sa croix relever le monde
« abattu et soumis à l'empire du démon, pour le remettre
« sous sa loi, le même David a dit : *Le Seigneur a régné par*
« *le bois* (3). Ce n'est pas qu'il n'ait régné auparavant avec le
« Père; mais il a voulu prendre, sur le peuple qu'il avait dé-
« livré de la servitude du diable, une royauté visible. — Et
« quelle nécessité pour Dieu, reprit le juif, de souffrir tout
« cela? — Je te l'ai déjà dit, lui répondis-je : Dieu créa
« l'homme innocent; mais, séduit par la ruse du serpent,
« l'homme a enfreint le précepte, et pour ce motif, chassé
« du Paradis, il a été condamné aux travaux de la terre, puis
« réconcilié avec Dieu le père par la mort de Christ, Fils
« unique de Dieu. — Le juif dit : Dieu ne pouvait-il envoyer
« des prophètes ou des apôtres pour le rappeler à la voie du
« salut, sans venir s'humilier lui-même dans la chair? » A cela
je répondis : « Depuis le commencement, le genre humain a
« toujours été délinquant; il ne s'est effrayé ni de la submer-
« sion lors du déluge, ni de l'incendie de Sodome, ni des plaies
« de l'Égypte, ni du miracle de la mer et du Jourdain par-
« tageant leurs eaux. Toujours il a résisté à la loi de Dieu; il
« n'a pas cru les prophètes, et non-seulement il n'a pas cru les
« prédicateurs de la pénitence, mais il les a même fait périr.
« Si Dieu n'était descendu lui-même pour le racheter, aucun
« autre n'aurait pu le faire. C'est ainsi que nous avons été
« régénérés par sa nativité, lavés par son baptême, guéris par

ce qui veut dire Dieu est avec nous. Ils ne sont que dans S. Matthieu.
(Guadet et Taranne.)
(1) Ps. XXI, 17, 19.
(2) Ps. LXVIII, 22.
(3) Ps. XCXV, 10.

« sa blessure, relevés par sa résurrection, glorifiés par son
« ascension. Quant à ce qu'il devait venir pour remédier à nos
« maux, ton prophète a dit : *Nous avons été guéris par ses*
« *meurtrissures* (1). Et ailleurs : *Il portera lui-même nos*
« *péchés, et priera pour les transgresseurs de la loi* (2). Puis
« encore : *Il a été conduit à la mort comme une brebis ; et*
« *comme l'agneau reste sans voix devant celui qui va le*
« *tondre, de même il n'a pas ouvert la bouche. Il a été en-*
« *levé au milieu des humiliations par la sentence de ses*
« *juges. Qui racontera sa génération* (3)? *Son nom est le*
« *Dieu des armées* (4). C'est de lui que ce Jacob dont tu te
« vantes d'être issu dit en parlant, dans la célèbre bénédic-
« tion donnée à son fils Juda, comme s'il parlait au Christ lui-
« même, Fils de Dieu : *Les fils de ton père se prosterneront*
« *devant toi. Juda est un jeune lion. Faible germe, tu as*
« *grandi, mon fils* (5) : *tu t'es incliné pour dormir, avec la*
« *majesté d'un lion, comme un jeune lion : qui pourra le*
« *réveiller? Ses yeux sont plus beaux que le vin, et ses dents*
« *plus blanches que le lait* (6). *Qui pourra le réveiller?* Et
« quoiqu'il ait dit lui-même : *J'ai le pouvoir de quitter la vie,*
« *j'ai le pouvoir de la reprendre* (7), cependant l'apôtre
« Paul dit : *Quiconque ne croira pas que Dieu a réveillé le*
« *Christ d'entre les morts ne pourra être sauvé* (8). »
Nous lui dîmes toutes ces choses et d'autres encore sans que
ce malheureux pût jamais être amené à croire (9). Comme il
se taisait, le roi, voyant qu'il n'était point touché de toutes
nos raisons, se tourne vers moi et me demande à se retirer

(1) Isaïe, LIII, 5.
(2) *Ibid.*, LIII, 11.
(3) Isaïe, LIII, 7, 8.
(4) *Ibid.*, LIV, 5.
(5) Genes., XLIX, 8, 9.
(6) Genes., *ibid.*, 12.
(7) Jean évang., X, 18.
(8) Epit. aux Rom., X, 9.
(9) Voy. plus loin, XVII, la triste fin de Priscus.

après avoir reçu ma bénédiction. « Je te dirai, ô évêque, fit-il, « ce que Jacob dit à l'ange qui conversait avec lui : *Je ne te « quitterai point que tu ne m'aies béni* (1). » En prononçant ces mots il donne ordre de servir l'eau pour les mains. Après qu'elles furent lavées, la prière faite, le pain apporté, nous en prîmes nous-même en rendant grâces à Dieu, et l'offrîmes au roi ; puis, ayant bu le vin, nous nous séparâmes en nous disant adieu. Le roi monta à cheval et rentra dans Paris avec sa femme, sa fille et toute sa maison.

VI. Il y avait dans la ville de Nice, en ce temps-là, le reclus Hospitius, homme d'une grande abstinence, qui, serré par des chaînes en fer à nu sur son corps, et recouvert d'un cilice par-dessus, ne mangeait rien autre que du pain sec et un peu de dattes. Les jours de carême, il se nourrissait des racines de plantes communes en Égypte, dont les ermites font usage, et que lui apportaient des marchands. Il buvait d'abord le jus dans lequel elles avaient cuit, et mangeait plus tard les herbes mêmes. Par lui le Seigneur daigna opérer de grands miracles. Une fois, le Saint-Esprit lui révélant l'arrivée prochaine des Langobards dans les Gaules (2), il la prédit en ces termes : « Les Lango-« bards, dit-il, viendront dans les Gaules, et dévasteront sept « provinces, parce que la malice de ce pays s'est accrue de-« vant les yeux du Seigneur : car il n'y a plus personne qui « comprenne, personne qui recherche Dieu ; personne qui fasse « le bien pour que la colère de Dieu s'apaise. En effet, tout « le monde y est infidèle, adonné aux parjures, accoutumé « aux vols, prompt aux homicides, et aucun fruit de jus-« tice ne mûrit en eux. On ne paye pas les dîmes (3), on ne

(1) Genes., XXXII, 26.
(2) Vers l'an 576.
(3) Il est question de dîmes dans le canon 5 du second concile de Mâcon, an 585; et déjà les pères du second concile de Tours, an 567, avaient exhorté les fidèles à payer les dîmes pour échapper aux malheurs qui les menaçaient. Voyez Sirmond, *Conciles*, t. I. (D. Ruin.)

« nourrit pas les pauvres, on ne couvre pas ceux qui sont nus,
« on ne recueille pas les pèlerins sous un abri, et on ne les
« rassasie pas d'une nourriture suffisante. De là ce fléau qui
« arrive. Maintenant donc je vous dis : Ramassez tout votre
« avoir derrière des enceintes de murs, de peur que les Lango-
« bards ne l'enlèvent, et retranchez-vous vous-mêmes dans
« les lieux les plus fortifiés. » Tous, pendant qu'il parlait ainsi,
demeurèrent stupéfaits, et après lui avoir dit adieu, retournèrent chez eux pleins d'admiration. Il dit aussi aux moines :
« Retirez-vous aussi, vous, de ce lieu en emportant avec vous
« ce qui vous appartient, car voici qu'approche cette nation
« que j'ai annoncée. » — Ceux-ci s'écriant : « Nous ne t'aban-
« donnons pas, très-saint père, » il leur dit : — « Ne craignez
« rien pour moi : car il se pourra qu'ils me fassent subir des
« injures, mais ils ne me maltraiteront pas jusqu'à la mort. »
Comme les moines étaient en train de s'éloigner, cette race
ennemie arriva, et, dévastant tout ce qu'elle trouvait, elle parvint au lieu où le saint de Dieu s'était reclus. Lui se fit voir à
eux par la fenêtre d'une tour. Ceux-ci investissent la tour sans
pouvoir trouver un passage pour aller à lui. Alors deux d'entre
eux montent sur la toiture, la mettent à découvert, et voyant
cet homme entouré de chaînes et revêtu d'un cilice, disent :
« C'est un malfaiteur qui a commis un homicide ; c'est pour
« cela qu'il est retenu par ces liens ; » et ayant appelé un interprète, ils lui demandent quel mal il a fait pour être sup-
plicié par une telle contrainte. Lui s'avoue en effet pour un
homicide et un homme coupable de toute espèce de crime.
Alors un d'eux tira son épée et la lui brandit sur la tête ; mais
sa main droite, au moment où il allait frapper, se roidit
toute étendue sans qu'il pût la ramener à lui, et il lâcha le
glaive, qui tomba par terre. Ses compagnons voyant cela pous-
sèrent un grand cri vers le ciel en suppliant le saint de leur
indiquer de grâce ce qu'il y avait à faire. Sur le bras roidi, il
fit le signe de la croix et lui rendit ainsi la santé. L'homme
fut converti sur le lieu même ; on le tonsura, et il est aujour-

d'hui le moine le plus fervent. Deux chefs des Langobards qui écoutèrent sa parole revinrent sains et saufs dans leur patrie ; pour ceux qui méprisèrent ses enseignements, ils périrent misérablement dans la province même (1). Un grand nombre d'entre ceux-ci, saisis par les démons, criaient : « Pourquoi, « saint homme et bienheureux, nous tourmenter et nous « brûler ainsi ? » Il posait sa main sur eux, et les délivrait.

Il y eut ensuite un homme qui habitait l'Anjou, qui par l'excès de la fièvre avait perdu l'ouïe aussi bien que la parole ; et quand il fut guéri de la fièvre, il était demeuré sourd et muet. Or, un diacre avait été envoyé de cette province (2) à Rome, pour se procurer des reliques des bienheureux apôtres et des autres saints qui protégent cette ville. Le diacre, étant passé chez les parents de cet infirme, ceux-ci le prient de daigner prendre leur fils pour son compagnon de voyage, sûrs que s'il parvenait aux tombeaux des bienheureux apôtres, il pourrait aussitôt obtenir sa guérison. En suivant leur route, ils vinrent au lieu qu'habitait le bienheureux Hospitius. Après l'avoir salué et baisé, le diacre lui expose les motifs de son voyage, lui annonce qu'il se rend à Rome, et le prie de le recommander aux marins qui étaient de ses amis. Il était encore en ce lieu quand le saint homme sentit la présence de la vertu qui vient de l'esprit du Seigneur et dit au diacre : « Cet « infirme qui est en ce moment ton compagnon de voyage, je te « prie, fais-le venir en ma présence. » Aussitôt le diacre va rapidement à son logis, et trouve en proie à la fièvre le malade, qui par signes lui fait connaître qu'il éprouvait un tintement d'oreilles : il le saisit et l'amène au saint de Dieu. Celui-ci le tient d'une main par les cheveux, lui attire la tête à la fenêtre ; puis il prend de l'huile sanctifiée par la bénédiction, et tenant de sa main gauche la langue du sourd-muet, il lui verse l'huile sur la bouche et sur le sommet de la tête, en disant : « Au nom de mon Seigneur Jésus-Christ, que tes

---

(1) *Provincia*, la Provence. — (2) Ici *provincia* dans un autre sens.

« oreilles s'ouvrent, et que ta bouche soit distendue par cette
« vertu qui autrefois chassa d'un homme sourd et muet un
« démon malfaisant. » En disant cela il lui demande son nom.
Celui-ci répondit à haute voix : « Je m'appelle un tel. » A cette
vue le diacre s'écria : « Je te rends des grâces infinies,
« ô Jésus-Christ, qui daignes faire de tels prodiges par ton ser-
« viteur; j'allais chercher Pierre, j'allais chercher Paul et
« Laurent, ou d'autres qui de leur sang illustrèrent Rome, mais
« ici je les vois tous, ici je les ai tous trouvés. » Et comme
il parlait ainsi au milieu de torrents de larmes et d'admiration,
l'homme de Dieu, décidé à fuir la vaine gloire, dit : « Tais-toi,
« tais-toi, très-cher frère; ce n'est pas moi qui fais cela, mais
« celui qui de rien a créé le monde; qui, pour nous se faisant
« homme, fournit aux aveugles la vue, aux sourds l'ouïe,
« aux muets la parole; qui rend aux lépreux leur première
« peau; qui accorde la vie aux morts et à tous les malades
« une foule de soulagements. » Alors le diacre, joyeux, lui fit
ses adieux » et se retira avec ses compagnons.

Après leur départ, un homme marqué par son nom comme
serviteur de Dieu, car il s'appelait Dominique (1), et aveugl
de naissance, vint pour faire l'épreuve de la réalité de ce miracle. Il résidait dans le monastère depuis deux ou trois mois,
livré à la prière et aux jeûnes, lorsqu'enfin l'homme de Dieu
l'appelle à lui, et dit : « Tu veux recouvrer la vue ? » — Celui-ci
répond : « Mon désir était de connaître l'inconnu, car j'i-
« gnore ce que c'est que la lumière. Je sais seulement que
« tous s'unissent pour la bénir; et moi, depuis le commen-
« cement de ma vie jusqu'à présent, je n'ai pu mériter de
« voir. » Alors le saint lui faisant, avec de l'huile bénite, une
sainte croix sur les yeux, dit : « Au nom de Jésus-Christ
« notre rédempteur, que tes yeux s'ouvrent. » Et à l'instant
ses yeux furent ouverts, et il était dans l'admiration en con-

---

(1) Grégoire joue ici sur le double sens, adjectif et appellatif, du mot *dominicus*.

templant les grandes œuvres de Dieu qu'il voyait en ce monde. Ensuite une femme, possédée de trois démons, comme elle le disait elle-même dans ses clameurs, lui fut amenée. Quand il (Hospitius) l'eut bénie par un saint attouchement et lui eut imposé sur le front le signe de la croix avec de l'huile sainte, elle se retira délivrée ; les démons étaient chassés. Il en guérit aussi, par sa bénédiction, une autre, une jeune fille, que tourmentait l'esprit immonde. Lorsqu'il sentit approcher le jour de sa mort, il appela auprès de lui le prévôt du monastère (1), en lui disant : « Prends le fer et ouvre la muraille, et « envoie des messagers à l'évêque de la cité pour qu'il vienne « m'ensevelir, car dans trois jours, je sors de ce monde, et je « vais au repos qui m'est destiné et que le Seigneur m'a « promis. » A ces paroles, le prévôt du monastère envoya à l'évêque de la cité de Nice pour lui annoncer cela. Ensuite un certain Crescens, qui vint à la fenêtre, le voyant chargé de chaînes et plein de vermine, lui dit : « O mon maître, com- « ment peux-tu supporter de si durs tourments avec tant de « courage ? — « Il me fortifie, » répondit-il, « Celui pour le nom « duquel je supporte cela. Mais je te le dis ; je suis déjà dé- « gagé de ces chaînes, et je vais à mon repos. » Le troisième jour étant arrivé, il déposa les chaînes qui le liaient, se prosterna en oraison ; et après avoir prié fort longtemps avec larmes, il se plaça sur un banc, étendit les pieds, éleva ses mains au ciel en rendant grâces à Dieu, et exhala son esprit. Et aussitôt tous les vers qui pénétraient ses saints membres disparurent. Cependant l'évêque Austadius étant arrivé fit ensevelir avec le plus grand soin le bienheureux corps (2). J'ai su

---

(1) Le religieux chargé des intérêts temporels du monastère.
(2) On doit s'étonner de l'omission d'Austadius dans le catalogue des évêques de Nice. On voyait encore au dix-septième siècle, près de Ville-Franche, à une lieue de Nice, les débris d'une tour et d'une église consacrée à *San-Sospir* : c'est le nom corrompu de saint Hospice. Ces édifices furent abattus pour la construction d'une tour que le duc Victor-Amédée de Savoie fit bâtir, vers 1640, en cet endroit. (Ruinart.)

tous ces détails par la bouche même de ce sourd-muet qu'il avait guéri, comme je l'ai exposé ci-dessus. Il me raconta de lui beaucoup d'autres choses touchant ses miracles ; mais ce qui m'empêche d'en parler, c'est que j'ai appris que beaucoup de personnes ont écrit sa vie (1).

VII. En ce temps mourut Ferreolus, évêque d'Uzès, homme d'une grande sainteté, plein de sagesse et de savoir, qui avait composé quelques livres de lettres (2), comme s'il eût voulu imiter Sidonius (3). Après sa mort, Albinus, ancien préfet, par le moyen de Dynamius (4), gouverneur de la Province (5), s'empara de l'épiscopat sans le consentement du roi ; il n'en avait pas joui plus de trois mois, et l'affaire en était à ce point qu'il allait être dépossédé, quand il mourut. En second lieu Jovinus, qui autrefois avait été gouverneur de la Province, obtint le diplôme royal pour l'épiscopat. Mais il fut prévenu par le diacre Marcellus, fils du sénateur Félix, qui, dans une assemblée des évêques de la Province, fut ordonné évêque par l'influence de Dynamius. Cependant, attaqué violemment lui-même par Jovinus, qui voulait le chasser, il s'enferma dans la ville, et tenta de se défendre par la force ; mais voyant qu'il n'y réussirait pas, il vainquit par des présents (6).

VIII. Alors mourut aussi Eparchius (7), reclus d'Angou-

(1) Il est encore question d'Hospitius dans Grég., *Gloire des Conf.*, 97; dans Paul Diacre, qui copie Grégoire, III, 1 ; dans la *Chroniq.* de Sigebert, ann. 581. Du temps de l'abbé de Marolles et de dom Ruinart, son corps passait pour être conservé dans l'église de Nice.

(2) On a une vie de cet évêque, assez ancienne, et une règle monastique rédigée par lui ; toutes deux publiées. (Ruin.)

(3) Sidoine Apollinaire.

(4) Albinus *ex-præfecto ;* Dynamius *rector,* Jovinus *id.*

(5) C'est-à-dire, comme plus haut, de la Provence. Elle faisait partie du royaume de Childebert. Voy. ci-dessous, ch. XI.

(6) On a quelques vies de saints écrites par Dynamius. Fortunat fait son éloge ainsi que ceux d'Albinus et de Jovinus, liv. VI, XI et XII.

(7) Vulgairement *saint Cybar.*

lême, homme d'une magnifique sainteté, par qui Dieu manifesta de nombreux miracles, desquels je laisserai beaucoup et citerai quelques-uns. C'était un habitant de la ville de Périgueux ; mais, s'étant converti, il devint clerc, et vint à Angoulême, où il se construisit une cellule. Là, ayant réuni quelques moines, il se livrait assidûment à la prière ; et si on lui apportait de l'or et de l'argent, il l'employait soit aux besoins des pauvres, soit au rachat des captifs. Jamais, de son vivant, on ne cuisit de pain dans ce monastère ; mais les dévots en apportaient lorsqu'il y en avait absolument besoin. Il racheta au moyen de leurs offrandes une grande multitude de captifs. Avec le signe de la croix il refoula souvent le venin des pustules malignes ; par la prière il chassa les démons du corps des possédés ; et maintes fois, par la douceur qui débordait en lui, il commanda aux juges, plus qu'il ne les pria, d'absoudre les coupables ; car il avait le langage si doux, qu'on ne pouvait le refuser lorsqu'il avait sollicité l'indulgence. A une certaine époque, comme on menait pendre pour cause de vol un homme accusé avec passion, par les habitants, de plusieurs autres crimes, tant larcins qu'homicides, on l'instruisit de cela, et il envoya un moine des siens pour supplier le juge d'accorder la vie à ce coupable. Mais la foule s'emporta en insultes, et vociféra que si on le relâchait il n'y aurait plus de sûreté ni pour la contrée ni pour le juge, et il fut impossible de le délivrer. Il fut donc attaché aux poulies (1), frappé à coups de verges et de bâton, enfin condamné au gibet. Le moine, fort triste, étant venu le rapporter à son abbé : « Va, « lui dit ce dernier ; observe de loin : car sache que celui que « l'homme n'a pas voulu rendre, Dieu le donnera par un « effet de sa libéralité. Pour toi, quand tu l'auras vu tomber,

---

(1) *Ad trochleas.* Ce fut en France, jusqu'à la fin du dix-huitième siècle, le préliminaire le plus habituel des autres tortures. On tirait les quatre membres du patient par des cordes s'enroulant sur un tour, et on l'isolait en l'air. Avec quelques évolutions du tour on pouvait lui disloquer toutes les jointures, et on le faisait.

« prends-le sur-le-champ et amène-le au monastère. » Tandis que le moine exécutait ses ordres, Eparchius reste prosterné dans la prière, et adresse au Seigneur ses oraisons et ses larmes, jusqu'à ce que la poutre et les chaînes s'étant rompues, le pendu fut remis sur terre. Alors le moine le saisit, et l'amène sain et sauf en présence de l'abbé. Celui-ci, rendant grâces à Dieu, envoie chercher le comte, et dit : « Toi qui « m'écoutais toujours d'un esprit bienveillant, mon très-cher « fils! pourquoi, t'endurcissant aujourd'hui, n'as-tu pas re- « lâché l'homme pour la vie duquel je t'avais prié? » — A quoi celui-ci : « Je t'écoute volontiers, dit-il, saint prêtre ; mais la « foule s'insurgeait, je n'ai pu faire autrement, dans la « crainte d'exciter une sédition contre moi. » — Lui, répondit : « Tu ne m'as pas écouté, mais Dieu a daigné m'en- « tendre; et celui que tu as livré à la mort, il l'a rendu à la « vie. Le voici, ajouta-t-il, debout devant toi et plein de « santé. » A ces mots, le comte se précipite à ses pieds, stupéfait de voir vivant celui qu'il avait laissé dans les bras de la mort. J'ai appris cela de la bouche même du comte (1). Eparchius fit encore beaucoup d'autres choses, qu'il m'a paru trop long de détailler. Après quarante-quatre ans de réclusion, attaqué d'une légère fièvre, il rendit l'esprit (2) ; il fut alors tiré de sa cellule et envoyé à la sépulture. Une grande réunion de captifs, rachetés par lui comme nous l'avons dit (3), accompagnèrent ses funérailles.

IX. Cependant Domnolus, évêque des Cénomans, tomba malade. Au temps du roi Chlothachaire, il avait été à la tête d'une congrégation monacale à Paris, dans la basilique de Saint-Laurent (4); mais comme du vivant même de Childebert

(1) Appelé Chramnulf dans une ancienne biographie de saint Cybar.
(2) Le 1er juillet 581.
(3) Voy. Grég., *Gloire des Conf.*, ch. CI.
(4) Ce monastère, selon Ruinart et Bouquet, fut depuis l'église paroissiale du même nom dans le faubourg Saint-Martin. La basilique de Saint-

l'ancien, il resta toujours fidèle au roi Chlothachaire, et qu'il cachait trop souvent des agents que ce dernier envoyait pour espionner, le roi cherchait un endroit où Domnolus pût recevoir les honneurs du pontificat. Quand le pontife de la cité d'Avignon était passé dans l'autre monde, il avait résolu de le donner à cette ville : mais à peine le bienheureux Domnolus le sut-il, qu'il se rendit à la basilique du saint évêque Martin, où le roi Chlothachaire était venu pour prier, et y ayant passé toute la nuit en veilles, il fit insinuer au roi, par les grands qui se trouvaient là, de ne pas l'éloigner de sa présence comme un prisonnier; de ne pas laisser sa simplicité souffrir parmi des sénateurs sophistiques et des magistrats philosopheurs; assurant que cette place serait pour lui une cause d'humiliation plutôt que d'honneur (1). Le roi y consentit, et à la mort d'Innocentius, évêque des Cénomans, il le nomma évêque de cette église. Lorsqu'il fut en possession de l'épiscopat, il se montra tel et si grand qu'atteignant au sommet le plus éminent de la sainteté, il rendit à un infirme l'usage du pied et la vue à un aveugle. Après vingt-deux ans d'épiscopat, se voyant très-gravement atteint de la jaunisse et de la pierre, il choisit d'avance pour tenir sa place l'abbé Théodulf; élection à laquelle le roi ajouta sa volonté confirmatrice. Mais peu de temps après, les avis changèrent, le choix fut transporté sur Badechisil, maire du palais (2), qui, ayant été tonsuré, monta bientôt tous les degrés de la cléricature, et au bout de quarante jours l'évêque étant sorti de ce monde, il lui succéda.

Martin nommée plus bas est, selon les mêmes, le célèbre prieuré de ce nom (Conservatoire des Arts et Métiers). Il faut avouer que ces deux églises étaient alors assez loin de la ville; à moins qu'on n'explique *apud Parisius* par *auprès de Paris*. Voyez plus bas, chap. xxv. (Guad. et Tar.)

(1) La Provence brillait donc alors d'un certain éclat littéraire.

(2) *Domus regiæ majorem*. Première mention faite par Grégoire de cette charge importante.

X. En ces jours-là la basilique de saint Martin fut forcée par des voleurs (1). Ils posèrent à la fenêtre de l'abside une grille qui était placée sur le tombeau d'un mort, montèrent par ce moyen, et entrèrent en brisant les vitres; puis ils enlevèrent beaucoup d'or, d'argent et d'étoffes de soie, et se retirèrent en osant mettre le pied sur le saint tombeau, où nous avons à peine la hardiesse d'appliquer la bouche. Mais la puissance du saint voulut que cette témérité fût connue ainsi que son châtiment terrible. Ces gens, après avoir perpétré le crime, s'étaient rendus dans la cité de Bordeaux, où, dans une dispute, l'un d'eux en tua un autre. Cela fit découvrir l'affaire; on retrouva les objets volés, et on tira de l'hôtellerie des voleurs l'argenterie mise en pièces, et les voiles de soie. La chose ayant été annoncée au roi Chilpéric, il ordonna qu'ils fussent garrottés et amenés en sa présence. Alors moi, craignant de voir périr des hommes pour la cause de celui qui pendant sa vie corporelle avait si souvent prié pour sauver des gens qui étaient perdus, j'adressai au roi une lettre de prières pour qu'on ne les fît pas mourir, puisque nous ne les accusions pas, nous à qui il appartenait de les poursuivre. Ce que le roi accueillit avec bienveillance, et il leur laissa la vie. Quant aux objets qui avaient été enlevés, il en prit grand soin, et les fit replacer dans le lieu saint (2).

XI. Dans la ville de Marseille, Dynamius, gouverneur de la province, se mit à machiner cruellement contre l'évêque Theodorus. Au moment où celui-ci se disposait à se rendre auprès du roi, il est saisi par Dynamius au milieu de la ville, retenu prisonnier, outragé gravement; enfin il est relâché. Or

(1) Celle de Tours, comme l'indique la suite du chapitre.
(2) Dans le droit romain l'action *furti* ne se donnait qu'à la personne lésée par le vol; dans les coutumes barbares il y avait une sorte d'action publique en ce qu'une partie de la composition due par le délinquant appartenait au fisc. Le fait cité ici donnait donc lieu à une question sérieuse, et l'on voit que le roi barbare la résout en effet avec bienveillance.

les clercs de Marseille lui préparaient un piége avec Dynamius pour le chasser de l'épiscopat. Pendant qu'il était en marche pour aller trouver le roi Childebert, l'ordre vient, de la part du roi Guntchramn, de l'arrêter avec l'ex-préfet Jovinus. A cette nouvelle, les clercs de Marseille, remplis d'une grande joie de ce qu'il était déjà captif, déjà destiné à l'exil, de ce que cet état de choses se prolongeait déjà de manière à ce qu'il ne pût pas revenir, s'emparent des maisons de l'église, inventorient les objets consacrés au service des autels, ouvrent les coffres, pillent les armoires, et s'approprient tous les biens de l'évêché comme si l'évêque était déjà mort (1), en chargeant le pontife de diverses accusations, qui, grâce au Christ, sont trouvées fausses.

Cependant Childebert, ayant fait la paix avec Chilpéric (2), envoya des députés au roi Guntchramn, afin d'exiger qu'il lui rendit la moitié de Marseille, qu'il lui avait donnée après la mort de son père. Que s'il s'y refusait il saurait qu'il lui en coûterait cher de retenir ce pays. Mais celui-ci, ne voulant pas le rendre, fit fermer les routes de telle sorte qu'il n'y eut point de passage ouvert à personne pour traverser son royaume (3). Voyant cela, Childebert dirigea sur Marseille Gundulf, homme de race sénatoriale (4), de domestique devenu duc (5), et qui n'osant pas aller par le royaume de Guntchramn, vint à Tours. Je l'avais reçu obligeamment, et je reconnus en lui un oncle de ma mère (6); après l'avoir retenu cinq jours avec moi, je lui fis accepter ce dont il avait besoin, et le laissai aller. Il acheva son voyage, mais sans pouvoir, à

1) Cette coutume de s'approprier à la mort de l'évêque les objets mobiliers qui lui appartenaient fut religieusement suivie par les clercs du moyen âge.
(2) Voy. ci-dessus III, p. 4.
(3) Voy. le même fait l. IX, ch. XXXII.
(4) Voy. t. I, p. 26, note.
(5) Sur le titre de domestique, voyez IV, III (t. I, pag. 148).
(6) Frère de saint Nisier, évêque de Lyon (Lecointe et Ruin.).

cause de l'opposition de Dynamius, entrer dans Marseille ; l'évêque lui-même, qui avait alors rejoint Gundulf, n'était pas reçu dans son église. Dynamius, d'accord avec les clercs, ferme les portes de la ville, les insultant et leur témoignant, à l'évêque et à Gundulf, un même mépris. Enfin, Dynamius fut invité à une conférence avec le duc, dans la basilique de saint Étienne, qui est proche de la ville, et il y vint. Or les portiers gardaient l'entrée de l'édifice pour en fermer les portes aussitôt que Dynamius entrerait. Ce qui fut fait ; et ses bandes d'hommes armés, ainsi exclues, ne purent entrer après lui. Celui-ci ne s'en apercevant pas, on parla de différentes choses sur les marches de l'autel, puis quittant l'autel on entra dans la sacristie (1). Dynamius y entre avec ses interlocuteurs ; aussitôt on le dépouille pendant qu'il est privé du secours des siens, et on tombe sur lui, en paroles, d'une terrible manière. Le duc, après avoir dispersé les satellites armés, qui faisaient retentir leurs armes au dehors depuis qu'on les avait séparés de leur chef, réunit auprès de lui l'évêque et les principaux citoyens pour entrer dans la ville. Dynamius alors, voyant tout cela, demande grâce ; il fait au duc beaucoup de présents, et ayant promis par serment d'être désormais fidèle à l'évêque et au roi, on le revêt de ses habits. Alors les portes de la ville et le portail des bâtiments sacrés ayant été ouverts, tous deux, le duc et l'évêque, entrent dans la ville, au bruit des cloches et des acclamations et au milieu des bannières diverses des magistratures de la cité. Quant aux clercs qui avaient été mêlés à ce crime, à la tête desquels étaient l'abbé Anastasius (2) et le prêtre Proculus, ils se réfugient dans la maison de Dynamius, demandant secours et asile à celui qui les avait excités. Néanmoins plusieurs d'entre eux, relâchés sous caution suffisante, reçurent ordre d'aller trouver le roi. Cependant Gundulf, ayant mis la ville sous la domination du roi Childebert et rétabli l'évêque sur son siége, retourna

---

(1) *Salutatorium*, littéralement salle de réception.
(2) Abbé de Saint-Victor de Marseille.

auprès de ce roi. Mais Dynamius, oubliant la fidélité qu'il avait promise au roi Childebert, envoie des messagers dire au roi Guntchramn que l'évêque lui ferait perdre la portion de la ville qui lui appartenait (1), et que jamais il ne soumettrait Marseille à son pouvoir si on n'en arrachait cet homme. Guntchramn, ému de colère, ordonna, contrairement aux droits de la religion, qu'un pontife du Dieu suprême lui fût amené chargé de liens, en disant : « Qu'on jette en exil l'ennemi de notre gouvernement, afin qu'il ne puisse plus nous nuire. » L'évêque s'en méfiait, et il n'était pas facile de le tirer hors de la ville ; mais arriva la solennité de la dédicace d'un oratoire champêtre de la banlieue. Comme il était sorti de la ville, se rendant en hâte à cette fête, tout à coup des hommes armés s'élancent à grand bruit d'embuscades où ils s'étaient cachés, entourent le saint prélat, le renversent de cheval, mettent en fuite tous ses compagnons, enchaînent les serviteurs, battent les clercs, et, le mettant de force sur un mauvais cheval, sans permettre à aucun des siens de le suivre, ils l'emmenèrent pour le présenter au roi. Comme ils traversaient la ville d'Aix, Pientius (2), évêque du lieu, compatissant pour un frère, ne le laissa partir qu'après lui avoir donné des clercs pour l'assister et lui avoir fourni le nécessaire. Tandis que ces choses se passaient, les clercs de Marseille ouvrent de nouveau les maisons appartenant à l'église, fouillent les endroits cachés, et des objets qu'ils trouvent ils font l'inventaire des uns et transportent les autres chez eux. Quant à l'évêque, conduit devant le roi et n'étant pas trouvé coupable, il eut la permission de retourner dans sa cité, où il fut accueilli avec une grande considération de la

---

(1) Il semble, par ce qui précède, que Gondulf avait réduit toute la ville sous l'obéissance de Childebert, pour punir Gontran de n'avoir pas voulu rendre à celui-ci la moitié qui lui appartenait. Le récit est aussi vague que devaient être peu précis les droits de deux souverains sur une seule ville. (Guadet et Tar.)

(2) Voy. Aimoin, l. III, ch. XLVI.

part des citoyens. Mais de là naquit une profonde inimitié entre le roi Guntchramn et Childebert son neveu ; leur alliance était rompue, et ils se tendaient mutuellement des piéges.

XII. Aussi le roi Chilpéric, voyant foisonner ces discordes entre son frère et son neveu, appelle le duc Desiderius (1), et lui ordonne de faire quelque méchanceté à son frère. Celui-ci met l'armée en marche, force à la fuite le duc Ragnovald, envahit Périgueux, y exige le serment de fidélité, et se dirige sur Agen. L'épouse de Ragnovald, apprenant que son mari a été mis en fuite et que cette seconde ville va tomber au pouvoir de Chilpéric, se réfugie dans la basilique (2) du saint martyr Caprasius (3). Mais arrachée de là, puis dépouillée de ses richesses et de l'assistance de ses serviteurs, elle fut envoyée à Toulouse, après avoir fourni des garants, et à Toulouse elle se retira de nouveau dans une basilique, celle saint Saturninus, où elle resta (4). Desiderius s'empara de toutes les villes de cette contrée qui appartenaient à Guntchramn, et les soumit au pouvoir du roi Chilpéric. De son côté, le duc Bérulf (5), apprenant qu'il était bruit parmi ceux de Bourges d'entrer sur le territoire de Tours, leva une armée, et s'établit dans leur propre pays. Alors les cantons d'Yzeures et de Barrou (6), de la cité de Tours, furent cruellement dévastés. Et ensuite on condamna sans pitié ceux qui n'avaient pu se trouver à cette expédition (7). D'autre part, le duc Bladastès (8) marcha

(1) Voy. l. V, ch. XIII et XL.
(2) Voy. ci-après, VII, x.
(3) Ou Saint-Caprais ; en gascon, *Saint-Grapásy*.
(4) Saint-Saturnin est appelé, à Toulouse, *Saint-Sernin*.
(5) Voy. l. V, ch. L.
(6) Ce sont deux villages sur la Creuse, vers les limites de la Touraine et du Berri (Indre-et-Loire, arr. de Loches).
(7) Ceux des administrés de Grégoire qui s'étaient dispensés de joindre l'armée de Bérulf.
(8) Un des officiers de Chilpéric ; voy. ch. XXXI.

contre la Gascogne (1), et perdit la plus grande partie de son armée.

XIII. Lupus, citoyen de la ville de Tours, dont la femme et les enfants étaient morts, désirait vivement la cléricature, et son frère Ambrosius s'y opposait, craignant que s'il s'unissait à l'église de Dieu, il ne l'instituât son héritière : il lui chercha donc une nouvelle épouse, et son frère, mal conseillé, fixa le jour où l'on se réunirait pour les présents des fiançailles (2). De là ils allèrent ensemble dans la ville forte de Chinon, où ils avaient un logis. Mais la femme d'Ambrosius, qui était une adultère et, détestant son mari, en aimait un autre d'un amour de prostituée, prépara une trahison contre Ambrosius. Les deux frères donc, après avoir dîné ensemble et s'être abreuvés de vin le soir jusqu'à s'enivrer, se couchèrent ensemble dans un même lit. Alors l'amant de la femme d'Ambrosius vint pendant la nuit, quand tout le monde dormait accablé par le vin, et après avoir allumé un feu de paille pour voir ce qu'ils faisaient, il tira son épée et en frappa Ambrosius à la tête d'une telle façon que le glaive entrant par les yeux alla percer l'oreiller. Lupus, réveillé par ce coup, se voyant vautré dans le sang, pousse un grand cri en disant : « Hé ! Hé ! Au se-« cours ! mon frère est assassiné ! » L'adultère, qui déjà se retirait après avoir consommé son crime, retourne vers le lit en entendant ces paroles, et s'attaque à Lupus. Celui-ci résistant, il le déchire de plusieurs blessures, l'accable, le frappe d'un coup mortel, et le laisse à demi mort. Personne de la maison ne s'aperçut de rien. Mais, le matin venu, tous étaient dans la stupéfaction d'un si grand crime. Lupus, trouvé vivant encore, raconta comment la chose s'était passée, et rendit l'esprit.

(1) *Vasconia*, première mention de ce nom géographique ; voy. ci-après, l. IX, ch. VII, et Fortunat, l. IX, I.

(2) Institution purement romaine. (*Cod. Just.*, lib. V, de donat. ante nupt., ff., 9.) Les Francs avaient la dot et le *Morgengabe* ; voy. ci-après IX, xx, etc. — Voy. cependant Pardessus, *Loi Saliq.*, p. 666.

La courtisane ne prit pas le temps de pleurer beaucoup, mais quelques jours après elle se réunit à son amant, et partit avec lui (1).

XIV. La septième année du règne de Childebert (2), qui était la vingt et unième de Chilpéric et de Guntchramn, au mois de janvier, eurent lieu des pluies, des éclairs et de violents éclats de tonnerre. Des fleurs se montrèrent sur les arbres : l'étoile, que j'ai ci-dessus nommée comète (3), apparut de telle façon qu'il y avait autour d'elle un grand espace noir, et elle reluisait parmi les ténèbres comme si elle eût été placée dans quelque trou, scintillante et dardant ses rais. D'elle il partait un rayon d'une grandeur étonnante, qui apparaissait au loin comme la fumée d'un vaste incendie. On la voyait du côté de l'occident, à la première heure de la nuit. On vit aussi, le saint jour de Pâques, dans la cité de Soissons, le ciel tout en feu comme s'il y avait eu deux incendies, l'un plus fort, l'autre moins. Au bout de deux heures ils se réunirent, jetèrent une vive clarté, puis s'évanouirent. Dans le territoire de Paris, du sang véritable tomba des nuages, et atteignit les vêtements de beaucoup de personnes, les souillant de taches telles que ces gens rejetaient leurs propres habits avec horreur ; ce prodige apparut en trois endroits sur le territoire de cette cité. Dans celui de Senlis, un homme, se levant le matin, sa maison lui apparut inondée de sang à l'intérieur. Or il y eut cette année une grande mortalité sur le peuple ; diverses maladies malignes, accompagnées de pustules et de tumeurs, causèrent la mort de beaucoup de gens. Beaucoup, cependant, échappèrent à force de soins. Nous avons su aussi que cette année une maladie inguinale avait cruellement sévi dans la ville de Narbonne, à ce point que l'homme qui en était saisi n'avait pas un instant à vivre.

(1) Voy. la fin de cette anecdote, liv. VII, chap. III.
(2) An 582.
(3) Liv. IV, ch. XXXI ; t. I, p. 180.

XV. Cependant Félix, évêque de la cité de Nantes, atteint de cette contagion, tomba sérieusement malade. Alors il appela auprès de lui les évêques voisins, et les supplia d'appuyer par leurs signatures un projet d'élection qu'il avait rédigé en faveur de Bourguignon, son neveu. Cela fait, ils me l'envoient. Bourguignon était alors âgé d'environ vingt-cinq ans. Il arrive, et me prie d'aller jusqu'à Nantes, afin qu'après l'avoir tonsuré je le consacrasse évêque à la place de son oncle, qui vivait encore. Ce que je refusai, parce que je reconnus que ce n'était pas d'accord avec les canons. Je lui donnai cependant un conseil, et lui dis : « Nous trouvons écrit dans les « canons, mon fils, que personne ne peut parvenir à l'épis- « copat, s'il n'obtient d'abord régulièrement les degrés ec- « clésiastiques. Ainsi, mon très-cher, retourne là-bas et de- « mande la tonsure à celui qui t'a choisi. Quand tu auras « reçu l'honneur de la prêtrise, sois assidu à l'église, et lors- « que Dieu voudra qu'il quitte ce monde, alors tu monteras « facilement au rang d'évêque. » Mais lui, s'en étant retourné, négligea de suivre le conseil qu'il avait reçu, parce que l'évêque Félix semblait porter plus légèrement son mal ; mais quand la fièvre se retira, ses jambes se couvrirent de boutons purulents ; il y appliqua un cataplasme de cantharides trop fort, par suite duquel elles se gangrenèrent, et il termina sa vie dans la trente-troisième année de son épiscopat, la soixante-dixième de son âge (1). Nonnichius, son cousin, lui succéda, par la volonté du roi.

XVI. Dès qu'il apprit cette mort, Pappolenus reprit la nièce de Félix, dont il avait été séparé. A une autre époque il l'avait eue pour fiancée ; mais comme l'évêque Félix différait d'accomplir le mariage, Pappolenus vint avec une troupe nom-

(1) Félix mourut le 6 janvier 582. Il est honoré comme saint par les fidèles de Nantes. Grégoire le tenait pour son ennemi. Voy. liv. V, chap. v ; *Gl. des Conf.*, ch. LXXVIII, et Aug. Thierry, lettre V sur l'hist. de France.

breuse, enleva la jeune fille de l'oratoire épiscopal, et se réfugia dans la basilique de Saint-Aubin. L'évêque Félix, enflammé de colère, circonvint la jeune fille par ses artifices, la sépara de son mari, et lui ayant fait prendre l'habit religieux, la confina dans un monastère de la ville de Basas. Elle, secrètement, dépêcha des serviteurs pour se faire arracher du lieu où elle était renfermée et reprendre. Pappolenus ne refusa pas ; il enleva la jeune fille du monastère, se l'attacha par le mariage, et, muni de diplômes royaux, il cessa de craindre les menaces des parents.

XVII. Le roi Chilpéric fit baptiser cette année beaucoup de juifs, et en tint plusieurs sur les fonts sacrés. Quelques-uns d'entre eux cependant, purifiés de corps et non de cœur, mentirent à Dieu et retournèrent à la même dépravation qu'auparavant ; de sorte qu'on les voyait et observer le sabbat et honorer le jour du Seigneur. Mais il n'y eut absolument aucune raison capable de plier Priscus (1) à la connaissance de la vérité. Alors le roi, irrité, le fit garder en prison, pour forcer du moins à croire malgré lui celui qu'il ne pouvait amener à croire volontairement. Mais celui-ci, au moyen de quelques présents, demanda un délai jusqu'à ce que son fils eût épousé une israélite de Marseille, et promit faussement d'accomplir ensuite ce que le roi avait ordonné. Dans l'intervalle s'éleva un procès entre lui et Phatir, converti du judaïsme et fils du roi comme ayant été tenu par lui sur les fonts baptismaux : or, un jour de sabbat, comme Priscus, le suaire autour des reins et sans aucun instrument de fer en main, se rendait dans un lieu secret, probablement pour observer les lois de Moïse, tout à coup Phatir accourant l'égorgea de son épée aussi bien que ceux qui étaient présents avec lui, et après les avoir ainsi tués, il se réfugia dans la basilique de

(1) Voyez chap. v.

Saint-Julien (1) avec ses serviteurs, qui étaient sur la place voisine (2). Tandis qu'ils y séjournaient, ils entendent dire que le roi, après avoir fait périr le maître, tirerait les serviteurs de la basilique et les ferait tuer comme des malfaiteurs. L'un d'eux alors, quand déjà leur maître avait pris la fuite, tire un glaive, égorge ses compagnons, et sort ensuite de la basilique, son glaive à la main; mais le peuple se jeta sur lui et le tua cruellement. Phatir, après en avoir obtenu la permission, retourna dans le royaume de Guntchramn, d'où il était venu; mais avant qu'il se fût passé un grand nombre de jours, il fut tué par les parents de Priscus.

XVIII. Les députés du roi Chilpéric, Ansovald et Domegisèle (3), revinrent des Espagnes, où ils avaient été envoyés pour voir la dot (4) (destinée à (5) sa fille). En ce moment-là, le roi Leuvichild était en campagne et marchait avec ses

(1) *Saint-Julien-le-Pauvre* ou *le-Vieux*, servant depuis le dix-septième de siècle de chapelle à l'hôtel-Dieu de Paris. Voy. l. IX, ch. VI.

(2) Le traducteur allemand, Giesebrecht, propose ici, non sans vraisemblance, une légère correction (*erat* pour *erant*) en vertu de laquelle on traduirait : « Il se réfugia, avec ses serviteurs, dans la basilique de Saint-Julien, située sur la place voisine. » Peut-être la synagogue où se rendait Priscus était-elle située du côté de la rue Pierre-Sarrazin, où existait au treizième siècle un cimetière israélite et qui ne se trouve pas fort éloignée de Saint-Julien.

(3) Souvent cités ci-après. Voy. p. 65, etc.

(4) « Chez les Germains ce n'est point la femme qui apporte une dot au mari, mais le mari qui en donne une à la femme » (Tacite, *De Mor. Germ.*, c. VIII). — « Cet usage, indirectement consacré par plusieurs des lois barbares, entre autres par celle des Bourguignons (tit. 34) et attesté dans les premiers siècles de l'Europe moderne par une multitude de faits, se retrouve chez presque tous les peuples barbares ou sauvages; il indique la condition sinon servile du moins faible et méprisée des femmes, qui sont achetées par leur mari comme une esclave ou une tête de bétail. Dès qu'on le voit disparaître et que la femme commence à apporter une dot dans la maison où elle entre, on peut être assuré que la condition des femmes s'améliore » (D. Ruin. et Guizot.)

(5) Rigonthe. Voy. t. I, p. 266, n. 6.

troupes contre son fils Herménegild, à qui même il enleva la ville de Merida. Nous avons dit plus haut (1), comment celui-ci avait fait alliance avec les généraux de l'empereur Tiberius Cette circonstance occasionna aux députés des délais qui les firent revenir fort tard. Quand je les eus vus, je m'inquiétai de savoir comment la foi du Christ se soutenait encore parmi les chrétiens qui étaient restés en petit nombre en ce pays. Ansovald me répondit en ces mots : « Les chré-
« tiens qui demeurent à présent aux Espagnes conservent
« dans sa pureté la foi catholique ; mais le roi s'efforce par
« un nouvel artifice de la détruire, tout en feignant avec ruse
« de prier aux tombeaux des martyrs et dans les églises de
« notre religion. En effet il dit : Je sais avec certitude que le
« Christ est le fils de Dieu, égal au père ; mais je ne crois pas
« du tout que le Saint-Esprit soit Dieu, parce qu'on ne lit
« dans aucun livre qu'il est Dieu. » — Hélas ! hélas ! quelle opinion impie ! quel sentiment empoisonné ! quel mauvais esprit ! et que devient donc ce que dit le Seigneur (2) : *L'Esprit est Dieu* (3) ? et cette parole de Pierre à Anania : *As-tu bien pu mentir au Saint-Esprit ? Ce n'est pas aux hommes que tu as menti, c'est à Dieu* (4) ? Où est cette autre de Paul, rappelant les dons mystiques : *C'est un seul et même Esprit qui opère toutes ces choses, distribuant à chacun ses dons comme il lui plaît* (5) ? Or celui qui fait ce qui lui plaît n'est évidemment soumis au pouvoir de personne. Ansovald, s'étant rendu auprès du roi Chilpéric, y fut suivi d'une ambassade d'Espagnols (6) qui de Chilpéric se rendit auprès de Childebert, puis retourna dans les Espagnes.

(1) Voyez liv. V, chap. xxxix.
(2) On a déjà eu, sur la divinité du Saint-Esprit, la dispute racontée plus haut, liv. V, ch. xliv.
(3) Jean, IV, xxiv.
(4) Act., V, iii, iv.
(5) I Cor., XII, ii.
(6) Sur laquelle voy. Grégoire, *Mir. de Saint-Martin*, III, viii.

XIX. Le roi Chilpéric avait placé des gardes au Pont-sur-Orge, en Parisis, pour repousser les espions (1) provenant du royaume de son frère (2) et parer à tout dommage. L'ancien duc Asclepius, en ayant été instruit à l'avance, vint fondre sur les gardes pendant la nuit, les tua, et ravagea cruellement le territoire voisin du pont. A cette nouvelle, le roi Chilpéric envoya des messagers aux comtes, aux ducs et à ses autres officiers, avec ordre de lever l'armée et de se jeter sur le royaume de son frère; mais il fut empêché de le faire par le conseil de gens de bien, qui lui dirent : « Ceux-là « ont mal agi; mais toi, agis sagement : envoie des messa- « gers à ton frère; et s'il veut réparer le tort qui t'a été fait, « ne cherche pas à faire de mal. S'il s'y refuse, tu verras alors « la conduite que tu dois tenir. » Il se rendit à cette raison, arrêta l'armée, et envoya une ambassade à son frère. Celui-ci répara tout le mal et rechercha sincèrement l'amitié de son frère.

XX. Cette année mourut Chrodin, homme d'une bonté et d'une piété admirables; prodigue d'aumônes, soutien des pauvres, bienfaiteur généreux des églises et père nourricier des clercs. Souvent, en effet, il établit à neuf des métairies, plantant des vignes, élevant des bâtiments, créant des cultures; puis il faisait venir des évêques à fortune modique, et

(1) *Apud Pontem Urbiensem civitatis parisiacæ.... ad arcendos insidiatores.* Il ne s'agit pas ici de soldats, car l'Orge, filet d'eau guéable partout, ne pouvait être une ligne de défense; mais il traversait deux routes reliant les États de Gontran à ceux de Chilpéric : celle de Paris à Orléans et celle de Paris à Fontainebleau. Il n'y a aucun moyen de savoir de laquelle des deux Grégoire veut parler, en sorte que ce Pons Urbiensis peut être aussi bien à Savigni qu'à Arpajon. Le vieil Aimoin prenait le lieu en question pour un pont de la ville de Paris (*urbiensis*). Urbia est bien l'Orge, quoique son nom, au moyen âge, soit plutôt *Orgia* ou *Ordea*; il existe à la Direction gén. des archives, à Paris, une charte de l'an 670 dans laquelle on lit : « ad Urbiam fluviolum in pago Stampensi. »

(2) Gontran.

après leur avoir donné le repas il leur distribuait charitablement les maisons elles-mêmes, avec les cultivateurs et les cultures, puis l'argenterie, les tentures, les ustensiles, les domestiques et les esclaves, en disant : « Que tout cela soit « donné à l'Église, afin que les pauvres en étant nourris m'ob- « tiennent grâce auprès de Dieu. » Nous avons encore entendu dire de cet homme beaucoup d'autres choses et beaucoup de bien, qu'il serait trop long de dire en détail. Il mourut septuagénaire (1).

XXI. Pour la seconde fois en cette année (2) apparurent les signes suivants : la lune subit une éclipse ; dans le territoire de Tours, de véritable sang coula d'un pain rompu ; les murs de la ville de Soissons s'écroulèrent ; dans la ville d'Angers, la terre trembla ; des loups, à l'intérieur des murailles de la place de Bordeaux, dévorèrent des chiens sans aucune crainte des hommes ; on vit du feu courir par le ciel. Et aussi la ville de Basas fut-elle consumée par un incendie qui y dévasta les églises et les maisons ecclésiastiques. Cependant nous avons su que tout ce qui appartenait au service de l'autel fut sauvé.

XXII. Le roi Chilpéric institua de nouveaux comtes dans les villes de son frère qu'il avait envahies (3), et ordonna que tous les tributs de ces villes lui fussent apportés ; ce que nous avons su avoir été ainsi exécuté. Dans ce même temps furent saisis par Nonnichius, comte de Limoges, deux hommes qui portaient des lettres au nom de Charterius, évêque de Périgueux, dans lesquelles il y avait beaucoup d'injures contre le roi. On y lisait, entre autres choses, que l'évêque se plaignait d'être descendu du paradis en enfer, ce qui voulait dire que

---

(1) Fortunat (IX, XVI) l'appelle « *Inclyte dux, Romanis charus.* » Liv. IX, pièce 16.
(2) Voy. ch. XIV.
(3) Liv. VI, ch. XII.

de l'obéissance de Guntchramn il était passé sous la domination de Chilpéric. Le comte envoya au roi ces hommes avec leurs lettres, sous une garde sûre. Mais le roi, se montrant plein de patience en considération de l'évêque, envoya des gens chargés de l'amener en sa présence afin qu'il examinât si les choses qu'on lui reprochait étaient vraies ou non. L'évêque arrivé, le roi lui représente les hommes et les lettres, et demande au prélat si c'est lui qui les a envoyées. Celui-ci nie qu'elles soient envoyées par lui. Les hommes sont alors interrogés pour savoir de qui ils les avaient reçues; ils nomment le diacre Frontunius. L'évêque est interrogé sur le compte de ce diacre. Il répond que c'est son ennemi déclaré, et qu'on ne doit point douter que ce ne soient là des méchancetés de cet homme, qui lui avait souvent suscité de mauvaises affaires. Aussitôt l'on fait venir le diacre; interrogé par le roi, il fait une déclaration accusatrice à l'égard de l'évêque en disant : « C'est moi qui ai écrit cette lettre, comme l'évêque « me l'a ordonné. » Mais l'évêque se récriant et disant que cet homme cherchait souvent les moyens de le chasser de l'épiscopat, le roi, ému d'indulgence, recommanda sa cause à Dieu, et se retira d'auprès d'eux, priant gracieusement l'évêque en faveur du diacre et le suppliant aussi de prier Dieu pour lui. Ainsi le prélat fut renvoyé avec honneur dans sa ville. Au bout de deux mois, le comte Nonnichius, qui avait jeté le germe de ce scandale, mourut frappé d'un coup de sang; ses biens, comme il était sans enfants, furent concédés par le roi à différentes personnes.

XXIII. Bientôt un fils naît au roi Chilpéric, après tant de funérailles qu'il avait faites de ses fils. A cause de cela, le roi ordonne de relâcher (1) tous les détenus, de délier tous ceux qui étaient enchaînés, et enjoint qu'il soit fait complète remise des amendes dues au fisc par ceux qui avaient manqué

---

(1) Conf. Marculfe (I, xxxix).

à leur service (1). Cet enfant devint cause plus tard d'une grande perfidie (2).

XXIV. De nouvelles querelles s'élèvent contre l'évêque Theodorus (3). En effet Gundovald, qui se disait fils du roi Chlothachaire, débarqua à Marseille, venant de Constantinople. Il m'a semblé devoir rappeler brièvement quelques détails sur son origine. Né dans les Gaules, élevé avec un grand soin, laissant flotter sur son dos les boucles de ses cheveux, suivant la coutume de cette race de rois (4), et instruit dans les lettres, il fut présenté par sa mère au roi Childebert (5), à qui elle dit : « Voici ton neveu, le fils du roi Chlothachaire ; « mais comme il est haï par son père, prends-le avec toi, « parce qu'il est ta chair. » Celui-ci n'ayant point de fils, il l'accueillit, et le garda avec lui. Cela fut rapporté au roi Chlothachaire, qui dépêcha des messagers à son frère pour lui dire : « Renvoie ce garçon, qu'il vienne vers moi. » Celui-ci adressa aussitôt le jeune homme à son frère. Chlothachaire, l'ayant vu, lui fit couper sa chevelure, en disant : « Ce n'est « pas moi qui ai enfanté celui-là. » Après la mort du roi Chlothachaire, il fut accueilli par le roi Charibert ; mais Sigebert, l'ayant attiré auprès de lui, fit de nouveau couper sa chevelure, et l'envoya dans la ville d'Agrippine, appelée maintenant Cologne. Il s'échappa encore de cet endroit, et ayant encore laissé croître ses cheveux, il alla trouver Narsès, qui gouvernait alors l'Italie (6). Dans ce pays il se maria avec une femme dont il eut des fils, puis se rendit à Constantinople. De là, invité par quelqu'un (7), à ce qu'on rapporte, à

(1) Ceux par exemple cités au ch. XII.
(2) Voy. ci-après, ch. XXXV.
(3) De Marseille. Voy. ci-dessus, ch. XI.
(4) Voy. t. I, p. 67 et ci-après l. VIII, ch. X, etc.
(5) Childebert l'ancien, frère de Clotaire.
(6) Voy. IV, IX ; V, XX.
(7) Par Mummol et Gontran Boson. Voyez chap. XXVI.

venir dans les Gaules, il aborda à Marseille, et fut accueilli par l'évêque Theodorus. Il en reçut même des chevaux, et alla se réunir au duc Mummolus. Mummolus était alors dans la ville d'Avignon, comme nous l'avons dit ci-dessus (1). Quant au duc Guntchramn, il fit saisir à cause de cela l'évêque Theodorus, et le plongea dans une prison, lui reprochant d'avoir introduit un étranger dans les Gaules et d'avoir voulu par là soumettre le royaume des Francs à la domination impériale. Mais celui-ci produisit, dit-on, une lettre signée de la main des grands du roi Childebert, et dit : « Je « n'ai rien fait par moi-même, si ce n'est ce qui m'a été or- « donné par nos maîtres et seigneurs. » L'évêque était donc gardé dans sa chambre, et on ne lui permettait pas d'approcher de l'église. Une nuit, pendant qu'il priait attentivement le Seigneur, la chambre, resplendit d'un éclat extraordinaire, de sorte que le comte, qui le gardait, fut terrifié d'une grande frayeur; et on vit au-dessus de l'évêque pendant l'espace de deux heures un immense globe de lumière. Le matin venu, le comte racontait cela aux autres qui étaient avec lui. Theodorus fut ensuite conduit au roi Guntchramn, avec l'évêque Epiphanius (2), qui en ce moment, fuyant les Langobards, séjournait à Marseille et qui était accusé d'être lui-même aussi complice dans cette affaire. Examinés par le roi, ils ne furent trouvés coupables d'aucun crime. Le roi cependant, ordonna qu'ils fussent gardés dans une prison, où l'évêque Epiphanius mourut après beaucoup de tourments (3). Quant à Gundovald, il se retira dans une île de la mer, pour attendre l'événement. Le duc Guntchramn partagea les trésors de Gundovald avec le duc du roi Guntchramn (4) et emporta, dit-on, en Auvergne, une immense quantité d'or, d'argent et d'autres choses.

(1) Chap. I.
(2) On ne sait pas exactement quel est cet évêque.
(3) Pour Théodore, voy. VIII, XII.
(4) C'est-à-dire Mummol.

XXV. L'an huitième du roi Childebert (1), la veille des calendes de février, comme on sonnait la cloche pour les matines, un dimanche, dans la ville de Tours, et que le peuple se levait pour s'assembler dans l'église (2), par un temps couvert de nuages, un grand globe de feu tomba du ciel avec la pluie et parcourut un long espace dans les airs. Il jeta une si vive lumière, que l'on distinguait toutes choses comme en plein jour ; puis, il rentra dans le nuage, et l'obscurité revint. Les eaux grossirent plus que de coutume ; car la Seine et la Marne causèrent une si grande inondation autour de Paris, que beaucoup de naufrages eurent lieu entre la cité et la basilique de Saint-Laurent (3).

XXVI. Le duc Guntchramn, étant donc retourné à Clermont avec les trésors dont il a été parlé plus haut, s'en alla vers le roi Childebert. Comme il en revenait avec son épouse et ses enfants, il fut arrêté et retenu par le roi Guntchramn, qui lui disait : « C'est ton invitation qui a attiré « Gundovald dans les Gaules, et c'est pour ce motif que tu « es allé à Constantinople dans ces dernières années. » A quoi celui-ci répondit : « C'est Mummolus, c'est ton duc lui-« même qui l'a reçu et qui l'a gardé avec lui dans Avignon ; « mais laisse-moi maintenant, et je te l'amènerai, et je me « justifierai ainsi de ce qui m'est reproché. — Le roi lui dit : « Je ne te laisserai point partir que tu n'aies subi les châti-« ments dignes des actions que tu as commises. » Lui, voyant que la mort s'approchait, dit : « Voilà mon fils ; prends-le, « et qu'il soit en otage pour les choses que je promets au roi « mon seigneur ; et si je ne t'amène Mummolus, que je

(1) An 583, 31 janvier.
(2) Le peuple assistait à matines avec le clergé, le dimanche au moins. (Ruinart.)
(3) On croit qu'il s'agit ici de Saint-Laurent au faub. Saint-Martin (ci-dess. IX). Voy. un mém. de M. Girard (*Acad. des sciences*, t. XVI, 1838) expliquant qu'au moyen âge il existait depuis l'Arsenal jusqu'à Saint-Laurent un fossé où entrait l'eau de la Seine et où remisaient les bateaux.

« perde mon enfant. » Alors le roi lui permit de partir, après avoir retenu le petit enfant auprès de lui. Le duc, ayant pris avec lui des hommes de l'Auvergne et du Velai, s'en fut à Avignon. Par les artifices de Mummolus, on prépara sur le Rhône des barques en mauvais état. Ils y montent sans défiance; mais arrivés au milieu du fleuve, les bâtiments chargés d'hommes s'enfonçaient. Dans un tel danger, les uns échappèrent à la nage, quelques autres saisirent les planches mêmes des barques et atteignirent le rivage ; mais la plupart, qui furent moins avisés, périrent dans le fleuve. Cependant le duc Guntchramn arrive à Avignon. Or Mummolus, depuis qu'il avait franchi les murs de cette ville, voyant qu'il ne s'en trouvait qu'une partie peu étendue qui ne fût pas protégée par le Rhône, avait détourné un bras de ce fleuve pour défendre par cette inondation la ville tout entière. Il creusa en cet endroit des fossés d'une grande profondeur, et qui formaient un piége que l'eau cachait en coulant. Quand Guntchramn arriva, Mummolus lui dit du haut du mur : « S'il est de bonne foi, qu'il vienne d'un côté de « l'eau et moi de l'autre, et qu'il me dise ce qu'il veut. » Comme ils étaient ensemble de cette manière, Guntchramn lui dit depuis l'autre rivage, car ce bras du fleuve était entre les deux : « Si tu le permets, j'irai à toi, parce qu'il y a cer- « taines choses dont nous avons à conférer plus secrètement. » — A quoi l'autre répondit : « Viens sans crainte. » Il entra dans l'eau avec un de ses amis, et comme celui-ci était chargé d'une lourde cuirasse, à peine eut-il atteint le fossé, qu'englouti sous les eaux, il ne reparut plus (1). Guntchramn enfonçait aussi, et était entraîné par la rapidité du courant; un de ceux qui étaient là le ramena au rivage en avançant une lance à portée de sa main. Alors, après s'être mutuellement dit des injures, Mummolus et lui se retirèrent. Gunt-

(1) Je suppose que ces courants avaient peu de largeur, et semblaient à Gontran des ruisseaux facilement guéables. (Guadet et Tar.)

chramn (le duc) assiégea ensuite la ville avec l'armée du roi Guntchramn. Cette nouvelle fut annoncée à Childebert, et celui-ci courroucé de ce qu'il agissait ainsi sans son ordre, envoya sur les lieux Gundulf, nommé ci-dessus (1), lequel fit lever le siége, et amena Mummolus en Auvergne ; mais peu de jours après, ce dernier revint à Avignon.

XXVII. Le roi Chilpéric, avant qu'on ne célébrât la Pâque, alla à Paris ; et pour éviter la malédiction qui avait été consignée par écrit dans son traité avec ses frères contre celui d'entre eux qui viendrait à Paris sans le consentement de chacun des autres (2), il entra dans cette ville précédé des reliques d'un grand nombre de saints, célébra les jours de Pâques avec beaucoup d'allégresse, et fit baptiser son fils, que Ragnemod (3), évêque de la ville, tint sur les fonts sacrés. Il le fit appeler Théodoric.

XXVIII. Marcus le référendaire, dont nous avons parlé plus haut (4), après avoir amassé de grands trésors au moyen de contributions illégales, fut saisi d'une douleur subite au côté, se tondit la tête, fit pénitence (5), et rendit l'esprit. Ses biens furent dévolus au fisc. On trouva chez lui de grands amas d'or, d'argent et de beaucoup d'objets précieux, dont il n'emporta rien avec lui que le tort fait à son âme.

XXIX. Les députés revenus des Espagnes ne rapportèrent aucune réponse positive, parce que Leuvichild était toujours en guerre contre son fils aîné.

(1) Chap. xi.
(2) Liv. VII, chap. vi.
(3) Liv. V, ch. xiv ; VII, xvi ; IX, vi.
(4) Liv.V, chap. xxix.
(5) La tonsure était commune aux pénitents, comme aux clercs et aux moines. (D. Ruin.)

Dans le monastère de la bienheureuse Radegunde (1), une jeune fille, nommée Disciola, qui était nièce du bienheureux. Salvius, évêque d'Albi (2), mourut de la manière suivante. Elle était tombée malade, et les autres sœurs la soignaient assidûment. Lorsque vint le jour où elle devait quitter son corps, vers la neuvième heure du jour, elle dit à ses sœurs : « Voici que je me sens mieux portante et que je n'éprouve « plus aucune douleur. Il n'est plus nécessaire que vous vous « inquiétiez de moi pour me donner des soins ; retirez-vous « plutôt afin que je puisse plus aisément me laisser aller au « sommeil. » L'entendant ainsi parler, ses sœurs se retirèrent un instant de sa cellule, et revinrent un peu après. Elles se tenaient debout devant elle, attendant ce qu'elle allait leur dire. Elle, tendant les bras, demanda je ne sais à qui sa bénédiction et dit : « Bénis-moi, homme saint et serviteur du « Dieu Très-Haut ; car voilà trois fois que tu te fatigues au- « jourd'hui à cause de moi. Pourquoi, ô saint! souffres-tu, « pour une pauvre et faible femme, des outrages multi- « pliés ? » Comme elles lui demandaient à qui elle adressait ces paroles, elle ne répondit absolument rien. Puis, après un court intervalle, elle fit entendre un grand cri mêlé de rire, et elle rendit ainsi l'esprit. Et voilà qu'un possédé, qui en ce moment était venu devant la glorieuse et Sainte-Croix (3) pour obtenir sa guérison, saisit ses cheveux avec ses mains, et se frappa contre terre, en disant : « Hélas! hélas! hélas sur nous, « qui avons éprouvé un tel malheur! Au moins, s'il nous eût « été permis de plaider la cause d'abord et que cette âme « eût été de cette manière enlevée à notre pouvoir! » Les assistants lui ayant demandé quel discours il tenait là, il répondit : « Voici l'ange Michel qui prend l'âme de la jeune « fille et la porte aux cieux ; et notre prince, que vous autres

---

(1) Monastère de la Sainte-Croix, à Poitiers ; voy. liv. III, ch. VII.
(2) Liv. V, ch. XLV et LI.
(3) C'est-à-dire dans l'église du monastère de Sainte-Croix.

« nommez le diable, n'en a pas la moindre part. » Lorsqu'ensuite le corps eut été lavé dans l'eau, il brillait d'une blancheur pareille à celle de la neige, de telle façon que l'abbesse ne put trouver sous sa main aucun linge qui parût plus blanc que ce corps. Cependant on l'enveloppa dans un linceul propre et on l'ensevelit. Une autre jeune fille de ce monastère eut une vision qu'elle rapporta à ses sœurs. Elle croyait, dit-elle, accomplir quelque voyage et elle avait fait vœu d'aller à pied jusqu'à la fontaine d'eau vive. Comme elle ne connaissait pas le chemin, un homme s'offrit à elle et lui dit : « Si tu veux arriver à la fontaine d'eau vive, je mar-
« cherai devant toi pour te montrer le chemin. » Elle, lui rendant grâces, suivit cet homme qui allait devant. Tout en marchant, ils parvinrent à une vaste fontaine, dont les eaux resplendissaient comme de l'or; le gazon semblait un assortiment varié de pierres précieuses et rayonnait de la lumière du printemps. Et l'homme lui dit : « Voici la fontaine
« d'eau vive que tu as conquise par une longue fatigue.
« Abreuve-toi donc largement à son courant, afin qu'elle soit
« pour toi la fontaine d'eau vive jaillissant en vie éternelle. » Tandis que la jeune fille buvait avidement de cette eau, voilà que de l'autre côté venait l'abbesse, qui après l'avoir déshabillée la couvrit d'un vêtement royal si brillant de lumière, d'or et de pierreries, qu'on avait de la peine à y arrêter ses regards. En même temps l'abbesse lui disait : « C'est ton
« époux qui t'envoie ces présents. » A la suite d'une telle vision, la jeune fille fut touchée au cœur, et peu de jours après, elle pria l'abbesse de lui préparer une cellule pour s'y enfermer. La cellule fut bientôt prête, et l'abbesse lui dit : « Voici
« la cellule ; maintenant qu'est-ce que tu désires ? » La jeune fille demanda qu'on lui permît d'y vivre en recluse. Cette grâce lui ayant été accordée, les vierges se rassemblèrent en chantant les cantiques, les cierges allumés, et la bienheureuse Radegunde la tenant par la main la conduisit jusqu'au lieu où c'était. Alors, disant adieu à toutes, elle les embrassa l'une

après l'autre, et fut renfermée. On boucha l'ouverture par où elle était entrée, et elle est là aujourd'hui, se livrant à la prière et à la lecture.

XXX. Cette année (1), l'empereur Tiberius sortit de ce monde, laissant aux peuples par sa mort un grand deuil. Il était en effet d'une éminente bonté, porté à l'aumône, juste dans ses arrêts, très-habile à juger; ne méprisant personne, mais embrassant tous les hommes dans sa bienveillance; et comme il les chérissait tous, tous aussi le chérissaient. Quand il fut tombé malade et qu'il renonçait déjà à la vie, il appela l'impératrice auguste Sophia, et lui dit : « Je sens que le temps « que j'avais à vivre est accompli. Il faut maintenant que « je choisisse, avec ton conseil, celui qui doit être à la tête « de la république. Il est nécessaire d'élire un homme capable « de me remplacer dans cette fonction suprême. » Sophia porta son choix sur un certain Mauricius, en disant : « Cet « homme est très-capable et très-habile; il a souvent remporté « des victoires en combattant contre les ennemis de la répu- « blique. » Ce qu'elle disait, afin que celui-ci mort, celui-là s'attachât à elle par le mariage. Mais quand Tiberius connut le sentiment de l'impératrice au sujet de cette élection, il ordonna qu'on revêtît sa fille des ornements impériaux, et appelant Mauricius, il lui dit : « Du consentement de l'impératrice « Sophia, tu es élevé à l'empire, et afin que tu y sois plus fer- « mement établi, je te donnerai ma fille en mariage. » Et la jeune fille s'étant approchée, son père la remit à Mauricius, en disant : » Que l'empire te soit donné avec cette jeune fille. « Règne heureusement, et souviens-toi toujours de chercher « ta joie dans l'équité et la justice. » Celui-ci prit la jeune fille, et la conduisit à sa maison. Tiberius mourut après la célébration des noces. Lorsque les délais ordinaires du deuil public

(1) Grégoire veut dire en l'an 583 (voy. chap. XXV); mais la mort de Tibère eut lieu le 14 août 582.

furent écoulés, Mauricius, orné du diadème et de la pourpre, s'avança dans le Cirque (1), où l'on chanta en son honneur les rites des louanges, et fit au peuple les largesses d'usage ; il fut ainsi confirmé dans la possession de l'empire.

XXXI. Le roi Chilpéric, enfin, reçut de son neveu Childebert des envoyés parmi lesquels Egidius, évêque de Reims, était le principals. Lorsqu'ils eurent été introduits auprès du roi et qu'on leur eût accordé la parole, ils dirent : « La paix que tu as
« faite avec notre seigneur ton neveu, il te demande de la
« maintenir en toutes choses. Mais il ne peut rester en paix
« avec ton frère, parce que celui-ci, après la mort de son père,
« lui a enlevé sa portion de Marseille, qu'il retient ses trans-
« fuges, et ne veut point les lui renvoyer. C'est pourquoi
« Childebert ton neveu désire conserver intacte la bonne
« amitié qu'il maintient à présent avec toi. » — Celui-ci répondit : « Mon frère est coupable en beaucoup de choses ; car
« si mon neveu Childebert veut faire un examen dirigé par la
« raison, il trouvera que son père a été tué avec la pleine
« connivence de Guntchramn. » A ces mots, l'évêque Egidius dit : « Si tu te joins à ton neveu et qu'il se joigne à toi, tous
« deux marchant avec une armée, la punition qui lui est due
« l'aura bientôt frappé. » Ils confirmèrent ces paroles par serment, on se donna des otages de part et d'autre, et ils se retirèrent. En conséquence, Chilpéric, se fiant en leurs promesses, mit en mouvement l'armée de son royaume, et vint à Paris, où son séjour coûta aux habitants de grandes dépenses en objets divers. Cependant le duc Bérulf (2) avec les Tourangeaux, les Angevins, les Poitevins et les Nantais, s'avance vers le territoire du Berri, et Desiderius avec Bladastès et toute l'armée de la Province qu'on leur avait confiée, investissent le Berri d'un autre côté, après avoir con-

(1) Conf., liv. V, ch. XXI.
(2) Voy. t. I, p. 285.

sidérablement ravagé les pays par où ils étaient venus. Chilpéric ordonna que l'armée qui se dirigeait vers lui traversât Paris. Pendant qu'elle y passait, il passa lui-même, et s'en alla au château de Melun, incendiant le pays et dévastant tout. Et quoique l'armée de son neveu ne fût pas venue le joindre, cependant les généraux et les députés de Childebert étaient avec lui. Alors il envoya aux ducs nommés ci-dessus des messagers pour leur dire : « Entrez dans le territoire de Bourges, « et avancez jusqu'à la ville, pour en exiger, en notre nom, « les serments de fidélité. » Mais les gens du Berri s'assemblent au nombre de quinze mille hommes auprès de Château-Meillan (1), et y engagent le combat contre le duc Desiderius ; et il y eut là un grand carnage, car plus de sept mille hommes tombèrent, des deux armées. Les ducs, avec le reste de leur monde, parvinrent jusqu'à la ville, pillant et ravageant tout ; et la dévastation du pays fut telle qu'on n'avait rien ouï de pareil anciennement. Il ne restait plus de maisons, ni de vignes, ni d'arbres ; mais on avait tout coupé, incendié, détruit. On enlevait même des églises les ustensiles sacrés, et on les détruisait elles-mêmes par le feu. Cependant le roi Guntchramn vint avec son armée au-devant de son frère (2), plaçant toute son espérance dans le jugement de Dieu. Un jour, sur le soir, il lança son armée, qui détruisit la plus grande partie de celle de son frère. Le matin, ils s'envoyèrent réciproquement des députés, et firent la paix, se promettant l'un à l'autre que tout ce qui serait jugé par les évêques et les principaux du peuple avoir été fait par l'une des parties en dehors des termes du traité, l'autre partie en serait indemnisée par le payement d'une composition ; et par là ils se séparèrent en bon accord. Le roi Chilpéric, ne pouvant arracher son armée du pillage,

(1) *Mediolanense castrum*; Château-Meillan à 60 kilom. au sud de Bourges, et non Mehun-sur-Yèvre comme l'avaient proposé A. de Valois, dom Ruinart et autres savants. C'est ce qui a été démontré par l'abbé Lebeuf et suivi depuis.
(2) Vraisemblablement près de Melun, où Chilpéric s'était posté.

tua de son épée le comte de Rouen ; et alors il revint à Paris, abandonnant le butin et relâchant les captifs. Quant à ceux qui assiégeaient Bourges, ayant reçu l'ordre de retourner chez eux, ils emportèrent une si grande quantité de butin, que toute cette contrée, quand ils en furent sortis, semblait comme entièrement vidée soit d'hommes soit même de troupeaux. Pareillement l'armée de Desiderius et de Bladastès ayant pénétré à travers le territoire de Tours, s'y livra aux incendies, aux pillages et aux homicides, autant qu'on a coutume de le faire chez ses ennemis. Ils emmenèrent aussi des captifs, et les renvoyèrent après les avoir dépouillés pour la plupart. Ce désastre fut suivi d'une maladie sur les troupeaux, de sorte qu'il restait à peine une seule tête de bétail, et que c'était une nouveauté quand quelqu'un avait vu une bête de somme ou aperçu une génisse.

Tandis que ces choses se passaient, le roi Childebert se tenait avec son armée réunie en un même lieu. Une nuit, l'armée se souleva ; le petit peuple fit entendre un grand murmure contre l'évêque Egidius et les ducs du roi, puis vociféra et se mit à crier tout haut : « Qu'on ôte d'auprès du roi ceux qui « vendent son royaume, qui soumettent ses villes à la domi- « nation d'un autre, et livrent le peuple du prince à une autre « puissance ! » Tout en proférant ces clameurs et d'autres semblables, le matin venu, ils prennent leur armement de guerre, et courent à la tente du roi pour se saisir de l'évêque et des seigneurs, les maltraiter, les battre, les déchirer avec le glaive. L'évêque en étant averti prit la fuite, monta à cheval, et se dirigea vers sa ville épiscopale ; mais ce peuple le poursuivait en criant, jetait des pierres après lui et le poursuivait d'outrages. La circonstance qui fut alors son salut, c'est qu'eux n'avaient pas de chevaux prêts. Cependant les montures de ses compagnons s'étant lassées, l'évêque continua seul sa course, terrifié d'une telle crainte, qu'un de ses souliers étant échappé de son pied, il ne prit pas la peine de le ramasser ; et, arrivé en cet état jusqu'à la ville, il s'enferma à l'abri derrière les murailles Rémoises.

XXXII. Peu de mois auparavant, Leudastès (1) était arrivé, muni d'une autorisation du roi, dans le territoire de Tours, pour y prendre femme et y fixer sa résidence. Il nous présenta aussi une lettre signée par la main d'évêques pour être admis à la communion : mais, ne voyant pas de lettres de la reine, qui était principalement cause de ce qu'on l'avait privé de la communion, je différai de l'admettre en disant : « Quand « j'aurai reçu l'ordre de la reine, alors je l'admettrai sans re- « tard. » Dans l'intervalle j'envoie vers elle, et elle me répondit par un écrit ainsi conçu : « Pressée par beaucoup de « gens, je n'ai pu faire autrement que de lui permettre de s'en « aller; mais je te prie de ne lui accorder aucune réconcilia- « tion, ni de lui donner la communion de ta main, jusqu'à « ce que nous ayons plus mûrement examiné ce qu'il con- « vient de faire. » En lisant cet écrit, moi je craignis qu'on ne le fît mourir, et ayant fait venir son beau-père, je le fis informer de tout cela en le suppliant de devenir prudent jusqu'à ce que la colère de la reine fût adoucie. Mais lui regardant comme une ruse, parce qu'il était encore notre ennemi, ce conseil que je lui donnais de bonne foi et pour l'amour de Dieu, refusa de faire ce que je lui avais mandé. Ainsi fut accompli ce proverbe que j'ai entendu dire par un vieillard : « Soit à un ami, soit à un ennemi, donne toujours un bon « conseil, parce que l'ami en profite et l'ennemi le méprise. » Ayant donc dédaigné mon conseil, il envoya vers le roi, qui était alors avec l'armée dans le pays de Melun, conjurant la foule d'adresser ses prières au roi pour qu'il daignât l'admettre en sa présence. Toute l'armée intercédant en sa faveur, le roi lui permit de se présenter et, prosterné à ses pieds, Leudastès

(1) Ennemi personnel de Grégoire. Voyez liv. V, ch. XLIX et L.

implora son pardon. Le roi lui dit : « Agis quelque temps avec
« précaution, jusqu'à ce que tu aies vu la reine et qu'on voie
« comment tu pourras rentrer en grâce auprès d'elle ; car tu es
« très-coupable à son égard. » Mais lui, imprudent et léger
qu'il était, se fiant sur ce qu'il avait obtenu de paraître en présence du roi, un dimanche que le roi était de retour à Paris,
il se prosterne aux pieds de la reine, au milieu de l'église,
en lui demandant pardon : mais celle-ci, frémissant de rage et
exécrant son aspect, le repoussa loin d'elle, et dit tout en
larmes : « Puisqu'il ne me reste pas de fils qui puisse pour-
« suivre une cause où je suis accusée, c'est à toi, Seigneur
« Jésus, que j'en remets la poursuite. » Puis, se jetant aux
pieds du roi, elle ajouta : « Malheur à moi, qui vois mon
« ennemi et ne puis rien pour triompher de lui ! » Leudastès
fut alors chassé du lieu saint, et la solennité de la messe fut
célébrée. Quand le roi sortit de la sainte église avec la reine,
Leudastès les suivit jusqu'à la place, ne prévoyant pas ce qui
lui arriverait. Parcourant les maisons des marchands, le voilà
qui examine les objets, pèse de l'argenterie et regarde divers
ornements en disant : « J'achèterai ceci et cela, parce qu'il
« me reste beaucoup d'or et d'argent. » Comme il parlait
encore arrivent tout à coup des serviteurs de la reine, qui voulurent le lier de chaînes ; mais lui, tirant son épée en frappe
un. Les autres, enflammés de colère à cette vue, saisissent
leurs boucliers et leurs glaives, et se jettent sur lui. L'un d'eux
lui applique un coup qui lui dénude la plus grande partie de la
tête de cheveux et de peau. Comme il s'enfuyait par le pont
de la ville, son pied ayant glissé entre les deux pièces de bois
qui forment le pont, il se cassa la jambe et fut pris. On lui lia
les mains derrière le dos et on le mit en prison. Le roi donna
l'ordre qu'il fût soigné par les médecins, jusqu'à ce que, guéri
de ses blessures, il pût être torturé par un long supplice. On
le conduisit dans une métairie royale et comme, ses plaies
commençant à se gangrener, il était réduit à l'extrémité, on
l'étendit à terre sur le dos d'après l'ordre de la reine, on lui

appuya la tête sur une énorme poutre, et avec une autre on lui frappa sur la gorge. C'est ainsi que finit par une juste mort celui qui avait toujours mené une criminelle vie.

XXXIII. La neuvième année (1) du roi Childebert, le roi Guntchramn rendit de lui-même à son neveu sa portion de Marseille (2).

Les députés du prince Chilpéric, revenus des Espagnes, annoncèrent que la province de Carpitanie (3) avait été rigoureusement ravagée par les sauterelles, à tel point qu'il ne restait pas un arbre, pas une vigne, pas une forêt, pas une espèce de fruit ni aucune verdure que les sauterelles n'eussent détruit. Ils disaient aussi que les haines qui avaient surgi entre Leuvichild et son fils (4) croissaient en violence. Une maladie contagieuse qui sévissait en ces contrées dévastait plus cruellement encore beaucoup d'endroits, mais exerçait surtout ses plus affreux ravages dans la ville de Narbone (5) et depuis trois ans qu'elle y avait pris, elle s'était calmée ; déjà les habitants fugitifs y rentraient ; mais la maladie les frappait de nouveau. La cité d'Albi était aussi (6) très-tourmentée du même mal.

En ces jours-là apparurent au milieu de la nuit, du côté du nord, un grand nombre de rayons brillant d'un extrême éclat, qui se rapprochaient les uns vers les autres, puis se séparaient jusqu'à ce qu'enfin ils s'évanouirent. En même temps le ciel, dans la région septentrionale, fut éclairé d'une si forte lumière qu'on croyait voir naître l'aurore.

(1) An 584.
(2) C'est-à-dire que Chilpéric avait été battu et que Childebert, qui l'avait trahi, reçut de Gontran sa récompense. Voy. ch. XLI.
(3) Portion de la Nouvelle-Castille, avec Tolède pour capitale.
(4) Voy. ch. XVIII et XXIX.
(5) Narbonne et les autres villes de la Septimanie étant alors placées sous la domination wisigothique faisaient partie de ce qu'on appelait *les Espagnes*.
(6) Voy. VII, 1, *ad finem*.

XXXIV. Il vint encore d'Espagne des députés avec des présents, pour fixer avec le roi Chilpéric le jour d'une assemblée où, d'après leur convention antérieure, il donnerait sa fille en mariage au fils (1) du roi Leuvichild. L'assemblée étant fixée (2) enfin et toutes choses convenues, l'envoyé s'en retourna. Mais le roi Chilpéric, en quittant Paris pour se rendre dans le pays soissonnais, éprouva un nouveau chagrin. Son fils, qu'il avait lavé l'année précédente dans l'eau sacrée du baptême (3), fut saisi de la dyssenterie et rendit l'esprit. C'est là ce que représentait cette lueur échappée des nuages dont nous avons fait mention plus haut. Alors ils revinrent à Paris pleins d'une immense douleur, ensevelirent l'enfant et envoyèrent après l'ambassadeur pour qu'il revînt et qu'il ajournât l'assemblée projetée ; car le roi disait : « Voilà « que j'ai à subir le deuil dans ma maison ; comment donc cé- « lébrerai-je les noces de ma fille ? » Il voulut même alors envoyer (en Espagne) une autre fille (4) qu'il avait eue d'Audovère, et qu'il avait placée dans le monastère de Poitiers ; mais celle-ci refusa, surtout par la résistance de la bienheureuse Radegunde, qui disait : « Il ne convient pas qu'une « jeune fille consacrée au Christ retourne aux voluptés du « siècle. »

XXXV. Tandis que ces choses se passaient, on annonce à la reine que l'enfant qui venait de mourir avait été enlevé par des maléfices et des enchantements, et que le préfet Mummolus (5), dès longtemps odieux à la reine, en était complice.

(1) Recared, frère d'Herménegild, à qui Rigonthe avait été promise. Voyez chap. XVIII.
(2) Dato *placito*. Placita, assemblées des Francs pour la discussion des affaires publiques ou pour le jugement, par le roi, des contestations privées. Voy. Pardessus, *Loi salique,* dissertat. IX.
(3) Théodoric. Voyez chap. XXIII et XXVII.
(4) Basine ; voy. liv. IX, chap. XXXIX.
(5) Préfet ou maire du palais de Chilpéric ; il ne faut pas le confondre avec le patrice Mummol, général de Gontran.

D'où cela était-il venu? Simplement de ce qu'un jour, Mummolus étant à dîner dans sa maison et un des courtisans du roi se lamentant, à table, de ce qu'un enfant qu'il affectionnait avait été pris de la dyssenterie, le préfet lui avait répondu : « J'ai à ma disposition une herbe qui, lorsqu'un dissenté-« rique en boit, quand même il serait désespéré, il est aussi-« tôt guéri. » Ces paroles, rapportées à la reine, l'enflamment d'une nouvelle fureur. Sur-le-champ elle applique à la torture plusieurs femmes de la ville de Paris qu'on avait saisies, et à force de coups les contraint d'avouer ce qu'elles savaient. Celles-ci confessent qu'elles sont des sorcières, attestent qu'elles ont fait subir la mort à beaucoup de personnes et ajoutent cette circonstance, que je regarde comme ne devant être crue en aucune façon : « Nous avons sacrifié « ton fils, ô reine! pour obtenir la vie du préfet Mummolus. » Alors la reine redoublant les tortures infligées à ces femmes, tue les unes, livre les autres au feu; d'autres sont attachées à la roue après avoir eu les os brisés. Puis elle se retira avec le roi dans la maison royale de Compiègne, et là révéla au roi tout ce qu'elle avait appris sur le préfet. Le roi envoya des serviteurs pour se le faire amener, et après l'avoir interrogé, on le charge de chaînes et on le livre aux supplices. On le suspend à une poutre, les mains liées derrière le dos, et on lui demande ce qu'il sait au sujet du maléfice. Mais il n'avoue aucun des faits que nous avons rapportés plus haut. Il déclara seulement avoir souvent reçu de ces femmes des onguents et des breuvages qui devaient lui procurer la faveur du roi et de la reine. Détaché par conséquent de la poutre, il appelle à lui l'exécuteur (1) et dit : « Annonce au roi mon « seigneur que je ne sens aucun mal des tourments que j'ai « subis. » A ces mots, le roi : « N'est-il pas vrai, dit-il, « qu'il est sorcier, s'il n'a rien souffert dans ces tortures? » Alors on l'étendit sur la roue, et on le frappa avec de

---

(1) *Lietorem.*

triples courroies aussi longtemps qu'il le fallut pour fatiguer les bourreaux eux-mêmes ; ensuite on lui enfonça des bâtons pointus sous les ongles des mains et des pieds. Et comme la chose en était à ce point que le glaive était levé pour faire enfin tomber sa tête, il obtint de la reine grâce pour sa vie ; mais l'humiliation qui suivit fut plus grande que la mort. Car, placé sur un chariot, il fut envoyé vers la ville de Bordeaux, où il était né, mais dépouillé de tous ses biens. Frappé en chemin d'un coup de sang, il put à peine arriver à sa destination ; et peu de temps après, il rendit l'esprit.

La reine, après cela, ayant pris le trésor de son petit enfant, tant les vêtements que les autres effets, même ceux en soie ou en fourrure de toute espèce qu'elle put trouver, les fit consumer par le feu. On dit qu'il y en avait la charge de quatre chariots. Quant aux objets d'or et d'argent, elle les garda après les avoir fait fondre, afin que rien ne restât en nature qui pût lui rappeler à la mémoire le chagrin qu'elle avait de son fils.

XXXVI. Etherius, évêque de Lisieux, dont nous avons parlé ci-dessus (1), fut chassé de sa ville, puis y rentra de la manière suivante. Il y avait un clerc, originaire de la cité du Mans, tout à fait dissolu, amateur de femmes, de gourmandise et de fornication et pleinement adonné à toute espèce de vices immondes. Comme il se livrait souvent à la débauche avec une femme mariée, il lui coupa les cheveux, lui changea ses vêtements en habits d'homme et l'emmena avec lui dans une autre ville, afin d'enlever tout soupçon d'adultère en venant parmi des inconnus. C'était une femme de race libre et née d'honnêtes parents. Ses proches ayant, au bout d'un assez long temps, découvert ce qui s'était passé, s'agitèrent avec empressement pour venger la honte de leur famille, et ayant

---

(1) Il n'en est cependant question nulle part dans les ouvrages de Grégoire tels qu'ils nous sont restés.

trouvé le clerc, ils l'enchaînèrent et le retinrent prisonnier ; quant à la femme, ils la firent périr par le feu. Et comme l'exécrable soif de l'or nous tourmente toujours, ils s'occupèrent de vendre le clerc, c'est-à-dire de trouver quelqu'un qui le rachetât, ou sinon il était destiné à une mort certaine. Cette affaire ayant été rapportée à l'évêque Etherius, touché de compassion, il donna vingt pièces d'or et le délivra ainsi d'une mort imminente. Quand il eut été, de cette manière, gratifié de la vie, il se donna pour docteur dans les lettres et promit à l'évêque que s'il lui confiait des enfants, il les rendrait accomplis en littérature. Ravi de ce qu'il entendait, l'évêque réunit les enfants de la ville, et lui confia le soin de les instruire. Déjà il était en honneur auprès des citoyens, il avait reçu de l'évêque, en présent, un peu de terre et de vignes et il était invité chez les parents de ceux qu'il instruisait, quand retournant à son vomissement et oublieux de ce qu'il avait précédemment souffert, il jeta un regard de concupiscence sur la mère d'un de ses jeunes élèves. Cette femme vertueuse en ayant informé son mari, ses parents se réunirent pour infliger au clerc les plus rudes tourments et voulurent le tuer. L'évêque, encore une fois ému de compassion, le délivra après l'avoir réprimandé par de douces paroles et le rétablit dans ses fonctions. Mais cet esprit pervers ne put jamais se tourner au bien : au contraire, il devint l'ennemi de celui par lequel il avait été si souvent racheté de la mort. En effet, il se joignit à l'archidiacre de la cité ; et celui qui se proclamait digne de l'épiscopat complote de tuer l'évêque. Après avoir pris un clerc à gages pour le frapper avec une hache, ils se mettent à courir partout, à parler en secret, à lier de sourdes amitiés, à promettre des récompenses en vue de faire nommer l'archidiacre, si l'évêque venait à mourir. Mais la miséricorde divine prévint leur perfidie, et sa prompte bonté réprima la méchanceté de ces hommes injustes. Un jour que l'évêque avait réuni des ouvriers dans un champ pour le faire labourer, le clerc dont il vient d'être question suivait avec sa hache

l'évêque, qui ne se doutait de rien ; enfin, cependant, il s'en aperçut : « Pourquoi donc, lui dit-il, me suis-tu si attentive-
« ment avec cette hache? » Celui-ci, saisi de frayeur, se précipite à ses genoux, en disant : « Arme-toi de courage, prêtre
« de Dieu, car tu sauras que j'ai été envoyé par l'archidiacre
« et le précepteur pour te frapper de ma hache. Souvent
« j'eusse voulu le faire, et lorsque je levais le bras pour assé-
« ner le coup, mes yeux se couvraient de ténèbres et mes
« oreilles se fermaient, et tout mon corps était agité d'un
« tremblement ; mes mains étaient sans force et j'étais inca-
« pable d'accomplir mon projet. Mais quand j'avais abaissé
« mon bras, je ne sentais plus aucune espèce de mal. J'ai re-
« connu que le Seigneur est avec toi, puisque je n'ai pu te nuire
« en rien. » Comme il parlait, l'évêque pleura ; il imposa silence au clerc et, de retour en sa maison, se mit à table pour souper. Le repas terminé, il alla se reposer dans son lit, autour duquel étaient les nombreux lits de ses clercs. A la fin les autres, s'étant défiés du clerc, songèrent à exécuter par eux-mêmes leur mauvaise action et machinèrent de nouveaux projets soit pour le faire périr violemment, soit pour l'accuser d'un crime qui pût l'exclure de l'épiscopat. Vers le milieu de la nuit, pendant que tout le monde dormait, ils font irruption dans la chambre où couchait l'évêque, criant à haute voix qu'ils ont vu une femme en sortir et qu'ils l'ont laissée aller en s'empressant de courir à l'évêque. Et certainement c'était un trait et un conseil du diable, d'imputer ce crime à l'évêque dans l'âge où il était, car il avait environ soixante-dix ans. Sans perdre de temps et s'étant adjoint de nouveau le clerc dont il a été question, l'homme dont le cou avait été plusieurs fois dégagé de ses liens par l'évêque, de ses propres mains charge de chaînes le même évêque, et ce dernier est confiné dans une dure prison par celui qu'il avait délivré souvent de la fange des prisons. Reconnaissant que ses ennemis l'avaient rudement emporté sur lui, il implora avec larmes, dans les chaînes dont il était garrotté, la miséricorde du Sei-

gneur. Bientôt ses gardiens tombèrent accablés par le sommeil et, ses liens s'étant brisés par l'effet de la volonté divine, il sortit de sa prison sans aucun mal, lui si souvent le libérateur de ceux qui lui avaient fait du mal. Ensuite il s'échappa, et passa dans le royaume du roi Guntchramn. Après son départ, ceux qui s'étaient déjà unis contre lui s'adressent plus librement au roi Chilpéric pour lui demander l'épiscopat. Ils allèguent contre l'évêque une foule de crimes et ajoutent : « Reconnais, « ô roi très-glorieux, la vérité de ce que nous disons, en ce « que, par crainte de la mort due à ses scélératesses, il est « passé dans le royaume de ton frère. » Le roi, ne les croyant point, leur ordonna de retourner à la ville. Tandis que ces choses se passaient, les citoyens, affligés de l'absence de leur pasteur, eux qui savaient que tout ce qui était arrivé à son sujet avait été l'œuvre de l'envie et de l'avarice, se saisirent de l'archidiacre et de son satellite, les maltraitèrent, et adressèrent une demande au roi pour ravoir leur évêque. Le roi envoya des députés à son frère, l'assurant qu'il n'avait trouvé en l'évêque rien de criminel. Alors le roi Guntchramn, qui était d'ailleurs doux et facile à s'apitoyer, lui fit beaucoup de présents, et envoya des lettres à tous les évêques de son royaume, afin qu'ils donnassent, pour l'amour de Dieu, quelque consolation à l'étranger. Et celui-ci, en traversant les cités, reçut des prêtres de Dieu tant de choses soit en vêtements, soit en argent, qu'à peine put-il rapporter dans sa ville tout ce qu'il avait obtenu ; et ce que dit l'apôtre fut accompli : « Que pour ceux qui aiment Dieu, tout vient à bien (1). » Car ce voyage en pays étranger lui apporta des richesses et l'exil l'éleva à une grande opulence. Puis à son retour il fut accueilli avec tellement d'honneur qu'ils pleuraient de joie et bénissaient Dieu d'avoir rendu à l'église un si grand évêque.

XXXVII. Lupentius (2), abbé de la basilique du martyr de

(1) Rom. VIII, xxviii.
(2) Vulgairement *Saint-Louvent*.

la ville des Gabales (1), saint Privatus, est mandé par la reine Brunichilde et se présente. Il avait été accusé, à ce qu'on rapporte, par Innocentius, comte de cette ville, d'avoir commis quelque profanation par la manière dont il avait parlé de la reine. Mais après examen de l'affaire, reconnu non coupable du crime de lèse-majesté, il reçut ordre de se retirer. A peine avait-il commencé de se mettre en marche, qu'il fut pris de nouveau par le même comte et conduit au village de Ponthion (2) où il fut cruellement tourmenté ; puis relâché une seconde fois afin qu'il s'en retournât, il venait de dresser sa tente sur les bords de la rivière d'Aisne, quand son ennemi se précipita de nouveau sur lui, et après l'avoir terrassé, lui coupa la tête, qu'il mit dans un sac chargé de pierres et jeta dans le fleuve. Ensuite il plongea dans l'abîme le reste du corps attaché à une grosse pierre. Peu de jours après, quelques bergers aperçurent ce corps ; c'est ainsi qu'il fut tiré du fleuve et enseveli. Pendant qu'on préparait ce qui était nécessaire pour les funérailles, sans que l'on sût qui c'était d'entre le peuple, puisqu'on ne trouvait point la tête séparée de ce tronc, tout à coup survint un aigle qui tira le sac du fond de l'eau et le déposa sur la rive. Les assistants étonnés prennent le sac, et cherchant avec curiosité ce qu'il contenait, trouvent la tête de la victime; de sorte qu'elle fut ensevelie avec le reste du corps. On dit que maintenant il apparaît en ce lieu une lumière divine ; et que si un malade prie avec confiance auprès de ce tombeau, il s'en retourne guéri.

XXXVIII. Theodosius, évêque de Rodez, qui avait succédé à saint Dalmatius (3), vint à perdre la vie. Telle fut la violence des disputes et des querelles qui s'élevèrent dans

---

(1) Mende (Lozère), qui avait remplacé comme évêché Javouls détruit au troisième siècle ; voy. t. I, p. 28.
(2) Dép. de la Marne, à 18 kilom. de Vitry-sur-Marne.
(3) Voy. l. V, ch. XLVII.

cette église pour l'épiscopat, qu'elle fut presque entièrement dépouillée des vases destinés au ministère sacré et de ses richesses les plus précieuses. Pourtant le prêtre Transobad fut rejeté; et Innocentius (1), comte de Gévaudan, élu évêque par la protection de la reine Brunichilde. Mais à peine en possession de l'épiscopat, il commença de tourmenter Ursicinus (2), évêque de la cité de Cahors, en lui disant qu'il retenait des paroisses (3) appartenant à l'église de Rodez. D'où il s'ensuivit que, le bruit de la dispute grossissant à mesure qu'elle se prolongeait, au bout de quelques années le métropolitain (4) réuni aux évêques de sa province et siégeant dans sa cité de Clermont, prononça son jugement : savoir qu'Ursicinus eût à reprendre ces paroisses que, de mémoire d'homme, l'église de Rodez n'avait jamais possédées; ce qui fut ainsi exécuté.

XXXIX. Remigius, évêque de Bourges (5), mourut. Après sa mort, la plus grande partie de la ville fut consumée par un grand incendie; là périt ce qui avait échappé aux ravages de la guerre (6). Ensuite Sulpicius fut promu dans la même ville à la dignité épiscopale, par la protection du roi Guntchramn. Comme en effet beaucoup de gens lui offraient des présents, le roi, dit-on, répondit à ceux d'entre eux qui ambitionnaient cet évêché : « Ce n'est pas la coutume de mon « gouvernement de vendre à prix d'argent le sacerdoce; et « vous ne devez pas non plus l'acheter par des présents. Pre- « nons garde, nous, d'être déshonoré par l'infamie d'un « gain honteux; vous, d'être comparés au magicien Simon.

(1) Celui mentionné au chap. précédent; voy. encore X, VIII.
(2) Voy. V, XLII et VIII, XX.
(3) Probablement celles dont il est parlé t. I, p. 217 (l. V, c. V).
(4) C'est-à-dire l'évêque de Bourges, Sulpice, dont il est question dans le ch. suivant, non pas Sulpice-Sévère l'historien, mort vers 420. (Guad.)
(5) Il souscrivit au concile de Mâcon (an 581) en signant *Remedius*. (D. Ruin.)
(6) Voyez chap. XXXI.

« Mais conformément à la prescience de Dieu, Sulpicius sera
« votre évêque. » Ainsi amené à la cléricature Sulpicius devint
évêque de la susdite église. C'est un très-noble personnage,
comptant parmi les premiers sénateurs des Gaules ; très-
instruit dans les belles-lettres, et ne le cédant à personne dans l'art des vers et de la musique. C'est lui qui fit
assembler ce synode, dont nous avons parlé plus haut, relativement aux paroisses cahourcines.

XL. Un envoyé, nommé Oppila, arriva des Espagnes, apportant beaucoup de présents au roi Chilpéric. En effet, le
roi des Espagnols craignait que Childebert ne fît marcher son
armée pour venger l'injure de sa sœur, car Leuvichild avait
saisi et jeté en prison son fils Herménegild, qui avait épousé
la sœur de Childebert (1) ; celle-ci était restée elle-même
entre les mains des Grecs. Cet envoyé, donc, étant arrivé à
Tours le saint jour de Pâques, nous lui demandâmes s'il était
de notre religion. Il répondit qu'il croyait ce que croient les
catholiques. En conséquence, il se rendit avec nous à l'église,
et assista jusqu'à la fin à la solennité de la messe : mais il ne
fit point sa paix avec nous et ne participa point aux sacrifices (2) ; et il fut clair qu'il avait dit un mensonge en se disant catholique. Cependant, ayant été invité, il assista au
repas ; et comme je lui demandai avec instance ce qu'il croyait,
il répondit : « Je crois le Père, le Fils et le Saint-Esprit, unis
« dans une même vertu. » — Je repris : « Si telle est ta
« croyance, comme tu le prétends, quelle est donc la cause
« qui pouvait t'empêcher de prendre part aux sacrifices que
« nous offrons à Dieu ? — C'est, dit-il, que vous employez
« mal le mot *gloire* dans vos répons : car nous, nous disons
« d'après l'apôtre Paul : Gloire à Dieu le père par le Fils ;

---

(1) Ingonde, fille de Sigebert ; V, xxxix.
(2) C'est-à-dire qu'il ne voulut point recevoir le baiser de paix et ne
communia point. (D. Ruinart.)

« tandis que vous, vous dites : Gloire au Père et au Fils et
« au Saint-Esprit, quoique les docteurs de l'église nous ap-
« prennent que le Père a été annoncé au monde par le Fils,
« comme le dit Paul lui-même : *Au roi des siècles, immor-*
« *tel, invisible, seul Dieu, honneur et gloire aux siècles*
« *des siècles, par Jésus-Christ notre Seigneur* (1). » A cela
je répondis : « Que le Père ait été annoncé par le Fils, c'est
« ce que je ne crois ignoré d'aucun catholique ; mais s'il a ainsi
« annoncé le Père au monde, c'était afin de se montrer Dieu lui-
« même par ses miracles : or ce fut une nécessité à Dieu le
« père d'envoyer son fils sur la terre pour lui faire con-
« naître Dieu ; afin que le monde, n'ayant point cru aux pa-
« triarches, aux prophètes et au législateur lui-même, fût du
« moins forcé de croire au Fils. C'est pour cela qu'il est né-
« cessaire de rendre gloire à Dieu sous le nom des trois per-
« sonnes. Ainsi nous disons : gloire à Dieu le père, qui a en-
« voyé le Fils ; gloire à Dieu le fils, qui par son sang a
« racheté le monde ; gloire à Dieu Saint-Esprit, qui sanctifie
« l'homme après sa rédemption. Mais toi qui dis : gloire au
« Père par le Fils, tu prives le Fils de sa gloire ; comme s'il
« ne partageait pas la gloire de son Père parce qu'il l'a an-
« noncé dans le monde. Le Fils, comme nous le disons, a
« annoncé le Père au monde ; mais plusieurs n'ont point cru
« en lui ; témoin Jean l'évangéliste : *Il est venu* (2) *chez lui, et*
« *les siens ne l'ont pas reçu. Mais à tous ceux qui l'ont reçu*
« *il a donné le pouvoir de devenir enfants de Dieu, c'est-*
« *à-dire à tous ceux qui croient en son nom.* Et toi qui
« décries l'apôtre Paul, et ne comprends pas le sens de ses

(1) I. Timoth., I, xvii. Il est remarquable que ces mots sur lesquels s'appuie Oppila, *per Jesum Christum Dominum nostrum*, ne sont pas dans le texte et que Grégoire ne lui reproche pas une citation inexacte. (Guadet et Tar.) — Grégoire a probablement confondu ces paroles avec celles qui terminent l'ép. aux Rom., ch. xvi. (Giesebrecht.) — Voy. V, xliv, une dispute analogue.

(2) Jean, I, xii.

« paroles, vois comme il parle prudemment et selon que
« chacun est en état de comprendre : observe comme il
« prêche au milieu des nations incrédules, sans paraître im-
« poser à personne un fardeau trop pesant lorsqu'il dit, par
« exemple, à quelques-uns : *Je ne vous ai nourris que de*
« *lait et non pas de viandes solides : vous ne pouviez alors*
« *les supporter; et maintenant encore vous ne le pouvez*
« *pas* (1). *Car la nourriture solide est pour les parfaits* (2).
« Et il dit à d'autres : *Je ne vous ai rien prêché si ce n'est*
« *le Christ, et le Christ crucifié* (3). Maintenant que veux-
« tu, toi, hérétique ? Parce que Paul a prêché seulement Jé-
« sus-Christ *crucifié*, doutes-tu que Christ ne soit *ressuscité?*
« Remarque plutôt sa prudence, et reconnais son adresse
« lorsqu'il dit à d'autres parce qu'il les voyait plus robustes
« dans leur foi : *Si nous avons connu Jésus-Christ crucifié,*
« *maintenant nous ne le connaissons plus* (4). Nie-donc,
« toi qui accuses Paul, si une pareille démence peut entrer
« dans ton esprit, que le Christ ait été crucifié? Mais, je t'en
« prie, laisse tout cela pour suivre un meilleur avis; ap-
« plique un collyre sur tes yeux malades et tâche de perce-
« voir la lumière de la prédication de l'apôtre. Se conformant
« en effet à ce que sont les hommes, Paul leur parlait d'a-
« bord humblement, pour les élever ensuite aux sommets
« d'une foi plus sublime, comme il le dit ailleurs : *Je me*
« *suis fait tout pour tous, afin d'être utile à tous* (5). Eh
« quoi ! un homme mortel n'accordera pas la gloire au Fils,
« que le Père, lui-même, non pas une, mais deux et trois fois,
« a glorifié du haut du ciel? Écoute ce qu'il dit depuis les cieux,
« lorsque le Saint-Esprit descendait sur son fils baptisé par la

---

(1) I. Cor., III, II. — (2) Hebr., V, XIV.
(3) I. Cor., II, II. — (4) II. Cor., V, XVI.
(5) I. Cor., IX, XXII. Le texte dit : *ut omnes facerem salvos*, et Grégoire : *ut omnes lucrifacerem*.

« main de Jean : *Celui-ci, dit-il, est mon fils bien aimé, en
« qui j'ai mis mon affection* (1). Certes si tu as les oreilles
« assez bouchées pour ne pas entendre cela, crois du moins
« à ce que les apôtres entendirent sur la montagne, lorsque
« Jésus transfiguré conversait dans sa gloire avec Moïse et
« Élie : car alors, du sein d'une nuée splendide [le Père dit :
« *C'est là mon fils chéri ; écoutez-le* (2). — A cela l'hérétique
« répondit : Dans tous ces témoignages, le Père ne parle en
« rien de la gloire du Fils ; il le désigne seulement comme
« étant son fils. — Je répliquai : Si tu l'interprètes ainsi, je
« produirai un autre témoignage où le Père rendit gloire au
« Fils. Quand le Seigneur, arrivé au moment de sa passion,
« disait : *Mon père, glorifie ton fils, pour que ton fils te
« glorifie toi aussi* (3), que lui répondit le Père du haut du
« ciel ? ne dit-il pas : *Et je l'ai glorifié et je le glorifierai
« encore* (4) ? Voici que le Père le glorifie de sa propre voix,
« et toi tu t'efforces de lui enlever sa gloire ! tu en montres
« bien ton désir, mais tu y es impuissant. Puisque tu te fais
« l'accusateur de l'apôtre Paul, écoute-le, ou plutôt écoute
« le Christ parlant par sa bouche : *Que toute langue
« confesse que le Seigneur Jésus-Christ est dans la gloire de
« Dieu le père* (5). Si donc la gloire lui est commune avec le
« Père, s'il réside dans la même gloire où est maintenant le
« Père, comment toi veux-tu l'outrager en lui ôtant sa gloire ?
« ou pourquoi ne sera-t-il pas rendu gloire parmi les hommes
« à celui qui règne dans les cieux avec une gloire pareille à
« celle du Père ? Nous confessons donc le Christ fils de Dieu
« comme vrai Dieu ; et parce qu'ils n'ont qu'une seule divi-
« nité, ils n'auront aussi qu'une seule gloire. » Ces paroles

(1) Matth., III, xvii.
(2) Matth., XVII, v, et II. Petr., I, xvii.
(3) Jean, XVII, i.
(4) Jean, XII, xxviii. Ces paroles ont été prononcées avant la passion, et par conséquent ne répondent pas aux précédentes. (Guadet et Tar.)
(5) Philip., II, ii.

furent suivies de silence, et l'on cessa de disputer. Oppila se rendit auprès du roi Chilpéric, et quand il lui eut offert les présents envoyés par le roi des Espagnols, il retourna en Espagne.

XLI. Le roi Cihlpéric, ayant appris que son frère Guntchramn avait fait la paix avec leur neveu Childebert (1), et qu'ils voulaient lui enlever de concert les villes dont il s'était emparé par violence, se retira avec tous ses trésors dans la ville de Cambrai. Il y porta avec lui tout ce qu'il pouvait avoir de meilleur et il envoya des messagers aux ducs et aux comtes des cités pour leur faire mettre en état les murs des villes, enfermer leurs richesses, leurs femmes et leurs enfants à l'abri de solides remparts, et se défendre eux-mêmes vigoureusement, s'il était besoin, de manière à ce que l'ennemi ne pût leur faire de mal; ajoutant ceci : « Et si vous perdez quel« que chose, vous en recouvrerez davantage, quand nous « nous vengerons de nos ennemis. » Il ne savait pas que l'accomplissement des victoires est dans la main de Dieu! Ensuite il mit à plusieurs reprises son armée en mouvement, et lui ordonna chaque fois de rester en repos en deçà des frontières. En ces jours-là, il lui naquit un fils, et il donna l'ordre qu'on l'élevât dans sa maison de Vitry (2), « de peur, « disait-il, que si on le voit en public, il ne lui arrive quelque « mal et qu'il ne meure. »

XLII. Quant au roi Childebert, il alla en Italie. A cette nouvelle, les Langobards craignant d'être massacrés par son armée, se soumirent à son pouvoir (3) en lui faisant beaucoup de présents, et en promettant d'être fidèles à sa cause et de

(1) Voy. chap. XXXIII.
(2) C'est le *Vitry* près de Douai où fut tué le roi Sigebert; l. IV, ch. LII. (t. I, p. 206). Ce fils est Clotaire II, qui lui succéda.
(3) Soumission purement nominale, comme celle des Bretons; Paul Diacre, malgré sa docilité à copier Grégoire, n'en parle pas.

rester soumis. Ayant accompli avec eux tout ce qu'il voulait le roi revint dans les Gaules et ordonna que son armée se mît en marche ; il lui fit prendre le chemin de l'Espagne ; mais il s'arrêta. Il avait reçu de l'empereur Mauricius, dans les années précédentes, cinquante mille sous d'or pour chasser les Langobards d'Italie. L'empereur, ayant appris qu'il s'était pacifiquement uni avec eux, redemandait l'argent ; mais Childebert, confiant dans ses forces, ne voulut pas même lui rendre réponse à ce sujet (1).

XLIII. En Galice, de nouveaux événements se passerent, que nous allons raconter. Herménegild, ennemi de son père, comme nous l'avons dit plus haut (2) et résidant avec sa femme dans une ville d'Espagne (3), apprit que son père s'avançait contre lui avec son armée et, enhardi par l'appui de l'empereur

---

(1) On a sur ce point trois lettres de Maurice à Childebert (dom Bouquet, IV, 86); mais elles ne sont pas aussi formelles que les deux phrases de Grégoire. Les relations des rois Francs avec la cour de Constantinople se suivaient alors sans interruption et étaient empreintes d'un caractère manifeste de soumission extérieure des barbares au grand nom de l'autorité romaine. Voici une lettre adressée vers cette époque à l'empereur par la mère de Childebert : « Au Seigneur glorieux, pieux, perpétuel, illustre, triomphateur et toujours auguste Maurice, empereur, la reine Brunichilde. Par la grâce de votre sérénissime principat est parvenu à notre excellent fils le roi Childebert une lettre portant que vous nous donniez l'avis de garder la paix. C'est pourquoi, nous acquittant avec respect du devoir de saluer votre Piété tranquille, comme l'honneur d'un si haut rang le réclame, nous confions aux porteurs des présentes que nous députons à votre Clémence, suivant ce que nous avions promis à ceux envoyés de votre part, le soin de s'exprimer verbalement auprès de votre Sérénité sur certains articles. Lorsque votre Placidité les aura reçus avec bonté et qu'ils seront heureusement revenus, puissions-nous mériter de connaître par vos paroles ce qui devra être fait pour l'utilité des affaires communes. »

(2) Liv. V, chap. XXXIX.

(3) Séville, dont l'évêque, saint Léandre, avait été par lui envoyé à l'empereur Tibère, pour implorer son appui contre Leuvigild. (Ruin.)

et de Mir, roi de Galice (1), il tint conseil sur les moyens de repousser son attaque ou de le tuer ; ignorant, le malheureux, que celui-là attire sur sa tête le jugement de Dieu, qui forme de tels projets contre un père, fût-il hérétique. Après une délibération sur ce sujet, il choisit entre plusieurs milliers de soldats, trois cents hommes armés et les enferme dans le château d'Osser (2), dont l'église contient des fontaines qui se remplissent miraculeusement ; afin que son père, effrayé et lassé dès le premier choc, fût vaincu plus facilement par une troupe mal armée, mais nombreuse. Leuvichild informé de cet artifice, se fatigue l'esprit à réfléchir. « Si je vais là, se
« dit-il, avec toute mon armée, ramassée toute ensemble,
« elle sera cruellement maltraitée par les traits de l'ennemi.
« Si au contraire j'y vais avec peu de monde, je ne peux pas
« vaincre cette troupe d'hommes d'élite. J'irai donc avec tous. »
Et marchant vers ce lieu, il écrasa les guerriers et brûla le fort, comme nous l'avons déjà dit ci-dessus (3). Cette victoire obtenue, il apprit que le roi Mir, se tenait à la tête d'une armée réunie contre lui. Il l'enveloppa et l'obligea à prêter des serments de sa fidélité pour l'avenir. Et alors s'étant gratifiés l'un l'autre de présents, ils retournèrent chacun chez soi. De retour dans sa patrie, Mir peu de jours après se mit au lit et mourut (4). Il avait été rendu malade par les mauvaises eaux de l'Espagne et l'inclémence de l'air. Lui mort, son fils Eurich sollicite les bonnes grâces du roi Leuvichild et, lui ayant prêté serment comme avait fait son père, il entra en possession du royaume de Galice. Cette même année, Audica son parent, qui était le fiancé de sa sœur, vint avec une armée ; il le prit, le fit clerc et lui fit imposer de force l'honneur du diaconat ou de la prêtrise. Pour lui, il épousa la femme de

(1) Liv. V, chap. XLII.
(2) Voy. t. I, p. 234, n. 4.
(3) C'est sans doute une allusion au liv. V, ch. XXXIX, mais on n'y trouve pas ce que Grégoire prétend.
(4) An 582.

son beau-père (1) et devint roi de Galice (2). Leuvichild fit prisonnier son fils Herménegild et l'emmena avec lui jusqu'à Tolède, le destinant à l'exil. Mais il ne put tirer des mains des Grecs l'épouse d'Herménegild.

XLIV. Les sauterelles étant sorties cette année de la province de Carpitanie (3) qu'elles avaient ravagée pendant cinq ans, se portèrent en suivant le grand chemin dans une autre province qui était voisine de celle-là. Elles occupaient en longueur un espace de 150 milles, et de 100 milles en largeur. Cette année, beaucoup de prodiges apparurent dans les Gaules et beaucoup de désolations eurent lieu parmi le peuple. En effet au mois de janvier l'on vit des roses ; autour du soleil parut un grand cercle, mêlé de diverses couleurs comme celles qui se montrent habituellement dans la courbe de l'arc-en-ciel au moment où cesse la pluie ; la gelée blanche brûla âprement les vignes ; une tempête qui suivit, dévasta en beaucoup de lieux les vignes et les moissons, et une sécheresse excessive consuma ce qu'avait épargné la grêle. On ne vit qu'un maigre fruit sur quelques vignes et point du tout sur les autres ; en sorte que les hommes, irrités contre Dieu, ouvrant les entrées des vignes, y introduisirent les troupeaux et les bêtes de somme en y joignant, les malheureux ! des prières de malédiction contre eux-mêmes et disant : « Que jamais il ne « naisse de sarments dans ces vignes, à toute éternité ! » Les arbres qui avaient donné des fruits au mois de juillet, en produisirent d'autres au mois de septembre. Une maladie se jeta pour la seconde fois sur les bestiaux, tellement qu'il n'en resta presque plus.

(1) Sisegonthe, veuve de Mir ; 583.
(2) Lui-même fut, en 585, dépouillé et fait prêtre par Leuvigild, qui anéantit la puissance des Suèves en Espagne. (Isidore de Sév.)
(3) Chap. XXXIII.

XLV. Cependant, à l'approche des calendes de septembre, une grande députation des Goths vint trouver le roi Chilpéric (1). Lui-même, de retour à Paris, fit enlever des maisons du fisc un grand nombre de familles et les fit placer sur des chariots. Comme beaucoup pleuraient et ne voulaient pas partir, il ordonna qu'on les mît en prison pour pouvoir plus facilement les envoyer avec sa fille. On prétend que plusieurs, dans ce chagrin, s'ôtèrent la vie par la corde, parce qu'ils craignaient d'être enlevés à leurs parents. En effet, on séparait le fils du père, la mère de la fille, et ils s'éloignaient avec de profonds gémissements et des malédictions ; et il régnait dans la ville de Paris une lamentation comparable aux lamentations de l'Égypte. Plusieurs personnes de bonne naissance, mais de même forcées violemment de partir, firent leurs testaments, où elles abandonnaient leurs biens aux églises et demandaient que quand la jeune fille serait entrée dans les Espagnes, on ouvrît ces testaments comme si leurs auteurs fussent déjà ensevelis. Cependant des députés du roi Childebert vinrent à Paris, protestant que rien de ce qui appartenait aux cités du territoire de son père (2) ne devait être enlevé par le roi Chilpéric et qu'aucune partie de ses trésors ne devait être donnée en présent à la fille de celui-ci ; et que Chilpéric se gardât d'oser toucher ni aux esclaves, ni aux chevaux, ni aux bœufs de labour, ni à rien de ce genre parmi les biens provenant de cette source. On dit qu'un de ces députés fut tué secrètement ; mais on ne sait par qui : cependant le soupçon se tournait vers le roi. Pourtant Chilpéric promit de ne toucher à rien de toutes ces choses, convoqua les principaux Francs et les autres fidèles, et célébra les noces de sa fille (3). Puis, il la remit aux ambassadeurs des Goths et lui donna de grands trésors ; et la mère y ajouta une si grande quantité d'or et d'argent ou d'ha-

(1) Pour emmener sa fille en Espagne. Ch. XVIII et XXXIV.
(2) Sigebert, roi d'Austrasie.
(3) Voyez liv. VII, chap. IX.

bits précieux, que le roi en les apercevant pensa qu'il ne lui restait plus rien. La reine, le voyant mécontent, se tourna vers les Francs, et parla ainsi : « Ne croyez pas, ô guerriers, qu'il « y ait rien ici des trésors des rois précédents. Tout ce que « vous voyez est pris de ce que je possède en propre, car le « très-glorieux roi m'a fait beaucoup de largesses, et j'y ai « ajouté le fruit de mon propre travail, en acquérant de « grands biens, tant en fruits qu'en revenus pécuniaires, au « moyen des domaines qui m'ont été concédés. Vous-mêmes, « vous m'avez souvent enrichie de vos présents ; les objets « exposés en ce moment sous vos yeux en sont une partie, « mais il ne s'y trouve rien provenant des trésors publics. » Et ainsi fut abusé l'esprit du roi. Telle était la multitude des objets que l'or, l'argent et les autres choses précieuses faisaient la charge de cinquante chariots. Les Francs, de leur côté, offrirent beaucoup de présents : les uns de l'or, d'autres de l'argent; quelques-uns des chevaux, les plus nombreux des vêtements, et chacun selon ses moyens fit son offrande. Bientôt la jeune fille faisant ses adieux, après bien des larmes et des baisers, franchissait la porte quand un essieu de son char s'étant brisé, tous crièrent *à la malheure* (1) ! ce qui fut pris par quelques-uns pour un présage. Sortie enfin de Paris, elle donna l'ordre de dresser les tentes à huit milles de la ville. Dans la nuit, cinquante hommes se levèrent, et ayant pris cent des meilleurs chevaux, autant de freins d'or, et deux grands bassins, ils s'en allèrent et s'enfuirent auprès du roi Childebert. Et durant toute la route, quiconque pouvait s'échapper, s'enfuyait emportant avec lui ce qu'il avait pu attraper. Un grand monceau de dépenses fut de plus accumulé pendant le voyage aux dépens des diverses cités qu'on traversait, dépenses auxquelles le roi avait défendu que le fisc royal contribuât en rien, tous les frais devant être fournis par une contribution extraordinaire sur les pauvres. En outre,

---

(1) *Omnes mala hora ! dixerunt.*

comme le roi craignait que son frère ou son neveu ne tendissent en chemin quelque piége à la jeune fille, il avait ordonné qu'elle marchât sous la protection d'une armée. Or avec elle étaient des personnages d'un rang magnifique : le duc Bobon, fils de Mummolenus, avec son épouse ; il était là en qualité de paranymphe ; Domegisèle et Ansovald ; le majordome était Waddon, qui avait gouverné autrefois le comté de Saintes. Le reste, en fait de vulgaire, dépassait quatre mille personnes ; quant aux autres ducs et chambriers qui étaient partis avec elle, ils la quittèrent à Poitiers. Les autres poursuivant leur route, allaient comme ils pouvaient : et chemin faisant il se commit tant de pillages, il se fit tant de butin, qu'on ne pourrait en faire le compte. Ils dépouillaient les cabanes des pauvres ; dévastaient les vignes au point de couper et d'emporter les ceps avec les grappes ; enlevaient les troupeaux et tout ce qu'ils pouvaient trouver, et ne laissaient rien dans les lieux par où ils passaient. Alors fut accompli ce qui a été dit par le prophète Joel : « La chenille a mangé les « restes de la sauterelle, et le ver les restes de la chenille, et « la rouille les restes du ver (1). » Il en fut de même à cette époque, où la tempête détruisit les restes de la gelée, où la sécheresse brûla les restes de la tempête, et où l'ennemi emporta les restes de la sécheresse.

XLVI. Tandis qu'ils s'avancent chargés ainsi de butin, Chilpéric, le Néron de notre temps et son Hérode, se rend à la métairie de Chelles, éloignée de Paris d'environ cent stades. Là il se livre à la chasse. Mais un jour en revenant de chasser, comme il faisait déjà nuit un peu noire, au moment où on l'aidait à descendre de cheval et où il tenait une main appuyée sur l'épaule d'un serviteur, un homme s'approche, le frappe sous l'aisselle avec un couteau, puis d'un second coup lui perce

---

(1) Joel. I, VI.

le ventre ; et le sang coulant aussitôt avec abondance par sa bouche et l'ouverture de sa plaie, il exhala son âme méchante. Ce qu'on a lu ci-dessus apprend combien de mal il a fait. Souvent, il dévasta et brûla un grand nombre de contrées, sans en ressentir aucune douleur ; il en était plutôt joyeux, comme autrefois Néron, lorsqu'il déclamait des tragédies au milieu de l'incendie de son palais (1). Très-souvent il punissait injustement les hommes pour avoir leur bien. De son temps, il n'y eut pour ainsi dire que peu de clercs qui arrivèrent à l'épiscopat. Il était adonné à la gourmandise ; il faisait un dieu de son ventre et il prétendait n'y avoir personne de plus sage que lui. Il prétendait aussi avoir médité Sedulius, et il composa deux livres (2), dont les pauvres vers sont incapables de se tenir sur leurs pieds ; car, n'y comprenant rien, il a mis des syllabes brèves pour des longues et longues pour des brèves. Il écrivit encore divers opuscules, des hymnes, des oraisons pour la messe, qu'on ne peut en aucune façon faire servir. S'occuper des pauvres gens lui était odieux. Il blasphémait perpétuellement contre les prêtres du Seigneur ; et il n'y avait pas de sujet dont il tirât plus de dérisions et de plaisanteries, lorsqu'il se trouvait en particulier, que les évêques des églises. L'un, selon lui était léger, l'autre superbe ; celui-ci trop riche, celui-là luxurieux : tel autre trop fier, tel autre gonflé. Il ne haïssait rien tant que les églises ; aussi disait-il très-souvent : « Voilà notre fisc devenu pauvre, voilà que nos richesses « sont passées aux églises. Personne ne règne plus, si ce n'est « seulement les évêques : notre dignité est perdue et a passé « aux évêques des cités. » Et ce disant, il cassait souvent et avec obstination les testaments souscrits au profit des églises, et souvent même il foula aux pieds les actes émanés de son père, comme s'il ne restait personne pour exécuter sa volonté. Quant aux actes de débauche et de luxure, on n'en peut trouver

---

(1) Suéton., VI, 38.
(2) Voyez liv. V, chap. 45.

aucun en imagination qu'il n'exécutât en réalité. Il cherchait sans cesse de nouvelles inventions pour tourmenter le monde ; car, de son temps, ceux qu'il trouvait coupables, il leur faisait arracher les yeux ; et dans les ordonnances qu'il envoyait aux juges, relativement à ses affaires, il ajoutait ces mots : « Si « quelqu'un méprise nos ordonnances, qu'on le punisse par « l'arrachement des yeux. » Jamais il n'aima véritablement personne, et de personne il ne fut aimé. Aussi lorsqu'il eut rendu l'esprit, tous les siens l'abandonnèrent. Mallulf, évêque de Senlis, qui depuis trois jours était sous une tente sans avoir pu le voir, vint dès qu'il apprit qu'il avait été tué ; il couvrit de beaux vêtements le cadavre, qu'on lava ; et après avoir passé la nuit à chanter des hymnes il le transporta sur un bateau, et l'ensevelit dans la basilique de Saint-Vincent qui est à Paris (1), laissant la reine Frédegunde dans l'église cathédrale (2).

Ici finit le livre sixième de Georges Florent, autrement dit Grégoire, évêque de Tours. Grâces à Dieu.

(1) Depuis, l'abbaye Saint-Germain des Prés.

(2) L'auteur des *Gestes des Francs*, ch. xxxv, et, après lui, Aimoin (III, LVI) attribuent la mort de Chilpéric à Frédegonde, qui aurait craint la vengeance du roi pour ses amours adultères avec un leude nommé Landri. Childebert en redemandant Frédegonde à Gontran (l. VII, ch. VII) semble aussi l'accuser de ce crime. Cependant Sunnigisil, qui s'avoua coupable de la mort de Chilpéric (X, XIX.) ne chargea pas Frédegonde. Elle-même l'impute à Ébérulf, chambrier de Chilpéric, l. VII, ch. XXI. (Ruinart, et ch. XCIII de *Frédégaire*.)

LIVRE SEPTIÈME.

1. De la mort du saint évêque Salvius. — 2. De la collision entre les Chartrains et les Orléanais. — 3. Mort de Védastès surnommé Avon. — 4. Que Frédegunde se réfugie dans l'église; ses trésors portés à Childebert. — 5. Que le roi Guntchramn vient à Paris. — 6. Que le même roi s'empare de ce qui était du royaume de Charibert. — 7. Que les députés de Childebert demandent qu'on leur livre Frédegunde. — 8. Que le roi demande au peuple de n'être point assassiné comme ses frères. — 9. Rigunthe retenue prisonnière par Desiderius, qui lui enlève ses trésors. — 10. Que Gundovald est élevé à la dignité de roi; et de Rigunthe, fille du roi Chilpéric. — 11. Signes qui apparurent. — 12. De l'incendie du territoire de Tours et de la vertu de saint Martin. — 13. De l'incendie et du pillage de la ville de Poitiers. — 14. Des députés du roi Childebert envoyés au roi Guntchramn. — 15. De la méchanceté de Frédegunde. — 16. Du retour de l'évêque Pretextatus. — 17. De l'évêque Promotus. — 18. De ce qu'il fut dit au roi de prendre garde d'être assassiné. — 19. De l'ordre donné à la reine Frédegunde de se retirer dans une maison de campagne. — 20. Que la reine envoie un homme pour tuer Brunichilde. — 21. De la fuite et de l'emprisonnement d'Ébérulf. — 22. Sa méchanceté. — 23. D'un Juif qui fut tué avec ses compagnons. — 24. Pillage de la ville de Poitiers. — 25. Du dépouillement de Marileif. — 26. Que Gundovald parcourt les cités. — 27. De l'outrage fait à l'évêque Magnulf. — 28. Que l'armée arrive en présence de l'ennemi. — 29. De la mort d'Ébérulf. — 30. Des députés de Gundovald. — 31. Des reliques de saint Sergius, martyr. — 32. D'autres députés de Gundovald. — 33. Que Childebert vient trouver son oncle Guntchramn. — 34. Que Gundovald s'en va à Comminges. — 35. De la dévastation de la basilique de saint Vincent, martyr, près d'Agen. — 36. Du colloque de Gundovald avec l'armée. — 37. Du siége de la ville. — 38. De la mort de Gundovald. — 39. De la mort de l'évêque Sagittarius et de

Mummolus. — 40. Des trésors de Mummolus. — 41. D'un géant. — 42. De la vertu de saint Martin. — 43. De Desiderius et de Wadon. — 44. D'une pythonisse. — 45. De la famine de cette année. — 46. De la mort de Christophe. — 47. De la guerre civile entre les citoyens de Tours.

I. Quoiqu'il soit nécessaire de poursuivre l'histoire depuis le point où l'ont laissée les livres précédents, la piété cependant exige que l'on dise d'abord quelque chose de la mort du bienheureux évêque Salvius, qui trépassa, cela est certain, cette même année (1). Longtemps mêlé, comme il avait coutume de le raconter lui-même, aux habitudes du monde, il suivait avec les puissants du siècle le cours des affaires du siècle ; sans jamais pourtant s'asservir à ces passions où l'âme des jeunes gens se laisse ordinairement enlacer. Et lorsque le parfum de l'inspiration divine eut pénétré le fond de son cœur, abandonnant les rangs de l'activité mondaine, il se retira dans un monastère ; et il comprit en homme déjà tout livré aux choses divines, que mieux vaut avoir la pauvreté, jointe à la crainte de Dieu, qu'aspirer aux gains d'un monde périssable. Il passa un long temps dans ce monastère, sous la règle instituée par les Pères ; mais ensuite, parvenu à un état plus mûr et d'intelligence et d'âge, l'abbé du monastère étant mort, il se chargea du soin de paître le troupeau ; et au lieu de se montrer plus souvent à ses frères pour les corriger, une fois revêtu de cette dignité, il fut plus retiré encore. Il se chercha de suite une cellule plus secrète. Dans la première, comme il l'assurait lui-même, son corps, consumé par une abstinence excessive, avait changé de peau plus de neuf fois. Lorsqu'enfin il eut reçu l'honneur dont nous venons de parler, se livrant avec plus de fermeté encore à cette austérité et plongé dans la prière et la lecture, il retournait souvent cette pensée dans son

(1) Salvius, vulgairement *Saint Sauve*, mourut en 585. On fête le 10 septembre comme date précise de sa mort. Voy. l. VI, ch. XXIX et VIII, XXII.

esprit, que mieux lui vaudrait d'être caché parmi les moines
que de prendre parmi les peuples le nom d'abbé. Que dire
de plus? Il se voue à la réclusion en disant adieu à ses frères
et eux lui disant aussi leurs adieux. Dans cet état de réclusion il s'adonne à une abstinence parfaite, plus grande qu'auparavant : il s'étudie au devoir de charité, de telle sorte qu'à
chaque étranger qui arrive, il s'empresse d'accorder ses prières,
et d'administrer les eulogies (1) avec la grâce la plus abondante; ce qui procura souvent à beaucoup de malades une
guérison complète. Une fois, épuisé par une fièvre violente,
il gisait dans son lit, respirant à peine ; voilà que tout à coup
sa cellule fut illuminée d'une vive clarté et trembla. Alors il
étendit ses mains vers le ciel en rendant grâces, et exhala son
âme. Les moines y mêlèrent leurs gémissements et, aidés de
sa mère elle-même, ils enlèvent le corps du défunt, le lavent
d'eau, le vêtissent d'habits, le placent sur un cercueil et passent une nuit qui s'écoule dans le chant des psaumes et dans
les pleurs. Le matin venu, tout ayant été préparé pour la cérémonie funèbre, on se mit à placer le corps dans le cercueil ; et voilà que les joues se colorant, l'homme se redresse
comme réveillé d'un profond sommeil, ouvre les yeux, et dit
en élevant ses mains : « O Seigneur miséricordieux ! Qu'as-tu
« fait de moi pour me permettre de retourner dans ces lieux
« ténébreux du séjour terrestre, quand ta miséricorde m'était
« plus douce dans le ciel que la vie corrompue de ce monde ? »
Ses amis stupéfaits lui demandaient ce que voulait dire un
tel prodige; il ne répondait rien à leurs demandes. Mais il se
leva de son cercueil, ne se ressentant plus en rien de la maladie qu'il avait eue et il resta trois jours sans rien boire ni
manger. Le troisième jour, il assembla ses moines et sa mère,
et dit : « Écoutez, très-chers, et comprenez que tout ce que
« vous voyez dans ce monde n'est rien : mais que, comme l'a
« chanté le prophète Salomon, *tout est vanité* (2). Heureux

(1) Voy. t. I, p. 185, n. 1.
(2) Eccl., I, 11.

« est celui qui, dans le siècle, peut agir de manière à mériter
« de voir au ciel la gloire de Dieu! » Après avoir dit cela,
il hésita pour savoir s'il parlerait davantage ou s'il garderait
le silence. Comme il se taisait, supplié avec instance par ses
frères de leur exposer ce qu'il avait vu, il dit : « Quand vous
« me vîtes, il y a quatre jours, expirer dans ma cellule ébran-
« lée, je fus saisi par deux anges et soulevé dans les hau-
« teurs du ciel, de manière qu'il me semblait avoir au-dessous
« de mes pieds non-seulement cette terre fangeuse, mais en-
« core le soleil et la lune, les nuées et les astres. Ensuite, par
« une porte plus brillante que la lumière que voici, je fus in-
« troduit dans une demeure dont le pavé était comme res-
« plendissant d'or et d'argent, dont l'éclat était ineffable,
« l'immensité inénarrable, qu'une telle multitude d'êtres de
« tout sexe emplissait tellement que l'œil ne pouvait ni en
« longueur ni en largeur en embrasser l'espace. Les anges
« qui nous précédaient nous ayant ouvert un chemin à tra-
« vers cette foule qui nous pressait, nous parvenons à un en-
« droit que déjà nous contemplions de loin, au-dessus duquel
« était suspendue une nuée plus lumineuse que toute lu-
« mière, où l'on ne pouvait voir ni soleil, ni lune, ni étoile,
« mais qui brillait plus vivement que tout cela par une lu-
« mière naturelle; et de cette nuée sortait une voix sem-
« blable au grondement lointain des eaux (1). Là, des hom-
« mes revêtus d'habits sacerdotaux ou séculiers me saluaient
« humblement, moi pécheur; et ceux qui nous précédaient
« me racontèrent que c'étaient les martyrs et les confesseurs
« que nous honorons ici-bas le plus dévotement. Debout à
« une place que l'on m'indiqua, je fus enveloppé d'un parfum
« des plus suaves et dont la suavité me remplit tellement
« que je n'ai encore aucun désir ni de manger, ni de boire.
« Puis j'entendis une voix qui disait : « Que celui-ci retourne
« dans le siècle, car il est nécessaire à nos églises. » On en-

(1) Image empruntée à l'Apocalypse, XIV, II.

« tendait la voix, car pour voir qui parlait, cela était absolu-
« ment impossible. Et moi, prosterné sur le pavé, je disais
« avec larmes : « Hélas ! hélas ! Seigneur, pourquoi m'as-tu
« montré ces choses si je devais en être privé ? Voilà qu'au-
« jourd'hui tu me rejettes de devant ta face pour que je re-
« tourne à un monde fragile d'où je ne pourrai plus revenir
« ici. Ne détourne pas de moi, s'il te plaît, Seigneur, ta mi-
« séricorde ; mais, permets-moi, je t'en conjure, d'habiter ici,
« de peur qu'en retombant là-bas je ne périsse. » Et la voix
« qui me parlait dit : « Va en paix, car je serai ton gardien
« jusqu'à ce que je te ramène en ce lieu. » Alors, abandonné
« de mes compagnons, je descendis en pleurant par la porte
« où j'étais entré ; et je revins ici. » Tandis qu'il racontait
cela, tous les assistants étaient dans l'admiration ; mais le
saint de Dieu recommença de dire en pleurant : « Malheur à
« moi qui ai osé révéler un tel mystère ; car cette suave
« odeur que j'avais respirée dans le lieu saint, et qui m'a
« soutenu pendant ces trois jours sans manger ni boire, s'est
« retirée de moi. Et de plus, ma langue est couverte de plaies
« douloureuses, et tellement enflée qu'elle semble remplir
« toute ma bouche. Je reconnais qu'il n'a pas été agréable
« au Seigneur Dieu que ces secrets fussent divulgués ; mais tu
« sais, Seigneur, que je l'ai fait dans la simplicité de mon
« cœur, et non dans un esprit d'orgueil. J'implore ton in-
« dulgence ; selon ta promesse, ne m'abandonne pas. » A ces
mots, il se tut, et prit à boire et à manger. Quant à moi, en
écrivant cela, je crains que quelque lecteur ne le trouve incroyable, par la même raison qu'allègue Salluste en écrivant
son histoire : « Si vous parlez de la vertu et de la gloire des
hommes de bien, chacun écoute de bonne grâce ce qui lui
semblerait facile à faire à lui-même : mais ce qui dépasse cette
mesure lui paraît inventé à plaisir et il le tient pour faux (1). »

(1) Salluste, *Catilina*, ch. III, que Grégoire a déjà cité précédemment
l. IV, ch. XIII (t. Ier, p. 160).

Or, j'atteste le Dieu tout-puissant que j'ai entendu de la bouche de Salvius lui-même tout ce que je viens de rapporter.

Ce fut longtemps après que ce bienheureux fut tiré de sa cellule, élu à l'épiscopat et ordonné malgré lui. Il était, je crois, dans la dixième année d'exercice, quand la maladie inguinaire ravageant la ville d'Albi où elle avait détruit déjà la plus grande partie du peuple, de façon qu'il ne restait plus qu'un petit nombre de citoyens (1), le bienheureux, comme un bon pasteur, ne voulut jamais quitter la place : mais il exhortait toujours ceux qui avaient été épargnés à s'adonner à la prière, à veiller avec persévérance, à ne s'occuper qu'à de bonnes œuvres et à de bonnes pensées, leur disant : « Faites ceci, afin que, si Dieu veut vous retirer de ce monde « vous puissiez entrer, non pas en jugement, mais dans le re- « pos éternel. » Lorsqu'il prévit, par la révélation du Seigneur, à ce que je pense, le moment où il allait être appelé, il se disposa lui-même son cercueil, lava son corps, mit son vêtement ; et c'est ainsi qu'il exhala son âme bienheureuse, toujours tendue vers le ciel. Il avait été un homme d'une grande sainteté, sans la moindre cupidité, ne voulant jamais avoir d'argent. S'il était forcé d'en recevoir, il le distribuait de suite aux pauvres. De son temps, le patrice Mummolus ayant emmené de cette ville d'Agen un grand nombre de captifs (2), il le suivit et les racheta tous ; et, avec l'aide de Dieu, il se concilia si bien les bonnes grâces du peuple vainqueur, que ceux-là même qui avaient emmené les captifs lui remirent une partie du prix et lui firent des présents sur le reste. Et il rendit ainsi à leur liberté première les prisonniers de son pays. J'ai encore entendu citer de cet homme beaucoup de bonnes actions, mais je veux reprendre la suite de mon histoire, et j'en passe le plus grand nombre.

(1) Voy. l. VI, ch. XXXIII.
(2) Voy. l. IV, ch. XLII-XLIV.

II. Chilpéric n'étant plus, et ayant trouvé cette mort qu'il avait longtemps cherchée, les Orléanais et les Blésois (1) réunis se jettent à l'improviste sur les gens du Dunois, et les écrasent; ils livrent aux flammes les maisons et les récoltes, et tout ce qui ne pouvait être facilement transporté; ils pillent les troupeaux, et emportent tout ce qu'ils peuvent enlever. Pendant qu'ils se retiraient, les Dunois, réunis aux autres Chartrains, les suivent à la piste, et les traitant comme ils avaient été traités eux-mêmes, ne leur laissent rien dans les maisons, ni hors des maisons, ni aucun vestige de maisons. Et comme parmi ces derniers eux-mêmes des querelles commençaient à s'élever avec fureur, et que les Orléanais agitaient de nouveau leurs armes contre eux, les comtes intervinrent et imposèrent la paix jusqu'à la prochaine audience, c'est-à-dire qu'au plus prochain jour de jugement le parti convaincu d'agression injuste contre l'autre serait obligé par justice à payer la composition. Ainsi l'on cessa de faire la guerre.

III. Védastès surnommé Avon, qui peu d'années auparavant avait tué Lupus et Ambrosius par suite de son amour pour la femme d'Ambrosius (2), et qui avait pris celle-ci en mariage quoiqu'elle fût, dit-on, sa cousine, se livrait à une quantité de forfaits dans le territoire de Poitiers, quand s'étant joint quelque part au Saxon Childéric, tous deux se prirent de dispute, et un des serviteurs de Childéric transperça Avon d'un coup de lance. Celui-ci tomba par terre et, blessé encore de plusieurs autres coups, il rendit, avec des flots de sang, sa méchante âme; et la majesté divine fut le vengeur du sang innocent qu'il avait versé de sa main; car ce misérable avait commis nombre de vols, d'homicides et d'adultères, qu'il vaut

---

(1) *Blesenses*. C'est (et ci-après ch. XXI) la plus ancienne citation qui soit faite du nom de *Blois* (Valois et Ruinart). Joignez y un passage de la vie de S. Ayoul et la mention *Blezis* dans l'anonyme de Ravenne.

(2) Voyez VI, XIII.

mieux taire, je crois. Néanmoins le Saxon composa avec les fils au sujet de cette mort.

IV. Cependant la reine Frédegunde, lorsqu'elle était devenue veuve, s'était rendue à Paris, et, portant avec elle les trésors qu'elle avait renfermés dans l'intérieur de la ville, elle s'était réfugiée dans l'église (1); l'évêque Ragnemod la prit sous sa protection. Quant au reste de ses trésors, qui étaient restés dans la villa de Chelles, et parmi lesquels était ce bassin d'or qui avait été récemment fabriqué (2), les trésoriers les emportèrent, et passèrent prestement au roi Childebert qui séjournait alors dans la ville de Meaux.

V. La reine Frédegunde, après avoir délibéré avec les siens, envoya des députés au roi Guntchramn, pour lui dire : « Que « mon seigneur vienne, et reçoive le royaume de son frère. « J'ai, disait-elle, un petit enfant que je désire placer entre ses « bras, et moi-même je me soumets à son autorité. » Guntchramn informé de la mort de son frère, pleura amèrement. Puis, quand sa douleur fut calmée, il leva son armée et se dirigea sur Paris. Comme il venait d'être reçu dans les murs de la ville, le roi Childebert son neveu arriva par un autre côté.

VI. Mais comme les Parisiens ne voulaient pas recevoir ce dernier, il envoya des députés au roi Guntchramn chargés de lui dire : « Je sais, excellent père, que ta bonté n'ignore pas « comment tous les deux, jusqu'à présent, nous avons été vic- « times d'un parti ennemi; de telle façon qu'aucun de nous « ne pouvait obtenir justice relativement aux biens qui lui ap- « partenaient. Je te demande donc aujourd'hui, en suppliant, « de garder les conventions qui ont été passées entre nous « après la mort de mon père (1). » Alors le roi Guntchramn

---

(1) C'est-à-dire la cathédrale. Voy. les derniers mots du liv. VI.
(2) VI, II.
(3) T. I, p. 235 (V, XVII).

répondit aux députés : « Misérables et gens toujours traîtres,
« qui n'avez en vous rien de vrai et qui ne gardez pas vos
« promesses, voilà que, laissant de côté tout ce que vous
« m'aviez promis, vous avez signé avec le roi Chilpéric un
« nouvel accord pour que Childebert et lui, après m'avoir dé-
« pouillé de mon royaume, se partageassent mes cités entre
« eux. Voilà les traités eux-mêmes, voilà les signatures sor-
« ties de vos mains et par lesquelles vous avez confirmé cet
« accord (1); et de quel front maintenant demandez-vous que
« j'accueille mon neveu Childebert, que par votre perversité
« vous avez voulu faire mon ennemi? » Les députés lui dirent :
« Si la colère a tellement envahi ton esprit que tu n'accordes
« rien à ton neveu des choses que tu lui as promises, cesse au
« moins de retenir ce qui lui appartient du royaume de Cha-
« ribert. » — Il leur répondit : « Voici les conventions qui ont
« été faites entre nous, afin que lequel que ce fût qui entrerait
« dans la ville de Paris sans la volonté de son frère perdît sa
« part, et que le martyr Polyoctus (2), avec les confesseurs
« Hilarius et Martin, fussent ses juges et ses rémunérateurs.
« C'est après cela que mon frère Sigibert y est entré, lequel,
« frappé de mort par le jugement de Dieu, a perdu sa part.
« Chilpéric a fait de même. Ils ont perdu leurs parts en vertu
« de ces transgressions; et c'est pourquoi tous deux ayant
« failli, et étant tombés sous le coup du jugement de Dieu et
« des malédictions portées dans les traités, fort de la loi, je
« soumettrai à ma domination le royaume de Charibert tout
« entier avec ses trésors, et je n'en accorderai rien à personne
« que par un effet de ma libre volonté. Retirez-vous donc,
« vous autres, toujours menteurs et traîtres, et reportez cela
« à votre roi. »

(1) Voyez liv. VI, chap. III. Ces actes étaient tombés entre les mains de Gontran, devenu possesseur d'une partie des biens de Chilpéric.

(2) Renommé pour punir les parjures; voy. Grégoire, *Gloire des Mart.*, I, ch. CIII.

VII. Comme ils se retiraient, d'autres ambassadeurs de Childebert viennent au roi Guntchramn, pour demander Frédegunde, en disant : « Rends-moi cette femme homicide qui a « étranglé ma tante, qui a tué mon père et mon oncle, qui a « fait périr jusqu'à mes cousins par le glaive (1). » Mais il répondit : « Nous décidons de toutes les affaires dans le plaid « que nous tenons en ce moment et nous y délibérons sur ce « qu'il convient de faire. » Car il favorisait Frédegunde de sa protection, et il l'invitait souvent à dîner, en lui promettant d'être son plus grand défenseur. Un jour qu'ils étaient à table mangeant ensemble, la reine se leva et dit adieu au roi, qui la retenait en lui disant : « Mange encore quelque chose. — Je « te prie, dit-elle, de m'excuser, mon seigneur ; car il m'arrive « ce qui est ordinaire aux femmes : ma grossesse me force à « me lever. » Lui, à ces mots, fut stupéfait, sachant qu'elle avait enfanté un fils quatre mois auparavant. Cependant il lui permit de se lever (2).

Les grands du royaume de Chilpéric, comme Ansovald et les autres, se réunirent auprès de son fils, âgé de quatre mois, comme nous venons de le dire, et le nommèrent Chlothaire (3); puis ils exigèrent de toutes les villes qui avaient appartenu à Chilpéric le serment d'être fidèles au roi Guntchramn et à son neveu Chlothaire.

Cependant le roi Guntchramn rendit, par l'intermédiaire des tribunaux, tous les biens que les fidèles du roi Chilpéric

---

(1) La tante, Galsuinthe, IV, xxviii ; le père, Sigebert, IV, lii ; l'oncle, Chilpéric, VI, xlvi ; les cousins, Mérovée, V, xix, et Clovis, V, xl, fils de Chilpéric. Voy. l. VI, n. dernière.

(2) Le bon abbé de Marolles, dont la traduction est si recommandable par son honnêteté, donne ici une explication qu'on peut reproduire, n'ayant pas trouvé mieux après lui : « Il y a grande apparence que ceci n'est qu'un artifice de la reine pour faire croire à Gontram qu'elle estoit preste d'accoucher. »

(3) Ici l'auteur adoucit ce nom ; il n'écrit plus *Chlothacharius*, comme il a fait pour le grand-père, mais *Chlotharius*. Voy. t. I, p. 85, n. 1.

avaient injustement enlevés à diverses personnes. Il donna beaucoup lui-même aux églises ; il fit aussi revivre les testaments des morts qui avaient institué des églises leurs héritières, testaments que Chilpéric avait cassés ; enfin il se montra bienveillant envers beaucoup de monde et donna beaucoup aux pauvres.

VIII. Mais comme il n'était pas sûr des hommes au milieu desquels il était venu (1), il se munit d'armes, et ne se mettait jamais en chemin pour l'église ni pour les autres endroits où il aimait à se rendre, sans une garde considérable. La même idée fit qu'un certain dimanche, après que le diacre eut imposé silence à tout le monde pour écouter la messe (2), le roi, se tournant du côté du peuple, dit : « Je vous adjure, ô hommes « et femmes ici présents, de vouloir bien me conserver une « fidélité inviolable et de ne pas me tuer, comme vous avez « fait dernièrement de mes frères ; et qu'il me soit permis, « au moins pendant trois ans, d'élever mes neveux, qui sont « devenus mes fils adoptifs, de peur (puisse la Divinité suprême « ne pas le permettre) qu'après ma mort vous ne périssiez « avec ces enfants, quand il n'existera plus de notre famille « un homme vigoureux qui vous défende. » En l'entendant parler ainsi, tout le peuple adressa au Seigneur une prière pour le roi.

IX. Tandis que cela se passait, Rigunthe, fille du roi Chilpéric, parvint jusqu'à Toulouse avec les trésors dont nous avons parlé ci-dessus (3) ; et se, voyant déjà voisine de la frontière des Goths, elle commença de ralentir sa marche ; d'ailleurs ceux qui l'accompagnaient lui disaient qu'elle devait s'arrêter

---

(1) Les Parisiens.
(2) Ce silence était imposé par le diacre, après la lecture de l'évangile, lorsque le célébrant exposait au peuple de quel saint ou de quel mystère on allait célébrer la solennité. (Ruin.)
(3) VI, XLV.

là, parce qu'eux-mêmes, fatigués de la route, n'avaient plus que des vêtements sales et des chaussures déchirées; que les ornements des chevaux et des voitures étaient démontés chacun à part tels qu'on les avait mis sur les chariots pour les transporter; qu'il fallait plutôt commencer par arranger tout cela avec soin et ne se mettre en chemin qu'après, afin qu'elle parût dans toute son élégance aux yeux de son époux; de peur que s'ils se présentaient mal équipés chez les Goths, ils ne s'attirassent leurs moqueries. Tandis qu'ils étaient retardés par ces motifs, la mort du roi Chilpéric vint aux oreilles du duc Desiderius. Alors, ayant pris avec lui ses hommes les plus déterminés, il entre dans la ville de Toulouse, trouve les trésors, les enlève des mains de la reine (1), et les met dans une maison défendue par les scellés et par une garde de soldats courageux, accordant à la princesse à peine de quoi vivre, jusqu'à ce qu'il revienne dans la ville.

X. Quant à lui, il se rendit en hâte auprès de Mummolus, avec qui il avait fait alliance deux ans auparavant. Mummolus résidait alors dans les murs de la ville d'Avignon, avec Gundovald, dont nous avons parlé dans le livre précédent (2). Ce dernier, accompagné des ducs nommés ci-dessus, se dirigea sur le Limosin, et alla jusqu'au bourg de Brives-la-Corrèze (1), où repose un saint Martin, disciple du nôtre, à ce qu'on dit; et là, après avoir été élevé sur un bouclier, il fut proclamé roi; mais au troisième tour que lui firent faire ceux qui le portaient, on raconte qu'il chancela et put à peine être retenu par les mains des assistants. Ensuite il allait par les cités d'alentour.

Cependant Rigunthe séjournait dans la basilique de Sainte-

---

(1) C'est-à-dire Rigonthe, fille du roi. Voyez IV, XIII.
(2) Chap. XXIV.
(3) *Briva Curecia* Brives-la-Gaillarde, sur la Corrèze (dép. de la Corrèze).

Marie, à Toulouse, où s'était réfugiée, par crainte de Chilpéric, l'épouse de Ragnovald dont nous avons parlé plus haut (1). Ragnovald, en revenant des Espagnes, fut rendu à son épouse et à sa fortune. Il s'était, en effet, rendu en Espagne, envoyé par le roi Guntchramn pour une ambassade.

En ce temps, la basilique du bienheureux Martin dont il vient d'être parlé, au bourg de Brives, fut consumée par un violent incendie que suscita l'ennemi toujours acharné; au point que l'autel aussi bien que les colonnes, qui étaient artistement formées de marbres de diverses espèces, furent calcinés par le feu; mais cet édifice fut réparé dans la suite par l'évêque Ferreolus (2), de manière qu'il semblait n'avoir souffert aucun dommage. Les habitants admirent et vénèrent ce saint avec ferveur, parce qu'ils font souvent l'expérience de ses miracles.

XI. On était, dans le moment où ces choses se passaient, au dixième mois de l'année (3). Il apparut alors sur les ceps de vignes de nouveaux sarments, avec des raisins tout formés, et des fleurs sur les arbres. Un grand météore, parcourant le ciel, éclaira au loin le monde avant que la lumière du jour eût paru. On vit aussi des rayons dans le ciel; vers la partie septentrionale une colonne de feu, qui était comme suspendue au ciel et surmontée d'une grande étoile, se montra l'espace de deux heures. Dans l'Anjou, la terre trembla, et beaucoup d'autres signes apparurent qui, à ce que je pense, annoncèrent la mort de Gundovald.

(1) VI, XII. Il est dit en cet endroit qu'elle se réfugia dans la basilique de Saint Saturnin; probablement elle l'avait quittée pour celle de Sainte-Marie. Cette dernière était l'abbaye de *Notre-Dame-de-la-Dorade*, ordre de Saint-Benoît, encore célèbre au dernier siècle, ainsi nommée d'une ancienne image de la Vierge, en mosaïque et toute dorée, *deauratæ beatæ Mariæ*, qu'elle possédait. (Ruin.)
(2) Évêque de Limoges; voy. t. I, p. 255 (V, XXIX).
(3) Décembre.

XII. Le roi Guntchramn envoya donc ses comtes pour saisir les villes que Sigibert avait reçues autrefois, provenant du royaume de Charibert son frère, afin qu'exigeant d'elles les serments, ils les soumissent à son autorité. Cependant les gens de Touraine et de Poitou voulurent passer à Childebert, fils de Sigibert; mais ceux du Berri prirent les armes, se disposèrent à marcher contre eux, et commencèrent à incendier le territoire de Tours. Ils détruisirent alors par le feu l'église de Mareuil (1), en Touraine, où étaient les reliques de saint Martin; mais la puissance du saint se montra, en ce que, malgré la violence de l'incendie, les nappes qui avaient été placées sur l'autel ne furent point consumées par le feu, et même les simples herbes cueillies depuis longtemps, et qui se trouvaient sur l'autel (2), ne furent aucunement brûlées. A la vue de ces incendies, ceux de Tours envoient une députation, se disant qu'il valait mieux pour le moment se soumettre au roi Guntchramn, que de voir tout détruit par le feu ou le fer.

XIII. Aussitôt après la mort de Chilpéric, le duc Gararic était venu à Limoges et y avait reçu les serments au nom de Childebert : de là, il s'était rendu chez les Poitevins, et, accueilli par eux, il y faisait son séjour. Quand il apprit ce que souffrait le peuple de Touraine, il envoya une députation pour nous adjurer de n'avoir pas à nous livrer au parti du roi Guntchramn, si nous voulions prendre garde à nous; mais de nous souvenir plutôt de Sigibert, l'ancien roi, père de Childebert. Mais nous renvoyâmes dire à l'évêque et aux citoyens (de Poitiers) que, s'ils ne se soumettaient pour le moment au roi Guntchramn, ils seraient traités comme nous; car nous leur assurions que ce dernier était maintenant comme un père

---

(1) *Marojalensis*, Mareuil-sur-Cher, dans l'ancienne Touraine, sur la limite du Berri (Loir-et-Cher).

(2) On les laissait sécher sur l'autel pour leur assurer des vertus curatives.

ayant sous lui deux fils, c'est-à-dire le fils de Sigibert et celui de Chilpéric qu'il avait adoptés, et qu'il exerçait ainsi la prééminence sur tout le royaume, comme l'avait fait Chlothachaire son père. Ils ne se rendirent pas à ces raisons ; et Gararic sortit de la cité, comme pour aller rassembler une armée ; laissant dans la ville Éberon, chambrier du roi Childebert. Mais Sichaire, accompagné de Willachaire, comte d'Orléans et qui venait d'être nommé à Tours, fit marcher une armée contre les Poitevins de manière à ce que ceux de Tours attaquant d'un côté et ceux de Bourges de l'autre, ils pussent tout ravager. Arrivés rapidement à la frontière, ils commençaient à brûler les maisons lorsque les Poitevins leur envoyèrent des députés disant : « Nous vous prions de suspendre « jusqu'au plaid que doivent tenir entre eux les rois Gunt- « chramn et Childebert. Si l'on convient que le bon roi Gunt- « chramn doive avoir ces pays, nous ne nous y opposons pas ; « autrement, nous réclamons notre seigneur, que nous « sommes particulièrement tenus de servir. » A quoi ceux-ci répondirent : « Rien ne nous regarde dans cette affaire, si ce « n'est d'exécuter les ordres du prince. Si vous refusez, nous « continuons comme nous avons commencé à tout dévaster. » Et les choses en étant à ce point que tout ce qui était sur leur territoire allait être brûlé, pillé ou emmené en captivité, ils chassèrent de leur ville les hommes de Childebert et prêtèrent leurs serments au roi Guntchramn. Ils ne les gardèrent pas longtemps (1).

XIV. Le jour du plaid étant donc arrivé, l'évêque Égidius, Guntchramn-Boson, Sigivald, et beaucoup d'autres, furent envoyés par le roi Childebert au roi Guntchramn ; et lorsqu'ils furent entrés, l'évêque dit : « Nous rendons grâce au « Dieu tout-puissant, très-pieux roi, de ce qu'après bien des « fatigues il t'a remis en possession de tes pays et de ta

(1) Voy. ch. XXIV.

« royauté. » Le roi lui dit : « A celui-là doit être dignement
« rendu grâce, qui est le roi des rois et le seigneur des sei-
« gneurs, lequel a daigné opérer toutes ces choses par sa misé-
« ricorde; mais non pas à toi, dont le conseil perfide et les par-
« jures ont fait, l'année dernière, incendier mes pays (1); qui
« n'as jamais sincèrement gardé ta foi à aucun homme; dont
« l'astuce est connue partout, et qui te proclames partout
« non un évêque, mais un ennemi de notre royaume. » A ces
paroles l'évêque, plein de colère, garda le silence. Un des députés dit : « Ton neveu Childebert te supplie, afin que tu lui
« fasses rendre les cités que possédait son père. » A cela il
répondit : « Je vous ai déjà dit précédemment que nos conven-
« tions me confèrent ces villes, et par conséquent je ne veux
« pas les rendre. » Un autre député dit encore : « Ton neveu
« demande que la malfaisante Frédegunde, par laquelle ont
« péri tant de rois, lui soit rendue par tes ordres, afin qu'il
« venge la mort de son père, de son oncle et de ses cousins.
« — Elle ne pourra, répondit-il, être livrée en son pouvoir,
« parce qu'elle a un fils qui est roi ; et d'ailleurs tout ce que
« vous alléguez contre elle, je ne crois pas que ce soit vrai. »
Après ceux-là, Guntchramn-Boson s'approche du roi comme
pour lui exposer quelque chose; et comme le bruit s'était répandu que Gundovald avait été publiquement proclamé roi, le
roi (Guntchramn) prévenant ses paroles, dit : « O ennemi de
« notre pays et de notre autorité, qui à cause de cela es allé
« en Orient ces années dernières, exprès pour en ramener un
« Ballomer (2) (c'est ainsi que le roi nommait Gundovald), et

(1) L. VI, ch. XXXI.
(2) Ce nom se retrouve plus loin, ch. XXXVIII, et l. IX, ch. XXVIII, ainsi que dans Aimoin (III, LVI). Du Cange s'est efforcé d'y découvrir le sens de *falsus dominus* ou *pseudoprinceps*. « Certainement, dit-il, *bal* chez les anciens Francs signifiait *faux*, d'où *balmond*, falsus tutor » ; etc. Il semble plutôt que c'était le nom que ce malheureux prétendant avait porté dans son enfance lorsque le roi Clotaire l'avait repoussé loin de lui et rejeté dans la classe des serfs.

« le placer sur notre trône ! homme toujours perfide et ne gar-
« dant jamais tes promesses ! — Tu es seigneur et roi, ré-
« pondit l'autre ; tu es assis sur le trône royal, et personne
« n'ose réfuter les choses que tu as dites : or, je me déclare
« innocent de cette affaire : mais si quelqu'un, égal à moi,
« m'impute tout bas ce crime, qu'il se présente, ouvertement
« ici et qu'il parle, tandis que toi, ô roi très-pieux, tu remet-
« tras l'affaire au jugement de Dieu, afin qu'il décide, en nous
« voyant combattre sur le terrain du champ clos. » A ces
mots, tous gardant le silence, le roi ajouta : « C'est une
« chose qui doit trouver tout le monde animé de la même
« colère que de repousser du pays un étranger dont le père a
« tourné la meule, et, pour dire vrai, dont le père a manié
« la carde et fait de la laine. » Et, quoiqu'il puisse bien arriver
qu'un même homme ait passé sous la maîtrise dans les deux
industries, cependant, à ce reproche du roi, un des députés répondit : « Il a donc eu, cet homme, à ce que tu prétends, deux
« pères à la fois, un cardeur de laine et un meunier ! Cesse, ô
« roi, de parler si mal ; car on n'a jamais entendu dire qu'un
« homme, excepté en matière spirituelle, pût avoir à la fois
« deux pères. » Comme plusieurs, à ces mots, éclataient de
rire, un autre député répondit encore en ces termes : « Nous
« te disons adieu, ô roi. Puisque tu n'as pas voulu rendre les
« cités appartenant à ton neveu, nous savons qu'elle existe
« encore, cette hache qui a tranché la tête de tes frères : elle
« te fera bientôt sauter la cervelle. » Et ils se retirèrent ainsi
faisant scandale. Le roi furieux de ces dernières paroles leur
fit jeter sur la tête, pendant qu'ils s'en allaient, des crottins de
chevaux, du fumier en putréfaction, de la paille, du foin pourri
et de la boue puante des rues de la ville. Tout souillés de ces
ordures, ils partirent, emportant un affront et un outrage
immenses.

XV. Tandis que la reine Frédegunde se tenait dans l'église
de Paris, Léonard, ex-domestique qui venait d'arriver de la

ville de Toulouse, entra chez elle et se mit à lui raconter les outrages et les injures faits à sa fille, en lui disant : « Selon ton « ordre, j'ai été avec la reine Rigunthe : j'ai vu son humilia- « tion, et comment elle a été dépouillée de ses trésors et de « toutes choses ; et me dérobant par la fuite, alors je suis « venu annoncer à ma maîtresse ce qui s'est passé. » Elle, enflammée de fureur en entendant cela, le fit mettre à nu dans l'église même, et après l'avoir dépouillé de ses vêtements et d'un baudrier qu'il avait eu en présent du roi Chilpéric, elle le fit sortir de sa présence. De même les cuisiniers ou les boulangers, ou tous ceux qu'elle sut de retour de ce voyage, elle les fit battre et dépouiller et les laissa avec leurs vêtements en lambeaux. Elle tenta, par d'odieuses accusations, de ruiner Nectarius, frère de l'évêque Baudegisile (1), dans l'esprit du roi, en prétendant qu'il avait enlevé beaucoup de choses du trésor du roi défunt. Elle disait aussi qu'il avait pris dans les magasins des peaux (2) et une quantité de vins et demandait qu'on le chargeât de chaînes et qu'on le jetât dans les ténèbres de la prison ; mais la douceur du roi et la protection de son frère ne permirent pas que cela se fît. Ainsi commettant en ce lieu une foule d'actions déraisonnables, elle n'avait aucune crainte de Dieu à l'église duquel elle demandait asile. Elle avait alors avec elle le juge Audon, qui, du vivant du roi (Chilpéric) l'avait secondée dans un grand nombre de mauvaises actions. Ce même homme, de concert avec le préfet Mummolus (3), avait soumis au tribut public beaucoup de Francs qui, au temps du roi Childebert l'ancien, en étaient exempts en qualité d'hommes libres. Après la mort du roi, il avait été pillé et dépouillé par eux, de telle sorte qu'il ne lui restait que ce qu'il avait pu emporter sur lui. On brûla ses maisons

(1) Évêque du Mans, liv. VI, chap. IX.
(2) Il faut entendre par ces peaux (*tergora*) des quartiers de porc (Benj. Guérard).
(3) Celui dont il a été question liv. VI, chap XXXIX.

et on lui eût même ôté la vie, s'il ne se fût réfugié dans l'église avec la reine.

XVI. Elle reçut avec colère l'évêque Prétextatus que les citoyens de Rouen, après la mort du roi, avaient rappelé de l'exil et rétabli dans sa cité avec une grande joie et de grands applaudissements. Après son retour, il se rendit dans la ville de Paris et se présenta au roi Guntchramn, le priant d'examiner avec soin son affaire. La reine affirmait qu'un homme ne devait point être rétabli sur son siége, alors qu'il avait été privé des fonctions épiscopales par le jugement de quarante-cinq évêques (1) Comme le roi voulait assembler un synode pour cette affaire, Ragnemod, évêque de la ville (2), répondit au nom de tous : « Sachez qu'une pénitence lui a été infligée « par les évêques ; mais qu'il n'a pas été absolument écarté de « l'épiscopat. » Et de cette manière, il fut accueilli par le roi et appelé à sa table ; puis il revint à sa ville.

XVII. Quant à Promotus, qui par ordre du roi Sigibert avait été établi évêque de Châteaudun, et après la mort du roi avait été dépossédé parce que ce château était du diocèse de Chartres, et contre qui un jugement avait été porté (3) qui ne lui permettait de remplir que les fonctions de la prêtrise, il vint trouver le roi Guntchramn, le spppliant de lui rendre les honneurs de l'épiscopat dans le susdit château : mais Pappolus, évêque de Chartres, s'y opposa en disant . « Ce lieu est de mon diocèse » ; et il faisait surtout valoir le jugement des évêques. Promotus ne put donc obtenir rien autre du roi que la restitution de ce qu'il possédait en propre dans le territoire de ce château, pour y demeurer avec sa mère qui vivait encore.

XVIII. Pendant que le roi (Guntchramn) séjournait à Paris,

(1) Voyez liv. V, chap. XIX.
(2) C'est-à-dire de Paris.
(3) En 573 au concile de Paris.

un pauvre vint lui dire : « Écoute, ô roi, les paroles de ma
« bouche. Tu sauras que Faraulf, autrefois chambrier de ton
« frère, cherche à te tuer. J'ai appris son dessein qui est de
« t'attaquer avec un couteau ou de te transpercer d'un coup
« de lance, lorsque tu te rends à l'église pour la prière du ma-
« tin. » Le roi bien étonné fit appeler Faraulf. Celui-ci nia le
fait : mais le roi, craignant quelque chose de semblable, eut
soin de se bien munir d'armes ; et il ne se rendait plus aux
lieux saints ni ailleurs sans être escorté d'une troupe d'hommes armés et de gardes. Quant à Faraulf, il mourut avant qu'il
se fût écoulé beaucoup de temps.

XIX. Comme une clameur générale s'élevait contre ceux
qui avaient été puissants sous le roi Chilpéric, et les accusait
d'avoir enlevé à autrui des terres et d'autres biens, le roi,
comme on l'a déjà dit plus haut (1), fit restituer tout ce qui
avait été enlevé injustement. Il ordonna aussi à la reine
Frédegunde de se retirer dans le domaine de Reuil (2), situé
sur le territoire de Rouen. Les gens les plus considérables
par la naissance qu'il y eût dans le royaume du roi Chilpéric
la suivirent tous, puis la laissant en ce lieu, avec l'évêque Mélanius, qui avait été dépossédé du siége de Rouen, ils se transportèrent auprès de son fils en lui promettant de l'élever avec
le plus grand soin.

XX. Après que la reine Frédegunde fut allée dans ce domaine
vivement attristée de ce que son pouvoir lui avait été en partie
enlevé, et se trouvant inférieure à Brunichilde, elle envoya secrètement un clerc, son familier, pour entourer celle-ci de
piéges et se mettre en mesure de la tuer en s'introduisant
adroitement parmi ses serviteurs, de manière à gagner sa

---

(1) Chap. VII.
(2) Notre-Dame du Vaudreuil (Eure), près de la jonction de l'Eure
avec la Seine.

confiance, et pour la frapper sans qu'on s'en doutât. Le clerc se présenta donc, et gagna les bonnes grâces de Brunichilde par divers artifices, en lui disant : « Je fuis la présence de la reine « Frédegunde et j'implore ton appui. » Il s'étudia en même temps à se montrer humble, attaché, soumis envers tous et particulièrement envers la reine ; mais il ne s'écoula pas long temps avant qu'on ne s'aperçût qu'il avait été envoyé traîtreusement ;-enchaîné et battu, il obtint la permission de retourner vers sa maîtresse quand il eut dévoilé le complot. Il apprit à celle ci ce qui était arrivé, et lui déclara qu'il n'avait pu exécuter ses ordres. Elle le punit en lui faisant couper les pieds et les mains.

XXI. Ces choses s'étant ainsi passées, le roi Guntchramn (1), rentré à Chalons s'efforçait d'informer touchant la mort de son frère, et la reine avait chargé de ce crime le chambrier Éberulf (2), qu'elle avait priée de rester auprès d'elle après la mort du roi, mais qui n'avait pu obtenir cela de lui. Ce différend s'enveminant, la reine affirma que c'était lui qui avait tué le roi, qu'il lui avait enlevé une grande partie de ses trésors, qu'il s'était ainsi retiré dans la Touraine. et que si le roi (Guntchramn) désirait venger la mort de son frère, il pouvait être assuré que cet homme avait été le porte-étendard du complot. Alors le roi jura devant tous les grands qu'il anéantirait non-seulement Éberulf, mais toute sa postérité jusqu'à la neuvième génération, afin que leur supplice fît cesser pour l'avenir cette coutume impie de tuer les rois. Ce qu'Éberulf ayant appris, il se réfugia dans la basilique de Saint-Martin, dont il avait souvent envahi les biens. Alors, saisissant le prétexte de le garder, les Orléanais et les Blésois venaient tour à tour faire faction, et, après quinze jours de service, s'en retournaient

---

(1) Année 584.
(2) Eberulf ou Berulf suivant les manuscrits; mais il ne faut pas le confondre avec le duc Bérulf, cité l. V, ch. L; VI, XII; VIII, XXVI.

avec un riche butin, emmenant les bêtes de somme, les bestiaux et tout ce qu'ils avaient pu piller. Mais ceux qui avaient emmené les bêtes de somme de Saint-Martin, ayant pris querelle entre eux, se percèrent mutuellement de leurs lances. Deux autres qui avaient enlevé des mules, étant entrés dans la maison d'un voisin, se mirent à demander à boire ; et comme cet homme leur répondait qu'il n'en avait pas, ils levèrent leurs lances pour le percer : lui, tirant son épée, les frappa l'un et l'autre, et tous deux tombèrent et moururent. Les bêtes de somme de Saint-Martin furent rendues. Une telle quantité de maux furent commis en cette circonstance par ces Orléanais qu'on ne saurait en faire le détail.

XXII. Tandis que ces choses se passaient, les biens d'Éberulf sont concédés à différentes personnes : l'or et l'argent et les autres choses les plus précieuses qu'il gardait sur sa personne lui sont arrachés ; les biens qu'il avait reçus en bénéfice sont confisqués ; ses troupeaux de chevaux, de porcs et de gros bétail lui sont également enlevés. Une maison située dans l'intérieur de la ville (1), et dont il s'était emparé au préjudice de l'église, et qui était remplie de blé, de vin, de quartiers de porc (2) avec beaucoup d'autres choses, fut entièrement pillée, et il n'y resta que les murailles toutes nues. A cause de cela, c'était nous qu'il accusait principalement, nous fidèlement attaché à sa cause ; et il promettait fort souvent que si jamais il arrivait aux bonnes grâces du roi, il se vengerait sur nous de ce qu'il avait à supporter. Dieu sait pourtant, lui devant qui se révèlent les secrets les plus intimes, que c'est avec un cœur pur et de tout notre pouvoir, que nous lui avons prêté secours. Et quoiqu'il nous eût précédemment joué bien des tours au sujet des propriétés de Saint-Martin, il y avait cependant une raison pour que je les oubliasse, c'est

(1) Tout ceci se passe à Tours.
(2) Voyez cette même expression, ci-dessus page 85, n. 2.

que j'avais tenu son fils sur les fonts baptismaux. Mais ce qui fut, je crois, le plus nuisible à ce malheureux, c'est qu'il ne temoignait d'aucun respect pour le saint prélat. Il se livra souvent à des batteries dans le portique même qui est aux pieds du saint, en faisant continuellement des orgies et des extravagances. Un jour qu'un prêtre tardait à lui donner du vin parce qu'il le voyait déjà ivre, il le renversa sur un banc, le frappa à coups de poing, et lui donna toutes sortes de coups jusqu'à lui faire presque rendre l'âme ; ce qui serait peut-être effectivement arrivé sans le secours des ventouses que les médecins lui appliquèrent. Par crainte du roi, Éberulf avait sa demeure dans la sacristie même de la sainte basilique. Quand le prêtre qui était chargé des clefs s'était retiré après avoir fermé les autres portes, des servantes entraient comme les autres serviteurs d'Éberulf par celle de la sacristie, regardaient les peintures des murailles, et examinaient curieusement les ornements du saint tombeau ; ce qui était fort scandaleux pour les gens religieux. Le prêtre, qui sut cela, fixa des vis dans la porte, et y adapta des verroux en dedans. Celui-ci s'en étant aperçu, après souper et déjà pris de vin, pendant que nous chantions les psaumes de la prière, à l'entrée de la nuit, entre comme un furieux dans l'église, et commence à m'accabler d'injures et de malédictions, me reprochant, entre autres choses, d'avoir voulu le séparer des voiles protecteurs qui couvrent le saint tombeau. Pour moi, me demandant avec étonnement quelle démence s'était emparée de lui, je m'efforçais de le calmer par la persuasion ; mais, voyant que les douces paroles ne pouvaient triompher de sa furie, je résolus de garder le silence. Quand il vit que je me taisais, il se tourne vers le prêtre et vomit contre lui un torrent d'injures. Enfin, il nous provoquait, lui par des paroles insolentes, moi par divers reproches outrageants. Alors, le voyant pour ainsi dire possédé du démon, nous sortîmes de la sainte basilique, finissant ainsi les vigiles en même temps que la dispute et indignés surtout de ce qu'il avait excité ce débat, sans respect pour le saint évêque, en présence même de son tombeau.

Ces jours-là j'eus un songe que je lui racontai dans la sainte basilique. Je lui dis : « Il me semblait célébrer dans cette « basilique les très-saintes solennités de la messe ; et déjà « l'autel, chargé des offrandes (1), était couvert du voile de « soie, lorsque je vois entrer tout à coup le roi Guntchramn « qui s'écriait d'une forte voix : « *Entrainez hors d'ici l'en-* « *nemi de notre famille ; arrachez du saint autel de Dieu* « *cet homicide.* » Moi, en entendant cela, je me tournai vers « toi et dis : « *Malheureux, saisis la nappe de l'autel qui* « *couvre les saintes offrandes, pour n'être pas chassé* « *d'ici.* » Tu la saisissais, mais d'une main lâche et tu ne la « retenais pas avec énergie. Et moi, les mains étendues, j'op-« posais ma poitrine à la poitrine du roi, en disant : « *Garde-*« *toi de jeter cet homme hors de la sainte basilique, de peur* « *que ta vie ne soit en péril, et que le saint évêque ne te* « *détruise par sa puissance. Garde-toi de le tuer de ta* « *propre lance ; car, si tu fais cela, tu seras privé de la vie* « *présente et de la vie éternelle.* » Mais comme le roi me « résistait, tu lâchais le voile et tu venais te mettre derrière « moi ce qui était, pour toi, fort désagréable. Puis retour-« nant à l'autel, tu en saisissais la nappe, mais tu l'abandon-« nais de nouveau. Or, tandis que tu la tenais mollement et « que je résistais au roi avec vigueur, je me suis éveillé, « troublé par la peur, ignorant (2) ce qu'un tel songe signi-« fie. » Après que je lui eus fait ce récit, il me dit : « *Il est* « *vrai ce songe que tu as eu et qui s'accorde parfaitement*

(1) A la messe, après l'offertoire, le prêtre choisissait, parmi les of-randes, une portion suffisante pour le sacrifice et la communion des fidèles, et la couvrait avec la nappe de l'autel. (Ruinart d'ap. Mabillon, *Liturg. gall.*, I, 5, n° 10).

(2) Il est clair qu'au moins ici Grégoire n'est pas aussi simple qu'il veut bien le dire et que sa prétendue vision n'était qu'un avertissement pré-paré pour Éberulf sous des formes diplomatiques. Il trouve dans le bar-bare son maitre en finesse.

« *avec ma résolution.* » — A quoi je répondis : « *Quelle ré-
« solution as-tu donc formée?* — *J'ai résolu*, reprit-il, *que
« si le roi voulait me faire entraîner hors d'ici, je m'atta-
« cherais d'une main aux nappes de l'autel, mais que de
« l'autre, tirant mon épée du fourreau, je te tuerais d'a-
« bord, puis je mettrais à mort tous les clercs que je pour-
« rais trouver. Après quoi la mort ne serait pas une peine
« pour moi si j'avais tiré vengeance des clercs consacrés à
« ce saint.* » A ces mots, je demeurai stupéfait et j'admirai
ce que je voyais, c'est-à-dire le diable parlant par sa bouche.
Jamais, en effet, il n'eut aucune crainte de Dieu. Lorsqu'il était
en liberté, il laissait paître ses chevaux et ses troupeaux dans
les blés et les vignes des pauvres ; et quand ils étaient chassés
par ceux dont ils détruisaient les récoltes, il faisait battre aussitôt ces derniers par ses gens. Même, dans la détresse où il
était, il rappelait souvent qu'il avait injustement ravi les biens
du saint évêque. En effet, il avait encore, l'année d'auparavant,
suscité un habitant de la ville, un étourdi, pour intenter un
procès aux intendants de l'église, et au mépris de la justice, il
s'appropria, au moyen d'une vente fictive, des biens que l'église
possédait depuis longtemps ; il donna pour cela à son homme
la portion de son baudrier faite en or. Il commit encore une
quantité d'autres actes également indignes jusqu'à la fin de sa
vie, que nous raconterons plus loin (1).

XXIII. Cette même année, Armentarius le juif vint à Tours
avec un partisan de sa secte et deux chrétiens, afin de faire exécuter les promesses de payement que lui avaient données l'ex-vi-
guier (2) Injuriosus et l'ex-comte (3) Eunomius, pour l'avance
à eux faite du montant des tributs publics. Sur sa demande, ces
deux hommes s'engagèrent à lui rembourser la somme avec

---

(1) Chap. XXIX.

(2) Le viguier, *vicarius*, tenait la place du comte pour rendre la justice
ou lever un impôt public.

(3) De Tours. Voy. l. V, ch. XLVIII et L.

les intérêts, et lui dirent en outre : « Si tu veux venir dans « notre maison, nous te payerons ce qui t'est dû, et tu auras « l'honneur de recevoir de nous d'autres présents, comme il « est convenable. » Il s'y rend donc, est reçu par Injuriosus, et placé à table. Le repas terminé, comme la nuit s'approchait, ils quittèrent ce lieu pour passer dans un autre. A ce moment, les juifs avec les deux chrétiens, furent tués, à ce qu'on dit, par les gens d'Injuriosus et précipités dans un puits qui était voisin de sa maison. En apprenant ce qui s'était passé, leurs parents se rendirent à Tours, et, sur les indices donnés par quelques personnes, ils trouvèrent le puits, et en retirèrent les hommes pendant qu'Injuriosus niait fortement qu'il eût trempé dans cette affaire. A la suite de cela il fut traduit en jugement ; mais comme il niait hardiment, ainsi que nous l'avons dit, et que les parents n'avaient pas de preuves pour le convaincre, il fut ordonné qu'il se justifierait par le serment. Les autres ne voulant point admettre cela, portèrent le procès devant le roi Childebert ; on ne trouva pourtant ni l'argent du juif mort ni les promesses qui lui avaient été souscrites. Beaucoup de monde prétendait que le tribun (1) Medardus (2) avait été mêlé à ce crime, parce qu'il avait aussi emprunté de l'argent au juif. Cependant Injuriosus vint au plaid en la présence du roi Childebert, et attendit, trois jours durant, jusqu'au coucher du soleil (3). Mais les plaignants n'étant point venus, et personne ne portant la parole contre lui sur cette affaire, il s'en retourna en sa demeure.

XXIV. La dixième année du roi Childebert (4), le roi Guntchramn, ayant convoqué les peuples de son royaume, rassem-

(1) Officier aux ordres du comte et particulièrement chargé du recouvrement des impôts. Cf. liv. X, ch. XXI.
(2) *Memmius*, d'après le texte suivi par Giesebrecht.
(3) Telle était la règle suivant la procédure franque. Voy. Pardessus, *Loi Saliq.*, p. 600.
(4) Année 585.

bla une grande armée, dont la majeure partie, jointe aux hommes d'Orléans et de Bourges, marcha contre ceux de Poitiers, qui avaient manqué à la fidélité qu'ils avaient promise au roi. On envoya d'abord une députation pour savoir si on serait reçu, ou non par les gens du Poitou : mais l'évêque de la contrée, Marovéus, accueillit mal les députés. Les soldats étant donc entrés sur ce territoire, se livrèrent au pillage, aux incendies, aux meurtres ; et ceux qui s'en revenaient avec du butin, en traversant la Touraine, faisaient de même aux pays qui avaient déjà prêté serment, à tel point qu'ils incendiaient même les églises et enlevaient tout ce qu'ils pouvaient trouver. Ce désastre se renouvela souvent, car les Poitevins ne reconnurent qu'avec peine l'autorité du roi : enfin voyant leur ville serrée de plus près par l'armée ennemie et la plus grande partie de leur territoire ravagée, ils envoyèrent des députés pour s'avouer les fidèles du roi Guntchramn. Mais ceux qui furent admis dans la ville se jetèrent sur l'évêque, en l'accusant d'infidélité. Celui-ci se voyant prisonnier entre leurs mains, brisa un calice d'or qui servait au saint ministère, et l'ayant transformé en monnaie, se racheta, lui et son peuple (1).

XXV. Ils attaquèrent aussi avec furie Marileif (2), qui avait été le premier médecin de la maison du roi Chilpéric et qui avait été cruellement pillé déjà par le duc Gararic (3). Il fut de nouveau dépouillé par eux à tel point qu'il ne lui resta plus rien. Après lui avoir enlevé à la fois ses chevaux, son or et son argent, ainsi que ses effets les plus précieux, ils l'assujettirent au service de l'église. Son père avait été si réellement dans le servage qu'il s'occupait des moulins de l'église et que ses

---

(1) « Cette conduite ne paraissait pas blâmable. Mabillon en cite plusieurs autres exemples, *Lit. gallic.*, I, VII, n° 4. » (Ruinart, Guadet et Tar.)

(2) Voy. liv. V, ch. XIV, t. I, p 227.

(3) Voy. ci-dessus ch. XIII.

frères, cousins et autres parents étaient dans la sujétion des cuisines seigneuriales et de la boulangerie.

XXVI. Gundovald eut dessein d'approcher de Poitiers, mais il n'osa pas ; car il avait appris que l'armée marchait déjà contre lui. Dans les cités qui avaient eté au roi Sigibert, il recevait les serments au nom du roi Childebert ; dans les autres qui avaient appartenu ou à Guntchramn ou à Chilpéric, il faisait jurer fidélité en son propre nom. Il se rendit ensuite à Angoulême, et après y avoir pris les serments et fait des présents aux principaux habitants, il marcha vers Périgueux, et il en laissa l'évêque (1), outrageusement traité parce que celui-ci n'avait pas voulu le recevoir.

XXVII. Étant parti de là pour Toulouse, il envoya des émissaires à Magnulf, évêque de la ville, pour le prier de le recevoir : mais celui-ci, se souvenant du mal qu'il avait éprouvé à cause de Sigulf qui voulait s'élever à la royauté (2), dit aux citoyens : « Nous savons que Guntchramn est roi, ainsi que « son neveu Childebert ; mais celui-ci, nous ne savons d'où « il est. Tenez-vous donc prêts ; et si le duc Desiderius veut « attirer sur nous cette calamité, qu'il périsse du même sort « que Sigulf, et qu'il serve d'exemple à tout étranger qui ose- « rait attenter au royaume des Francs » Ils résistèrent donc et se disposèrent à la guerre ; mais quand arriva Gundovald avec une armée considérable, voyant qu'ils ne pourraient pas soutenir le choc, ils le reçurent. Quelque temps après, comme l'evêque était assis à table avec Gundovald dans la maison de l'église (3), il lui dit : « Tu assures que tu es fils du roi Chlo-

---

(1) L'évêque Chartier, dont il a été question liv. VI, chap. xxii.

(2) Ces paroles sont peut-être une allusion à ce qui est rapporté au liv. V, ch. xlviii, du Sigulf qui chassa des villes du midi, en 572, le fils du roi Chilpéric On voit encore un Sigulf liv. VIII, chap. xviii ; mais c'est un personnage différent.

(3) Dans la demeure épiscopale.

« thachaire ; est-ce ou non la vérité, nous l'ignorons, mais
« quand même tu pourrais accomplir ton entreprise, c'est une
« chose qui nous semblerait toujours incroyable » Gundovald
« dit : « Je suis bien fils du roi Chlothachaire, et je vais re-
« cueillir dès à présent une partie de son royaume ; j'irai rapide-
« ment jusqu'à Paris, et j'y établirai le siége de mon autorité. »
L'évêque dit : « Il est donc véritable alors qu'il n'est resté
« personne de la race des Francs, si tu peux exécuter ce que
« tu dis! » Au milieu de l'altercation, Mummolus ayant entendu ces paroles, leva la main et fit tomber l'évêque sous
les soufflets, en disant : « N'as-tu pas de honte, un indigne et
« un imbécile comme toi, de répondre ainsi à un grand roi ? »
Et quand Desiderius eut compris la pensée de l'évêque d'après
les paroles qui avaient été dites, enflammé de colère, il porta
les mains sur lui, et tous, après l'avoir frappé de concert à
coups de bâton, à coups de poing et à coups de pied, ils le
lièrent avec des cordes et le condamnèrent à l'exil ; puis ils
s'approprièrent tout ce qu'il possédait, tant de ses biens propres
que de ceux de l'église. Waddon, qui était majordome de la
reine Rigunthe, se joignit à eux ; le reste de ceux qui étaient
partis avec lui disparurent par la fuite.

XXVIII. Ensuite l'armée (de Guntchramn), s'éloignant
de la ville de Poitiers, marcha en avant à la poursuite de Gundovald. Beaucoup de Tourangeaux l'avaient suivie dans l'espoir du gain. Mais, les Poitevins étant venus l'assaillir, plusieurs furent tués et la plupart s'en retournèrent dépouillés ;
ceux d'entre ces derniers qui s'étaient joints à cette
armée dès le commencement la quittèrent en même temps.
L'armée s'étant donc avancée jusqu'à la rivière de Dordogne, se mit à attendre quelles nouvelles elle aurait de Gundovald. A lui s'étaient joints, comme je l'ai dit, le duc Desiderius et Bladastès avec Waddon le majordome de la reine
Rigunthe. Les premiers auprès de lui étaient l'évêque Sagitta-

rius (1) et Mummolus. Sagittarius avait même déjà reçu la promesse de l'évêché de Toulouse.

XXIX. Tandis que ces choses se passaient, le roi Guntchramn dépêcha un certain Claudius, en lui disant : « Va, et « si, après avoir tiré Éberulf (2) de la basilique, tu le tues à « coups d'épée ou le charges de chaînes, je t'enrichirai par de « grands presents : seulement je t'avertis de prendre bien « garde de ne pas commettre le moindre outrage envers la « sainte basilique. » Celui-ci, homme vain et avide, accourut promptement à Paris : sa femme était du territoire de Meaux. Il se mit à rouler dans son esprit la pensée d'aller voir la reine Frédegunde, se disant : « Si je la vois, je puis tirer d'elle « quelque récompense, car je sais qu'elle est l'ennemie de « l'homme contre qui je suis envoyé. » Il alla donc à elle, en reçut de grands présents au moment même et en tira de nombreuses promesses pour l'avenir, à condition qu'il tuerait Éberulf après l'avoir tiré de la basilique, ou qu'il l'enchaînerait après l'avoir circonvenu par ruse, ou du moins qu'il le tuerait sous le portique même de l'église. De retour à Châteaudun, il avertit le comte d'avoir à lui adjoindre trois cents hommes, comme pour garder les portes de la ville de Tours; mais en réalité pour se rendre maître d'Éberulf avec leur secours. Tandis que le comte de Châteaudun faisait marcher ces hommes, Claudius arrivait à Tours. Chemin faisant, il se mit à consulter les auspices, et suivant la coutume des barbares, à dire qu'ils lui étaient contraires; en même temps, il interrogea beaucoup de gens pour savoir si la vertu de saint Martin se manifestait à l'instant même contre les parjures; ou du moins, dans le cas d'une violence faite par quelqu'un aux personnes esperant en lui, si la vengeance suivrait immédiatement. Ayant donc posté derrière lui, comme nous l'avons dit, les hommes

(1) Évêque de Gap; voy. l. V, ch. xxi.
(2) Voyez chap. xxi et xxii.

qui devaient venir à son secours, il se rendit à la sainte basilique. Aussitôt se rendant intime avec le malheureux Éberulf, il se mit à lui faire des serments, à lui jurer par toutes les choses les plus sacrées, par la vertu du saint évêque présent en ce lieu, que personne ne lui serait plus fidèlement attaché et ne pourrait mieux mener à fin sa cause auprès du roi. Car telle avait été la résolution de ce malheureux : « Si je ne le « trompe en me parjurant, je ne réussirai pas. »

En effet, quand Éberulf le vit lui faire de telles promesses avec des serments, dans la basilique même, sous les portiques, et dans tous les endroits les plus révérés de l'enceinte sacrée, il crut enfin, le malheureux, aux paroles de cet homme parjure. Or, le jour suivant, tandis que nous séjournions dans une maison de campagne à trente milles environ de la ville, Éberulf, avec Claudius et d'autres citoyens, fut invité à un festin dans la sainte basilique; et là, Claudius voulait le frapper de son épée, si ses serviteurs eussent été moins près : mais Éberulf léger comme il était, n'y fit nullement attention. Lorsque le repas fut achevé, lui et Claudius commencèrent à se promener dans le vestibule de la maison épiscopale, se promettant, par des serments réciproques, fidélité et affection. Tout en parlant ainsi, Claudius dit à Éberulf : « Je me réjouis de l'idée de boire « dans ta demeure, si tu as des vins mêlés de parfums, ou si « ton Excellence avait envie de boire d'un vin plus fort. » A ces mots, Éberulf joyeux répondit qu'il en avait, et ajouta : « Tu trouveras dans ma demeure tout ce que tu voudras : que « mon seigneur daigne seulement entrer sous l'humble toit « de mon logis. » Et il envoya ses esclaves l'un après l'autre chercher des vins plus forts, c'est-à-dire des vins de Latakié (1) et de Gaza. Claudius le voyant seul et sans ses servi-

---

(1) *Laticina vina*. Mot qui a embarrassé; on l'a traduit par vins de Falerne (*latina*), par vins blancs (*latex*), etc.; Grégoire a eu sans doute en vue les vins de l'ancienne *Laodicea*, voisine de Chypre et placée, comme Gaza, sur la côte de Syrie. Dès le commencement du troisième siècle, sous Élagabale et Alexandre Sévère, les monnaies frappées

teurs, dit en levant la main vers la basilique : « Bienheureux
« Martin, fais que je revoie bientôt ma femme et mes pa-
« rents. » En effet, le malheureux était dans une dangereuse
alternative; il méditait de tuer Éberulf dans la cour de l'église,
et redoutait la vertu du saint évêque. En ce moment un des
serviteurs de Claudius, homme particulièrement robuste,
après avoir saisi Éberulf par derrière, le serre de ses bras vigoureux, le renverse sur le dos, et présente sa poitrine au
meurtrier. Claudius tire son épée du baudrier, et s'avance vers
lui : mais Éberulf tire un poignard de sa ceinture, et, quoique
toujours retenu, se prépare à frapper. Tandis que Claudius,
levant le bras, lui enfonçait le glaive dans la poitrine, Éberulf
lui plonge vigoureusement le poignard dans l'aisselle et en retirant le fer à lui, il abat d'un nouveau coup le pouce de Claudius. Les serviteurs de ce dernier accourent avec des épées, et
couvrent Éberulf de blessures : il s'échappe de leurs mains, et
comme il s'efforçait de fuir déjà à demi mort, mais l'épée à
la main, ils le frappent rudement à la tête; sa cervelle jaillit,
il tomba et mourut. Il n'avait pas mérité d'être sauvé par celui
qu'il n'avait jamais su implorer sincèrement. Claudius, saisi de
crainte, gagna la cellule de l'abbé pour se mettre sous la protection de celui dont il n'avait pas respecté le patron. Il le
trouva, et lui dit : « Un crime énorme vient d'être commis, et
« si tu n'y portes remède nous périrons. » Il parlait encore
lorsque les serviteurs d'Éberulf accoururent armés d'épées et
de lances. Trouvant la porte fermée, ils brisent les vitres de
la cellule, lancent des traits par les ouvertures de la muraille,
et percent d'un javelot Claudius qui était à demi-mort. Cependant ses complices se cachent derrière les portes et sous les
lits. L'abbé, saisi par deux clercs, est entraîné vivant, mais
avec peine, à travers les pointes d'épée, et les portes étant
ouvertes, une foule d'hommes armés pénètre dans sa cellule.

dans cette ville commencent à porter ΛΑΔΙΚΕΩΝ et AADICEON, au
lieu de l'ancien nom Λαοδικέων πρὸς θαλάσσην.

Plusieurs de ceux qui étaient portés sur les matricules (1) de
l'église et d'autres pauvres s'efforcent de briser le toit de la
cellule pour venger le crime qui avait été commis. En même
temps, des possédés et diverses sortes de mendiants réunis de
tous côtés arrivent avec des pierres et des bâtons pour punir
l'outrage fait à la basilique, indignés qu'on y eût commis de
telles choses, qui ne s'étaient jamais faites. Que dirai-je de
plus? Les fugitifs sont arrachés de leurs retraites et cruellement mis à mort. Le pavé de la cellule est souillé de sang
corrompu. Quand on les eut tués, on les traîna dehors et ils
furent laissés tout nus sur le sol froid. Après s'être emparés
des dépouilles, les meurtriers s'enfuirent la nuit suivante. La
vengeance de Dieu frappa dès ce monde ceux qui avaient
souillé de sang humain le vestibule sacré : mais elle n'était pas
légère non plus la faute de celui que le bienheureux évêque
laissa souffrir un pareil traitement. Le roi fut très-irrité de ce
qui s'était passé; mais quand il connut tous les détails, il se
calma. Cependant il concéda à ses fidèles les biens, tant meubles
qu'immeubles, que le malheureux Éberulf avait conservés de
ses possessions patrimoniales : et ceux-ci laissèrent sa femme,
à peu près dépouillée de tout, dans la sainte basilique. Quant
aux cadavres, les proches parents de Claudius et des autres les
enlevèrent et les transportèrent dans leur pays, où ils les ensevelirent.

XXX. Cependant Gundovald adresse à ses amis deux envoyés qui étaient des clercs. L'un des deux, abbé de la
ville de Cahors, avait mis ses lettres dans une tablette de bois
creusée et les avait recouvertes de cire : mais il fut arrêté par
les hommes du roi Guntchramn, qui trouvèrent ses dépêches
et le conduisirent en présence du roi. Il fut mis en prison après
avoir été battu cruellement.

(1) *Matricularii*, marguilliers ; voy. ci-dessus, t. I, p. 288, note.

XXXI. Gundovald était alors dans la ville de Bordeaux, très-affectionné de l'évêque Bertchramn (1). Comme il cherchait tous les moyens de fortifier sa cause, quelqu'un lui raconta qu'un roi des contrées de l'Orient ayant enlevé un pouce du martyr saint Sergius, se l'était inséré dans le bras droit de son propre corps, et que quand la nécessité le forçait de repousser ses ennemis, plein de confiance en cet auxiliaire, il élevait le bras droit, et à l'instant la multitude ennemie, comme accablée par la vertu du martyr, se dissipait en fuyant. Gundovald entendant cela, se mit à chercher avec empressement qui pouvait, dans le pays, avoir mérité de posséder des reliques du martyr saint Sergius. Alors l'évêque Bertchramn lui dénonça un certain Eufronius, négociant, qu'il haïssait parce qu'il l'avait autrefois tonsuré malgré lui, dans l'espoir d'hériter de ses biens (2), mais qu'Eufronius, sans en tenir compte, avait passé dans une autre ville, puis était revenu quand sa chevelure commençait à repousser. L'évêque dit donc (à Gundovald) : « Il y a ici un certain Syrien nommé
« Eufronius, qui, faisant de sa maison une église, y a placé
« des reliques de ce saint et qui a vu par elles s'opérer plu-
« sieurs miracles grâce à la vertu du martyr; car, dans un
« temps où la cité de Bordeaux était en proie à un violent
« incendie, sa maison, toute entourée par les flammes, ne fut
« nullement endommagée. » A peine eut-il dit cela qu'aussitôt Mummolus court rapidement, accompagné de l'évêque, à la maison du Syrien, l'investit, et lui ordonne de montrer ses saintes reliques. L'homme refuse. Pourtant ayant réfléchi qu'on devait lui avoir fait ce tour par méchanceté, il dit : « Ne
« cherche pas à tourmenter un vieillard, ni à faire injure au
« saint; mais accepte de moi cent pièces d'or, et retire-toi. »

(1) Voy. V, L (t. I, p. 286), VIII, II; et Fortunat, VII, XXIII.

(2) Il paraît que les évêques s'arrogeaient la succession de leurs clercs, puisque cet abus fut défendu par le cinquième concile de Paris, en 615, canon 8. (Ruinart.)

L'autre insistant pour voir les saintes reliques, il lui offrit deux cents sous d'or, mais ne put obtenir qu'il se retirât sans avoir vu les reliques elles-mêmes. Alors Mummolus fait dresser une échelle contre la muraille (car ces reliques étaient tout au haut de la muraille, vis-à-vis de l'autel, enfermées dans une petite châsse), et donna l'ordre à son diacre d'y monter. Celui ci monta les degrés de l'échelle, et en saisissant la châsse il fut secoué d'un tel tremblement qu'on eût dit qu'il ne remettrait pas vivant le pied à terre. Ayant pris cependant cette châsse, qui était suspendue à la muraille, de la manière que nous avons dit, il l'apporta. Mummolus l'ayant fouillée, y trouva un os du doigt du saint, et ne craignit pas d'y porter des coups de couteau. En effet, il avait placé un couteau dessus et frappait avec un autre. Après bien des coups qui eurent grand'-peine à le briser, le pauvre os se sépara en trois morceaux, qui disparurent de différents côtés. Je crois qu'il n'était pas agréable au martyr que cet homme touchât ses reliques. Alors Eufronius s'étant mis à pleurer, tout le monde se prosterna en prière, suppliant Dieu de daigner rendre ce qui avait disparu aux yeux mortels. Après la prière, on retrouva les parcelles. Mummolus en prit une, et se retira; mais non pas, je pense, avec la faveur du martyr, comme la suite le prouva.

Pendant leur séjour dans cette ville, ils firent nommer évêque de la ville de Dax le prêtre Faustianus. En effet, l'évêque de Dax était mort récemment, et Nicetius, comte de cette localité, frère de Rusticus, évêque d'Aire (1), avait obtenu un ordre de Chilpéric pour être tonsuré, puis donné comme évêque à cette même ville : mais Gundovald, qui prenait à tâche de détruire les ordonnances de Chilpéric, convoqua les évêques de la province et leur ordonna de sacrer

---

(1) *Vicus Juliensis* ou *Atura* (Landes); voy. *Gloire des conf.*, ch. LII. Ces deux évêchés, Aire e' Dax, étaient suffragants d'Auch, métropole de la Novempopulanie ; mais, dans le désordre où étaient alors les affaires de cette province, ils étaient devenus suffragants de Bordeaux. (Ruin.).

Faustianus. Bertchramnus, qui était l'évêque métropolitain, prenant ses précautions pour l'avenir, enjoignit à Palladius, évêque de Saintes, de faire cette bénédiction. D'ailleurs ses yeux étaient alors malades d'une ophthalmie. Orestès, évêque de Bazas, assista aussi à cette ordination ; mais il l'a nié devant le roi.

XXXII. Ensuite Gundovald envoya de nouveau vers le roi deux députés, Zotan et Zahulf, avec des baguettes consacrées, selon la coutume des Francs, afin que personne ne les touchât, et qu'après avoir exposé leur message ils revinssent avec la réponse. Mais ces imprudents, avant d'être admis en la présence du roi, expliquèrent à beaucoup de personnes ce qu'ils venaient demander. Leur discours parvint immédiatement aux oreilles du roi ; aussi fut-ce chargés de liens qu'on les amena en sa présence. N'osant pas alors cacher ce qu'ils demandaient, vers qui et par qui ils étaient envoyés, ils dirent : « Gundo-« vald, qui, venu dernièrement de l'Orient, se dit le fils de « votre père, le roi Chlothachaire, nous a envoyés pour re-« vendiquer sa portion de royaume qui lui est due. Si vous « ne la rendez pas, vous saurez qu'il viendra dans ce pays « avec une armée ; car tous les plus braves guerriers de cette « contrée des Gaules qui est située au delà de la Dordogne, « sont avec lui ; et il parle de la manière que voici : *Dieu ju-*« *gera, alors que nous en serons venus aux mains sur le* « *terrain d'un champ de bataille, si je suis, ou non, le fils* « *de Chlothachaire.* » Alors le roi, enflammé de fureur, les fit attacher aux poulies et frapper très-rudement, afin que, s'ils avaient dit la vérité, ils le confirmassent avec plus d'évidence ; et que, s'ils cachaient encore quelque perfidie dans les secrets de leur cœur, la force des tourments la leur arrachât malgré eux. Bientôt, par la force croissante des supplices, ils déclarent que sa nièce, c'est-à-dire la fille du roi Chilpéric (1), avait été

(1) Rigonthe ; voy. ch. IX ; sur Magnulf, ch. XXVII.

exilée avec Magnulf, évêque des Toulousains, et que tous ses trésors avaient été enlevés par Gundovald ; que tous les guerriers du roi Childebert avaient engagé ce dernier à se faire roi, surtout lorsque, peu d'années auparavant, Guntchramn-Boson s'était rendu à Constantinople, et l'avait invité à passer dans les Gaules.

XXXIII. Ces gens battus et jetés en prison, le roi fit venir son neveu Childebert, parce qu'il leur importait d'entendre tous deux ensemble les déclarations de ces hommes. S'étant donc réunis, ils les interrogèrent ; et ceux-ci, en présence des deux rois, répétèrent ce que le roi Guntchramn avait d'abord entendu seul. Ils affirmaient avec persistance que cette affaire était connue, comme nous l'avons dit, de tous les seigneurs dans le royaume du roi Childebert. Et à cause de cela quelques-uns de ceux qui étaient les principaux auprès du roi Childebert n'osèrent pas se rendre à ce plaid : on les croyait engagés dans l'affaire. Ensuite de cela le roi Guntchramn plaça une lance (1) dans la main du roi Childebert, et dit : « Ceci est le signe que je t'ai remis tout mon royaume. En « conséquence va maintenant, et soumets toutes mes cités à « ta domination comme les tiennes propres : car, de toute ma « race, par l'effet de nos péchés, il n'est resté que toi seul, « qui es le fils de mon frère (2). Sois donc mon héritier, ap- « pelé à succéder à tout mon royaume ; tout autre, je le dé- « shérite. » Après quoi il fit sortir tout le monde, et ayant pris l'enfant à part, il lui parla en secret, après l'avoir d'abord conjuré instamment de ne divulguer à personne leur entretien privé. Alors il lui fit connaître ceux qu'il devait avoir pour

---

(1) La lance à la main, chez les Francs, était le signe de l'autorité royale, le sceptre. Sur le sceau de Childéric Ier, père de Clovis, ce chef est représenté armé de la lance.

(2) Il restait encore Clotaire, fils de Chilpéric, âgé d'un an (l. VI. ch. XLI); mais Gontran ne l'avait pas encore vu ; et il s'en plaint. liv. VII, ch. IX. (Ruin.)

conseillers ou dont il devait mépriser les discours, ceux en qui il pouvait se confier ou dont il avait à se defier ; ceux qu'il fallait honorer par des charges ou dépouiller de leur dignité. Il lui interdit d'accorder aucune confiance ni place auprès de sa personne à Egidius, évêque de Reims, qu'il avait eu de tout temps lui-même pour ennemi, et qui avait été souvent parjure envers lui Childebert et envers son père. Puis, quand on se fut réuni pour le festin, le roi Guntchramn exhortait toute l'armée en disant : « Vous voyez, guerriers, que voici mon fils « Childebert devenu un homme fait. Voyez et gardez-vous de le « prendre encore pour un enfant (1). Laissez maintenant les « intrigues et les projets ambitieux que vous nourrissez ; car « c'est un roi et vous devez à présent le servir. » Après ces paroles et d'autres semblables, ils passèrent trois jours ensemble à manger et à se réjouir, et après s'être fait l'un à l'autre de nombreux présents, ils se séparèrent en bonne intelligence. Le roi Guntchramn lui rendit alors tout ce qu'avait possédé Sigibert, et le conjura de ne pas aller voir sa mère, de peur d'ouvrir à celle-ci quelque accès à écrire à Gundovald ou à recevoir des lettres de lui.

XXXIV. Gundovald apprenant que l'armée s'approchait de lui, et abandonné par le duc Desiderius (2), passa la Garonne avec l'évêque Sagittarius, Waddon, les ducs Mummolus et Bladastès : ils se dirigèrent vers Comminges (3). C'est une ville située sur le sommet d'une montagne et que n'avoisine aucune autre hauteur. Une source abondante qui jaillit au pied de la montagne est entourée par une tour très-forte ; et les habitants, descendant de la ville par un conduit souterrain, y puisent l'eau sans être vus. Gundovald entra dans cette ville

(1) Il entrait alors dans sa quinzième année. Par ces paroles, Gontran déclarait solennellement la majorité du jeune Franc. Voy. Pardessus, *Loi saliq*, p. 452.

(2) Voyez chap. XXVII.

(3) *Convenæ*, Saint-Bertrand-de-Comminges (Haute-Garonne).

au commencement du carême, et parlant aux habitants, leur dit : « Vous saurez que j'ai été élu comme roi par tous ceux « qui sont dans le royaume de Childebert, et que j'ai avec « moi des forces qui ne sont pas sans importance ; mais « comme mon frère le roi Guntchramn fait marcher contre « moi une armée immense, il vous faut renfermer à l'abri « derrière vos murs des vivres et les ustensiles nécessaires, « afin que jusqu'au moment où la bonté divine augmentera « encore nos forces, vous ne périssiez point de besoin. » Ceux-ci ajoutant foi à ses paroles, mirent dans la ville tout ce qu'ils pouvaient posséder, et se préparèrent à la résistance. En ce temps, le roi Guntchramn envoya à Gundovald, comme si c'eût été de la part de la reine Brunichilde, une lettre où il était écrit qu'il devait abandonner son armée, lui ordonner de se disperser chacun dans ses foyers, et s'éloigner pour prendre ses quartiers d'hiver dans la ville de Bordeaux. Il avait écrit cela par ruse, afin de pouvoir mieux connaître de Gundovald ce qu'il faisait. Lors donc que celui-ci était établi dans Comminges, il parla aux habitants et leur dit : « Voici déjà l'armée « qui approche, sortez pour lui tenir tête. » Lorsque les habitants furent sortis, ses hommes s'emparèrent des portes et les fermèrent, mettant ainsi dehors le peuple et l'évêque de la ville (1), et ils s'emparèrent de tout ce qu'ils purent trouver dans la ville. Et ils y trouvèrent une si grande quantité de blé et de vin, que, s'ils s'étaient défendus vigoureusement, ils auraient pu tenir l'espace d'un grand nombre d'années sans manquer de vivres.

XXXV. A ce moment, les généraux du roi Guntchramn avaient entendu dire que Gundovald était arrêté sur le rivage au de là de la Garonne, avec une grande multitude de soldats, et qu'il avait avec lui les trésors qu'il avait pris à Rigunthe. Alors, se précipitant avec leur cavalerie, ils traversè-

(1) Cet évêque était Rufin.

rent la Garonne à la nage et perdirent quelques soldats qui se noyèrent dans le fleuve. Les autres abordèrent sur le rivage et en cherchant Gundovald, ils trouvèrent des chameaux chargés d'un poids considérable d'or et d'argent ou des chevaux fatigués qu'il avait laissés dans les chemins. Ensuite, apprenant que ses partisans se tenaient enfermés dans la ville de Comminges, ils laissent en arrière les chariots et les divers bagages avec le menu peuple, tandis que les guerriers les plus forts continuent de le poursuivre de la même manière qu'ils avaient déjà passé la Garonne. Dans leur course rapide, ils arrivèrent à la basilique de Saint-Vincent (1), située près du territoire de la ville d'Agen, à l'endroit où le martyr consomma, dit-on, son sacrifice pour le nom du Christ ; et ils la trouvèrent remplie des divers trésors qu'y avaient apportés les habitants, qui avaient eu l'espoir que la basilique d'un si grand martyr ne serait pas violée par des chrétiens. Les portes en étaient fermées avec le plus grand soin. Pas de retard ; l'armée s'approche ; ne pouvant ouvrir les portes du temple, elle y met le feu, et les portes étant brûlées, ils pillent toutes les richesses, tous les meubles qu'ils y trouvent et les vases sacrés avec. Mais dans le lieu même, la vengeance divine se fit sentir à beaucoup d'entre eux ; car la plupart avaient les mains brûlées par un feu mystérieux, et il en sortait une épaisse fumée, comme celle qui sort d'un incendie. Quelques-uns, possédés du démon, couraient en fureur en déclamant contre le martyr ; un certain nombre s'insurgeant les uns contre les autres, se perçaient de leurs propres javelots. Le reste continua de marcher en avant, non sans un grand effroi. Que dirai-je encore ? on se concentre à Comminges (2), tel est, comme nous l'avons dit, le nom de la ville ; le camp est tracé pour toute l'armée dans la campagne environnante et, dressant ses tentes, elle s'établit là. Tout le pays d'alentour était ravagé ;

(1) Voy. *Gl. des mart.*, ch. 105, et Fortunat, I, 8 et 9.
(2) Ici un jeu de mots intraduisible : « Convenitur ad Convenas ».

ceux que stimulait plus fortement l'aiguillon de la cupidité, s'ils s'écartaient trop loin des leurs, étaient tués par les habitants.

XXXVI. Beaucoup de soldats montaient sur la colline, et parlaient souvent avec Gundovald : ils lui adressaient des injures, et disaient : « Es-tu ce peintre qui, au temps du roi
« Chlothacaire, barbouillais en treillis les murailles et les voûtes
« des oratoires ? es-tu celui que les paysans des Gaules appe-
« laient ordinairement du nom de Ballomer ? es-tu celui qui,
« à cause de ces mêmes prétentions que tu mets en avant, a été
« plusieurs fois tondu et exilé par les rois des Francs ? Fais
« au moins connaître, ô le plus infortuné des hommes, quel
« est celui qui t'a attiré en ces lieux ? qui t'a inspiré une telle
« audace que tu sois venu sur le territoire de nos seigneurs et
« rois ? Certes si tu as été appelé par quelqu'un, dis-le à voix
« haute et claire. Voici la mort qui s'étale ici devant tes
« yeux ; voici la fosse que tu as longtemps cherchée et dans
« laquelle tu vas être précipité. Dis-nous les noms de chacun
« de tes satellites et déclare par qui tu as été appelé. » Gundovald, lorsqu'il entendait cela se rapprochait, en se tenant au-dessus de la porte, et disait : « Que Chlothachaire, mon père,
« m'ait eu en aversion, c'est ce que personne n'ignore ; que
« j'aie eu les cheveux coupés par lui d'abord, et par mes frères
« ensuite, tout le monde le sait. C'est ce motif qui m'a conduit
« auprès de Narsès, préfet de l'Italie ; là, j'ai pris une épouse et
« j'ai eu deux fils. Ma femme étant morte, j'emmenai mes fils
« avec moi et me rendis à Constantinople. Accueilli très-favora-
« blement par les empereurs, j'ai vécu là jusqu'à ce moment. Il
« y a quelques années, Guntchramn-Boson étant venu à Cons-
« tantinople, et moi lui ayant demandé avec sollicitude des
« nouvelles de mes frères, j'appris que notre famille était fort
« affaiblie, et que de toute notre race il ne restait que Chil-
« debert et Guntchramn, l'un mon frère, l'autre fils d'un frère.
« Les fils du roi Chilpéric étaient morts avec lui, à l'exception

« d'un enfant au berceau (1). Mon frère Guntchramn n'avait
« pas de fils ; notre neveu Childebert n'était pas encore un
« homme fait. Alors Guntchramn-Boson, après m'avoir exac-
« tement exposé ces choses, m'invita en me disant : « Viens,
« car tu es invité par tous les grands du royaume du roi Chil-
« debert, et personne n'ose souffler un mot contre toi. Nous
« savons tous que tu es fils de Chlothachaire, et il ne reste plus
« personne dans les Gaules pour gouverner le royaume, à
« moins que tu ne viennes. » Je lui fis beaucoup de présents
« et je reçus de lui, en douze lieux saints, le serment que je
« pouvais venir en toute sûreté dans ce royaume. J'arrivai
« donc à Marseille, dont l'évêque m'accueillit avec la plus
« grande bienveillance ; car il avait des lettres écrites par les
« seigneurs du royaume de mon neveu. De là, je me rendis à
« Avignon sous le bon plaisir du patrice Mummolus. Mais
« Guntchramn, oubliant ses serments et sa promesse, enleva
« mes trésors et se les appropria. Maintenant reconnaissez que
« je suis roi comme mon frère Guntchramn. Cependant, si
« votre esprit est dominé par trop de haine contre nous, con-
« duisez-moi du moins à votre roi ; et s'il me reconnaît pour
« frère, je ferai ce qu'il voudra. Si vous vous refusez même à
« cela, au moins qu'il me soit permis de retourner d'où je suis
« venu. Je m'en irai et je ne ferai de mal à personne. En at-
« tendant, pour vous prouver que je dis la vérité, interrogez
« Radegunde de Poitiers et Ingetrude de Tours (2) ; elles vous
« affirmeront que ce que je dis est vrai. » Tandis qu'il parlait,
plusieurs accueillaient ce discours avec des injures et des reproches.

XXXVII. Quinze jours s'étaient passés à ce siége, et Leu-

(1) Ou l'auteur oublie ce qu'il a raconté précédemment, ou Gondovald déguise une partie de la vérité pour mieux se justifier. Il était arrivé en Gaule avant la mort de Chilpéric. Voyez liv. VI, chap. XXIV, et
liv. VII, chap. XXXII. (Guadet et Tar.)

(2) Dont il a été question liv. V, chap. XXII.

degisil (1) préparait de nouvelles machines pour détruire la ville. Il y avait en effet des chariots chargés de béliers et couverts de claies et de planches sous lesquelles l'armée pouvait s'avancer pour démolir les remparts : mais lorsqu'ils avançaient, ils étaient tellement accablés de pierres, que tous ceux qui s'approchaient du mur étaient écrasés. On lançait sur eux des pots de poix et de graisse enflammées, on leur jetait sur la tête d'autres vases pleins de pierres. La nuit ayant interrompu le combat, les ennemis rentrèrent dans leur camp. Avec Gundovald était Chariulf, homme très-riche et très-puissant, dont les magasins et les celliers remplissaient la ville, et dont les biens étaient la principale ressource pour nourrir les assiégés. Mais Bladastès (2), à la vue de ce qui se passait, craignit que Leudegisil demeurant vainqueur ne les livrât à la mort; il mit le feu à la maison de l'église, et pendant que les assiégés s'empressaient pour apaiser l'incendie, il s'échappa par la fuite. Le lendemain matin, l'armée recommença l'attaque, et forma des fascines de branchages comme si elle eût voulu combler la vallée profonde située du côté de l'orient : mais cette invention ne put faire aucun mal. L'évêque Sagittarius faisait souvent le tour des remparts, tout armé, et souvent aussi du haut du mur il jeta, de sa propre main, des pierres sur l'ennemi.

XXXVIII. Enfin ceux qui assiégeaient la ville, voyant qu'ils ne pouvaient réussir à rien, envoient des messagers secrets à Mummolus pour lui dire : « Reconnais ton maître, et sors « une fois enfin de cette perversité. Quelle folie te re- « tient que tu te lies à un homme inconnu? Ta femme est « déjà prisonnière avec tes enfants; tes fils sont probablement « tués : où cours-tu? qu'attends-tu, sinon ta ruine? » En

---

(1) Grégoire oublie de dire que c'était l'un des généraux du roi Gontran. Voy. Frédégaire.
(2) Il était aussi du parti de Gondovald ; ch. XXVIII, XXXIV.

recevant ce message, Mummolus dit : « Je le vois, notre règne
« tire à sa fin et notre puissance tombe. Il ne reste plus qu'une
« chose à faire, c'est que je pourrais vous épargner beaucoup
« de peine, si je savais que la vie me fût assurée. » Quand les
messagers se furent retirés, l'évêque Sagittarius se rendit à
l'église, accompagné de Mummolus, Chariulf et Waddon ; et
là ils se promirent, par des serments réciproques, que, s'ils
avaient de plus sûres promesses de conserver la vie, ils renon-
ceraient à l'amitié de Gundovald et le livreraient lui-même
aux ennemis. Les envoyés revinrent et leur promirent toute
sécurité pour leur vie. Mummolus dit alors : « Faites seule-
« ment cela, et je livre cet homme en vos mains, et recon-
« naissant le roi pour mon seigneur, je me hâterai de me rendre
« en sa présence. » Ceux-ci lui promettent qu'à cette condition ils le recevront en amitié, et que s'ils ne pouvaient lui
faire obtenir sa grâce du roi, ils le placeraient dans une
église pour qu'il ne pût être puni de mort. Après cette promesse, faite avec serment, ils se retirèrent. Cependant Mummolus, avec l'évêque Sagittarius et Waddon, se rendent auprès
de Gundovald et lui disent : « Tu sais, toi qui es au milieu de
« nous, quels serments de fidélité nous t'avons faits ; mainte-
« nant écoute un conseil salutaire : sors de cette ville, et va te
« présenter à ton frère, comme tu l'as souvent désiré ; car
« nous avons conversé avec ces hommes, et ils nous ont dit
« eux-mêmes que le roi ne veut pas perdre ton appui, car il
« reste peu de votre race. » Gundovald, comprenant leur artifice, dit tout baigné de larmes : « C'est par vos instigations
« que je fus amené dans ces Gaules : de mes trésors, conte-
« nant des sommes immenses d'or, d'argent et d'objets pré-
« cieux, une partie est retenue dans la ville d'Avignon, une
« autre a été pillée par Guntchramn-Boson. Pour moi, ayant
« placé en vous, après l'aide de Dieu, toute mon espérance,
« j'ai mis en vous mon conseil tout entier, j'ai toujours sou-
« haité ne régner que par vous. Maintenant c'est à Dieu que
« vous rendrez compte si vous me dites quelque mensonge ;

« qu'il juge lui-même ma cause. » A ces paroles Mummolus répondit : « Il n'y a rien dans nos paroles pour te tromper : « voici de braves guerriers se tenant à la porte pour attendre « ton arrivée. Quitte maintenant mon baudrier d'or dont tu « es ceint, pour ne pas paraître marcher avec trop de jactance ; « prends ton épée, et rends-moi la mienne. — Je ne prends « pas ces paroles, répondit-il, dans leur sens tout simple, « quand c'est me ravir ce qui vient de toi et dont j'ai fait « usage jusqu'à présent par amitié pour toi. » Mummolus lui assurait, avec serment, qu'il ne lui serait fait aucun mal. Quand ils furent hors des murs, Gundovald fut reçu par Ollon, comte de Bourges, et par Boson (1). Quant à Mummolus, il rentra dans la ville avec ses satellites, et en ferma la porte très-solidement. L'autre se voyant livré entre les mains de ses ennemis, leva les mains et les yeux vers le ciel en s'écriant : « Juge éternel, véritable vengeur des innocents, Dieu de qui « toute justice procède, qui hais le mensonge, en qui ne se « trouvent ni fourberie ni ruses d'iniquité, je te recommande « ma cause, et te prie de me venger promptement de ces « hommes qui m'ont livré, moi innocent, aux mains des en-« nemis. » Après avoir dit cela, il fit le signe de la croix du Seigneur et partit avec les hommes ci-dessus nommés. Quand ils se furent éloignés de la porte, comme la vallée est en précipice tout autour de la ville, Ollon l'ayant poussé le fit tomber en criant : « A vous votre Ballomer ! qui se dit et frère et « fils de roi. » Il porta même sa lance en avant pour le percer ; mais l'arme, repoussée par les cercles de sa cuirasse, ne lui fit aucun mal. Il s'était relevé et tâchait de gravir de nouveau la montagne ; mais Boson lança une pierre qui l'atteignit à la tête ; il tomba et mourut. Toute la soldatesque s'approcha, et, après l'avoir percé de leurs lances, ils lui attachèrent les pieds avec une corde et le traînèrent dans tout le camp. On

---

(1) Non pas Gontran-Boson, que Grégoire appelle ordinairement de ses deux noms. Cf. l. IX, ch. XXXI.

lui arracha les cheveux et la barbe, et on l'abandonna sans sépulture dans le lieu même où il avait été tué. La nuit suivante, ceux qui commandaient dans la ville dérobèrent secrètement tous les trésors qu'ils y purent trouver, avec les vases et les ornements de l'église. Le matin, on ouvrit les portes, et l'armée s'élançant, tout le commun peuple renfermé dans la ville fut passé au fil de l'épée; les prêtres mêmes du Seigneur, avec les clercs qui les servaient, furent massacrés dans les églises, au pied des autels. Après qu'on eut tout tué, de manière à ne pas laisser un seul individu capable de pisser au mur (1), on incendia la ville entière, avec les églises et les autres édifices, et on ne laissa rien en ce lieu que la terre nue (2).

XXXIX. Leudegisil, de retour au camp avec Mummolus, Sagittarius, Chariulf et Waddon, envoya demander secrètement au roi ce qu'il voulait que l'on fît d'eux. Le roi prononça contre eux une sentence de mort; mais Waddon et Chariulf furent séparés d'eux après avoir laissé leurs fils pour otages (3). Quand fut arrivé le message qui décidait leur mort, Mummolus s'en étant aperçu, se rendit tout armé à la demeure de Leudegisil. En le voyant, celui-ci dit : « Pourquoi viens-tu ainsi en fu-
« gitif? — A quoi il répondit : On n'observe rien, à ce que je
« vois, de la promesse qui m'a été faite ; car je m'aperçois que
« je suis en péril de mort. — A quoi Leudegisil dit : Je vais
« sortir et j'apaiserai tout. » Il sortit, et aussitôt fit investir la maison pour qu'on tuât Mummolus. Celui-ci, après avoir très-longtemps résisté aux efforts des assaillants, voulut franchir la porte; et au moment où il sortait, deux hommes lui percèrent les deux côtés de leurs lances; ainsi tomba-t-il, et

(1) Nous avons déjà rencontré cette locution, liv. IV, chap. xxxviii.
(2) Cette ville ne fut rétablie qu'en 1085, par saint Bertrand son évêque, de qui elle prit le nom de *Saint-Bertrand de Comminges*. Au chap. cv de la *Gloire des Mart.*, l'auteur complète ce récit.
(3) Vraisemblablement par la permission de Gontran, qui les épargna comme moins coupables.

il mourut. A cette vue, l'évêque saisi de peur, tremblait ; un de ceux qui étaient présents lui dit : « Regarde de tes yeux, « évêque, ce qui se passe, et après t'être couvert la tête pour « n'être pas reconnu, gagne la forêt, pour te cacher quelque « temps jusqu'à ce que la colère s'apaise et que tu puisses « t'échapper. » Sagittarius suivit ce conseil : mais tandis qu'il s'efforçait de fuir, la tête cachée, quelqu'un tirant son glaive lui abattit la tête avec son capuchon. Ensuite chacun retourna chez soi, se livrant sur sa route à une foule de pillages et d'homicides. En ces jours-là, Frédegunde avait envoyé Cuppa (1) dans le Toulousain pour en arracher sa fille à tout prix. Beaucoup de personnes racontaient qu'il avait été envoyé principalement pour le cas où il trouverait Gundovald vivant, afin de le séduire par des promesses et de l'amener à elle. N'ayant pu faire cela, il prit Rigunthe et la ramena de ce pays, non sans qu'elle eût subi bien des humiliations et des affronts (2).

XL. Le duc Leudegisil se rendit donc auprès du roi avec tous les trésors dont nous avons parlé (3), et que le roi distribua ensuite aux pauvres et aux églises. L'épouse (4) de Mummolus ayant été arrêtée, le roi lui demanda ce qu'étaient devenus les trésors qu'ils avaient amassés. Elle, sachant que son mari avait été tué, et que tout leur orgueil était maintenant tombé à terre, avoua tout, et déclara qu'il y avait encore dans la ville d'Avignon beaucoup d'or et d'argent dont le roi n'avait pas connaissance. Aussitôt le roi envoya des hommes qu'il chargea de l'apporter, accompagnés d'un serviteur à qui Mummolus en avait confié la garde comme à un homme sûr.

---

(1) Voy. t. I, p. 270.
(2) Outre qu'elle avait été volée, abandonnée et retenue en prison, son fiancé, Reccared, en épousa une autre.
(3) Chap. XXXV et XXXVIII.
(4) Sidonia (*Frédeg.*)

Ils allèrent, et prirent tout ce que Mummolus avait laissé dans la ville. On rapporte qu'il y avait 250 talents d'argent, et plus de 30 talents d'or. Mais ces sommes provenaient, dit-on, de la découverte d'un antique trésor. Le roi les partagea avec son neveu Childebert, et distribua aux pauvres presque toute sa part. Quant à la femme, il ne lui laissa rien de plus que ce qu'elle tenait de ses parents.

XLI. On amena alors au roi cet homme d'énorme stature qui faisait partie des gens de Mummolus, et dont la taille était si haute qu'il dépassait, dit-on, de deux ou trois pieds les hommes les plus grands. C'était un ouvrier en bois, qui mourut peu de temps après.

XLII. Ensuite fut rendu par les juges (1) un édit qui condamnait tous ceux qui avaient été en retard pour cette expédition. Le comte de Bourges (2) envoya ses serviteurs à la maison du bienheureux Martin, située sur le territoire dépendant de cette ville (3), pour y rançonner les hommes qui étaient dans ce cas : mais le directeur de cette maison se mit à résister énergiquement en disant : « Ce sont des hommes « de saint Martin ; ne leur faites aucun tort, car ils n'ont pas « la coutume d'aller à de telles affaires. — Eux répondirent : « Nous n'avons rien de commun avec ton Martin, que tu mets « sottement en avant en toutes choses : mais, et toi et tes « hommes, vous payerez l'amende, pour avoir négligé le com- « mandement du roi. » Et, en disant ces mots, il entra dans la cour du monastère. Aussitôt, saisi par une douleur, il tomba, et se sentit fort malade. Alors, se tournant vers le directeur, il lui dit d'une voix larmoyante : « Je te prie de faire « sur moi le signe de la croix du Seigneur et d'invoquer le nom

---

(1) C'est-à-dire par les comtes.
(2) Ollo, ch. XXXVIII.
(3) Probablement Saint-Martin de Leré (Ruin.); dép. du Cher.

« du bienheureux Martin. Je reconnais maintenant que sa
« puissance est grande ; car, en entrant dans la cour de sa
« maison, j'ai vu un homme âgé portant dans sa main un
« arbre dont les rameaux en s'étendant couvrirent bientôt
« toute la cour; un de ces rameaux m'a touché ; c'est là le
« coup qui m'a troublé et renversé. » Et faisant signe à ses
gens il demandait qu'on l'emportât vite hors de cette enceinte.
Quand il fut sorti, il se mit à invoquer avec ferveur le nom
du bienheureux Martin; depuis ce moment il se porta mieux,
et il guérit.

XLIII. Quant à Desiderius (1), il se mit en sûreté lui et ses
biens dans des forteresses. Waddon, le majordome de Rigunthe,
passa à la reine Brunichilde, fut accueilli par elle et plus
tard renvoyé avec ses présents et sa faveur. Chariulf se retira
dans la basilique de Saint-Martin.

XLIV. Il y eut en ce temps-là une femme qui, possédée
d'un esprit de python, procurait à ses maîtres par ses divinations
beaucoup d'argent. Et elle gagna leurs bonnes grâces
au point qu'elle fut affranchie par eux, et laissée à ses propres
volontés. Si quelqu'un était volé ou souffrait quelque
perte, elle disait aussitôt où le voleur s'était retiré, à qui il
avait remis l'objet volé ou ce qu'il en avait fait. Elle amassait
chaque jour de l'or et de l'argent, et se montrait couverte
d'ornements, de sorte qu'elle semblait aux peuples quelque
chose de divin. Ageric, évêque de Verdun (2), ayant été informé
de cela, envoya pour la faire arrêter. Quand on l'eut
saisie et amenée devant lui, il reconnut, comme il est dit dans

---

(1) D'abord partisan de Gondovald, chap. xxviii, il l'avait abandonné,
ch. xxxiv ; mais sans se réconcilier avec le roi Gontran. Waddon et
Chariulf, ch. xxxix.

(2) Voy. IX, ch. viii xxiii, et Fortunat, III, xxix et xxx.

les Actes des Apôtres (1), qu'elle avait en elle un immonde esprit de python. Enfin, comme il prononçait sur elle la formule d'exorcisme et lui frottait le front d'huile sainte, le démon poussa un cri, et découvrit à l'évêque qui il était : mais celui-ci n'ayant pu le chasser du corps de cette fille, la laissa partir. Mais la fille, voyant qu'elle ne pourrait demeurer dans ce pays, se rendit auprès de la reine Frédegunde et s'y cacha.

XLV. Cette année, une grande famine désola presque toutes les Gaules. Beaucoup de personnes, avec des pepins de raisin, des fleurs d'avelines, quelques-unes avec des racines de fougère séchées et réduites en poudre, mêlaient un peu de farine et faisaient du pain avec ce mélange. Un grand nombre faisaient de même en coupant l'herbe des blés ; beaucoup même, qui manquaient absolument de farine, allaient cueillir diverses herbes qu'ils mangeaient ; ils devenaient enflés, et périssaient. Bien des gens alors moururent consumés par la faim. Les marchands rançonnèrent cruellement le peuple, au point qu'ils donnaient tout au plus un muid de blé ou un demi-muid de vin pour un triens (2). Les pauvres se mettaient en servitude afin d'obtenir une parcelle d'aliments.

XLVI. A cette époque le marchand Christophe se rendit dans la ville d'Orléans, parce qu'il avait appris qu'on y avait apporté beaucoup de vin. Il y alla donc, acheta du vin qu'il fit transporter sur des bateaux, et chargé lui-même d'une grosse somme que lui avait remise son beau-père, il faisait route à cheval, accompagné de deux esclaves saxons. Or ces esclaves haïssaient depuis longtemps leur maître, et s'étaient enfuis plusieurs fois parce qu'ils étaient souvent frappés avec cruauté. Arrivés dans une forêt, comme le maître allait devant, l'un d'eux lui porta un violent coup de lance, et le perça d'outre en outre ; au moment où il tombait, l'autre lui brisa

---

(1) Act. XVI, 16. — (2) Un tiers de sol d'or.

la tête à coups de framée ; et tous deux l'ayant ainsi mis en pièces, il demeura sans vie. Alors ils prirent son argent et s'enfuirent. Cependant le frère de Christophe ensevelit le pauvre corps, et envoya ses gens à la poursuite des esclaves : le plus jeune fut saisi et garrotté, pendant que le plus âgé s'échappa avec l'argent. Comme on ramenait le prisonnier, ses liens ayant été laissés trop relâchés, il saisit une lance et tua l'un de ceux qui le conduisaient. Mais amené par les autres jusqu'à Tours, il subit divers supplices, eut la tête coupée et, mort depuis longtemps, fut suspendu au gibet.

XLVII. De cruelles guerres civiles surgirent alors entre les citoyens de Tours. Sichaire, fils de feu Jean, célébrait les solennités de la naissance du Seigneur, dans le bourg de Manthelan (1), avec Austregisil et les autres habitants, lorsque le prêtre du pays envoya un serviteur pour inviter quelques personnes à venir boire dans sa maison. Comme le serviteur arrivait, un de ceux qui étaient invités dégaîne son épée et se permet de frapper cet homme qui sur-le-champ tombe et meurt. Sichaire, qui était l'ami du prêtre, apprend qu'on a tué l'esclave de celui-ci ; il saisit ses armes et se rend à l'église pour y attendre Austregisil. Celui-ci, informé du fait, revêt de son côté l'appareil de guerre et marche contre lui. Une mêlée commença, et pendant que les deux partis se heurtaient, Sichaire, entraîné au milieu des clercs, se réfugia dans sa terre, laissant dans la maison du prêtre, avec de l'argent et des habits, quatre serviteurs blessés. Pendant qu'il fuyait, Austregisil fit une nouvelle attaque, tua les serviteurs, et enleva l'or, l'argent et tout ce qu'il put trouver. A la suite de cela les deux parties comparurent au tribunal des citoyens, et il y fut ordonné qu'Austregisil subirait la peine portée par

---

(1) C'est d'après dom Ruinart que l'on pense reconnaitre dans ce village du département d'Indre-et-Loire, le lieu nommé ici par Grégoire *Mantalomagensis* vicus.

la loi comme homicide et pour avoir, après le meurtre des esclaves, pillé les biens sans jugement. Quelques jours après le procès commencé, Sichaire, apprenant que les effets pillés par Austregisil étaient entre les mains d'Aunon et de son fils et de son frère Éberulf, laissa là le plaid, s'adjoignit Audin, alluma une sédition et vint avec d'autres hommes armés les attaquer pendant la nuit; il força le domicile où ils dormaient, tua le père, avec le frère et le fils, et enleva leurs biens avec leurs troupeaux après avoir massacré les esclaves. Nous, apprenant cela et en étant extrêmement attristés, nous nous joignîmes au juge, et leur envoyâmes un message pour qu'ils se présentassent devant nous en acceptant notre décision et qu'ils se retirassent pacifiquement de peur que le désordre n'allât toujours en augmentant. Ils vinrent, et les citoyens s'étant réunis à moi, je dis : « Gardez-vous, ô hom-
« mes! de persévérer dans vos crimes, de peur que le mal
« n'aille encore plus loin. Nous avons perdu des enfants de
« l'Église, et nous craignons que par cette querelle d'autres
« encore ne viennent à nous manquer. Soyez pacifiques, je
« vous en conjure; et que celui qui a fait le mal compose, par
« esprit de charité, afin que vous soyez des enfants de paix
« qui vous rendiez dignes de posséder, avec la grâce du Sei-
« gneur, le royaume de Dieu. Car il a dit lui-même : *Heu-
« reux les pacifiques, parce que le royaume des cieux
« leur appartient* (1). Ainsi voilà, et si celui qui sera soumis
« à l'amende n'est pas assez riche pour la payer, il sera ra-
« cheté avec l'argent de l'Église : mais que l'âme d'un homme
« du moins ne périsse pas. » Et en disant ces mots, j'offris l'argent de l'Église : mais le parti représenté par Chramnisind, qui réclamait pour la mort de son père, de son frère et de son oncle, ne voulut point le recevoir. Quand ils furent partis, Sichaire se prépara pour aller trouver le roi, et à cet effet il se mit en route pour Poitiers afin de voir son épouse,

(1) Matthieu, chap. V, vers. 9.

et en avertissant un de ses serviteurs de faire son ouvrage, il leva sa baguette et lui en donna des coups; celui-ci tira son épée du baudrier et ne craignit pas d'en frapper son maître. Sichaire tombe à terre; ses amis accourent, saisissent l'esclave, le battent cruellement; et, après lui avoir coupé les mains et les pieds, ils le condamnent au gibet. Cependant le bruit se répand en Touraine que Sichaire est mort. A cette nouvelle, Chramnisind avertit ses parents et ses amis, et court à la maison de son ennemi : il pille ses biens, tue quelques serviteurs, brûle toutes les maisons, tant de Sichaire que des autres propriétaires de la même villa, et emmène avec lui les bestiaux ainsi que tout ce qu'il peut transporter. Alors les parties, ayant été amenées par le juge devant l'assemblée des citoyens, plaidèrent chacune leur cause; et il fut décidé par les juges que celui qui, ayant refusé une première fois de recevoir une composition, avait livré les maisons à l'incendie, perdrait la moitié du prix qui lui avait été d'abord adjugé (en cela on agit contre les lois; mais c'était afin que la paix fût rétablie entre eux), et que Sichaire restituerait l'autre moitié de la composition. L'Église fournit l'argent, et les deux parties payèrent la composition réglée par le tribunal, après s'être donné réciproquement sécurité (1) et s'être promis par serments de ne jamais rien entreprendre en aucun temps l'une contre l'autre. Ainsi prit fin la querelle (2).

(1) Voy. la formule 18 du livre II de Marculfe : *Securitas pro homicidio facto.*
(2) Elle se ralluma plus tard. Voyez liv. IX, chap. xix.

LIVRE HUITIÈME.

1. Que le roi (Guntchramn) vient à Orléans. — 2. Comment les évêques lui furent présentés et comment il les reçut à sa table. — 3. Des chantres (de l'église de Tours) et de l'argenterie de Mummolus. — 4. Éloge du roi Childebert. — 5. Des visions que le roi et nous eûmes touchant Chilpéric. — 6. Des gens que nous présentâmes (au roi). — 7. De l'évêque Palladius et des messes qu'il célébra. — 8. De prodiges qui parurent. — 9. Du serment prêté en faveur du fils de Chilpéric. — 10. Des corps de Mérovech et de Chlodovech. — 11. Des huissiers (du roi Guntchramn) et du meurtre de Boante. — 12. De l'évêque Théodorus et du châtiment de Rathaire. — 13. De l'ambassade envoyée par le roi Guntchramn à Childebert. — 14. Danger causé par un fleuve. — 15. De la conversion du diacre Ulfilaïc. — 16. Ce qu'il raconte des miracles de saint Martin. — 17. Signes qui apparurent dans le ciel. — 18. Que Childebert envoya une armée en Italie et quels ducs ou comtes furent institués ou révoqués. — 19. Du meurtre de l'abbé Dagulf. — 20. Ce qui fut fait au synode de Mâcon. — 21. Du plaid de Bulson; et d'un sépulcre violé. — 22. Mort de plusieurs évêques et de Wandelin. — 23. Inondations. — 24. Iles dans la mer. — 25. D'une île dans laquelle apparut du sang. — 26. D'Eberulf qui avait été duc. — 27 Que Desiderius se rendit auprès du roi. — 28. D'Hermenegild et d'Ingunde et des députés espagnols envoyés secrètement à Frédegunde. — 29. Que Frédegunde envoya quelqu'un pour tuer Childebert. — 30. L'armée entre en Septimanie. — 31. Du meurtre de l'évêque Prétextatus. — 32. Du meurtre de Domnola, femme de Nectarius. — 33. De l'incendie de la ville de Paris. — 34. Des reclus qui succombent à la tentation. — 35. Des envoyés espagnols. — 36. Du meurtre de Magnovald. — 37. Qu'il naît un fils à Childebert. — 38. Que les Espagnols firent irruption dans les Gaules. — 39. Morts d'évêques. — 40. De Pelagius de Tours. — 41. De ceux qui tuèrent l'évêque Prétextatus. — 42. Beppolen est fait duc. — 43. Nicetius est nommé gouverneur de la Province; et ce que fit Antistius. — 44. De celui qui voulut tuer le roi Guntchramn. — 45. Mort du duc Desiderius. — 46. De la mort du roi Leuvichild.

I. Le roi Guntchramn dans la vingt-quatrième année de son règne (1), partit de Chalon, et arriva dans la ville de Nevers : il allait à Paris d'après l'invitation qui lui en avait été faite, pour y tenir sur les fonts sacrés du baptême le fils de Chilpéric, qu'on avait déjà nommé Chlothaire. En partant de Nevers il vint en la ville d'Orléans, où il se montra magnanime avec les citoyens ses sujets ; car, invité par eux, il allait dans leurs maisons, acceptait volontiers les repas qu'ils lui offraient, et après avoir reçu d'eux beaucoup de présents, il les en combla lui-même avec une généreuse bienveillance. Quand il était venu à Orléans, c'était le jour même de la fête du bienheureux Martin, c'est-à-dire le 4 des nones du cinquième mois (2). Une foule immense de peuple, avec enseignes et bannières, se porta au-devant de lui en chantant ses louanges : on entendait ici la langue des Syriens, là celle des Latins, ailleurs celle même des juifs, retentir diversement en louanges diverses. On disait : « Vive le roi ! Que sa domi« nation s'étende sur des peuples nombreux un nombre infini « d'années ! » Les juifs qui montraient leur participation à ces acclamations disaient : « Que toutes les nations t'adorent, « fléchissent le genou devant toi, et te soient soumises ! » Cela fit qu'après la célébration de la messe, le roi étant assis à table, dit : « Malheur à la race judaïque, mauvaise et perfide, « et toujours animée d'un esprit de fourberie ! Car, dit il, elle « poussait aujourd'hui vers moi des cris adulateurs, pour me « faire adorer comme maitre de toutes les nations, mais c'était « pour que je fisse relever aux frais publics leur synagogue « renversée dernièrement par les chrétiens ; ce que je ne ferai « jamais ; le Seigneur le défend. » O roi remarquable par une admirable prudence ! Il comprit si bien la ruse des hérétiques qu'ils ne purent rien lui arracher de ce qu'ils se proposaient

---

(1) L'an 585.
(2) Le 4 du mois de juillet, que Grégoire de Tours appelle le cinquième mois, parce qu'il fait commencer l'année au mois de mars.

de lui demander plus tard. Au milieu du repas, le roi dit aux évêques qui étaient présents : « Je vous prie de m'accorder « demain votre bénédiction dans ma maison, et que le salut « repose sur moi à votre entrée, car je serai sauvé quand vos « paroles de bénédiction se seront répandues sur mon humble « personne. » Comme il disait ces mots, nous lui rendîmes grâces et, le repas étant fini, nous nous levâmes.

II. Le matin venu, le roi en visitant les autels des saints pour y faire ses prières, entra dans notre logis ; c'était dans la basilique de l'abbé saint Avitus dont j'ai parlé dans le Livre des miracles (1). Je me levai joyeux, je l'avoue, pour aller à sa rencontre ; et lui ayant fait compliment, je le supplie de daigner accepter, dans ma demeure, les eulogies du bienheureux Martin (2). Loin de refuser, il entre plein d'affabilité, vide une coupe, nous invite à sa table, et se retire gaiement. A cette époque Bertchramn, évêque de Bordeaux, joint à Palladius, évêque de Saintes, était violemment haï du roi, pour avoir accueilli Gundovald, dont nous avons parlé plus haut (3) ; la colère du roi contre Palladius était d'autant plus grande, qu'il avait été souvent dupe de ses fourberies. Aussi avaient-ils subi, peu de temps auparavant, de la part des autres évêques et grands du royaume, un interrogatoire sur la question de savoir pourquoi ils avaient fait accueil à Gundovald, et d'après son ordre, à peu près sans valeur, consacré Faustianus évêque de Dax. L'évêque Palladius avait déchargé Bertchramn, son métropolitain, de cette affaire d'ordination, et en avait fait tomber toute la faute sur lui-même, en disant : « Mon métropolitain « avait les yeux presque fermés par la douleur ; et moi, dé- « pouillé et insulté, je fus entraîné de force par Gundovald « dans la ville (de Dax). Je n'ai pas pu faire autre chose que

(1) *Gloire des Confess*, ch. XCIX.
(2) C'est-à-dire le pain bénit.
(3) Liv. VII, chap. XXXI.

« ce que commandait celui qui affirmait avoir le gouverne-
« ment tout entier des Gaules. » Ces paroles ayant été rapportées au roi, il fut très-irrité, tellement qu'on eut de la peine à lui persuader de les inviter à sa table. Jusque-là ils n'avaient pas encore été admis en sa présence. Bertchramn entrant, le roi demande : « Qui est celui-ci » ; car il ne l'avait pas vu depuis longtemps. On lui dit : « C'est Bertchramn, l'évêque
« de Bordeaux. — Nous te rendons grâces, lui dit-il, de ce
« que tu as si bien gardé fidélité à ta famille ; tu aurais dû
« savoir, très-cher père, que tu nous étais parent par notre
« mère, et tu n'aurais pas dû attirer sur ta race une peste d'é-
« tranger. » Après que Bertchramn eut entendu ces paroles et d'autres semblables, le roi se tournant vers Palladius :
« Ni à toi non plus, évêque Palladius, il n'y a pas trop de re-
« merciments à te faire ; car trois fois tu m'as trompé, ce
« qui est triste à dire d'un évêque, en m'envoyant des avis
« pleins d'astuce. Tu t'excusais auprès de moi par tes lettres ;
« et tu appelais mon frère par d'autres écrits (1). Mais Dieu
« a jugé ma cause : je me suis toujours appliqué à vous traiter
« comme les pères de l'Église et vous, vous avez toujours agi
« de ruse avec moi. Puis il dit aussi aux évêques Nicasius et
« Antidius (2) : Et vous, très-saints pères, qu'avez-vous fait
« pour le bien du pays ou pour le salut de notre royaume?
« Dites ! » Comme ceux-ci gardaient le silence, le roi se lava les mains, et après avoir reçu la bénédiction des évêques, il s'assit à table, le visage gai et la physionomie riante, comme s'il n'eût rien dit du mépris qu'on avait fait de lui.

III. La moitié du repas était achevée lorsque le roi m'ordonna de faire chanter mon diacre, qui, la veille à la messe,

---

(1) Chilpéric avait fait prendre Saintes en 576 par son fils Clovis (Giesebr.)

(2) Évêques d'Angoulême (VII, xxvi IX, xli) et d'Agen, qui souscrivirent l'un et l'autre le second concile de Mâcon. (Ruin.)

avait dit les répons des psaumes. Pendant que le diacre chantait, le roi m'ordonna encore de faire chanter devant lui tous les prêtres présents, en assignant à chaque clerc la partie qui lui appartenait d'après son emploi. Je les avertis selon son commandement, et chacun chanta le mieux qu'il put en présence du roi des répons de psaumes. Comme on apportait des plats, le roi dit : « Toute l'argenterie que vous voyez a appartenu
« à ce parjure de Mummolus (1); mais maintenant, par l'effet
« de la grâce du Seigneur, cela est passé en notre pouvoir;
« et j'ai déjà fait briser quinze bassins comme ce grand
« que voilà; je n'ai réservé que celui-ci et un autre sur
« cent soixante-dix livres pesant. Et qu'ai-je besoin d'en
« garder plus qu'il n'en faut pour mon usage de tous les jours?
« Je n'ai pas en effet, c'est là le pire, d'autre fils que Chil-
« debert (2), qui a bien assez des trésors que son père lui a
« laissés, et des effets de ce misérable qui ont été trouvés à
« Avignon et que j'ai pris soin de lui envoyer. Le surplus
« sera pour subvenir aux besoins des pauvres et des églises.

IV. « Je vous prie seulement d'une chose, prêtres du Sei-
« gneur; c'est que vous imploriez la miséricorde du Seigneur
« pour mon fils Childebert; car c'est un homme si sage et si
« capable, que dans l'espace de bien des années on aurait de
« la peine à en trouver un aussi prudent et aussi brave que
« lui. Et si Dieu daigne l'accorder comme roi à ces Gaules,
« peut-être y aura-t-il espoir qu'en lui puisse se relever notre
« race aujourd'hui bien épuisée; je ne désespère pas que cela
« ne se fasse par sa miséricorde, parce qu'il y en eut un pré-
« sage à la naissance de cet enfant. Le saint jour de Pâques,
« pendant que mon frère Sigibert se tenait dans l'église, et au
« moment où le diacre s'avançait avec le livre des évangiles,
« il arriva au roi un messager, et il n'y eut qu'une seule voix,

(1) Liv. VII, chap. xl.
(2) Childebert son neveu, qu'il traitait comme un fils.

« celle du diacre lisant l'évangile et celle de l'envoyé, qui di-
« rent ensemble : *il t'est né un fils* (1). D'où il arriva que
« tout le peuple célébra à la fois cette double annonciation
« en s'écriant : *Gloire à Dieu tout-puissant!* Il reçut le
« baptême le saint jour de la Pentecôte, et fut élevé au trône
« le saint jour de la nativité du Seigneur; en sorte que si
« vous le favorisez de vos prières, il pourra, Dieu le per-
« mettant, régner. » A ces paroles du roi, tous firent une
prière au Seigneur afin que par sa miséricorde il conservât
les deux rois. Le roi ajouta : « Il est vrai que Brunichilde,
« sa mère, menace de me tuer; mais je n'en ai aucune
« crainte. Le Seigneur, qui m'arracha des mains de mes en-
« nemis, me délivrera aussi de ses embûches. »

V. Il dit alors beaucoup de choses contre Théodorus (2),
protestant que s'il venait au synode, il l'enverrait de nouveau
en exil : « Nous savons, dit-il, que c'est à cause d'eux (3)
« qu'il a fait tuer mon frère Chilpéric; aussi nous renonçons
« à passer pour des hommes si, cette année même, nous ne
« parvenons à venger sa mort. — Je lui répondis : Et qui a
« fait périr Chilpéric, si ce n'est sa méchanceté et tes prières ?
« il te dressa en effet, contre toute justice, une foule d'em-
« bûches qui ont fini par le conduire à la mort; ce qui m'a
« été montré, je te dirai, par une vision que j'ai eue en songe :
« je te voyais l'ordonner évêque après qu'il eût été rasé; puis
« on le portait, précédé de lampes et de cierges allumés, sur
« une chaise sans coussin et noircie à la suie (4). » Comme je
narrais cela, le roi dit : « J'ai eu aussi, moi, une autre vi-

(1) Cette parole est dans Esaïe, IX, 5.
(2) Évêque de Marseille, dont il a été question dans le livre précédent.
(3) Il s'agit ici de Gondovald et de son parti.
(4) Le siège d'un évêque ou d'un magistrat était alors et fut longtemps
encore une sorte de pliant, en bois ou en métal, richement façonné, comme
celui provenant de l'abb. de S. Denys qui se conserve au Louvre sous le
nom de fauteuil de Dagobert, et ceux qu'on voit sur les sceaux royaux.

« sion qui m'a annoncé sa mort. Il était conduit devant moi
« chargé de chaînes par trois évêques, dont l'un était Te-
« tricus, l'autre Agricola (1) et le troisième Nicetius de
« Lyon (2). Deux de ces évêques disaient : *Délivrez-le de ses*
« *liens, nous vous le demandons, et permettez qu'il s'en aille*
« *après avoir été puni.* L'évêque Tetricus, au contraire, leur
« répondait avec colère : *Il n'en sera point ainsi, mais il sera*
« *brûlé par le feu à cause de ses crimes.* Et pendant qu'ils
« se querellaient fort et longtemps en échangeant ces paroles
« entre eux, j'aperçus au loin une chaudière placée sur le feu
« et qui bouillait très-fort ; comme je pleurais, ils saisissent le
« malheureux Chilpéric, lui brisent les membres et le préci-
« pitent dans la chaudière. Aussitôt il fut tellement dissous
« et liquéfié au milieu de la vapeur, qu'il ne resta plus de lui
« le moindre vestige. » A ces paroles du roi nous restâmes
étonnés ; et, le repas fini, nous nous levâmes.

VI. Le roi partit le lendemain pour la chasse ; à son retour, nous lui présentâmes Garachaire, comte de Bordeaux, et Bladastès qui, comme nous l'avons dit plus haut, s'étaient réfugiés dans la basilique de Saint-Martin, à cause de ce qu'ils s'étaient unis à Gundovald. En effet, ayant déjà prié pour eux sans rien pouvoir obtenir, j'ajoutai encore ces paroles : « Que ta
« puissance, ô roi, m'écoute ! voilà que mon seigneur m'a
« envoyé vers toi en ambassade, mais que rapporterai-je à
« celui qui m'envoie, quand tu ne veux me rendre aucune ré-
« ponse ? — Lui, très-étonné, me dit : Et qui est-il, ton sei-
« gneur qui t'a envoyé ? — C'est le bienheureux Martin, dis-
« je en lui souriant, qui m'a envoyé. » Alors il donna l'ordre qu'on lui présentât ces hommes. Lorsqu'ils furent arrivés devant lui, il leur reprocha un grand nombre de perfidies et de parjures, les traitant à plusieurs reprises de fins renards. Tou-

(1) Les deux premiers étaient évêques de Langres et de Chalon.
(2) Voy. l. V, ch. v.

tefois il les reçut en sa grâce, et restitua ce qui leur avait été pris.

VII. Le jour de dimanche étant arrivé, le roi se rendit à l'église pour assister à la célébration de la messe. Les clercs et les évêques présents chargèrent l'évêque Palladius de dire l'office. Comme il commençait à réciter la prophétie, le roi demanda qui il était; et lorsqu'il eut appris que c'était l'évêque Palladius qui avait commencé, il dit aussitôt avec colère : « Celui qui me fut toujours infidèle et perfide, celui-là main-
« tenant va prêcher en ma présence la parole sacrée! je sor-
« tirai tout droit de cette église, pour ne pas entendre mon
« ennemi prêcher. » En disant ces mots, il voulut sortir de l'église. Alors les évêques touchés de l'humiliation de leur « frère, dirent au roi : Nous t'avons vu assis à ta table et
« toi-même recevant la bénédiction de sa main ; pourquoi
« donc le roi le repousse-t-il maintenant? Si nous avions su
« qu'il te fût odieux, nous nous serions assurément adressé
« à un autre qui eût fait ce qui doit se faire ici ; maintenant
« si tu le permets, il achèvera la célébration qu'il a commen-
« cée ; plus tard, si tu lui reproches quelque chose, cela sera
« jugé d'après la rigueur de la loi canonique. » Déjà l'évêque Palladius s'était retiré en grande humiliation dans la sacristie; le roi donna l'ordre de le rappeler, et il termina ainsi ce qu'il avait commencé. Une autre fois Palladius ayant été invité avec Bertchramn à la table du roi, ils s'emportèrent et se reprochèrent mutuellement une foule de faits d'adultère (1) et de fornication et quelques-uns de faux serments. De telles choses faisaient rire bien des gens; mais d'autres, qui étaient d'une sagesse plus clairvoyante, se lamentaient de ce que les zizanies du diable se développaient ainsi entre des prêtres du Seigneur. En se retirant de la présence du roi, ils s'engagèrent

---

(1) Au liv. V, ch. xlviii, l'auteur articule contre Bertchramn une accusation plus directe.

par des garanties et des répondants (1) à se présenter au synode le 10 des kalendes du neuvième mois (2).

VIII. A la même époque apparurent des signes, c'est-à-dire des rayons brillants du côté du nord, comme il arrive souvent : on vit une clarté traverser le ciel à leur rencontre, et des fleurs se montrèrent sur les arbres. Or, on était au cinquième mois (3).

IX. Ensuite le roi vint à Paris, et se mit à parler devant tout le monde et à dire : « Mon frère Chilpéric en mourant « a, dit-on, laissé un fils dont les gouverneurs m'ont demandé, « à la prière de sa mère, de le présenter au baptême à la fête « de la nativité du Seigneur ; et ils ne sont pas venus. Ils ont « demandé après cela qu'on le baptisât au saint jour de « Pâques, et l'enfant n'a pas été apporté davantage. Pour la « troisième fois, ils ont supplié qu'il fût présenté à la fête de « Saint-Jean, et cette fois encore il n'est pas venu. Ils m'ont « fait quitter par le mauvais temps le lieu que j'habitais ; je « suis donc venu, et voilà qu'on cache l'enfant et qu'on ne me « le montre pas. D'où il résulte, autant que je puis com- « prendre, qu'il n'y a rien de vrai dans ce qu'on m'a dit, « mais que c'est, comme je le crois, le fils de quel- « qu'un de nos leudes ; car s'il eût été de notre race, on me « l'aurait certainement apporté. C'est pourquoi vous saurez « que je ne le reconnais pas jusqu'à ce que j'aie sur lui des « renseignements certains. » La reine Frédegunde apprenant cela rassembla les principaux de son royaume, c'est-à-dire trois évêques et trois cents hommes des plus honorables, qui jurèrent (4) que cet enfant avait été engendré par Chilpéric.

---

(1) *Cautiones et fidejussores.*
(2) C'est-à-dire le 21 du mois de novembre.
(3) Au mois de juillet.
(4) Les *conjuratores* ou *compurgatores* jouent un grand rôle dans la procédure et les mœurs germaniques.

Et de cette manière, le soupçon fut effacé de l'esprit du roi.

X. Comme il (Guntchramn) déplorait souvent la mort de Mérovech et de Chlodovech, et qu'il ignorait où on les avait jetés après les avoir tués (1), il vint au roi un homme qui lui dit : « Si cela ne me nuit pas pour l'avenir, j'indiquerai en quel lieu se trouve le cadavre de Chlodovech. » Le roi jura qu'il ne serait inquiété en rien et qu'il serait au contraire comblé de présents. L'homme dit alors : « O roi, le fait
« même qui s'est passé prouvera que je dis la vérité. Lorsque
« Chlodovech eut été tué, et enterré sous la gouttière d'un
« oratoire, la reine, craignant qu'il ne fût un jour découvert
« et qu'on ne l'ensevelît avec honneur, le fit jeter dans le lit
« de la rivière de Marne ; alors je le trouvai dans un filet que
« j'avais préparé pour le besoin de mon métier, qui est de
« prendre des poissons. J'ignorais qui il était, mais, à sa
« longue chevelure, je reconnus que c'était Chlodovech ; et
« l'ayant pris sur mes épaules, je le portai au rivage et l'en-
« terrai en le couvrant de gazon. Son corps est donc sauvé,
« fais-en ce que tu voudras. » Le roi ainsi informé, feignit d'aller à la chasse, et ayant fait ouvrir le tombeau, y trouva le pauvre corps entier et intact ; une partie seulement des cheveux, celle de dessous, était déjà tombée ; le reste, et les boucles mêmes, était parfaitement conservé, et l'on reconnut que c'était là celui que le roi cherchait avec tant de soin. En conséquence il convoqua l'évêque de la ville avec les clercs et le peuple, et conduisit le corps, orné de l'illumination d'un nombre infini de cierges, pour être inhumé dans la basilique de Saint-Vincent (2) ; ne se désolant pas moins pour ses neveux morts que lorsqu'il avait vu ses propres fils ensevelis. Après quoi il envoya Pappolus, évêque de la ville de

---

(1) Voyez ci-dessus liv. V, chap. XIX et XL.
(2) Depuis Saint-Germain des Prés à Paris. Voy. t. I, p. 167.

Chartres, à la recherche du cadavre de Méroveeh, qu'il enterra près du tombeau de Chlodovech.

XI. Un huissier du roi (1) vint dire d'un de ses collègues : « Seigneur roi, un tel a donné son acquiescement, moyen-
« nant récompense, à ce que tu sois tué. » Arrêté, battu et soumis à divers supplices, celui dont il avait dit cela n'avoua rien du fait sur lequel on l'interrogeait. Bien des gens racontaient que cela était l'effet de l'artifice et de l'envie, parce que cet huissier auquel on avait imputé le crime était très-aimé du roi.

Ansovald, piqué de je ne sais quel soupçon, s'éloigna du roi sans lui dire adieu (2).

Quant au roi, étant revenu à Chalon, il donna l'ordre d'égorger Boantus, qui lui avait toujours été infidèle. Celui-ci fut cerné dans sa maison, et périt de la main des gens du roi. Ses biens furent réunis aux propriétés du fisc.

XII. Le roi s'efforçait de nouveau avec la plus grande animation de persécuter l'évêque Théodorus, et Marseille étant déjà rentrée sous l'obéissance du roi Childebert, Rathaire y fut envoyé en qualité de duc au nom du roi Childebert pour examiner l'affaire ; mais lui, méprisant les formes de procédure (3) que le roi lui avait prescrites, assiége l'évêque, exige de lui des répondants et l'envoie en présence du roi Guntchramn pour assister au synode qui devait se tenir à Mâcon comme un homme destiné à être condamné par les évêques. Mais ici ne manqua pas la vengeance divine, qui sait habi-

(1) *Ostiarius*. Rien dans ce paragraphe n'indique qu'il s'agisse ici, comme on l'a cru, de portiers d'église, office ecclésiastique bien connu (voy. t. I, p. 180, n° 4) ; au contraire, toutes les circonstances du récit se rapportent plutôt à des portiers de la maison royale. Voy. d'ailleurs l. IX, ch. IX.

(2) Il était sujet de Chilpéric et Frédégunde. Voy. l. VII, ch. VII.

(3) L'*action*, dit Grégoire ; actio a rege injuncta. »

tuellement défendre ses serviteurs de la gueule des chiens enragés. L'évêque étant sorti de la ville, Rathaire s'empare aussitôt des effets de l'église, il prend les uns comme étant à lui, et enferme les autres sous la protection des scellés; mais dès qu'il eut fait cela, une maladie terrible frappa ses serviteurs et les fit périr épuisés par la fièvre. Son fils succomba au même mal, et il l'ensevelit avec de grands gémissements dans le faubourg même de Marseille. Enfin le malheur s'appesantit tellement sur sa maison, que lorsqu'il quitta cette ville, on pensait qu'il aurait bien de la peine à regagner son pays. L'évêque Théodorus fut retenu captif par le roi Guntchramn. Mais le roi ne lui fit aucun mal. C'est d'ailleurs un homme d'une éminente sainteté et assidu à la prière; Magneric, évêque de Trèves (1), m'a raconté de lui ce qui suit : « Lorsqu'on le conduisait, il y a quelques années, en présence du roi Childebert, et qu'il était si étroitement gardé que chaque fois qu'il arrivait dans quelque ville on ne lui permettait de voir ni l'évêque ni aucun des citoyens, il arriva à Trèves. On informa l'évêque que Théodorus était déjà placé dans la barque qui devait secrètement l'emmener. L'évêque, affligé, se leva, accourut en toute hâte, trouva Théodorus sur le rivage, et demanda aux gardes d'où venait cette extrême impiété qui empêchait un frère de voir son frère. Enfin il le vit, l'embrassa, lui fournit quelques vêtements et se retira. Puis s'étant en conséquence rendu à la basilique de saint Maximinus, il s'y prosterna devant le tombeau en se remémorant cette parole de l'apôtre Jacques : « *Priez l'un pour l'autre afin que vous* « *soyez guéris* (2). » Il pria longtemps avec larmes pour obtenir du Seigneur qu'il daignât secourir son frère, et il sortit. Mais voilà qu'une femme, qu'agitait l'esprit d'erreur, se mit à crier après l'évêque et à dire : « Scélérat et vieux endurci que tu es, d'adresser des prières au Seigneur pour notre ennemi

---

(1) De l'année 566 à l'année 597.
(2) Épitre de saint Jacques, ch. v, vers. 16.

Théodorus ! Voilà que nous cherchons tous les jours comment on pourra le chasser des Gaules cet homme qui souffle tous les jours le feu contre nous ; et toi, tu ne cesses de prier pour lui. Il vaudrait mieux pour toi t'occuper avec soin des choses de ton église, pour empêcher les pauvres de rien perdre, que de tant prier pour celui-là. » Et elle ajoutait : « Malheur à nous « de ne pas pouvoir le chasser. » Et, quoiqu'il ne faille pas croire aux paroles du démon, on vit clairement toutefois quel saint homme était l'évêque contre lequel le démon, dans son chagrin, déclamait ainsi. Mais revenons à notre sujet.

XIII. Le roi (Guntchramn) envoya des ambassadeurs à son neveu Childebert, qui habitait alors le château fort appelé Coblentz, qui a reçu ce nom parce que les deux fleuves la Moselle et le Rhin ont en ce lieu leur confluent. Comme il avait été convenu que, des deux royaumes, on se rassemblerait dans la ville de Troyes en Champagne, mais que les évêques du royaume de Childebert ne l'avaient pas trouvé bon, Félix l'un des envoyés, après avoir d'abord salué, puis montré ses lettres, dit : « Ton oncle, ô roi, demande avec instance qui t'a fait re-
« venir sur la promesse que vous vous étiez faite, de telle
« sorte que les évêques de votre royaume aient négligé de
« venir au concile que vous aviez résolu tous deux. Est-ce
« que par hasard de méchantes gens feraient pousser entre
« vous quelque racine de discorde ? » Alors comme le roi se taisait, je répondis : « Il n'y aurait rien d'étonnant qu'on se-
« mât la zizanie entre les peuples, car on ne pourrait certai-
« nement pas trouver où lui faire prendre racine parmi les
« rois. Personne n'ignore, en effet, que le roi Childebert n'a
« pas d'autre père que son oncle, et que celui-ci se dispose,
« d'après ce que nous lui avons entendu dire, cette année
« même (1), à l'adopter pour unique fils. Fasse donc le ciel

(1) Ci-dessus, ch. IV, et l. VII, ch. XXXIII.

« qu'aucune racine de discorde ne germe entre eux puisqu'ils
« doivent réciproquement et se défendre et s'aimer ! » Alors
le roi Childebert, ayant tiré à l'écart l'envoyé Félix, lui adressa
une demande et dit : « Je supplie mon seigneur et père de
« ne faire aucun mal à l'évêque Théodorus ; car, s'il le fait
« il en naîtra aussitôt une querelle entre nous, et nous nous
« trouverons divisés par la discorde, nous qui devons nous
« garder l'amour et vivre en paix. » Après avoir ensuite obtenu réponse sur d'autres affaires, l'envoyé repartit.

XIV. Comme nous étions avec le roi dans ce château (à
Coblentz), nous fûmes retenus à la table du prince jusqu'à ce
qu'il fût nuit noire ; le repas fini, nous nous levâmes, et nous
étant dirigés vers le fleuve, nous trouvâmes sur la rive une
barque qui avait été préparée pour nous. Au moment où nous
y montions, une foule de gens de toute sorte s'y précipitèrent,
et le bâtiment se trouva rempli à la fois et d'hommes et d'eau.
Mais la puissance du Seigneur vint se montrer, non sans un
grand miracle, car pleine jusqu'au bord la barque ne put enfoncer. Nous avions sur nous des reliques du bienheureux
Martin et d'autres saints ; c'est par leur vertu que nous croyons
avoir été sauvés. La barque revint au rivage d'où nous étions
partis, on en retira les hommes et l'eau, on en écarta les
étrangers, et nous fîmes le trajet sans obstacle. Le lendemain,
nous dîmes adieu au roi et partîmes.

XV. Chemin faisant, nous arrivâmes au château d'Ivois (1),
et nous y fûmes rencontrés par le diacre Ulfilaïc (2) et conduits
à son monastère, où nous reçûmes l'accueil le plus bienveillant.
Ce monastère est à peu près à huit milles du susdit château (3),
et situé au sommet d'une montagne. Sur cette montagne, Ul-

---

(1) *Eposium*. Lieu nommé aussi Carignan, sur le Chiers ; Ardennes.

(2) *Ulfilaïcus*, vulgairement *saint Vulfroie* ou *saint Ouflay*.

(3) C'est-à-dire du château d'Ivois. « Il en est à deux milles environ,
à mon compte » (Giesebrecht).

filaïc a bâti une grande basilique qu'il a décorée de reliques du bienheureux Martin et d'autres saints (1). Pendant que nous demeurions là, nous nous mîmes à le prier de nous raconter quelque chose de sa conversion au bien, ou comment il était arrivé aux fonctions ecclésiastiques, car il était Langobard d'origine. Il ne voulait d'abord rien dire, désirant de tout son cœur éviter la vaine gloire ; mais je le conjurai, par des serments terribles, de ne me rien cacher de ce que je lui demandais, lui promettant à l'avance de ne divulguer à personne ce qu'il me raconterait. Après qu'il eut résisté fort longtemps, vaincu enfin tant par mes prières que par mes serments, il parla ainsi : « Pendant que j'étais petit enfant, dit-il, ayant en-
« tendu prononcer le nom du bienheureux Martin et ne sa-
« chant pas encore si c'était un martyr ou un confesseur, ni
« quel bien il avait fait dans le monde, ni quel pays avait
« mérité de posséder le tombeau renfermant ses bienheureux
« membres, déjà en son honneur je célébrais des vigiles et,
« s'il m'arrivait entre les mains quelque pièce de monnaie,
« je faisais l'aumône. Quand je devins plus avancé en âge, je
« m'appliquai à apprendre mes lettres, et je pus les écrire
« avant de bien comprendre ce qui était écrit. Je fus attaché
« ensuite à l'abbé Arédius, et après avoir été instruit par lui,
« j'entrai dans la basilique du bienheureux Martin. Lorsque
« j'en revins avec lui, Arédius enleva pour relique un peu de
« la poussière du bienheureux tombeau, et après l'avoir mise
« dans une petite boîte la suspendit à mon cou. Arrivés à son
« monastère, sur le territoire de Limoges (2), il prit la boîte
« pour la placer dans son oratoire, et vit que la poussière
« s'y était tellement accrue que non-seulement elle remplissait
« la boîte tout entière, mais qu'elle se répandait entre les
« jointures partout où elle pouvait trouver issue. La lumière

(1) Ce monastère de saint Martin fut ruiné de bonne heure ; et l'an 979, l'archevêque de Trèves transféra dans la ville les os de saint Valfroie. (Ruin.)

(2) Le monastère de saint Yrieix, près Limoges.

« qui jaillit de ce miracle enflamma davantage mon esprit et
« me fit placer tout mon espoir dans le mérite du saint. De là
« je me rendis sur le territoire de la ville de Trèves, et sur
« ce mont où vous êtes en ce moment, je construisis de mes
« propres mains la petite demeure que vous voyez. Je trouvai
« dans ce lieu une image de Diane (1) que ce peuple, encore
« incrédule, adorait comme divinité. J'élevai aussi une co-
« lonne, sur laquelle je me tenais avec de grandes souffrances,
« ne mettant rien à mes pieds pour les couvrir. En effet,
« lorsque arrivait, comme à l'ordinaire, la saison d'hiver, j'étais
« tellement tourmenté par la rigueur du froid, que, souvent,
« sa violence faisait tomber les ongles de mes pieds, et que
« l'eau glacée pendait à ma barbe en forme de chandelles;
« car cette contrée supporte fréquemment des hivers qu'on
« regarde comme très-rudes. » Comme nous lui demandions
ce qu'il avait pour nourriture et pour boisson, et comment
il avait détruit les idoles de cette montagne, il répondit :
« Ma nourriture et ma boisson étaient un peu de pain et de
« légumes avec une faible quantité d'eau. Et dès que la mul-
« titude appartenant aux campagnes voisines accourut vers
« moi, je lui prêchai sans cesse que Diane n'était rien, rien les
« idoles, rien le culte qu'on semblait leur rendre ; qu'infâmes
« étaient les cantiques qu'ils chantaient en buvant, au milieu
« de nombreuses débauches ; qu'ils devaient bien plutôt offrir
« un digne concert de louanges au Dieu tout-puissant, qui a
« fait le ciel et la terre. Souvent aussi je priais le Seigneur de
« renverser l'idole, et de daigner arracher le peuple à cette
« erreur. La miséricorde du Seigneur inclina ces grossiers

(1) « Non pas de Diane, mais de quelque déesse celtique équivalente, à laquelle avait été attribué après coup ce nom de divinité romaine. C'est de cette manière que le culte de Diane paraît s'être étendu sur toute cette contrée. Voy. Rettberg, *Hist. religieuse de l'Allemagne*, I, 64 ; Grimm, *Mytholog.*, I, 99, 263 » (Giesebrecht). En effet, plusieurs inscriptions, dont l'une du temps de Domitien (ann. 81 à 96), appellent la Diane celtique de ce pays : ARDVINNA.

« esprits à se prêter à mes paroles de manière à quitter leurs
« idoles et à suivre le Seigneur. Rassemblant alors quelques-
« uns d'entre eux, je pus détruire bientôt, avec leur secours,
« cette idole immense que j'étais incapable de renverser par
« ma seule force. J'avais déjà brisé moi-même les autres
« figurines qui m'avaient opposé moins de difficulté. Ils vin-
« rent en grand nombre à cette statue de Diane, y attachè-
« rent des cordes, et commencèrent à tirer : mais ils travail-
« laient inutilement. Aussitôt je me rends à la basilique,
« et, prosterné à terre, je supplie en pleurant la divine
« miséricorde de détruire par sa puissance divine ce
« que l'industrie humaine ne pouvait renverser. Je sortis
« après ma prière, je vins retrouver les ouvriers, et ayant
« saisi la corde, du premier coup que nous nous mîmes à
« tirer, l'idole tomba aussitôt à terre, se brisa et je la
« réduisis en poudre à l'aide de marteaux de fer. A l'instant
« même, et lorsque j'allais pour prendre mon repas, tout mon
« corps, depuis le sommet de la tête jusqu'à la plante des
« pieds, se trouva couvert de pustules malignes, de telle façon
« qu'on n'aurait pu y trouver un espace vide où poser le doigt.
« Étant seul dans la basilique, je me mis tout nu devant le
« saint autel, et comme j'avais une petite bouteille pleine
« d'huile que j'avais apportée de la basilique de saint Martin,
« j'en frottai de mes propres mains toutes les parties de mon
« corps, et bientôt je fus plongé dans le sommeil. Je me ré-
« veillai vers le milieu de la nuit, et comme je me levais pour
« réciter les offices divins, mon corps tout entier se trouva
« aussi sain que si je n'avais jamais eu sur moi le moindre
« ulcère. Je reconnus que ce mal ne m'était pas venu autre-
« ment que par la haine du démon ; et comme sa haine tâche
« toujours de nuire à ceux qui se vouent à Dieu, des
« évêques, qui auraient dû m'exciter encore davantage à
« accomplir avec zèle l'œuvre que j'avais commencée, vin-
« rent me dire : « La voie que tu suis n'est pas la bonne, et
« tu ne pourras jamais, toi indigne, être comparé à Siméon

8.

« d'Antioche, qui vécut sur une colonne (1). D'ailleurs, la
« situation du lieu ne te permet pas de supporter cette souf-
« france : descends plutôt, et viens habiter avec les frères que
« tu as rassemblés près de toi. » A leur parole, je descendis,
« je l'avoue, parce qu'on ne peut sans crime désobéir
« aux évêques, je me promenai avec eux, et je partageai
« leur nourriture. Un jour, l'évêque m'ayant appelé loin du
« village, envoya des ouvriers avec des boucliers, des mar-
« teaux et des haches, et qui renversèrent la colonne sur la-
« quelle j'avais coutume de me tenir. Le lendemain, en arri-
« vant, je trouvai tout détruit et je pleurai amèrement ; mais
« je n'ai pu relever ce qu'ils avaient abattu ne voulant pas
« paraître braver les ordres des évêques, et depuis lors je
« me suis contenté d'habiter avec mes frères, ainsi que je le
« fais maintenant. »

XVI. Comme je le priais de nous faire connaître quelque chose des miracles opérés dans ce lieu par le bienheureux Martin, il nous rapporta ce qui suit : « Le fils d'un homme
« qui était Franc et de la plus haute noblesse parmi ceux de
« sa race, était muet et sourd. Il fut amené à cette basilique
« par ses parents. Je le fis coucher, avec mon diacre et un
« autre serviteur de l'église, sur un lit placé dans le saint
« temple même. Pendant le jour il se livrait à la prière ; la
« nuit, comme nous venons de le dire, il dormait dans l'église.
« Un jour, par la pitié de Dieu, le bienheureux Martin m'ap-
« parut en songe, disant : « Fais sortir l'agneau de la basi-
« lique, car à présent il est guéri. » Le matin venu, je pensais
« que ce n'était qu'un songe, quand l'enfant vint à moi et don-
« nant cours à sa voix se mit à rendre grâce à Dieu ; puis, se
« tournant de mon côté, il dit : « J'offre mes actions de

---

(1) Vers les années 420 à 460. Grégoire parle encore au chap. XXVI de la *Gloire des Confess.* de ce prétendu saint qui eut une foule de pla-giaires dans son pays, mais peu dans le nôtre.

« grâces au Dieu tout-puissant qui m'a rendu et la parole et
« l'ouïe. » Dès lors rendu à la pleine santé, il retourna chez
« lui. Un autre individu qui, très-souvent mêlé à des vols et
« à diverses sortes de crimes, avait coutume de se parjurer
« quand on l'accusait, dit un jour : « J'irai dans la basilique
« du bienheureux Martin, je me purgerai par des serments,
« et je serai absous. » Mais au moment où il entrait, la
« hache s'échappe de sa main, et il tombe sur le seuil de la
« porte, frappé au cœur d'une douleur violente, et le malheu-
« reux avoua de sa propre bouche le crime qu'il était venu
« excuser par le parjure. Un autre du même genre, qu'on ac-
« cusait d'avoir incendié la maison de son voisin, dit : « J'irai
« au temple de saint Martin, et en jurant ma foi, je serai
« rendu innocent de ce crime. » Il était hors de doute que c'é-
« tait lui qui avait mis le feu à cette maison. Comme il partait
« pour aller prêter serment, je me tournai vers lui, et lui dis :
« D'après ce qu'affirment tes voisins, tu n'es point innocent de
« ce crime. Cependant Dieu est partout, et sa vertu est
« la même au dehors qu'au dedans de l'église ; si donc
« tu es pris de cette vaine confiance que Dieu ou ses
« saints ne tirent pas vengeance des parjures, voilà devant toi
« le temple saint, jure ici s'il te plaît, car il ne te sera pas
« permis de mettre le pied sur le seuil sacré. » Il leva les
« mains, et dit : « Par le Dieu tout-puissant, et par les mé-
« rites du bienheureux Martin, son évêque, je ne suis pas
« l'auteur de cet incendie. » Ayant ainsi fait le serment, il se
« retirait, lorsqu'il lui sembla comme s'il était entouré de
« feu ; et aussitôt, se précipitant contre terre, il se mit à
« crier que le bienheureux évêque le brûlait cruellement. Le
« malheureux disait : « J'atteste Dieu que j'ai vu tomber du
« ciel le feu qui m'environne et m'embrase d'épaisses vapeurs. »
« Et en disant cela, il rendit l'esprit. Ce fut pour beaucoup un
« avertissement de ne pas avoir l'audace, à l'avenir, de se par-
« jurer en ce lieu. » Le diacre raconta sur ces miracles beaucoup de choses qu'il m'a semblé trop long de rapporter.

XVII. Durant notre séjour dans cet endroit, nous vîmes pendant deux nuits des signes dans le ciel, c'est-à-dire, du côté du nord, des rayons d'une clarté si brillante qu'on ne les avait pas encore jusque-là vu briller ainsi; et aux deux flancs, au levant et au couchant, étaient des nuées sanglantes. La troisième nuit, les rayons lumineux se montrèrent vers la deuxième heure (1), et pendant que nous les considérions avec étonnement, il s'en éleva de semblables des quatre coins du monde, et nous vîmes tout le ciel s'en couvrir. Et il y avait au milieu du ciel un nuage splendide où ces rayons venaient se réunir à la manière d'une tente, dont les plis, larges par le bas, rétrécis vers le haut, formaient une espèce de capuchon. Au milieu des rayons étaient d'autres rayons ou des clartés flamboyantes. Ce signe nous causa une grande frayeur, car nous nous attendions à voir quelque calamité tomber du ciel sur nous (2).

XVIII. Le roi Childebert, pressé par les envoyés de l'empereur qui demandait la restitution de l'or donné l'année précédente (3), envoya une armée en Italie. Il y avait bruit d'ailleurs que sa sœur Ingunde avait été transportée à Constantinople. Mais la division s'étant mise entre les chefs de l'armée de Childebert, ils s'en revinrent sans aucun profit de leur expédition (4).

Le duc Wintrion fut chassé par les habitants du pays qu'il gouvernait (5), perdit son duché, et aurait même perdu la vie si la fuite ne l'eût protégé : plus tard cependant, le peuple s'étant calmé, il rentra dans son duché.

Nicetius ayant été écarté de l'office de comte d'Auvergne par la promotion d'Eulalius à ce comté, demanda au roi un

---

(1) Après le soleil couché.
(2) Voy. ci-après, ch. XXIV.
(3) Voy. l. VI, ch XLII.
(4) Voy. Paul Diacre.
(5) Duc de Champagne ; voy. l. X, ch. III ; et Frédégaire.

duché, en lui faisant pour cela d'immenses présents. Il fut ainsi nommé duc de la cité d'Auvergne, Rouergue et Uzès; c'était un homme très-jeune d'âge, mais très-pénétrant d'esprit. Il mit la paix dans le pays d'Auvergne et dans les autres lieux soumis à son administration.

Childéric le Saxon, tombé dans la disgrâce du roi Guntchramn pour la même cause pour laquelle d'autres, nous l'avons dit plus haut, s'étaient enfuis, se retira dans la basilique du bienheureux Martin, laissant son épouse dans les États de ce roi. Le roi l'avait invitée à ne pas se permettre de revoir son mari jusqu'à ce qu'il fût rentré en sa grâce royale : toutefois, ayant envoyé maint message au roi en sa faveur, nous finîmes par obtenir que Childéric ferait venir sa femme, et habiterait de l'autre côté de la Loire, sans se permettre cependant de passer au roi Childebert. Mais lorsqu'il eut reçu la liberté de reprendre sa femme, il se rendit en secret près de Childebert · et celui-ci l'ayant nommé duc dans les cités d'au delà de la Garonne qui reconnaissaient sa domination, il y alla.

Le roi Guntchramn, voulant gouverner le royaume de son neveu Chlothaire, le fils de Chilpéric, décida que Théodulf serait comte d'Angers. Introduit dans la ville, celui-ci en fut rejeté honteusement par les citoyens, surtout par Domigisèle, et retournant vers le roi, il reçut de nouvelles lettres, fut établi dans son poste par le duc Sigulf, et administra le pays en qualité de comte. Gundobald, ayant été fait comte de Meaux à la place de Guerpin, entra dans la ville, et commença d'y présider aux actions judiciaires. Comme il était par conséquence en tournée dans le pays pour exercer cet office, il fut tué par Guerpin dans un village. Ses parents s'étant réunis, tombèrent sur celui-ci et le tuèrent dans une chambre de sa maison (1) où il était enfermé. L'un et l'autre furent ainsi

(1) *In pessilem domus;* suivant quelques textes : in pensilem. Mot qui a exercé les commentateurs. Marolles et Guizot l'ont entendu comme s'il

sevrés du comté par cette mort qui toujours nous menace.

XIX. L'abbé Dagulf était souvent accusé pour ses crimes ; car il commettait à chaque instant des vols ou des homicides, et se livrait aux adultères avec une grande dissolution. Une fois il s'était pris de passion pour la femme de son voisin, et partageant son lit, il chercha diverses occasions pour assommer le mari de cette adultère dans l'enceinte du monastère, et lui signifia verbalement que s'il approchait de sa femme il serait puni. Celui-ci abandonna donc sa modeste demeure, et Dagulf venant la nuit avec un de ses clercs, entre dans la maison de la prostituée. Après avoir bu pendant très-longtemps, devenus ivres, ils se couchent dans le même lit. Pendant qu'ils dormaient, le mari arrive, allume de la paille, lève sa hache et les tue tous les deux. Ainsi, que cette affaire soit un avertissement pour les clercs de ne pas se permettre de jouir de la compagnie des femmes d'autrui, quand la loi canonique et toutes les saintes Écritures le défendent ; mais qu'ils se contentent des femmes dont on ne peut pas leur faire de crime (1).

XX. Cependant le jour du plaid arriva, et les évêques par l'ordre du roi Guntchramn, se rassemblèrent dans la ville de Mâcon (2). Faustianus, qui, par ordre de Gundovald avait été ordonné évêque de la ville de Dax (3), est renvoyé de son siége, avec cette clause que Berthcramn, Orestès et Palladius, qui l'avaient sacré, le nourriraient tour à tour et lui

---

y avait : in pensilem domum ; Guadet et Taranne, d'après Guérard l'ont traduit par « chambre à poéle » (*pisilis*) ; Giesebrecht, par « gynécée. » Ad. de Valois et dom Ruinart avouent ne pas comprendre ; je me range à leur suite.

(1) Voy. ci-dessus, t. Ier, p. 157 et 186, notes.

(2) On a les canons de ce concile et les noms de ses membres dans la collection du P. Sirmond, t. Ier, p. 381.

(3) Ci-dessus, VII, 31.

payeraient chaque année cent sous d'or. Nicetius, au contraire, naguère laïc, qui avait précédemment soutiré sa nomination du roi Chilpéric, fut mis en possession de l'épiscopat de cette ville. Ursicinus, évêque de Cahors, est excommunié, pour avoir avoué publiquement qu'il avait accueilli Gundovald ; il se soumit à une sentence dont les termes étaient qu'il ferait pénitence pendant trois ans, en ne coupant ni ses cheveux ni sa barbe, en s'abstenant de vin et de viandes, en se gardant absolument de dire la messe, d'ordonner les clercs, de bénir les églises ni les saintes huiles, et de donner les eulogies; que cependant les biens de son église pourraient, comme d'habitude, être entièrement administrés par lui (1). Il y eut dans ce concile un évêque qui disait que la femme ne pouvait être comprise dans l'expression, *les hommes ;* mais il se rendit aux raisons des autres évêques, parce que le livre sacré de l'Ancien Testament enseigne qu'au commencement, quand Dieu créa l'homme, *il les créa mâle et femelle, et leur donna le nom d'Adam* (2), c'est-à-dire homme de terre ; et sous ce nom il entendait l'homme et la femme, appliquant la dénomination d'homme à l'un comme à l'autre. De même, notre seigneur Jésus-Christ est appelé Fils de l'homme, pour indiquer qu'il est né d'une vierge, c'est-à-dire d'une femme, à laquelle il dit, lorsqu'il changea l'eau en vin: *Femme, qu'y a-t-il de commun entre toi et moi* (3)? etc. Par un grand nombre d'autres témoignages différents cette affaire fut vidée et assoupie. Prétextatus, évêque de Rouen, récita devant les évêques des oraisons qu'il avait composées pendant son exil ; elles plurent à quelques-uns ; d'autres les critiquèrent parce qu'il n'avait nullement observé les règles de l'art; cependant le style en était, par endroits, ecclésias-

(1) Il souscrivit ainsi que Faustien les actes du concile comme les autres évêques ; Nizier n'y figure pas, peut-être parce qu'il n'était pas encore ordonné. (Ruin.)
(2) Genèse, v, 2.
(3) Jean. II, 4.

tique et convenable. Il y eut alors une batterie violente entre les serviteurs de l'évêque Priscus (1) et ceux du duc Leudegisil ; l'évêque Priscus donna beaucoup d'argent pour acheter la paix. Dans ces temps-là, le roi Guntchramn tomba si gravement malade, que quelques-uns pensèrent qu'il lui serait impossible de s'en tirer ; ce fut, je crois, un effet de la Providence, car il se proposait d'envoyer en exil un grand nombre d'évêques. L'évêque Théodorus, revenu dans sa ville (2), y fut accueilli avec la bienveillance et les acclamations de tout le peuple.

XXI. Pendant que se tenait ce synode, le roi Childebert réunit ses fidèles dans sa maison de Bulson (3), qui est située au milieu de la forêt des Ardennes. La reine Brunichilde s'y plaignit à tous les grands au sujet de sa fille Ingunde, qui était encore retenue en Afrique ; mais elle obtint peu de consolation. Ensuite commence le procès contre Boson-Guntchramn. Peu de temps avant, une parente de sa femme, morte sans enfants, avait été ensevelie, avec des joyaux de grand prix et beaucoup d'or, dans la basilique de la ville de Metz. Il arriva que quelques jours après c'était la fête du bienheureux Remi, qu'on célèbre au commencement du mois d'octobre ; un grand nombre de personnes ayant quitté la ville avec l'évêque, particulièrement les principaux citoyens et le duc, les serviteurs de Boson-Guntchramn vinrent à la basilique où cette femme était enterrée, s'y introduisirent, fermèrent les portes sur eux, ouvrirent le sépulcre ; puis ils prirent et emportèrent tous les ornements qu'ils purent trouver sur le corps de la défunte. Les moines de la basilique s'en étant aperçus vinrent à la porte, mais on ne les laissa pas entrer ; voyant cela, ils allèrent avertir l'évêque et le duc. Cependant les ser-

(1) Évêque de Lyon, qui avait la première place dans le synode. Voyez liv. IV, ch. XXXVI et *Vies des Pères*, ch. VIII.
(2) Marseille. Voy. ci-dessus, chap. XII.
(3) *Belsonaucus*. A huit kilom. au sud de Sedan (Ardennes).

viteurs après avoir pris ces choses, montent à cheval et s'enfuient. Cependant, craignant d'être saisis en route et d'avoir à subir divers châtiments, ils retournèrent à la basilique et déposèrent les objets sur l'autel; mais n'osant plus ressortir, ils se mirent à crier, et à dire : « C'est par Guntchramn-Boson que nous avons été envoyés ». Lorsque Childebert fut réuni avec ses grands officiers dans la villa que nous avons dite, Guntchramn interpellé sur ces faits ne répondit rien; et il s'enfuit secrètement. A la suite de cela, on lui enleva tout ce qu'il avait obtenu en Auvergne de la libéralité du fisc, et il dut abandonner avec honte les biens de diverses personnes qu'il avait injustement envahis.

XXII. Laban, évêque d'Eause, mourut cette année (1), et fut remplacé par Desiderius, un laïc. Or le roi avait juré qu'il ne prendrait jamais un évêque parmi les laïques. Mais à quoi la fatale faim de l'or ne contraint-elle pas le cœur des hommes? Bertchramn, de retour du synode, est pris par la fièvre; il fait venir le diacre Waldon, qui lui aussi avait reçu au baptême le nom de Bertchramn, lui confère la pleine dignité du sacerdoce et lui confie toutes les dispositions et de son testament et de ses actes de bienfaisance. Comme celui-ci le quittait, l'évêque rendit l'esprit (2). Le diacre revint et courut au roi avec des présents et le consentement des citoyens; mais il ne put rien obtenir : le roi, par un décret, ordonna qu'on sacrât évêque Gundegisil, comte de Saintes, surnommé Dodon; et la chose se fit ainsi. Comme un grand nombre des clercs de Saintes, de connivence avec l'évêque Bertchramn, avaient écrit avant le synode sur leur évêque Palladius des choses qui étaient contre lui et qui devaient lui nuire, l'évêque, après

---

(1) 585. Eause (Helosensis civ.) était alors l'ancienne métropole de la Novempopulanie; mais ruinée plus tard par les Sarrasins, elle céda son rang à la ville d'Auch (Ausciensis). — Laban souscrivit le quatrième concile de Paris, 573, et le second de Mâcon, 585. (Ruin).

(2) Fortunat a chanté ses louanges, III, xx et xxi.

que Bertchramn fut mort les fit saisir, et ils furent cruellement battus et dépouillés. A la même époque, mourut Wandelin, gouverneur du roi Childebert; mais personne ne fut mis à sa place, parce que la reine mère voulut prendre soin elle-même de son fils. Tout ce qu'il avait obtenu du fisc fut restitué à l'administration du fisc. En ce temps-là mourut, plein de jours, le duc Bodegisil (1); mais rien de ce qui formait son bien ne fut rogné à ses enfants. A la place de Faustus (2), évêque d'Auch, fut mis pour évêque Fabius; et après la mort de saint Salvius, la même année, Desiderius fut donné pour évêque aux Albigeois (3).

XXIII. Il y eut cette année de grandes pluies, et les rivières grossirent tellement qu'elles causèrent presque partout des ruines : elles sortirent de leurs rivages et couvrant les moissons et les prairies voisines, elles firent beaucoup de mal. Les mois de printemps et d'été furent si pluvieux, qu'on aurait cru être en hiver plutôt qu'en été.

XXIV. La même année, deux îles de la mer furent consumées par le feu divin : brûlées pendant sept jours avec les hommes et les troupeaux qui s'y trouvaient, elles furent entièrement détruites; en effet ceux qui cherchaient un refuge dans la mer et se précipitaient dans l'abîme, brûlaient jusque dans l'eau où ils étaient plongés, et ceux qui n'expiraient pas sur-le-champ étaient dévorés par un plus cruel tourment : tout fut réduit en cendres, puis abîmé dans la mer. Beaucoup de gens disaient aussi que les signes lumineux que nous avons dit plus haut avoir vus dans le huitième mois (4), et

---

(1) Fortunat, VII, v.
(2) Faustus assista au second concile de Mâcon, l'an 585. (Ruin.)
(3) Quelques-uns placent un évêque Theofridus entre saint Sauve et Désiré. (Ruin.)
(4) Octobre; voy. chap. VIII et XVII.

qui faisaient paraître le ciel comme enflammé, provenaient de la lueur de cet incendie.

XXV. Dans une autre île, qui est voisine de la cité de Vannes, il y avait un étang considérable et rempli de poissons, dont l'eau, jusqu'à la profondeur d'une aune, se changea en sang; de sorte que, pendant bien des jours, une multitude incalculable de chiens et d'oiseaux venait lécher ce sang, et le soir s'en allait rassasiée.

XXVI. Ennodius fut donné pour duc aux Tourangeaux et aux Poitevins. Quant à Berulf (1), qui avait précédemment gouverné ces deux cités, il était tenu pour suspect, ainsi qu'Arnegisil son associé, à cause des trésors du roi Sigibert qu'il avait secrètement dérobés. Comme il était dans ces contrées redemandant son duché, il fut saisi par le duc Rauching (2) au moyen d'un stratagème et enchaîné avec son compagnon. Sur-le-champ, des serviteurs envoyés aux maisons des deux prisonniers y mirent tout au pillage; on y trouva beaucoup de choses qui leur appartenaient réellement, et quelques-unes qui provenaient des trésors dont on a parlé; tout cela fut porté au roi Childebert. Comme il s'agissait dans cette affaire d'une tête à faire tomber par le glaive, on obtint grâce pour leur vie par l'intervention des évêques, et ils furent relâchés, mais sans qu'on leur rendît rien de ce qui leur avait été enlevé.

XXVII. Le duc Desiderius (3) avec quelques évêques, l'abbé Arédius et Antestius, se hâta d'aller vers le roi Guntchramn. Le roi voulait lui faire un mauvais accueil; mais, vaincu par les prières des évêques, il le reçut en grâce. Là se présenta aussi Eulalius qui voulait le mettre en cause à l'occasion de

---

(1) Voy. V, L; VI, XII et XXXI.
(2) Voy. V, ch. III; IX, ch. IX.
(3) Voy. l. VII, ch. XLIII.

son épouse, qui l'avait délaissé pour passer à Desiderius (1) ; mais, tourné en ridicule et honteux, il se tut. Quant à Desiderius il reçut des présents du roi, et s'en revint avec ses bonnes grâces.

XXVIII. Ingunde, comme nous l'avons dit plus haut (2), avait été laissée par son mari avec l'armée de l'empereur. Pendant qu'on la conduisait à ce prince avec son fils encore enfant, elle mourut en Afrique, et y fut ensevelie. Leuvichild mit à mort son fils Hermenegild (3) dont elle avait été la femme. Irrité de pareilles choses, le roi Guntchramn se dispose à envoyer l'armée vers les Espagnes pour s'emparer d'abord de la Septimanie, qui se trouve encore sur le territoire des Gaules, et pour, de là, se porter en avant. Tandis que cette armée était en route, un avis, trouvé sur je ne sais quels gens de la campagne, fut envoyé au roi Guntchramn pour qu'il en prît lecture, parce qu'on le considérait comme une lettre écrite par Leuvichild à Frédegunde pour qu'elle arrêtât par tous les moyens la marche de l'armée. Il y était dit : « Fais mourir promptement nos ennemis, c'est-à-dire Chil« debert et sa mère (4) et conclus la paix avec le roi Gunt« chramn, en l'achetant par de nombreux présents. Et en « cas que par hasard tu n'aies pas assez d'argent, nous t'en « enverrons secrètement; fais seulement ce que nous te « mandons. Lorsque nous serons vengés de nos ennemis, ré« compense l'évêque Amélius (5) et la dame Leuba, qui pro-

---

(1) Voyez ci-dessous chap. XLV, et liv. X, chap. VIII.
(2) Voyez liv. VI, chap. XL.
(3) Voyez liv. V, chap. XXXIX.
(4) C'est Gontran cependant qui avait déclaré la guerre; mais peut-être Leuvigild pensa-t-il que ce roi n'avait agi que sur les instances du frère d'Ingunde, Childebert, et de Brunehaut sa mère; peut-être même Childebert avait-il envoyé une armée en Espagne, comme le dit Paul Diacre dans son *Histoire des Lombards*, liv. III, chap. XXI. (Ruin.)
(5) Évêque de Tarbes.

« curent à nos envoyés les moyens d'arriver jusqu'à toi. » Or, Leuba est la belle-mère du duc Bladastès.

XXIX. Quoique cet avis eût été transmis au roi Guntchramn, et qu'il en eût été donné connaissance à son neveu Childebert, Frédegunde n'en fit pas moins fabriquer deux couteaux de fer, dans lesquels elle ordonna de pratiquer des entailles profondes pour recevoir du poison, afin que, si le coup destiné à donner la mort ne tranchait pas les fibres de la vie, l'infection née du poison l'arrachât du moins avec rapidité. Elle remit ces couteaux à deux clercs, et leur donna ses instructions en disant : « Prenez ces glaives, et rendez-vous au plus vite au-
« près du roi Childebert ; faites comme si vous étiez des
« mendiants, et quand vous serez prosternés à ses pieds
« comme pour lui demander l'aumône, percez-lui les deux
« flancs, de manière à ce qu'enfin Brunichilde, qui fonde sur
« lui son arrogance, lui tombant, soit brisée elle-même et li-
« vrée à mon pouvoir. Que si la garde est si bien faite au-
« tour de cet enfant que vous ne puissiez l'approcher, tuez
« alors mon ennemie elle-même. Quant à la récompense de
« votre œuvre ce sera que si vous êtes tués en l'accomplissant,
« je donnerai des biens à vos parents et, les comblant de
« présents, je les constituerai les premiers dans mon
« royaume. Bannissez donc toute crainte, et que la terreur
« de la mort n'entre pas dans vos cœurs ; vous savez bien que
« c'est le sort commun de tous les hommes. Armez vos es-
« prits de courage, et songez que souvent les plus braves pé-
« rissent à la guerre, mais qu'aussi leurs parents, devenus
« nobles par leur mort, s'élèvent au-dessus des autres par
« d'immenses richesses et les surpassent tous. » Pendant que cette femme parlait, les clercs commencèrent à trembler, pensant qu'il serait difficile d'accomplir de tels ordres. Frédegunde les voyant incertains, transforma leurs dispositions par le moyen d'un breuvage et leur donna l'ordre de partir pour leur destination. La vigueur de leurs courages s'accrut

aussitôt et ils promirent d'exécuter tout ce qu'elle avait ordonné. Toutefois elle leur remit un vase plein du même breuvage et leur ordonna de l'emporter, disant : « Le jour où vous ferez
« ce que je vous commande, prenez cette boisson, le matin,
« avant de commencer la besogne, et la résolution ne vous
« manquera pas pour agir. » Instruits de cette manière, elle les congédia. Ils partirent et, en arrivant à Soissons, ils furent arrêtés par le duc Rauching : ayant été interrogés, ils découvrirent tout, furent enchaînés et mis en prison. Au bout de quelques jours, Frédegunde, incertaine si ce qu'elle avait ordonné avait été fait, envoya un serviteur soit pour s'informer de ce que disait la rumeur populaire, soit pour tâcher de découvrir quelqu'un qui le renseignât et lui dît si Childebert avait été tué. Le serviteur prit congé d'elle et se rendit dans la ville de Soissons. Ayant appris à la fin que les clercs étaient retenus prisonniers, il s'approcha de leur porte, et comme il commençait à parler avec les gardiens, il fut arrêté lui-même et mis sous bonne garde. Puis tous ensemble furent envoyés à Childebert, et ayant été interrogés, ils découvrirent la vérité, et déclarèrent qu'ils étaient envoyés par Frédegunde pour le tuer, disant : « Nous avons reçu les ordres de la reine
« pour nous déguiser en pauvres et nous voulions, lorsque
« nous nous serions précipités à tes pieds pour te demander
« quelque aumône, te percer avec ces glaives ; et si le fer eût
« porté un trop faible coup, le poison dont il était infecté de-
« vait rapidement te pénétrer le cœur. » Après avoir dit ces mots, ils furent appliqués à divers supplices ; on leur coupa les mains, les oreilles, les narines, et on les fit mourir de diverses manières.

XXX. Le roi Guntchramn donna donc l'ordre de faire marcher son armée contre les Espagnes (1) en disant : « Soumettez
« d'abord à notre sujétion la province de Septimanie qui est

(1) L'an 586, comme le démontre dom Ruinart.

« voisine des Gaules (1) ; c'est une chose indigne que le ter-
« ritoire de ces horribles Goths s'étende jusque dans les
« Gaules. » Alors, ayant mis en mouvement l'armée de tout
son royaume, il la dirigea de ce côté. Les nations qui habitaient
au delà de la Saône, du Rhône et de la Seine, se réunirent
aux Bourguignons, et le littoral de la Saône et du Rhône fut
largement dépouillé et de récoltes et de troupeaux. Ils commirent dans leur propre pays une foule de meurtres, d'incendies, de pillages, prenant tout même dans les églises, tuant
les clercs, les prêtres et le reste du peuple même sur les autels
consacrés à Dieu, et ils s'avancèrent ainsi jusqu'à la ville de
Nîmes. De même ceux des provinces de Bourges, de Saintes,
de Périgueux, d'Angoulême, et le peuple des autres villes
qui appartenaient alors au gouvernement du susdit roi,
arrivèrent à la ville de Carcassonne en commettant les mêmes
ravages. Lorsqu'ils se furent approchés de cette ville, les habitants leur en ayant ouvert d'eux-mêmes les portes, ils y
étaient entrés sans aucune résistance, et emportés par je ne
sais quelle dissension avec les Carcassonnais, ils en sortirent.
A ce moment, Terentiolus, ancien comte de la cité de Limoges, succomba frappé par une pierre lancée du haut des murs,
et sa tête fut coupée et emportée dans la ville pour servir à
la vengeance des ennemis. Toute l'armée, terrifiée à la vue de
cette tête, ne pensa plus qu'à s'en retourner, abandonnant tout,
et ce qu'elle avait pris en route, et ce qu'elle avait apporté
avec elle. De plus, les Goths, par de secrètes embûches en tuèrent un grand nombre après les avoir dépouillés ; tombant ensuite entre les mains des Toulousains, auxquels ils avaient
fait en venant beaucoup de mal, ils furent par eux pillés et
battus, et ne purent qu'à grand'peine regagner leurs foyers.
Pour ceux qui s'étaient dirigés sur Nîmes, bien qu'ayant tout

---

(1) Elle comprenait les *sept* cités de la province ecclésiastique de Narbonne, savoir : Béziers, Nîmes, Agde, Lodève, Maguelone, Carcassonne et
Elne.

dévasté dans le pays, ayant brûlé les maisons, incendié les moissons, abattu les oliviers, coupé les vignes, mais ne pouvant faire aucun mal à des gens enfermés dans leurs murs, ils s'en allèrent vers les autres villes. Or, elles étaient bien fortifiées, complétement pourvues de vivres et de tout le reste des choses nécessaires; en sorte qu'ils en dévastèrent les environs, mais incapables de pénétrer dans les villes mêmes. Le duc Nicetius, qui était de cette expédition avec les Arvernes, assiégea diverses places avec ce qui restait de troupes. Comme il n'avait aucun succès, il arriva au pied d'un certain château, et ayant donné sa parole, ceux qui s'y étaient renfermés ouvrirent d'eux-mêmes les portes, et, trop crédules, les reçurent comme des gens pacifiques. Mais ceux-ci entrés, oublient leur serment, font main basse sur toutes les provisions et emmènent les hommes en captivité. Enfin, après délibération, chacun s'en retourna chez soi. Et pendant la route ils commirent, dans leur propre pays, tant de crimes, meurtres, vols ou pillages, qu'il serait trop long de les rapporter en détail. Cependant, comme ils avaient brûlé, avons-nous dit, les récoltes de la Provence, ils tombaient morts par les chemins, exténués de faim et de misère : quelques-uns se noyèrent dans les rivières ; la plupart furent tués par le peuple soulevé contre eux. On rapporte que, dans ces désastres, il en périt plus de cinq mille. Mais la mort des uns ne corrigeait pas ceux qui restaient ; celles des églises d'Auvergne, qui étaient à proximité de la grande route, furent dépouillées de tous leurs ornements ; et il n'y eut de terme à la malfaisance que lorsque chacun fut rentré chez soi.

A leur retour, une grande amertume saisit au cœur le roi Guntchramn. Les généraux de cette armée se réfugièrent dans la basilique de saint Symphorien martyr (1). Le roi y étant venu le jour de la fête du saint, ils se présentèrent, sous la condition d'être ensuite entendus. Bientôt le roi convoqua quatre évêques avec les laïcs les plus considérables par la

(1) A Autun.

naissance, et commença d'examiner la conduite des généraux en disant : « Comment pouvons-nous en ce moment rem-
« porter la victoire, nous qui ne conservons pas les usages
« qu'ont suivis nos pères ? Eux, en bâtissant des églises, en
« plaçant tout leur espoir en Dieu, en honorant les martyrs,
« en vénérant les évêques, ont obtenu des victoires, et sou-
« vent subjugué, par l'épée et le bouclier, grâce à l'assis-
« tance divine, les nations ennemies. Pour nous, non-seule-
« ment nous n'avons pas la crainte de Dieu, mais nous
« dévastons les choses qui lui sont consacrées, tuons ses mi-
« nistres, enlevons avec dérision et dispersons les reliques
« mêmes des saints. Il n'est pas possible d'obtenir la victoire
« quand on commet de telles actions ; aussi nos mains sont
« affaiblies, notre épée refroidie et nous ne trouvons plus
« dans le bouclier, comme autrefois, défense et protection.
« Si la faute en revient à moi, que Dieu le fasse retomber
« sur ma tête ; mais si vous, vous méprisez les commande-
« ments royaux et que vous négligiez d'exécuter ce que
« j'ordonne, c'est votre tête qui doit tomber sous la hache.
« Ce sera un avertissement pour toute l'armée quand un de
« ses chefs sera mis à mort. Il faut que nous essayions ce qu'il
« convient de faire. Celui qui voudra suivre la justice, la
« suivra ; celui qui la méprisera, saura que la vengeance pu-
« blique est suspendue sur sa tête : mieux vaut, en effet, que
« certains coupables périssent, que si la colère de Dieu me-
« naçait tout un pays innocent. » A ces paroles du roi les
ducs répondirent : « Ta magnanime bonté, excellent roi,
« ne peut aisément s'exprimer, ni combien il existe en toi de
« crainte de Dieu, d'amour pour les églises, de respect pour
« les prêtres, de commisération pour les pauvres, de libéra-
« lité envers les nécessiteux. Toutes les choses que Votre
« Gloire vient de dire seront trouvées justes et véritables ;
« mais que pouvons-nous faire quand tout le peuple s'aban-
« donne au vice, quand chacun se complaît à faire ce qui est
« mal ? Nul ne craint le roi, nul ne respecte le duc ni le

« comte; et si par hasard quelqu'un blâme cela, si pour vous
« assurer de longs jours il s'efforce de le corriger, aussitôt
« sédition parmi le peuple : le tumulte commence à l'instant,
« et chacun se précipite sur ce chef avec des dispositions si
« menaçantes, qu'à grand'peine en échappe-t-il à moins de se
« taire. » A quoi le roi répondit : « Si quelqu'un aime la
« justice, qu'il vive ; si quelqu'un méprise la loi et nos com-
« mandements, qu'il périsse, afin que le blâme ne puisse re-
« jaillir plus longtemps sur nous. »

Comme il parlait ainsi, arriva un messager, qui dit : « Ri-
« chared, fils de Leuvichild, a passé la frontière des Espagnes,
« s'est emparé du château de Cabarède (1), a dévasté la plus
« grande partie du pays Toulousain, et emmené ses habitants
« captifs. Au pays d'Arles, il est tombé sur le château d'U-
« gerne (2), en a tout enlevé, hommes et biens, puis s'est
« renfermé dans les murs de la ville de Nîmes. » A ces nouvelles, le roi choisissant Leudégisil pour duc en place de Calumniosus, surnommé Agilan, lui confia toute la Provence
Arlésienne (3), et distribua dans le pays plus de quatre mille
hommes pour le garder. Nicetius duc des Arvernes s'avança
également avec des troupes, et parcourut les frontières du
pays.

XXXI. Tandis que ces choses se passaient, Frédegunde,
qui habitait la ville de Rouen, eut des paroles amères avec
l'évêque Prétextatus : elle lui dit que viendrait le temps où il
irait revoir les lieux de son premier exil; et Prétextatus lui
répondit : « En exil et hors de l'exil j'ai toujours été, je suis
« et je serai évêque ; et toi, tu'ne jouiras pas toujours de la
« puissance royale. Nous nous élevons, nous, quand Dieu

(1) *Caput-Arietis;* dans le dép. du Tarn, à trois myriam. au sud de Castres.
(2) Beaucaire ou quelque lieu de son proche voisinage.
(3) Voy. ci-après ch. XLIII.

« le veut, de l'exil au royaume (des cieux); mais toi, de ce
« royaume-ci, tu seras précipitée dans l'abîme. Mieux te
« vaudrait laisser là tes extravagances et tes méchancetés pour
« te convertir à de meilleurs sentiments, et arracher de toi
« ce violent orgueil qui te travaille sans cesse, afin d'obtenir
« pour toi-même la vie éternelle, et de pouvoir amener à l'âge
« d'homme le jeune enfant que tu as mis au monde. » En
parlant ainsi, et de telles paroles indignaient cette femme, il
se retira d'auprès d'elle bouillant de colère. Le jour de la résurrection du Seigneur étant arrivé (1), et l'évêque s'étant hâté
d'aller de bonne heure à l'église pour célébrer les offices divins, il commença de chanter les antiennes dans leur ordre,
suivant la coutume. Au chant des psaumes, comme il s'était
assis sur une chaise, s'approche un cruel meurtrier qui pendant que l'évêque reposait sur cette chaise le frappe au-dessous de l'aisselle avec un couteau qu'il avait tiré de son baudrier (2). Celui-ci se mit à crier pour que les clercs qui étaient
là vinssent à son secours, mais, d'un si grand nombre d'assistants aucun ne le secourut. Il étendit sur l'autel ses mains
pleines de sang, fit sa prière, rendit grâce à Dieu, puis il
fut transporté dans sa chambre sur les bras des fidèles, et
couché dans son lit. Aussitôt se présente Frédegunde avec le
duc Beppolen (3) et Ansovald, et elle dit : « Voilà qui n'aurait
« pas dû nous arriver, ô saint évêque, ni à nous ni au reste
« de ton peuple, qu'une pareille chose se fît pendant l'exercice
« de tes fonctions. Plût au ciel qu'on nous fît connaître celui

---

(1) Grégoire emploie ordinairement cette expression pour dire le dimanche. Il paraît, d'après d'anciens martyrologes, que ce fut le dimanche 23 février (586).

(2) *Extracto baltei cultro.* L'expression est parfaitement exacte. Auprès du fourreau de la longue épée pendue à son ceinturon, le Frank avait une petite gaine pour mettre un poignard ou couteau. Voy. les travaux de l'abbé Cochet sur les sépultures franques.

(3) L. V, ch. XXX et ci-après, ch. XXXII, XLIII.

« qui a osé faire cela afin qu'il souffrît des tourments dignes
« de son crime. » Mais l'évêque, sachant bien qu'elle ne parlait ainsi que par ruse, dit : « Et qui a pu le faire, si ce n'est
« celui qui a tué des rois, qui a souvent répandu le sang in-
« nocent, et qui a causé bien des maux dans ce royaume ? —
La femme répondit : « Nous avons près de nous de très-
« habiles médecins qui peuvent guérir cette blessure ; per-
« mets qu'ils viennent te voir. — Dieu a décidé, dit-il, que
« je sois rappelé de ce monde ; mais toi, qu'on reconnaît
« toujours comme la source de ces crimes, tu seras maudite
« sur la terre, et Dieu vengera mon sang sur ta tête. »
Lorsqu'elle fut partie, l'évêque mit ordre aux affaires de sa
maison, et il expira. Romachaire, évêque de la ville de Coutances, vint l'ensevelir. Une grande douleur alors s'empara de
tous les citoyens de Rouen, surtout des seigneurs francs
de cette ville. Un de ces seigneurs vint trouver Frédegunde,
et dit : « Tu as commis bien des maux dans ce monde, mais
« tu n'avais pas encore commis le pire, celui de faire tuer
« un prêtre de Dieu. Dieu puisse être promptement vengeur
« du sang innocent ! Nous poursuivrons tous la punition de
« ce crime, afin que tu ne puisses pas commettre plus long-
« temps de si grandes cruautés. » Comme, en disant ces
mots, il s'éloignait de la reine, elle envoya l'inviter à sa table ;
et comme il refusait, elle le fit prier, s'il ne voulait pas
partager son repas, de boire au moins une coupe, pour ne pas
sortir à jeun de la maison royale. Il attendit, reçut une coupe,
et but de l'absinthe mêlé avec du vin et du miel, à la mode
des barbares ; mais ce breuvage était empoisonné. Dès qu'il
eut bu, il sentit dans sa poitrine une douleur violente, et
comme si on l'eût incisé intérieurement. Il s'écrie et dit aux
siens : « Fuyez, malheureux ! fuyez ce poison de peur que
« vous ne périssiez avec moi. » Ceux-ci au lieu de boire se
hâtèrent de partir pendant que lui, les yeux subitement appesantis, montait à cheval ; à trois stades de là, il tomba et
mourut.

Alors l'évêque Leudovald (1) envoya des lettres à tous les prêtres, tint conseil, et fit fermer toutes les églises de Rouen, afin que le peuple n'assistât plus aux divines solennités jusqu'à ce qu'une enquête publique eût découvert l'auteur du crime. Il fit aussi arrêter quelques gens, qui, soumis au supplice, se laissèrent arracher la vérité, qui était que tout s'était fait à l'instigation de Frédegunde; mais elle s'en défendit, et l'on ne put en prendre vengeance. On disait même que des assassins avaient été envoyés contre l'évêque, à cause du soin qu'il se proposait de mettre dans ses recherches; mais il fut protégé par la garde que faisaient les siens et il ne put lui être fait aucun mal. Lorsque toutes ces choses furent rapportées au roi Guntchramn et qu'il sut qu'on imputait le crime à cette femme, il envoya au fils qu'elle avait et qu'on dit fils de Chilpéric (nous avons écrit plus haut qu'on l'appelle Chlothaire), trois évêques, Arthémius de Sens, Veranus de Cavaillon, et Agrécius de Troyes, les chargeant de rechercher, de concert avec les gouverneurs du jeune roi, l'auteur du crime, et de l'amener en sa présence. Les évêques ayant rempli leur message auprès de ces seigneurs, ceux-ci répondirent : « Nous blâmons « de semblables actions, et nous désirons de plus en plus « qu'elles soient punies. Mais il n'est pas possible, si un cou- « pable se trouve parmi nous, qu'il soit conduit en la présence « de votre roi, quand nous pouvons nous-mêmes réprimer « les crimes des nôtres avec la sanction royale. » Les évêques dirent alors : « Sachez que si la personne qui a fait cela n'est « pas ostensiblement livrée, notre roi viendra ici avec une « armée, et dévastera tout ce pays par le glaive et le feu; car « il est évident que celle qui a fait mourir le Franc par ses « maléfices, est celle qui a fait tuer l'évêque par le glaive. » Et cela dit, ils se retirèrent sans obtenir aucune réponse satisfaisante; mais ils déclarèrent formellement que jamais Mé-

(1) Évêque de Bayeux (voy. IX, XIII). Son siége venait immédiatement après le siége métropolitain, ce qui explique sa conduite dans cette circonstance. (Ruin.)

lantius, qui avait été nommé à la place de Prétextatus, ne remplirait les fonctions d'évêque de l'église de Rouen.

XXXII. Il se commit en ce temps beaucoup de crimes. Domnola, fille de Victorius évêque de Rennes, veuve de Burgolen, et mariée depuis à Nectarius, était en procès pour des vignes avec Bobolen (1), référendaire de Frédegunde. Celui-ci apprenant qu'elle était venue dans ces vignes, lui envoya des exprès pour lui signifier défense absolue d'entrer dans cette possession; ce dont ne tenant pas compte, et proclamant que c'était un bien lui venant de son père, elle y entra. Lui alors excita un soulèvement contre elle, l'attaqua avec des hommes armés, et après l'avoir tuée, vendangea les vignes, pilla le domaine et fit passer par l'épée tant hommes que femmes tous ceux qui étaient avec Domnola; il n'en resta que celui qui put échapper par la fuite.

XXXIII. En ces mêmes jours il y eut à Paris une femme qui disait aux habitants : « Fuyez de la ville, et sachez qu'elle « va être consumée par un incendie; » mais beaucoup de gens s'en riaient, pensant qu'elle disait cela d'après quelque présage tiré des sorts (2), ou qu'elle avait fait de vains rêves, ou plutôt qu'elle parlait par l'inspiration du démon du Midi (3). Elle leur répondait : « Ce n'est pas ce que vous dites : je parle « en toute vérité; car j'ai vu pendant mon sommeil un homme « lumineux sortir de la basilique de Saint-Vincent (4), tenant « un cierge à la main, et qui brûlait l'une après l'autre les

(1) Il est appelé Beppolen au chapitre précédent, ainsi que plus bas, aux chapitres XLII et XLIII.
(2) Voy. l. V, ch. XIV.
(3) Voy. *Miracles de S. Martin*, IV, XXXVI. Mabillon a conclu de ces deux passages et de quelques autres tirés de vies des saints (ajoutez Psaum. 91, 6), que les anciens appelaient démon du Midi ou démon de midi, l'invasion subite d'une maladie violente qui privait le malade de ses sens ou de sa raison. Voy. Grimm, *Mythol.*, t. II, p. 1114.
(4) S.-Germain des Prés.

« maisons des marchands. » Enfin, la troisième nuit après que cette femme eut parlé, à l'entrée du crépuscule, un des citoyens de la ville ayant allumé un flambeau, entra dans un cellier, y prit de l'huile et d'autres choses dont il avait besoin, puis sortit, laissant sa lumière près de la barrique d'huile. C'était dans la première maison contre la porte qui ouvre l'entrée de la ville au midi. La lumière qu'on y avait laissée mit le feu à cette maison par laquelle les autres ne tardèrent pas à se prendre. Comme il commençait à tomber sur les gens enchaînés dans la prison, saint Germain leur apparut, brisa les pieux et les chaînes qui les tenaient captifs, ouvrit la porte de la prison et permit ainsi à des gens enchaînés de se sauver sans aucun mal. En sortant, ceux-ci se réfugièrent dans la basilique de Saint-Vincent, où se trouve le tombeau du bienheureux évêque. Comme le vent qui soufflait çà et là portait la flamme dans toute la ville, et que l'incendie se développait dans toute sa violence, il s'approcha de l'autre porte dans laquelle il y avait un oratoire de saint Martin qu'on avait bâti jadis, parce qu'en cet endroit même il avait chassé, par un baiser, la lèpre d'un malheureux infecté de cette maladie (1). L'homme qui l'avait construit sur le haut de sa maison avec des branches entrelacées, plein de confiance dans le Seigneur et ne doutant pas du pouvoir du bienheureux Martin, se réfugia dans son intérieur avec ce qu'il avait en disant : « Je « crois, et j'en ai l'assurance, qu'il repoussera d'ici l'incendie, « celui à qui souvent les incendies ont obéi, et qui, dans ce « lieu même, a purifié la peau d'un lépreux par la vertu d'un « baiser. » En effet, l'incendie s'approchant, des globes enflammés étaient lancés et venaient frapper les murs de l'oratoire, mais ils s'éteignaient aussitôt. Le peuple criait à l'homme

(1) Divers auteurs ont pensé que cet oratoire occupait à peu près l'emplacement où le roi Henri Ier construisit, au onzième siècle, la célèbre église de St-Martin des Champs. Henri Ier lui-même le croyait ainsi. D'autres disent qu'il se faisait illusion et que l'oratoire dont parle Grégoire était dans l'île de la Cité.

et à sa femme : « Fuyez, malheureux, si vous voulez vous
« sauver ; déjà la masse du feu tombe sur vous ; déjà les étin-
« celles enflammées et les charbons atteignent jusqu'à vous
« comme une grosse pluie. Sortez de l'oratoire pour ne pas
« être brûlés avec lui. » Mais ceux-ci, tout entiers à la prière,
ne se laissèrent pas un instant émouvoir par ces cris : la femme
ne quitta pas du tout la fenêtre par où les flammes entraient
par intervalles, garantie qu'elle était par la plus ferme confiance dans le pouvoir du bienheureux évêque. Telle fut, en
effet, la puissance du bienheureux pontife, qu'il sauva non-seulement l'oratoire avec la maison de son serviteur, mais qu'il
ne permit pas non plus que les flammes qui surplombaient
les maisons environnantes les endommageassent. Là s'arrêta
l'incendie qui avait éclaté d'un côté du pont ; de l'autre côté,
il consuma tout avec tant de violence, qu'il ne fut arrêté que
par le fleuve : cependant les églises avec les maisons qui en
dépendaient ne furent pas brûlées. On disait qu'anciennement
cette ville avait été en quelque sorte consacrée de manière à
ce qu'elle fût préservée d'incendies et qu'on n'y vît ni serpents
ni loirs. Plus récemment en nettoyant l'égout du pont, et en
enlevant la boue qui l'obstruait, on y avait trouvé un serpent
et un loir d'airain ; on les ôta, et dès lors se montrèrent des
loirs sans nombre et des serpents, et la ville devint ensuite
exposée aux incendies.

XXXIV. Comme le prince des ténèbres a mille artifices
pour faire le mal, je vais raconter ce qui est arrivé dernièrement à des reclus et des gens voués à Dieu. Le Breton Winnoch, doué des honneurs de la prêtrise, et dont nous avons
parlé dans un autre livre (1), s'était consacré à une telle austérité, qu'il n'usait que de peaux pour vêtement, ne prenait
pour nourriture que des herbes sauvages toutes crues, et ne
faisait guère que porter à sa bouche le vase contenant le vin,

---

(1) Liv. V, chap. xxii.

en sorte qu'il avait plutôt l'air de le baiser que d'y boire. Mais comme la libéralité des dévots lui offrait souvent des vases remplis de cette liqueur, il apprit par malheur à en prendre outre mesure, et à tellement se perdre de boisson, qu'on le voyait presque toujours ivre. Bientôt il arriva que son ivrognerie croissant avec le temps, il fut saisi du démon et tourmenté avec une telle violence que prenant un couteau, une arme quelconque, une pierre, un bâton, et tout ce qu'il pouvait attraper, il courait après les gens avec une fureur insensée ; il fallut l'enchaîner et l'emprisonner dans sa cellule. Sous le poids de ce châtiment, il se débattit dans sa fureur, l'espace de deux années, et rendit l'esprit.

Un autre, Anatolius de Bordeaux, enfant de douze ans, dit-on, qui était le serviteur d'un marchand, sollicita de son maître la permission de se faire reclus; celui-ci s'y refusa longtemps, pensant que l'enfant se refroidirait de cela, et qu'il ne pouvait à son âge accomplir ce qu'il se proposait; enfin, cependant, vaincu par les prières de son serviteur, il lui donna la permission de faire ce qu'il désirait. Il y avait dans ce lieu une crypte, ouvrage élégant fait en forme de voûte par la main des anciens, dans l'angle de laquelle était une petite cellule fermée de pierres de taille, dans laquelle pouvait à peine entrer un homme debout. L'enfant pénétra dans cette cellule, il y demeura huit ans entiers et même davantage, se contentant d'un peu de nourriture et de boisson, veillant et priant. Mais au bout de ce temps, il éprouva une grande terreur, et se mit à crier qu'il sentait intérieurement des douleurs violentes; en sorte que, secondé, je pense, par la milice du diable, il écarta les pierres qui le tenaient enfermé et jeta le mur par terre en battant des mains et en criant que les saints de Dieu le brûlaient. Après être resté fort longtemps dans cet état de folie, comme il prononçait très-souvent le nom de saint Martin, en disant que ce saint le persécutait plus que les autres, on le conduisit à Tours. L'esprit malin réprimé, je pense, par la puissance et la grandeur du saint, cessa tout à fait de le tourmenter. Il resta à Tours une année entière et ne sentant aucun mal, il s'en alla ; mais il retomba dans les maux dont il avait été délivré.

XXXV. Des ambassadeurs vinrent des Espagnes vers le roi Guntchramn avec de nombreux présents, pour lui demander la paix ; mais ils ne reçurent aucune réponse positive. En effet, l'année précédente, tandis que l'armée ravageait la Septimanie, des vaisseaux allant des Gaules en Galice avaient été pillés par ordre du roi Leuvichild : les biens en avaient été enlevés, les hommes maltraités ou tués, quelques-uns emmenés captifs ; un petit nombre seulement de ces derniers, qui s'étaient échappés sur des canots, portèrent dans leur patrie la nouvelle de ce qui s'était passé.

XXXVI. Magnovald est tué chez le roi Childebert par ordre de ce prince, pour des causes qu'on ignore et de la manière que voici : Le roi était dans son palais de la cité de Metz, assistant à un jeu qui consistait à voir un animal harcelé par une troupe de chiens qui l'entourait ; il fait appeler Magnovald. Celui-ci arrive, et ne sachant rien de ce qu'on allait faire, il se met à regarder la bête en éclatant de rire comme les autres. Celui qui avait l'ordre, le voyant attentif au spectacle, leva sa hache et lui fendit la tête : il tomba mort et fut jeté par une fenêtre de la maison. Les siens l'enterrèrent et ses biens furent aussitôt saisis ; tout ce qu'on en put trouver fut porté au trésor public. Quelques-uns croient que cela vint de ce qu'après la mort de son frère, il avait fait périr sa propre femme par divers sévices et épousé la veuve de son frère, et que ce fut la cause pour laquelle il fut mis à mort.

XXXVII. Il naquit ensuite au roi Childebert un fils, qui fut tenu sur les fonts sacrés par Magnéric, évêque des Trévires et appelé Théodebert. De quoi le roi Guntchramn eut une si grande joie, qu'il fit sur-le-champ partir des envoyés chargés

de remettre à Childebert beaucoup de présents, et de lui dire :
« Par cet enfant, Dieu daignera dans sa bonté suprême rele-
« ver le royaume des Francs, s'il conserve son père et si son
« père le conserve. »

XXXVIII. Dans la onzième année du règne de Childebert, des envoyés vinrent de nouveau des Espagnes pour demander la paix ; mais n'obtenant rien de certain, ils s'en retournèrent. Cependant Richared, fils de Leuvichild, s'avança jusqu'à Narbonne, fit du butin sur le territoire des Gaules, et s'en retourna secrètement.

XXXIX. La même année moururent beaucoup d'évêques, entre autres Badégisil, évêque du Mans, homme très-dur envers le peuple, qui enlevait ou saisissait injustement le bien des uns et des autres. A son caractère âpre et violent s'ajoutait celui de sa femme, encore plus méchante que lui (1), et qui, par de détestables conseils, l'excitait à commettre ses crimes. Il ne se passait pas un jour, pas un moment, qu'il ne s'exerçât à dépouiller les citoyens ou à se quereller de mille manières avec eux. On le voyait journellement discuter des procès avec les juges, exercer des fonctions civiles, sévir contre les uns, maltraiter obstinément les autres ; il allait même jusqu'à frapper beaucoup de personnes de ses propres mains, en disant : « Parce qu'on m'a fait clerc, est-ce une raison pour
« ne pas venger mes injures ? » Mais pourquoi parler de ceux qui lui étaient étrangers, quand il n'épargna pas ses propres frères et même les dépouilla ? car ils ne purent jamais tirer de lui leur part légitime des biens de leurs père et mère. Après avoir accompli la cinquième année de son épiscopat, il entrait dans sa sixième, et se disposait avec une joie immense à donner un banquet à ses concitoyens, lorsque saisi de la fièvre, il

---

(1) Voyez liv. VI, chap. IX. Sa femme est nommée Magnatrude au liv. X, chap. V. Il ne faut pas confondre Badégisil avec Bertegésil, qui s'empara deux fois du siége du Mans.

termina de suite par une prompte mort l'année qu'il venait
de commencer. Bertchramn, archidiacre de Paris, fut mis à
sa place. Celui-ci eut de nombreuses altercations avec la veuve
du défunt évêque, parce qu'elle retenait comme siennes les
choses qui avaient été données à l'église durant l'épiscopat de
Badégisile. « C'est la conquête de mon mari, disait-elle. »
Cependant elle fut forcée, bien malgré elle, de tout rendre. Sa
méchanceté surpassait tout ce qu'on peut dire : elle coupa
souvent, à des hommes, les parties naturelles tout entières et
la peau du ventre avec ; et brûla, à des femmes, avec des
lames rougies au feu, les parties les plus secrètes de leur corps ;
et elle commit encore beaucoup d'autres forfaits, que j'ai cru
mieux de ne pas dire.

On perdit aussi Sabaudus, évêque d'Arles (1), à la place
duquel fut appelé Licérius, référendaire du roi Guntchramn.
Ce pays de Provence fut alors ravagé par la contagion. Évantius, évêque de Vienne, mourut aussi, et par le choix du roi
le prêtre Virus, de race sénatoriale, lui fut substitué. Beaucoup
d'autres évêques encore quittèrent ce monde la même année.
Je n'en parle pas ici, parce que chacun d'eux a laissé dans sa
ville des souvenirs de lui.

XL. Il y avait alors dans la ville de Tours un certain Pélagius, consommé dans toute sorte de méchanceté, qui ne
craignait aucun magistrat, parce qu'il avait sous sa dépendance les gardiens des chevaux du fisc ; aussi ne cessait-il de
commettre vols, surprises, rapines, violences et crimes de
tout genre, tant sur les rivières que dans les terres. Je le mandai plusieurs fois, et par des paroles soit de sévérité, soit de
douceur, je cherchai à l'en empêcher ; mais j'en retirai plutôt
sa haine qu'aucun fruit de justice, selon ce proverbe de la sagesse de Salomon : « *Si tu reprends un fou, il ajoutera à*

---

(1) Voyez liv. IV, chap. xxx, et sur Licérius, IX, xxiii.

sa folie la haine de toi (1). » Ce malheureux avait une si grande haine, en effet, contre moi, que souvent, après avoir dépouillé et battu des hommes de notre sainte église, il les laissait sans vie, et cherchait les occasions de causer du dommage soit à l'église de Tours, soit à la basilique de saint Martin. Il en résulta qu'un jour comme nos hommes venaient portant des châtaignes dans des paniers (2), il les battit, les renversa, et s'empara des vases. Lorsque j'appris le fait, je lui interdis la communion, non pour venger mon injure, mais pour arriver à le corriger plus facilement de sa frénésie. Alors il choisit douze hommes, et vint pour se parjurer à l'occasion de ce crime. Je ne voulais recevoir aucun serment; mais, forcé par lui et par les citoyens de notre ville, je renvoyai ceux qui l'accompagnaient, je reçus le serment de lui seul, et je l'admis à la communion : on était alors dans le premier mois de l'année (3). Lorsque vint le cinquième mois, dans lequel on fauche ordinairement les prés, il envahit un pré appartenant à des religieuses et qui confinait au sien; mais dès qu'il y eut porté la faux, il fut saisi de la fièvre et rendit l'esprit le troisième jour. Il avait placé pour lui, dans la basilique de saint Martin, au bourg de Candes, un tombeau, que les siens trouvèrent ouvert et brisé en morceaux ; de sorte qu'on l'ensevelit sous le portique de cette basilique. Les vases pleins de châtaignes qu'il avait juré faussement n'avoir pas pris, furent, après sa mort, retirés de son cellier. Ainsi se manifesta la puissance de la bienheureuse Marie, dans la basilique de laquelle le misérable avait proféré un faux serment.

(1) Prov., IX, VIII.
(2) *Echinum in vasis; vasa echini.* Les uns ont vu dans ce mot *echinus* des châtaignes ou de l'huile de châtaignes (Guadet, Tar. et Marolles); mais il ne désigne que l'écorce de ce fruit. Il signifie aussi hérisson, ou encore oursin (hérisson de mer). Giesebrecht s'est arrêté à ce dernier sens et M. Guizot au précédent. Aucune de ces explications n'est satisfaisante; peut-être devrait-on lire *acinus* (avec c dur, ἄκινος) raisin séché au soleil.
(3) **Le mois de mars.**

XLI. Comme le bruit s'était répandu par toute la terre que Frédegunde avait fait tuer l'évêque Prétextatus, elle, pour mieux se laver de ce crime, fit saisir et battre violemment un de ses serviteurs en lui disant : « C'est toi qui as fait tomber « sur moi cette calomnie afin de pouvoir frapper du poignard « l'évêque de la ville de Rouen, Prétextatus. » Puis elle le livra au neveu même de l'évêque, qui le fit appliquer au supplice; et cet homme dévoila clairement toute l'affaire et dit : « J'ai reçu, pour faire cela, de la reine Frédegunde cent sous « d'or, de l'évêque Mélantius cinquante, et cinquante autres « de l'archidiacre de la ville. Et j'ai eu de plus la promesse « que je deviendrais libre, ainsi que ma femme. » A ce mot, l'autre ayant tiré son épée, mit le coupable en morceaux. Frédegunde institua dans l'église de Rouen Mélantius, qu'elle avait précédemment fait évêque.

XLII. Comme le duc Beppolen était fort tourmenté par Frédegunde, et qu'on ne lui accordait pas auprès de sa personne l'honneur qui lui était dû, se voyant dédaigné, il se retira près du roi Guntchramn. Il reçut de lui la puissance ducale dans les cités appartenant à Chlothaire, fils du roi Chilpéric, et s'y rendit avec une force imposante. Mais les habitants de Rennes refusèrent de le recevoir. Il vint ensuite à Angers, où il fit beaucoup de mal, car il s'emparait des moissons, du foin, du vin, de tout ce qu'il pouvait trouver dans les maisons des citoyens, devant lesquelles il se présentait et où, sans attendre les clefs, il brisait les portes pour piller. Il frappa de coups et foula aux pieds beaucoup d'habitants du lieu; il intimida aussi Domigisil, mais il fit ensuite sa paix avec lui. Étant venu à la ville, comme il était à table avec diverses personnes dans une maison à trois étages, tout à coup le plancher de la maison s'enfonça, à peine échappat-il à moitié tué : il y eut beaucoup de blessés; cependant il persévéra dans les mêmes méfaits qu'auparavant. Frédegunde saccagea une grande partie des biens qu'il possédait dans le royaume de son fils. Il revint chez les Rennois, et désirant les soumettre au roi Guntchramn, il laissa son fils parmi eux. Mais peu de temps après les Rennois tombèrent sur celui-ci et le tuèrent, avec un grand nombre de personnages de distinction.

Cette année on remarqua beaucoup de prodiges : au mois de septembre on vit des arbres fleurir ; et un grand nombre qui avaient eu déjà des fruits, en portèrent de nouveaux, qui y restèrent attachés jusqu'au jour de la Nativité du Seigneur. On vit un feu en forme de serpent parcourir le ciel.

XLIII. La douzième année du règne de Childebert (1), Nicétius l'Arverne fut institué gouverneur de la province de Marseille (2) et des autres villes de ces contrées qui dépendaient de l'autorité de ce roi.

Antestius fut envoyé dans la ville d'Angers par le roi Guntchramn, et y infligea beaucoup de maux à ceux qui avaient pris part au meurtre de Domnola, femme de Nectarius (3) : il saisit au profit du fisc les biens de Beppolen, principal auteur de ce crime, puis vint à Nantes, et commença à inquiéter l'évêque Nonnichius en lui disant : « Ton fils est impliqué « dans ce crime ; le fait exige qu'il subisse pour ce qu'il a fait « un juste châtiment. » Mais le jeune homme, effrayé par les reproches de sa conscience, s'enfuit près de Chlothaire, fils de Chilpéric. Antestius prit de l'évêque des garants qu'il se présenterait devant le roi, et partit pour Saintes. Le bruit s'était répandu en ce moment que Frédegunde avait envoyé dans les Espagnes des émissaires secrets, et que Palladius,

---

(1) L'an 587.
(2) Sous les fils de Clotaire Ier la Provence fut divisée en Provence arlésienne, où se trouvaient Arles, Riez, etc. : elle fut cédée à Gontran; et en Provence marseillaise, qui comprenait Marseille, Avignon, Aix, etc., et qui appartint à Sigebert. (Ruin.)
(3) Ci-dessus, ch. xxxii.

évêque de la ville de Saintes, les avait reçus secrètement, et les avait fait passer plus loin. On était alors dans les saints jours de carême, et l'évêque s'était retiré dans une île de la mer pour s'y livrer à la prière. Comme, suivant la coutume, il retournait à son église pour la célébration de la cène, et qu'il était attendu par le peuple, il fut entouré pendant la route par Antestius, qui, sans discuter la vérité des faits, lui dit :
« Tu n'entreras pas dans la ville, mais tu iras en exil ; car tu
« as reçu les messagers de l'ennemie de notre seigneur le roi.
« — Je ne sais, répondit celui-ci, ce que tu veux dire ; mais
« comme les saints jours approchent, allons à la ville, et quand
« les solennités des saintes fêtes seront passées, accuse-moi
« comme tu l'entendras, et je te donnerai toute satisfaction,
« car ce que tu supposes n'est pas. — Mais l'autre : « Du tout,
« dit-il, tu ne toucheras point le seuil de ton église, car tu
« t'es montré infidèle au roi notre seigneur. » Que dirai-je de plus? l'évêque est retenu sur sa route ; on fait l'inventaire de la maison épiscopale et les effets en sont enlevés. Les citoyens, avec cet homme, ne peuvent obtenir qu'au moins l'examen de l'affaire soit renvoyé après la célébration des fêtes de Pâques. Comme ils le suppliaient et qu'il les refusait, il mit enfin à découvert la blessure secrète de son cœur : « Si l'évêque,
« dit-il, veut me livrer, au moyen d'une vente, la maison
« qu'il possède dans le territoire de Bourges, je ferai ce que
« vous demandez ; autrement il ne sortira de mes mains que
« pour aller en exil. » L'évêque n'osa refuser ; il écrivit et signa, et livra la terre ; et il donna aussi des garants qu'il se présenterait devant le roi ; alors il eut la permission d'entrer dans la ville. Les jours saints étant passés, il se rendit auprès du roi ; Antestius s'y trouva aussi, mais il ne put rien prouver de ce qu'il reprochait à l'évêque. Celui-ci reçut ordre de retourner dans sa ville, et son affaire fut renvoyée au futur synode, pour le cas où quelques-unes des accusations élevées contre lui viendraient à pouvoir être mieux prouvées. L'évêque

Nonnichius (1) se présenta aussi, et ayant fait beaucoup de présents il put se retirer.

XLIV. Frédegunde envoya des députés au roi Guntchramn, comme se présentant au nom de son fils ; ceux-ci, après que la lettre de demande eut été ouverte et la réponse donnée, se retirèrent en saluant ; mais, je ne sais pour quels motifs ils s'attardèrent un peu dans leur demeure. Le lendemain matin, comme le roi se rendait à matines, précédé d'un cierge, on vit un homme qui était comme ivre dormir dans un coin de l'oratoire ; il était ceint d'une épée, et sa lance reposait contre le mur. A cette vue, le roi s'écria et dit qu'il n'était pas naturel que durant l'horreur de la nuit un homme dormît en tel lieu. On le saisit, on le lia de courroies, et on l'interrogea sur ce que signifiait ce qu'il faisait là. Sans plus tarder on l'applique au supplice, et il dit avoir été envoyé par les députés qui étaient venus et qu'il s'agissait de tuer le roi. Les députés de Frédegunde furent arrêtés, mais ils n'avouèrent rien de ce qu'on leur demanda : « Nous n'avons eu d'autre mission, « dirent-ils, que d'apporter le message que nous avons « présenté. » Le roi fit subir à cet homme divers châtiments, le mit en prison, et fit exiler les députés en différents endroits ; car il fut de la plus entière évidence qu'ils avaient été perfidement envoyés par Frédegunde pour tuer le roi, ce que ne permit pas la miséricorde divine. Baddon avait parmi eux le rang de chef.

XLV. Des envoyés venaient très-souvent des Espagnes vers le roi Guntchramn, sans pouvoir obtenir la grâce d'aucune espèce de paix, et les inimitiés n'en devenaient que plus vives. Le roi Guntchramn, alors, rendit la ville d'Albi à son neveu Childebert. Le duc Désidérius, qui avait mis en réserve sur le

(1) Évêque de Nantes, successeur de Félix, comme il est dit liv. VI, chap. xv.

territoire de cette ville la meilleure partie de sa fortune, voyant cela, et craignant que le roi Childebert ne voulût venger sur lui une ancienne injure, parce qu'il avait autrefois, dans cette même cité, fait beaucoup de mal à l'armée du roi Sigibert, de glorieuse mémoire, s'en alla avec sa femme Tétradia, qu'il avait enlevée à Eulalius, comte d'Auvergne ; passa avec tous ses biens sur le territoire de Toulouse ; mit l'armée en mouvement et marcha contre les Goths, après avoir, à ce qu'on dit, partagé tout ce qu'il possédait entre ses enfants et son épouse. Il prit avec lui le comte Austrovald et se dirigea sur Carcassonne. A ces nouvelles, les citoyens de cette ville avaient fait des préparatifs comme s'ils eussent voulu résister, car ils avaient été avertis de ce qui se passait. Mais quand le combat fut engagé, les Goths se mirent à fuir, et Désidérius avec Austrovald à moissonner l'ennemi par derrière. Pendant cette poursuite Désidérius s'avança vers la ville avec peu de monde, parce que les chevaux de ses compagnons étaient harassés. Arrivé à la porte de la ville il est entouré par les citoyens qui étaient restés dans leurs murs, et tué avec tous ceux qui l'avaient suivi : à peine quelques-uns purent-ils s'échapper de manière ou d'autre pour donner la nouvelle de ce qui s'était passé. Austrovald apprenant que Désidérius était mort, revint sur ses pas et se rendit auprès du roi, qui bientôt après le fit duc en place de Désidérius.

XLVI. Après cela Leuvichild, roi des Espagnols, tomba malade, et il y en a qui assurent qu'il fit pénitence de son hérésie, qu'il engagea chacun à ne jamais acquiescer à cette erreur, et qu'il passa à la foi catholique ; qu'ensuite il pleura continuellement pendant sept jours pour ce qu'il avait perversement exécuté contre Dieu, et rendit l'esprit (ann. 586). Richared, son fils, régna à sa place.

LIVRE NEUVIÈME.

1. De Richared et de ses envoyés. — 2. Mort de la bienheureuse Radegunde. — 3. De celui qui vint avec un couteau contre le roi Guntchramn. — 4. Qu'un second fils naquit à Childebert. — 5. Prodiges. — 6. Imposteurs et devins. — 7. De la révocation du duc Ennodius; des Wascons. — 8. Guntchramn-Boson devant le roi — 9. De la mort de Rauching. — 10. De la mort de Guntchramn-Boson. — 11. Que les rois (Gontran et Childebert) eurent une entrevue. — 12. Mort d'Ursion et de Berthefried. — 13. De Baddon ou Waddon, qui allant en mission, est arrêté et ensuite relâché ; et de la dyssenterie. — 14. De la paix entre l'évêque Égidius et le duc Lupus. — 15. De la conversion de Richared. — 16. Ambassade envoyée par lui à nos rois. — 17. Mauvaise année, c'est-à-dire disette de l'année et cherté du blé. — 18. Des Bretons et de la mort de l'évêque Namatius. — 19. De la mort de Sichaire, citoyen de Tours. — 20. De notre ambassade auprès du roi Guntchramn pour le maintien de la paix; texte du traité d'Andelot. — 21. Des aumônes et de la bonté du roi (Guntchramn). — 22. Maladie contagieuse à Marseille. — 23. De la mort de l'évêque Agéricus; de son successeur. — 24. De l'épiscopat de Fronimus. — 25. L'armée de Childebert se rend en Italie. — 26. Mort de la reine Ingoberge. — 27. Mort d'Amalon. — 28. Des présents envoyés par la reine Brunichilde. — 29. Les Langobards demandent la paix au roi Childebert. — 30. Des recensements des villes de Poitiers et de Tours. — 31. Le roi Guntchramn envoie l'armée en Septimanie. — 32. Inimitiés entre Childebert et Guntchramn. — 33. Ingeltrude, religieuse, va se plaindre de sa fille à Childebert. — 34. Des querelles de Frédegunde avec sa fille. — 35. Du meurtre de Waddon. — 36. Que le roi Childebert envoie Théodebert, son fils, à Soissons. — 37. De l'évêque Droctigisil. — 38. De ce que quelques-uns voulurent faire contre la reine Brunichilde. — 39. Du scandale suscité dans le monastère de Poitiers, par Chrodielde et Basine ; lettre des évêques à sainte Rade-

degunde. — 40. De la première origine du scandale. — 41. Rixe dans la basilique de Saint-Hilaire; rescrit des évêques. — 42. Copie de la lettre que sainte Radegunde adressa aux évêques. — 43. Le prêtre Theutairé vient pour apaiser ce scandale. — 44. De l'intempérie de l'année.

I. Après la mort de Leuvichild, roi des Espagnols, son fils Richared fit alliance avec Goisvintha, veuve de son père, et la traita comme une mère (1). Elle était mère de la reine Brunichilde, mère de Childebert le jeune. Richared était fils de Leuvichild par une autre femme. S'étant consulté avec sa belle-mère, il envoie au roi Guntchramn et à Childebert des députés chargés de leur dire : « Ayez la paix avec nous et faisons « alliance, afin qu'aidés de votre secours, nous vous prêtions « le nôtre en retour et avec la même affection quand la né- « cessité le demandera. » Les députés adressés au roi Guntchramn reçurent l'ordre de demeurer dans la ville de Mâcon ; il prit connaissance des affaires en envoyant là des délégués, mais il refusa d'entendre les ambassadeurs ; d'où il résulta bientôt une telle haine chez les Espagnols qu'ils ne permirent plus à un seul habitant du royaume de Guntchramn de venir dans les villes de la Septimanie. Ceux au contraire qui vinrent trouver le roi Childebert, furent reçus avec bienveillance ; ils firent leurs présents, obtinrent la paix et repartirent emportant aussi des présents.

II. Cette année la bienheureuse Radegunde quitta cette terre ; elle laissa en grand deuil le monastère qu'elle avait institué ; Je fus présent moi-même à son ensevelissement. Elle mourut dans le sixième mois, le treizième jour du mois (2), et fut en-

(1) Voy. l. IV, ch. 38, et l. V, ch. 39. Gonsuinthe se lia cependant plus tard avec l'évêque arien Uldila, et machina des trames contre Reccared. (Ruin.)

(2) Le 13 août 587.

sevelie au bout de trois jours (1). J'ai pris soin d'écrire plus en détail dans mon livre des Miracles (2) les prodiges qui apparurent ce jour-là et la manière dont se firent ses funérailles.

III. Cependant arriva la fête de saint Marcellus, qu'on célèbre dans la ville de Chalon au septième mois. Le roi Guntchramn lui-même y assista. Lorsque, les solennités terminées, il s'approchait du sacro-saint autel pour communier (3), un homme s'avança comme pour lui dire quelque chose; mais pendant qu'il s'approche rapidement vers le roi, un couteau lui tombe de la main; on le saisit aussitôt, et on lui trouve en main un autre couteau sorti de sa gaîne. Sans retard on l'entraîne hors de la sainte basilique, alors enchaîné et soumis à la torture, il avoue avoir été envoyé pour tuer le roi : « C'est ce que voulait, dit-il, celui qui m'a envoyé. » Le roi voyant accumulées contre lui les haines de beaucoup de gens, et craignant d'être tué, se fit entourer complétement par les siens, en sorte qu'il ne reste intervalle pour pénétrer avec des armes jusqu'à lui, à moins qu'on ne le frappe dans l'église, où on le voit demeurer sans défiance et sans crainte. Ceux dont je viens de parler furent saisis, et un grand nombre mis à mort; mais quant au premier, le roi le renvoya vivant après l'avoir fait battre, parce qu'il pensa qu'il n'était pas permis de tuer un homme enlevé d'une église.

IV. La même année, il naquit au roi Childebert un autre fils (4)

(1) Dans la basilique de Sainte-Marie de Poitiers, où ses restes furent gardés jusqu'en 1562, et jetés au vent à cette époque par les protestants. (Ruin.)

(2) Voyez dans les Livres des Mir., *Gloire des Confess.*, chap. 106 et *Gloire des Mart.*, chap. 5.

(3) Notez cette ancienne coutume de l'Église des Gaules de ne donner la communion qu'après la célébration de la messe. (Ruin.)

(4) Voyez Frédegaire, ch. XII, ou la naissance de ce fils est rapportée à l'année suivante, 588.

que Véranus, évêque de Cavaillon, tint sur les fonts de baptême, et auquel il donna le nom de Théodoric. C'était parmi ceux de son temps un pontife doué de si grandes vertus que presque toujours, lorsqu'il imposait à des malades le signe de la croix, aussitôt, Dieu le voulant, il les rendait à la santé.

V. Nombre de prodiges apparurent ensuite : dans les maisons de diverses personnes des vases se trouvèrent marqués de je ne sais quels caractères qu'il fut impossible de gratter ou d'effacer. Ce prodige commença sur le territoire de la cité de Chartres, se propageant par celui d'Orléans jusqu'au territoire de la cité de Bordeaux, sans omettre aucune ville intermédiaire. Au huitième mois (octobre), après la vendange, nous vîmes dans les vignes de nouveaux bourgeons avec des grappes déjà formées. On vit, sur d'autres arbres, des feuilles nouvelles et de nouveaux fruits. Il parut, du côté du nord, des rayons lumineux. Quelques personnes assuraient avoir vu des serpents tomber des nues; d'autres affirmaient qu'un village, maisons et habitants, avait péri et disparu tout à coup. Et il apparut encore beaucoup d'autres prodiges qui annoncent d'ordinaire ou la mort d'un roi, ou la ruine d'un pays. Cette année, la vendange fut maigre ; les eaux fortes ; les pluies immenses, et les fleuves en conséquence grossirent considérablement.

VI. Il y eut, cette année, dans la ville de Tours, un nommé Désidérius qui se disait un grand personnage, et prétendait pouvoir faire beaucoup de prodiges. Il se vantait que des messagers allaient et venaient entre lui et les apôtres Pierre et Paul. Comme j'étais absent, la multitude grossière du peuple affluait auprès de lui, et ils amenaient avec eux des aveugles et des infirmes qu'il tâchait, non pas de guérir par sa sainteté, mais d'abuser par les erreurs de l'art nécromantique. Ceux, en effet, qui étaient paralytiques ou arrêtés par quelque autre dé-

bilité, il les faisait fortement étirer, afin de guérir par une sorte d'artifice ceux qu'il ne pouvait redresser par une faveur de la puissance divine : ses serviteurs prenaient donc les malades, les uns par les mains, les autres par les pieds, et après avoir été tirés en différents sens au point qu'on eût cru que les muscles rompraient, s'ils n'étaient pas guéris ils étaient renvoyés à moitié morts. D'où il résulta qu'un grand nombre expirèrent dans ce supplice. Ce malheureux était tellement gonflé de vanité, qu'il se disait inférieur, il est vrai, à saint Martin, mais s'égalait aux apôtres. Rien d'étonnant qu'il se dît semblable aux apôtres, puisque celui duquel procèdent ces sortes de choses, l'auteur de tout mal, doit, à la fin du monde, se donner pour le Christ. Quant à notre homme, si l'on a observé, comme nous l'avons dit ci-dessus, qu'il fut imbu des erreurs de l'art de nécromancie, c'est que quiconque disait (ceux qui l'ont vu l'assurent), quelque mal de lui, fût-ce au loin et en secret, il le leur reprochait publiquement devant le monde en disant : « On a parlé sur moi de telle et telle manière ; ce sont cho-
« ses indignes de ma sainteté. » Or, par quel autre savait-il cela que par les démons qui le lui rapportaient ? Il avait un capuchon et une tunique de poils de chèvre. Devant le monde il se tenait dans l'abstinence de manger et de boire, mais en secret lorsqu'il était rentré à son hôtellerie, il s'empiffrait tellement par la bouche que le valet ne suffisait pas à servir un homme qui en demandait tant. Sa fourberie s'étant découverte et ayant été reconnue par les nôtres, il fut jeté hors du territoire de la cité, et nous n'avons pas su où il était allé depuis; toutefois il se disait citoyen de Bordeaux.

Sept ans auparavant, il y eut un autre grand et violent imposteur qui trompa bien des gens par sa fourberie. Celui-là était vêtu d'une tunique sans manches; il était enveloppé d'un manteau par-dessus, et soutenait une croix à laquelle pendaient des fioles, où était, disait-il, de l'huile sainte. Il disait aussi arriver des Espagnes, et montrer des reliques des

bienheureux martyrs, le diacre Vincent et le martyr Félix (1).
Comme il arriva sur le soir à la basilique de Saint-Martin, à
Tours, et pendant que nous étions assis à table, il nous envoya dire : « Qu'on vienne au-devant des saintes reliques. »
A quoi nous dîmes, car l'heure était trop avancée : « Que les
« saintes reliques reposent sur l'autel, et demain matin
« nous irons à leur rencontre. » Lui, se leva le lendemain au
point du jour, et, sans nous attendre, il vint avec sa croix, et
entra dans notre chambre. Moi, stupéfait et m'étonnant de sa
légèreté, je lui demandai ce que cela voulait dire. Il répondit
en homme superbe et d'une voix gonflée : « Tu aurais dû
« nous faire un meilleur accueil; mais je porterai cela aux
« oreilles du roi Chilpéric, et il vengera le mépris qu'on a fait
« de moi. » Puis il entre dans mon oratoire, sans plus s'inquiéter de moi, dit un verset, puis un second, puis un troisième; il commence l'oraison et l'achève; enfin, élevant de
nouveau sa croix, il s'en va. Ses discours étaient grossiers; son
pesant langage était ignoble et obscène; il ne sortait même
pas de sa bouche de propos raisonnables. Il alla jusqu'à Paris : on y célébrait alors les Rogations publiques, qu'on a
coutume de faire avant le saint jour de l'Ascension du Seigneur. Or, il arriva que comme l'évêque Ragnemod s'avançait
avec son peuple et faisait le tour des lieux saints, cet homme
se présente avec sa croix, montrant au peuple un vêtement
étrange, se faisant suivre de publicains et de femmes de la
campagne. Il avait donc lui aussi son chœur de prières et il essaya de faire de même avec son monde la procession autour
des saints lieux. L'évêque voyant cela envoya son archidiacre
lui dire : « Si tu montres des reliques de saints, dépose-les
« pour quelque temps dans la basilique, et célèbre avec nous
« les saints jours; quand la fête sera terminée, tu poursuivras
« ta route. » Mais se souciant peu de ce que disait l'archi-

(1) *Gloire des Mart.*, ch. xcii.

diacre, il se mit à poursuivre l'évêque d'injures et de malédictions. Le pontife comprenant que c'était un imposteur, donna l'ordre de l'enfermer dans une cellule. On fit l'examen de tout ce qu'il portait, et on trouva sur lui une grande poche pleine de racines de diverses plantes ; il y avait aussi des dents de taupe, des os de souris, des ongles et de la graisse d'ours. L'évêque voyant que c'étaient des instruments de maléfice, fit tout jeter dans la rivière, et lui ayant ôté sa croix, il donna l'ordre qu'on l'expulsât du territoire de Paris. Mais lui, s'étant fait une autre croix, recommença de pratiquer ce qu'il avait déjà fait, et arrêté par l'archidiacre, il fut chargé de chaînes et mis en prison. En ce moment j'étais venu à Paris, et j'avais mon logement à la basilique de Saint-Julien, martyr (1). La nuit suivante, ce malheureux ayant échappé à ses gardiens, courut, tout chargé des chaînes qui le liaient, dans ladite basilique, se précipita sur le pavé de l'église à l'endroit où j'avais coutume de me tenir, et s'y endormit accablé par le sommeil et par le vin. Nous, ignorant le fait, nous nous levons au milieu de la nuit pour rendre nos actions de grâces au Seigneur, et nous le trouvons dormant. Une telle puanteur sortait de lui que cette puanteur-là surpassait les puanteurs de tous les cloaques et de tous les privés ; et quant à nous l'odeur nous empêchait d'entrer dans la sainte basilique. Un clerc s'avance et en se bouchant le nez, s'efforce de l'éveiller, sans y parvenir, tant ce malheureux était plongé dans le vin. Alors vinrent quatre clercs qui le prirent sur leurs bras, et le jetèrent dans un coin de l'église ; puis apportant de l'eau, ils lavèrent le pavé, répandirent dessus des herbes odorantes, et nous entrâmes pour accomplir les prières accoutumées (2). Jamais nos chants ne purent le réveiller, si ce n'est lorsque le jour étant rendu à la terre, le flambeau solaire commençait

(1) Conf. liv. VI, chap. xvii.
(2) Notez, dit encore dom Ruinart, cette piété de nos ancêtres qui s'arrachaient à leur sommeil au milieu de la nuit pour aller prier. Voy. sur ce point Mabillon, *Disquisit. de Cursu gallic.*, § 6.

à s'élever sur l'horizon. Après avoir obtenu son pardon, je le remis à l'évêque. Cependant comme les évêques étaient réunis dans la ville de Paris, nous racontâmes la chose au milieu du repas, après avoir ordonné que, pour sa punition, l'homme fût présent. Comme il était là, Amélius, évêque du pays de Bigorre (1), en levant les yeux sur lui, s'aperçut que c'était un sien serviteur qui s'était enfui : il lui pardonna en le reprenant et le ramena dans son pays. Il y a beaucoup de gens qui en se livrant à de semblables impostures, ne cessent d'induire en erreur le peuple de la campagne. C'est d'eux, je pense, que le Seigneur a dit dans l'Évangile : « Il s'élèvera dans les « derniers temps de faux Christs et de faux prophètes, qui « feront de grands prodiges et des choses étonnantes, jusqu'à « séduire même les élus » (2). C'en est assez sur cela; revenons plutôt à notre sujet.

VII. Ennodius, qui exerçait l'office de duc des cités de Tours et de Poitiers, reçut, en outre, le gouvernement des cités d'Aire et de Béarn (3). Mais les comtes des villes de Tours et de Poitiers allèrent trouver le roi Childebert, et obtinrent qu'on les délivrât de lui. Dès qu'il sut qu'il était rappelé de ces deux cités, il se dirigea vers les deux autres dont nous avons parlé ; mais, tandis qu'il y était, il reçut l'ordre de quitter aussi celles-là. C'est ainsi qu'appelé à se reposer, il retourna chez lui, et prit soin de ses affaires particulières.

Les Vascons, se précipitant des montagnes, descendent dans les plaines (4), ravagent les vignes et les champs, livrent les

---

(1) *Beoretanæ urbis;* mais *urbs* est probablement ici (comme aux chap. LXIV *de la Gl. des mart.* et XLIX *de la Gl. des Conf.*) dans le sens de *civitas*, province. La capitale du pays est *Tarbes*, déjà nommé *Turba* dans le *Notit. Gall.*

(2) Matth., chap. xxiv, 24.

(3) *Vici Juliensis atque Benarnæ urbium.*

(4) Après plusieurs incursions du haut des Pyrénées dans la Novempo-

maisons au feu, et emmènent quelques-uns des habitants captifs avec leurs troupeaux. Le duc Austrovald (1) marcha souvent contre eux, mais il n'en tira qu'une faible vengeance. Quant aux Goths, à cause de la dévastation que l'armée du roi Guntchramn avait faite en Septimanie l'année précédente, ils se jetèrent sur la Provence arlésienne, y firent du butin, et emmenèrent des captifs jusqu'à dix milles d'Arles, ruinèrent aussi un château nommé Ugerne (2) avec les biens et les habitants qu'il renfermait, et s'en retournèrent sans que personne leur résistât.

VIII. Guntchramn-Boson (3), étant devenu odieux à la reine, se mit à solliciter parmi les évêques et les grands pour obtenir, dans son malheur, un pardon qu'il avait jusque-là dédaigné. Souvent, en effet, pendant l'enfance du roi Childebert, il accablait la reine Brunichilde d'injures et d'outrages; il se faisait même l'instigateur des insultes qu'elle recevait de ses ennemis. Le roi, pour venger l'insulte faite à sa mère, donna ordre de le poursuivre et de le tuer; mais celui-ci, se voyant en danger, se réfugia dans l'église de Verdun, comptant bien obtenir sa grâce par l'évêque Agéricus (4), qui était le père spirituel du roi par le baptême. L'évêque se hâta donc d'aller trouver le roi et de le supplier pour Guntchramn; le roi ne pouvant refuser ce qu'il demandait, dit : « Qu'il vienne « devant nous, et quand il aura donné, en présence de mon « oncle, des répondants de son obéissance, nous nous con- « formerons à tout ce que ce dernier décidera. » Guntchramn est alors amené dans le lieu qu'habitait le roi; dépouillé de ses armes et les mains enchaînées, il est présenté par l'é-

---

pulanie, les Gascons se firent céder par les Francs cette province, qui prit de leur nom celui de Gascogne. (Ruin.)

(1) Appelé comte ci-dessus, VIII, XLV.
(2) Voy. ci-dessus, liv. VIII, chap. XXX, note.
(3) L. VI, ch. XXIV et XVI; VIII, XXI.
(4) Voy. VII, XLIV.

vêque au roi, aux pieds duquel il se précipite et dit : « J'ai pé-
« ché contre toi et ta mère, en n'obéissant point à vos ordres,
« et en agissant contrairement à votre volonté et à l'intérêt
« public; je vous prie maintenant de me pardonner les fautes
« que j'ai faites contre vous. » Le roi ordonna qu'il se relevât
de terre, et le remit au pouvoir de l'évêque Agéricus, en disant : « Qu'il demeure auprès de toi, saint évêque, jusqu'à ce
« qu'il vienne en présence du roi Guntchramn. » Et il lui
donna l'ordre de se retirer.

IX. Après cela, Rauching et les principaux du royaume de
Chlotaire, fils de Chilpéric, se rassemblèrent feignant de traiter
de la paix, et d'empêcher qu'il ne s'élevât des différends entre les
deux royaumes, ou qu'il ne s'y commît des pillages, et ils se
concertèrent pour faire qu'après avoir tué le roi Childebert,
Rauching tînt avec Théodebert, fils aîné du roi, le pouvoir royal
dans la Champagne; Ursion et Bertfried devaient prendre
avec eux le plus jeune fils, né depuis peu, qu'on nommait
Théodoric, et s'emparer du reste du royaume à l'exclusion du
roi Guntchramn. Ils s'agitaient aussi avec rage contre la reine
Brunichilde pour la réduire à un état d'humiliation, comme
ils l'avaient déjà fait au moment de son veuvage (1). Rauching donc, enivré de sa souveraine puissance, et se flat-
tant d'arriver, pour ainsi dire, à l'honneur même du
sceptre royal, se dispose à se rendre auprès du roi Childebert pour accomplir le dessein qu'il avait conçu. Mais
la bonté du Seigneur fit arriver premièrement ces pourpar-
lers aux oreilles du roi Guntchramn, qui envoya secrètement des messagers au roi Childebert pour lui faire le
récit de toutes ces machinations, et lui dire : « Hâte-toi rapi-
« dement de manière à ce que nous nous voyions, car il y a des
« choses qui demandent à être faites. » Celui-ci ayant fait d'ac-
tives recherches au sujet de ce qu'on venait de lui annoncer et

---

(1) Voy. le second des « *Essais sur l'hist. de France* », par M. Guizot.

reconnaissant que c'était vrai, donna l'ordre d'appeler Rauching. Il arriva, et le roi, avant de permettre qu'on l'admît en sa présence, expédia des ordres et envoya, par le service public des postes (1), des serviteurs chargés de saisir les biens de Rauching partout où il s'en trouvait; puis il commanda de l'introduire dans sa chambre. Après avoir parlé avec lui de choses et d'autres, il le fit ressortir de sa chambre. Au moment où celui-ci sortait, deux portiers le prirent par les pieds, et il tomba sur les marches de la porte, de façon qu'une partie de son corps était en dedans et l'autre étendue dehors. Alors ceux qui en avaient reçu l'ordre, et qui se tenaient prêts à l'exécuter, tombèrent sur lui à coups d'épée, et lui hachèrent la tête si menu, qu'elle paraissait tout entière semblable à de la cervelle. Il mourut sur-le-champ. Il fut dépouillé, jeté par la fenêtre, et porté en terre. Il était d'un caractère léger, d'un appétit qui dépassait la mesure humaine pour les acquisitions et les biens d'autrui, et il avait tellement d'orgueil de ses propres richesses, qu'au temps de sa mort, il commençait à se dire fils du roi Chlothachaire. On trouva sur lui beaucoup d'or. Dès qu'il fut tué, un de ses serviteurs courut d'un vol rapide annoncer à sa femme ce qui avait été fait. Celle-ci cependant, parée de grands ornements et de pierres précieuses, éclatante et couverte d'or, parcourait à cheval les rues de Soissons, précédée et suivie de serviteurs; et elle se dirigeait rapidement vers la basilique des saints Crispinus et Crispinianus, pour y assister à la messe; car c'était le jour

---

(1) *Evectione publica.* Presque toutes les propriétés des sujets francs, les alleux comme les bénéfices, étaient assujetties à l'obligation de fournir des moyens de transport et des denrées, soit aux envoyés du roi, soit à ceux qui se rendaient auprès de lui pour quelque office public. Cette obligation est formellement consacrée par les lois barbares (*Rip.*, tit. 65, § 3) et Marculf nous a conservé (l. 1, chap. 11) la formule par laquelle les rois réglaient ce qui devait être fourni à leurs envoyés par les propriétaires des terres qu'ils avaient à traverser (Guizot).

de la passion de ces bienheureux martyrs (1). Mais à la vue du messager, elle revint sur ses pas par une autre rue, jeta ses ornements à terre et se réfugia dans la basilique du saint évêque Medardus, pensant s'y mettre en sûreté sous la protection de ce confesseur. Les serviteurs qui avaient été envoyés par le roi pour rechercher les biens de Rauching, trouvèrent plus de richesses dans ses trésors qu'on n'en pouvait trouver dans les coffres mêmes du trésor public. Le tout fut offert aux regards du roi. Le jour où cet homme fut tué, se trouvaient auprès du roi un grand nombre de Tourangeaux et de Poitevins au sujet desquels Rauching et les siens avaient le projet, s'ils eussent pu accomplir leur crime, de les livrer aux tourments, en disant : C'est l'un de vous qui a tué notre roi ; et après les avoir fait périr par divers supplices, ils seraient vantés d'être les vengeurs de la mort du roi. Mais le Dieu tout-puissant dissipa leurs projets parce qu'ils étaient iniques, et accomplit ce qui avait été écrit : « Parce que tu veux creuser une fosse pour ton frère, tu y tomberas toi-même (2). » Cependant à la place de Rauching, Magnovald fut envoyé comme duc (à la tête de l'armée). Déjà en effet Ursion et Berthfried, ne doutant pas que Rauching n'eût pu accomplir ce dont ils étaient convenus, s'avançaient avec leurs troupes qu'ils avaient rassemblées ; mais lorsqu'ils apprirent qu'il avait été frappé d'une telle mort, ils grossirent encore le nombre des gens qui paraissaient attachés à leur parti ; et, se sentant coupables, ils se retranchèrent avec tout ce qu'ils possédaient, dans le château de Vœvre (3), qui était voisin du domaine d'Ursion, se proposant, si le roi Childebert voulait faire quelque chose contre eux, de résister par la force à son armée. Leur chef, et

---

(1) Le 25 octobre. La femme de Rauching avait d'abord été mariée à Godin, comme on le voit liv. V, chap. III. (Ruin.)

(2) Proverb., XXVI, XXVII.

(3) *Vabrense castrum.* Le pays de Wœvre s'étend entre la Meuse et la Moselle depuis environ Montmédy et Longwy jusque vers Commercy ; mais on ignore la place précise du château ici désigné.

la cause du mal, était Ursion. Aussi la reine Brunichilde envoya des ordres à Berthfried où elle disait : « Sépare-toi de
« cet homme funeste, et tu auras la vie ; autrement, tu périras
« avec lui. » En effet sa fille avait été tenue sur les fonts baptismaux par la reine qui, à cause de cela, voulut user envers lui de commisération. Il répondit : « Jusqu'à ce que la mort m'arrache d'avec lui jamais je ne l'abandonnerai. »

X. Pendant que ces choses se passaient ainsi, le roi Guntchramn envoya de nouveau vers son neveu Childebert pour lui dire : « Tout retard cessant, viens que je te voie ; car de toute
« nécessité il faut que nous nous voyions tant pour le bien de
« nous-mêmes que pour l'utilité publique. » Celui-ci, en entendant ces paroles, prit sa mère, sa sœur et sa femme, et partit pour aller trouver son oncle (1). Magnericus, évêque de la cité de Trèves, s'y présenta en même temps. Vint aussi Guntchramn-Boson, dont Agericus, évêque de Verdun, s'était rendu caution ; mais ce prélat, qui avait répondu pour lui, ne se présenta point, parce qu'il avait été convenu qu'il paraîtrait devant le roi sans aucun défenseur, afin que si le roi jugeait qu'il dût mourir, il ne fût pas protégé par l'évêque ; si la vie lui était accordée, il s'en irait en liberté. Les rois tinrent l'assemblée et il y fut jugé coupable de diverses trahisons ; on ordonna qu'il fût mis à mort. Dès qu'il l'eut appris, il vola vers la demeure de l'évêque Magnericus, et ayant fermé les portes, puis séparé du pontife ses clercs et ses serviteurs, il lui dit : « Je sais, très-
« saint évêque, que tu es en grand honneur auprès des rois, et je
« me réfugie vers toi pour sauver ma vie. Voici les meurtriers
« à la porte ; or, sois bien averti que, si tu ne me tires pas
« de là, je commencerai par te tuer, après quoi je sortirai et
« j'irai mourir. Tiens pour bien certain ou qu'une mort com-
« mune nous saisit, ou que la vie nous est également ga-
« rantie. O saint évêque, je sais en effet que tu partages avec

(1) A Andelot. Voy. ci dessous, chap. xx.

« le roi la paternité de son fils et je suis sûr que tu obtiendras
« tout ce que tu lui demanderas, et qu'il ne pourra absolu-
« ment pas refuser à ta sainteté quoi que ce soit que tu sollicites ;
« obtiens donc mon pardon, ou nous mourrons ensemble. »
Il parlait ainsi, ayant son épée hors du fourreau. L'évêque
effrayé de ce qu'il entendait dit : « Et que puis-je faire si tu
« me retiens ici ? Laisse-moi sortir pour que j'aille implorer
« la miséricorde du roi, et peut-être aura-t-il pitié de toi. »
— Et lui reprit : « Pas du tout ; mais envoie tes abbés et tes
« hommes de confiance, afin qu'ils rapportent ce que je viens
« de dire. » Toutefois les choses ne furent pas exposées au
roi telles qu'elles étaient ; on lui dit seulement que Guntchramn était protégé par l'évêque, en sorte que le roi dit avec
colère : « Si l'évêque ne veut pas sortir de là, qu'il périsse
« avec ce machinateur de perfidie. » L'évêque apprenant cela,
envoya au roi des messagers qui lui racontèrent ce qui se
passait. Le roi Guntchramn dit : « Mettez le feu à la maison ;
« et si l'évêque ne peut pas sortir, qu'ils brûlent ensemble. »
A ces paroles, les clercs brisèrent la porte et mirent l'évêque
dehors. Alors le malheureux Guntchramn se voyant pressé
de tous côtés par les flammes mugissantes, ceignit son épée
et s'avança vers la porte ; mais à peine eut-il, franchissant le
seuil, fait le premier pas dehors qu'aussitôt un homme de la
foule ayant lancé son javelot, le frappa au front. Étourdi de
ce coup et presque hors de sens, comme il essayait de tirer
son épée, il fut percé par les assistants d'une telle multitude de
traits, que les pointes de javelots restant enfoncées dans ses
flancs et leurs bois lui formant des soutiens, il ne put tomber
à terre. Le peu de gens qui étaient avec lui furent tués aussi
et leurs corps exposés de même sur le terrain. A grand'peine
on obtint pour eux que les princes permissent de les recouvrir
de terre. Guntchramn était un homme vain dans sa conduite,
rongé d'avarice, cupide des biens d'autrui au delà de toute
mesure, donnant sa foi à tout venant et ne tenant sa promesse à personne. Sa femme avec ses enfants fut envoyée en

exil, et ses biens dévolus au fisc. On trouva dans ses coffres une immense quantité d'or, d'argent et de diverses choses précieuses, et tout ce que, poussé par la conscience de son iniquité, il avait caché sous terre n'échappa point. Il consultait souvent les devins et les sorts, dont il attendait la connaissance de l'avenir, mais qui le trompèrent.

XI. Le roi Guntchramn confirma la paix avec son neveu et avec les reines ; ils se firent mutuellement des présents, raffermirent les affaires publiques et mangèrent ensemble. Le roi Guntchramn louait le Seigneur en disant : « Je te « rends des grâces infinies, Dieu tout-puissant, qui m'as fait « cette faveur que je pusse voir des fils nés de mon fils Childe- « bert ! Je ne dois donc pas me regarder comme entière- « ment abandonné de ta majesté, puisque tu m'as accordé « de voir les fils de mon fils. » Alors Childebert reçut Dynamius et le duc Lupus, qui lui furent rendus, et Cahors revint à la reine Brunichilde. Et ainsi dans la paix et la joie, on offrit à Dieu et on lui réitéra des actions de grâces, on signa des traités (1), on se fit des présents, on s'embrassa, et on s'en retourna chacun dans sa cité.

XII. Le roi Childebert ayant rassemblé l'armée, donna l'ordre qu'on la dirigeât vers le lieu où se tenaient enfermés Ursion et Berthfried. C'était un village du pays de Wœvre, village dominé par une haute montagne, au sommet de laquelle on avait bâti une basilique en l'honneur du saint et bienheureux Martin (2). On disait qu'il y avait eu là anciennement un château ; mais ce lieu n'était plus fortifié alors par les soins de l'homme ; il l'était seulement par la nature. C'est dans cette basilique donc que ces gens s'étaient renfermés

---

(1) Voyez ci-dessous, chap. xx.
(2) Peut-être celle qu'avait bâtie Walfroie (voy. VIII, xv), près d'Yvoy, au pays de Wœvre. (Ruin.)

avec leurs effets, leurs femmes et leurs serviteurs. Childebert ayant donc mis son armée en mouvement, comme nous l'avons dit, la dirigea sur ce point. Les soldats, pendant leur marche, et avant d'y arriver, livrèrent partout à l'incendie et au pillage tout ce qu'ils purent atteindre des terres et des biens d'Ursion et Berthfried. Parvenus sur les lieux, ils escaladent la montagne et entourent en armes la basilique. Ils avaient alors, leur tenant lieu de duc, Godégisil (1) gendre du duc Lupus. Ne pouvant tirer de l'église ceux qui s'y trouvaient, ils se mirent en devoir de la brûler. Voyant cela, Ursion se présenta dehors ceint de son épée, et fit un tel carnage des assaillants, que quelque nombreux que fussent ceux qui s'offrirent à sa vue, pas un ne demeura vivant. Là tomba aussi Trudulf, comte du palais du roi, et périrent une foule d'autres de cette armée ; et tandis que personne n'échappait aux coups d'Ursion, quelqu'un tout à coup le frappe à la cuisse ; blessé il tombe à terre, et alors les autres se précipitant sur lui, il perdit la vie. Ce que voyant, Godégisil jeta un cri et dit : « Que paix soit faite maintenant ; voilà que le plus grand en- « nemi de nos maîtres a péri : quant à ce Berthfried, qu'il con- « serve la vie. » Pendant qu'il parlait ainsi, et que tout le peuple soupirait après le pillage des richesses qui avaient été rassemblées dans la basilique, Berthfried monte à cheval et se dirige vers la ville de Verdun ; là il se réfugia dans un oratoire dépendant de la maison épiscopale, pensant y trouver protection d'autant plus que l'évêque Agericus habitait lui-même dans cette maison. Mais quand on eut annoncé au roi Childebert que Berthfried s'était enfui, il dit, le cœur serré de douleur : « S'il échappe à la mort, Godégisil n'échappera « pas de mes mains. » Le roi ignorait que Berthfried fût entré dans une maison appartenant à l'église et parlait ainsi dans la supposition qu'il s'était réfugié dans un autre pays. Alors Godégisil, ayant peur, fit marcher de nouveau l'armée, et en-

---

(1) Voyez Fortunat, lib. I, carm. 6.

toura de soldats la maison épiscopale. Mais comme le pontife refusait de le rendre et s'efforçait, au contraire, de le défendre, on monta sur le toit et on le tua en lançant sur lui les tuiles et les matériaux qui formaient la toiture de l'oratoire ; il y mourut avec trois de ses serviteurs. L'évêque éprouva une grande douleur, non-seulement de n'avoir pu le défendre, mais encore d'avoir vu souiller de sang humain le lieu où il avait coutume de prier et où se trouvaient rassemblées des reliques des saints. Le roi Childebert lui envoya des gens avec des cadeaux pour le faire revenir de son chagrin ; mais l'évêque ne permit pas qu'on le consolât. Dans ce temps-là, un grand nombre de personnes, par crainte du roi, passèrent en d'autres pays. Quelques-uns furent privés du haut rang de duc, à la dignité desquels d'autres succédèrent.

XIII. Guntchramn donna l'ordre de faire venir en sa présence Baddon, qui, nous l'avons dit plus haut (1), avait été emprisonné pour crime de lèse-majesté, et l'envoya jusqu'à Paris en disant : « Si Frédegunde parvient, par le témoignage « d'hommes dignes de foi, à le décharger de l'action qui lui « est imputée, qu'il soit mis en liberté et aille où il voudra. » Mais lorsqu'il fut à Paris, il ne se présenta de la part de cette femme personne qui pût le justifier. Il fut alors attaché, chargé de chaînes, et ramené à Chalon sous étroite garde. Dans la suite, des messagers s'entremirent, notamment Leudovald, évêque de Bayeux, et ayant été relâché il s'en retourna chez lui.

La maladie dyssentérique sévissait cruellement alors dans la ville de Metz. A la même époque nous allions au-devant du roi, et nous rencontrâmes en route, c'est-à-dire dans la ville de Reims, Wiliulf, citoyen de Poitiers, pris de la fièvre et en proie à cette maladie. Il partit de la ville tout épuisé ; parvenu à la cité de Paris avec le fils de sa femme, il mourut

(1) Liv. VIII, chap. XLIV.

au village de Ruel, après avoir fait son testament. L'enfant, qui avait la même maladie, mourut aussi, et ils furent ensemble rapportés et enterrés sur le territoire de Poitiers. La femme de ce même Wiliulf se maria à un troisième mari qui était le fils du duc Beppolen, et qui lui-même avait déjà, de notoriété publique, deux femmes qu'il avait abandonnées quoique vivantes. C'était en effet un étourdi et un débauché qui, aiguillonné par une ardeur excessive des sens, laissait son épouse pour coucher avec ses servantes, et ayant horreur du lit conjugal, en recherchait un autre. Ainsi fit-il avec la seconde, et avec celle-ci à laquelle il s'était marié pour la troisième fois, ignorant que *la corruption ne possédera point l'héritage incorruptible* (1).

XIV. Ensuite, comme Égidius, évêque de la cité de Reims, était soupçonné du même crime de lèse-majesté pour lequel avaient été tués ceux dont il a été parlé plus haut (2), il alla trouver Childebert avec de grands présents et demanda pardon. Il avait préalablement reçu, dans la basilique de Saint-Remi, le serment qu'il ne serait rien fait contre lui en route. Le roi l'accueillit donc, et il s'en revint paisiblement. Il obtint aussi la paix avec le duc Lupus, qui, à son instigation, avait été, comme nous l'avons dit (3), chassé du duché de Champagne; ce qui excita une vive amertume chez le roi Guntchramn, parce que Lupus lui avait promis qu'il ne ferait jamais la paix avec l'évêque, qui s'était fait connaître pour un ennemi déclaré du roi.

XV. Dans ce temps-là, il arriva en Espagne que le roi Richard, touché par la miséricorde divine, rassembla les évêques de sa religion, et leur dit : « Pourquoi s'élève-t-il « sans cesse des disputes entre vous et les évêques qui se di-

(1) Paul aux Corinthiens, I, chap. xv, v. 50.
(2) Ci-dessus, chap. xii.
(3) Liv. VI, chap. iv.

« sent catholiques? Et lorsque ceux-ci opèrent, par leur foi,
« de nombreux miracles, pourquoi ne pouvez-vous rien faire
« de semblable? Réunissez-vous donc, je vous prie, pour
« cette question, et par la discussion des croyances des deux
« partis, tâchons de connaître quelle est la vérité : et alors,
« il faudra ou qu'ils se rendent à vos raisons et croient ce
« que vous dites, ou bien certainement que vous reconnaissiez
« la vérité comme émanant d'eux, et que vous croyiez ce
« qu'ils annoncent. » La chose ayant eu lieu ainsi et les évêques
de chaque parti s'étant assemblés (1), les hérétiques avancèrent les propositions qu'ils avaient souvent produites, ainsi
que nous l'avons exposé; de même les évêques de notre religion répondirent par les raisons qui avaient plusieurs fois
vaincu le parti des hérétiques, comme nous l'avons montré
dans les livres précédents. Le roi insista sur ce point que les
évêques des hérétiques n'avaient jamais opéré aucun miracle
de guérison sur des malades, et remit en mémoire que, du
temps de son père, un évêque qui se vantait de rendre, par
le secours de ses fausses croyances, la lumière aux aveugles,
ayant en effet touché un aveugle, le livra à une cécité éternelle, et s'en alla confus : ce que nous avons rapporté plus
au long dans notre livre des Miracles (2). Il appela donc auprès de lui en particulier les prêtres de Dieu, et après les
avoir interrogés, il reconnut qu'on doit adorer un seul Dieu
sous la distinction de trois personnes, le Père, le Fils et le
Saint-Esprit; que le Fils n'est inférieur ni au Père ni au Saint-Esprit; que le Saint-Esprit n'est inférieur ni au Père ni au
Fils; et qu'on doit reconnaître le vrai Dieu dans cette Trinité
égale et toute-puissante. Richared donc comprenant la vérité,
mit toute discussion de côté, se soumit à la loi catholique,
et après avoir reçu le signe de la sainte croix avec l'onction du

---

(1) Cette assemblée, d'après les documents espagnols, se serait réunie en 587. (Giesebr.)

(2) *Gloire des Confess.*, c. xiii; voir aussi ci-dessus, liv. II, chap. iii.

chrême, confessa notre Seigneur Jésus-Christ, fils de Dieu, égal au Père et au Saint-Esprit, et régnant aux siècles des siècles. Ainsi soit-il. Il envoya ensuite dans la province de Narbonne des députés, pour raconter ce qu'il venait de faire et réunir le peuple dans la même croyance. Il y avait alors un évêque de la secte arienne, nommé Athalocus, qui troublait tellement les églises de Dieu par des propositions vaines et par de fausses interprétations des saintes Écritures, qu'on l'eût pris pour Arius lui-même, lequel, au rapport de l'historien Eusèbe (1), rendit ses entrailles dans un privé. Mais comme cet évêque ne permettait pas aux gens de sa secte d'embrasser la foi, et qu'il n'avait qu'un petit nombre de flatteurs qui suivissent son sentiment, transporté de colère, il entra dans sa chambre, posa la tête sur son lit et rendit son âme perverse (2). Ainsi le peuple d'hérétiques qui habitait cette province confessa l'indivisible Trinité et se retira de l'erreur.

XVI Après cela Richared envoya une ambassade à Guntchramn et à Childebert pour conclure la paix, en disant que devenu un avec eux dans la foi, de même il se montrerait uni avec eux en charité ; mais ses envoyés furent repoussés par le roi Guntchramn qui dit : « Quelle foi peuvent-ils me
« promettre ou comment dois-je les croire, quand ils ont
« livré à l'esclavage ma nièce Ingunde, que par leurs artifices
« a aussi été tué son mari, et qu'elle est morte elle-même
« dans l'exil? Donc, je ne reçois pas d'ambassade de Richared
« jusqu'à ce que Dieu veuille que je me venge de tels enne-
« mis. » Les envoyés ayant entendu ces paroles s'en allèrent

---

(1) **Rufin** ajouta deux livres à l'*Histoire ecclésiastique* d'Eusèbe. Comme Grégoire de Tours et les autres auteurs de ce temps-là ne connaissaient cette histoire que par la traduction latine de Rufin, ils citaient tout l'ouvrage sous le nom d'Eusèbe. La mort d'Arius n'est racontée que dans le liv. X, chap. xiv. (Ruin.)

(2) On peut compléter ce récit par celui de Paul Diacre, *De Vita patrum Emerit.*, c. xix.

vers le roi Childebert, qui les reçut avec des sentiments de paix, et ils lui dirent : « Notre seigneur, ton frère Richared, « veut se laver du crime qu'on lui impute d'avoir été com- « plice de la mort de votre sœur. Si vous voulez, il peut s'en « montrer innocent soit par serment soit de toute autre ma- « nière ; puis il offre à votre grâce dix mille sous d'or, dési- « reux d'obtenir votre amitié ; afin que, de son côté, il ait « votre appui et que vous, s'il en est besoin, vous disposiez « de ses bons offices. » Comme ils parlaient ainsi, le roi Childebert et sa mère promirent qu'ils garderaient sincère- ment avec Richared paix et amitié. On reçut et on rendit des présents, et les envoyés ajoutèrent : « Notre seigneur nous a « aussi ordonné de déposer dans vos oreilles une parole re- « lative à celle qui est votre fille et votre sœur, Chlodosinde : « c'est qu'elle lui soit donnée en mariage afin de mieux ci- « menter la paix promise entre vous. » La reine et le roi dirent : « Notre promesse sur ce point sera facilement donnée ; « mais nous n'osons le faire sans l'avis de notre oncle le roi « Guntchramn, car nous lui avons promis de ne traiter au- « cune affaire importante sans lui en demander son avis. » Après avoir reçu cette réponse, ils s'en retournèrent.

XVII. Cette année, au printemps, il y eut de fortes pluies ; et les vignes et les arbres étaient déjà en feuilles, lorsqu'il tomba de la neige qui couvrit tout. Puis survint la gelée qui brûla les bourgeons de la vigne et tous les fruits déjà formés. Enfin, la rigueur de la saison fut telle, que les hirondelles et les autres oiseaux qui étaient venus des régions lointaines périssaient par la violence du froid. Il y eut encore ceci d'é- tonnant que la gelée détruisit tout dans les lieux où elle n'a- vait jamais frappé, et que là où elle avait coutume de faire du mal, elle ne vint pas.

XVIII Les Bretons se jetant sur le territoire de Nantes,

pillèrent, envahirent les villages, et emmenèrent des captifs.
Lorsque le roi Guntchramn en fut informé, il ordonna de
faire marcher l'armée, tout en envoyant sur les lieux un messager pour dire aux Bretons qu'ils eussent à composer pour
tous les maux qu'ils avaient commis, ou qu'il les ferait certainement passer au fil de l'épée par son armée. Ceux-ci, effrayés,
promettent de réparer tout le mal fait par eux. Apprenant
cela, le roi y envoie une ambassade composée de Namatius
évêque d'Orléans et Bertchramn évêque du Mans, avec des
comtes et d'autres personnages du rang de *magnifiques*. Il
s'y trouva aussi des magnifiques du royaume de Chlothaire,
fils du roi Chilpéric. Ils se rendirent sur le territoire de Nantes,
et communiquèrent à Waroch et à Vidimacle tout ce que le
roi avait ordonné. Ceux-ci répondirent : « Nous savons bien
« nous-mêmes que ces cités appartiennent aux fils du roi
« Chlothachaire, et que nous-mêmes devons leur être soumis :
« aussi composerons-nous sans retard pour tout ce que nous
« avons fait de contraire au droit. » Ils donnèrent des répondants, souscrivirent des garanties, promirent de donner à
chacun des rois Guntchramn et Chlothaire mille sous d'or de
composition, assurant qu'ils n'attaqueraient plus jamais le
territoire des villes en question. Les choses ainsi arrangées,
les envoyés s'en retournèrent et rendirent compte au roi de
ce qu'ils avaient fait, à l'exception de l'évêque Namatius qui
ayant recouvré dans le territoire de la cité de Nantes, des
terres perdues jadis par ses parents, eut pendant qu'il y séjournait trois ulcères pernicieux qui lui vinrent à la tête ;
violemment tourmenté par ce mal, il voulait revenir dans sa
cité, mais il expira sur le territoire d'Angers. Son pauvre
corps fut transporté dans sa ville, et enseveli dans la basilique
du saint confesseur Aignan. Austrinus, fils de défunt Pastor,
fut mis à sa place sur le siége épiscopal. Mais Waroch oubliant
son serment et ses engagements, n'accomplit nullement ses
promesses ; il envahit les vignes des Nantais, en fit la ven-

dange et emporta le vin à Vannes. Le roi Guntchramn, de nouveau transporté de colère par suite de cela, donna l'ordre de faire marcher l'armée ; mais il s'apaisa.

XIX. Cependant cette guerre entre les citoyens de Tours, que nous avons donnée plus haut (1) comme terminée, ressuscite avec une nouvelle fureur. Sicharius, après le meurtre des parents de Chramnisinde, avait formé avec lui une grande amitié, et ils se chérissaient tellement d'une mutuelle tendresse, qu'ils prenaient presque toujours leurs repas ensemble et couchaient dans un même lit. Un certain jour, Chramnisinde prépare pour le soir un souper et invite Sicharius au festin. Celui-ci arrive ; ils se mettent à table. Sicharius, quand il fut gorgé de vin, se mit à triompher aux dépens de Chramnisinde et finit, à ce qu'on rapporte, par lui dire : « Tu dois « me rendre de grandes actions de grâce, mon très-doux « frère, de ce que j'ai tué tes parents, par suite de quoi la « composition que tu as reçue fait abonder l'or et l'argent « dans ta maison ; tu serais maintenant nu et misérable, si cette « affaire ne t'avait pas un peu remonté. » Chramnisinde prit en mauvaise part les paroles qu'il venait d'entendre prononcer par Sicharius et se dit en lui-même : « Si je ne venge pas la « mort de mes parents, je mérite de perdre le titre d'homme « et d'être assimilé à une faible femme. » Et aussitôt éteignant les lumières, il coupe le cou à Sicharius avec son poignard. Celui-ci poussa en expirant un petit cri, tomba et mourut. Les serviteurs qui étaient venus avec lui disparurent. Chramnisinde après avoir dépouillé de vêtements ce corps sans vie, le suspend à l'un des pieux de sa haie, puis, montant sur les chevaux du défunt, court vers le roi : il entre dans l'église et se jetant aux pieds du roi lui dit : « Je te demande la vie, « ô roi très-glorieux, car j'ai tué des gens qui, après avoir « fait périr en secret mes parents, ont pillé tous leurs biens. »

(1) Liv. VII, chap. XLVII.

Pendant qu'il exposait les faits depuis le commencement, la reine Brunichilde prit fort mal que, Sicharius placé sous la garantie de sa parole eut été tué ainsi et devint furieuse contre Chramnisinde. Celui-ci, pour échapper à la fureur de la reine, gagna le bourg de Bazaiges (1), dans le territoire du Berri, où demeuraient ses parents, parce que dans le royaume de Guntchramn, il devait rester inaperçu. Tranquilla, femme de Sicharius, laissant les fils et les richesses de son mari dans la Touraine et le Poitou, se rendit près de ses parents au bourg de Mérobes (2) et même s'y maria. Sicharius mourut environ à quarante ans. Il avait été pendant sa vie, dissipé, ivrogne, homicide, et pendant qu'il était pris de vin, avait fait du mal à plusieurs personnes. Chramnisinde se rendit de nouveau en la présence du roi et il fut jugé en ce qui le concernait qu'il aurait à prouver que Sicharius avait tué au préjudice de lui Chramnisinde; ce qu'il fit. Mais comme la reine Brunichilde, ainsi que nous l'avons dit, avait mis Sicharius sous la garde de sa parole, elle ordonna que les biens de Chramnisinde fussent confisqués; cependant ils lui furent rendus dans la suite par Flavianus, domestique. Il exhiba aussi, comme il se rendait à Agen, une lettre de Flavianus qui le mettait à l'abri de toute attaque; ce dernier avait en effet eu de la reine la concession de ces biens.

XX. Cette même année, la treizième du roi Childebert (3), comme nous nous étions avancés à sa rencontre jusqu'à la ville de Metz, nous reçûmes l'ordre d'aller en ambassade vers

---

(1) Ou Bezagette, deux villages du dép. de l'Indre (Raynal, *Hist. du Berry*, I, 169). *Vosagensem pagum.*

(2) *Mauriopes vicum.* On ne connaît pas ce nom; mais on a le pagus *Mauripensis*, Hurepoix (Rambouillet, Étampes, Palaiseau, Corbeil), à l'extrémité duquel se trouve *Mérobes* (Loiret), écart de douze habitants, dont le nom pourrait être une traduction de *Mauriopes* (voy. A. Jacobs et aussi Ruinart.)

(3) L'an 588.

le roi Guntchramn que nous rencontrâmes dans la ville de Chalon, et nous lui dîmes : « Les souhaits les plus abondants
« te sont envoyés par ton très-glorieux neveu Childebert, ô il-
« lustre roi ; il rend des grâces infinies à ta bonté qui ne
« cesse de lui donner des avis pour qu'il fasse les choses qui
« plaisent à Dieu, qui te soient agréables et qui conviennent
« au peuple. Relativement aux choses dont vous avez parlé
« ensemble, il promet de tout exécuter et s'engage à ne rompre
« aucune des conventions que vous avez signées entre vous. »
A quoi le roi répondit : « Je n'ai pas les mêmes grâces à
« rendre, quand sont tellement violées les promesses qui
« m'ont été faites. On ne me rend pas ma part du pays de
« Senlis (1) ; les hommes que je voulais renvoyer dans mon
« intérêt, parce qu'ils étaient mes ennemis, on ne les a pas
« laissé partir. Comment donc pouvez-vous dire que mon
« très-doux neveu n'a l'intention de transgresser aucune des
« conventions signées ? » Et nous à cela nous dîmes : « Il veut
« ne rien faire contre ces conventions, et promet de les rem-
« plir toutes ; si bien que dès à présent, si tu veux envoyer
« faire le partage du Senlissois, il n'y mettra aucun retard,
« et tu recevras de suite ce qui t'appartient. Quant aux hom-
« mes dont tu parles, donne leurs noms par écrit, et on ac-
« complira tout ce qui a été promis. » Après que nous eûmes
ainsi parlé, le roi fit relire le traité lui-même devant les personnes qui étaient présentes.

Texte du Traité.

« Lorsqu'au nom du Christ, les très-excellents seigneurs
« Guntchramn et Childebert rois, et la très-glorieuse dame
« Brunichilde reine, se furent, par un désir d'affection, réunis

(1) En compensation du tiers de Senlis, un tiers du territoire de Ressons (près Beauvais ?) fut donnée à Gontran, comme on le voit ci-dessous dans le traité. (P. 199).

« à Audelot (1), afin de terminer par une plus mûre délibéra-
« tion tout ce qui, de quelque part que ce fût, pourrait faire
« naître la discorde entre eux ; par la médiation des évêques et
« des grands, par la volonté de Dieu et par zèle affectueux,
« a été adopté et convenu que : Aussi longtemps qu'il plaira
« au Dieu tout-puissant de les laisser dans ce monde, ils se
« conserveront une fidélité et un attachement purs et sincères.
« De même, comme le seigneur Guntchramn, d'après le
« traité qu'il avait fait avec le seigneur Sigibert de bonne
« mémoire, prétendait avoir droit à la totalité de ce qui lui
« était échu du royaume de Charibert, et que les représentants
« du seigneur Childebert prétendaient lui conserver tout ce
« qu'avait possédé son père, il demeure arrêté entre eux par
« suite de délibération positive, que ce que le seigneur Sigi-
« bert avait obtenu par traité du royaume de Charibert, c'est-
« à dire le tiers de la cité de Paris avec son territoire et ses
« habitants, ainsi que les châteaux de Châteaudun et Vendôme,
« et tout ce que ledit roi avait possédé dans le pays étampois
« ou chartrain et ses environs, avec son territoire et ses
« habitants, demeureront à perpétuité soumis au droit et à la
« domination du seigneur Guntchramn, ainsi que tout ce
« qu'il a possédé jadis du royaume de Charibert, du vivant
« du seigneur Sigibert. De même, le seigneur roi Childebert
« retiendra en sa puissance dès aujourd'hui la cité de Meaux,
« les deux tiers de celle de Senlis, les cités de Tours, de
« Poitiers, Avranches, Aire (2), Conserans, Bayonne (3) et
« Albi avec leurs territoires ; sous la condition que celui des
« mêmes rois que Dieu fera survivre à l'autre, héritera du
« royaume du défunt si celui-ci est mort sans laisser de
« fils, le possédera en entier à perpétuité, et avec l'aide de

(1) *Andelaum.* Quelques savants y ont vu Andlaw, sur les confins
de l'Alsace ; mais d'après l'opinion presque unanime, c'est Andelot, à
quelques lieues au nord de Chaumont (Haute-Marne).

(2) *Vicus Julii.*

(3) *Lapurdum.*

« Dieu, le laissera à ses descendants. Il est spécialement con-
« venu, pour être inviolablement exécuté, que tout ce que
« le seigneur roi Guntchramn a donné à sa fille Chlothielde (1),
« ou lui donnera encore s'il plaît à Dieu, en biens quelcon-
« ques ou en hommes, en villes, champs ou rentes, de-
« meurera en la propriété et puissance de celle-ci ; et si elle
« veut disposer à sa volonté de quelque partie des champs du
« fisc, ou des meubles et instruments d'exploitation qui s'y
« trouvent, ou en faire don à quelqu'un, que cela soit, avec
« l'aide de Dieu, maintenu à perpétuité et ne puisse jamais
« être annulé par personne, et la protection et défense du sei-
« gneur Childebert lui permettra de jouir paisiblement en
« tout honneur et dignité de toutes les choses dont elle sera
« trouvée en possession à la mort de son père. De même le
« seigneur roi Guntchramn promet que si, par un effet de
« l'instabilité des choses humaines (puisse la miséricorde di-
« vine ne pas le permettre, car il est loin de le désirer), il
« arrivait que lui survivant, le seigneur Childebert sortît de ce
« monde, il prendrait, comme un bon père, sous sa protec-
« tion et défense, les fils dudit Childebert, les rois Théodo-
« bert et Théodoric, et les autres si Dieu veut lui en donner
« encore, en sorte qu'ils puissent posséder en toute sûreté le
« royaume de leur père ; qu'il recevra de même sous sa pro-
« tection et défense, avec un pieux amour la mère du seigneur
« Childebert, la dame reine Brunichilde, avec sa fille Chlodo-
« suinde, sœur du seigneur roi Childebert, tant qu'elle restera
« dans le pays des Francs, ainsi que sa femme la reine Fai-
« leube, qu'il recevra en bonne sœur et ainsi que ses filles ; et
« il les maintiendra en tout honneur et dignité dans la pos-
« session sûre et tranquille de tous leurs biens, y compris
« cités, champs, revenus ou droits quelconques et la totalité

(1) Le seul enfant qui restât au roi Gontran. — Il avait eu une autre fille nommée Chlodeberge qui, à ce qu'il paraît, était morte alors, mais qui est citée dans le deuxième concile de Valence (en 584), où sa sœur et elle sont appelées « religieuses. » (Ruin.)

« de leur fortune qu'elles conserveront en toute sûreté et tran-
« quillité, tant ce qu'elles possèdent actuellement, que ce qu'elles
« pourront légitimement acquérir par la suite avec l'aide du
« Christ ; de telle manière que, si elles veulent disposer à leur
« volonté de quelque partie des champs du fisc, des meubles ou
« des instruments d'exploitation, ou en faire don à quelqu'un,
« que tout cela soit inviolablement conservé à perpétuité, et que
« leur volonté ne puisse être méconnue en aucun temps, ni par
« qui que ce soit. Quant aux pays de Bordelais, Limousin,
« Caourcin, Béarn et Bigorre, que Galsuinthe, sœur de la reine
« Brunichilde, a certainement acquises lorsqu'elle vint en
« France, soit à titre de dot, soit à titre de *morganegiba*, c'est-
« à-dire de présent du matin (1), qui ont passé à la dame
« Brunichilde, du vivant des rois Chilpéric et Sigibert, par un
« jugement du très-glorieux seigneur le roi Guntchramn et de
« l'assemblée des Francs, il a été convenu que la dame Bru-
« nichilde recevra dès aujourd'hui en propriété la cité de Ca-
« hors avec son territoire et tout son peuple. Quant aux autres
« cités placées dans la même condition et nommées ci-dessus,
« elles appartiendront au seigneur Guntchramn pendant sa vie,
« mais rentreront intégralement après sa mort, avec l'aide de
« Dieu, sous la domination de la dame Brunichilde et de ses
« héritiers, mais elles ne pourront jamais en aucun temps ni en
« aucune manière, tant que vivra le seigneur Guntchramn, être
« revendiquées ni par la dame Brunichilde, ni par son fils le roi
« Childebert et les enfants de celui-ci. De même, il est convenu
« que le seigneur Childebert doit posséder Senlis en entier, et
« pour autant de valeur que comporte le tiers qui en revient au
« seigneur Guntchramn, il sera compensé à son égard par le
« tiers qui appartient au seigneur Childebert dans le Resson-

(1) C'était le présent que chez toutes les nations barbares et spécialement chez les Germains, le mari devait faire à sa femme après la première
nuit des noces. Les Lombards l'appelaient *Morgincap*, les Anglo-Saxons
Morgengifa, les autres Germains (dont Grégoire semble altérer l'orthographe) *Morgengabe*, les Scandinaves *Morgongafva*.

« tois (1). Il est également convenu que, conformément aux
« conventions passées entre le seigneur Guntchramn et le sei-
« gneur Sigibert de bonne mémoire, les leudes qui, après la
« mort du roi Chlothachaire avaient d'abord prêté serment au
« seigneur Guntchramn, s'ils sont convaincus de s'être donnés
« ensuite à un autre parti, seront renvoyés des lieux qu'ils habi-
« tent; de même, ceux qui, après la mort du seigneur Chlotha-
« chaire, ont d'abord prêté serment au seigneur Sigibert, et se
« sont ensuite donnés au parti contraire, seront pareillement
« renvoyés. De même, tout ce que les susdits rois ont donné aux
« églises ou à leurs fidèles, ou ce que, avec l'aide de Dieu,
« ils voudront encore leur donner légitimement, doit être fer-
« mement conservé; comme aussi ce qui appartient à chaque
« fidèle, dans l'un et l'autre royaume, par la loi et la justice,
« ne recevra aucune atteinte, et il lui sera permis de posséder
« et de recevoir les choses à lui dues. Que si, pendant les in-
« terrègnes, quelqu'un a été dépouillé de quelque chose sans
« avoir commis de faute, il obtiendra audience et sera réin-
« tégré dans son bien; et quant à ce qu'on possède en vertu
« des générosités des rois précédents, jusqu'à la mort du sei-
« gneur roi Chlothachaire de bonne mémoire, que chacun
« le possède en toute sécurité; et que chacun reprenne dès
« maintenant les biens de ce genre qui auraient été enlevés aux
« personnes restées fidèles. Et puisque entre les susdits rois
« est nouée, au nom de Dieu, une harmonie pure et sincère,
« il a été convenu qu'en aucun temps le passage dans l'un
« des deux royaumes ne serait refusé aux leudes de l'autre
« royaume qui voudront le parcourir pour affaires publiques
« ou particulières. Il est également convenu qu'aucun des
« deux rois ne sollicitera les leudes de l'autre, ni ne les recevra
« quand ils viendront à lui; et si l'un d'eux, par hasard, croit

---

(1) Il y a deux villages du nom de Ressons dans le département de l'Oise, et plusieurs Ressons ou Rosson dans les départements voisins : Aisne, Meuse, Ardennes et Aube.

« avoir à réclamer auprès de l'autre, par suite de quelque perte
« de ce genre, ses gens lui seront rendus après s'être dis-
« culpés suivant la nature de leur faute. Il a semblé bon aussi
« d'ajouter au présent traité que, si quelqu'une des parties
« vient à en transgresser les dispositions, sous quelque pré-
« texte et en quelque temps que ce soit, elle perdra tous les
« avantages soit promis, soit immédiatement conférés, et ils
« profiteront à celle qui aura inviolablement observé tous les
« articles ci-dessus, laquelle sera relevée en tous points de l'o-
« bligation résultant de ses promesses. Toutes ces choses étant
« ainsi arrêtées, les parties jurent par le nom du Dieu tout-
« puissant et par l'indivisible Trinité, par toutes les choses
« divines et par le redoutable jour du jugement, qu'elles ob-
« serveront inviolablement, sans aucune fraude ni invention
« artificieuse, tout ce qui est écrit ci-dessus. Accord fait le
« quatrième jour des calendes de décembre de la vingt-sixième
« année du règne du seigneur roi Guntchramn et la dou-
« zième du seigneur Childebert (1). »

Ces conventions donc ayant été lues, le roi dit : « Que je
« sois frappé du jugement de Dieu, si j'ai transgressé quelque
« chose de tout ce qui est contenu là ; » et se tournant vers
Félix, qui était venu en mission avec nous, il dit : « Con-
« viens, ô Félix, que tu as noué de parfaites amitiés entre ma
« sœur Brunichilde et l'ennemie de Dieu et des hommes,
« Frédégunde. » Comme Félix le niait, je dis : « Que le roi
« n'en doute pas ; les amitiés qui se gardent entre elles sont
« celles qui ont été nouées il y a de longues années ; tiens
« pour certain que la haine qu'elles se sont vouée jadis bouil-
« lonne encore au lieu de s'atténuer ? Plût au ciel, ô roi très-
« glorieux, que tu eusses moins de bienveillance pour Fré-
« degunde ! car nous avons eu souvent la preuve que tu re-
« çois ses députations plus dignement que les nôtres. — Sache,
« reprit-il, prêtre de Dieu, que je reçois ses députations,

---

(1) Le 28 novembre 587.

« de manière à ne point manquer à la bienveillance envers
« mon neveu le roi Childebert ; car je ne peux pas lier d'ami-
« tiés en un endroit d'où sortirent souvent des gens pour
« m'ôter la vie de ce monde. » Comme il disait cela, Félix
« reprit : « Je pense que Votre Gloire a été informée que Ri-
« chared a envoyé à votre neveu une ambassade pour lui de-
« mander en mariage votre nièce Chlodosuinde, la fille de
« votre frère ; mais Childebert n'a rien voulu promettre sans
« avoir eu votre avis. — Il n'est pas très-bon, dit le roi, que
« ma nièce aille là où sa sœur a été tuée ; et je ne puis non
« plus raisonnablement approuver que la mort de ma nièce
« Ingunde demeure sans vengeance. — Félix répondit : Ils
« désirent vivement se justifier de cela soit par serment ou
« par tous autres moyens que vous indiquerez ; consentez seu-
« lement à ce que Chlodosuinde soit fiancée à Richared, ainsi
« qu'il le demande. — Le roi dit : Si mon neveu remplit toutes
« les clauses qu'il a fait insérer au traité, je ferai là-dessus,
« moi aussi, suivant sa volonté. » Nous promîmes qu'il les
« remplirait toutes, et Félix ajouta : « Il supplie aussi votre
« bonté de lui prêter secours contre les Langobards, afin que,
« les chassant d'Italie, il puisse recouvrer ce que son père
« y possédait de son vivant, et que le surplus soit, par son
« assistance et la vôtre, rendu à l'autorité de l'empereur. »
Le roi répondit : « Je ne puis envoyer mon armée en Italie
« pour livrer certainement les miens à la mort ; car une vio-
« lente contagion ravage en ce moment l'Italie. » Je dis alors :
« Vous avez engagé votre neveu à réunir ensemble tous les
« évêques de son royaume, parce qu'il y a beaucoup de choses
« qui demandent à être examinées ; mais votre très-glorieux
« neveu désirait que, suivant le vœu des canons, chacun des
« métropolitains assemblât près de lui ses suffragants, et corri-
« geât, par l'autorité sacerdotale, les désordres qui se com-
« mettaient dans son propre pays. Quel motif existe-t-il, en
« effet, pour qu'une si grande multitude se réunisse. Aucun
« danger n'ébranle la foi de l'église ; il ne s'élève point d'hé-

« résie nouvelle ; quelle sera donc la nécessité de rassembler
« tant de prêtres du Seigneur ? — Il faut examiner, reprit-il,
« beaucoup de choses injustes qu'on a faites, et des incestes,
« et de ces choses qui sont en discussion entre nous. Mais il
« y a principalement cette affaire la plus grave de toutes,
« l'affaire même de Dieu, consistant à ce que vous recher-
« chiez pourquoi l'évêque Prétextatus est tombé sous le glaive
« dans son église. On doit aussi discuter l'accusation de
« luxure portée contre quelques-uns, afin que s'ils sont con-
« vaincus, ils subissent la correction sacerdotale, ou que
« s'ils sont trouvés innocents, l'erreur qui leur imputait
« un crime soit publiquement effacée. » Il ordonna alors
que le synode fût ajourné aux calendes du quatrième
mois (1), et après cette conversation nous nous rendîmes à
l'église, car c'était le jour de la fête de la Résurrection du Seigneur (2). Les messes dites, il nous donna un banquet non
moins chargé de mets que riche de gaieté. Le roi ne cessa de
parler de Dieu, de construction d'églises, d'assistance à donner
aux pauvres. Il riait de temps en temps en se délectant à
quelque jeu d'esprit, et il ajoutait aussi des paroles faites pour
nous combler de joie ; il disait en effet de ces choses : « Fasse
« le ciel que mon neveu garde ses promesses ! car tout ce que
« j'ai est à lui. Toutefois, s'il est blessé de ce que je reçois les
« envoyés de mon neveu Chlothaire, pense-t-il donc que je sois
« si privé de sens que je ne puisse user de tempéraments entre
« eux pour empêcher leur dissension de grandir ? Je sais, en
« effet, qu'il vaut mieux couper court à cela que de le laisser
« traîner en longueur. Je donnerai à Chlothaire, si je le re-
« connais pour mon neveu, deux ou trois cités dans quelque
« partie de mon royaume, afin qu'il n'ait pas l'air d'en être
« déshérité, et que ce que je laisserai à celui-ci ne suscite au-

---

(1) Au 1ᵉʳ juin 588. — On ne trouve aucune autre mention de ce concile et il est permis de douter qu'il ait jamais été tenu. (Ruin.)
(2) Probablement le dimanche. Voy. p. 155, n. 1.

« cune inquiétude à l'autre. » Après avoir dit ces paroles et d'autres semblables, il nous congédia en nous faisant la faveur d'aimables caresses, en nous chargeant de présents et en nous recommandant d'inspirer toujours au roi Childebert des résolutions profitables à ses intérêts.

XXI. Ce roi, comme nous l'avons dit souvent, était magnifique en aumônes, assidu aux veilles et aux jeûnes. On disait alors que Marseille était cruellement dévastée par une peste inguinaire (1), et que cette maladie s'était rapidement propagée jusqu'à un bourg du pays de Lyon nommé Octave. Le roi, prenant soin alors, comme l'aurait pu faire un bon évêque, d'appliquer des remèdes propres à guérir les plaies d'un peuple de pécheurs, ordonna que tout le monde se rendît à l'église, et que les Rogations fussent célébrées avec la dévotion la plus grande ; qu'on ne prît pour toute nourriture que du pain d'orge avec de l'eau pure, et que tous assistassent régulièrement aux vigiles; ce qui alors en effet fut ainsi exécuté. Pendant trois jours, après avoir répandu ses aumônes plus largement encore que de coutume, il se montra craignant tellement pour tout son peuple, qu'on l'eût pris non-seulement pour un roi, mais encore pour un prêtre de Dieu, qui plaçait toute son espérance dans la miséricorde du Seigneur, et qui portait toutes ses pensées vers celui dont il attendait, avec une foi entière, qu'elles fussent amenées à leur effet. Un fait célèbre alors que les fidèles racontaient, c'est qu'une femme, dont le fils était atteint d'une fièvre quarte et souffrait étendu dans son lit, s'avança parmi la foule du peuple jusque derrière le roi, prit en cachette de la frange de son vêtement, la mit dans de l'eau qu'elle fit boire à son fils, et qu'aussitôt la fièvre s'étant apaisée, celui-ci fut guéri ; ce dont je ne fais aucun doute, car j'ai souvent moi-même entendu des démons invo-

---

(1) C'est-à-dire ayant son siége dans l'aine.

quer son nom lorsque la fureur les agitait, et avouer leurs propres crimes, que sa vertu avait discernés (1).

XXII. La ville de Marseille souffrant cruellement de la contagion, comme nous venons de le dire, nous croyons convenable de reprendre de plus loin le récit de ce qu'elle eut à supporter. A cette époque, l'évêque Théodorus s'en était allé vers le roi pour faire quelque plainte contre le patrice Nicétius; mais le roi Childebert ayant complétement refusé de l'entendre sur ce sujet, il se disposa à revenir chez lui. Pendant ce temps-là un vaisseau parti d'Espagne avec de la marchandise avait abordé au port de Marseille, portant frauduleusement avec lui le germe de cette maladie; et comme un grand nombre de citoyens y achetèrent divers objets, une maison dans laquelle il y avait huit personnes, perdit aussitôt tous ses habitants et demeura vide. Le feu de la maladie ne se communiqua pas de suite à toutes les habitations, mais s'arrêta un certain espace de temps; puis, comme la flamme allumée dans la moisson, l'incendie morbide embrasa toute la ville. L'évêque cependant arriva dans la ville et se tint renfermé dans les murs de la basilique de Saint-Victor, avec le petit nombre de ceux qui étaient restés auprès de lui; et là, pendant le ravage de la ville, il se livrait aux oraisons et aux veilles, appelant la miséricorde du Seigneur pour que la mort s'arrêtât enfin et que le peuple eût la permission de reposer paisiblement. Ce fléau cessa pendant deux mois, et déjà le peuple rassuré rentrait dans la ville, lorsque la maladie reprenant encore, ceux qui étaient revenus périrent. Bien des fois encore, dans la suite, Marseille fut affligée de ce même désastre.

XXIII. Comme Agéricus, évêque de Verdun, était fort malade par suite de son amère et longue douleur de ce que

---

(1) La sainteté de ce roi et ses miracles étaient généralement admis de son temps. Voyez Paul Diacre, *Hist. des Lombards*, liv. IV, ch. XXXV; voyez aussi Aimoin, liv. III. (Guadet et Tar.)

Guntchramn-Boson, dont il s'était rendu garant, avait été tué; de même qu'il éprouvait aussi un chagrin secret de ce que Berthfried avait été mis à mort dans l'oratoire de la maison épiscopale; enfin comme il pleurait chaque jour sur les fils de Guntchramn, qu'il gardait avec lui, et leur disait : « C'est en « haine de moi qu'on vous a faits orphelins »; échauffé, disons-nous, par toutes ces choses, accablé d'un regret amer et surtout consumé par un jeûne rigoureux, il mourut et fut déposé au tombeau (1). Buciovald, l'un de ses clercs, s'agita pour avoir l'évêché, mais ne put rien obtenir. L'autorité royale, d'accord avec le choix des citoyens, décréta que le référendaire Charimer serait fait évêque de préférence à l'abbé Buciovald. On disait en effet que celui-ci était un orgueilleux, et de certains le surnommaient *Buccus Validus* (Fort Parleur). Licérius, évêque d'Arles, mourut aussi, et l'on mit à sa place Virgilius, abbé à Autun (2), appuyé par l'évêque (3) Syagrius.

XXIV. Deuthérius, évêque de Vence, mourut aussi. A sa place fut nommé Fronimius. Ce Fronimius avait habité la ville de Bourges; mais par une raison que j'ignore, il s'en alla en Septimanie et après la mort du roi Athanagild, il fut accueilli magnifiquement par Leuva, son successeur, puis sacré évêque de la ville d'Agde. Mais après la mort de Leuva, son successeur Leuvichild s'étant abandonné aux voies perfides d'une coupable hérésie, et ayant appris que lorsqu'Ingunde, la fille du roi Sigibert, de laquelle nous avons ci-dessus parlé (4), fut conduite en Espagne pour y être mariée, cet évêque lui avait donné

---

(1) A Verdun dans un oratoire qu'il avait élevé à saint Martin et qui depuis, appelé *Saint-Airy*, du nom de son fondateur, subsistait encore au dix-huitième siècle. Voy. aussi Fortunat, III, xxvii et xxviii. (Ruin.)
(2) Virgilius, suivant quelques-uns, ne succéda pas immédiatement à Licérius, mais à Paschasius, qui ne siégea que très-peu de temps. (Ruin.)
(3) Evêque d'Autun.
(4) Liv. V, chap. xxxix, etc.

le conseil de ne jamais se laisser infecter du venin de l'hérésie, à cause de cela il lui devint nuisible en tout et l'entoura de filets dangereux jusqu'à ce qu'il parvint à le chasser de son évêché. Enfin, comme il ne pouvait le faire tomber dans ses piéges, il envoya quelqu'un pour en avoir raison par l'épée. L'évêque, averti par des intermédiaires, quitta la ville d'Agde, arriva dans les Gaules, et après y avoir été accueilli et comblé de présents par un grand nombre d'évêques, il passa au roi Childebert. Ce fut ainsi que, la place étant vide, il prit par la générosité du roi, neuf ans après avoir été chassé de son premier siége, l'autorité pontificale dans la susdite ville de Vence (1).

La même année, les Bretons exercèrent de grands pillages sur le territoire de Nantes et de Rennes; ils vendangèrent les vignes, dévastèrent les cultures et emmenèrent captif le peuple des campagnes, au mépris de toutes leurs promesses ; et non-seulement ils ne gardèrent pas leurs promesses, mais ils enlevèrent même des choses appartenant à nos rois.

XXV. Le roi Childebert avait promis, à la demande des Langobards, dont il avait reçu les présents, que sa sœur épouserait leur roi (2); mais des envoyés des Goths étant survenus, il la leur promit aussi lorsqu'il eut appris que cette nation s'était convertie à la foi catholique, et il envoya une ambassade à l'empereur, pour lui dire que ce qu'il n'avait pas fait jusque-là (3), il allait le faire en portant la guerre chez la nation des Langobards, et en se concertant avec lui pour les chasser d'I-

---

(1) La Provence avait alors été cédée, comme on sait, aux rois francs par les Ostrogoths. (Guad. et Tar.)

(2) Autharis, que Grégoire de Tours, liv. X, chap. III, nomme *Aptacharius*. Il s'agit ici de Clodosuinde. (Ruin.)

(3) Voyez ce qu'a dit Grégoire, liv. VI, chap. XLII. Il revient encore sur cette ambassade, liv. X, chap. II et suiv. Voyez aussi ce qu'en dit Paul Diacre dans son *Histoire des Lombards*, liv. III, chap. XXX. (Ruin.)

talie. En même temps, il envoya son armée s'emparer du pays. Les ducs s'y rendirent avec l'armée et des deux côtés l'on en vint aux mains ; mais les nôtres furent complétement battus ; beaucoup furent tués, quelques-uns pris, la plupart échappant par la fuite ne rentra qu'à grand'peine dans sa patrie ; si grand carnage fut fait de l'armée des Francs, qu'on ne se rappelle pas qu'il y en ait jamais eu de pareil.

XXVI. La quatorzième année du règne de Childebert (1) sortit de ce monde la reine Ingoberge, veuve de Charibert, femme d'une grande prudence, jouissant des bienfaits de la vie religieuse, et qui n'était paresseuse ni aux veilles, ni aux prières, ni aux aumônes. Avertie, je crois, par la Providence divine, elle m'envoya des messagers me demander pour les actes de dernière volonté qu'elle songeait à faire, c'est-à-dire pour le salut de son âme, de lui servir d'aide en venant la trouver ; et après s'en être consultée avec moi, elle devait mettre en écrit ce qu'elle avait déterminé de faire. J'y allai, je dois le dire, et je trouvai une personne craignant Dieu, qui m'ayant reçu avec bonté, appela un notaire, et ayant, comme je l'ai dit, pris conseil avec moi, elle légua certaines choses à l'église de Tours et à la basilique de Saint-Martin, et d'autres à l'église du Mans. Peu de mois après, épuisée par une maladie qui l'avait prise subitement, elle quitta ce monde dans la soixante-dixième année de son âge, à ce que je crois. Elle donna la liberté à beaucoup de personnes par chartes d'affranchissement, et laissa une fille unique qu'épousa le fils d'un roi du pays de Kent (2).

XXVII. Le duc Amalon devint amoureux tout à coup d'une jeune fille de condition libre pendant qu'il avait envoyé sa femme dans un domaine autre que celui où il résidait, pour

---

(1) L'an 589.
(2) Éthelbert. Voyez ci-dessus liv. IV, chap. XXVI.

y soigner ses affaires. La nuit venue, comme il était pris de vin, il envoya des serviteurs pour enlever la jeune fille et l'amener dans son lit. Comme elle résistait et qu'on la conduisait de force dans la maison, elle fut accablée de soufflets et le sang coulait à flots de ses narines ; le lit même du duc fut inondé de ce ruisseau de sang. Lui aussi, après l'avoir frappée avec les poings, avec les mains et d'autres manières encore, il la prit dans ses bras, puis aussitôt s'endormit accablé par le sommeil. Mais elle, étendant la main par-dessus la tête de l'homme, rencontra un glaive qu'elle dégaîna et en asséna un coup vigoureux sur la tête du duc, comme Judith sur celle d'Holopherne. Aux cris qu'il poussa, ses domestiques accoururent, et comme ils voulaient tuer la jeune fille, il s'écria : « Ne faites pas cela, je vous prie ; car c'est moi qui ai péché, « qui ai voulu faire violence à sa pudeur. Qu'elle ne périsse « point celle qui n'a cherché qu'à conserver sa chasteté. » En disant ces paroles, il rendit l'esprit ; et, pendant que sa famille réunie se lamentait sur lui, la jeune fille, sauvée par l'assistance de Dieu, sortit de la maison et se rendit pendant la nuit dans la ville de Chalon, située à près de trente-cinq milles de là (1). Elle entra dans la basilique de Saint-Marcel, se jeta aux pieds du roi et lui raconta tout ce qu'elle avait souffert. Le roi plein de miséricorde, non-seulement lui accorda la vie, mais fit rédiger un ordre par lequel il la plaçait sous la garantie de sa parole, de façon à ce qu'elle ne fût jamais inquiétée en rien par aucun des parents du défunt. Toutefois nous avons su que, par la grâce de Dieu, la chasteté de la jeune fille n'avait nullement été violée par son féroce ravisseur.

XXVIII. La reine Brunichilde fit fabriquer un bouclier d'or et de pierres précieuses d'une grandeur extraordinaire, et l'envoya en Espagne pour le roi, avec deux patères de bois,

(1) Quinze milles seulement d'après deux manuscrits, ce qui paraît une leçon plus probable. (Guizot et Guad.)

vulgairement appelées bassins, ornées également d'or et de pierreries, et elle fit partir pour l'Espagne Ébrégisil, qui avait été plusieurs fois en ambassade dans ce pays. Celui-ci était en route lorsqu'on vint annoncer au roi Guntchramn, sur le dire de quelqu'un, que la reine Brunichilde envoyait des présents aux fils de Gundovald (1). A cette nouvelle, le roi ordonna qu'on fît une garde sévère sur les routes de son royaume, en sorte que personne ne put passer sans être examiné. On cherchait jusque dans les habits, dans la chaussure ou dans les autres effets des gens, s'ils portaient des lettres cachées. Ébrégisil arrivant à Paris avec les présents de la reine, fut arrêté par le duc Ébrachaire et conduit à Guntchramn. Le roi lui dit : « Il ne te suffit donc pas, malheureux, d'avoir par un « infâme projet invité au mariage ce Ballomer, appelé par « vous Gundovald, que ma main a dompté et qui voulait ré- « duire mon royaume sous sa puissance ; et maintenant vous « envoyez des présents à ses fils pour les provoquer à venir de « nouveau dans les Gaules m'égorger? Tu n'iras donc point « où tu voulais, mais tu mourras de mort violente, parce que « ton ambassade est funeste à notre race. » Celui-ci se mit à nier et à dire qu'il n'avait rien de commun avec de telles paroles et que les présents étaient destinés à Richared, qui devait épouser Clodosuinde, sœur du roi Childebert. Le roi crut à ses explications et le relâcha. Il poursuivit son chemin, avec les présents, vers le lieu où il était envoyé.

XXIX. Le roi Childebert, sur l'invitation de Sigibert évêque de Mouzon (2), se décida à célébrer les fêtes de Pâque dans cette

(1) Voy. VII, XXXII-XXXVIII.
(2) *Momociacense oppidum*; Grégoire cite encore (*Gl. des Conf.* ch. LIII) un Thaumastus évêque *Momociacensis urbis*. Mouzon, ville située sur la Meuse, est nommée dans les textes anciens du moyen-âge *Mosomum*, *Mosomagus* et les soldats de sa garnison *Musmagenses* dans la *Notitia imp. Rom.*; on a cru voir là une analogie suffisante pour placer à Mouzon la *Momociacense opp.* de Grégoire. Mais on n'a aucun indice que cette ville ait jamais été le siège d'un évêché. D'autres ont préféré croire à une

12.

ville. Théodobert, son fils aîné, souffrit beaucoup à cette époque
d'une tumeur à la gorge, mais il se rétablit. Dans le même
temps, le roi Childebert lève son armée, et se dispose à partir
avec elle pour aller en Italie combattre la nation des Langobards;
mais les Langobards, l'ayant appris, lui envoient des députés
avec des présents et ces paroles : « Qu'il y ait amitié entre nous ; et
« ne nous détruisons pas mutuellement ; vivons en paix, et nous
« payerons à ton autorité un tribut déterminé, et partout où
« il sera nécessaire de te porter secours contre tes ennemis nous
« n'hésiterons pas. » En entendant ces paroles, le roi Childebert envoya des messagers au roi Guntchramn pour faire parvenir à ses oreilles ce que ces gens lui offraient. Celui-ci, qui
n'y était pas très-disposé, par indulgence donna le conseil de
conclure la paix. Le roi Childebert commanda donc à l'armée
de s'arrêter, et envoya des députés aux Langobards, afin que
s'ils confirmaient ce qu'ils avaient promis les troupes revinssent dans leurs foyers ; mais il n'en fut rien.

XXX. Le roi Childebert, sur la demande de l'évêque Marovée, donna l'ordre aux rédacteurs du cadastre, c'est-à-dire à
Florentianus, maire de la maison royale, et Romulf (1), comte
du palais, d'aller en Poitou afin de faire payer au peuple, sauf
à tenir compte des changements qui avaient eu lieu, l'impôt
qui s'était payé du temps de son père. En effet, beaucoup de
gens étaient morts, et par suite de cela le poids du tribut tombait sur des veuves, des orphelins et des pauvres. Ce qu'exa-
minant avec un soin méthodique, les rédacteurs déchar-
gèrent les pauvres et les infirmes, et soumirent au tribut
public ceux qui d'après la justice devaient être tributaires ;

erreur des manuscrits, et au lieu de *Momociacense* lire *Moguntiacense*;
mais Grégoire sait très-bien appeler Mayence *Mogontia*, quand il la cite;
l'erreur est donc peu vraisemblable. D'ailleurs Sigebert et Thaumaste
sont des noms complètement inconnus sur ce qu'on a de liste d'évèques
de la Gaule de la fin du sixième siècle. Ce passage reste un problème.
(1) Voy. *Miracles de saint Martin*, IV, 6, et Fortunat, liv. X.

puis ils vinrent à Tours. Mais lorsqu'ils voulurent infliger aux peuples les devoirs de l'impôt, en disant qu'ils avaient entre les mains le registre constatant comment ils avaient payé du temps des précédents rois, nous, prenant la parole nous répondîmes : « Que la cité de Tours ait été cadastrée du temps
« du roi Chlothachaire, cela est évident, et ces registres ont
« été portés en la présence du roi ; mais le roi ayant été tou-
« ché de la crainte de l'évêque saint Martin, ils furent brûlés.
« Après la mort du roi Chlothachaire, ce peuple prêta serment
« au roi Charibert, et lui de même promit avec serment qu'il
« n'imposerait au peuple ni lois ni coutumes nouvelles, mais
« que l'état où l'on avait vécu sous la domination de son père
« serait celui dans lequel il les maintiendrait ; et il affirma
« qu'il ne les changerait par aucune nouvelle ordonnance qui
« tendît à les dépouiller. Toutefois Gaison, qui était comte
« alors, ayant pris le capitulaire dressé, comme nous l'avons
« dit, par les anciens officiers de recensement, se mit à exiger
« le tribut ; mais l'évêque Euphronius s'y étant opposé, il se
« rendit près du roi avec le fruit de son injuste exaction, et
« lui montra le capitulaire où les tributs étaient inscrits. Le
« roi gémit, et redoutant la puissance de saint Martin, jeta
« le livre au feu, et renvoya à la basilique de Saint-Martin les
« sous d'or perçus, en protestant qu'aucun des habitants de
« Tours ne serait soumis à un tribut quelconque. Après la
« mort de Charibert, le roi Sigibert posséda cette ville et ne
« lui imposa le poids d'aucun tribut. Maintenant voilà la qua-
« torzième année que règne Childebert depuis la mort de son
« père et il n'a rien exigé, et la ville n'a gémi sous le poids d'au-
« cun impôt. Maintenant il est en votre pouvoir de faire le re-
« censement ou non ; mais prenez garde de faire quelque mal-
« heur si vous vous proposez d'aller contre le serment du roi. »
Comme je parlais ainsi, ils dirent : « Voici le livre, nous l'avons
« entre les mains, où le tribut est mis sur ce peuple. » Et moi je dis : « Ce livre ne vient pas du trésor du roi, et n'a jamais
« fait autorité depuis nombre d'années. Il n'est pas étonnant

« que par suite d'inimitiés entre concitoyens il ait été con-
« servé dans quelque maison particulière. Mais Dieu jugera
« ceux qui, après un si long intervalle de temps, l'ont remis
« au jour pour dépouiller nos citoyens. » Pendant que ces
choses se débattaient, Audinus, qui avait produit le livre,
perdit son fils, fut saisi de la fièvre le jour même et il expira
trois jours après. Nous adressâmes ensuite des messagers au
roi pour lui demander de transmettre ses ordres sur ce qu'il
voulait qu'on fît dans cette affaire. Aussitôt l'on nous envoya
une lettre avec un ordre pour que, par respect pour saint
Martin, le peuple de Tours ne fût pas recensé. Après avoir lu
ces pièces, les gens qui avaient été chargés de ce travail s'en
retournèrent dans leur pays.

XXXI. Le roi Guntchramn fit marcher son armée contre la
Septimanie. Le duc Austrovald s'était déjà rendu à Carcassonne; il y avait reçu les serments et avait soumis les
peuples à l'autorité royale. Le roi désigna Boson avec Antestius pour soumettre les autres cités. Boson s'avance orgueil-
leusement, traitant avec mépris le duc Austrovald, et le blâ-
mant d'avoir osé entrer sans lui dans Carcassonne. Il s'y porta
lui-même avec les gens de Saintes, de Périgueux, de Bordeaux,
et aussi ceux d'Agen et de Toulouse. Pendant qu'il étalait ainsi
sa jactance, les Goths, avertis de sa marche, se mirent à préparer des embuscades. Pour lui, il place son camp sur une petite rivière voisine de la ville, se livre à des festins, s'abandonne à l'ivrognerie tout en comblant les Goths d'injures et
d'imprécations. Ceux-ci se précipitent à l'improviste sur les
Francs qu'ils trouvent mangeants et ne se tenant pas sur leurs
gardes, mais qui alors poussent des cris, et se présentent
contre les assaillants. Les Goths résistent faiblement ; ils fei-
gnent de fuir ; mais pendant que les autres les poursuivent,
ceux des leurs qu'ils avaient mis en embuscade se lèvent, et
les enveloppant de toutes parts ils les exterminent. Ceux qui
purent échapper eurent à peine le temps, en montant à cheval, de

se dérober par la fuite, et ils abandonnèrent tout leur bagage au milieu du camp, sans rien emporter même de ce qui leur appartenait en propre, mais s'estimant fort heureux s'ils pouvaient seulement sauver leur vie. Les Goths qui les poursuivaient ramassent et pillent tous leurs effets, et ils emmènent captifs tous les piétons. Il périt là environ cinq mille hommes ; plus de deux mille s'en allèrent en servitude ; beaucoup d'entre eux cependant furent relâchés et revinrent dans leur patrie (1).

XXXII. Le roi irrité fit fermer les chemins qui traversaient son royaume, afin que personne du royaume de Childebert ne pût avoir passage sur son territoire, et il disait : « C'est par suite de sa méchanceté que mon armée a été dé« truite, car il a fait alliance avec le roi d'Espagne ; et si les « villes ne se soumettent pas à ma domination, c'est son am« bassade qui en est cause. » A cette première cause d'amertume s'ajoutait le feu d'une autre douleur, parce que le roi Childebert songeait à envoyer à Soissons son fils aîné nommé Théodobert, chose qui donnait du soupçon au roi Guntchramn, car il disait : « Mon neveu envoie son fils à Soissons pour le « faire entrer dans Paris, parce qu'il veut m'enlever mon « royaume. » C'est une chose qui n'avait jamais pu entrer dans la pensée, si l'on peut ainsi parler, de Childebert. Il lançait aussi une foule d'outrages contre la reine Brunichilde, disant que son fils n'agissait ainsi que par conseil d'elle, et ajoutant de plus qu'elle avait autrefois sollicité le fils de Gundovald à s'unir avec elle en mariage. C'est pourquoi il fit convoquer un synode d'évêques pour les calendes de novembre. Un grand nombre de ceux-ci qui venaient des extrémités de la Gaule pour assister à cette assemblée, durent rebrousser chemin, parce que la reine Brunichilde se purgea de cette accu-

(1) Isidore assure qu'il y eut soixante mille hommes du côté des Francs à cette bataille ; il ajoute que jamais les Goths ne remportèrent une victoire plus complète. L'armée de Reccared était commandée par Claudius duc de Lusitanie. (Ruin.)

sation par des serments. Les routes furent donc ouvertes de nouveau, et le roi livra passage à ceux qui voulaient se rendre auprès du roi Childebert.

XXXIII. Dans ces temps-là, Ingeltrude, qui avait établi un monastère dans la cour de Saint-Martin (1), alla trouver le roi pour accuser sa fille. Dans le même monastère résidait Bertheflède, fille du feu roi Charibert ; mais celle-ci après le départ de l'autre, entra dans le monastère du Mans. Elle était adonnée à la gourmandise et au sommeil et n'avait aucun souci du service de Dieu. Mais je crois devoir reprendre de plus haut l'affaire d'Ingeltrude et de sa fille. Donc, il y a quelques années, Ingeltrude ayant, comme nous l'avons dit, commencé à former un monastère de filles dans la cour de Saint-Martin, elle envoya à sa fille des recommandations dans lesquelles elle lui disait : « Quitte ton mari, et viens que je te fasse ab-
« besse de ce troupeau que j'ai rassemblé. » Celle-ci, écoutant ce conseil de l'imprudence, vint avec son mari à Tours, et étant entrée dans le monastère de sa mère, elle disait à son mari :
« Retire-toi d'ici, et prends soin de nos biens et de nos en-
« fants ; car je ne m'en retournerai pas avec toi, parce que
« celui qui vit dans le mariage ne verra pas le royaume de
« Dieu. » Le mari vint me trouver, et me rapporta tout ce qui lui avait été dit par sa femme. Je me rendis alors au monastère, et j'y donnai lecture des canons du concile de Nicée, où se trouvent ces mots : « Que si une femme abandonne son
« mari, et méprise la couche dans laquelle elle aura vécu avec
« honneur, en alléguant qu'il n'y a pas de part dans la gloire
« du royaume céleste pour celui qui vit dans le mariage, ana-
« thème sur elle (2). » Berthegunde, entendant cela et crai-

---

(1) Ce monastère subsista longtemps dans l'intérieur des murs de Saint-Martin, sous le nom de Sainte-Marie-d'Escrignole (*de scriniolo*), et fut, vers le commencement du onzième siècle, transféré près de là sur une colline. (Ruin.) Voyez sur Ingetrude V, xxi et VII, xxxvi.

(2) Cette décision ne se trouve point parmi celles du concile de Nicée ;

gnant d'être privée de la communion par les prêtres du Seigneur, sortit du monastère et retourna avec son mari. Trois ou quatre ans s'étant écoulés, sa mère lui réitera ses avis en la priant de venir la trouver. La fille alors chargea sur des navires tant ses propres effets que ceux de son mari, et prenant avec elle un de ses fils pendant que son mari était absent, elle vint aborder à Tours. Mais sa mère, ne pouvant la garder, à cause de la fermeté du mari, et craignant qu'il n'échappât à une chicane judiciaire qu'elle avait artificieusement forgée contre lui, elle l'envoya à son fils Bertchramn, frère de Berthegunde, évêque de Bordeaux. Elle disait en effet au mari qui poursuivait sa femme : « Comme tu l'as prise en mariage « sans l'avis de ses parents, elle ne sera point ton épouse. » Or, il y avait déjà près de trente ans qu'ils étaient mariés. Le mari se rendit plusieurs fois à Bordeaux, mais l'évêque refusa de la lui rendre. Lorsque le roi Guntchramn vint dans la ville d'Orléans, comme nous l'avons dit dans le livre qui précède (1), là cet homme se mit à attaquer vivement l'évêque par ses discours, en lui disant : « Tu as enlevé ma femme et ses esclaves ; « et, ce qui ne convient point à un évêque, vous vous êtes « livrés aux hontes de l'adultère, toi avec mes servantes, elle « avec tes serviteurs. » Alors le roi, transporté de colère, força l'évêque à promettre qu'il la rendrait à son mari et dit : « Elle est ma parente ; si elle a commis quelque chose « de mal dans la maison de son mari, c'est moi qui en tire-« rai vengeance ; s'il n'en est rien, pourquoi réduire un mari « à toute sorte de honte et lui enlever sa femme ? » L'évêque Bertchramn fit des promesses et dit : « Ma sœur, je l'avoue, « est venue me trouver après l'intervalle d'un grand nombre « d'années, et je l'ai gardée près de moi suivant son désir « et par amitié, autant qu'elle a voulu. Maintenant elle est « partie ; qu'il la cherche donc et l'emmène où il voudra, je

mais quelque chose de semblable existe à la fin des articles du synode de Gangra. (Giesebr.)

(1) Liv. VIII, chap. I et II.

« n'y mettrai point obstacle. » Mais, tout en parlant ainsi, il envoya secrètement à sa sœur des messagers pour lui dire de prendre l'habit religieux, de faire pénitence et de se retirer dans la basilique de Saint-Martin, ce qu'elle fit sans retard. Son mari vint, suivi d'une troupe nombreuse, pour la faire sortir de ce saint lieu : elle était en habit de religieuse, elle assurait s'être vouée à la pénitence, et elle refusa de suivre son époux. Cependant l'évêque Bertchramn étant mort dans la ville de Bordeaux, elle rentra en elle-même et dit : « Malheur à « moi d'avoir écouté le conseil d'une mère injuste ! Voilà que « mon frère est mort, que je suis délaissée de mon mari, séparée « de mes fils : et où irai-je malheureuse! ou que ferai-je ? » Alors après avoir pris conseil elle se rendit à Poitiers ; sa mère voulait la retenir avec elle, mais ne put absolument pas y parvenir. De là naquit une animosité qui se montre quand elles vont, comme il arrive souvent, trouver le roi, et qu'elles s'efforcent de garder les biens, celle-ci du père, celle-là du mari. Berthegunde produisit une donation de son frère Bertchramn et dit : « Mon frère m'a conféré tels et tels biens. » Mais sa mère, n'admettant pas la donation et voulant s'emparer de tout, envoya quelqu'un briser les portes de sa maison et enlever tous les effets de la fille en même temps que ce qui était compris dans la donation ; fait sur lequel elle se condamna elle-même lorsque plus tard elle fut forcée de rendre à sa fille, qui les réclamait, une partie de ces effets. Et comme je fus souvent chargé, avec notre frère l'évêque Marovée, par lettres royales, d'avoir à les pacifier, Berthegunde étant venue à Tours et ayant comparu en jugement, nous l'obligeâmes, autant qu'il nous fut possible, à écouter la raison. Quant à sa mère, rien ne put la faire céder ; enflammée de colère, elle se rendit près du roi pour déshériter sa fille des biens de son père ; et ayant exposé sa cause devant le roi, et en l'absence de Berthegunde, il fut jugé qu'elle en restituerait le quart (1) à sa fille, et qu'elle garderait les trois autres quarts

(1) Le tiers, d'après deux manuscrits.

en commun avec les petits-enfants qu'elle avait d'un autre fils. On nomma pour exécuter ce partage, conformément au commandement du roi, le prêtre Theuthaire qui, de référendaire du roi Sigibert, était depuis peu entré dans une vie différente et avait reçu les honneurs de la prêtrise ; mais sur l'opposition de la fille, le partage ne se fit pas et la querelle ne se termina point (1).

XXXIV. Rigunthe, fille de Chilpéric (2), proférait souvent des injures contre sa mère (Frédegunde) ; elle prétendait être la maîtresse et disait de sa mère que le servage la réclamait, et elle l'accablait fréquemment et largement d'outrages ; et de temps en temps elles se frappaient de coups de poing et de soufflets. La mère lui dit enfin : « Pourquoi m'ennuies-tu, ma fille ? « Voilà les biens de ton père que je possède, prends-les et fais-« en ce que tu voudras. » Puis, entrant dans la chambre du trésor, elle ouvrit un coffre rempli de colliers et d'ornements précieux ; et après en avoir pendant très-longtemps retiré divers objets qu'elle remettait à sa fille, elle lui dit : « Me voilà déjà fatiguée : enfonce la main toi-même, et tires « ce que tu trouveras. » Pendant que, le bras enfoncé dans le coffre, celle-ci en tirait les effets, sa mère saisit le couvercle et le lui abattit sur la tête. Comme elle pesait dessus de toute sa force et que le panneau inférieur serrait le cou de sa fille au point que les yeux étaient près de lui sortir de la tête, une des servantes de l'intérieur jeta un grand cri en disant : « Ac-« courez ! je vous prie, accourez ! Voilà ma maîtresse que sa « mère maltraite atrocement. » Ceux qui attendaient devant la porte qu'elles sortissent, se précipitent alors dans la chambre, et entraînent au dehors la jeune fille qu'ils délivrent ainsi d'une mort imminente. A la suite de cela éclatèrent plus violemment encore des querelles qui avaient pour cause prin-

---

(1) Voy. liv. X, chap. XII.
(2) Voy. ci-dessus. VI, XXXIV, XLV, etc.; VII, XXIX.

cipale les adultères auxquels s'abandonnait Rigunthe : c'étaient sans cesse entre elles des disputes et des coups.

XXXV. Béretrude (1), en mourant, institua sa fille pour héritière, laissant diverses choses soit au monastère de religieuses qu'elle avait fondé, soit aux églises ou aux basiliques des saints confesseurs. Mais Waddon, dont nous avons parlé dans un livre précédent (2), se plaignait que ses chevaux lui eussent été enlevés par le gendre de Béretrude. Il résolut d'aller dans une des villas qu'elle avait laissées à sa fille, et qui se trouvait au territoire de Poitiers, en disant : « Il est « venu d'un autre royaume me prendre mes chevaux, et moi « je lui prendrai sa terre. » Il envoie donc des ordres au régisseur (3) afin qu'il préparât pour le moment où il arriverait tout ce qui serait nécessaire à sa dépense. Sur quoi celui-ci rassemble autour de lui les gens de la maison et se prépare à combattre, en disant : « A moins que je ne meure, Waddon « n'entrera pas dans la maison de mon maître. » L'épouse de Waddon, informée des dispositions belliqueuses qui se faisaient contre son mari, lui dit : « N'y vas pas, cher époux ; car si tu « y vas, tu mourras et moi, ainsi que mes fils, je serai mal« heureuse. » Et mettant la main sur lui, elle cherchait à le retenir, pendant que son fils lui disait aussi : « Si tu y vas, « nous mourrons tous deux, et tu laisseras ma mère veuve « et mes frères orphelins. » Mais ne se laissant nullement arrêter par ces paroles et transporté de colère contre son fils, auquel il criait les noms de lâche et de poltron, il lui lança sa hache qui lui aurait fait sauter la cervelle, si celui-ci, se jetant de côté, n'eût esquivé le coup qui devait le frapper. Enfin, montant à cheval ils partirent, et Waddon envoya de

(1) Femme du duc Launebod, avec lequel elle fonda l'église de Saint-Saturnin à Toulouse. Voyez Fortunat, II, 9. (Ruin.)
(2) Voy. VI, xlv et VII, xliii.
(3) *Agenti*.

nouveau l'ordre au régisseur de faire balayer la maison et garnir les bancs de leurs couvertures. Mais celui-ci, faisant peu de cas de son ordre, se tint devant les portes de l'habitation de son maître, entouré, comme nous l'avons dit, d'une troupe d'hommes et de femmes, et attendant l'arrivée de Waddon. Celui-ci arrive, entre aussitôt dans la maison, et dit : « Pourquoi ces bancs ne sont-ils pas garnis d'étoffes et la « maison balayée ? » Et levant son bras armé d'une épée, il en frappa la tête du régisseur, qui tomba et mourut. A cette vue, le fils de cet homme qui venait d'expirer, croisa sa lance et la dirigea contre Waddon ; le coup frappa au milieu du ventre, et le fer de la lance ressortit par le dos. Waddon tomba par terre, et la multitude qu'on avait rassemblée arriva et se mit à l'accabler de pierres. Alors quelques-uns de ceux qui l'avaient accompagné, s'approchant au travers d'une pluie de pierres, le couvrirent d'un manteau, et lorsque la foule se fut apaisée, son fils le plaça en sanglotant sur un cheval, et le ramena encore vivant dans sa maison. Mais il y expira aussitôt, baigné des larmes de sa femme et de ses enfants. Sa vie donc ayant eu cette fin si malheureuse, son fils alla trouver le roi et obtint les biens du père (1).

XXXVI. L'année ci-dessus indiquée (2) de son règne, le roi Childebert demeurait, avec sa femme et sa mère, dans le territoire de la ville qu'on appelle Strasbourg (3). Alors des hommes vaillants, appartenant aux villes de Soissons et de Meaux, vinrent à lui en disant : « Donne-nous un de

(1) *Resque ejus obtinuit ;* c'est-à-dire obtint la permission de conserver les biens que le roi avait concédés à Waddon en bénéfice, par conséquent à titre d'usufruit, et qui à sa mort retournaient au domaine royal. Sur les fils de Waddon, voy. X, xxi.

(2) Probablement au chap. xxvi.

(3) *Strataburgum*, et plus loin (X, xix) *Strateburgum*. C'est dans Grégoire de Tours qu'apparaît pour la première fois le nom moderne de cette grande cité qu'on appelait auparavant *Argentoratum*.

« tes fils, que nous le servions ; afin que possédant avec nous
« un rejeton de ta race, nous résistions plus facilement à tes
« ennemis, et nous veillions à défendre le territoire de ta cité. »
Celui-ci réjoui de cette demande, se disposa à envoyer là son
fils aîné Théodobert. On lui donna des comtes, des domestiques, des maires, des gouverneurs et toutes les personnes nécessaires au service royal ; et le sixième mois de cette année (1),
le roi le fit partir, suivant le désir des hommes qui l'avaient prié
de l'envoyer. Le peuple le reçut avec joie en conjurant la
bonté divine de lui accorder une longue vie ainsi qu'à son père.

XXXVII. La ville de Soissons avait alors pour évêque
Droctigisil, qui, par excès de boisson, à ce qu'on dit, avait
perdu le sens depuis près de quatre ans. Beaucoup d'entre les
citoyens assuraient que c'était l'effet de maléfices dirigés contre
lui par un archidiacre qu'il avait dépouillé de sa dignité, tellement que cette folie le tenait plus fort lorsqu'il était dans les
murs de la ville, et que, s'il sortait de la cité, il se trouvait
mieux. Lorsque le susdit roi (Théodobert) fut arrivé dans cette
ville (2) Droctigisil allait mieux, mais on ne lui permettait pas
d'y entrer parce que le roi s'y trouvait. Il était vorace en fait
de nourriture et buveur de vin au delà de toute mesure, et
beaucoup plus que ne le permet la prudence d'un prêtre ; cependant personne n'a dit de lui qu'il eût commis aucun adultère. Dans la suite, un synode d'évêques ayant été convoqué
dans le village de Soucy (3), on y décida qu'il aurait la faculté de rentrer dans sa ville.

XXXVIII. La reine Faileubu, femme du roi Childebert,
après avoir mis au monde un enfant qui était mort bientôt
après, était encore malade, lorsqu'il parvint à ses oreilles

(1) Août.
(2) Soissons.
(3) Bourg situé près de la rivière d'Aisne, arrondissement de Soissons.

que certaines gens cherchaient à faire quelque chose et contre elle et contre la reine Brunichilde. Dès qu'elle fut remise de son indisposition, elle se rendit en présence du roi, et lui découvrit tant à lui qu'à sa mère ce qu'elle avait entendu. C'étaient des paroles d'après lesquelles Septimina, gouvernante de ses enfants, cherchait à persuader au roi de renvoyer sa mère, de répudier sa femme, de prendre une autre épouse, et qu'alors on pourrait faire de lui tout ce qu'on voudrait ou tout obtenir par des prières. Que si le roi refusait d'acquiescer à ce qu'elle voudrait lui persuader, on le ferait mourir par des maléfices, puis on élèverait ses fils au pouvoir, après en avoir écarté leur mère et leur grand'mère, et sous leur nom l'on gouvernerait le royaume. Elle désigne comme complices de ce projet Sunnegisil, comte de l'étable, le référendaire Gallomagnus et Droctulf, qui avait été donné pour aide à Septimina dans l'éducation des enfants du roi. Ces deux-là sont arrêtés : Septimina et Droctulf. Sur-le-champ, ils sont étendus entre des poteaux et durement battus. Septimina avoue qu'elle a fait périr par des maléfices son mari Jovius, par amour pour Droctulf, et qu'elle vit criminellement avec celui-ci. Ils avouent également une partie de ce que nous avons rapporté plus haut et indiquent comme leurs complices les hommes que nous avons nommés. On se met aussitôt à leur recherche, mais effrayés par leur conscience, ils courent chercher asile dans l'enceinte des églises. Le roi se rendit lui-même vers eux, et dit : « Sortez pour qu'on vous juge, afin que nous sachions si les « choses dont on vous accuse sont vraies ou fausses. Vous « ne vous seriez pas, je pense, enfuis dans cette église, si « votre conscience ne vous eût effrayés. Cependant nous vous « promettons la vie quand même vous seriez trouvés cou« pables; car nous sommes chrétiens, et il n'est pas permis « de punir même les criminels qu'on a tirés de l'église. » Conduits au dehors, ils vinrent devant le roi pour être jugés, et étant interrogés ils répondirent en disant : « Septimina jointe « à Droctulf nous a fait l'ouverture de ce dessein, mais

« nous y refusant avec exécration, n'avons jamais voulu
« consentir à ce crime. » Alors le roi : « Si, dit-il, vous n'y
« eussiez prêté aucune connivence, vous l'auriez certainement
« porté à notre connaissance. N'est-il pas certain que vous
« avez donné votre consentement à la chose, puisque vous
« avez cherché à le dérober à notre savoir ? » On les jeta aussitôt dehors, et ils se réfugièrent de nouveau dans l'église.
Pour Septimina, elle fut cruellement battue ainsi que Droctulf ; elle eut le visage mutilé au moyen de fers ardents, on
lui enleva tout ce qu'elle possédait, et on l'envoya dans le domaine de Marlheim (1) tourner la meule pour préparer chaque
jour les farines nécessaires à la nourriture des femmes qui
habitaient le gynécée. Quant à Droctulf, après lui avoir coupé
les cheveux et les oreilles, on l'envoya cultiver la vigne ; mais
il s'échappa au bout de quelques jours. L'agent du fisc (2) se
mit à sa recherche et le ramena au roi ; d'où après avoir été
bien battu il fut envoyé de nouveau à la vigne qu'il avait abandonnée. Sunnegisil et Gallomagnus furent privés des biens
qu'ils tenaient du fisc et envoyés en exil ; cependant des députés parmi lesquels étaient des évêques, vinrent de la part du
roi Guntchramn, et ayant intercédé pour eux, on les rappela de l'exil. On ne leur laissa rien autre chose que ce qui leur
appartenait en propre (3).

XXXIX. Au monastère de Poitiers, le diable s'insinua dans
le cœur de Chrodielde, qui se prétendait fille du feu roi Charibert. Dans une querelle qui s'éleva, elle prit, confiante en ce
qu'elle avait des rois pour parents, le serment des religieuses
à l'effet d'imputer des crimes à l'abbesse Leubovère, de la
faire chasser du monastère, et de se faire mettre elle-même
à sa place comme supérieure ; puis elle sortit du monastère

---

(1) A 16 kilomètres S.-E. de Saverne (Bas-Rhin).
(2) *Actor*.
(3) C'est-à-dire que le roi supprima les bénéfices qu'ils tenaient de lui.

avec quarante filles ou davantage, parmi lesquelles était sa cousine Basine, fille de Chilpéric (1), en disant : « Je vais « trouver les rois mes parents, afin de pouvoir leur faire con- « naître notre humiliation ; car on nous traite en ce lieu non « comme des filles de rois, mais comme des rejetons de mau- « vaises servantes. » Malheureuse étourdie, qui oubliait en quelle humilité se faisait voir la bienheureuse Radegunde, fondatrice de ce monastère ! Après qu'elle en fut sortie, elle vint à Tours, et nous ayant salué, elle dit : « Je te supplie, « saint évêque, de daigner garder et nourrir ces filles, que « l'abbesse de Poitiers a réduites à un grand abaissement, pen- « dant que j'irai vers les rois nos parents, pour leur exposer « ce que nous souffrons, et jusqu'à ce que je sois de retour. » A quoi je répondis : « Si l'abbesse est en faute ou qu'elle « ait outrepassé en quelque chose la règle canonique, nous « irons trouver notre frère l'évêque Marovée, et nous la répri- « manderons de concert ; les choses une fois redressées, rentrez « dans votre monastère, afin que la licence ne disperse pas ce « qu'à force de jeûnes, d'oraisons nombreuses et de fréquentes « aumônes, sainte Radegunde a réuni. » Elle répondit : « Point du tout, nous irons trouver les rois. » Et moi je repris : « Pourquoi résistez-vous à la raison ? par quel motif « n'écoutez-vous pas l'avis d'un évêque ? Je crains que les « évêques réunis de toutes les églises ne vous interdisent la « communion. » C'est, en effet, ce qu'on trouve exprimé dans une lettre que des évêques d'autrefois ont écrite à la bienheureuse Radegunde, lors des commencements de sa congrégation, lettre dont il m'a semblé bon d'insérer copie dans ce livre.

COPIE DE LA LETTRE.

« A la bienheureuse dame Radegunde, en Christ fille de

(1) Et d'Audovère. Elle est citée implicitement aux l. V, ch. XXXIX et VI, ch. XXXIV.

« l'Église, les évêques Eufronius, Prétextatus, Germanus,
« Félix, Domitianus, Victorius et Domnolus (1). La divine
« Providence, dans sa prévoyante sollicitude, veille sans cesse
« sur le genre humain; tous les temps et tous les lieux
« éprouvent continuellement ses bienfaits, puisque le divin
« arbitre de toutes choses disperse en tous lieux, dans les
« champs confiés à la culture de l'Église, des personnes qui,
« s'appliquant avec soin à y faire germer la foi, leur font
« rendre au centuple les fruits du Christ, grâce à la tempéra-
« ture divine qui les réchauffe. Sa bienfaisance se répand tel-
« lement de tous côtés, qu'elle ne refuse jamais ce qu'elle
« sait être utile au plus grand nombre, afin que le saint exem-
« ple de ces personnes produise, au jour du jugement, beau-
« coup d'élus à couronner. Ainsi, lorsqu'au berceau de la re-
« ligion catholique, le germe de la vraie foi se répandit dans
« les Gaules, et lorsque les ineffables mystères de la sainte
« Trinité n'étaient encore connus que d'un petit nombre, la
« divine Providence, dans sa miséricorde, ne voulant pas
« gagner moins ici qu'elle n'obtenait dans le monde entier
« par les prédications des apôtres, daigna envoyer, pour
« éclairer ce pays, le bienheureux Martin, né d'une race
« étrangère. Quoiqu'il n'appartînt pas au temps des apôtres,
« il ne manqua point de la grâce apostolique; car s'il ne vint
« pas des premiers, il fut plus comblé des grâces du Seigneur;
« et celui qui l'emporte en mérites ne perd rien à ne venir
« qu'après les autres. Nous nous félicitons, très-révérente fille,
« de voir revivre en vous, par la faveur divine, les exemples
« de cette dilection d'en haut; car tandis que le monde dé-
« cline par la vieillesse du siècle, la foi, par les efforts de votre
« esprit, est rajeunie dans sa fleur; et ce qui s'était attiédi par
« le froid allanguissant de l'âge se réchauffe enfin par l'ardeur
« de votre âme fervente. Mais comme tu es venue à peu près

(1) Évêques de Tours, de Rouen, de Paris, de Nantes, d'Angers, de
Rennes et du Mans. (Ruin.)

« des mêmes lieux d'où nous savons qu'est venu saint Mar-
« tin (1), il ne faut pas s'étonner si l'on te voit imiter dans
« ses œuvres celui que nous croyons t'avoir guidée dans le
« chemin, de manière à suivre les traces de celui que par un
« heureux choix tu t'es proposé pour modèle. Tu t'associes cet
« homme bienheureux en proportion de ce que tu répugnes
« au commerce du monde. La lumière de sa doctrine rayon-
« nant au dehors, tu remplis tellement d'une clarté céleste le
« cœur de ceux qui t'écoutent, que les jeunes filles, attirées
« de toutes parts, l'âme embrasée des étincelles d'un feu divin,
« brûlent de s'abreuver dans ton sein de l'amour du Christ,
« et quittant leurs parents, abandonnent leur mère pour te
« suivre. C'est là un effet de la grâce, non de la nature. Voyant
« donc les vœux que leur inspire leur affection, nous rendons
« grâce à la miséricorde suprême, qui fait les volontés des
« hommes conformes à sa propre volonté ; et nous avons
« confiance que Dieu veut retenir par ses embrassements
« celles qu'il rassemble près de vous. Et comme nous sommes
« informés que plusieurs sont, par la grâce divine, accou-
« rues, pleines d'ardeur, de nos diocèses, pour embrasser
« les statuts de votre règle; après avoir pris aussi lecture de
« la lettre qui contient votre requête et que nous avons
« reçue avec joie, nous arrêtons, au nom du Christ, notre
« auteur et notre rédempteur, que toutes celles qui sont ici
« réunies doivent inviolablement rester attachées, dans l'a-
« mour du Seigneur, à la demeure qu'elles ont choisie de
« plein gré; car la foi promise au Christ, à la face du ciel,
« ne doit point être souillée; et ce n'est pas un crime léger
« que de polluer, ce qu'à Dieu ne plaise! le temple du Sei-
« gneur, en sorte que dans sa colère il puisse le détruire. Et
« nous arrêtons spécialement que si quelque fille, ainsi qu'il

---

(1) Radegonde était fille de Berthaire, roi des Thuringiens ; voyez ci-dessus, liv. III, chap. IV. Saint Martin était né en Pannonie, comme on sait. (Ruin.)

« a été dit, appartenant à quelqu'un des lieux confiés par la
« divine Providence à notre administration sacerdotale, a mé-
« rité d'entrer dans votre monastère de Poitiers, et d'y suivre
« les règlements tracés par l'évêque d'Arles, Césarius, d'heu-
« reuse mémoire, qu'il ne lui soit plus permis, après y être
« entrée, comme la règle le prescrit, d'en sortir de sa propre
« volonté, afin que ce qui est un insigne honneur aux yeux
« de tous ne puisse être avili par la honte d'une seule. Et si,
« fasse le ciel que cela ne soit! quelqu'une d'entre elles, excitée
« par les suggestions d'un esprit déréglé, voulait souiller d'un
« tel opprobre sa discipline, sa gloire et sa couronne ; que,
« par les insinuations de l'ennemi des hommes, comme Ève
« rejetée du paradis, elle consentît à sortir des cloîtres du
« monastère ou plutôt du royaume du ciel, pour se plonger
« et se vautrer dans la vile fange des rues; qu'elle soit
« séparée de notre communion et frappée d'un terrible
« anathème : en sorte que si, captivée par le diable, elle
« abandonne le Christ pour épouser un homme, non-seu-
« lement la fugitive soit punie, mais encore que celui qui
« s'est uni à elle soit regardé comme un vil adultère et comme
« un sacrilége plutôt que comme un époux. De même que
« celui qui, lui donnant un poison plutôt qu'un conseil, lui
« suggéra une telle conduite, soit, par le jugement céleste
« et selon notre désir, frappé d'une vengeance pareille à celle
« qui a été prononcée contre elle, jusqu'à ce que, après la
« séparation effectuée, elle mérite, par une pénitence digne
« de son crime exécrable, d'être de nouveau reçue et réin-
« tégrée dans le lieu d'où elle est sortie. Nous ajoutons que
« les évêques qui nous succéderont doivent tenir sans cesse
« les religieuses dans la crainte d'une semblable condamna-
« tion. Et si, ce que nous sommes loin de croire, nos suc-
« cesseurs voulaient se relâcher en quelque point de ce que
« contient notre présente délibération, qu'ils sachent qu'ils
« auront à compter avec nous devant le juge éternel ; car la
« condition du salut est que ce qui est promis au Christ soit

« inviolablement observé. Pour donner plus de force au présent
« décret, nous avons cru devoir le munir d'une souscription
« tracée de notre propre main afin qu'il soit, sous la protection
« du Christ, à jamais maintenu par nous. »

Cette lettre ayant donc été lue, Chrodielde dit : « Aucun
« obstacle ne pourra nous arrêter jusqu'à ce que nous soyons
« arrivées auprès des rois que nous avons eu l'occasion de re-
« connaître comme nos parents. » Elles étaient venues à pied
de Poitiers, sans avoir eu la commodité d'aucun cheval, en
sorte qu'elles étaient épuisées et assez misérables ; car personne, dans leur route, ne leur avait accordé de quoi manger.
Elles arrivèrent dans notre ville le premier jour du premier
mois (1) : il faisait alors de grandes pluies et les chemins
avaient été délayés par l'immense quantité des eaux.

XL. Elles disaient aussi du mal de l'évêque, en assurant
que c'était par ses artifices qu'elles avaient été troublées et que
le monastère se trouvait abandonné. Mais il convient de reprendre de plus haut la cause de ce scandale. Au temps du
roi Chlothachaire, la bienheureuse Radegunde, après avoir
établi ce monastère, resta toujours, ainsi que toute sa congrégation, soumise et obéissante aux évêques de cette époque;
mais du temps de Sigibert, lorsque Marovée eut obtenu l'évêché (de Poitiers), il envoya dans les contrées de l'Orient (2),
ayant reçu pour cela des lettres du roi Sigibert écrites pour
satisfaire à la foi et à la dévotion de la bienheureuse Radegunde, des clercs qui devaient rapporter du bois de la croix
du Seigneur avec des reliques des saints apôtres et des autres
martyrs. Ils allèrent et rapportèrent ces reliques (3). Lors-

(1) 1er mars.
(2) Tel est le sens donné par le texte ; mais il paraît certain que les
clercs furent envoyés en Orient par sainte Radegonde elle-même. Voy.
Fortunat, liv. II. (Ruin.)
(3) Elles furent déposées d'abord à Tours, puis à Poitiers. Ce fut pour
elles que Grégoire fit élever un oratoire dédié à la sainte Croix, dont parle
Fortunat, II, III. (Ruin.)

qu'elles furent arrivées, la reine pria l'évêque de les faire placer dans le monastère avec l'honneur qui leur était dû et des chants solennels; mais lui, sans avoir égard à cette demande, monte à cheval et part pour la campagne. La reine alors envoya de nouveau vers le roi Sigibert, le suppliant de donner l'ordre à un évêque quelconque de placer ces reliques dans le monastère avec le respect qui convenait et que réclamaient ses vœux. De ce soin fut chargé le bienheureux Eufronius, évêque de Tours, qui se rendant à Poitiers accompagné de ses clercs avec un grand appareil de chants des psaumes, de cierges allumés et de parfums, transporta en l'absence de l'évêque du lieu, les saintes reliques dans le monastère. A la suite de cela, ayant souvent cherché à gagner les bonnes grâces de son évêque sans pouvoir y parvenir, elle dut, poussée par la nécessité, partir avec l'abbesse qu'elle avait instituée, pour la ville d'Arles où ayant pris la règle de saint Césarius et sainte Césarie, elles se placèrent sous la protection du roi, par la raison qu'elles ne pouvaient trouver aucun souci de leur défense chez celui qui aurait dû être leur pasteur. Pendant cette dissension qui grandissait tous les jours, le temps où devait mourir la bienheureuse Radegunde arriva. A sa mort, l'abbesse demanda de nouveau à vivre sous l'autorité de son évêque. Celui-ci voulait d'abord refuser, mais par le conseil des siens, il promit de devenir le père des religieuses, ainsi qu'il était convenable, et de prendre leur défense quand il serait nécessaire : ce qui fit qu'il se rendit près du roi Childebert, dont il obtint un diplôme pour gouverner régulièrement ce monastère comme ses autres paroisses. Mais je crois qu'il conservait encore dans son âme, comme l'assurent ces filles, je ne sais quel levain de discorde.

Celles-ci étant dans l'intention, comme nous l'avons dit, de se rendre en présence du roi, nous leur donnâmes conseil et leur dîmes : « Ce que vous voulez faire est contre la raison, « et il n'y a aucun moyen pour vous en poursuivant cette af- « faire qu'elle échappe au blâme. Si, comme nous venons de

« le dire, vous n'écoutez pas la raison et ne voulez pas suivre
« un conseil salutaire, au moins réfléchissez en vous-mêmes que
« lorsque sera passée l'époque d'hiver où nous sommes, laquelle
« touche au printemps, et que la température sera plus douce,
« alors vous pourrez aussi bien vous rendre là où votre vo-
« lonté vous conduit. » Elles trouvèrent le conseil sage ; l'été
suivant Chrodielde partit de Tours, confiant les autres religieuses à sa cousine, et se rendit auprès du roi Guntchramn. Après avoir été accueillie par lui et honorée de présents, elle revint à Tours, laissant au monastère d'Autun Constantina, fille de Burgolin, et elle attendit les évêques qui avaient reçu du roi l'ordre de venir examiner les différends des religieuses avec l'abbesse. Cependant beaucoup de ces religieuses, circonvenues par diverses personnes, s'engagèrent dans les liens du mariage avant que Chrodielde fût revenue d'auprès du roi. Comme elles attendaient l'arrivée des évêques et ne les voyaient point venir, elles retournèrent à Poitiers et se mirent en sûreté dans la basilique de Saint-Hilaire, après avoir rassemblé autour d'elle des voleurs, des meurtriers, des adultères, des criminels de toute espèce ; car elles se préparaient à combattre et disaient : « Nous sommes reines, et nous n'entrerons
« pas dans notre monastère à moins que l'abbesse n'en soit
« premièrement chassée. » Il y avait alors une recluse qui, peu d'années auparavant, s'était enfuie (du monastère de Poitiers) en se jetant par-dessus un mur, et s'était réfugiée dans la basilique de Saint-Hilaire, en accusant l'abbesse d'un grand nombre de crimes, accusations dont nous avons reconnu la fausseté. Dans la suite, elle se fit remonter dans son monastère avec des cordes, par le même endroit d'où elle s'était précipitée, et voulut que l'abbesse la renfermât dans une cellule secrète. « Comme j'ai beaucoup péché contre le Sei-
« gneur et contre ma dame Radegunde (elle vivait encore
« dans ce temps-là) je veux, dit-elle, me priver du com-
« merce de toute la congrégation et faire pénitence de mes
« fautes ; car je sais que le Seigneur est miséricordieux, et

« qu'il remet les péchés à ceux qui les confessent. » Et elle entra dans sa cellule. Mais lorsque la querelle dont nous parlons se fut allumée et que Chrodielde fut de retour après avoir été auprès du roi Guntchramn, cette recluse ayant brisé la porte de sa cellule pendant la nuit, sortit du monastère et alla trouver Chrodielde, se répandant, comme elle l'avait fait d'abord, en une foule d'accusations contre l'abbesse.

XLI. Pendant que ces choses se passaient, Gundégisil de Bordeaux (1), s'étant adjoint les évêques Nicasius d'Angoulême, Saffarius de Périgueux, et aussi Marovée de Poitiers, car Bordeaux était métropole de cette cité (2), vint à la basilique de Saint-Hilaire pour admonester ces filles et tâcher de les ramener à leur monastère. Mais celles-ci résistèrent avec obstination, et comme Gundégisil, ainsi que les autres évêques, leur signifiait l'excommunication conformément à la lettre rapportée ci-dessus, la troupe de bandits (3) dont nous avons parlé, se jetant sur les évêques, fit un tel carnage (4) dans la basilique même de Saint-Hilaire, que précipités sur le pavé les évêques purent à peine se relever, et que les diacres ainsi que les autres clercs sortirent de la basilique couverts de sang et les têtes cassées. Une frayeur tellement immense s'était emparée d'eux, le diable je crois s'en mêlant, que sortant du lieu saint sans même se dire adieu, chacun s'en retourna par le premier chemin qu'il put attraper. A ce désastre assista aussi Désidérius, diacre de Syagrius, évêque d'Autun, qui sans aller chercher le gué de la rivière du Clain, s'y jeta au premier en-

(1) Sur cet évêque, voir VIII, xxii et Fortunat, VII, xxxi.

(2) Il manquait Saintes et Agen pour que la province (seconde Aquitaine) fût complète.

(3) *Turba murionum.* « Id est fatuorum, a græca voce μοορὰς. » (Ruin.)

(4) *Tanta cæde mactavit*, et plus bas *effractis capitibus, immensus pavor*; ces expressions outrées me paraissent contenir une légère dose de raillerie. Revoyez ci-dessus t. I, p. 289, n. 1.

droit où il atteignit le rivage et fut porté par son cheval, à la nage, sur la prairie du rivage opposé.

A la suite (de cette victoire) Chrodielde nomma des intendants, envahit les domaines des religieuses, et qui que ce fût des gens appartenant au monastère qu'elle pût saisir, elle les forçait de lui obéir en les accablant de coups et de mauvais traitements; elle menaçait même, si elle pouvait entrer au monastère, de précipiter l'abbesse du haut des murs. Quand on eut annoncé tout cela au roi Childebert, il envoya aussitôt un ordre pour enjoindre au comte Maccon (1) de réprimer ces désordres de tout son pouvoir. Quant à Gundégisil qui avait, comme nous l'avons dit, de concert avec les autres évêques, quitté ces religieuses en les suspendant de la communion, il écrivit en son nom et au nom de ses frères présents, une lettre aux évêques qui se trouvaient alors assemblés près du roi Guntchramn (2); et il reçut d'eux cette réponse :

COPIE DE LA LETTRE.

« A nos seigneurs à toujours, Gundégisil, Nicasius et Saffarius,
« très-dignes possesseurs du siége apostolique, les évêques
« Éthérius, Syagrius, Aunacharius, Hésychius, Agræcola, Ur-
« bicus, Félix, Véranus, item Félix, et Bertchramn (1). Nous
« avons reçu les lettres de vos béatitudes; et autant, à l'ou-
« verture des nouvelles, nous avons été réjouis au sujet de
« votre santé, autant nous sommes saisis d'un chagrin
« profond au sujet de l'injure que vous nous marquez avoir
« reçue, puisqu'on brise la règle et qu'on ne conserve

---

(1) Comte de Poitiers. Voy. X, XV, XXI.
(2) A Autun, selon Hadrien de Valois et dom Ruinart.
(3) Aunacharius ne figure pas parmi ceux qui souscrivirent le concile; il en est de même d'Agricola. Ceux qui sont nommés ici étaient évêques de Lyon, Autun, Auxerre, Grenoble, Nevers, Riez, Belley, Cavaillon, Châlons et le Mans. (Ruin.)

« aucun respect pour la religion. Vous nous avez fait connaître
« que les religieuses qui, à l'instigation du diable, sont sorties
« du monastère de Radegunde d'heureuse mémoire, n'ont
« consenti à écouter aucune de vos admonitions, ni rentrer
« dans l'enceinte de leur monastère qu'elles avaient quitté, et
« que de plus elles ont insulté à la basilique du bienheureux
« Hilaire, en vous y maltraitant vous et les vôtres ; qu'à cette
« cause, vous avez cru devoir les suspendre du bienfait de la
« communion ; et vous avez souhaité de recevoir sur cela les
« avis de notre médiocrité. En conséquence, comme nous
« savons que vous avez très à propos cité les canons, et que
« la règle statue formellement que ceux qui seront surpris en
« de pareils excès doivent être punis non-seulement par l'ex-
« communication, mais par les peines de la pénitence ; ajoutant
« en cette affaire aux témoignages de notre respect notre sen-
« timent ardemment désireux de votre affection, nous déclarons
« adhérer complétement à votre avis relativement aux points
« que vous avez touchés, jusqu'à ce que réunis au concile syno-
« dal des calendes de novembre, nous délibérions ensemble sur
« le moyen de mettre un frein à l'audace de telles gens, afin
« que dorénavant nul n'ose se permettre, encouragé par l'in-
« dulgence, de commettre de pareilles choses. Cependant,
« comme la parole du seigneur apôtre Paul nous avertit sans
« cesse, que nous devons *à temps et à contre-temps* corriger
« par la prédication tous ceux qui s'oublient ; et comme elle
« nous assure que *la piété est utile à tout* (1), nous vous en-
« gageons encore à conjurer par des prières assidues la mi-
« séricorde divine, afin que l'esprit de componction daigne
« enflammer ces femmes et qu'elles rachètent dignement par la
« pénitence les fautes qu'elles ont commises ; afin que par
« votre prédication, Christ aidant, ces âmes, mortes en quel-
« que sorte, retournent dans leur monastère ; afin que celui
« qui rapporta sur ses épaules dans la bergerie la brebis éga-

---

(1) II Timot., IV, 2., et I Timot., IV, 8.

« rée, daigne se réjouir de leur retour comme de l'acquisition
« d'un troupeau. Nous vous demandons surtout de constam-
« ment nous accorder, comme nous l'espérons, le secours
« de votre intercession.

« Votre dévoué Éthérius, humble pécheur, qui se permet
« de vous saluer. Votre client Hésychius, qui prend la liberté
« de vous saluer respectueusement. Votre ami Syagrius, qui
« vous salue respectueusement. Urbicus, pécheur, qui vous ho-
« nore et vous salue avec soumission. L'évêque Véranus, qui
« vous vénère et vous salue respectueusement. Votre serviteur
« Félix, qui se permet de vous saluer. Votre humble et affec-
« tionné Félix, qui ose vous saluer. Votre humble et obéissant
« Bertchramn, évêque, qui prend la liberté de vous saluer. »

XLII. L'abbesse donna aussi lecture de la lettre que la bienheureuse Radegunde adressa aux évêques de son temps ; lettre dont elle envoya de nouveau des copies aux évêques des
cités voisines, et dont voici le texte :

COPIE DE LA LETTRE.

« A tous les évêques, seigneurs saints et très-dignes du
« siége apostolique, ses pères en Christ, Radegunde, péche-
« resse. Les premiers efforts pour réaliser un projet louable
« doivent obtenir leur résultat, lorsque la connaissance en
« est portée aux oreilles des pères, des médecins et des
« pasteurs de la bergerie qui leur est confiée et qui se recom-
« mande à leur sagesse ; nous obtiendrons ainsi, par leur inter-
« vention, la participation de leur charité, les conseils de leur
« pouvoir, le concours de leurs prières. Et comme autrefois,
« délivrée des chaînes de la vie séculière par l'inspiration et
« par la prévoyance de la miséricorde divine, je me suis sou-
« mise volontairement, sous la conduite du Christ, à la règle
« religieuse, déterminée aussi par le désir d'être utile à autrui ;
« afin qu'à la voix du Seigneur, mes projets devinssent pro-

« fitables aux autres, j'ai établi et fondé, avec l'autorisation
« et le secours du très-excellent seigneur le roi Chlothaire, un
« monastère de filles dans la ville de Poitiers, et je l'ai doté par
« donation de tous les biens que j'ai reçus de la munificence
« royale ; j'ai de plus donné à la congrégation que j'ai rassem-
« blée, avec l'aide du Christ, la règle sous laquelle vécut sainte
« Césarie, règle recueillie convenablement des institutions des
« saints pères, par les soins du bienheureux Césarius, évêque
« d'Arles. Les bienheureux évêques de Poitiers et les autres
« pontifes l'ayant approuvée, j'ai institué abbesse, d'après
« l'élection faite par notre congrégation, ma dame et sœur
« Agnès, que, dès son enfance, j'ai aimée et élevée comme
« ma fille, et je me suis soumise à obéir après Dieu à son au-
« torité, conformément à la règle. Et, suivant l'usage apostoli-
« que, en entrant dans le monastère, moi et mes sœurs, nous
« lui avons remis par chartes tous les biens que nous pos-
« sédions, sans rien réserver pour nous, de crainte du sort
« d'Ananias et de Sapphira. Mais comme la durée et le terme
« de la vie humaine sont choses incertaines, car le monde
« court à sa fin ; et comme quelques-uns cherchent à suivre
« leur propre volonté plutôt que la volonté divine, inspirée par
« l'amour de Dieu, je vous adresse, moi qui suis par le nom
« du Christ le produit encore subsistant de votre apostolat,
« je vous adresse ma demande en toute dévotion, et n'ayant
« pu vous la présenter en personne, je me sers de cette lettre
« qui tient ma place pour me rouler en quelque sorte sur vos
« pas, vous conjurant par le Père et le Fils et le Saint-Esprit,
« et par le redoutable jour du jugement (où puissiez-vous
« lorsque vous y serez présentés n'être pas vaincus par l'An-
« techrist, mais récompensés par le roi légitime) que si par
« hasard après ma mort, une personne quelconque, soit l'é-
« vêque du lieu, soit un officier du prince ou tout autre, ce
« que nous ne pouvons croire, essayait soit par des suggestions
« malveillantes, soit par des actes judiciaires, de porter le
« trouble dans la congrégation, ou de violer la règle, ou d'ins-

« tituer une autre abbesse que ma sœur Agnès, consacrée par
« la bénédiction du bienheureux Germanus, en présence de ses
« confrères ; ou si la congrégation elle-même, ce qui ne peut
« être, se livrant au murmure cherchait à faire passer en
« d'autres mains l'autorité sur le monastère, ou sur les biens
« du monastère ; et si une personne quelconque, même l'évê-
« que du lieu, voulait, par un nouveau privilége, s'attribuer
« plus d'autorité que n'en eurent de mon vivant leurs prédé-
« cesseurs ou tous autres ; si de plus, quelqu'un tentait d'en-
« freindre la règle touchant les biens que m'ont donnés le
« très-excellent seigneur Chlothaire, ou les très-excellents
« seigneurs les rois ses fils, et dont j'ai transmis, avec la
« permission du roi, la possession au monastère, transmis-
« sion dont j'ai obtenu la confirmation par lettres des très-
« excellents seigneurs les rois Charibert, Guntchramn, Chil-
« péric et Sigibert, sous serment et sous l'autorité de leur
« signature ; si enfin quelque prince ou quelque évêque, ou
« quelqu'une des sœurs, osait détourner, ou s'efforçait par un
« désir sacrilége, de reprendre comme sa propriété quelqu'une
« des choses que d'autres ont données au monastère pour le
« salut de leurs âmes, ou que les sœurs lui ont concédées sur
« leurs propres biens : que, sur ma prière et par la volonté du
« Christ, votre sainteté et celle de vos successeurs intervienne
« après Dieu, et que les ravisseurs et spoliateurs des biens des
« pauvres soient exclus de votre grâce. Ne permettez pas que
« jamais on puisse changer notre règle ni toucher aux biens
« du monastère. Nous vous supplions encore, lorsque Dieu
« voudra retirer du monde notre susdite dame et sœur
« Agnès, qu'à sa place soit élue une abbesse de notre congréga-
« tion qui soit agréable à Dieu et à nos sœurs, qui garde notre
« règle et ne se relâche en rien du but de sainteté que nous
« avons eu ; car jamais ni sa volonté ni la volonté de personne
« n'y doit rien changer. Que si, ce qu'à Dieu ne plaise ! quel-
« qu'un voulait, contre l'ordre de Dieu et l'autorité des rois,
« changer quelque chose aux susdites conditions, mises sous

« votre garde à la face du Seigneur et de ses saints, ou enlever
« au monastère quelque personne ou quelque propriété, ou
« susciter des tourments à notre sœur la susdite abbesse
« Agnès : qu'il encoure le jugement de Dieu, de la sainte
« croix et de la bienheureuse Marie, et qu'il soit accusé et
« poursuivi par les bienheureux confesseurs, Hilaire et Mar-
« tin, auxquels, après Dieu, j'ai confié la défense de mes sœurs.
« Toi aussi, bienheureux pontife, ainsi que tes successeurs,
« dont j'invoque avec instance le patronage dans la cause de
« Dieu ; si, ce qu'à Dieu ne plaise, il se trouvait quelqu'un qui
« tentât quelque machination contre ce qui vient d'être dit, ne
« balancez pas, pour repousser et combattre cet ennemi de
« Dieu, à vous rendre auprès du roi dont ce lieu dépendra
« alors, ou dans la cité de Poitiers, pour défendre ce qui vous a
« été confié devant le Seigneur et travailler en défenseurs de la
« justice contre les instruments de l'injustice d'autrui ; afin
« qu'un roi catholique ne souffre pas qu'un tel crime
« puisse en aucune manière avoir lieu de son temps, ni ne
« permette de détruire ce qui a été établi par la volonté de
« Dieu, par la mienne et par celle des rois eux-mêmes. Je
« conjure en même temps les princes auxquels Dieu vou-
« dra laisser, après ma mort, le soin de gouverner les peu-
« ples ; je les conjure, au nom du Roi dont le règne n'aura
« point de fin, par la volonté duquel s'affermissent les royau-
« mes, qui leur a donné de vivre et de régner, qu'ils fassent
« gouverner sous leur protection et défense, d'accord avec
« l'abbesse Agnès, le monastère que j'ai construit, avec la
« permission et le secours des seigneurs les rois leurs père
« ou aïeul, que j'ai soumis à la règle et que j'ai doté ; et qu'ils
« ne permettent à qui que ce soit d'inquiéter et de tourmenter
« notre dite abbesse, de nuire à quoi que ce soit appartenant
« à notre monastère, ni d'en rien ôter ou d'y rien changer ; mais
« plutôt, conformément aux désirs de Dieu, comme je le leur
« demande et les en supplie devant le Rédempteur des na-
« tions, qu'ils le défendent et le protégent, d'accord avec nos

« seigneurs les évêques, afin qu'ils soient à jamais unis dans le
« royaume éternel avec le défenseur des pauvres et l'époux
« des vierges, en l'honneur duquel ils protégent les servantes
« de Dieu. Je vous conjure aussi, vous saints pontifes et vous
« très-excellents seigneurs et rois, et tout le peuple chrétien,
« par la foi catholique dans laquelle vous avez été baptisés,
« par les églises confiées à votre garde, lorsque Dieu voudra
« me retirer de ce monde, que mon corps soit enseveli dans
« la basilique que j'ai commencé à élever en l'honneur de
« sainte Marie, mère du Seigneur, et dans laquelle reposent
« déjà plusieurs de nos sœurs, qu'elle soit ou non achevée.
« Si quelqu'un voulait ou agissait autrement, que par l'in-
« tervention de la croix du Christ et de la bienheureuse
« Marie, il encoure la vengeance divine et que, par vos soins,
« j'obtienne d'être ensevelie en société de mes sœurs, dans
« un coin de la basilique. Que cette supplication, que j'ai sous-
« crite de ma main, soit conservée dans les archives de la
« cathédrale. Je vous supplie avec larmes, si la nécessité for-
« çait ma sœur l'abbesse Agnès ou la congrégation, à venir
« vous demander de les défendre contre des méchants, que
« dans votre sollicitude pastorale, la pieuse consolation de
« votre miséricorde leur accorde secours, et qu'elles ne puis-
« sent se dire abandonnées de moi quand Dieu leur a préparé
« l'appui de votre grâce. Je remets à vous tous ces choses
« devant les yeux, par celui qui, du haut de sa glorieuse croix,
« recommanda la Vierge sa mère au bienheureux apôtre
« Jean, afin que de même que fut accomplie cette recom-
« mandation du Seigneur, de même soit accomplie par vous
« la recommandation que moi, humble et indigne, je fais à mes
« seigneurs les pères de l'Église et hommes apostoliques. Et
« lorsque vous aurez dignement conservé ce dépôt, partici-
« pant aux mérites de celui dont vous remplirez le mandat
« apostolique, vous reproduirez dignement son exemple. »

XLIII. L'évêque Marovée ayant ensuite écouté les divers

griefs de ces religieuses envoya Porcarius, abbé de la basilique de Saint-Hilaire, vers l'évêque Gundégisil et les autres évêques ses comprovinciaux, pour obtenir qu'après avoir donné la communion aux religieuses, ils daignassent leur accorder la permission de se présenter devant eux ; mais il lui fut impossible de l'obtenir. Le roi Childebert, continuellement importuné par les deux parties, c'est-à-dire par le monastère et par les religieuses qui en étaient sorties, envoie le prêtre Theuthaire pour terminer leurs querelles. Ce prêtre ayant appelé à comparaître devant lui Chrodielde et les autres religieuses, elles répondirent : « Nous ne venons pas, parce que nous « sommes privées de la communion ; si nous obtenons d'être « réconciliées, alors nous nous empresserons de compa- « raître. » Celui-ci en entendant cela, alla trouver les évêques ; il causa avec eux de cette affaire, mais ne put obtenir qu'elles fussent admises à la communion, et il rentra dans la ville de Poitiers. Toutes ces filles étaient dispersées, les unes chez leurs parents, les autres dans leurs propres maisons; quelques-unes retournèrent dans les monastères où elles avaient d'abord vécu, parce qu'en restant ensemble, elles n'auraient pas eu assez de bois pour supporter la rigueur de l'hiver. Un petit nombre, cependant, restèrent avec Chrodielde et Basine. Il y avait aussi entre elles alors de grandes disputes, parce que chacune voulait commander aux autres.

XLIV. Cette année, après la clôture des fêtes de Pâques (1), il y eut une si énorme pluie mêlée de grêle que, dans l'espace de deux ou trois heures, les moindres creux des vallées semblaient être devenus les lits de grands fleuves. Les arbres fleurirent en automne, et produisirent des fruits comme ils l'avaient déjà fait une fois. Au neuvième mois parurent des roses. Les rivières grossirent outre mesure, en sorte que, se répan-

(1) *Post clausum pascha.* On appelait *clausum pascha* le premier dimanche après Pâques ou dimanche de Quasimodo.

dant par-dessus leurs bords et couvrant des lieux que d'ordinaire elles n'atteignaient jamais, elles causèrent aux terres ensemencées un dommage qui ne fut pas peu de chose.

LIVRE DIXIÈME.

1. De Grégorius, pape de Rome ; discours de saint Grégorius au peuple. — 2. Retour de Grippon, envoyé en ambassade auprès de l'empereur Mauricius. — 3. Que l'armée du roi Childebert se rendit en Italie. — 4. L'empereur Mauricius envoie dans les Gaules les meurtriers des ambassadeurs. — 5. Cuppa envahit la frontière de Touraine. — 6. Des prisonniers de Clermont. — 7. Le roi Childebert accorde aux clercs de la même ville de ne pas payer d'impôts. — 8. D'Eulalius et de Tétradia qui était sa femme. — 9. De l'armée du roi Guntchramn envoyée en Bretagne. — 10. Du meurtre de Chundon, chambellan de ce roi. — 11. De la maladie de Chlotaire le jeune. — 12. De la méchanceté de Berthegunde. — 13. Discussion sur la résurrection. — 14. De la mort du diacre Théodulf. — 15. Troubles dans le monastère de Poitiers. — 16. Du jugement porté contre Chrodielde et Basine ; texte du jugement. — 17. De leur excommunication. — 18. Meurtriers envoyés contre le roi Childebert. — 19. De l'expulsion d'Egidius évêque de Reims. — 20. Des religieuses de Poitiers réconciliées dans un synode. — 21. De la mort des fils de Waddon (1). — 22. De la mort de Childéric le Saxon. — 23. Prodiges ; incertitude sur la Pâque. — 24. De la destruction de la ville d'Antioche. — 25. De la mort de celui qui se donnait pour le Christ. — 26. Mort des évêques Ragnemod et Sulpicius. — 27. Personnes tuées par ordre de Frédegunde. — 28. Du baptême de Chlotaire son fils. — 29. De la conversion, des miracles et de la mort d'Arédius, abbé en Limousin (2). — 30. De la température de la présente année, et de la célébration du dimanche. — 31. Récapitulation des évêques de Tours.

1. L'an quinze du roi Childebert (3) notre diacre, revenant

---

(1) D'après le texte du chapitre XXI, l'aîné seul des fils de Waddon eut la tête coupée ; le plus jeune fut seulement condamné à l'exil.
(2) Voyez ci-dessus, liv. VIII, chap. XV.
(3) L'an 590.

de la ville de Rome avec des reliques de saints (1), raconta que l'année précédente, au neuvième mois (novembre), le fleuve du Tibre couvrit la ville de Rome d'une si grande inondation, que les édifices antiques s'écroulaient ; les greniers de l'Église furent aussi renversés, et il s'y perdit plusieurs milliers de muids de froment (2). Une multitude de serpents et un grand dragon qui ressemblait à un arbre de haute futaie, furent entraînés à la mer par les eaux du fleuve; mais ces animaux, étouffés dans les flots salés de la mer orageuse, furent rejetés sur le rivage. Il s'ensuivit immédiatement une épidémie, celle qu'on nomme inguinale. Elle éclata vers le milieu de l'onzième mois (janvier) ; et selon ces paroles du prophète Ézéchiel : *Commencez par mon sanctuaire* (3), elle frappa le premier de tous le pape Pélagius, qu'elle enleva aussitôt (4). Après sa mort, il y eut par le fait de cette maladie de grands ravages parmi les habitants. Comme l'Église de Dieu ne pouvait rester sans chef, le diacre Grégorius (5) fut unanimement élu par le peuple. Il était d'une des premières familles sénatoriales, et soumis à Dieu dès son enfance, il avait réuni sur ses propres domaines, en Sicile, six monastères, puis en avait fondé un septième dans les murs de Rome; et après les avoir dotés d'une quantité de terres suffisante pour leur assurer le pain de chaque jour, il vendit le surplus, avec tout le mobilier de sa maison, et en distribua le prix aux pauvres. Et lui, qui jusque-là avait coutume de marcher par la ville drapé dans une toge de soie et paré de pierres précieuses (6), couvert maintenant d'un vêtement grossier (7), il se consacre au service des autels du Seigneur et est appelé par le

---

(1) Voyez *Gloire des Mart.*, liv. I, chap. LXXXIII.
(2) Paul Diacre et Grégoire le Grand confirment la vérité de ce récit.
(3) Ézéch., ch IX, ỹ. 6.
(4) Il ne mourut que le 7 février (en 590).
(5) Grégoire le Grand, pape, 540-604.
(6) Comme magistrat romain.
(7) Celui de moine. Voy. sur ce pape : Mabillon, *Vet. Analecta*, t. II.

pape à le seconder en qualité de septième diacre. Il observait une telle abstinence dans sa nourriture, il était si assidu à la prière, si vaillant pour le jeûne, qu'à peine y résistait-il tant son estomac était débilité. Il était si versé dans la grammaire, la dialectique et la rhétorique, qu'on ne le jugeait inférieur à qui que ce fût dans la ville de Rome. Il fit tous ses efforts pour fuir ce comble d'honneur (la papauté), craignant de sentir de nouveau se glisser en lui les vanités du monde dont il s'était dégagé. Il en résulta qu'il envoya une lettre à l'empereur Mauricius, dont il avait tenu le fils sur les fonts de baptême (1), pour le conjurer et lui demander avec d'instantes prières de ne jamais donner son consentement à l'élection du peuple qui l'appelait à un si haut rang. Mais Germanus, préfet de la ville de Rome, intercepta son message (2), ouvrit les lettres, en retira l'acte de consentement du peuple, et l'envoya à l'empereur. Celui-ci rendant grâces à Dieu par suite de son affection pour le diacre, de ce qu'il trouvait l'occasion de l'élever à cette dignité, envoya son ordonnance pour le faire sacrer. Comme la consécration se faisait attendre, et que la contagion désolait le peuple, Gregorius s'adressa en ces termes à la multitude pour l'exhorter à la pénitence :

DISCOURS DE GRÉGORIUS AU PEUPLE.

« Il faut, très-affectionnés frères, après nous être mis dans
« le cas de redouter les fléaux de Dieu qui nous menaçaient,
« les craindre du moins lorsqu'ils sont arrivés et que nous en
« souffrons. Que nos maux nous ouvrent la voie de la con-
« version, et que notre douleur amollisse la dureté de nos
« âmes; car le prophète l'a prédit : *L'épée va les percer jus-*
« *qu'à l'âme* (3). Voilà qu'en effet tout le peuple est atteint

(1) Il avait été attaché, de 579 à 590, à l'église de Constantinople.
(2) Ou bien : « Mais le préfet de la ville de Rome, qui était frère (*germanus*) de Grégoire, intercepta le message... »
(3) Jérém., IV, x.

« par le glaive de la colère céleste : ils sont détruits l'un
« après l'autre, par un coup qui frappe soudain. La maladie
« ne précède pas la mort ; mais la mort, vous le voyez, de-
« vance les lenteurs de la maladie. Chacun est atteint avant
« d'avoir eu le temps de verser les larmes de la pénitence.
« Pensez donc comment il arrivera en présence du souverain
« juge, celui qui n'a pas le temps de pleurer sur ce qu'il a fait ?
« Ce n'est pas seulement une partie des habitants qui sont
« attaqués, mais tous succombent à la fois ; les maisons res-
« tent vides ; les parents contemplent les funérailles de leurs
« enfants, et leurs héritiers les précèdent dans la tombe. Que
« chacun de nous donc coure se réfugier dans les larmes de
« la pénitence, tandis qu'il a le temps encore de pleurer avant
« d'être frappé. Rappelons devant les yeux de notre esprit
« toutes les erreurs que nous avons commises, et expions
« par nos pleurs nos mauvaises actions. *Présentons-nous*
« *devant lui, en lui offrant nos actions de grâces* (1) ; et,
« comme le prophète en avertit, *élevons nos cœurs et nos*
« *mains vers le Seigneur.* C'est élever vers Dieu nos cœurs
« et nos mains, que d'appuyer la ferveur de notre prière sur
« le mérite d'une bonne action. Il donne, il donne certaine-
« ment à notre frayeur un appui, celui qui crie par la bouche
« du prophète : *Je ne veux point la mort du pécheur, mais*
« *je veux que le pécheur se convertisse et qu'il vive* (2).
« Que personne donc ne désespère à cause de la grandeur de
« ses iniquités ; car les crimes invétérés des Ninivites furent
« effacés par une pénitence de trois jours ; et le larron con-
« verti reçut, dans la sentence même de sa mort, la vie pour
« récompense. Changeons donc nos cœurs, et regardons-
« nous déjà comme en possession de ce que nous demandons.
« Le juge se laissera toucher bien plutôt par la prière, si
« celui qui le supplie est corrigé de sa perversité Quand le

(1) Ps. XCIV, 2.
(2) Ézéch., XXXIII, 11.

« glaive d'une si grande vengeance nous menace, insistons
« dans l'opiniâtreté de nos prières ; car l'opiniâtreté, ordi-
« nairement importune aux hommes, est agréable au juge
« de vérité ; puisque le Dieu clément et miséricordieux veut que
« la prière nous assure son pardon et ne veut pas s'irriter
« contre nous autant que nous le méritons ; c'est lui qui dit,
« par la voix du Psalmiste : *Invoque-moi au jour de l'afflic-*
« *tion, je t'en délivrerai ; et tu me magnifieras* (1). Il se
« porte donc témoignage à lui-même, qu'il désire faire misé-
« ricorde à ceux qui l'invoquent, puisqu'il nous exhorte à
« l'invoquer. Ainsi donc, frères très-chers, amendés et le
« cœur contrit, venons au point du jour de la quatrième
« férie (2), venons, dévoués aux larmes, célébrer les sept
« litanies dans l'ordre que je vais vous indiquer, afin que le
« juge sévère, au moment de nous punir de nos fautes, s'ar-
« rête, et qu'il épargne même ceux dont la condamnation
« est déjà portée. Que le clergé sorte de l'église des saints
« martyrs Cosmas et Damianus, avec les prêtres de la sixième
« région ; que tous les abbés avec leurs moines sortent de l'é-
« glise des saints martyrs Gervasius et Protasius, avec les
« prêtres de la quatrième région ; que toutes les abbesses
« partent, avec leurs congrégations, de l'église des saints
« martyrs Marcellinus et Petrus, avec les prêtres de la pre-
« mière région ; que tous les enfants partent de l'église des
« saints martyrs Johannes et Paulus, avec les prêtres de la
« seconde région ; que tous les laïques sortent de l'église de
« saint Stephanus, premier martyr, avec les prêtres de la
« septième région ; que toutes les femmes veuves partent de
« l'église de sainte Euphémia, avec les prêtres de la cinquième
« région ; et enfin toutes les femmes mariées, de l'église du
« saint martyr Clémens, avec les prêtres de la troisième ré-
« gion. En sorte que, tous partant en prières et en larmes de

---

(1) Ps. XLIX, 15.
(2) *Feria quarta*, le quatrième jour de la semaine, le mercredi.

« ces différentes églises, nous nous réunissions à la basilique
« de la bienheureuse Marie toujours vierge, mère du Sei-
« gneur notre Dieu, Jésus-Christ, et que là, suppliant long-
« temps le Seigneur avec des pleurs et des gémissements, nous
« puissions obtenir le pardon de nos péchés. »

Après avoir dit ces paroles, il rassembla les différents corps du clergé, fit chanter des psaumes pendant trois jours et implorer la miséricorde du Seigneur. A partir de neuf heures, tous les chœurs venaient à l'église en chantant des psaumes et criaient par les places de la ville *Kyrie eleison*. Notre diacre, qui était présent, assurait que dans l'espace d'une heure, tandis que le peuple élevait ainsi vers le Seigneur sa voix suppliante, quatre-vingts personnes étaient tombées à terre et avaient rendu l'esprit. Mais l'évêque ne cessa pas d'exhorter le peuple à ne point interrompre les prières. Il était encore dans le diaconat lorsque notre diacre reçut de lui, comme nous l'avons dit, des reliques de saints, et il se préparait à se dérober par la fuite, lorsqu'il fut saisi, entraîné et conduit à la basilique du bienheureux apôtre Pierre, où il reçut la consécration de la dignité pontificale, et fut donné pour pape à la ville de Rome. Notre diacre n'eut pas de repos qu'il ne fût revenu du Port (1) pour voir consacrer le pontife, et qu'il n'eût regardé de ses yeux de quelle manière on l'intronisa.

II. Grippon, envoyé vers l'empereur Mauricius (2), étant de retour, raconta que l'année précédente étant monté sur un navire, ses compagnons et lui touchèrent à un port d'Afri-

---

(1) *Nisi de Porto rediret.* Dans le livre *De la Gloire des Mart.*, c. LXXXIII, Grégoire dit encore du même diacre et de son départ : *ad portum usque deductus*; peut-être veut-il parler de Civita-Vecchia.

(2) Il a été question de cette ambassade au liv. IX, ch. XXV. On a conservé (Voy. Duchesne, *Scriptores*, t. I) et dom Bouquet (*Script.*, t. IV) une partie de la correspondance échangée à cette occasion entre le quartier-général de Childebert à Metz et la cour de Constantinople. Nous en avons montré quelque chose à la page 60.

que, et entrèrent dans Carthage-la-Grande (1). Pendant qu'ils y étaient, attendant les ordres du préfet (2) pour se rendre en présence de l'empereur, un serviteur appartenant à Evantius, qui accompagnait Grippon, emporta au logis un objet qui était en la possession d'un certain marchand et qu'il déroba. Celui à qui la chose était le poursuivit et demandait vivement qu'il lui rendît son bien. Celui-ci différant de le faire, la querelle s'échauffait de jour en jour davantage, lorsque le marchand rencontrant un jour l'esclave dans la rue, le saisit par son vêtement et le retint en disant : « Je ne te lâcherai « pas que tu ne m'aies restitué auparavant les choses que tu « m'as enlevées par violence. » Celui-ci, après avoir fait ses efforts pour s'arracher des mains du marchand, ne craignit pas de tirer son épée et de tuer cet homme ; puis il revint aussitôt à la maison, sans rien dire à ses compagnons de ce qui s'était passé. Là se trouvaient, comme nous l'avons dit, les ambassadeurs, savoir : Bodégisil fils de Mummolen (3) de Soissons, Évantius fils de Dynamius d'Arles (4), et ce Grippon Franc de naissance, qui venaient de quitter la table et s'étaient livrés au sommeil afin de se reposer. Le gouverneur de la ville, quand on lui eut appris ce qu'avait fait leur esclave, rassemble des soldats, toute la population même se met en armes, et il se rend à leur demeure. Les envoyés, réveillés en sursaut, restent saisis d'étonnement en voyant ce qui se passe. Alors le chef de la troupe leur crie ces paroles : « Posez les « armes, et sortez pour venir à nous et nous dire pacifique- « ment comment le meurtre a été commis. » Frappés de crainte en entendant cela, et ignorant encore ce qui était arrivé, ils demandent qu'on leur jure qu'ils peuvent, en toute

---

(1) Ainsi nommée par opposition à Carthagena en Espagne. (Giesebr.)
(2) A Carthage résidait le *præfectus Africæ*.
(3) Sur ce Mummolen voy. Fortunat VII, xiv, et X, iii; peut-être est-ce le même aussi dont a parlé Grégoire, VI, xlv.
(4) Voy. VI, vii, xi et IX, xi.

sûreté, sortir sans armes. Ces gens jurèrent ce que leur colère ne leur permit pas de tenir. A peine Bodégisil est-il dehors qu'ils le frappent du glaive, puis Évantius de même. Comme ils étaient étendus à terre devant la porte du logis, Grippon saisit ses armes, ainsi que les serviteurs qui étaient avec lui, et s'avance vers les assaillants en disant : « Ce qui s'est passé, « nous l'ignorons ; et voilà mes compagnons de voyage, qui « étaient députés vers l'empereur, les voilà égorgés. Dieu « jugera notre injure et la mort de ceux que vous avez fait « périr : car c'est ainsi que vous nous massacrez lorsque nous « venons inoffensifs et paisibles ; mais il n'y aura plus de paix « désormais entre nos rois et votre empereur. Nous étions « venus pour la paix et pour prêter notre secours à la répu- « blique ; je prends Dieu à témoin aujourd'hui, que si la paix « promise n'est pas gardée entre les princes, c'est votre crime « qui en est cause. » Comme Grippon parlait ainsi et disait d'autres choses dans le même sens, la troupe hostile des Carthaginois se dispersa, et chacun retourna chez soi. Le préfet se rendit près de Grippon, s'efforça d'adoucir son esprit sur ce qui avait été fait et disposa les choses afin qu'il pût se présenter devant l'empereur. Grippon s'y rendit, exposa l'objet de la mission pour laquelle il avait été envoyé, puis raconta la mort de ses compagnons. L'empereur, vivement affligé de cela, promit de venger leur mort, conformément à la décision que le roi Childebert prononcerait à cet égard. Alors Grippon, après avoir reçu des présents de l'empereur, s'en revint en paix.

III. Ces faits ayant été rapportés au roi Childebert, il ordonne aussitôt que l'armée marche sur l'Italie, et il envoie porter la guerre chez la nation des Langobards par vingt ducs dont je n'ai pas cru nécessaire d'insérer ici tous les noms dans leur ordre (1). Le duc Audovald ayant, de concert avec Win-

(1) Conf. avec ce chap. l'*Hist. des Lombards* de Paul Diacre, III, XXXII à XXXVI et IV, I.

thrion (1), rassemblé le peuple de Champagne, se rendit dans le pays de Metz, situé sur son passage, et commit tant de pillages, de meurtres et de violences, qu'on eût pu croire qu'il avait amené l'ennemi dans sa propre patrie. Quant aux autres ducs ils firent de même avec leurs troupes; en sorte qu'ils désolèrent leur propre pays et le peuple qui l'habitait avant de remporter la moindre victoire sur l'ennemi. Lorsqu'ils approchèrent de la frontière d'Italie, Audovald, avec six ducs, prit sur la droite et arriva dans la ville de Milan : on établit les camps au loin dans la plaine. Le duc Olon (2) s'étant imprudemment approché de Bellinzone (3), château de cette contrée situé dans les champs Canini (4), fut frappé d'un javelot au-dessous de la paupière et tomba mort. Les autres (5) sortant pour butiner et pour se procurer des vivres, étaient çà et là assaillis et tués en divers lieux par les Langobards. Il y avait, dans le territoire même de la ville de Milan, un lac appelé Ceresius (6), d'où sort une rivière peu considérable, mais profonde. Ils avaient appris que les Langobards étaient campés sur le bord de ce lac. Lorsqu'ils s'en furent approchés, et avant qu'ils traversassent la rivière dont nous venons de parler, un des Langobards, debout sur la rive, couvert de la cuirasse et du casque, et tenant sa lance à la main, se mit à pousser un cri vers l'armée des Francs en disant : « Aujourd'hui se manifestera, à qui la Divinité veut donner d'obtenir la victoire. » Ce qui permet de supposer que c'était là un signal que les Langobards s'étaient préparés (7), c'est qu'alors quelques hommes

(1) Voy l. VIII, ch. xviii.
(2) Il y a un comte Ollon cité plus haut : VII, xxxviii.
(3) *Ad Bilitionem hujus urbis castrum.*
(4) *In campis Caninis* ; ils sont cités aussi par Ammien Marcellin, l. XV, et Sidoine Apoll., carm. V.
(5) Audovald et les siens.
(6) Nom antique du lac de Lugano.
(7) Pour augurer du sort de l'armée entière, suivant que ce guerrier aurait ou non réussi.

traversant le fleuve, combattirent le Langobard, le tuèrent, et aussitôt toute l'armée des Langobards prit la fuite et disparut. Les Francs, ayant passé le fleuve, ne trouvèrent plus personne, mais reconnurent la place du camp ennemi et les lieux où on avait allumé les feux et dressé les tentes : ils rentrèrent donc à leur camp sans avoir pris un seul ennemi, et il leur vint en ce lieu des envoyés de l'empereur qui leur annoncèrent qu'une armée arrivait à leur secours et leur dirent : « Dans trois jours nous viendrons avec elle, et voici ce « qui vous servira de signal : Lorsque vous verrez les mai- « sons de ce village situé sur la montagne livrées aux flam- « mes, et la fumée de l'incendie s'élever jusqu'aux cieux, vous « connaîtrez que nous serons là avec l'armée que nous vous « promettons. » Mais après avoir attendu pendant six jours, comme c'était convenu, ils virent que personne n'était venu. Cedinus, avec treize ducs, entra dans la partie gauche de l'Italie, prit cinq châteaux et y exigea le serment. L'armée était cruellement travaillée par la dyssenterie, parce que l'air du pays étant contraire aux soldats qui n'y étaient pas acclimatés, les faisait périr pour la plupart ; mais le vent s'étant élevé et ayant amené de la pluie, l'air commença à se rafraîchir un peu, ce qui apporta du soulagement à la maladie. Que dire de plus ? pendant près de trois mois ils parcoururent l'Italie ; mais n'avançant à rien, ne pouvant même tirer vengeance de l'ennemi parce qu'il s'était retranché dans des lieux extrêmement fortifiés, ni prendre leur roi pour se venger sur lui, parce qu'il s'était mis en sûreté dans les murs de Pavie, l'armée fatiguée, comme nous l'avons dit, par l'insalubrité de l'air, et exténuée par la faim, se disposa à rentrer dans ses foyers. Toutefois elle soumit au pouvoir du roi, en exigeant le serment, les lieux qui avaient autrefois obéi à son père (1) et d'où elle emmena des captifs et du butin. Et dans ce retour ils furent tellement tourmentés

(1) Le royaume de Sigebert se prolongeait donc jusque dans le Milanais; voy. A. de Valois, *Rer. francic.*, livre XV. (Ruin.)

par la disette, qu'avant d'atteindre la terre natale ils vendirent leurs armes et leurs vêtements pour acheter des vivres. Aptachaire (1), roi des Langobards, envoya au roi Guntchramn des ambassadeurs avec les paroles que voici à peu près : « Très-
« pieux roi, nous désirons être soumis et fidèles à vous et à
« votre nation comme nous le fûmes à vos pères. Nous ne
« nous écartons point du serment que nos prédécesseurs firent
« à vos prédécesseurs. Maintenant, cessez donc de nous per-
« sécuter, et que la paix soit entre nous avec la concorde, en
« sorte que nous puissions, quand il sera nécessaire, nous prêter
« secours contre nos ennemis, assurer ainsi le salut de votre na-
« tion et de la nôtre ; et que les ennemis qui s'agitent autour de
« nous, sachant que nous vivons en paix, aient plutôt à s'ef-
« frayer de notre amitié qu'à se réjouir de notre discorde. »
Le roi Guntchramn reçut ces paroles avec bienveillance et envoya les députés à son neveu le roi Childebert. Mais pendant qu'ils séjournaient auprès de celui-ci, après avoir rempli leur mission, il vint d'autres envoyés annonçant que le roi Aptachaire était mort (2), et que Paulus avait été mis à sa place (3). Ils apportaient, de la part de ce dernier, des paroles semblables à celles qui précèdent. Le roi Childebert leur indiqua un jour d'audience pour leur faire savoir ce qu'il aurait décidé pour l'avenir, puis leur donna l'ordre du départ.

IV. Cependant Mauricius envoya au roi Childebert, les mains liées et chargées de chaînes, ces Carthaginois (ils étaient au nombre de douze) qui l'année précédente avaient tué ses am-

(1) Ou Aptachar, *Aptacharius;* Paul Diacre l'appelle Autharis.
(2) Le 5 septembre 590.
(3) Paul Diacre ne fait aucune mention de ce Paulus qui n'est nommé que par Grégoire, et l'on sait en effet qu'Autaris eut pour successeur le duc Agilulf qui régna jusqu'en 615. Mais Agilulf était arien ; sa femme Théodolinde, veuve d'Autaris, le ramena, dit-on, à la foi catholique et il aurait été baptisé alors sous le nom de Paul. Ainsi s'expliquerait ce passage de Grégoire de Tours. (Guizot.)

bassadeurs ; il les envoya avec cette clause que si le roi voulait les tuer, il avait toute faculté de le faire; mais s'il voulait les relâcher moyennant rançon, on lui donnerait pour chacun trois cents sous d'or. Qu'il choisît donc le parti qui lui plairait, afin que tout sujet de querelle étant assoupi, il n'y eût plus aucune cause d'inimitié entre eux. Mais le roi Childebert refusant de recevoir ces hommes enchaînés, dit : « Nous igno-
« rons si ce sont les meurtriers que vous amenez ou d'autres,
« peut-être même sont-ce des esclaves quelconques, tandis que
« les nôtres, tués au milieu de vous, étaient bien de race li-
« bre. » Grippon surtout, qui faisait partie de l'ambassade à l'époque où furent tués les envoyés, et qui maintenant était présent disait : « Le préfet de cette ville, rassemblant deux
« ou trois mille hommes, se jeta sur nous, et tua mes com-
« pagnons; et dans ce péril j'aurais succombé moi-même si
« je n'avais eu la facilité de vigoureusement me défendre.
« En allant sur les lieux je pourrai reconnaître les coupables :
« ce sont ceux-là dont votre empereur doit tirer vengeance,
« s'il désire, comme vous le dites, rester en paix avec notre
« maître. » Le roi ayant décidé dans son plaid d'envoyer après eux vers l'empereur, donna l'ordre de les faire partir.

V. Dans le même temps Cuppa, qui avait été comte des écuries du roi Chilpéric, fit une irruption sur le territoire de Tours, et s'y livrant au pillage voulut enlever des troupeaux et autres choses; mais lorsque les habitants eurent connaissance de cela, ils se rassemblèrent en grand nombre et se mirent à sa poursuite. Ils lui reprirent son butin, tuèrent deux de ses serviteurs, et le forcèrent lui-même à s'enfuir tout nu en laissant deux autres serviteurs captifs qu'on envoya enchaînés au roi Childebert; celui-ci les fit jeter en prison et donna ordre qu'on les interrogeât, pour savoir avec l'aide de qui Cuppa avait pu prendre la fuite de manière à ne pas être pris par ceux qui le poursuivaient. Ils répondirent que cela était arrivé par l'artifice du viguier (1) Animodus, qui gouvernait ce canton où il exerçait le pouvoir judiciaire. Le roi, adressant aussitôt des lettres au comte de la cité, lui ordonna de conduire cet homme en sa présence après l'avoir chargé de chaînes ; et si celui-ci essayait de résister, le comte devait s'emparer de lui par la force fallût-il même le tuer, s'il voulait gagner les bonnes grâces du prince. Mais Animodus, au lieu de résister, fournit garant, se rendit où on lui dit d'aller, et ayant trouvé le Domestique Flavianus, il fut mis en cause avec son garant ; mais n'ayant pas été trouvé coupable, il fut absous avec lui et reçut l'ordre de s'en retourner chez lui, toutefois après avoir préalablement fait des présents à ce Domestique. Le même Cuppa ayant réuni de nouveau quelques uns des siens, voulut enlever, pour en faire son épouse, la fille de Badégisil, jadis évêque du Mans. Il se porta donc pendant la nuit, avec une troupe de ses compagnons, sur le village de Marcuil (2), pour accomplir sa résolution ; mais Magnatrude, maîtresse de la maison et mère de la jeune fille, eut connaissance de ce qui se préparait, et étant sortie contre lui avec ses serviteurs, elle le repoussa par la force et tua plusieurs des siens, en sorte qu'il se retira non sans honte.

VI. Dans le pays des Arvernes les détenus d'une prison eurent leurs chaînes brisées pendant la nuit par la volonté de Dieu ; les portes de la prison s'étant ouvertes ils en sortirent et entrèrent dans l'église. Le comte Eulalius les fit enchaîner de nouveau plus rigoureusement, mais dès que ces fers furent posés sur eux, aussitôt ils se brisèrent comme un verre fragile ; et alors graciés, à la prière de l'évêque Avitus, les prisonniers furent rendus à la liberté qui devait leur appartenir.

VII. Dans la même contrée, le roi Childebert remit, par

---

(1) *Vicarius ;* le lieutenant du comte.
(2) Voyez liv. VII. chap. XII.

une pieuse munificence, tout impôt tant aux églises qu'aux monastères, ainsi qu'à tout le clergé attaché à l'église, et à tous ceux qui cultivaient des biens ecclésiastiques. Les exacteurs de ce tribut avaient déjà perdu beaucoup, attendu que, par la longueur du temps et parce que les générations s'étaient succédé les unes aux autres, les propriétés s'étaient divisées en un grand nombre de portions et l'impôt ne pouvait qu'à grand'-peine être prélevé. Le roi, par l'inspiration de Dieu, réforma les choses de manière que quant aux sommes dues au fisc il n'y eut ni perte tombant sur l'exacteur (1), ni révocation d'aucun colon de l'église pour cause de retard.

VIII. Sur les confins des territoires d'Auvergne, du Gévaudan et du Rouergue, un synode d'évêques fut réuni contre Tétradia, veuve de feu Desiderius, parce que le comte Eulalius réclamait d'elle les objets qu'elle avait emportés en fuyant de chez lui (2). Mais je crois devoir reprendre de plus haut cette affaire, c'est-à-dire comment Tétradia avait abandonné Eulalius et comment elle s'était retirée auprès de Desiderius. Eulalius, comme il arrive à la jeunesse, faisait des choses déraisonnables; par suite de quoi, réprimandé souvent par sa mère, il avait en haine celle qu'il eût dû chérir. Comme elle se prosternait souvent en prières dans l'oratoire de sa maison et, pendant que ses serviteurs dormaient, passait très-fréquemment ses veilles à prier avec larmes, elle fut trouvée étranglée dans le cilice qu'elle revêtait pour ses oraisons. Personne ne sut qui avait commis le crime, mais le fils fut soupçonné de parricide; et l'évêque de la cité arverne, Cautinus, ayant su ce qui s'était passé, le priva de la communion. A la fête du saint martyr Julianus, pendant que les citoyens étaient réunis autour de l'évêque, Eulalius se jeta aux pieds du pon-

---

(1) Ils étaient encore responsables de la rentrée de ces tributs dans les coffres du fisc, comme ils l'avaient été dans l'empire romain.

(2) Voy. liv. VIII, chap. XXVII et XLV.

tife, se plaignant d'avoir été exclu de la communion sans être entendu. Alors l'évêque lui permit d'assister aux solennités de la messe comme les autres fidèles ; mais lorsqu'on en vint à communier et qu'Eulalius se fut approché de l'autel, l'évêque dit : « Le bruit populaire t'accuse hautement de parricide ; « que tu aies ou non commis ce crime, je l'ignore ; aussi j'en « remets le jugement à Dieu et au bienheureux martyr Julianus. « Si tu te sens en état de communier, comme tu l'affirmes, « approche-toi, prends un morceau de l'eucharistie et porte- « le à ta bouche : Dieu sera le scrutateur de ta conscience. » Celui-ci prit l'eucharistie, communia et se retira (1). Il avait pour femme Tétradia, noble par sa mère et d'une condition inférieure du côté de son père. Mais cet homme, dans sa maison, faisait de ses servantes des concubines et commença de négliger sa femme ; et quand il revenait d'avec une de ses prostituées il accablait l'épouse des plus durs traitements. Il avait aussi pour des crimes nombreux contracté différentes dettes, grâce auxquelles disparaissaient fort souvent les bijoux et l'or de sa femme. Enfin, cette femme placée au milieu de telles extrémités et dépouillée dans la maison de son mari de tout l'honneur dont elle avait joui, se laissa parler d'amour, pendant qu'Eulalius était allé vers le roi, par le neveu de son époux, Virus, car c'est ainsi (2) que s'appelait cet homme, et comme il avait perdu sa femme, il dit à Tétradia qu'il voulait s'unir à elle en mariage. Mais Virus craignant l'inimitié de son oncle, envoya la femme au duc Desiderius, avec l'intention de l'épouser plus tard. Celle-ci enleva toute la fortune de son mari, tant en or qu'en argent et en vêtements, et tout ce qui pouvait s'emporter, ainsi que son fils aîné, laissant à la maison un autre fils plus jeune. Eulalius, au retour de son voyage, apprit ce qui s'était passé. Lorsque sa douleur

(1) Mabillon et Ruinart ont savamment éclairci à l'aide de ce passage les formes de la messe dans l'église des Francs.

(2) L'auteur ne laisse pas échapper le jeu de mots. Voy. p. 107, n. 2 et t. I, p. 289, n. 1. Et encore : « Revocatus est *revocatus* a fide » (II, III).

se fut calmée, il attendit un peu, puis fondit sur son neveu et le tua dans les défilés des vallées arvernes. Desiderius, qui venait aussi de perdre sa femme, apprenant que Virus avait été tué, se maria avec Tétradia. Alors Eulalius enleva du monastère de Lyon une jeune fille qu'il épousa ; mais ses concubines, poussées à ce qu'on dit par la jalousie, lui ôtèrent le sens au moyen de maléfices. Longtemps après, Eulalius attaqua secrètement Émérius, cousin de cette fille, et le tua ; il tua également Socratius, le frère de sa sœur (1) née d'une concubine de son père. Il commit encore bien d'autres méfaits, qu'il serait trop long de raconter. Johannès, son fils, qui s'en était allé avec sa mère, s'échappa de la maison de Desiderius et vint à Clermont. Comme Innocentius sollicitait l'évêché de la cité de Rodez (2), Eulalius lui écrivit pour le charger du soin de recouvrer ce qui lui était dû sur le territoire de cette cité. Mais Innocentius dit : « Si tu me donnes un de tes fils pour « en faire un clerc, que je garderai pour me servir d'aide, je « ferai ce que tu demandes. » Il lui envoya son fils nommé Johannès, et recouvra ses biens. L'évêque Innocentius, ayant reçu l'enfant, lui rasa la tête et le confia à l'archidiacre de son église. Ce garçon se soumit à une telle austérité, qu'au lieu de froment il mangeait de l'orge, il buvait de l'eau au lieu de vin, se servait d'âne au lieu de cheval, et ne portait que les plus grossiers vêtements. Les évêques et les personnages du rang de *magnifiques* s'étant donc assemblés, comme nous l'avons dit, sur les confins des pays mentionnés ci-dessus (Auvergne, Gévaudan, Rouergue) Tétradia fut représentée devant eux par Aginus, et Eulalius vint soutenir sa cause contre elle. Sur la réclamation qu'il fit des objets qu'elle avait

(1) *Fratrem sororis suæ* quem *pater habuerat*. Au lieu de ce *quem* rendant la phrase inintelligible, je n'hésite pas à lire *quam*. — *Et ut hæc deliberacio nostra quem*, dans le diplôme de Vandemir et Ercamberte (en 690), et mille autres exemples de cette confusion dans les textes mérovingiens.

(2) Voy. VI, XXXVIII.

enlevés de chez lui en se retirant auprès de Desiderius, il fut jugé que Tétradia restituerait le quadruple de ce qu'elle avait emporté (1), et que les enfants qu'elle avait eus de Desiderius seraient bâtards ; il fut aussi décidé qu'en payant à Eulalius ce à quoi elle était condamnée, elle aurait la faculté de venir en Auvergne, et jouirait sans trouble des biens qu'elle tenait de la succession de son père ; ce qui fut ainsi fait.

IX. Pendant que ces choses se passaient, les Bretons commettant de grands excès dans les environs des villes de Nantes surtout et de Rennes, le roi Guntchramn donna ordre à l'armée de marcher contre eux ; il choisit pour mettre à la tête, en qualité de ducs, Beppolen et Ébrachaire. Mais Ébrachaire craignant que s'il partageait la victoire avec Beppolen, celui-ci n'obtînt son duché, fomente des querelles avec lui, et pendant toute la route ils se harcèlent de blasphèmes, d'outrages et de malédictions. Partout où ils passèrent ils se livrèrent aux incendies, aux meurtres, aux pillages et à mille brigandages. Ce fut ainsi qu'ils arrivèrent à la rivière de Vilaine, la traversèrent, et parvenus à celle de l'Oust (2), établirent des ponts dessus avec les cabanes du voisinage qu'ils démolirent, et par ce moyen toute l'armée passa. Un certain prêtre était venu à ce moment trouver Beppolen en lui disant : « Si tu veux me « suivre, je te conduirai près de Waroch, et je te montrerai « les Bretons réunis tous ensemble. » Lorsque Frédegunde avait appris que Beppolen partait pour cette expédition, comme il lui était depuis longtemps odieux, elle ordonna aux Saxons de Bayeux (3) de se couper les cheveux à la manière des Bretons (4), d'arranger comme eux leurs vêtements et d'aller au se-

(1) C'est-à-dire qu'elle fut condamnée à la plus forte récupération civile prononcée contre les voleurs, par la loi romaine. Voy. ci-dessus, t. I, p. 196, n. 1.
(2) *Ulda*, affluent de la Vilaine, *Vicinonia*.
(3) Voy. l. V, ch. xxvii.
(4) Voy. sur ce point Mabillon, *Acta SS. ord. S. Bened.*, sæc. III, par. 1, præf. (*R.*)

cours de Waroch. Lorsque arriva Beppolen avec ceux qui consentirent à le suivre, il engagea le combat, et pendant deux jours il tua un grand nombre de Bretons et des susdits Saxons. Quant à Ébrachaire il s'était séparé de lui avec le corps d'armée le plus considérable, et refusa de le joindre jusqu'à ce qu'il eût appris sa mort. Le troisième jour, ceux qui accompagnaient Beppolen avaient déjà succombé, et lui-même combattait blessé d'un coup de lance, lorsque Waroch avec les Saxons tombèrent sur lui et le tuèrent. Celui-ci avait resserré Beppolen et les siens entre des passages étroits et des marais, où ils périrent plutôt noyés dans les boues qu'immolés par le fer. Ébrachaire s'avança jusqu'à la cité de Vannes. L'évêque Régalis avait envoyé au-devant de lui, avec les croix et les chœurs, son clergé qui le conduisit jusqu'à la ville. On disait alors que Waroch avait voulu se réfugier dans les îles (du nord?) avec des navires chargés d'or, d'argent et de tous ses effets, mais que lorsqu'il avait pris la haute mer, le vent s'étant levé et ayant fait sombrer ses vaisseaux, tout ce qu'il y avait déposé avait été perdu. En tout cas il vint trouver Ébrachaire, demanda la paix et livra des otages avec beaucoup de présents, en promettant qu'il ne ferait jamais rien contre l'intérêt du roi Guntchramn. Waroch parti, l'évêque Régalis fit à son tour les mêmes serments, ainsi que son clergé et les habitants de son diocèse, et dit : « Nous ne sommes en rien coupables envers
« les rois nos seigneurs, et jamais nous n'avons eu la présomp-
« tion de nous élever contre leur intérêt ; mais nous sommes
« les captifs des Bretons et soumis à un joug pesant. » La paix ayant donc été solennisée entre Waroch et Ébrachaire, Waroch dit : « Partez donc maintenant et annoncez que
« j'aurai soin d'accomplir de moi-même tout ce qu'ordonnera
« le roi ; et pour que vous en soyez plus pleinement convain-
« cus, je vous donnerai mon neveu en otage. » Ce qu'il fit en effet, et la guerre fut terminée : mais il avait péri une grande multitude d'hommes, et du côté de l'armée royale et tout aussi bien du côté des Bretons. Lorsque l'armée (du roi) sortit

de la Bretagne, les plus forts passèrent le fleuve, mais les faibles et les pauvres qui étaient avec eux ne purent traverser en même temps ; et comme ils restaient sur le bord de la Vilaine, Waroch, oubliant son serment et les otages qu'il avait donnés, envoie Canaon (1) son fils avec des troupes, puis s'emparant des hommes qu'il trouve sur le rivage, il les charge de liens, tue ceux qui résistent et quelques-uns, qui tentèrent de franchir le courant à l'aide de leurs chevaux, furent par ce courant même emportés à la mer. Plusieurs, dans la suite, reçurent de la femme de Waroch l'affranchissement par les cierges et les tablettes (2), et revinrent chez eux. L'armée qui avait passé précédemment craignant de reprendre le chemin par où elle était venue, de peur d'avoir à subir les mêmes maux qu'elle avait faits, se dirigea sur la ville d'Angers dans le dessein de gagner le pont de la Mayenne ; mais la petite troupe qui passa la première fut dépouillée, battue et réduite aux dernières ignominies. Cependant, en traversant la Touraine ils pillèrent et dépouillèrent beaucoup de gens, parce que les habitants furent surpris à l'improviste. Toutefois, beaucoup d'hommes de cette armée allèrent au roi Guntchramn, lui dire que le duc Ébrachaire et le comte Wiliachaire (3) avaient reçu de l'argent de Waroch et fait périr l'armée. Aussi, lorsque Ébrachaire se présenta, le roi le repoussa avec outrage et lui ordonna de se retirer de sa présence pendant que le comte Wiliachaire prenait la fuite et se cachait.

X. La quinzième année du règne de Childebert, qui répond à la vingt-neuvième de Guntchramn (4), celui-ci en chassant dans la forêt des Vosges, trouva les restes d'un buffle qu'on avait tué. Il pressa de questions le garde de la forêt,

---

(1) Ou Conan.
(2) Rédigé sur des tablettes de cire et lu à l'église ; l'on donnait à ces sortes d'affranchis le nom de *tabularii* ou *cerarii*.
(3) Voy. VII, XIII.
(4) L'an 590.

pour savoir qui avait osé, dans une forêt royale, en agir comme s'il eût été le roi, et le garde nomma Chundon, chambellan de Guntchramn. Sur la foi de cette parole, le roi le fit arrêter et conduire à Chalon chargé de liens. Mais quand l'un et l'autre vinrent à discuter en présence du roi, Chundon assurant que jamais il ne s'était permis ce dont on l'accusait, le roi adjugea le combat. Le chambellan présenta son neveu pour combattre à sa place et tous deux entrèrent dans la lice. Le jeune homme porta un coup de lance au garde et lui perça le pied ; le garde étant tombé aussitôt sur le dos, le jeune homme tira le couteau qui pendait à sa ceinture, et il cherchait à couper la gorge à cet homme gisant à terre lorsque le blessé lui plongea son couteau dans le ventre et tous les deux tombèrent morts. Ce que voyant, Chundon s'enfuit à la basilique de saint Marcel (1) ; mais le roi ayant crié qu'on l'arrêtât, il fut saisi avant d'atteindre le seuil sacré, attaché à un poteau et tué à coups de pierres. Dans la suite, le roi se repentit beaucoup de cette action dans laquelle il avait cédé avec tant de précipitation à la colère, au point de faire périr si promptement, pour une faute légère, un homme fidèle et qui lui était nécessaire.

XI. Quant à Chlothaire, fils du défunt roi Chilpéric, il fut gravement malade et on désespéra même tellement de lui, qu'on annonça sa mort au roi Guntchramn ; en sorte que celui-ci partit de Chalon et comme s'il eût voulu se rendre à Paris, s'avança jusqu'au territoire de la cité de Sens. Mais ayant été informé de la convalescence du jeune homme, il retourna sur ses pas. Lorsque Frédegunde, mère de Chlothaire, le vit désespéré, elle offrit une grande somme d'argent à la basilique de saint Martin et ce fut alors que l'enfant se porta mieux. Elle envoya aussi des messagers à Waroch, afin de délivrer, en vue de racheter la vie de son fils, tous ceux de l'armée du roi Guntchramn qui étaient encore retenus pri-

(1) De Chalon.

sonniers dans les Bretagnes. Ce que Waroch exécuta. Et cela fit bien voir que cette femme avait été de connivence dans la mort de Beppolen et la destruction de l'armée.

XII. La religieuse Ingeltrude, qui a établi, comme nous l'avons raconté dans les livres précédents (1), un monastère de filles dans la cour de saint Martin, étant tombée malade, institua sa nièce pour abbesse du monastère, ce qui fit beaucoup murmurer le reste de la congrégation ; mais sur nos réprimandes, le bruit cessa. Ingeltrude continuant d'être en querelle avec sa fille demanda instamment, par la raison que celle-ci lui avait enlevé ses biens, qu'il ne lui fût jamais permis de venir prier ni dans le monastère qu'elle avait fondé, ni sur son tombeau. Elle mourut, à ce que je crois, dans la quatre-vingtième année de sa vie, et fut enterrée le 7 des ides du premier mois (9 mars). Sa fille Berthegunde vint à Tours, mais n'ayant pas été reçue (dans le monastère), elle alla au roi Childebert, lui demander la permission de gouverner la communauté en place de sa mère. Le roi, oubliant le jugement qu'il avait porté en faveur de la mère, donna à Berthegunde un autre diplôme muni de sa signature, et portant qu'elle devait se mettre en possession de tout ce qu'avaient eu son père et sa mère, et enlever du monastère tout ce qu'Ingeltrude y avait laissé. Elle vint avec cet ordre, et enleva si bien tout le mobilier du monastère, qu'elle n'y laissa que les murs tout nus ; elle réunit en outre une troupe de gens coupables de toute espèce de crimes et prêts à tous les excès, qui partout où la dévotion des fidèles avait donné quelque terre à la communauté, en emportèrent les fruits. Le mal qu'elle fit en ce lieu dépasse tout ce qu'on pourrait dire. Cette femme après s'être emparée des objets dont nous venons de parler, retourna à Poitiers, en vomissant beaucoup d'accusations fausses contre l'abbesse, qui était sa proche parente.

(1) Voyez liv IX, chap. xxxiii.

XIII. Dans ce temps-là il y eut un de nos prêtres, infecté du venin de l'hérésie saducéenne, qui niait la résurrection future (1); et comme nous lui assurions qu'elle avait été prédite par les saintes Écritures, et enseignée par l'autorité de la tradition apostolique, il répondit : « Il est évident que c'est
« l'opinion générale, mais nous ne sommes pas certains si
« cela est ou n'est pas, surtout quand le Seigneur, irrité contre
« le premier homme, qu'il avait formé de sa main sacrée, lui
« dit : *Tu mangeras ton pain à la sueur de ton visage,*
« *jusqu'à ce que tu retournes en la terre, d'où tu as été*
« *tiré; car tu es poudre, et tu retourneras en poudre* (2).
« Que répondrez-vous à cela, vous qui prêchez la résurrec-
« tion future? puisque Dieu ne promet point ensuite de res-
« susciter l'homme réduit en poussière. » Je lui répondis :
« Je ne pense pas qu'aucun catholique ignore ce qu'ont dit à
« ce sujet et le Seigneur notre Rédempteur lui-même et les
« Pères qui nous ont précédés. Ainsi, dans la Genèse, lorsque
« les patriarches mouraient, le Seigneur disait : *Tu seras*
« *réuni à ton peuple, tu mourras dans une heureuse vieil-*
« *lesse* (3). De même il dit à Caïn : *La voix du sang de ton*
« *frère crie de la terre jusqu'à moi* (4); d'où il paraît clai-
« rement que les âmes vivent après leur sortie du corps, et
« qu'elles attendent, le visage plein d'anxiété, la résurrection
« future. Il est encore écrit de Job : *Il ressuscitera dans la*
« *résurrection des morts.* Et le prophète David, bien qu'il
« parle au nom du Seigneur, prévoit cependant la résurrection
« lorsqu'il dit : *Celui qui dort ne pourra-t-il donc pas se re-*
« *lever?* c'est-à-dire, celui qui est accablé sous le sommeil
« de la mort ne se trouvera-t-il pas à la résurrection? Isaïe
« enseigne aussi que les morts ressusciteront de leur tombeau.
« De même le prophète Ézéchiel nous enseigne évidemment

(1) La résurrection de la chair.
(2) Genes., III, 19.
(3) Genes., XXV, 8.
(4) Genes., IV, 10.

« la résurrection future, lorsqu'il nous raconte que des os
« desséchés se couvrent de peau, que des nerfs les rattachent,
« des veines les colorent, que le souffle de l'esprit les anime
« et que l'homme se reforme. Ce fut encore un indice mani-
« feste de la résurrection lorsque les os d'Élisée, touchant un
« cadavre inanimé, le rendirent à la vie par un miracle. Il en
« est de même de la resurrection de Notre Seigneur, qui res-
« suscita le premier d'entre les morts, fit mourir la mort et
« donna la vie aux morts dans leur tombeau. — A cela le prêtre
« dit : « Que le Seigneur fait homme soit mort et ressuscité,
« je ne le mets pas en doute, mais je n'admets pas que les
« autres morts ressuscitent. — Et quelle nécessité, repris-je
« alors, y avait-il pour le Fils de Dieu de descendre du ciel,
« de se revêtir de chair, de subir la mort, de pénétrer aux
« enfers, si ce n'est pour empêcher que l'homme qu'il avait
« formé ne restât dans une mort éternelle? Les âmes des
« justes, qui jusqu'à sa passion étaient retenues captives dans
« la prison infernale, furent relâchées à sa venue. En descen-
« dant aux enfers il dispersa les ténèbres devant une lumière
« nouvelle, et emmena avec lui les âmes de ces justes, afin
« qu'elles n'eussent pas à souffrir plus longtemps dans l'at-
« tente de la liberté, suivant ce mot : *Et les morts se relè-*
« *veront dans leur tombeau.* » — Et le prêtre dit : « Est-ce
« que des os réduits en poussière peuvent être ranimés de
« nouveau et former un homme vivant ? » — Et je répondis :
« Nous croyons que l'homme, fût-il encore plus réduit en pous-
« sière, fût-il dispersé sur les eaux et sur la terre par la force du
« vent, il ne serait pas difficile à Dieu de le rappeler à la vie. —
« Le prêtre repartit : « Je crois que vous êtes tout à fait dans
« l'erreur, lorsque vous vous efforcez d'appuyer par des pa-
« roles séduisantes une grande fausseté, en disant que ce qui
« a été déchiré par les bêtes, englouti par les eaux, dévoré
« par la gueule des poissons, réduit en excrément, rendu
« après avoir été digéré, décomposé par le séjour au fond des
« eaux, ou détruit dans la terre par la putréfaction, ressus-

« citera un jour. » — A cela je répondis : « Tu as mis en
« oubli, je pense, ce que dit dans l'Apocalypse Jean l'é-
« vangéliste reposant sur le sein du Seigneur et dévoilant les
« secrets des saints mystères : *Alors,* dit-il, *la mer rendra*
« *les morts qui étaient ensevelis sous ses eaux* (1) ; ce qui
« prouve évidemment que les parties des corps humains dé-
« vorés par les poissons, par les oiseaux ou par les bêtes fé-
« roces, seront rassemblées et reformées par le Seigneur
« pour la résurrection ; car il ne lui sera pas difficile à celui
« qui a créé de rien ce qui n'existait pas de réparer ce qui
« sera perdu. Il rétablira donc les choses en leur entier, et
« telles qu'elles étaient d'abord, de manière que le corps qui
« vécut dans ce monde reçoive, selon ses mérites, le châti-
« ment ou la gloire. C'est ainsi que le Seigneur dit lui-même
« dans l'Évangile : *Le Fils de l'Homme doit venir dans la*
« *gloire de son Père avec ses anges, et alors il rendra à*
« *chacun selon ses œuvres* (2). Marthe aussi, doutant de la
« résurrection de son frère Lazare, disait : *Je sais qu'il res-*
« *suscitera en la résurrection qui se fera au dernier jour* (3);
« et le Seigneur lui dit : *Je suis la résurrection, la voie, la*
« *vérité et la vie* (4). » — A cela le prêtre dit : « Pourquoi
« donc est-il écrit dans le Psaume : *Les impies ne ressusci-*
« *tent point dans le jugement des justes* (5) ? — Et je ré-
« pondis : « Ils ne ressusciteront pas pour juger, mais ils res-
« susciteront pour être jugés ; car le Juge ne peut s'asseoir
« avec les impies pour rendre compte de ses actions. — Le
« Seigneur, reprit-il, dit dans l'Évangile : *Celui qui ne croit*
« *point est déjà condamné* (6) ; ainsi donc il sera perdu avant
« la résurrection. » Et je répondis : « Il est condamné à subir le

(1) Apocal., XX, 13.
(2) Matth., XVI, 27.
(3) Jean, XI, 24.
(4) Jean, XI, 24.
(5) Ps. I, 5.
(6) Jean, III, 18.

« supplice éternel, parce qu'il n'a pas cru au Fils unique de Dieu ;
« mais il ressuscitera en corps pour subir la peine des péchés
« qu'il a commis sous sa forme corporelle. Il ne peut en effet
« être porté de jugement que les morts ne soient d'abord res-
« suscités ; car de même que Dieu retient dans le ciel, comme
« nous le croyons, ceux qui sont morts en état de sainteté,
« au tombeau desquels s'opèrent des miracles, qui redonnent
« la vue aux aveugles, redressent les boiteux, guérissent les
« lépreux et rendent aux malades qui le demandent le bien-
« fait de la santé, de même nous croyons que les pécheurs
« sont retenus jusqu'au jour du jugement dans la prison de
« l'enfer. » — Et le prêtre dit : « Cependant nous lisons dans
« les Psaumes : *L'Esprit ne fera que passer dans l'homme,*
« *et il n'occupera plus son lieu comme auparavant* (1). » —
Je lui dis : « Le Seigneur lui-même, dans une parabole, disait
« au riche tourmenté par les flammes de l'enfer : *Vous avez*
« *reçu vos biens dans votre vie, et Lazare n'y a eu que des*
« *maux* (2). Ce riche, en effet, ne retrouva pas sa pourpre
« et ses fines étoffes de lin, ni les délices du festin, que lui
« fournissaient l'air, la terre et la mer, quand il fut torturé
« dans les flammes; de même Lazare ne retrouva ni ses
« plaies ni la pourriture qui le couvrait sur la porte du riche,
« quand il se reposa sur le sein d'Abraham. — Le prêtre dit :
« Nous lisons dans un autre psaume : *Leur âme étant sortie*
« *de leur corps, ils retourneront dans la terre, d'où ils*
« *sont sortis, et ce jour-là même toutes leurs vaines pensées*
« *périront* (3). — Et moi : Tu as raison, repris-je : lorsque
« l'âme est sortie du corps de l'homme, et que ce corps est
« étendu mort, il ne pense plus à ce qu'il laisse dans le monde.
« C'est comme si tu disais : Il ne pense plus à bâtir, à
« planter, à cultiver son champ; il ne pense plus à amasser

---

(1) Ps. CII, 16.
(2) Luc, XVI, 25.
(3) Ps. CXLV, 4.

« de l'or, de l'argent et les autres richesses du monde; cette
« pensée est éteinte dans le corps mort, parce que l'Esprit
« n'est plus en lui. Mais comment peux-tu douter de la ré-
« surrection, lorsque l'apôtre Paul, par lequel a parlé le Christ
« lui-même, l'annonce évidemment par ces paroles : *Nous*
« *avons été ensevelis avec le Christ par le baptême pour*
« *mourir au péché, afin que, de même qu'il est mort et*
« *ressuscité, nous marchions aussi dans une nouvelle*
« *vie* (1). Et ailleurs : *Nous ressusciterons tous, mais nous*
« *ne serons pas tous changés; la trompette sonnera, et les*
« *morts ressusciteront en un état incorruptible, et alors*
« *nous serons changés* (2). Et ailleurs encore : *Entre les*
« *étoiles, l'une est plus éclatante que l'autre; il en arri-*
« *vera de même dans la résurrection des morts* (3). Et :
« *Le corps est mis en la terre plein de corruption, et il*
« *ressuscitera incorruptible, etc.* (4). Dans un autre en-
« droit : *Nous devons tous comparaître devant le tribunal*
« *de Jésus-Christ, afin que chacun reçoive ce qui est dû*
« *aux bonnes ou aux mauvaises actions qu'il aura faites*
« *pendant qu'il était revêtu de son corps* (5). Il entend évi-
« demment encore parler de la résurrection future, lorsqu'il
« dit aux Thessaloniciens : *Nous ne voulons pas que vous*
« *ignoriez ce que vous devez savoir touchant ceux qui dor-*
« *ment, afin que vous ne vous attristiez pas comme font*
« *les autres hommes qui n'ont point d'espérance; car si*
« *nous croyons que Jésus est mort et ressuscité, nous de-*
« *vons croire aussi que Dieu emmènera avec Jésus ceux*
« *qui se seront endormis en lui. Aussi nous vous déclarons,*
« *comme l'ayant appris du Seigneur, que nous qui vivons*
« *et qui sommes réservés pour son avénement, nous ne*

(1) Paul aux Rom., VI, 4.
(2) Paul aux Corinth., Ire épit., XV, 51.
(3) *Ibid.*, 41.
(4) *Ibid.*, 42.
(5) IIe Épit. aux Corinth., V, 10.

« *préviendrons point ceux qui sont déjà dans le sommeil de*
« *la mort; car aussitôt que le signal aura été donné par*
« *la voix de l'archange et par le son de la trompette de*
« *Dieu, le Seigneur lui-même descendra du ciel, et ceux*
« *qui seront morts en Jésus-Christ ressusciteront les pre-*
« *miers; puis nous autres qui sommes vivants et qui serons*
« *demeurés jusque alors, nous serons emportés avec eux*
« *dans la nuée pour aller au-devant du Seigneur au milieu*
« *de l'air, et ainsi nous vivrons pour jamais avec le Sei-*
« *gneur. Consolez-vous donc les uns les autres par ces vé-*
« *rités* (1). Il y a là-dessus plusieurs témoignages qui confir-
« ment cette opinion. Mais je ne sais pourquoi tu doutes de
« la résurrection, que les saints attendent comme la récom-
« pense de leurs mérites, que redoutent les pécheurs à cause
« de leurs crimes. Cette résurrection, en effet, nous est dé-
« montrée par les éléments que nous voyons : les arbres sont
« couverts de feuilles en été et se dépouillent quand vient
« l'hiver; puis, quand revient la saison du printemps, ils
« semblent renaître et se revêtent de feuilles comme ils
« étaient d'abord. Le même indice se retrouve dans la semence
« confiée à la terre : placée dans le sillon, elle meurt, mais
« pour renaître avec une abondance de fruits, comme le dit
« l'apôtre Paul : *Insensé que tu es, ce que tu sèmes pour*
« *prendre vie ne meurt-il pas auparavant* (2)? Toutes ces
« choses sont manifestées au monde pour lui donner foi en
« la résurrection. En effet, si la résurrection future ne devait
« pas être, que servirait aux justes d'avoir bien vécu? En
« quoi le mal qu'ils font serait-il nuisible aux pécheurs? Que
« chacun prenne donc pour règle sa seule volonté, et fasse
« ce qui lui plaira, s'il ne doit point y avoir de jugement à
« venir; que le méchant ne craigne pas même ce qu'a dit le
« Seigneur à ses bienheureux apôtres : *Quand le Fils de*

---

(1) Paul aux Thessal., Ire épît., IV, 13-18.
(2) Ire Épît. aux Corinth., XV, 36.

« *l'homme viendra dans sa majesté, toutes les nations*
« *étant assemblées devant lui, il séparera les uns d'avec*
« *les autres, comme un berger sépare les brebis d'avec les*
« *boucs, et placera les brebis à la droite, et les boucs à*
« *la gauche. Et il dira à ceux qui sont à sa droite : Venez,*
« *vous qui avez été bénis, posséder mon royaume. Il dira*
« *aux autres : Retirez-vous de moi, artisans d'iniqui-*
« *tés* (1). Et, comme l'enseigne l'Écriture : *Ceux-ci iront*
« *dans le supplice éternel, et les justes dans la vie éter-*
« *nelle* (2). Peux-tu mettre en doute, lorsque le Seigneur
« agira ainsi, qu'il y ait une résurrection des morts et un
« jugement de leurs œuvres? Que l'apôtre Paul te réponde
« donc comme aux autres incrédules : *Si le Christ n'est pas*
« *ressuscité, notre prédication est vaine, et votre foi est*
« *vaine aussi* (3). » A ces mots, le prêtre attristé s'éloigna
de nous, promettant de croire à la résurrection, conformément aux textes des saintes Écritures que nous venons de rapporter.

XIV. Il y avait alors dans l'église de Paris un diacre Théodulf, qui se regardait comme une sorte de demi-savant et qui, à cause de cela, se plaisait à faire naître des disputes. Il quitta la ville de Paris, vint à Angers et se soumit à l'autorité de l'évêque Audoveus, à cause de l'ancienne amitié qu'ils avaient eue lorsqu'ils demeuraient ensemble à Paris; d'où résulta qu'il fut souvent excommunié par Ragnemod, évêque de la ville de Paris, parce qu'il différait de rentrer dans l'église où il avait été ordonné diacre. Il avait si intimement pénétré dans la familiarité de l'évêque d'Angers, que celui-ci, qui était de mœurs douces et plein de bienveillance, ne pouvait plus se débarrasser de son importunité. Il arriva que l'évêque cons-

---

(1) Matth., XXV, 31 *et suiv.*
(2) *Ibid.*, 46.
(3) Ire Épît. aux Corinth., XV, 14.

truisit une terrasse sur les murs de la ville ; un jour qu'il en descendait après y avoir pris son repas du soir et qu'il s'appuyait la main sur le diacre, celui-ci se trouva tellement ivre qu'à peine pouvait-il marcher ; irrité, je ne sais pourquoi, contre le serviteur qui marchait devant avec la lumière, il lui donna un coup de poing sur la tête, et de l'impulsion qu'il s'était donnée, il fut précipité du haut du mur, saisissant dans sa chute le mouchoir qui pendait au ceinturon de l'évêque ; et l'évêque serait presque tombé avec lui si un abbé ne lui eût promptement embrassé les jambes. Le diacre, roulant sur la pierre, se brisa les os et les côtes, et vomissant avec le sang ses intestins rompus, il rendit l'esprit. Il avait en effet l'habitude de s'adonner au vin et de se dépraver dans l'adultère.

XV. Comme le scandale qui, semé par le diable, s'était élevé dans le monastère de Poitiers s'envenimait chaque jour davantage, et que Chrodielde après s'être adjoint, ainsi que nous l'avons dit, des meurtriers, des sorciers, des adultères et des criminels de toute espèce, était toujours prête à un coup de main, elle ordonna à ses gens de se jeter la nuit dans le monastère et de tirer l'abbesse dehors. Celle-ci, entendant le bruit qu'ils firent en arrivant, se fit porter, car elle était tourmentée des douleurs de la goutte, devant la châsse de la sainte croix, afin d'en obtenir assistance. Dès que ces hommes furent entrés, ils allumèrent une torche, puis se mirent, leurs armes à la main, à errer de côté et d'autre dans le monastère pour la chercher, et entrant dans son oratoire, ils la trouvèrent couchée par terre devant la châsse de la sainte croix. Alors l'un d'eux, plus méchant que les autres, et qui avait résolu de commettre le crime de fendre la tête à l'abbesse d'un coup d'épée, fut frappé d'un coutelas par un autre, par l'intervention, à ce que je crois, de la divine providence. Il tomba à terre baigné dans son sang, et ne put accomplir le projet qu'il avait conçu témérairement. Pendant ce temps-là, la prévôtesse Justina (1), et les autres sœurs, ayant éteint la torche, cacha l'abbesse sous la nappe de l'autel placé devant la croix du Seigneur. Mais les autres surviennent, avec leurs épées nues et leurs lances; ils coupent la nappe en dépeçant presque les mains des religieuses, s'emparent de la prévôtesse que dans l'obscurité ils prennent pour l'abbesse, lui arrachent ses voiles, la traînent par ses cheveux dénoués, et la portent dans leurs mains jusqu'à la basilique de Saint-Hilarius, pour l'y faire emprisonner. Comme ils approchaient de la basilique, l'aube commençant un peu à blanchir le ciel, ils reconnurent que ce n'était pas l'abbesse et ordonnent aussitôt à la religieuse de retourner au monastère. Y revenant eux-mêmes, ils saisissent l'abbesse, l'enlèvent et la jettent en prison auprès de la basilique de Saint-Hilarius, dans le lieu où Basine habitait, et placent des gardes à sa porte pour que personne ne puisse porter secours à la prisonnière. Ensuite la nuit étant encore un peu obscure, ils envahirent le monastère et n'y trouvant aucune lumière dont ils pussent se servir, ils tirèrent du cellier un tonneau qu'on avait enduit autrefois de goudron et qui était resté vide; ils y mirent le feu, et en ayant fait une espèce de grand phare, ils enlevèrent tout le mobilier du monastère, ne laissant que ce qu'ils ne purent emporter. Ces choses se passaient sept jours avant Pâques. L'évêque ne les supportant qu'avec un grand chagrin et ne pouvant apaiser cette infernale sédition, envoya dire à Chrodielde : « Relâche l'abbesse, et qu'elle ne soit pas retenue « en prison durant ces jours; autrement je ne célébrerai pas « la Pâque du Seigneur, et aucun catéchumène n'obtiendra « le baptême dans cette ville, jusqu'à ce qu'on fasse délivrer « l'abbesse des liens où elle est retenue. Que si, même en ce

---

(1) Fortunat parle à plusieurs reprises (VIII, 17, 18; IX, 7) de cette Justine et l'appelle nièce de Grégoire. Dom Ruinart en conclut qu'elle était la fille de Justin mentionné par Grégoire (*Mir. de saint Martin*, II, 3) comme ayant épousé sa sœur.

« cas, tu refuses de la mettre en liberté, je rassemblerai les
« citoyens et j'irai la prendre. » Aussitôt qu'il eût dit cela
Chrodielde envoya des meurtriers avec ordre, si quelqu'un
tentait d'enlever de force l'abbesse, de l'égorger de suite. Flavianus, nouvellement créé Domestique, se trouvait alors à
Poitiers ; par son secours, l'abbesse entra dans la basilique de
Saint-Hilarius et y resta cachée. En ce même moment il se
commit des homicides au tombeau de sainte Radegunde ; et,
dans le tumulte, des gens furent égorgés jusque devant la
châsse de la sainte croix. La fureur ne fit qu'augmenter, le
jour suivant, par l'insolence de Chrodielde ; les émeutiers se
livraient perpétuellement aux batteries et à tous les excès dont
nous avons parlé ; et cette femme se gonfla d'une telle arrogance
qu'elle ne traita plus que du haut de sa grandeur sa cousine
Basine. Celle-ci, alors, commença de se repentir en disant :
« J'ai péché en m'associant à l'orgueil de Chrodielde ; voilà
« qu'elle me méprise, et que je suis coupable envers mon
« abbesse. » Elle rentra dans le devoir, s'humilia devant
l'abbesse, lui demanda la paix, et toutes deux s'unirent d'un
même esprit et d'une même volonté. Toutefois, dans la chaleur
des troubles, les serviteurs qui étaient avec l'abbesse, en résistant à l'émeute faite par le parti de Chrodielde, frappèrent
un des serviteurs de Basine, qui tomba mort ; puis ils s'enfuirent à la suite de l'abbesse dans la basilique du confesseur
(Saint-Hilarius). Basine à cause de cela quitta l'abbesse et se
retira ; mais les serviteurs s'étant enfuis ailleurs, ces deux
femmes refirent la paix comme auparavant. Il s'éleva encore
ensuite une foule de querelles entre ces différents partis. Qui
pourra jamais raconter toutes les calamités, tous les coups,
tous les maux d'alors, quand il se passait à peine un jour
sans homicide, une heure sans dispute, un seul moment sans
larmes ? Le roi Childebert apprenant ces nouvelles envoya
une ambassade au roi Guntchramn, afin que les évêques des
deux royaumes se réunissent et remédiassent par un jugement
canonique à ce qui se passait. Dans ce but, le roi Childebert

donna l'ordre à notre humble personne d'aller à Poitiers avec Ébregisil, évêque de Cologne, et Marovée, évêque de la ville même de Poitiers ; tandis que le roi Guntchramn appela Gundegisile, de Bordeaux, avec ses comprovinciaux, parce qu'il était métropolitain de cette ville. Mais nous commençâmes par refuser en disant que nous ne nous rendrions pas sur les lieux avant que la violente sédition qui s'était élevée par le fait de Chrodielde ne fût réprimée par la main du magistrat. On envoya donc à Maccon, alors comte (de Poitiers), un ordre dans lequel on lui enjoignait de réprimer cette sédition par la force, s'il éprouvait de la résistance. A cette nouvelle, Chrodielde commande à ses sicaires de se tenir en armes devant la porte de l'oratoire, afin que prêts à résister au magistrat, ils puissent, si celui-ci voulait user de violence, repousser la force par la force. Ce comte fut donc obligé de s'avancer en armes et de réduire les uns en les frappant à coups de barres, quelques autres à coups de traits et d'user de l'épée envers les plus opiniâtres. A cette vue, Chrodielde, prenant la croix du Seigneur, dont elle avait jusque-là méprisé la puissance, sort au-devant du comte en disant : « Gardez-vous d'user de vio« lence envers moi, je vous prie, qui suis reine, fille d'un « roi et cousine d'un autre roi ; gardez-vous de le faire, de « peur que vienne le temps où je me vengerai de vous ! » Mais le peuple s'embarrassant peu de ce qu'elle disait, se précipita, comme nous l'avons dit, sur ceux qui faisaient résistance, les entraîna garrottés hors du monastère, et après qu'on les eut attachés à des poteaux, frappés cruellement, coupé aux uns les cheveux, aux autres les mains, à d'autres le nez et les oreilles, la sédition étouffée s'apaisa. Alors les évêques qui étaient présents, siégeant au tribunal ecclésiastique, Chrodielde s'y présenta, lançant contre l'abbesse des injures et des accusations de crime, affirmant qu'elle avait dans le monastère un homme qui, vêtu d'habits féminins, passait pour une femme, quand c'était un homme bien manifestement déclaré et qui servait assidûment l'abbesse : « Le

« voilà, » dit-elle, en le montrant du doigt. Cet homme qui assistait à l'audience avec des habits de femme, comme nous venons de le dire, dit qu'il était incapable de faire aucune œuvre virile, et que c'était pour cela qu'il avait pris ce vêtement. Il déclara du reste qu'il ne connaissait pas l'abbesse, si ce n'est seulement de nom, qu'il ne l'avait jamais vue et ne lui avait jamais parlé, attendu d'ailleurs qu'il habitait à plus de quarante milles de la ville de Poitiers. Ne pouvant donc convaincre l'abbesse de ce crime, Chrodielde ajouta : « Quelle
« sainteté peut-il y avoir dans cette abbesse qui fait des
« hommes eunuques, et les fait habiter avec elle, suivant
« l'usage du palais impérial? » L'abbesse, interrogée, répondit qu'elle ne savait rien de tout cela. Chrodielde ayant fait connaître le nom de cet esclave eunuque, le médecin Réoval se présenta et dit : « Ce serviteur, étant en bas âge, avait mal à
« la cuisse et l'on commençait à désespérer de lui. Sa mère
« alla trouver sainte Radegunde pour qu'elle lui fît donner
« quelques soins. Celle-ci m'ayant appelé m'ordonna de le
« soulager si je pouvais. Alors, comme je l'avais vu faire
« autrefois à Constantinople par les médecins, je lui coupai
« les testicules et rendis l'enfant guéri à sa mère affligée. Je
« sais que l'abbesse n'a eu nulle connaissance de ce fait. » Sur ce point encore l'abbesse ne pouvant être trouvée coupable, Chrodielde se mit à porter contre elle plusieurs autres accusations graves. Ses assertions et les réponses qui y furent faites se trouvant reproduites dans le jugement qui intervint, il est plus convenable d'en insérer ici la copie.

TEXTE DU JUGEMENT PORTÉ CONTRE CES FEMMES.

XVI. « Aux seigneurs rois très-glorieux, les évêques qui
« furent présents :
« La religion expose à juste titre ses intérêts aux princes
« pieux et catholiques donnés au peuple par la faveur divine
« et auxquels ce pays a été cédé, parce qu'elle comprend,

« avec l'assistance du Saint-Esprit, qu'elle est réunie et ci-
« mentée par les décrets de ceux qui gouvernent. D'après
« votre ordre, nous nous sommes réunis dans la ville de
« Poitiers, au sujet de l'état du monastère de Radegonde de
« sainte mémoire, afin de prendre connaissance des alterca-
« tions entre l'abbesse du même monastère et les religieuses
« de ce même troupeau, qui, par une résolution peu salu-
« taire, s'en sont allées au milieu de ces discordes. Les par-
« ties ayant été appelées, il a été demandé à Chrodielde et à
« Basine pourquoi elles avaient si témérairement violé leur
« règle en brisant, pour se retirer, les portes du monastère
« et amené de cette manière la scission dans la congrégation
« réunie en ce lieu. Elles ont répondu en déclarant qu'elles
« ne pouvaient plus supporter la faim, la nudité et en outre
« le danger des mauvais traitements ; ajoutant de plus que
« diverses personnes venaient, contre toute convenance, se
« laver dans leur salle de bain, que l'abbesse jouait au tric-
« trac (1), et que des séculiers venaient se récréer avec elle,
« que même on avait célébré des fiançailles dans le monastère ;
« que l'abbesse avait osé faire des vêtements à sa nièce avec
« un dessus d'autel en soie ; qu'elle avait eu l'imprudence
« d'enlever les feuilles d'or qui entouraient cette étoffe et
« criminellement les avait suspendues au cou de sa nièce ;
« qu'elle avait, de plus, fait à sa nièce, par prodigalité, une
« bandelette ornée d'or, pour jouer des mascarades (2) dans
« l'intérieur du monastère. Ayant demandé à l'abbesse ce
« qu'elle avait à répondre, elle dit : Relativement à la faim
« dont elles se plaignent, autant que la pénurie des temps
« l'a permis, elles n'ont jamais éprouvé une trop grande pri-

---

(1) *Ad tabulam.* Dans les romans du moyen âge il est souvent parlé de « jouer aux tables ». On entendait par là différents jeux où une tablette creuse, en bois, était la pièce principale, comme le jeu de dames ou celui de la marelle ; mais les descriptions et les miniatures font voir que les tables étaient surtout notre trictrac.

(2) *Barbatorias intus eo quod celebraverit.*

« vation. Au sujet des vêtements elle dit : Si l'on visitait
« leurs coffres, on trouverait qu'elles en ont plus qu'il ne
« faut. Quant à ce qu'on lui reprochait relativement au bain,
« elle rapporta que ce bain avait été construit pendant le
« carême ; et qu'à cause de l'âcreté de la chaux, et afin que
« la nouveauté de la construction ne pût être dangereuse
« pour les baigneuses, madame Radegunde avait ordonné
« que les serviteurs du monastère en usassent librement,
« jusqu'à ce que toute odeur nuisible eût passé et que ce bain
« avait ainsi été à l'usage des serviteurs durant le carême
« et jusqu'à la Pentecôte. A cela Chrodielde a répondu : Et
« après aussi beaucoup de gens s'y sont lavés en différents
« temps. L'abbesse reprit qu'elle désapprouvait le fait, et
« qu'elle ignorait s'il avait eu lieu ; mais que de plus, les
« accusant à son tour, elle leur demandait pourquoi, si elles
« l'avaient vu, elles n'en avaient pas averti leur abbesse.
« Quant au jeu, elle dit, qu'ayant joué du vivant de dame
« Radegunde, elle ne regardait pas cela comme une grande
« faute ; elle dit d'ailleurs que la défense de jouer n'était écrite
« ni dans la règle, ni dans les canons. Mais elle déclara
« courber la tête à l'ordre des évêques et prête à accomplir tout
« ce qui lui serait ordonné comme pénitence. Elle dit aussi,
« à l'égard des repas, qu'elle n'avait établi aucune coutume
« nouvelle et rien que ce qui se faisait sous dame Radegunde :
« qu'elle avait offert aux fidèles chrétiens les eulogies, mais
« qu'on ne saurait prouver qu'elle eût en aucune manière
« pris de repas avec eux. Elle dit aussi relativement aux
« fiançailles (1), qu'elle avait reçu en présence de l'évêque,
« des clercs et des seigneurs, des arrhes (2) pour sa nièce qui
« était une pauvre orpheline, et que si c'était une faute, elle
« en demandait pardon devant tout le monde ; mais qu'alors
« même elle n'avait point fait de festin dans le monastère.
« Quant à la nappe d'autel dont on parlait, elle présenta une

(1) Voy. ci-dessus, p. 24, n. 2.   (2) Cf. I, XLII (t. I, p. 34).

« religieuse noble qui lui avait fait présent d'un manteau de
« soie provenant de ses parents, après en avoir coupé un mor-
« ceau pour l'employer à sa fantaisie ; que du restant elle
« avait fait, le mieux qu'elle avait pu, un parement qu'elle
« avait tâché de rendre digne d'orner l'autel ; et qu'enfin avec
« les rognures de ce parement elle avait fait une garniture de
« pourpre à la tunique de sa nièce ; don qu'elle lui avait fait,
« dit-elle, parce que sa nièce était utile au monastère : tout
« cela fut confirmé de point en point par Didimia la dona-
« trice. Quant aux feuilles d'or et à la bandelette ornée
« d'or (1), l'abbesse appela en témoignage Maccon, votre
« serviteur, alors présent, parce que ce fut de sa main
« qu'elle reçut de la part du fiancé de la susdite fille, sa nièce,
« vingt sous d'or, ce qui par conséquent s'était fait publi-
« quement et sans que les biens du monastère y fussent en
« rien mêlés. Chrodielde interrogée ainsi que Basine pour
« savoir si, ce qu'à Dieu ne plaise, elles reprochaient quelque
« adultère à l'abbesse, quelque meurtre, quelque maléfice ou
« quelque crime capital, à raison duquel elle dût être punie,
« répondirent qu'elles n'avaient rien d'autre que ce qu'elles
« avaient dit et que l'abbesse avait fait ces choses contraire-
« ment à la règle. A la fin elles nous produisirent des reli-
« gieuses que nous croyions innocentes, et qui étaient en-
« ceintes par suite des péchés qu'avaient amenés la violation
« de la clôture et la liberté où elles furent pendant plusieurs
« mois, les malheureuses, de faire tout ce qu'il leur plut sans
« la surveillance de l'abbesse. Tout cela ayant été discuté par
« ordre, et n'ayant trouvé aucun crime en l'abbesse qui pût
« la faire renvoyer, nous l'avons exhortée et admonestée pa-
« ternellement, pour des fautes légères, à ne plus s'exposer
« à encourir de réprimande par la suite. Alors nous avons
« examiné la cause des parties adverses, coupables de bien
« plus grands crimes, en ce qu'elles ont méprisé l'exhortation

(1) Toilette de fiancée.

« que leur évêque leur fit dans leur monastère pour les em-
« pêcher d'en sortir; qu'elles ont foulé aux pieds et aban-
« donné dans le monastère le pontife avec le dernier mépris ;
« qu'elles ont brisé les serrures et les portes ; qu'elles sont
« parties sans motif en entraînant d'autres religieuses dans
« leur péché; que de plus, l'évêque Gondégisil et ses suffra-
« gants, mandés pour cette même affaire, étant venus à Poi-
« tiers par l'ordre des rois et ayant invité les religieuses à
« comparaître devant eux au monastère, elles avaient mé-
« prisé cette citation; que les évêques s'étant rendus à la ba-
« silique du bienheureux Hilarius, où elles s'étaient retirées,
« s'étant avancés vers elles comme il convient à la sollicitude
« pastorale, elles ont excité une sédition pendant qu'ils les
« exhortaient, ont frappé avec des bâtons tant les évêques
« que leurs serviteurs, et ont répandu dans la basilique le
« sang des lévites. Plus tard, lorsque par l'ordre des princes,
« nos seigneurs, vénérable homme le prêtre Theuthaire fut
« envoyé pour cette affaire, et qu'on eut décidé quand le ju-
« gement se ferait, au lieu d'attendre qu'il fût prononcé
« elles ont assiégé séditieusement le monastère, mis le feu
« aux tonneaux dans la cour, brisé avec des leviers et des
« haches les portes qu'elles ont ensuite brûlé, maltraité et
« blessé les religieuses jusque dans leurs oratoires, pillé le
« monastère, déshabillé et décoiffé l'abbesse qu'elles ont livrée
« à la dérision et traînée par les rues, puis renfermée dans
« un lieu où, si elle n'était pas enchaînée, elle n'était pas
« libre non plus. Quand vint luire sur ce monde le jour de la
« fête de Pâques, ni l'évêque par l'offre qu'il fit d'une somme
« pour la prisonnière, afin qu'elle pût assister du moins au
« baptême, ni les voix suppliantes qui le demandèrent ne
« purent obtenir cela par aucune prière. Chrodielde répondit
« (sur ce point) qu'elle n'avait ni su ni ordonné une telle
« action; elle ajouta même que c'était sur un signe fait par
« elle pour que l'abbesse ne fût pas tuée qu'elle ne l'avait pas
« été. Par suite de quoi l'on peut savoir avec certitude com-

« ment il faut, d'après cela, interpréter ce fait, qui s'ajoute
« aux autres cruautés, qu'on a tué un esclave du monastère
« qui se réfugiait au tombeau de sainte Radegunde ; que la
« culpabilité alla s'aggravant sans qu'on ait nullement de-
« mandé pardon ; qu'on s'est introduit de soi-même dans le
« monastère et qu'on l'a pris ; que refusant d'obéir aux ordres
« de nos maîtres tendant à ce qu'on livrât ces séditieux, et
« loin de là prenant les armes pour s'opposer aux ordres des
« rois, on s'est roidi avec fureur à coups de flèches et à coups
« de lances contre le comte et le peuple. Enfin quand elles
« sortirent de là pour se rendre à l'audience publique, ces
« filles ont enlevé en secret, indûment, sans pudeur et crimi-
« nellement, la croix sainte et archisacrée, qu'elles ont ensuite
« été obligées de réintégrer dans l'église. Lesquelles actions
« ayant toutes été reconnues pour des attentats capitaux, et
« au lieu d'être amendées s'étant plutôt perpétuées, grossies et
« changées en crimes ; et nous ci-dessus nommées ayant pro-
« noncé que les religieuses devaient demander à l'abbesse
« pardon de leur faute et réparer le mal qu'elles avaient
« causé ; mais elles ayant refusé de le faire et s'étant efforcées
« au contraire de tuer l'abbesse, ce qu'elles ont publique-
« ment avoué ; nous donc, après avoir ouvert et relu les ca-
« nons, avons jugé de toute équité que les coupables soient
« privées de la communion jusqu'à ce qu'elles aient fait une
« pénitence suffisante et que l'abbesse soit rétablie dans sa
« dignité pour y rester. Telles sont les choses que par votre
« ordre, ainsi qu'il appartenait à l'autorité ecclésiastique,
« après avoir interrogé les canons et sans aucune acception de
« personnes, nous déclarons avoir faites. Pour le reste, c'est-
« à-dire pour ce qui concerne les effets du monastère et les
« chartes des seigneurs les rois vos ancêtres, enlevés du même
« lieu et que les religieuses ont avoué posséder, mais que
« dans leur désobéissance à nos injonctions elles ne rendront
« certes pas volontairement, de même que c'est votre éternel
« mérite et celui des princes précédents d'avoir fondé ce mo-

« nastère, de même il est de votre piété et de votre puissance
« de l'obliger par l'autorité royale à la réforme et de ne pas
« permettre à ces religieuses de rentrer dans les lieux qu'elles
« ont ruiné avec tant d'impiété et de profanations, ni même
« d'y aspirer, de crainte qu'il n'arrive pis encore; jusqu'à ce
« que, avec l'aide du Seigneur, tout soit restitué, et que sous
« des rois catholiques tout appartienne à Dieu sans que la
« religion perde rien; afin que l'observation des décisions
« tant des Pères que des canons nous serve à maintenir le
« culte et tourne à votre bénéfice. Que le Christ notre sei-
« gneur vous soutienne et vous guide en vous accordant un
« long règne et qu'il vous confère la vie bienheureuse. »

XVII. A la suite de cela les religieuses ayant été, par la promulgation de ce jugement, suspendues de la communion et leur abbesse rétablie dans le monastère, elles allèrent trouver le roi Childebert, et ajoutant faute sur faute, nommèrent au roi certaines personnes comme ne se contentant pas de commettre des adultères avec l'abbesse, mais comme portant chaque jour des messages à Frédegunde, ennemie du roi. En entendant cela, le roi envoya pour qu'on lui amenât ces gens enchaînés; mais comme, après les avoir interrogés, on ne trouva rien de coupable en eux, on les renvoya.

XVIII. Quelque temps auparavant, le roi étant entré dans l'oratoire de sa maison de Marlheim, ses serviteurs virent un homme inconnu qui se tenait debout à l'écart et lui dirent :
« Qui es-tu, d'où viens-tu, et que fais-tu ici? car tu n'es pas
« connu de nous. » Et comme il leur répondit : « Je suis des
« vôtres; » à peine eut-il dit cela, on le jette hors de l'oratoire, on l'interroge. Il avoue sur-le-champ qu'il est envoyé par la reine Frédegunde pour tuer le roi et il dit : « Nous
« sommes douze hommes envoyés par elle; nous sommes
« six venus ici, six autres sont restés dans le pays de Sois-
« sons pour surprendre le fils du roi ; et moi, j'attendais l'oc-

« casion de frapper le roi Childebert dans l'oratoire, quand
« saisi de frayeur, je n'ai pas pu me résoudre à exécuter ce
« que je voulais. » Dès qu'il eut dit cela, livré aussitôt à de
cruels supplices, il nomme ses divers associés. On alla les rechercher partout : les uns sont enfermés en prison, pour d'autres on les renvoie les mains coupées ; à quelques-uns l'on enlève le nez et les oreilles, et on les relâche pour servir à la risée publique ; mais le plus grand nombre de ceux qu'on avait pris, redoutant les genres de supplice qu'on leur préparait, se percèrent eux-mêmes de leurs armes ; il y en eut aussi qui moururent dans les supplices afin que s'accomplît la vengeance du roi.

XIX. Cependant Sunnigisil est de nouveau appliqué aux tourments (1), et frappé chaque jour à coups de verges et de lanières. Lorsque ses plaies abcédaient et qu'après l'écoulement du pus elles commençaient à se fermer, on les renouvelait pour le faire souffrir. Au milieu de ces supplices il avoua qu'il avait non-seulement participé à la mort du roi Chilpéric (2), mais qu'il avait encore perpétré divers crimes. Parmi ces aveux il dit aussi qu'Égidius, évêque de Reims, avait été complice de Rauching, d'Ursion et de Berthefred, dans le projet de tuer le roi Childebert. Aussitôt l'évêque est enlevé et conduit à la ville de Metz, dans un moment où il était accablé par une longue maladie ; et pendant qu'il y restait sous bonne garde, le roi donna l'ordre de convoquer les évêques pour qu'ils vinssent discuter sa cause, au commencement du

(1) Quoique Childebert se fût contenté d'abord de l'exiler et de le dépouiller de ses biens ; voy. IX, XXXVIII.

(2) Tous les manuscrits portent ici *Chilpéric* ; c'est un tort de substituer à ce nom celui de Childebert, en s'appuyant sur le ch. XXXVIII du livre précédent et sur une prétendue vraisemblance. Il n'y a nulle invraisemblance à ce qu'un seigneur franc qui avait comploté la mort de Childebert, eût aussi trempé dans celle de Chilpéric, surtout lorsque c'est la torture qui le fait parler.

huitième mois (octobre) dans la ville de Verdun ; mais le roi, blâmé par les autres évêques de ce qu'il l'avait enlevé de sa ville sans l'entendre et fait mettre en prison, lui permit de retourner à Reims et adressa, comme nous l'avons dit, des lettres à tous les évêques de son royaume, afin qu'ils se rendissent au milieu du neuvième mois (novembre) dans la ville susdite, pour assister à la délibération. Il y avait alors de fortes pluies, de l'eau partout, un froid intolérable ; les chemins étaient détrempés de boue, les rivières hors de leur lit ; mais on ne pouvait pas résister à l'ordre du roi ; on se transporta jusqu'à la ville de Metz, où se trouva aussi le susdit Égidius. Le roi alors l'accusa d'être son ennemi et le déclarant traître au pays, il délégua l'ex-duc Ennodius pour la poursuite de l'affaire. La première question du duc fut celle-ci : « Dis-
« moi, évêque, quelle visée t'est venue d'abandonner le parti
« du roi lorsque tu jouissais des honneurs de l'épiscopat dans
« une ville à lui et de t'engager dans les faveurs du roi Chil-
« péric, qu'on sait avoir toujours été l'ennemi du roi notre
« seigneur, dont il a tué le père, condamné la mère à l'exil (1),
« envahi le royaume? Et dans ces villes mêmes qu'il a, comme
« nous le disons, soumises à son pouvoir par le coupable
« moyen de l'invasion, comment toi as-tu obtenu de lui des
« terres provenant des propriétés fiscales? » A cela il répondit : « Que j'aie été l'ami du roi Chilpéric, c'est ce que je ne
« pourrai pas nier, mais les intérêts du roi Childebert n'ont
« point eu à souffrir de cette amitié ; quant aux domaines
« dont tu parles, je les possède en vertu des chartes de ce
« dernier roi. » Et il produit publiquement ces chartes. Le roi nie les avoir accordées. On fait appeler Otton, qui en ce temps-là avait été référendaire et dont on soutenait que la signature sur cette pièce était sophistiquée (2) ; il arrive et nie avoir signé ; sa main avait été contrefaite dans la souscrip-

---

(1) Voy. l. V, ch. I.
(2) Il faut corriger le *meditata* du texte en *medicata*.

LIV. X, CHAP. XIX. — DÉPOSITION DE L'ÉVÊQUE ÉGIDIUS.

tion de ce diplôme. Ainsi dans l'affaire, l'évêque fut d'abord convaincu de fraude. On produisit ensuite des lettres qu'il avait écrites à Chilpéric, dans lesquelles se trouvaient beaucoup des injures qui se disaient contre Brunichilde, et d'autres lettres adressées par Chilpéric à l'évêque où on lisait entre autres choses : « Tant que la racine de quelque chose n'est pas coupée, la tige « qui sort de terre ne sèche pas. » Ce qui signifie évidemment qu'il fallait d'abord venir à bout de Brunichilde pour accabler ensuite son fils. L'évêque se défendit soit d'avoir envoyé ces lettres en son nom, soit de les avoir reçues en réponse de Chilpéric. Mais on fit comparaître l'un de ses serviteurs de confiance, qui possédait cette correspondance en notes tironiennes dans le recueil des chartes de l'évêque; en conséquence de quoi les assistants ne pouvaient douter que ces lettres n'eussent été écrites par l'évêque. On produisit ensuite des pactes conçus comme s'ils eussent été faits au nom des rois Childebert et Chilpéric, dans lesquels il était écrit que ces deux rois, après avoir expulsé le roi Guntchramn, partageraient entre eux son royaume et ses villes. Le roi nia que la chose eût été faite de son consentement, et dit : « Pourquoi as-tu « excité mes oncles l'un contre l'autre, de manière à faire « naître la guerre civile entre eux, d'où il est résulté que « l'armée a été mise sur pied et que la ville de Bourges, le « pays d'Étampes, le château Meillan (1) ont été dévastés et « dépeuplés? Dans cette guerre beaucoup d'hommes ont péri « pour les âmes de qui tes mains seront comptables, je pense, « au jour du jugement de Dieu. » L'évêque ne put nier cela. En effet ces écrits avaient été trouvés ensemble dans le trésor du roi Chilpéric dans une de ses cassettes, et ils étaient tombés entre les mains du roi lorsque après la mort de Chilpéric, ses trésors avaient été enlevés de Chelles, village du territoire de Paris, et apportés au roi. La discussion sur des particularités de ce genre durant fort longtemps, Epiphanius, abbé de la

(1) Voy. VI, XXXI.

basilique de saint Remi, survint, disant que l'évêque avait reçu deux mille sous d'or et beaucoup de présents pour rester fidèle en l'amitié du roi Chilpéric. Les ambassadeurs qui avaient été envoyés avec l'évêque près du même roi comparurent aussi, et dirent : « Il nous laissa, et parla très-long-
« temps seul avec lui ; et nous ne sûmes rien de leurs dis-
« cours, sauf ce que nous avons appris plus tard par les
« malheurs dont il vient d'être parlé. » Comme l'évêque niait, l'abbé qui avait toujours été initié au secret de ses desseins fit connaître le lieu et la personne, c'est-à-dire qui avait apporté les sous d'or que nous avons dit et où ; il raconta en détail comment on était convenu de ruiner le roi Guntchramn et son pays et comment cela avait été exécuté. Ce dont l'évêque, convaincu, finit par faire l'aveu. En l'entendant, les évêques qui avaient été convoqués voyant qu'un prêtre du Seigneur s'était rendu coupable de si grands crimes, supplient en soupirant qu'on leur accorde un délai de trois jours pour délibérer, afin qu'Egidius rentrant en lui-même pût trouver quelque moyen peut-être de s'excuser des crimes dont on l'accusait. Le troisième jour venant à luire, on s'assemble dans l'église, on demande à l'évêque s'il a quelque excuse afin qu'il la dise ; mais il répond avec confusion : « Ne tardez pas
« à prononcer votre sentence sur un coupable : je reconnais
« que j'ai encouru la mort pour crime de lèse-majesté, moi
« qui ai toujours agi contre les intérêts du roi et de sa mère ;
« et je reconnais que c'est par mes conseils qu'ont été enga-
« gés bien des combats par lesquels ont été ravagés plusieurs
« pays de la Gaule. » Écoutant ces paroles et déplorant l'opprobre de leur frère, les évêques après avoir obtenu grâce pour sa vie, le dépouillèrent de la dignité sacerdotale conformément aux dispositions des canons. Il fut aussitôt conduit dans la ville d'Argentorat, qu'on appelle maintenant Strasbourg, et condamné à y rester en exil. A sa place on institua évêque Romulf, fils du duc Lupus, déjà honoré de la prêtrise, et l'on enleva à Epiphanius qui gouvernait l'église

de saint Remi ses fonctions d'abbé. On trouva des masses considérables d'or et d'argent dans le trésor de cet évêque. Ce qui s'y trouvait des fruits de ce crime (qui vient d'être raconté), fut porté dans les trésors du roi ; mais ce qu'on trouva provenant des tributs ou des autres comptes de l'église, y fut laissé.

XX. Dans ce même synode, Basine, fille du roi Chilpéric, privée de la communion en même temps que Chrodielde, comme nous l'avons dit ci-dessus, demanda pardon en se prosternant sur le sol au pied des évêques, et promit de rentrer au monastère, dans des sentiments d'affection pour l'abbesse et sans s'écarter en rien de la règle. Chrodielde, au contraire, protesta que tant que l'abbesse Leubovère resterait dans ce monastère, jamais elle n'y rentrerait. Mais le roi ayant prié qu'on leur pardonnât à toutes deux, elles furent reçues à la communion et renvoyées à Poitiers : Basine pour qu'elle rentrât, comme nous l'avons dit, dans le monastère, et Chrodielde pour qu'elle habitât une campagne que le roi lui avait donnée et qui avait autrefois été à Waddon, dont il a été question précédemment.

XXI. Les fils du même Waddon errant par le Poitou, commettaient des crimes, des meurtres et quelquefois des vols. Peu de temps auparavant ils s'étaient jetés dans l'obscurité de la nuit sur des marchands, les avaient égorgés et avaient emporté leurs biens ; ils tuèrent aussi, en le faisant tomber dans un piége, un autre homme revêtu de la puissance tribunitienne (1) et pillèrent ce qu'il possédait. Le comte Macçon, s'efforçant de faire cesser cela, ils demandèrent à comparaître en présence du roi ; et lorsque le comte vint, selon l'usage, faire au fisc le versement des prestations

(1) *Tribunitiæ potestatis virum.* Ici Grégoire se laisse emporter par le souvenir des écrivains classiques. Il veut simplement parler d'un receveur des impôts. Déjà au l. VII (XXIII) il avait décoré un receveur du titre de *tribunus.*

qui lui étaient dues, ils se présentèrent aussi devant le prince et lui offrirent un grand baudrier orné d'or et de pierres précieuses avec une admirable épée dont la poignée était formée d'or et de pierreries d'Espagne. Lorsque le roi eut la certitude qu'ils avaient réellement commis les crimes dont il avait entendu parler, il les fit charger de chaînes et livrer aux supplices. Pendant leur torture, ils révélèrent l'existence des trésors cachés de leur père qui les avait dérobés du bien de Gundovald dont nous avons parlé ci-dessus. Aussitôt on envoya des gens pour chercher et ils trouvèrent une immense quantité d'or, d'argent et de divers objets ornés d'or et de pierres précieuses; ils apportèrent le tout dans les trésors royaux. Après quoi l'aîné des fils de Waddon eut la tête tranchée et l'on condamna le plus jeune à l'exil.

XXII. Childéric le Saxon (1), après divers crimes, tels que meurtres, séditions et autres attentats nombreux, gagna la cité d'Auch, où était la propriété de sa femme. Le roi, averti de ses méfaits, avait déjà donné l'ordre de le tuer, quand une nuit il se gorgea tellement de vin, qu'il en étouffa et qu'on le trouva mort sur son lit. C'était lui, assurait-on, qui avait été le principal instigateur de ce crime que nous avons raconté plus haut (2), par suite duquel des prêtres du Seigneur furent frappés par Chrodielde dans la basilique de saint Hilarius. S'il en est ainsi, Dieu vengea l'injure de ses serviteurs.

XXIII. Dans la même année la terre fut, pendant la nuit, éclairée d'une telle clarté, qu'on se serait cru en plein midi. Durant les nuits, on vit également des globes de feu parcourir fréquemment le ciel et illuminer le monde. Il y eut incertitude sur l'époque de la fête de Pâque, parce que, dans son cycle, Victor (3) avait écrit qu'elle tombait le quinzième jour

(1) Voy. VII, III et VIII, XVIII.
(2) Voy. IX, 41.
(3) Il veut dire Victorius. Voy. t. 1er page 7.

de la lune ; mais de peur que les chrétiens ne célébrassent cette solennité en même temps que les juifs, il avait ajouté : « Pour les Latins le vingt-deuxième. » A cause de cela beaucoup de personnes dans les Gaules célébrèrent à la quinzième lune, et nous à la vingt-deuxième. Nous avons pris soigneusement des informations, et les fontaines qui, en Espagne, se remplissent miraculeusement se sont trouvées remplies le jour que nous avions choisi pour notre Pâque. Il y eut un grand tremblement de terre le 18 des kalendes du cinquième mois (14 juin), un mercredi, de grand matin, au moment où la lumière commençait à revenir. Il y eut éclipse de soleil au milieu du huitième mois (octobre), et sa lumière s'affaiblit tellement qu'il faisait à peine aussi clair que pendant la nuit lorsque le croissant de la lune est à son cinquième jour. Il y eut en automne de grandes pluies et de violents tonnerres ; les eaux grossirent extraordinairement. Une épidémie inguinale fit de grands ravages dans le pays de Viviers et Avignon.

XXIV. La seizième année du roi Childebert et la trentième du roi Guntchramn (1) il vint à Tours, des pays d'outremer, un évêque nommé Simon. Il nous annonça la destruction de la ville d'Antioche et affirma qu'il avait été emmené captif d'Arménie en Perse. En effet le roi des Perses, ayant fait irruption sur le territoire des Arméniens, avait enlevé du butin et brûlé des églises ; et il avait, comme nous l'avons dit, emmené cet évêque captif avec son peuple. En même temps les Perses s'étaient efforcés de mettre le feu à la basilique des quarante-huit saints martyrs dont j'ai parlé dans le livre des Miracles (2) et qui ont été mis à mort dans ce pays. Ils l'avaient remplie d'un amas de bois mêlé de poix et de graisse de porc, et s'étaient efforcés de l'allumer en y appliquant des torches ardentes ; mais le feu ne put jamais prendre aux matériaux

(1) L'an 591.
(2) *Gloire des Conf.*, I, 96.

qu'ils avaient préparés, et à l'aspect des merveilles de Dieu, ils se retirèrent. Un autre pontife ayant appris l'enlèvement de celui dont nous parlons, envoya une rançon au roi des Perses par ses gens. Le roi l'ayant reçue, relâcha des liens de la servitude cet évêque qui, s'éloignant de ces régions, vint dans les Gaules pour y demander quelques consolations aux âmes pieuses ; c'est lui, comme nous venons de le dire, qui nous raconta ces choses. Il y avait à Antioche un homme très-adonné aux aumônes, ayant femme et enfants qui, depuis qu'il avait commencé à posséder quelque chose en propre, n'avait jamais laissé passer un jour sans avoir un pauvre à sa table. Un jour qu'il avait parcouru la ville jusqu'au soir, sans pouvoir trouver un pauvre avec lequel il pût partager son repas, il sortit hors des murs au moment où la nuit commençait à tomber et il rencontra un homme vêtu de blanc qui se tenait debout avec deux autres. En le voyant il fut effrayé, comme Loth, dont il est parlé dans l'histoire ancienne (1), et dit : « Peut-être mon seigneur est étranger ; qu'il daigne visiter la « maison de son serviteur, y prendre son repas et s'y reposer « sur un lit. Le matin, vous partirez par la route qui vous « conviendra. » Celui des trois qui était le principal et qui tenait un mouchoir dans sa main, lui répondit : « Tu ne pou-« vais pas, ô homme de Dieu, non plus que votre Siméon (2), « sauver cette ville de la destruction. » Et levant la main, il secoua sur une moitié de la ville le mouchoir qu'il tenait, et aussitôt croulèrent tous les édifices et toutes les constructions. Là furent écrasés les vieillards avec les enfants, les maris avec leurs femmes, et l'un et l'autre sexe y trouva la mort. A cette vue, et comme anéanti tant par la présence de cet homme que par le fracas de cette destruction, il se précipita contre terre et resta comme mort. L'homme alors éleva de nouveau la main qui tenait le mouchoir, pour le secouer sur l'autre

---

(1) Genes., XIX, 2.
(2) L'évêque d'Antioche appelé plus haut Simon.

moitié de la ville ; mais les deux compagnons qu'il avait auprès de lui le saisirent et le conjurèrent, par les plus redoutables serments, d'épargner le reste de la cité et de ne la pas renverser. Il s'apaisa, arrêta sa main et relevant l'homme qui s'était jeté contre terre il dit : « Regagne ta demeure. Sois « sans crainte ; tes fils, ta femme, ta maison entière sont « sauvés ; aucun des tiens n'a péri. Tu as été protégé par l'as- « siduité de tes prières et par les aumônes que chaque jour tu « fais aux pauvres. » Et en disant cela tous trois disparurent à ses yeux, et il ne les revit plus. Lorsqu'il fut rentré dans la ville, il en trouva la moitié détruite et abîmée, et, avec elle, les hommes et les animaux, dont quelques-uns furent ensuite retirés morts de dessous les ruines ; un petit nombre de blessés furent retirés vivants. Ils ne furent donc pas vains, les avertissements que cet homme avait reçus pour ainsi dire de l'ange du Seigneur ; car, arrivé à sa maison, il la trouva sauve, et il n'eut à pleurer que sur la mort de ses proches qui avaient péri dans d'autres maisons. La main du Seigneur l'avait protégé, lui et les siens, au milieu des impies, et il fut sauvé de la mort, comme autrefois Loth à Sodome.

XXV. Cependant dans les Gaules, la maladie que j'ai souvent nommée envahit la province de Marseille. Une grande famine désola les Angevins, les Nantais et les Cénomans. C'est là le commencement des douleurs suivant ce que dit le Seigneur dans l'Évangile : *Il y aura des pestes et des famines et en divers lieux des tremblements de terre ; et il s'élèvera de faux christs et de faux prophètes qui feront de grands prodiges et des miracles au nom du ciel jusqu'à induire en erreur les élus* (1). C'est ce qui est arrivé en ce temps-ci. Un homme du Berri, comme il l'a dit lui-même dans la suite, étant entré dans une forêt pour y couper du bois dont il avait besoin pour quelque ouvrage, y fut entouré d'un essaim de

(1) Matth., XXIV, 24 ; Marc, XIII, 22.

mouches et en demeura fou pendant deux ans : ce qui donne à comprendre que ces mouches avaient été envoyées par la méchanceté du diable. Ensuite, ayant traversé les villes voisines, il alla dans la province d'Arles, où s'étant vêtu de peaux il priait comme s'il eût été un religieux. Pour mieux se jouer de lui, l'ennemi du genre humain lui donna la faculté divinatrice. Après cela grandissant en scélératesse, il sortit de sa retraite, quitta la province dont j'ai parlé, entra sur le territoire du pays de Gévaudan en se donnant pour un grand homme, et ne craignant pas de se dire le Christ, après avoir pris avec lui comme sa sœur une femme, qu'il faisait appeler Maria. La multitude populaire affluait à lui, pour lui présenter des malades qu'il guérissait en les touchant. Ceux qui venaient le trouver lui apportaient de l'or, de l'argent et des vêtements; de son côté, pour les mieux séduire, il distribuait tout cela aux pauvres, en se prosternant sur le sol et en se répandant en prières avec la femme dont nous avons parlé; puis se relevant, il ordonnait de nouveau aux assistants de l'adorer. Il prédisait l'avenir, et annonçait aux uns des maladies, aux autres des malheurs, à un petit nombre le salut à venir. Je ne sais par quel art diabolique et par quels prestiges il faisait tout cela. Il séduisit ainsi une immense multitude de peuple, et non-seulement des hommes grossiers, mais encore des prêtres de l'église. Il était suivi de trois mille gens du peuple. Cependant il se mit à dépouiller et à piller ceux qu'il trouvait sur son chemin; mais il distribuait leurs dépouilles à ceux qui n'avaient rien. Il faisait des menaces de mort aux évêques et aux citoyens qui dédaignaient de l'adorer. Il entra sur le territoire de la cité du Velai, se rendit au lieu qu'on appelle Anicium (le Puy), et fit halte avec toute son armée dans les basiliques voisines, disposant ses troupes comme s'il eût porté la guerre à Aurélius, alors évêque de cette ville; puis il envoya devant lui, pour annoncer sa venue, des messagers qui étaient des hommes tout nus, sautant et faisant des tours. L'évêque, profondément étonné, lui dépêcha des personnes capables pour s'enquérir de ce que voulaient dire les choses qu'il faisait. L'un de ces derniers, qui était le chef, s'étant incliné comme pour lui embrasser les genoux et lui faire faire place sur la voie publique, donna l'ordre qu'on le saisît et le dépouillât; et immédiatement, tirant son épée, il le tailla en pièces; et ainsi tomba ce Christ qui, mérite plutôt le nom d'Antéchrist, et il mourut; et tous ceux qui étaient avec lui se dispersèrent. Quant à sa Maria, livrée aux supplices, elle dévoila toutes les impostures et tous les prestiges dont il s'était servi; mais ces personnes dont, par ses artifices diaboliques, il était parvenu à troubler la raison afin de les faire croire en lui, ne purent jamais reprendre tout leur bon sens; et ils soutinrent toujours qu'il était le Christ, et que cette Maria avait une part de sa divinité. Par toutes les Gaules surgirent à la suite de cela une foule de gens qui exécutant les mêmes prodiges et s'attachant quelques pauvres femmes qui, dans leur délire, les proclamaient des saints, se donnaient pour grands parmi les peuples. Nous en avons vu plusieurs, que nous nous efforçâmes, par nos réprimandes, de retirer de l'erreur.

XXVI. Ragnemod, évêque de Paris (1), mourut. L'épiscopat était brigué par son frère, le prêtre Faramod, lorsque Eusebius, un certain marchand, Syrien d'origine, à force de présents fut mis en sa place. Après avoir pris possession de l'épiscopat, cet homme renvoyant toute l'école (2) de son prédécesseur, établit pour fonctionnaires de son église des Syriens de sa famille. Sulpitius (3), évêque de la ville de Bourges, mourut aussi, et son siège fut donné à Eustasius diacre d'Autun.

---

(1) Voy. V, xiv.
(2) C'est-à-dire les lecteurs, les chantres, etc., qui se trouvaient sous la direction de l'archidiacre (Ruin.).
(3) Voy. IV, xxxix.

XXVII. Une grande querelle s'éleva parmi les Francs de Tournai. Le fils de l'un d'entre eux réprimandait souvent avec colère le fils d'un autre, à qui sa sœur était mariée, parce qu'il abandonnait sa femme pour aller aux prostituées. Comme le coupable ne s'amendait nullement, cette irritation s'accrut à tel point que le jeune homme se jeta sur son parent, le tua avec l'aide des siens, qu'il fut tué lui-même par les gens qui accompagnaient son adversaire, et que des deux partis il ne resta qu'un seul homme qui n'eut personne pour le frapper. Comme les parents des deux jeunes gens exerçaient leurs fureurs les uns contre les autres, plusieurs fois la reine Frédegunde les pressa de laisser leur inimitié et de vivre en bon accord, de peur que par la persistance de la querelle on ne fût entraîné à une discorde plus grande encore ; mais, ne pouvant les apaiser par des paroles de douceur, elle les mit d'accord par le moyen de la hache. Elle invita un grand nombre de personnes à un festin, et fit asseoir les trois adversaires sur un même banc ; puis lorsque le repas se fut prolongé et que la nuit eut enveloppé la terre, la table enlevée, comme il est d'usage parmi les Francs, tous restèrent sur les bancs où ils se trouvaient placés ; on avait bu tant de vin et on était tellement gorgé, que les serviteurs des convives dormaient ivres dans tous les coins de la maison suivant l'endroit où chacun était tombé. Alors trois hommes envoyés par la reine et armés chacun d'une hache, se placent derrière les trois personnages et pendant que ceux-ci causaient, les bras des trois esclaves s'abattirent pour ainsi dire d'un seul coup ; et ces hommes tués, on quitta le festin. Leurs noms étaient Charivald, Léodovald et Waldin. Lorsqu'on eut rapporté cela à leurs parents, ils se mirent à garder étroitement Frédegunde, et envoyèrent des messagers au roi Childebert, pour la faire prendre et mettre à mort. Mais par suite, le peuple de Champagne se souleva et à la faveur du retard dont il fut cause, Frédegunde, enlevée par les siens, se sauva dans un autre lieu.

XXVIII. Elle envoya ensuite au roi Guntchramn des messagers pour lui dire : « Que le roi mon seigneur parte et « vienne jusqu'à Paris, qu'il y mande mon fils son neveu, « qu'il le fasse consacrer par la grâce du baptême ; et qu'a- « près l'avoir tenu sur les fonts sacrés, il daigne le traiter « comme son propre nourrisson. » A ces paroles, le roi fit partir les évêques Étherius de Lyon (1), Syagrius d'Autun (2), Flavius de Chalon (3) et le reste de ceux qu'il voulut, et leur ordonna de se rendre à Paris, leur annonçant qu'il allait les suivre. Il vint aussi à cette assemblée beaucoup de personnes de son royaume, tant des domestiques que des comtes, afin de préparer tout ce qui était nécessaire pour la dépense royale. Mais après avoir pris la résolution d'y aller, le roi en fut empêché par une douleur aux pieds. Quand il fut rétabli, il se rendit à Paris, et de là, promptement à Ruel, village du territoire de cette cité ; puis ayant fait venir l'enfant, il ordonna de préparer le baptistère dans le bourg de Nanterre (4). Pendant que cela s'exécutait, des ambassadeurs du roi Childebert vinrent à lui en disant : « Ce n'est pas ce que tu avais « promis récemment au roi Childebert (5) ton neveu, que de « te lier d'amitié avec ses ennemis. Autant que nous le « voyons, tu ne gardes en rien ta promesse ; mais tu oublies « plutôt ta parole, et tu places cet enfant sur le siège royal « dans la cité de Paris. Dieu te jugera, car tu ne te souviens « plus de ce que tu as volontairement promis. » A ce qu'ils disaient le roi répondit : « Je ne manque point à la promesse « que j'ai faite à mon neveu le roi Childebert, et il ne doit « point se formaliser si je tiens sur les fonts sacrés son « cousin, le fils de mon frère, car c'est une demande à « laquelle aucun chrétien ne doit se refuser. Et Dieu sait

---

(1) Voy. IX, XLI.
(2) Voy. V, v ; IX, XXIII, XLI.
(3) Voy. V, XLVI.
(4) *Rotoialensis villa ; vicus Nemptodorus.*
(5) Au traité d'Andelot, l. IX, ch. XX.

« avec certitude que je veux agir ici sans aucune ruse et dans
« la simplicité d'un cœur pur, car je craindrais d'offenser la
« Divinité. Ce n'est point humilier notre race que de tenir
« cet enfant sur les fonts sacrés. Si, en effet les maîtres y
« présentent leurs propres serviteurs, pourquoi donc ne me
« serait-il pas permis d'y présenter un proche parent et d'en
« faire mon fils spirituel par la grâce du baptême? Partez
« donc, et dites ceci à votre maître : Je désire conserver in-
« tact le traité que j'ai fait avec toi; s'il n'est pas rompu par
« quelque faute venant de ton côté, il ne le sera certainement
« pas par moi. » Lorsqu'il eut ainsi parlé et que les envoyés
furent partis, il se rendit au saint baptistère et présenta l'enfant à baptiser. En le recevant au sortir de la cuve baptismale, il ordonna qu'il fût appelé Chlothaire en disant : « Que l'en-
« fant croisse, et qu'il soit digne de ce nom (1), et qu'il s'é-
« lève à la même puissance que celui qui le porta jadis. » La
cérémonie terminée, il fit venir l'enfant à sa table et le
combla de présents. Invité à son tour par son neveu, le roi se
retira de même chargé de présents nombreux, et donna l'ordre
de retourner dans la ville de Chalon.

XXIX. Ce fut aussi cette année qu'Arédius (2), appelé par
le Seigneur, quitta la terre et passa au ciel. Il était habitant
de la ville de Limoges, né de parents qui tenaient dans le
pays un rang au-dessous du médiocre, parfaitement libre toutefois. Confié au roi Théodobert, il fut agrégé aux officiers du
palais. Il y avait alors dans la ville de Trèves un homme
d'une rare sainteté, l'évêque Nicetius, doué non-seulement
d'une admirable éloquence dans la prédication, mais encore

---

(1) Clotaire, nom que les textes carolingiens écrivent *Hlotharius*, répond au mot allemand *lauter*, qui signifie *pur, sans tache, brillant*. Notez toutefois que dom Ruinart ne voit dans le souhait de Gontran qu'une allusion à la puissance de Clotaire Ier.

(2) Vulgairement *Yriez*, *Yzary*, etc. — Cf. liv. VIII, ch. xv, xxvii : *Mir. de S. Martin*, II, xxxix et *Gl. des conf.* xl. — Voy. encore la vie d'Arédius attribuée à Grég. et la pièce 20, l. V, de Fortunat.

célèbre parmi le peuple à cause de ses pieuses et merveilleuses œuvres. Cet évêque ayant vu l'enfant dans le palais du roi, et découvrant je ne sais quoi de divin sur son visage, lui ordonna de le suivre. Celui-ci quitta le palais du roi, et le suivit. Arrivés dans la cellule de Nicetius, comme ils s'entretenaient des choses qui regardent Dieu, le jeune homme demanda au bienheureux évêque d'être corrigé par lui, instruit par lui, éclairé par lui, initié à la connaissance des livres divins. Dans l'ardeur de ces études il vivait avec l'évêque, ayant déjà même reçu la tonsure, lorsqu'un jour pendant que le clergé chantait des psaumes dans l'église, une colombe descendit de la voûte, et voltigeant légèrement autour de lui, vint se reposer sur sa tête, pour indiquer, je pense, qu'il était déjà rempli de la grâce du Saint-Esprit. Comme il s'efforçait, non sans rougir, d'éloigner la colombe, celle-ci après avoir voltigé un peu autour de lui, se plaça de nouveau sur sa tête ou sur son épaule, et non-seulement dans ce lieu, mais encore lorsqu'il entrait dans la cellule de l'évêque, elle était continuellement avec lui. Cela dura plusieurs jours, et le pontife ne le voyait pas sans admiration. Aussi cet homme de Dieu, rempli comme nous l'avons dit, de l'Esprit-Saint, retourna dans sa patrie après la mort de son père et de son frère, pour consoler sa mère Pélagia, qui n'avait d'autre parent que ce fils. Puis, occupé de jeûnes et d'oraisons, il la pria de se charger de tous les soins domestiques de la maison, c'est-à-dire de la correction des serviteurs, des travaux de la campagne et de la culture des vignes, afin qu'aucun empêchement n'arrivât qui pût le détourner de la prière ; ne revendiquant pour lui qu'un seul privilége, celui de présider par lui-même à l'érection des églises qu'il ferait construire. Que dire de plus? il éleva des temples à Dieu en l'honneur des saints, fit rechercher leurs reliques, tonsura ses propres serviteurs pour en faire des moines, et fonda un monastère (1), où l'on

---

(1) Le monastère de Saint-Yriez en Limousin.

observe non-seulement la règle de Cassianus, mais celle de Basilius et des autres abbés qui ont institué la vie monastique. La sainte femme fournissait à chacun la nourriture et les vêtements, et quelque chargée qu'elle fût cependant par un tel fardeau, elle n'en faisait pas moins retentir les louanges de Dieu, et tout en s'occupant de quelque ouvrage, elle offrait sans cesse sa prière au Seigneur comme le parfum d'un agréable encens. Cependant les malades commencèrent à affluer auprès de saint Arédius, qui leur rendait la santé en leur imposant les mains à chacun avec le signe de la croix. Si je voulais écrire ici leurs noms l'un après l'autre, je ne pourrais ni en dire le grand nombre ni me rappeler comment ils s'appelaient : je ne sais qu'une chose c'est que quiconque vint le trouver malade, s'en retourna bien portant.

Parmi ceux de ses miracles qui eurent le plus d'importance, nous en exposerons quelques petits. Un jour qu'avec sa mère il était en route pour se rendre à la basilique du saint martyr Julianus, ils arrivèrent le soir quelque part. Le lieu était aride et la privation d'eaux courantes l'avait rendu improductif. Sa mère lui dit : « Fils, nous n'avons pas d'eau, com-
« ment pourrons-nous passer ici la nuit? » Mais lui se prosterna alors en oraison, et adressa très longtemps ses prières au Seigneur ; puis, se relevant, il enfonça dans la terre un bâton qu'il tenait à la main, et après l'avoir tourné en rond deux ou trois fois, il le retira à lui tout joyeux, et tout à coup il jaillit une colonne d'eau si forte que non-seulement elle fournit à leurs besoins du moment, mais suffit plus tard pour abreuver les troupeaux. Tout récemment, pendant qu'il se promenait, un nuage de pluie se dirigea sur lui; ce que voyant il pencha un peu la tête sur le cheval qu'il montait et éleva sa main vers le Seigneur. Sa prière étant terminée, le nuage se divisa en deux parties, et une énorme pluie tomba autour d'eux, sans que, pour ainsi dire, une seule goutte tombât sur eux. Wistrimund, surnommé Tatton, habitant du pays de Tours souffrait d'un violent mal de dents, qui

lui avait même fait enfler la mâchoire ; il s'en plaignit au saint homme, qui imposa sa main sur la place endolorie, et aussitôt le mal fut dissipé sans plus jamais dans la suite faire souffrir cet homme : c'est celui même à qui cela est arrivé qui l'a raconté. Quant aux prodiges que le Seigneur opéra entre ses mains par la vertu du saint martyr Julianus ou du bienheureux Martin, confesseur, nous les avons décrits pour la plupart dans nos livres des Miracles, comme il les a rapportés lui-même. Après avoir, par la grâce du Christ, accompli ces miracles et beaucoup d'autres, il vint à Tours après la fête de saint Martin, et y étant resté quelques jours, il nous annonça qu'il n'avait plus pour longtemps à être retenu dans ce monde et que certainement il en serait bientôt délivré ; et nous disant adieu, il s'en alla en rendant grâce au Seigneur de ce qu'avant sa mort il avait pu embrasser le tombeau du bienheureux pontife Lorsqu'il fut arrivé dans sa cellule, il fit son testament (1), mit ordre à toutes ses affaires, institua pour ses héritiers les évêques Martin et Hilarius, tomba malade et fut pris par la dyssenterie. Le sixième jour de sa maladie, une femme, que tourmentait souvent l'esprit immonde, dont le saint n'avait pu la délivrer, s'étant fait lier les mains derrière le dos, se mit à crier et à dire : « Accourez, citoyens ; peuples, « élancez-vous, allez au devant des martyrs et des confes- « seurs qui viennent pour assister au convoi du bienheureux « Arédius. Voilà Julianus venu de Brioude, Privatus de « Mende, Martinus de Tours, Martialis de la même ville « qu'Arédius (2) ; voilà Saturninus venu de Toulouse, Diony- « sius de Paris ; en voilà beaucoup d'autres qui habitent le « ciel, et que vous adorez comme confesseurs et martyrs de « Dieu. » S'étant mise à crier ainsi au commencement de la

(1) Ce testament, rédigé conjointement par Arédius et Pelagia, à la date du 1ᵉʳ nov. 573, a été conservé par de nombreuses copies et souvent publié. La dernière édition qui en ait été donnée est celle des *Diplomata, chartæ* de Brequigny et Pardessus.

(2) C'est-à-dire de Limoges.

nuit, elle fut attachée de nouveau par son maître ; mais il était impossible de la contenir : elle rompit ses liens, et se mit à courir vers le monastère avec les mêmes cris. Bientôt le saint homme rendit l'esprit, non sans un témoignage de cette vérité qu'il avait été reçu par les anges. Pendant ses funérailles, et aussitôt après que son tombeau fut refermé sur lui, cette femme, et une autre que tourmentait également l'esprit malin, furent délivrées par lui de la malice du mauvais ange. Et je crois que c'est par la volonté de Dieu que le saint n'avait pu guérir ces femmes pendant sa vie mortelle, afin que ses funérailles fussent glorifiées par ce miracle. Après la célébration des obsèques, une certaine femme qui ouvrait la bouche sans pouvoir parler, s'approcha du même tombeau, et y ayant appliqué des baisers mérita de recouvrer le bienfait de la parole.

XXX. Cette année, au deuxième mois (avril), le peuple tant de la Touraine que du pays Nantais fut accablé d'une épidémie si terrible, que tout malade, à peine atteint d'un léger mal de tête, rendait l'âme. Mais les Rogations ayant été faites avec une grande abstinence et un jeûne sévère accompagnés d'aumônes, la violence de la colère céleste s'apaisa. Dans la ville de Limoges plusieurs furent consumés par le feu du ciel, pour avoir fait injure au jour du Seigneur, en se livrant ce jour-là publiquement au travail. C'est, en effet, un jour saint que le jour qui le premier vit créer la lumière, et qui brilla en étant fait témoin de la résurrection du Seigneur. Tous les chrétiens doivent donc l'observer fidèlement de manière à ce qu'il ne soit fait ce jour-là aucun travail en public. Dans la Touraine quelques-uns furent brûlés du même feu, mais non pas le jour du dimanche. Il y eut une sécheresse immense qui détruisit l'herbe de tous les pâturages ; d'où il résulta qu'une grave maladie envahit les petits et les grands bestiaux, de manière à en laisser très-peu pour renouveler les races, conformément à ce qu'a prédit le prophète Habacuc :

Les brebis manqueront de nourriture, et il n'y aura plus de bœufs dans les étables (1). Cette maladie exerça ses ravages non-seulement sur les animaux domestiques, mais aussi sur les animaux d'espèces sauvages. Dans les gorges de forêts, on trouvait une multitude de cerfs et d'autres animaux couchés morts dans les lieux écartés. Le foin fut détruit par la mouillure des pluies et le débordement des fleuves; il y eut peu de blé, mais les vignes produisirent avec abondance. Le fruit du chêne se montra, mais ne vint pas à maturité.

XXXI. Bien que, dans les livres précédents, j'aie écrit différentes choses sur les évêques de Tours, cependant il m'a semblé bon de les répéter pour indiquer leur ordre et leur nombre, à partir du temps où, pour la première fois, un prédicateur chrétien arriva dans cette ville.

1. Le premier évêque de Tours, Gatianus, fut envoyé par le pape de Rome, en la première année de l'empire de Décius (2). Il y avait à Tours une multitude de païens adonnés à l'idolâtrie, dont il convertit quelques-uns au Seigneur par sa prédication. Cependant il se cachait de temps en temps pour se dérober aux attaques des gens du pouvoir qui, lorsqu'ils le trouvaient, l'accablaient fréquemment d'injures et de mauvais traitements; il célébrait donc en secret, dans les cryptes et dans des lieux cachés, le mystère de la messe du dimanche, avec le peu de chrétiens qu'il avait convertis comme nous venons de le dire. C'était un homme pieux et craignant Dieu; et s'il n'eût pas été tel, il n'aurait pas abandonné pour l'amour du Seigneur maisons, parents et patrie. Il mena, dit-on, à Tours, la même vie pendant cinquante ans, mourut en paix, et fut enterré dans le cimetière du faubourg qui appartenait aux chrétiens. L'épiscopat fut interrompu pendant trente-sept ans.

(1) Habac., III, 27. La citation de Grégoire n'est pas exacte.
(2) L'an 250.

2. Le second, Litorius, fut sacré évêque dans la première année de l'empereur Constans (1). C'était un citoyen de Tours d'une grande piété. Il bâtit la première église de la ville, à une époque où il y avait déjà beaucoup de chrétiens, et il fit avec la maison d'un sénateur cette première basilique. De son temps, saint Martin commença de prêcher dans les Gaules. Il siégea trente-trois ans, mourut en paix, et fut enterré dans la susdite basilique, qui porte aujourd'hui son nom.

3. Le troisième, saint Martin, fut sacré évêque la huitième année de Valens et de Valentinianus (2). Il était originaire de la cité de Sabaria (3), au pays de Pannonie. Par amour de Dieu, il construisit le premier monastère de la ville de Milan en Italie. Mais les hérétiques l'ayant battu de verges et chassé d'Italie parce qu'il prêchait courageusement la sainte Trinité, il vint dans les Gaules. Il y convertit un grand nombre de païens, renversa leurs temples et leurs statues, et fit aussi de grands miracles parmi le peuple, au point de ressusciter deux morts avant son épiscopat. Il n'en ressuscita qu'un seul après être devenu évêque. Il transporta le corps du bienheureux Gatianus, et l'enterra près du tombeau de saint Litorius, dans la basilique dédiée au nom de celui-ci comme nous l'avons dit. Il empêcha Maximus d'employer le glaive en Espagne pour tuer les hérétiques (4), décidant qu'il suffisait de les séparer des églises et de la communion catholique. Sa vie terrestre étant terminée, il mourut à Candes, bourg de son diocèse (5) dans sa quatre-vingt-unième année. De ce bourg il fut transporté sur une embarcation jusqu'à Tours, où il fut enseveli dans le lieu où l'on adore maintenant son tombeau. Nous avons trois livres écrits sur sa vie par Sulpicius Sévérus. Il se manifeste encore de notre temps par beaucoup de miracles. Il

---

(1) L'an 337.
(2) L'an 371.
(3) Voyez t. I, p. 30, n. 1.
(4) Les Priscilianistes, que Maxime avait ordonné de réduire par le fer.
(5) *Candatensem vicum urbis suæ.* En nov. 397, à ce que l'on croit.

éleva, dans le monastère qu'on appelle encore aujourd'hui le Grand (Marmoutier), une basilique en l'honneur des saints apôtres Pierre et Paul. Il bâtit aussi des églises dans les bourgs de Langeais, Saunay, Amboise, Chisseau, Tournon, Candes, après y avoir détruit les temples païens et baptisé les gentils. Il siégea vingt six ans quatre mois et vingt-sept jours. L'épiscopat fut interrompu pendant vingt jours.

4. Le quatrième, Briccius, fut sacré évêque de Tours la seconde année du règne commun d'Arcadius et Honorius; il était citoyen de Tours. La trente-troisième année de son épiscopat, il fut accusé du crime d'adultère par les autres citoyens, qui, l'ayant chassé, créèrent évêque Justinianus. Briccius alla trouver le pape de la métropole. Justinianus le suivit, et mourut dans la ville de Verceil. Les habitants de Tours, conspirant de nouveau, nommèrent Armentius. Mais Briccius après être demeuré sept ans auprès du pape de la métropole, fut trouvé innocent du crime qu'on lui imputait, et reçut ordre de retourner dans sa cité. Il bâtit, sur le tombeau de saint Martin, une petite basilique, où il fut enterré lui-même. Comme il entrait par une porte de la ville, on emportait par une autre Armentius, qui était mort : celui-ci enseveli, Briccius reprit son siége. On rapporte qu'il fonda les églises de divers bourgs, savoir Clion, Brèches, Ruan, Bridoré, Chinon. Il siégea, en comptant tout, quarante-sept ans; puis mourut et fut enseveli dans la basilique qu'il avait élevée sur le corps de saint Martin.

5. Le cinquième évêque que l'on consacra fut Eustochius, homme saint et craignant Dieu, de naissance sénatoriale. On dit qu'il fonda des églises dans les bourgs de Brisay, Iseure, Loches et Dolus. Il construisit aussi une église dans les murs de Tours, et y déposa les reliques des saints martyrs Gervasius et Protasius, apportées d'Italie par saint Martin, comme le raconte saint Paulinus dans sa lettre (1). Il siégea dix-sept ans,

---

(1) Voy. II, xiii. Cette lettre est perdue.

et fut enterré dans la basilique que l'évêque Briccius avait bâtie sur le corps de saint Martin.

6. Le sixième évêque consacré fut Perpétuus, qui était aussi, dit-on, de race sénatoriale et parent de son prédécesseur. Il était très-riche, et possédait des biens dans nombre de cités. Il supprima la basilique que l'évêque Briccius avait précédemment bâtie sur le corps de saint Martin, et la remplaça par une autre plus grande et d'un travail admirable, dans l'abside de laquelle il transféra le bienheureux corps de ce saint vénérable. Il institua les jeûnes et les vigiles qu'on devait observer pendant le cours de l'année. Nous possédons encore l'écrit qu'il a tracé pour cela et dont voici la disposition :

Des jeunes. Depuis la Pentecôte, les mercredis et les vendredis jusqu'à la nativité de saint Jean. — Depuis le premier septembre jusqu'au premier octobre, deux jeûnes par semaine. — Depuis le premier octobre jusqu'à la mort de saint Martin, deux jeûnes par semaine. — Depuis la mort de saint Martin (1) jusqu'à la nativité du Seigneur, trois jeûnes par semaine. — Depuis la nativité de saint Hilaire jusqu'à la mi-février, deux jeûnes par semaine. — Des vigiles. A la nativité du Seigneur, dans la cathédrale. — A l'Epiphanie, dans la cathédrale. — A la nativité de saint Jean, dans la basilique de saint Martin. — A l'anniversaire du pontificat de saint Pierre, dans sa basilique. — Le vingt-sept mars, pour la résurrection de notre Seigneur Jésus-Christ, à la basilique de saint Martin. — A Pâques, dans la cathédrale. — Le jour de l'Ascension, dans la basilique de saint Martin. — Le jour de la Pentecôte, dans la cathédrale. — Pour la passion de saint Jean, dans la basilique, au baptistère. — A la nativité des saints apôtres Pierre et Paul, dans leur basilique. — A la nativité de saint Martin, dans sa basilique. — A la nativité de saint Symphorien, dans la basilique de saint Martin. — A la nativité de saint Litorius, dans sa basilique. — A la nativité de saint

(1) Le 11 novembre.

Martin, dans sa basilique. — A la nativité de saint Briccius, dans la basilique de saint Martin. — A la nativité de saint Hilarius, dans la basilique de saint Martin.

Perpétuus bâtit la basilique de saint Pierre, dans laquelle il fit placer la voûte en bois de la première basilique, voûte qui subsiste encore aujourd'hui. Il construisit aussi, à Mont-Louis, la basilique de saint Laurent. De son temps furent aussi bâties des églises dans les bourgs d'Avoine, de Mosnes, de Barrou, de Ballan et de Vernou. Il fit son testament (1), et donna ce qu'il possédait dans diverses cités aux églises qui s'y trouvaient, léguant aussi à celle de Tours des biens considérables. Il siégea trente ans, et fut enterré dans la basilique de saint Martin.

7. Le septième qui fut sacré évêque de Tours fut Volusianus (2), de race sénatoriale, homme saint, très-riche, et parent à son tour de l'évêque Perpétuus, son prédécesseur. De son temps Chlodovech régnait déjà dans quelques pays des Gaules, ce qui fut cause que cet évêque, soupçonné par les Goths de vouloir se soumettre à la domination des Francs, fut envoyé en exil dans la ville de Toulouse, où il mourut. Durant son épicopat furent bâtis le bourg de Manthelan et la basilique de saint Jean à Marmoutier. Il siégea sept ans et deux mois.

8. Le huitième évêque qui fut consacré fut Verus. Étant aussi devenu suspect aux Goths, pour la même cause que Volusianus, il fut envoyé en exil, où il termina sa vie. Il laissa son bien aux églises et à ceux qui avaient bien mérité de lui. Il siégea onze ans et huit jours.

9. Le neuvième fut Licinius, citoyen d'Angers, qui pour l'amour de Dieu, alla en Orient et visita les lieux saints (3). A son retour, il institua un monastère dans sa propriété, sur

---

(1) Nous avons aussi ce précieux testament, qu'on attribue à l'année 475. *Diplomata, chartæ*, I, p. 23.

(2) Cf. II, xxvi.

(3) Cf. VII, xxxix.

le territoire d'Angers, et après avoir rempli les fonctions d'abbé dans le monastère où fut enterré l'abbé saint Venantius, il fut élu à l'épiscopat. De son temps, le roi Chlodovech revint à Tours, vainqueur des Goths (1). Il siégea douze ans deux mois, vingt-cinq jours, et fut enterré dans la basilique de saint Martin.

10. En dixième lieu, Théodorus et Proculus furent institués (évêques de Tours) par l'ordre de la bienheureuse reine Chrotechilde, parce qu'étant évêques en Bourgogne, ils l'avaient suivie et avaient été expulsés de leurs cités par la guerre. Ils étaient tous les deux très-vieux. Ils gouvernèrent ensemble l'église de Tours pendant deux ans (2), et furent enterrés dans la basilique de saint Martin.

11. Le onzième évêque fut Dinifius, venant lui aussi de Bourgogne. Il parvint à l'épiscopat par le choix du roi dont nous avons parlé (3), qui lui concéda quelques biens du fisc et lui donna la faculté d'en disposer à sa volonté : il les laissa en grande partie à son église, et c'est le meilleur usage qu'il en pouvait faire ; il en donna aussi quelque chose à ceux qui lui avaient rendu service. Il siégea dix mois, et fut enterré dans la basilique de saint Martin.

12. Le douzième fut Ommatius (4), appartenant à une famille de sénateurs et de citoyens arvernes, et très-riche en terres. Ayant fait son testament, il distribua tous ses biens aux églises des cités où ils étaient situés. Il éleva dans l'intérieur de Tours l'église consacrée par les reliques des saints Gervasius et Protasius contiguë au mur de la ville. Il commença aussi la construction de la basilique de Notre-Dame dans l'intérieur de la ville, et la laissa inachevée. Il siégea quatre ans,

---

(1) Cf. II, xxxvii.
(2) Les canons défendaient ces doubles épiscopats, mais de tels fonctionnaires n'étaient pas de véritables évêques : ils étaient des administrateurs *ad alimenta suscipienda* ; il y en a de fréquents exemples (Ruin).
(3) De Clodomir. Voy. t. I, p. 111.
(4) Ci-dessus III, xvii.

cinq mois; puis il mourut, et fut enterré dans la basilique de saint Martin.

13. Le treizième fut Léon, qui, d'abbé de la basilique de saint Martin, fut élevé à l'épiscopat. Il était très-habile ouvrier en bois, et savait faire des tours couvertes en or, dont quelques-unes sont encore en notre possession. Il se montra aussi fort artiste dans d'autres genres d'ouvrages. Il siégea six mois (1), et fut enterré dans la basilique de saint Martin.

14 Le quatorzième évêque sacré fut Francilion, de race sénatoriale, citoyen de Poitiers. Il avait une épouse appelée Clara, mais n'avait point d'enfants : tous deux étaient très-riches en terres, qu'ils donnèrent en grande partie à la basilique de saint Martin; ils laissèrent aussi quelque chose à leurs proches. Il siégea deux ans et six mois; quand il mourut, on l'enterra dans la basilique de saint Martin.

15 Le quinzième fut Injuriosus, citoyen de Tours, né dans les rangs inférieurs du peuple, libre cependant. De son temps trépassa la reine Chrotechilde. Il acheva l'église de Notre Dame dans les murs de la ville de Tours. De son temps aussi fut bâtie la basilique de saint Germanus, et furent fondés les bourgs de Neuilli et de Luzillé. Il ordonna que les heures de tierce et de sexte fussent dites dans l'église, ce qui, par la grâce de Dieu, dure encore à présent. Il siégea seize ans onze mois, vingt-six jours. Il mourut, et fut enterré dans la basilique de saint Martin.

16. Le seizième évêque sacré fut Baudinus, ancien référendaire du roi Chlothachaire (2). Il avait un fils. Il fut très-charitable : il distribua aux pauvres plus de vingt mille sous d'or laissés par son prédécesseur. De son temps fut fondée (l'église d') un autre bourg de Neuilli, où il institua une mense canonicale. Il siégea cinq ans et dix mois, puis mourut, et fut enseveli dans la basilique de saint Martin.

(1) Sept mois, a dit plus haut Grégoire, III, XVII.
(2) Voy. IV. III.

17. Le dix-septième évêque sacré fut Gunthaire, auparavant abbé du monastère de saint Venantius. Ce fut un homme très-sage tant qu'il eut à s'acquitter des fonctions d'abbé, et il remplit souvent les ambassades que les rois francs s'envoyaient entre eux. Mais s'étant adonné au vin une fois qu'il fut ordonné évêque, il semblait être devenu presque imbécile; le vin l'abrutissait tellement qu'il ne pouvait pas reconnaître les convives qui lui étaient le plus familiers et souvent il les accablait de reproches et d'injures. Il siégea deux ans dix mois et vingt-deux jours. Après sa mort, il fut enterré dans la basilique de saint Martin, et l'évêché resta vacant pendant un an.

18. Le dix-huitième évêque sacré fut le prêtre Euphronius, de cette naissance que nous avons précédemment appelée sénatoriale, homme d'une sainteté remarquable et clerc dès son jeune âge. De son temps la ville de Tours avec toutes ses églises fut détruite par un vaste incendie. Il en répara deux plus tard, mais il laissa déserte la troisième, qui était la plus ancienne de ces églises. Dans la suite la basilique de saint Martin fut elle-même incendiée par Wiliachaire, qui s'y était refugié à la suite de la révolte de Chramn, qu'il avait circonvenu (1). Ce même pontife, avec le secours du roi Chlothachaire, recouvrit plus tard cette basilique en étain. De son temps fut bâtie la basilique de saint Vincentius. Dans les bourgs de Turé, de Céré et d'Orbigny furent aussi bâties des églises. Il siégea dix-sept ans, mourut septuagénaire, et fut enterré dans la basilique de saint Martin. Il y eut interruption de l'épiscopat pendant dix-neuf jours.

19. Dix-neuvième, moi Grégorius, indigne; je trouvai consumée et détruite par l'incendie cette église de Tours dans laquelle saint Martin et les autres prêtres du Seigneur avaient été consacrés à la dignité pontificale. Après l'avoir rebâtie plus grande et plus élevée, j'en fis la dédicace la dix-septième année de mon ministère. On y avait placé, dans les anciens

---

(1) Voyez liv. IV, chap. 20.

temps, à ce que j'appris de vieux prêtres, des reliques des saints d'Agaune : j'en retrouvai la châsse dans le trésor de la basilique de saint Martin. Ces précieux gages, qui avaient été apportés pour montrer les merveilles que produit la piété envers les saints d'Agaune, étaient fortement tombés en putréfaction. Pendant qu'on célébrait les vigiles en l'honneur de ces saints, j'eus l'envie de visiter de nouveau leurs reliques, à la clarté d'un cierge. Pendant que je les examinais attentivement, le gardien de la basilique me dit : « Il y a là une pierre « fermée par un couvercle; j'ignore absolument ce qu'elle « contient, et n'ai pu l'apprendre des serviteurs commis à la « même garde avant moi. Je vais vous l'apporter, et vous exa- « minerez avec soin ce qu'elle renferme. » Il l'apporta, et je déclare que je l'ouvris; et j'y trouvai une cassette d'argent contenant non-seulement les reliques des martyrs de la légion sacrée, mais aussi celles de beaucoup d'autres saints, tant martyrs que confesseurs. Nous trouvâmes aussi d'autres pierres creuses, comme la première, contenant des reliques des saints apôtres et d'autres martyrs. Dans mon admiration pour ce présent de la bonté céleste, et rendant à Dieu des actions de grâces, je célébrai des vigiles, je dis des messes, et je plaçai ces reliques dans l'église cathédrale. Je déposai dans la cellule de la basilique de saint Martin, contiguë à la même église, les reliques des saints martyrs Cosmas et Damianus. Je trouvai les basiliques de saint Perpétuus ruinées par le feu, et je donnai l'ordre qu'elles fussent peintes et décorées par la main de nos ouvriers, avec tout l'éclat qu'elles avaient primitivement. Je fis construire, près de la basilique, un baptistère dans lequel je déposai les reliques des martyrs saint Johannes et saint Sergius, et dans l'ancien baptistère je plaçai celles de saint Bénignus, martyr. Dans beaucoup de lieux du territoire de Tours, j'ai dédié des églises et des oratoires et les ai décorés de reliques des saints. Il serait trop long d'en donner le détail.

J'ai écrit dix livres d'Histoires, sept de Miracles et un de Vies des Pères; j'ai fait un livre de commentaire sur les Psaumes; j'ai aussi composé un livre sur les Offices de l'église. Quoique ces livres soient écrits dans un style inculte, je conjure cependant tous les prêtres du Seigneur qui, après moi indigne, gouverneront l'église de Tours; je les conjure, par la venue de notre Seigneur Jésus-Christ, et par le jour du Jugement, terrible à tous les coupables, si vous ne voulez, au jour de ce Jugement, vous voir pleins de confusion et condamnés avec le diable; que vous ne fassiez jamais détruire ces livres, que vous ne les fassiez jamais récrire en dictant certaines parties et omettant les autres; mais que vous les conserviez tous dans leur entier et sans altération, tels que nous les avons laissés. Qui que tu sois, évêque de Dieu, si notre Martianus (1) t'a instruit dans les sept sciences, c'est-à-dire s'il t'a appris à lire par la grammaire, à discuter les propositions par les arguments de la dialectique, à connaître par la rhétorique les différents mètres, à mesurer par la géométrie les surfaces et les lignes, à contempler le cours des astres par l'astronomie, à assembler par l'arithmétique les parties des nombres, à faire résonner par l'harmonie des sons les modulations et le doux accent des vers; si tu es tellement exercé à tout cela, que notre style te paraisse barbare, même alors je te supplie encore de ne pas supprimer ce que j'ai écrit. Mais si tu y trouves quelque chose qui te plaise, je ne t'interdis pas de le mettre en vers, pourvu que tu conserves mon ouvrage.

Nous avons terminé ces livres dans la vingt-unième année de notre consécration. Bien que, en écrivant plus haut, sur les évêques de Tours, nous ayons marqué le nombre de leurs

---

(1) Martianus Minucius Félix Capella, né en Afrique, écrivit, vers le milieu du cinquième siècle, un ouvrage intitulé *Satyricon*, espèce d'Encyclopédie en prose et en vers divisée en neuf livres. Les deux premiers livres forment un ouvrage distinct : c'est l'apothéose de la Philologie et son mariage avec Mercure. Dans les sept derniers, il est traité des sept sciences qu'énumère ici Grégoire de Tours et qui embrassaient alors la totalité des études. Cet ouvrage valut à son auteur une grande célébrité et fut longtemps adopté dans les écoles du moyen âge. (Guizot.)

années, cependant nous n'avons pas suivi ni compté les dates, parce que nous n'avons pu retrouver exactement les intervalles écoulés entre les diverses ordinations épiscopales. Voici donc la récapitulation complète des années du monde :

Du commencement du monde jusqu'au déluge, MMCCXLII ans.

Du déluge au passage de la mer Rouge par les enfants d'Israël, MCCCCIV ans.

Du passage de la mer Rouge jusqu'à la résurrection du Seigneur, MDXXXVIII ans.

De la résurrection du Seigneur jusqu'à la mort de saint Martin, CCCCXII ans.

De la mort de saint Martin jusqu'à l'année dont nous venons de parler, c'est-à-dire jusqu'à la vingt-unième année de notre épiscopat, qui est la cinquième de Grégorius, pape de Rome, la trente-unième du roi Guntchramn, la dix-neuvième de Childebert le jeune, CLXVIII ans.

Ce qui fait une somme totale de MMMMM DCCCXIV ans.

*Ici finit l'Histoire ecclésiastique des Francs
par Grégorius évêque de Tours.*

PETITES ŒUVRES

DE

GRÉGOIRE DE TOURS.

Sous le titre de *Petites OEuvres* ou *Opera minora* de Grégoire de Tours, l'on comprend tout ce que le vénérable évêque a écrit en dehors de son *Histoire ecclésiastique des Francs*. Il en a été fait une brève mention en tête de cette traduction (*Avertiss.* p. v) et l'auteur a lui-même énuméré avec soin dans le dernier chapitre de son principal ouvrage (ci-dessus, p. 305) les autres écrits qu'il avait composés.

Quelque supériorité qui appartienne à l'*Histoire ecclésiastique des Francs,* les petites œuvres de Grégoire ne méritent nullement d'être négligées. D'abord elles forment une masse d'environ six cents chapitres ou paragraphes, tandis que l'*Histoire* n'en comprend que quatre cent quarante-quatre, et il n'y a guère un seul de ces chapitres qui puisse être accusé de ne fournir absolument aucun intérêt sinon pour l'histoire des faits, du moins pour celle des mœurs ou enfin pour celle de la littérature et de la langue. Ensuite, les opuscules de Grégoire complètent d'une manière indispensable le grand ouvrage dont ils sont l'accessoire. Un grand nombre de personnages qui jouent dans celui-ci un rôle souvent si dramatique se retrouvent dans les autres; et le lecteur qui connaît les pages terribles où sont racontées les actions des Thierry Ier, des Childebert Ier, des Chramn, des Gontran, des Waroch, des Leudaste et de bien d'autres héros du même genre est charmé, ce me semble, de les rencontrer de nouveau sous la plume du même écrivain et de voir ajouter à ces curieux portraits quelques coups de pinceau. Il y a même dans les Petites OEuvres d'importants épisodes qui manquent tout à fait à l'*Histoire* et seraient plus dignes d'y figurer que de certains qui s'y trouvent : par exemple le trait relatif au Bourguignon Chilpéric, oncle du roi Gondebaud (*Vies des P.*, I), le siége de Chinon par Égidius (*Gl. conf.*, XXII), les détails sur le siége de Comminges (*Gl. mart.* CV) et sur la cruelle expédition de Thierry Ier en Auvergne (*S. Jul.*, XIII et *Vies des P.*, IV, V, VI), les précieux renseignements sur les antiques superstitions religieuses attachées au lac du mont *Helanus* en Gevaudan (*Gl. conf.* II), au temple païen de Cologne (*Vies des P.* VI), à la déesse Berecynthia d'Autun (*Gl. conf.* LXXVII). La personne même de Grégoire et celles d'une partie des siens ne se dessinent complétement que dans ces œuvres annexes où il les met en scène avec une abondance intarissable (1).

L'on a donc joint ici comme un appendice nécessaire à toute traduction de l'*Histoire ecclésiastique des Francs* un résumé des Petites OEuvres, duquel on a élagué les passages de pure édification religieuse. On a essayé de donner en aussi peu d'espace que possible tout ce qu'elles renferment d'intéressant pour les études historiques, et l'on s'est efforcé particulièrement de n'y omettre aucun des noms propres de lieux et de personnes cités par l'auteur. A cet égard, les simples extraits qui suivent ont le caractère du complet.

(1) Ainsi qu'on l'a déjà observé ci-dessus t. 1er p. XXVII. — Voy. *Gl. des mart.* chap. 5, 9, 11, 19, 34, 51, 71, 84, 86, 87; *S. Jul.* 23, 24, 25, 28, 34, 45. *S. Mart.* 1, 32, 33, 34, 35, 36 ; II, 1, 2, 19, 32, 60; III, 1, 8, 10, 12, 17, 42, 43, 45, 51, 52, 60; IV, 1, 2, 7, 9, 10, 26, 28, 31, 35, 36, 37, 47; *Gl. conf.* 3, 22, 24, 40, 46, 62, 63, 78, 86, 87, 106, 111; *Vies des P.*, presqu'à chacun des vingt chapitres. Plus, à tous les prologues ou préfaces.

LES SEPT LIVRES DES MIRACLES.

LIVRE PREMIER DES MIRACLES.

DE LA GLOIRE DES BIENHEUREUX MARTYRS.

Préface. Qu'il faut s'attacher non aux fictions des poëtes ni aux opinions des philosophes, mais à la vérité évangélique.
Chapitre I. De la naissance de Jésus-Christ à Bethléem.
II. Des miracles de Jésus-Christ.
III. De sa passion, de sa résurrection et de son ascension.
IV. Des apôtres et de la vierge Marie.
V. De la croix et de ses merveilles. La reine Radegunde obtint une portion de la vraie croix et la plaça dévotement avec d'autres reliques dans le monastère qu'elle avait fondé à Poitiers... « J'entendais souvent dire que les lampes qui brulaient devant ces reliques sacrées entraient en ébullition par une vertu divine et qu'elles faisaient tellement déborder l'huile que le vase placé au-dessous en était la plupart du temps rempli. Pourtant par la sottise d'un esprit endurci, je ne pouvais me décider à le croire, jusqu'à ce que cette même vertu, qui s'était déjà manifestée à d'autres, agissant en ma présence, finit par triompher de ma brusque insouciance. Je dirai donc ce que j'ai vu de mes propres yeux. Un jour, allant par dévotion visiter le tombeau de saint Hilarius, j'eus une entrevue avec la reine. J'entrai dans son monastère, et après que je l'eus saluée, j'allai me prosterner devant la croix adorable et les sacrées reliques des bienheureux. Puis ma prière faite je me levai. Il y avait à ma droite une lampe allumée. Ayant remarqué qu'il en coulait fréquemment des gouttes d'huile, je crus, j'en prends Dieu à témoin, que le vase était fêlé,

d'autant plus qu'on avait placé au-dessous une capsule dans laquelle l'huile découlait. Me tournant alors vers l'abbesse, je lui dis : « Es-tu donc si peu soigneuse que tu ne puisses préparer une lampe où l'huile brûle, au lieu de celle-ci qui est fêlée et d'où l'huile fuit? » Elle me répondit : « Seigneur, ce n'est pas cela; mais c'est un effet de la vertu de la sainte croix que tu vois. » Alors, faisant un retour sur moi-même et me rappelant ce que j'avais ouï dire, je regardai la lampe et la vis bouillir à grands flots et se répandre par les bords, comme le fait une marmite sur un feu ardent. Phénomène qui, pour mieux convaincre mon incrédulité, je pense, allait toujours en augmentant, si bien que dans l'espace d'une heure le vase, qui ne tenait pas plus d'une quarte, avait répandu un setier. J'admirai en silence, et à partir de ce moment je proclamai la vertu de l'adorable croix (1). »

Chrodegilde, jeune aveugle du territoire du Mans, qui, par ordre du roi Chilpéric, devint religieuse au monastère de sainte Radegunde, du vivant de celle-ci, y recouvra la vue au pied de la sainte croix.

VI. De la découverte des clous de la vraie croix.

VII. De la lance, de la couronne d'épines et de la colonne.

VIII. De la tunique sans couture de Jésus-Christ.

IX. Des miracles opérés dans la basilique bâtie par Constantinus en l'honneur de la vierge Marie. On conserve des reliques de la Vierge dans l'oratoire du monastère de Marsat en Auvergne; oratoire où Grégoire aperçut une fois de vives clartés au milieu de la nuit, ce qu'il regarde comme un miracle dû à ces reliques.

X. Un enfant juif s'étant fait admettre à la communion dans une église chrétienne est jeté par son père dans un four ardent. Il en est retiré sans aucun mal et son père brûlé par le peuple.

---

(1) Les guillemets indiquent les passages textuellement reproduits d'après Grégoire.

XI. Du monastère de Jérusalem et des miracles produits par les reliques de la vierge Marie. « Un jour, en voyage, je portais sur moi, dans une croix d'or, des reliques de cette bienheureuse Vierge, avec d'autres reliques des saints apôtres et du bienheureux Martin, quand j'aperçus non loin de la route la chétive habitation d'un pauvre homme en proie aux flammes. Elle était couverte de feuillage, ce qui donnait un très-vif aliment au feu. Le malheureux courait avec sa femme et ses enfants porter de l'eau à sa maison qui brûlait, mais sans pouvoir modérer les flammes. Tirant alors ma croix de ma poitrine je l'élevai de ce côté, et aussitôt, à l'aspect des saintes reliques, le feu disparut. »

XII. De saint Jean-Baptiste. Une matrone venue des Gaules par dévotion pour jouir de la présence de notre Seigneur gagna par des présents le bourreau du saint, et tenant prête une tasse d'argent pendant qu'il frappait, elle recueillit un flacon de sang, qu'elle déposa sur l'autel de l'église de saint Jean, à Bazas.

XIII. La ville de Bazas, assiégée par Gauseric, roi des Huns, est sauvée miraculeusement. Pierre merveilleuse dont l'éclat resplendit quand l'homme qui s'en approche est sans péché et s'obscurcit lorsque c'est un coupable.

XIV. D'une femme de Maurienne (*sainte Tigre*), qui obtint un pouce de saint Jean-Baptiste. Rufus évêque de Turin essaye vainement d'enlever cette relique à la ville de Saint-Jean de Maurienne.

XV. Reliques de saint Jean au monastère de Saint-Martin de Tours.

XVI. Femme punie miraculeusement à Langeais, en Touraine (*vicus Alingaviensis*), pour avoir fait cuire du pain sous la cendre un dimanche.

XVII. Du fleuve de Palestine le Jourdain.

XVIII. Des eaux thermales de la ville de Livia (*Levida*) en Palestine.

XIX. Lépreux guéri dans le lieu où le Seigneur fut baptisé.

« J'ai vu autrefois un homme nommé Johannes, qui était parti des Gaules infecté de la lèpre, et qui disait avoir passé une année entière dans le lieu même où le Seigneur avait été baptisé. Il s'y était baigné assidûment et y avait recouvré la santé »…. Nous avons vu bien des lépreux guéris pour s'être lavés soit dans le Jourdain soit dans les eaux de Livia.

XX. De l'église Sainte-Marie et Saint-Jean-Baptiste, à Tours, et de la manière dont les parjures y sont punis.

XXI. Statue du Christ à Panéas en Judée.

XXII. Du Juif qui déroba une image du Christ et la transperça.

XXIII. Peinture dans l'église de Narbone représentant le Christ sur la croix, presque nu. Basileus, prêtre de l'église de Narbone, est averti en songe de faire mettre un voile sur ce tableau.

XXIV. De la piscine miraculeuse d'Osser en Espagne, qui se remplit d'elle-même pour le baptême vers le jour de Pâques, et se désemplit de la même manière.

XXV. Punition des hérétiques qui ne croient pas à ce miracle, notamment du roi Theodegisile.

XXVI. Le peuple s'empresse avidement pour puiser de l'eau à cette source ; mais un coupable n'en obtient point.

XXVII. De l'apôtre Jacques frère du Seigneur.

XXVIII. De l'apôtre Pierre.

XXIX. De l'apôtre Paul.

XXX. De saint Jean apôtre et évangéliste.

XXXI. De l'apôtre André. Merveilles de son tombeau à Patras en Achaïe. Une église des Gaules qui possédait des reliques de saint André ayant été incendiée « au temps où après la mort de Chlodomer, roi des Francs, son armée ravageait la Bourgogne, » ces reliques furent préservées par miracle. Un soldat qui était du pays de Tours, les prit, et se reconnaissant indigne par lui-même d'en être porteur, il choisit parmi le butin une toute jeune fille sans tache par laquelle il les fit porter, attachées à son cou dans une boîte, jusqu'à l'église de Neuvi (-le-roi, près Tours), où elles furent déposées sur l'autel. Du temps du roi Théodebert, Mummolus, se rendant par mer à Constantinople vers l'empereur Justinianus, aborda à Patras, et saisi des douleurs de la gravelle, en fut délivré par sa dévotion à saint André.

XXXII. De l'apôtre Thomas, martyrisé dans l'Inde et enseveli à Edesse.

XXXIII. De l'apôtre Barthélemi martyrisé dans l'Inde et enseveli dans l'île de Lipari.

XXXIV. Du protomartyr Stéphanus. Son oratoire à Tours agrandi par Grégoire. Une portion de son sang conservée dans l'église de Bourges. Punition d'un habitant de cette ville qui, du temps de l'évêque Félix, accusa faussement ses voisins, en présence de cette relique. Vision d'une femme qui s'étant trouvée la nuit dans l'église Saint-Pierre de Bordeaux y vit saint Stéphanus qui venait, dit-il, de sauver un navire en danger. Elle essuya de son mouchoir les gouttes d'eau qui en effet dégouttaient des vêtements du saint et les montra à l'évêque de Bordeaux, Bertchramn qui, dit Grégoire, conserve ce mouchoir avec admiration et s'en sert pour guérir les malades.

XXXV. De Clémens évêque et martyr qui fut précipité dans la mer avec une ancre attachée à son cou.

XXXVI. D'un enfant qui dormit sur le tombeau de Clémens durant toute une année comme si ce n'eût été qu'une nuit.

XXXVII. De saint Aredius (*saint Yrieix*) qui fait cesser l'*aridité*. Une source tarie, dans le territoire de Limoges, reparaît par ses prières devant une relique de saint Clémens.

XXXVIII. Des martyrs Chrysanthès et Daria.

XXXIX. Du martyr Pancratius, près Rome, redoutable punisseur des parjures.

XL. De Jean I, évêque de Rome, martyrisé par les ordres du roi arien Théodoric.

XLI. De la vertu inhérente à la foi et au nom chrétiens.

XLII. De saint Laurentius. Miracle produit en Limosin par une de ses reliques par l'intermédiaire de saint Arédius.

XLIII. De Cassianus, martyr en Italie. Il était maître d'école et il fut livré, par le jugement des persécuteurs, à ses élèves qui le déchirèrent avec les stylets de bronze dont ils se servaient pour écrire sur leurs tablettes de cire.

XLIV. Agricola et Vitalis martyrs à Bologne en Italie. Namacius évêque des Arvernes envoie chercher de leurs reliques pour les placer dans l'église bâtie par lui à Clermont.

XLV. De saint Victor, martyr à Milan. L'Arverne Apollinaris (fils de Sidoine Apollinaire) étant retenu prisonnier en Italie, où il avait été à la suite du duc Victorius, qui y fut tué, s'échappa et regagna sa patrie par l'intercession de saint Victor.

XLVI. Église de saint Laurentius à Milan. Un calice de cristal qu'un diacre avait brisé en le posant sur l'autel y redevient net et entier après qu'on eut passé une nuit en prières.

XLVII. Des saints Gervasius et Protasius de Milan. Saint Nazarius et l'enfant Celsus martyrisés à Embrun. Saint Genesius (*saint Geniez*) à Arles.

XLVIII. Saturninus envoyé dans le pays des Tolosates (*in urbem Tolosatium*) par des disciples des apôtres et lancé du haut des degrés du capitole de Toulouse, à la queue d'un taureau furieux. Reliques de lui conservées dans un petit oratoire à Brioude. « Au temps du roi Chlothaire un certain Platon arriva au monastère de Paulhac (1) dans l'oratoire duquel on conserve des reliques de ce saint, et parce que l'abbé ne lui avait pas fait quelque présent, il s'écria, dit-on : « Je ferai de cette église une maison du roi, et les chevaux y au-

---

(1) *Pauliacense monast.* Parmi plusieurs lieux du nom de Paulhac, Pauillac, Pouilly, il y en a un près Brioude, mais auquel ne se rattache aucun souvenir de monastère. On ne connait de Pauliacensis abbatia que Pavilly, au dioc. de Rouen, fondé seulement vers le milieu du VIIe siècle.

ront leur mangeoire dans un coin ! » S'éloignant avec fureur il se disposait à rejoindre le prince lorsqu'il fut pris de la fièvre, et au bout de trois jours il était mort. »

XLIX. Des quarante huit chrétiens martyrisés à Lyon (1), au lieu appelé Ainay (*Athanacum*).

L. De Fotinus évêque de Lyon et de son successeur saint Ireneus enseveli dans l'église Saint-Jean entre Epipodius et le martyr Alexander.

LI. De Benignus martyrisé dans le château de Dijon. Crypte élégante et grande basilique élevées sur son tombeau par Grégoire évêque de Langres. Sainte Paschasia apparaît miraculeusement aux constructeurs de la basilique et encourage leurs travaux. « Beaucoup de fidèles versent du vin ou de la bière dans les trous de la pierre où les pieds de saint Benignus furent fixés avec du plomb fondu et s'en servent pour se guérir d'ophtalmies ou de blessures. J'en ai fait moi-même la plus sûre expérience : car étant affecté d'une grave inflammation des yeux, dès que j'eus touché mes paupières avec cet onguent sacré toute douleur cessa. Lorsque la fameuse peste (2) qui fut chassée par les prières du saint évêque Gallus eut gagné le pays Arverne et que l'on vit tout à coup les murs des maisons et des églises se couvrir de caractères et de signes, ma mère crut voir en songe pendant la nuit que le vin que nous conservions dans nos caves s'était changé en sang. Malheur à moi, s'écria-t-elle, car ma maison est désignée au fléau. » Mais elle en fut préservée par ses prières au martyr Benignus.

(1) Savoir : Vectius-Epagathus, Zacharias, Macarius, Alcibiades, Silvius, Primus, Ulpius, Vitalis, Comminius, October, Philominus, Geminus, Julia, Albina, Grata, Æmilia, Posthumiana, Pompeia, Rodone, Biblis, Quarta, Materna, Elpenipsa, Stamas. Livrés aux bêtes : Sanctus et Maturus, Alexander, Ponticus, Blandina. Morts en prison : Arescius, Fotinus, Cornelius, Zoticus, Titus Zoticus, Julius, Æmilia, Gamnite, Pompeia, Alumna, Mamilia, Justa, Trifime, Antonia et l'évêque Fotinus.

(2) Dont il a été parlé au l. IV, ch. v de l'*Hist*.

LII. Symphorianus martyrisé à Autun. Trois cailloux arrosés de son sang furent déposés comme reliques sur l'autel de l'église du château de Thiers dans le pays Arverne. Cette église était bâtie en planches. Quand Théodoric roi des Francs ravagea cette contrée, le château de Thiers fut incendié, mais la relique demeura intacte dans sa boîte d'argent.

LIII. Du bienheureux Marcellus martyr à Chalon. Récit fait à Grégoire, par Fedamius fils d'un prêtre Arverne appelé Eunomius, de la punition d'un parjure dans l'église de ce saint.

LIV. Valerianus, parent de Marcellus, subit comme lui le supplice, à Tournus. Gallus, comte de Chalon, tourmenté par des maux d'entrailles, ayant fait, d'après le conseil du prêtre Epirechius, qui gouvernait alors l'église de Tournus, le vœu de faire présent à cette église d'une poutre pour la réparation du toit, fut à l'instant guéri.

LV. Timotheus et Apollinaris, martyrs à Reims.

LVI. Eutropius martyrisé à Saintes. Une basilique est élevée en son honneur par l'évêque de Saintes, Palladius.

LVII. Amarandus martyrisé à Albi.

LVIII. Eugenius, martyr de la persécution de Huneric (roi des Vandales) mort en exil à Albi, punit une jeune fille parjure. (Cf. *Hist.* II, III.)

LIX. Punition d'un homme qui avait volé les vitres de l'église du bourg d'Yzeure, au pays de Tours.

LX. Des martyrs nantais : Rogatianus, Domitianus et Similinus (*S. Semblin*). Sous le règne de Chlodovech (Clovis Ier), ils sauvent la ville d'une armée barbare dont le chef, Chillon, païen de naissance, se convertit au christianisme.

LXI. Saint Nazarius. On conserve ses reliques dans l'église d'un bourg situé au bord de la Loire. « Un homme pieux y avait déposé sur l'autel un baudrier d'or afin que le martyr l'assistât dans ses affaires. Un des officiers de Waroch comte des Bretons survint et voulut s'en emparer. Le prêtre s'y opposait en disant : « Ces choses appartiennent à Dieu et ont été données pour la réfection du pauvre et pour que ceux qui desservent ce temple ne sentent pas les tortures de la faim ; aussi devrais-tu plutôt y apporter qu'en emporter quelque chose. » Mais cet homme cupide lui répondit avec colère : « Si tu ne lâches pas tout de suite ce baudrier, tu périras de ma main. » Le prêtre ne pouvant résister davantage le posa sur l'autel et dit : « Prends, si tu n'as nulle crainte du martyr ; ce sera, je l'espère, un juge qui te punira. » Le Breton saisit le baudrier, saute à cheval et en sortant de la cour se brise la tête au linteau de la porte.

LXII. De l'église des cinquante martyrs thébains à Cologne. Elle semble d'or à cause des admirables mosaïques qui s'y trouvent, et on l'appelle l'église des saints dorés. Eberegesil, évêque de Cologne, guéri avec de la poussière prise à leur tombeau.

LXIII. Saint Mallosus martyrisé à Xanten. Le martyr Victor enseveli au même lieu.

LXIV. De Patroclus (*S. Parre*) martyr enseveli à Troyes.

LXV. Saint Antolianus martyr à Clermont (en 255). Alchima sœur et Pacidina épouse d'Apollinaris, évêque de Clermont (vers 515) lui élevèrent une église ornée d'une tour soutenue de colonnes reliées entre elles par des arcs de pierre ; la voûte était ornée de peintures variées et brillantes. Cet édifice élégant s'écroula du temps de l'évêque Avitus (573-593).

LXVI. Cinq soldats de Chramn (fils de Clotaire Ier), qui ravageait l'Auvergne, ayant pillé l'oratoire du monastère d'Issac (1), où se trouvaient des reliques de saint Saturninus, sont punis de diverses manières.

LXVII. De saint Genesius l'Arverne. Église construite sur son tombeau par Avitus évêque de Clermont, qui y déposa de plus des reliques de saint Genesius d'Arles.

(1) Ou Yssac ; à 5 kilom. de Riom, avec une église de Saint Saturnin. Quoique plusieurs manuscrits portent *domus Iciacensis* dans le texte et *oratorium Iciodorense* dans la rubrique, on ne saurait confondre ce lieu avec Issoire et identifier *Iciacus* avec *Iciodorus*.

LXVIII. De Genesius martyrisé à Arles.

LXIX. Il sauve des gens en danger d'être noyés dans le Rhône. Des soldats Langobards ont plusieurs fois violé son tombeau, mais ils ont toujours été punis. Une femme injustement accusée d'adultère par son mari, fut condamnée par le juge à l'épreuve de l'eau froide. On lui attacha au cou une énorme pierre et on la précipita dans le Rhône du haut d'un bateau. En invoquant saint Genesius elle fut comme portée sur l'eau et déclarée innocente.

LXX. D'une autre femme jetée du haut d'un pont dans la Saône avec une pierre meulière au cou et sauvée de même par son innocence.

LXXI. Ferreolus et Ferrucio (*S. Ferjeux*), martyrisés à Besançon. La sœur de Grégoire guérit son mari malade en lui faisant boire une infusion faite avec une feuille de sauge prise auprès de leur tombeau.

LXXII. Saint Denys, évêque de Paris. « A l'époque où le roi Sigibert y vint avec son armée et mit le feu à la plus grande partie de ses faubourgs, l'un des plus élevés en dignité après lui vint à la basilique de saint Denys non pour y prier mais pour y faire quelque butin. Il osa porter une main téméraire sur un voile de soie orné d'or et de pierreries qui couvrait le saint tombeau, et l'emporta. » Il mourut dans l'année. « Un autre qui n'avait pas craint de marcher sur le saint tombeau en cherchant à détacher avec sa lance la colombe d'or qui y était suspendue, tomba, les pieds venant à lui manquer de chaque côté de la petite tour qui surmonte le sépulcre, » et se tua.

LXXIII. Quintinus (*S. Quentin*) martyrisé à Vermand.

LXXIV. D'un autre Genesius martyrisé dans le pays de Bigorre.

LXXV. Du roi saint Sigismund. Touché de repentir de ce qu'il avait fait mettre injustement son fils à mort, il alla faire pénitence au monastère d'Agaune, et fut tué cruellement par le roi Chlodomer. Les fiévreux guérissent à son tombeau.

LXXVI. Des saints d'Agaune, Mauricius et ses compagnons. « Lorsque le roi Guntchramn se fut complétement livré aux choses spirituelles et qu'il abandonna les pompes du siècle en partageant ses trésors aux pauvres et aux églises, il envoya un prêtre porter des présents aux moines qui servaient les saints d'Agaune, et lui ordonna de rapporter à son retour des reliques des saints. Le prêtre, après avoir accompli les ordres du roi, s'embarqua sur le lac Léman, que traverse le Rhône. Ce lac a près de quatre cents stades de long sur cent cinquante de large. » Une tempête s'éleva tout à coup, et le bâtiment sur lequel était monté l'envoyé du roi ne fut sauvé que par la vertu des reliques dont ce prêtre était porteur. « On dit qu'il y a dans le lac Léman des truites si grosses qu'elles pèsent jusqu'à cent livres. »

LXXVII. Saint Victor de Marseille. Tous les malades et les possédés eux-mêmes obtiennent leur guérison à son tombeau, ainsi qu'on le vit arriver à l'esclave du patrice Aurelianus.

LXXVIII. A Nîmes est le tombeau du martyr Baudillius. Lorsque résidait à Arles Aram, duc de Théodoric, roi d'Italie, ce duc envoya l'ordre de lui amener pieds et poings liés un archiprêtre de Nîmes dont il avait à se plaindre. Par erreur, ses gens lui amenèrent l'archidiacre, homme très-religieux nommé Johannes. Aram averti en songe se jeta à ses pieds pour s'excuser de l'erreur, et plus tard l'évêché de Nîmes étant devenu vacant il voulut, en l'honneur du bienheureux Baudillius, que l'archidiacre le remplaçât.

LXXIX. Miracle de l'apôtre saint André dans l'église d'Agde. Le comte Gomachaire s'étant emparé d'une terre de cette église et refusant de la rendre malgré les prières de Léon, qui en était évêque, fut saisi de la fièvre et offrit alors de restituer ce bien si l'évêque voulait prier pour lui. Léon y consentit; mais le comte revenu à la santé envoya ses gens reprendre la terre en raillant « ces Romains » de leur confiance. Aussitôt l'évêque brisa d'une baguette qu'il tenait à la main toutes les lampes de son église et dit : « On n'allumera plus ici de lumière tant que Dieu ne sera pas vengé de ses ennemis et n'aura pas fait restituer à sa maison les biens qui lui appartiennent. » Gomachaire ressaisi par la maladie renouvela vainement ses supplications ; l'évêque inflexible le laissa mourir.

LXXX. Un miracle qui confirme la foi chrétienne. Récit d'un dîner dans lequel un mari hérétique et sa femme catholique reçoivent à leur table un prêtre hérétique (Wisigoth arien) et un prêtre gaulois (*Romanorum presbyter*). L'hérétique ayant voulu se moquer de l'autre et l'empêcher de manger est frappé de mort subite à la fin du repas.

LXXXI. Querelle de deux diacres catholiques contre un prêtre arien qui ne veut pas reconnaître le dogme de la Trinité. L'un des diacres se propose pour retirer une bague du fond d'une chaudière d'eau bouillante, si l'hérétique veut se soumettre ; mais le moment de l'épreuve étant venu, celui qui l'avait offerte faiblit. Elle est accomplie sans la moindre difficulté par l'autre diacre nommé Jacinthus et appartenant à l'église de Ravenne. L'arien voyant ce succès veut l'imiter, plonge audacieusement sa main dans la chaudière et immédiatement toute la chair s'en détache, bouillie jusqu'à la moelle des os.

LXXXII. D'un clerc battu en Espagne pour avoir proclamé le Fils et le Saint-Esprit égaux au Père.

LXXXIII. Un diacre de Grégoire, revenant de Rome à Marseille, préserva d'une perte imminente le navire sur lequel il était monté, en tenant élevées en l'air des reliques de Chrysanthus, Daria et autres, qu'il rapportait avec lui et qu'il invoquait avec larmes.

LXXXIV. A l'époque où Théodebert (roi de Metz, 534-547) exigea des principaux Arvernes qu'ils lui envoyassent leurs fils en otages, le père de Grégoire, tout récemment marié, partit mais en emportant dans un étui d'or des cendres provenant de quelque saint ; relique précieuse qu'il avait demandée à un prêtre et qu'il porta toute sa vie sur sa personne, avec respect, quoiqu'il ignorât à quel saint elles appartenaient. Il les regardait comme l'ayant préservé de la rapacité des voleurs, du danger des eaux, de la violence des séditieux et même des assauts des sens. Après la mort de son père, sa mère les prit et les porta toujours sur elle jusqu'au moment où elle en fit don à Grégoire lui-même. Il vit un jour sa mère, grâce à l'influence de ces reliques, arrêter subitement un incendie qui commençait à dévorer leur moisson de blé, et quant à lui, il put s'en servir un jour qu'il allait à cheval de Bourgogne en Auvergne, pour séparer en deux un orage et passer, ainsi que ses compagnons de route, au milieu de la pluie, sans être mouillé. Mais quelques pas plus loin, comme il se vantait, emporté par l'orgueil de la jeunesse, que son propre mérite était pour beaucoup dans ce miracle, son cheval s'abattit et il comprit par cet avertissement qu'il faut réprimer la vanité.

LXXXV. « Un comte des Bretons se sentant affligé de grandes douleurs aux pieds, dépensait tout son avoir en médecins sans se trouver mieux, quand l'un des siens lui dit : « Si tu te « faisais apporter de l'église quelqu'un des vases qui servent « au ministère de l'autel pour t'y baigner les pieds, peut-être « cela pourrait-il apporter remède à ton mal. » Sots et insensés, qui ignoraient que les vases consacrés à Dieu ne doivent pas être employés à des usages humains. Celui-ci envoya vite à l'église, et on lui rapporta de la sacristie une grande patène d'argent où il lava ses pieds; mais aussitôt ses douleurs s'accrurent, et il devint si complétement impotent par la suite qu'il ne pouvait plus faire un pas. J'ai appris que la même chose était arrivée au duc des Langobards. »

LXXXVI. Le jour de la fête du grand martyr Polycarpus à Riom, bourg de la cité Arverne, un diacre prit le vase qui renfermait le corps de Notre Seigneur pour le déposer sur l'autel, mais le vase s'échappa de ses mains et s'y rendit seul à travers les airs, probablement parce que ce diacre avait la conscience impure. En effet on l'accusait de plusieurs adultères. « Il ne fut donné qu'à un prêtre et à trois femmes du nombre desquelles était ma mère, d'être témoins de ce prodige : les autres ne le virent pas. J'avoue que j'assistais à la fête, mais que je ne fus pas jugé digne d'être témoin de ce fait. »

LXXXVII. Epachius, prêtre de Riom, « célébrait d'une manière tellement indigne les vigiles de la nativité du Seigneur qu'il sortait de l'église d'heure en heure pour aller dans sa maison vider des coupes écumantes de boissons capiteuses…. Comme il était de naissance sénatoriale et le personnage le plus considérable de l'endroit, on le pria, le matin venu, de célébrer la messe. Il le fit, quoique complétement ivre et fut saisi, pendant qu'il officiait, de vomissements et d'épilepsie. » Il resta épileptique. Grégoire éprouva lui-même l'importance de l'observation rigoureuse des vigiles de la nativité. Il lui arriva de les quitter pour aller se livrer au sommeil ; mais trois fois de suite un homme lui apparut en songe qui le réveilla et qui à la troisième fois lui appliqua un soufflet.

LXXXVIII. D'une femme de Jéricho, qui voulant se baigner dans le Jourdain, vit l'eau du fleuve se reculer devant elle parce qu'elle avait donné la mort à ses enfants.

LXXXIX. Un homme coupable de nombreux forfaits, nommé Antoninus, s'étant fait ensevelir avec pompe dans l'église de saint Vincentius, à Toulouse, son tombeau fut par deux fois lancé pendant la nuit hors de l'église, et ses parents, comprenant les desseins de Dieu, n'osèrent pas l'y replacer une troisième fois. On voit encore ce sarcophage, dit Grégoire, au lieu où il fut rejeté.

XC. Du glorieux Vincentius, martyrisé en Espagne. Sa fête à Bessay en Herbauge (*Becciacus in Arbatilico*), sur le territoire de Poitou. Miracles produits par les reliques du saint à Céré et Orbigni, bourgs du pays de Tours.

XCI. De sainte Eulalia, martyrisée à Mérida. Devant sa tombe sont trois arbres qui fleurissent en plein mois de décembre. Lorsque cette floraison est prompte et belle l'année est abondante en fruits de la terre ; si elle est tardive l'année est stérile.

XCII. De saint Félix, martyrisé à Girone. « On conserve ses reliques dans l'église de Narbonne. Comme la hauteur de cette église empêchait de voir, du palais du roi, la plaine de Liguria (Livière) qui est un site des plus agréables, le roi (des Wisigoths) Alaric s'en plaignit à son conseiller Léon. « Que « l'on enlève au moyen d'une machine, dit celui-ci, une partie « du faîte de cet édifice afin que le roi puisse jouir de la vue « qu'il désire. » Aussitôt ayant fait venir des ouvriers, ce Léon fit abaisser la basilique du saint à une hauteur inconvenante ; mais bientôt il devint aveugle. »

XCIII. Hemeterius et Chelidonius martyrs à Calahorra.

XCIV. Du bienheureux Cyprianus, évêque de Carthage dans l'église duquel se trouve un lutrin admirable, tout entier taillé dans le même bloc de marbre : la tablette dont il est formé, les quatre marches par lesquelles on y monte, les barreaux qui l'entourent, les colonnes qui soutiennent le pupitre et sous lequel huit personnes peuvent se tenir.

XCV. Des sept Dormants d'Ephèse, enfermés dans une caverne sous l'empereur Décius (249-251), et découverts vivants sous l'empereur Théodosius (vers 447).

XCVI. Des quarante-huit chrétiens martyrisés en Arménie et périssant sur un lac gelé ou dans des vapeurs brûlantes.

XCVII. Du glorieux martyr Sergius. On voue ses biens à son église pour leur assurer un protecteur. Une pauvre vieille femme entretenait deux poules qu'elle lui avait ainsi consacrées ; on lui en vola une et les voleurs ayant invité des amis à venir la manger, ne purent jamais la faire cuire. Description des apprêts du repas.

XCVIII. Des martyrs Cosmas et Damianus, compagnons dans l'art médical, qui guérissaient les maladies par le seul effet de leurs mérites et de leurs prières et les guérissent encore lorsque les malades vont à leur tombeau prier avec foi.

XCIX. Focas, martyr de Syrie ; il guérit des morsures de serpent.

C. Domitius, martyr du même pays, guérissant de la sciatique.

CI. Du grand et glorieux martyr Georgius. Ses reliques aux pays de Limousin et du Maine. Elles guérissent les aveugles, les boiteux et les fiévreux.

CII. Isidorus, martyr à Scio (*insula Chio*). Là trouvent leur guérison ceux qui boivent de l'eau d'un puits dans lequel on dit qu'il fut précipité. Dans cette île on récolte la muscade qui ne se trouve nulle part ailleurs.

CIII. Du saint martyr Polyoctus vénéré à Constantinople comme punisseur des parjures. Juliana, matrone de cette ville, fait revêtir de l'or le plus pur la voûte de l'église de Constantinople pour employer à une œuvre pieuse ses richesses que convoitait l'empereur Justinianus.

CIV. De l'insigne martyr Félix, de Nola. Il sauve, pendant une persécution, Maximus, évêque de cette ville, et refuse de le remplacer. Quintus est élu.

CV. De Vincentius, martyr à Agen. « Au temps où l'armée marchant contre Gundovald (1) arriva sous les murs de Comminges, l'église de cette ville fut assiégée. Le peuple confiant dans le respect dû au martyr (Vincentius) s'y était réfugié avec tous ses biens. Mais les assiégeants mirent le feu aux portes, les brisèrent à coups de haches, envahirent l'édifice et passèrent au fil de l'épée tous ceux qui y étaient renfermés. Aussi ce fait ne resta pas longtemps impuni; car les uns devinrent possédés du démon, les autres périrent dans la Garonne, d'autres furent pris de fièvre ou atteints de douleurs; j'ai vu dans le pays de Tours plusieurs de ceux qui avaient pris part au crime en être cruellement punis et perdre la vie de ce monde dans d'intolérables souffrances. »

CVI. Étonnant miracle dirigé contre l'avarice. Une fausse dévote qui était avare ayant été enterrée avec son or, son cadavre trouble tout le voisinage par les plaintes et les gémisse-

---

(1) En 585. Voy. ci-dessus *Hist.*, l. VII, ch. XXXV et XXXVIII.

ments qu'il fait entendre pendant la nuit. L'évêque fait ouvrir le tombeau et l'on reconnait que l'or était fondu et entrait avec une flamme sulfureuse dans la bouche de la défunte. L'évêque prie pour faire cesser ce supplice.

CVII. « Pannichius, prêtre du Poitou, se trouvant un jour à table avec des amis qu'il avait invités demanda un vase à boire. Il le tenait à la main quand une mouche importune se mit à voler autour, cherchant à le souiller en s'y posant. A plusieurs reprises le prêtre la chasse d'un geste ; mais elle se contentait de s'envoler un peu et revenait toujours. Il sentit là une embûche de l'ennemi. Alors élevant le vase de la main gauche, il fit le signe de la croix avec la main droite. Aussitôt la liqueur qui s'y trouvait se divisant en quatre parts passa par-dessus le vase et se répandit à terre ; ce qui prouva évidemment qu'il y avait eu là une embûche de Satan. Si donc tu fais hardiment et sans tiédeur ce signe salutaire sur ton front ou sur ta poitrine, tu pourras résister au mal comme un martyr. »

LIVRE DEUXIÈME DES MIRACLES

DE LA PASSION, DES MIRACLES ET DE LA GLOIRE DE SAINT JULIEN MARTYR.

I. Julianus, né dans la ville de Vienne, abandonna sa famille, ses richesses, et vint en Auvergne auprès du bienheureux Ferreolus attiré par le seul amour du supplice. Il vint au bourg de Brioude où les ennemis du Christ, l'ayant découvert, ils tirèrent leur framée et la brandissant de la main droite lui tranchèrent la tête. Saint Ferréolus recueillit cette tête et lorsqu'il eut péri lui-même, on la mit dans son cercueil.

II. Cette sépulture de Ferréolus fut découverte par Mamertus, évêque de Vienne (de 462 à 474 environ), ainsi que le rapporte Sollius (Sidoine Apollinaire) dans ses lettres et que Grégoire l'apprit à Vienne même pendant un voyage qu'il faisait pour voir saint Nicetius à Lyon.

III. Au lieu où saint Julien fut frappé est une fontaine où ses bourreaux lavèrent sa tête après l'avoir tranchée. Ceux qui viennent boire de son eau, les aveugles, les fiévreux et autres y trouvent la guérison de leurs maux.

IV. Par les ordres de l'empereur, qui résidait à Trèves, un homme venu d'Espagne enchaîné fut mis en prison et condamné à mort. Son épouse, sachant que des vieillards qui avaient porté en terre le précieux corps de saint Julien s'en étaient sentis tellement revivifiés, qu'arrivés à la dernière vieillesse ils semblaient des jeunes gens, vint prier au tombeau de ce saint et faire vœu de bâtir au-dessus la plus haute voûte de pierre qu'elle pourrait. Arrivée à Trèves, elle trouva son mari rentré en grâce auprès de l'empereur.

V. Non loin de cet édifice qu'elle construisit en effet, s'élevait un grand temple dans lequel étaient adorées les statues de Mars et de Mercure posées sur le haut d'une immense colonne. Un jour que les païens y célébraient leurs cérémonies, une querelle s'éleva au milieu de la foule entre deux jeunes gens dont l'un tirant son épée voulut tuer l'autre. Celui-ci se réfugia dans l'oratoire de saint Julien. Comme il avait refermé la porte sur lui, l'homme qui le poursuivait saisit cette porte par les deux côtés et cherchait à la forcer, quand à l'instant ses mains furent prises d'une douleur si vive qu'il témoigna au dehors par d'abondantes larmes des tortures qu'il éprouvait au dedans. Ses parents reconnaissant la puissance qui réside dans le tombeau du martyr lui offrirent dévotement leurs prières et de riches présents.

VI. Un prêtre qui passait par là vit les paysans faire leurs libations à leurs dieux. Il implora le ciel et aussitôt s'éleva un orage si violent que la foule vint lui offrir pour les en délivrer de prendre saint Julien pour leur patron et d'abandonner leurs idoles. Ils furent baptisés au nom de la Trinité, et jetèrent leurs statues dans un lac voisin après les avoir brisées eux-mêmes.

VII. « Quelque temps après un parti venu de Bourgogne arrive devant le bourg de Brioude, l'entoure d'une multitude armée, met le peuple en captivité, pille le saint mobilier des églises, traverse la rivière et se prépare à passer les guerriers au fil de l'épée pour tirer ensuite au sort les gens du peuple et se les partager comme esclaves. Alors un certain Hillidius, venu du Velay, et guidé par le vol d'une colombe, tombe tout à coup sur les ennemis... Il les taille en pièces, reprend les captifs de leurs mains et rentre triomphant dans la cellule du martyr..! Personne ne contestera la vérité de ce qui est dit de cette colombe lorsqu'un consul romain, Marcus Valerius, Orose l'atteste, fut protégé par un corbeau. »

VIII. Quatre des gens défaits par Hillidius emportèrent dans leur pays une patène et un autre vase; ils se partagèrent la patène en la brisant en quatre morceaux et offrirent le vase au roi Gundebaud. La reine renvoya le reste des richesses enlevées à l'église de Saint-Julien.

IX. Une femme nommée Fedamia, perclue depuis dix-huit

ans, recouvre la santé au tombeau de saint Julien où le saint lui-même lui apparaît en songe.

X. Un borgne devient aveugle tout à fait parce qu'il s'efforçait d'arracher de la basilique de Saint-Julien celui qui lui avait d'abord fait perdre un œil et qui s'était réfugié sous la protection du saint.

XI. Un cultivateur, devenu infirme pour avoir travaillé le dimanche, guéri à la basilique de Saint-Julien.

XII. Anagilde muet, sourd, aveugle et perclus, guéri au même lieu.

XIII. « Le roi Théodéric s'avançait rapidement pour dévaster l'Auvergne (1) ; il avait passé les frontières et détruisait tout sur son passage. Une colonne de ses troupes, se détachant du gros de l'armée, se dirige en furie vers le bourg de Brioude sur le bruit que les habitants s'étaient retirés dans la basilique avec leurs trésors. Comme on ne pouvait y pénétrer, un soldat, ou plutôt un voleur, car celui-là est un larron qui n'entre point par la porte, brisa le vitrage d'une fenêtre du sanctuaire et entra ; puis ayant ouvert les portes, il introduisit l'armée. Les soldats pillèrent le mobilier des pauvres et dépouillèrent les prêtres de la basilique ; puis faisant sortir tout le reste du peuple qui était dedans, ils se partagèrent leurs prisonniers non loin du bourg. Quand ces choses furent rapportées au roi, il prit quelques-uns des coupables et les condamna à divers genres de mort. Celui qui en forçant l'église avait été le premier auteur de ce crime, ayant pris la fuite, périt consumé par le feu du ciel, et bien que plusieurs de ses compagnons eussent entassé sur lui un monceau de pierres, son corps, mis à découvert par le tonnerre et la tempête, fut privé de sépulture. »

XIV. « Sigivald, personnage très-puissant auprès du même roi, fut envoyé par ses ordres, avec toute sa maison, dans le pays Arverne. Sous l'ombre d'un échange trompeur, il s'em-

(1) En 525. Voy. *Hist.*, l. III, ch. XII.

para avidement d'un domaine que Tetradius, évêque de Bourges, avait légué à la basilique de Saint-Julien. » Aussi tomba-t-il malade et il ne fut guéri que lorsque sa femme l'eut fait placer sur la voiture qui devait l'emmener hors du domaine qu'ils s'étaient enfin décidés à abandonner (1).

XV. Ingenuus, prêtre inique ; après avoir usurpé un champ voisin du sien qui appartenait à l'église de Saint-Julien de Brioude et avoir chassé à coups de flèches les clercs envoyés pour l'engager à en faire la restitution, il est frappé par la foudre.

XVI. « Le comte Beccon remplissait ses fonctions de juge et plein de son importance il grevait bien des gens contre toute justice. Un jour ayant donné le vol à son faucon, l'oiseau s'égara et il le perdit... Un serviteur de l'église de Saint-Julien en trouva un dans le même temps. « C'est le mien, dit Beccon, et cet homme me l'a volé. » Puis, dans son avarice, il l'envoya, enchaîné, en prison dans l'intention de le faire pendre à la session prochaine. Le prêtre de Saint-Julien, plein de tristesse, courut au tombeau du saint et ouvrant les châsses en gémissant, il prit dix pièces d'or qu'il envoya offrir à Beccon par de fidèles amis. Celui-ci repoussa la somme avec mépris et affirma, sur son serment, « qu'il ne relâcherait ce jeune homme que si on lui donnait trente pièces d'or pour sa rançon... Son avidité satisfaite, il renvoya le garçon sain et sauf, mais il mourut au bout de l'année. »

XVII. « Un diacre, qui avait abandonné l'église pour se mettre dans le fisc, commit beaucoup de mauvaises actions à l'aide du pouvoir qu'il tenait de ses patrons. Une fois il parcourait les pentes boisées et montueuses où l'on retire en été les troupeaux et spoliait bien des malheureux avec injustice lorsqu'il aperçoit de loin des troupeaux qui appartenaient à saint Julien et paissaient sous la protection de son nom. Il vole et s'en saisit comme un loup ravisseur. N'y touche pas, lui di-

(1) Voy. *Hist.*, III, XVI.

rent les bergers dans leur effroi ; ils sont au bienheureux martyr. Sur quoi l'on dit qu'il leur répondit par raillerie : « Pensez-vous que Julianus mange du mouton ! » Puis il les chargea de coups et emporta ce qu'il voulut. » Longtemps après s'étant prosterné au tombeau du saint, à Brioude, il y mourut subitement.

XVIII. Un homme qui avait volé un cheval pendant les vigiles de la fête du saint se trouve ramené, le lendemain matin, sur sa monture, près du point où il l'avait prise.

XIX. Un homme qui allait jurer faussement au tombeau du saint qu'un autre auquel il avait prêté un tiers de sol d'or ne l'avait pas remboursé, reste paralysé.

XX. Un voleur, qui avait enlevé du saint tombeau pendan la nuit des tentures et une croix ornée de pierres précieuses, s'endort malgré lui dans l'église même et y est surpris par une ronde de nuit.

XXI. Un pauvre homme qui avait perdu son cheval à la fête du saint le retrouve aussitôt après avoir prié saint Julien de le lui rendre.

XXII. Le signe de la croix fait sur les yeux d'un aveugle par Publianus, archiprêtre de l'église de Saint-Julien, lui rend la vue.

XXIII. « J'ai souvent parlé des maux que le roi Théoderic fit au pays Arverne. Ils furent tels qu'il ne resta rien ni aux fils aînés ni aux plus jeunes de leurs biens si ce n'est la terre nue que les barbares ne pouvaient emporter avec eux. Or dans ce temps-là, mon oncle paternel, Gallus, de glorieuse mémoire, qui plus tard gouverna comme évêque l'église arverne, était un enfant mineur dont les biens dévastés par l'ennemi étaient réduits à rien. Il allait souvent à Brioude et la plupart du temps à pied n'ayant avec lui qu'un tout jeune serviteur. Un jour qu'il était en chemin il retira ses chaussures à cause de la chaleur du soleil et se mit à marcher pieds nus. » Une pointe d'épine lui entra dans le pied et s'y brisa sans qu'on pût la faire sortir. Le blessé acheva sa route en boitant et se fit coucher au tombeau du saint martyr où, au bout de trois jours, sa plaie étant en pleine suppuration, il sentit que l'épine avait été retirée pendant son sommeil et la retrouva dans sa couche. Devenu évêque, il avait coutume de montrer le trou que cette blessure lui avait laissé pour prouver la puissance du martyr.

XXIV. Pierre, frère de l'auteur, également guéri au tombeau de saint Julien d'une fièvre qui l'avait saisi pendant qu'il était en route avec toute la maison de leur père pour aller à Brioude assister à la fête du saint.

XXV. A la fête suivante, faisant le même voyage, Grégoire se guérit d'un violent mal de tête en se lavant le front dans la fontaine de Ferréolus (voy. ch. III).

XXVI. Un fiévreux guéri à la même fontaine. « C'était un habitant du bourg de Brioude, mais son nom m'échappe. »

XXVII. Un jour le tonnerre tombe sur l'église de Saint-Julien ; il s'introduit par l'ouverture où passe la corde de la cloche, frappe deux colonnes, en fait sauter des fragments, puis par un ricochet il traverse la fenêtre placée au-dessus du saint tombeau et cela sans faire aucun mal au peuple, merveilleux effet de la protection du saint !

XXVIII. Un moine du Limousin n'ayant pu s'approcher du saint tombeau fut averti au milieu de la nuit par un songe qu'en y retournant de suite il trouverait l'église ouverte. Il y alla, put en effet entrer, dit sa prière et s'en retourna content. « Afin que personne ne doute de ce fait, j'atteste le Dieu tout-« puissant que je le tiens d'Aredius, abbé de qui dépendait le « moine à qui la chose arriva. »

XXIX. On n'était pas sûr du jour auquel devait se célébrer la fête du saint, lorsque le bienheureux Germanus, évêque d'Auxerre, étant venu à Brioude et y ayant fait une prière, révéla que ce jour était le 5 des calendes du septième mois (28 août).

XXX. Les possédés amenés au tombeau du saint vomissent des injures contre celui-ci.

XXXI. Des animaux tels que bœufs, chevaux, pourceaux,

que leurs propriétaires vouent à saint Julien, dès qu'ils sont entrés dans son église deviennent doux comme des colombes quelque indomptables qu'ils fussent auparavant.

XXXII. De la translation des reliques de saint Julien en Champagne, et de la guérison qu'elles opèrent, dans le faubourg de Reims, en la personne d'un possédé.

XXXIII. Autre guérison arrivée dans un port de l'Orient par la vertu de reliques consistant en un peu de poussière recueillie sur le tombeau du saint.

XXXIV. « Peu après mon ordination (comme évêque de Tours) je me rendis en Auvergne ; pendant mon voyage je visitai la basilique du saint et après la fête j'arrachai pour m'en faire une sauvegarde quelque peu de la frange du voile qui couvrait le saint tombeau, puis je fis ma prière et sortis. Or des moines de Tours avaient bâti suivant leurs faibles moyens une église à saint Julien et sachant que j'avais rapporté des reliques, ils me prièrent d'en enrichir leur église à l'occasion de sa dédicace.. Je pris la boîte où elles étaient et me rendis à la basilique de saint Martin. Un homme très-religieux, qui se trouvait alors à distance de cette basilique, raconta qu'au moment où nous y entrâmes, il vit un globe d'éclatante lumière descendre sur l'édifice et pénétrer dans l'intérieur. Lorsque nous l'apprîmes le lendemain par les fidèles, nous conjecturâmes que cela provenait de la vertu du martyr. »

XXXV. La nuit qui précéda cette dédicace, l'abbé de saint Martin tira du vin d'un petit tonneau pour en donner à boire à ceux qui étaient dans l'église, et jusqu'au matin ce tonneau resta toujours plein quoiqu'on y puisât sans cesse.

XXXVI. Un serviteur du même monastère, homme perclus, est guéri au tombeau de saint Julien.

XXXVII. Une jeune fille y est guérie de maux d'yeux.

XXXVIII. Un petit enfant difforme y est redressé.

XXXIX. Au bourg de Joué en Touraine se trouvent des reliques de saint Julien devant lesquelles on ne se parjure jamais impunément.

XL. Arédius, prêtre du pays de Limoges, raconte à Grégoire de Tours qu'ayant rempli une fiole d'eau prise à la fontaine de Ferréolus (ch. III), l'eau s'était changée en baume avant qu'il fût de retour chez lui.

XLI. Un paralytique amené au tombeau de saint Julien sur un chariot y est guéri.

XLII. Même miracle pour un aveugle qui avait frotté ses yeux avec le voile qui recouvre les saintes reliques. Les possédés placés sous ce voile sont délivrés. « Et chaque fois que l'autorité civile (*potestas judicum*) a voulu, dépassant ses droits, agir en ce lieu, elle a dû se retirer confuse. »

XLIII. « Il y avait au-dessus de l'autel une croix toute dorée, d'un travail élégant, et si belle à voir qu'on l'eût crue de l'or le plus pur. Les barbares étant survenus, l'un d'eux la croyant d'or s'en saisit et la cacha dans son sein; mais dès qu'il l'eut prise il se sentit accablé d'un poids si énorme qu'à peine pouvait-il la porter. Alors, touché de la vertu du martyr et repentant, il renvoya cette croix du point de sa route où il était arrivé et la restitua au lieu saint. »

XLIV. Le clerc d'Arédius, envoyé par son maître à la basilique de saint Julien pour en rapporter comme reliques un peu de la cire ou de la poussière se trouvant sur le tombeau, guérit chemin faisant un possédé.

XLV. « Au temps de Cautinus (évêque de Clermont) lorsque les péchés du monde avaient attiré la peste inguinale sur le pays Arverne, je gagnai le bourg de Brioude afin d'être préservé par la protection du martyr Julianus. Là un de nos serviteurs fut pris de ce mal. Il avait une fièvre continuelle accompagnée de vomissements. Mes gens le voyant dans cette extrémité appelèrent un devin (*ariolum*). Celui-ci ne se fit pas prier; il accourut auprès du malade et s'efforça de mettre en œuvre les ressources de son art : il murmure des incantations, il jette des sorts, il suspend au cou du patient des colliers et promet la vie à celui qu'il avait par ces pratiques dévoué à la mort. » En effet, il mourut. Grégoire, pour montrer à ses gens, qui avaient fait cela à son insu, leur coupable erreur, guérit un second de ses serviteurs, frappé de même, avec de la poussière du tombeau.

XLVI. Après la mort du martyraire Prosérius, le diacre Urbanus ayant été nommé gardien de la basilique, entendit pendant la nuit qu'on venait d'en ouvrir et d'en refermer la porte; il s'y rendit une lumière à la main et vit le pavé jonché de roses brillantes de fraîcheur, qu'on apercevait jusqu'à l'intérieur du tombeau à travers les ciselures de la grille. Or, on était au neuvième mois (novembre). Il les recueillit avec respect pour les distribuer comme médicaments.

XLVII. Une femme aveugle obtient de recouvrer la vue en allant prier à Saintes dans une église de saint Julien qu'une noble dame nommée Victorina avait bâtie sur son domaine.

XLVIII. Pendant que Nanninus, prêtre de l'église de Vibrac, y transportait des reliques de saint Julien, avec la permission de l'évêque Avitus, deux possédés sont délivrés.

XLIX. Comme il achevait cette translation, une femme nommée Æterna et d'autres malades sont guéris.

L. Un certain Litoméris ayant bâti une église en l'honneur de saint Julien sur le territoire de Tours, et Grégoire y ayant placé en la dédiant des reliques du saint et de saint Nicétius de Lyon, un aveugle y recouvra la vue.

LIVRE TROISIÈME DES MIRACLES.

PREMIER DES MIRACLES DE SAINT MARTIN (1).

Préface adressée par l'auteur aux fidèles de l'église de Tours... « Autant que me le permettra ma mémoire, je confierai à la postérité les miracles qu'opère aujourd'hui saint Martin. Je n'oserais le faire si je n'eusse été admonesté sur ce sujet, à deux ou trois reprises, par des visions ; car j'en atteste le Dieu tout-puissant, j'ai vu une fois en songe, au milieu du jour, dans la basilique de Saint-Martin, une foule de malades accablés de divers maux être guéris, et je voyais cela en présence de ma mère qui me dit. « Pourquoi es-tu si paresseux à écrire ce que tu vois ? » Je lui répondis : « Tu connais bien mon ignorance dans les lettres et qu'inhabile et sot comme je suis je n'oserais pas publier de si admirables vertus. Plût à Dieu que Sévérus ou Paulinus vécussent, ou qu'au moins Fortunatus fût là pour écrire de telles choses !... » Elle me dit : « Ignores-tu que celui qui nous parle un langage adapté à l'intelligence du peuple, comme tu peux le faire, en est par cela même mieux compris ?... » En voulant obéir, je me sens affligé et tourmenté d'un regret et d'une crainte : du regret que tant de miracles qui se sont passés du temps de nos prédécesseurs ne soient pas mis en écrit ; de la crainte d'entreprendre, moi rustique, un si [remarquable ouvrage. Cependant, encouragé par l'espérance de la bonté divine, j'entreprendrai d'obéir aux avertissements que j'ai reçus ; car j'ai la foi que Celui-là peut faire connaître à travers la stérilité de mon langage les choses

---

(1) On a vu ci-dessus (*Avert.*, p. v) que cet ouvrage fut le début de Grégoire comme écrivain. Les livres Ier et II des Miracles de saint Martin paraissent être en effet son premier ouvrage ; mais les livres III et IV ne furent composés par lui que plus tard ; c'est pourquoi on ne place ordinairement pas ces quatre livres en tête des Petites-OEuvres.

dont je parle qui, dans le désert, faisant sortir les eaux d'un aride rocher en étancha la soif ardente de tout un peuple ; et certes il sera bien prouvé qu'il a une seconde fois ouvert la bouche de l'ânesse si, desserrant les lèvres d'un ignorant comme moi, il daigne par elles répandre ces grandes choses... »

I. Que Sévérus Sulpicius a écrit la vie de saint Martin et l'a égalé aux apôtres.

II. Que le bienheureux Paulinus, évêque de Nola, après avoir écrit en vers cinq livres des miracles de saint Martin, sujet que Sévérus avait traité en prose, comprit dans un sixième les miracles opérés par le saint après sa mort.

III. Le glorieux Martinus, né à Sabaria, ville Pannonienne, fut évêque de Tours pendant vingt-cinq ans, quatre mois, dix jours, et mourut dans sa quatre-vingt-unième année sous le consulat de Césarius et d'Atticus (1).

IV. Sévérinus, évêque de Cologne, connut cette mort au moment même où elle arriva, par une révélation.

V. Elle fut révélée de la même manière à Ambrosius, évêque de Milan.

VI. Soixante-quatre ans après la mort de saint Martin, Perpétuus ayant été élu évêque de Tours fit agrandir l'église consacrée à son prédécesseur, et y fit changer de place, non sans assistance miraculeuse, le tombeau du saint.

VII. Théodemund, sourd-muet, est guéri après être demeuré trois ans auprès de la basilique de Saint-Martin, où il venait prier chaque jour. « La reine Chrodechilde le recueillit en considération de la vertu de saint Martin et du respect qui lui est dû ; elle le mit à l'école, et il y apprit par cœur toute la suite des Psaumes. Dieu en fit un clerc parfait. »

VIII. Guérison semblable, et au bout du même intervalle, d'une femme nommée Chainemunda, aveugle, couverte d'ulcères, et jusque-là « si horrible à voir que le peuple la regar-
« dait comme lépreuse ».

(1) Voy. *Hist.*, I, XLIII..

IX. Baudinus, évêque de Tours, assailli par une tempête pendant qu'il se rendait par eau (1) à sa villa, sauve son bâtiment et ceux qu'il portait en invoquant saint Martin.

X. Un clerc de l'église de Cambrai étant venu demander pour cette église des reliques de saint Martin, est éclairé durant sa marche par des flammes miraculeuses.

XI. Le fils de Chararic (ou Ariamir), roi de Galice, étant très-malade, son père quoique arien envoya au tombeau du saint (à Tours) demander de ses reliques et offrir une quantité d'or et d'argent égale au poids de son fils. Il promit de plus d'embrasser la foi catholique dans le cas où par ces reliques son fils serait guéri. Les choses arrivèrent ainsi. Dans le même temps aborda en Galice, ce qui ne semble pas avoir pu s'effectuer sans la coopération de la divine Providence, un pieux personnage nommé aussi Martinus, qui devint évêque en ce pays (2).

XII. La reine Ultrogothe (3) étant venue prier à l'église de Saint-Martin, trois aveugles recouvrent la vue en sa présence.

XIII. Grégoire raconte comme le tenant de son ami, le prêtre Fortunatus (4), qu'en Italie les malades affligés de pustules se guérissent en se rendant à la chapelle de Saint-Martin la plus voisine de leur demeure, et en appliquant sur le mal l'étoffe appendue aux portes ou aux murailles du lieu.

XIV. Un château d'Italie nommé Terzio (*castell. Tertium*), où se trouvait un oratoire dédié à saint Martin, préservé par miracle de toutes les attaques de l'ennemi.

XV. « Fortunatus a aussi déclaré que Félix, son compatriote et condisciple aux écoles de rhétorique de Ravenne, avait recouvré la vue en touchant ses yeux avec l'huile de la lampe qui brûlait devant l'image en peinture du bienheureux Martin. »

(1) C'est à-dire sur la Loire.
(2) Martin, évêque de Dume et de Braga, vers 560.
(3) Femme de Childebert 1er ; voy. *Hist.*, IV, xx.
(4) C'est Fortunat le poète.

XVI. Le procurateur Placidus, également de Ravenne, guéri de même par suite de sa dévotion à saint Martin.

XVII. Les religieuses qui desservent l'oratoire élevé à la porte d'Amiens, à l'endroit où saint Martin couvrit un pauvre grelottant d'un pan de sa chlamyde qu'il avait coupée, sont de pauvres femmes vivant de charités. Cependant elles possédaient quelques ruches d'abeilles. Un homme qui était parvenu à leur en voler trois fut frappé de mort avant d'avoir pu les emporter.

XVIII. Guérison d'un paralytique à l'oratoire de Saint-Martin à S. Ciran-du-Jambot (*Sirojalense orat.?*)

XIX. Guérison, à Saint-Martin de Tours, d'une femme aveugle nommée Bella.

XX. Un agent de cette dernière église, nommé Ammonius, qui était sorti de table un peu pris de vin, tomba dans un précipice en revenant chez lui, et ayant pendant sa chute invoqué le nom de saint Martin, il fut comme déposé à terre par des mains étrangères, sans autre mal qu'une foulure au pied.

XXI. Un voleur fut arrêté, chargé de coups et conduit au gibet pour être pendu. Avant de mourir il invoqua saint Martin avec ardeur, et pendant qu'on le pendait sa bouche s'efforçait toujours d'invoquer saint Martin. Il resta pendu deux jours au bout desquels une religieuse, avertie par une vision, vint le retirer; il était encore vivant, et sa libératrice après l'avoir détaché l'amena sain et sauf à l'église de Saint-Martin.

XXII. Dans le village de Candes, lieu où saint Martin est mort, un nommé Léomeris, esclave d'un habitant de l'Anjou, ayant la main contractée et ne pouvant faire aucun travail ni pour lui ni pour son maître, fut délivré de son mal à l'église de Saint-Martin. Son maître, qui ne croyait nullement à la vertu du glorieux pontife, remit cet homme à son service accoutumé; mais dès qu'il eut recommencé à travailler, il fut repris de sa paralysie. Le maître alors le renvoya au lieu saint, et l'esclave après y avoir passé une nuit en dévotion fut de nouveau guéri.

XXIII. Wiliachaire, qui plus tard devint prêtre, ayant a l'occasion de la révolte de Chramn encouru la colère du roi Chlothaire, se réfugia dans la basilique de Saint-Martin. Mais s'étant imprudemment laissé saisir au dehors, il fut chargé de fers et mené au roi. Par trois fois de suite, à l'invocation qu'il fit du nom de saint Martin, ses fers se rompirent comme s'ils eussent été fait de terre à potier. Le roi, témoin du fait, lui rendit la liberté.

XXIV. Alpinus, comte de la cité de Tours, guéri d'une douleur au pied par saint Martin lui-même, en songe.

XXV. Charigisile, référendaire du roi Chlothaire, ayant appris cela, vint à la basilique de Saint-Martin pour obtenir la guérison de ses pieds et de ses mains qui s'étaient contractés. Il l'obtint au bout de trois mois; et, plus tard, devenu Domestique du roi, il fit beaucoup de bien au peuple de Tours et aux serviteurs de la basilique.

XXVI. Un nommé Aquilinus, qui avait été frappé subitement de folie tandis qu'il chassait dans les forêts de France avec son père, fut guéri au tombeau de saint Martin, et s'engagea par reconnaissance au service du lieu; il y est encore.

XXVII. Charivald, qui avait aussi perdu à la chasse l'usage d'une main et d'un pied, guérit de même.

XXVIII. Un homme plein de foi, après avoir essayé vainement de s'approprier quelque brin de relique dans la basilique du saint, vint la nuit couper avec son couteau un bout de la corde avec laquelle on sonne la cloche. De retour en sa maison il s'en servit pour guérir beaucoup de gens. Tout malade pouvant baiser avec foi cette relique était sûr d'échapper.

XXIX. « Lorsque le roi Charibert, qui haïssait les clercs, négligeait les églises de Dieu et méprisait les prêtres, se fut abandonné de plus en plus à ses mauvais penchants, on lui glissa dans l'oreille qu'un bien possédé depuis longtemps par la basilique de Saint-Martin pouvait être revendiqué par son fisc. C'était le village de Nazelles. Le roi ne tarda pas à dépêcher des serviteurs pour réunir de force ce petit bien à son domaine, et, agissant en maître quoique sans droit, il y envoya des officiers de ses écuries avec des chevaux qui devaient être nourris sur le lieu... A peine les chevaux eurent-ils commencé à manger qu'ils furent tous pris de rage et s'enfuirent. Les officiers, comprenant la colère de Dieu, revinrent dire au roi que ce domaine était injustement retenu. Plein de fureur, on rapporte que le roi s'écriait : « Justement ou injustement, jamais, moi régnant, l'Église ne l'aura. » Bientôt après il était couché dans le tombeau. Lorsque le très-glorieux roi Sigibert succéda au pouvoir de Charibert, il consentit, à la suggestion du bienheureux évêque Eufronius, à rendre à l'église de Saint-Martin ce bien qu'elle possède encore aujourd'hui. »

XXX. Un certain Eustochius, de Poitiers, disputait injustement à l'évêque Eufronius l'héritage de Baudulfe, son parent, lequel avait fait l'église de Saint-Martin son héritière. Le saint évêque cédant à ses violences lui en rendit quelque chose ; mais comme celui-ci l'emportait chez lui, il perdit son unique fils qui mourut de la fièvre.

XXXI Le pauvre chargé par ses camarades de rester à l'église pour recevoir les aumônes qu'on y apporte pendant que les autres pauvres se dispersent de côté et d'autre, ayant dit à ceux-ci qu'il n'avait reçu qu'un denier d'argent, tandis qu'il avait reçu un tiers de sol d'or, est puni par une mort immédiate.

XXXII. L'auteur, atteint de pustules malignes et de fièvre, la septième année du pontificat d'Eufronius et la seconde du très-glorieux roi Sigibert (en 563), est sauvé par sa dévotion à saint Martin et sa persistance à se rendre à son tombeau.

XXXIII. Pendant cette maladie de Grégoire, un de ses clercs, nommé Armentarius, tomba dans l'idiotisme. C'était cependant un homme très-savant dans les lettres spirituelles et dont la facilité était si grande à saisir les modulations de la musique qu'on eût cru qu'il l'écrivait couramment sans avoir besoin d'y penser. Il fut guéri la troisième nuit du séjour de Grégoire auprès du tombeau de saint Martin.

XXXIV. Trois cierges que Grégoire et ses compagnons rapportèrent de ce voyage produisirent, dit-il, une foule de bienfaisantes merveilles. La grêle ravageait chaque année un de ses champs ; alors choisissant parmi ses vignes un arbre plus élevé que les autres, il y plaça un peu de cette cire sanctifiée, et jamais depuis la tempête ne s'y est abattue ; elle passe à côté comme si elle le craignait.

XXXV. Une famille toute entière tombe malade parce que son chef s'était approprié, sans le garder avec assez de respect, un peu de bois provenant des barreaux placés autour d'un endroit consacré par la présence de saint Martin. Il rapporte ce bois à Grégoire, alors diacre, et sa famille revient à la santé.

XXXVI. Grégoire allant en Bourgogne voir sa mère et traversant les bois qui sont au delà de la rivière de la Bèbre (*Berberem fluvium*), fit rencontre de voleurs à cheval qui voulaient dépouiller sa troupe. Mais en l'entendant invoquer saint Martin ils s'enfuirent au galop (1).

XXXVII. Les dyssentériques sont guéris à la basilique de Saint-Martin.

XXXVIII. De même les fiévreux, et les possédés tels que l'énergumène Paulus, qui se précipita du haut de la voûte sur le pavé de l'église sans causer la moindre meurtrissure à son pauvre corps damné.

XXXIX. Léoméria, femme aveugle, guérie de même par sa foi à saint Martin.

XL. Sécurus, enfant complétement rachitique, fut rétabli par un long séjour auprès du tombeau de saint Martin et rendu à un état aussi sain que s'il fût né une seconde fois. « Il fut racheté d'esclavage par le comte Justinus, qui lui donna la liberté. »

(1) D'après Ruinart, *Berberis* serait le Barberon, comme il a été dit t. I, p. XXXI ; et en effet Grégoire allait probablement à Cavaillon. (Cf. p. 356, LX.) Mais Barberon ne peut dériver de Berberis. La Bèbre ou Besbre convient mieux pour l'étymologie comme pour la situation ; c'est une rivière de 20 lieues de long qui se jette dans la Loire, rive gauche, vers Bourbon-Lancy, et barre le chemin de Tours à Mâcon, ou à Lyon.

LIVRE QUATRIÈME DES MIRACLES.

SECOND DES MIRACLES DE SAINT MARTIN.

I. Le deuxième mois qui suivit son ordination comme évêque, la douzième année du règne de Sigibert, l'auteur, pris de fièvre et de dyssenterie, se guérit en demandant à son médecin Armentarius une potion formée de poussière du tombeau de saint Martin.

II. Justinus, mari de sa sœur, est guéri de la fièvre par la vue d'un cierge apporté du même saint tombeau.

III. Guérison de Maurusa, perclue et aveugle.

IV. Le prêtre Simon avait un esclave nommé Véranus qui devint impotent. Il fit vœu si saint Martin daignait le guérir de le consacrer à son service par la tonsure après l'avoir affranchi. Déposé pendant cinq jours au pied du tombeau l'esclave se releva plein de santé.

V. Guérison de Manlulf, paralytique de la ville d'Auxerre.

VI. Guérison d'un autre paralytique amené de l'Orléanais en voiture. A la vue du miracle, on lui accorde la cléricature.

VII. Guérison de Leubovéus, déjà clerc, également perclus et venant de Bourges. « Ces trois derniers miracles ont été opérés le jour même où le très-glorieux roi Sigibert fit la paix avec ses frères sans que l'armée combattît (1). »

VIII. Guérison d'un aveugle.

IX. Gunthedrude, femme aveugle du pays de Vermandois, recouvre au tombeau de saint Martin l'usage de ses yeux et, abandonnant sa famille, se fait religieuse.

X. Une femme du bourg de Trezelle (*Transaliensis*) en Auvergne, guérie d'une hémorragie.

XI. « L'épouse du tribun Animius, nommée Mummola, frappée d'une frayeur pendant la nuit, avait perdu l'usage

---

(1) *Hist.*, IV, L; ann. 574.

d'un pied et était tombée en une telle faiblesse qu'il fallait l'enlever sur les mains des gens quand elle voulait aller n'importe où. Elle fut déposée aux pieds de saint Martin et, comme elle en avait fait le vœu, tint toute la nuit un cierge dans la main, pendant que nous veillions dans la basilique. Le matin arrivé, on venait de sonner la cloche pour les matines, quand elle se leva sur son pied faible, tellement que guérie de toute débilité elle revint, en marchant elle-même sans que personne la soutînt, à sa propre demeure. »

XII. Guérison de Ragnimod, alors diacre de saint Germanus, évêque de Paris et plus tard (576-591) son successeur.

XIII. Ursulf, serf du pays de Tours, canton d'outre-Loire, qui était devenu aveugle pour avoir bouché une haie, par l'ordre de son maître, un jour de dimanche, est rendu à la lumière.

XIV. Guérison d'une fille perclue appartenant au palais du roi.

XV. Guérison de Mérobaude, homme du Poitou, aveugle depuis six ans.

XVI. Un matelot de la Loire au pays de Baugé (1) (*in pago Balbiacensi*) raconte à l'auteur comment il fit une pêche merveilleuse par la seule invocation du nom de saint Martin.

XVII. Un jour que le duc Guntchramn Boson traversait la Loire en face du bourg d'Amboise, sur le pont de bateaux, le vent s'élève, ses gens enfoncent dans l'eau jusqu'au ceinturon, et au milieu de l'épouvante universelle, la troupe n'est sauvée que par les cris de Boson adressés à saint Martin pour invoquer son secours.

XVIII. Landulf, du territoire de Vienne, purgé de démons qui le possédaient et le faisaient tomber en épilepsie.

XIX. « En décrivant avec rapidité chacun des miracles du saint homme, sans nous répandre en un plus long discours, nous craignons fort, et ne poursuivons qu'en tremblant le chemin commencé, de peur que de plus sages ne disent : Un

---

(1) *Beauvau*, suivant D. Ruinart. Très-incertain.

homme habile aurait pu de beaucoup étendre ces récits. Mais habitués que nous sommes à l'enseignement religieux, il nous semble que l'histoire, destinée à l'édification de l'Église, doit mépriser le verbiage et se composer d'une narration brève et simple. Le diacre Theudomer, à qui la cataracte était tombée sur les yeux, fut presque aveugle pendant quatre ans, et revit la lumière après avoir passé une nuit à la cellule de Candes, où le saint homme est mort... Que firent jamais de pareil les médecins avec leurs ferrements? car leur affaire est plutôt de produire la douleur que de la soulager, quand tenant l'œil tendu et le perçant avec des instruments acérés, ils vous font voir les tourments de la mort avant de vous ouvrir les regards. »

XX. Désidérius, possédé, venant d'Auvergne, guéri à la cellule de Candes.

XXI. Guérison, au même lieu, d'un homme ayant la main contractée.

XXII. La matrone Rémigia, qui nourrissait les pauvres rassemblés à la cellule, guérie d'un affection semblable.

XXIII. Vinastès, aveugle, qui contribuait aussi à l'entretien de ces pauvres, recouvre la vue.

XXIV. « Une femme du Berri avait mis au jour un fils perclus, aveugle et muet... qui était plutôt un monstre qu'un être humain. Elle confessait en pleurant qu'il avait été procréé une nuit de dimanche, et n'osant pas le tuer, comme les mères font souvent dans ce cas, elle l'éleva et lorsqu'il eut grandi elle le livra à des mendiants qui le prirent, le mirent sur une charrette et le traînèrent pour le montrer au peuple. Ils gagnèrent grâce à lui beaucoup d'argent. A l'âge de onze ou douze ans cet enfant ayant été amené à la fête de saint Martin y fut guéri. Je l'ai vu moi-même; ce n'est pas un récit que je tiens de quelqu'un : c'est de sa propre bouche que je l'ai appris. Or, comme cela est arrivé aux parents pour leur péché et parce qu'ils avaient violé le repos de la nuit dominicale, prenez garde, ô hommes, vous par qui sont scellés les derniers liens du mariage ; si des époux unissent leurs embrassements en ce jour, les enfants qui en naîtront seront ou perclus, ou épileptiques, ou lépreux.

XXV. Un possédé et un paralytique nommé Bonulf, guéris dans l'église de Saint-Martin en présence de Grégoire.

XXVI. Piolus, clerc de Candes, eut d'abord les doigts contractés et guérit; puis il devint muet. « Il portait dans sa main trois tablettes de bois liées par une courroie et les frappait entre elles pour en tirer un son qu'il ne pouvait donner avec son gosier ; il faisait comme les vignerons qui cherchent à défendre leurs vignes contre les oiseaux. » Il recouvra la parole dans l'église de Saint-Martin.

XXVII. « Sigibert ayant été tué et Chilpéric ayant saisi le pouvoir royal après avoir échappé à une mort imminente (1), Ruccolen vint, à la tête des Cénomans, opprimer cruellement le pays de Tours, et dès le lendemain il envoya des messagers à la ville pour ordonner aux clercs de tirer hors de leur sainte basilique des hommes qui étaient venus y résider à la suite d'une faute dont nous avions parfaite connaissance (2). » Il fut arrêté par une maladie, la jaunisse, qui l'emporta.

XXVIII. Guérison d'une femme aveugle et d'un possédé.

XXIX. Guérison de deux aveugles venus du Berri.

XXX. Guérison d'une muette.

XXXI. Guérison d'Apra, femme paralytique.

XXXII. Huile de rose augmentant de quantité au tombeau du saint. « Quand nous voyons chaque jour des miracles comme ceux que nous venons de décrire, qu'est-ce que viennent dire les malheureux qui prétendent que Sévérus a menti dans son histoire de la vie du saint prélat? J'ai pourtant entendu un homme, inspiré je pense par l'esprit malin, prétendre qu'il n'avait pas pu se faire que l'huile augmentât de volume par la bénédiction de saint Martin, ni qu'un flacon tombé et précipité sur un pavé de marbre fût demeuré intact.

(1) En 575. Voy. *Hist.*, IV, LII.
(2) Cf. *Hist.*, liv. V, ch. IV.

Je raconterai donc ce qui est arrivé dernièrement ; j'en ai de nombreux témoins... »

XXXIII. Guérison d'un perclus venu du pays d'Anjou, nommé Allomer.

XXXIV. Guérison d'un clerc aveugle.

XXXV. Des prisonniers retenus par les jambes à une poutre et traités avec tant de dureté que le juge ne permettait pas que personne leur fournît d'aliments sont délivrés par leurs prières à saint Martin, et se réfugient dans son église.

XXXVI. Léodovald, évêque d'Avranches, ayant demandé des reliques de saint Martin, les voit en entrant dans son diocèse guérir un paralytique.

XXXVII. Guérison d'un démoniaque.

XXXVIII. Guérison d'une petite fille de Tours, muette de naissance.

XXXIX. Arédius, pieux personnage du Limousin, étant allé visiter les lieux consacrés par le souvenir de saint Martin et en ayant rapporté un flacon plein de l'eau du puits que le bienheureux avait creusé jadis de ses propres mains, guérit avec cette eau Rénosinde, son frère, malade de la fièvre.

XL. Sisulf, très-pauvre homme du pays Cénoman, perdit tout à coup l'usage de la main droite qui se crispa les doigts fixés contre la paume. Il vit en songe saint Martin qui lui dit : « Ton infirmité est une souffrance du peuple pécheur. C'est pourquoi va maintenant par les bourgs et les châteaux, marche jusqu'à ma ville et prêche que tout homme doit s'abstenir de rapines, de parjures et d'usures, et qu'il doit le jour du dimanche ne faire aucune œuvre hors la célébration des saints mystères... » L'homme obéit, et le septième mois arriva à Tours où il guérit.

XLI. Un habitant du pays de Tours guéri d'une cécité à laquelle s'ajoutait que, n'y voyant plus, il s'était crevé un œil contre une pièce de bois.

XLII. Guérison d'un homme dont la main était contractée.

XLIII. Un enfant presque mort, ayant été posé par son père sur le bienheureux sépulcre, revient à la vie.

XLIV. Un aveugle, du pays de Poitou, rendu à la clarté en présence de Mérovech, évêque de Poitiers.

XLV. Deux jeunes enfants de Voutegon, bourg du Poitou, guéris d'infirmités provenant de l'influence des démons.

XLVI. Guérison de Léodulf, enfant boiteux.

XLVII. Guérison d'un homme perclus qui demandait l'aumône de maison en maison en se faisant traîner sur un chariot par un bœuf.

XLVIII. Floridus, qui avait les pieds et les mains noués, s'étant fait apporter du bourg de Craon, en Anjou, à la cellule de Candes, est guéri.

XLIX. Guérison d'un homme au bras paralysé.

L. Guérison d'un aveugle.

LI. Dyssentériques et autres, guéris pour avoir bu délayée dans l'eau la poussière qu'ils recueillaient en grattant le saint tombeau, ou l'eau dont on le lave avant la pâque.

LII. Par une potion de la même poussière est guéri un homme qui souffrait d'une grosseur courant par tout son corps.

LIII. Un ivrogne, devenu fou à la suite de ses excès, est guéri à la basilique de Saint-Martin, auquel il promet de venir offrir ses prières chaque année. Il retombe ensuite dans sa folie pour avoir oublié sa promesse et repris l'habitude de s'enivrer.

LIV. Guérison d'une jeune aveugle du pays de Lisieux.

LV. Guérison d'un enfant du Sénonais qui avait la main desséchée.

LVI. « Une femme du Poitou qui avait les doigts contractés contre le creux de la main, les ongles pour ainsi dire enfoncés dans les os mêmes et la main entière en putréfaction, » vint prier à la fête de saint Martin et s'en retourna avec confiance. A la chute du jour, elle se logea près la rive du Cher et au milieu de la nuit se trouva guérie.

LVII. Une femme, consumée par une sorte de feu céleste

pour avoir travaillé aux champs le jour de la fête de saint Jean, se guérit en priant au tombeau de saint Martin. Elle était l'esclave d'un citoyen de Tours qui consentit à perdre la moitié de sa valeur afin de l'abandonner à l'église, et en acheta une autre.

LVIII. Un jeune Parisien, dont l'art était de confectionner des habits, se sentant malade de la fièvre, vint à Tours prier saint Martin qui le guérit. « Il était libre de naissance ; mais Leudastès (1), alors investi des fonctions de comte de Tours, apprenant que c'était un artisan, commença à l'attaquer en disant : « Tu t'es enfui de chez tes maîtres et il ne te sera pas permis d'aller plus loin vagabonder de côté et d'autre. » Et l'ayant chargé de liens, il l'envoya dans sa maison pour y être gardé. Là ne fit pas défaut au jeune homme la vertu du divin confesseur ; car à peine incarcéré, il fut repris de sa maladie et comme il allait très-mal, le comte le relâcha. Il revint à la basilique et fut guéri de nouveau. »

LIX. « Une femme après avoir mérité la liberté fut cependant vendue par les barbares fils de son patron. Mais grâce à la vertu du saint et pour qu'elle fût plus aisément protégée, une paralysie complète s'empara d'elle ; les muscles de ses jarrets furent retournés de façon que ses mollets venaient sur le devant des jambes. Alors abandonnée par les maîtres qui l'avaient injustement prise, elle eut recours à l'assistance du bienheureux confesseur, et après être restée un peu de temps dans sa maison, elle reçut à la fois les dons de la liberté et de la santé. »

LX. Grégoire se guérit de maux de tête en appliquant sur son front le voile qui couvre le saint tombeau. — Il explique qu'ayant d'abord consacré quarante chapitres, puis soixante au récit des miracles de saint Martin, il a réalisé la parole de l'Écriture que la semence tombée en bonne terre fructifie de manière à ce qu'un grain en produit ici cent, un autre soixante et un autre trente. (Matth., XIII, 23.)

(1) Cf. *Hist.*, V, XLVIII et suiv., et X, XXXII.

LIVRE CINQUIÈME DES MIRACLES.

TROISIÈME DES MIRACLES DE SAINT MARTIN.

I. Grégoire de Tours, s'étant blessé à la gorge avec une arête en mangeant du poisson, se guérit en s'appliquant sur le larynx le voile qui recouvre le tombeau de saint Martin.

II. Guérison d'une jeune fille débile.

III. Un homme, ayant travaillé le dimanche, sa main reste attachée, non sans une vive douleur, à un bâton dont il s'était servi pour tourner une meule à blé. Il s'en délivre en priant à la basilique du saint.

IV. Guérison d'un paralytique venu du Limousin.

V. Guérison d'un aveugle.

VI. Un enfant de Tours guéri de la fièvre.

VII. Un homme de Craon, bourg de l'Anjou, nommé Sénator, fabriquant une clef le dimanche, les doigts de ses deux mains se contractèrent de manière que ses ongles étaient comme soudés à la paume, et il ne pouvait plus ouvrir sa main, lui qui voulait ouvrir une porte. Quatre mois après la paume de sa main commençait à se putréfier par la croissance des ongles qui entraient dans la chair, lorsqu'il fut guéri en invoquant l'assistance de saint Martin.

VIII. Florentius et Exsupérius, ambassadeurs espagnols, se rendant vers le roi Chilpéric, Grégoire les reçoit à la table de l'église, et apprend d'eux pendant le repas que saint Martin opère des miracles dans leur pays.

IX. Guérison d'un clerc de l'église de Poitiers, qui avait perdu l'usage d'un de ses pieds depuis neuf ans et marchait avec une jambe de bois.

X. La mère de Grégoire de Tours étant venue dans cette ville après que son fils en eut été élu évêque et ayant prié trois mois environ au tombeau de saint Martin, est délivrée d'une douleur de jambe qu'elle avait contractée en mettant Grégoire au monde, et dont elle souffrait depuis trente-quatre ans.

XI. Guérison d'une femme de l'Anjou qui avait les doigts enfoncés dans la paume de la main.

XII. Le valet de Grégoire guéri de la fièvre.

XIII. Théoda, fille du prêtre Wiliachaire, guérie d'un mal de pied.

XIV. Guérison d'un homme qui marchait avec deux béquilles.

XV. « Gundulf vivait depuis son enfance avec Gunthaire, fils du roi Chlothaire (1). Comme il était employé à son service, il monta sur un arbre par ordre du roi, pour cueillir des fruits ; une branche s'étant cassée, il tomba et son pied qui heurta contre une pierre demeura estropié. Longtemps après, il se blessa gravement à l'autre pied en tombant de cheval. » Il guérit en se vouant au service de saint Martin ; il commença par obtenir du roi un diplôme qui lui permettait de donner tous ses biens à l'église de Saint-Martin, puis il se fit tonsurer et accomplit sa sage résolution.

XVI. Un enfant du Limousin devenu aveugle et donné par ses parents, qui étaient fort pauvres, à des mendiants, arrive à Tours douze années après, et y recouvre la vue.

XVII. Grégoire, obligé pour affaire d'aller à Reims, et bien accueilli par l'évêque Égidius, y converse avec Siggon, référendaire du roi Sigibert, qui s'étonne en le quittant de se sentir délivré d'une surdité qui l'incommodait depuis trois jours. « Ce n'est pas à moi, lui dis-je, mon très-doux fils, qu'il faut rendre grâces ; sache que j'ai sur moi des reliques du bienheureux Martin, et c'est par son pouvoir que ta surdité a disparu. »

XVIII. Les animaux délivrés d'une maladie contagieuse avec l'huile des lampes de la basilique de Saint-Martin dont on leur fait boire.

(1) Cf. *Hist.*, IV, III.

XIX. Un habitant d'Avranches guéri de cécité.

XX. Guérison d'un autre aveugle venu d'outre-mer.

XXI. Guérison de Julianus, venu des Espagnes, contrefait des mains et des pieds.

XXII. Une femme de Tours guérie à Candes ; dans sa reconnaissance elle ne quitte plus ce lieu.

XXIII. Un habitant d'Angers, sourd-muet, qui demandait l'aumône en heurtant l'une contre l'autre deux tablettes de bois, guéri à Candes.

XXIV. L'huile prise au tombeau de saint Martin par Arédius s'accroît d'elle-même dans le flacon où elle est mise.

XXV. Guérison d'une femme aux doigts contractés.

XXVI. Guérison d'une jeune fille contractée de tous ses membres.

XXVII. Un enfant de l'Anjou perclus de tous ses membres et apporté à la basilique de Saint-Martin, au bout de six ans s'y rétablit, et ainsi qu'il appartenait à son nom, Floridus, fleurit pour ainsi dire une seconde fois.

XXVIII. Un clerc, qui était né serf de la sainte basilique et qui avait été aveugle pendant trois ans, est délivré de sa cécité.

XXIX. Un serf du pays de Touraine ayant travaillé un dimanche à faire une haie est puni par l'adhérence de ses mains sur le bois. Il est guéri en priant au tombeau du saint.

XXX. Un petit enfant de l'Albigeois guéri de maux d'estomac.

XXXI. Guérison d'une femme de l'Anjou dont la main droite était desséchée pour avoir voulu faire du pain un samedi après le coucher du soleil, lorsque la nuit du dimanche approchait.

XXXII. Guérison d'une autre femme qui avait commis un acte semblable et dont les mains adhéraient l'une à l'autre.

XXXIII. Une épidémie sur les chevaux, arrêtée dans le village de Marsas en Bordelais, dépendant de saint Martin, par la foi de leurs propriétaires en ce saint confesseur.

XXXIV. La peste sévit à Tours. La femme du comte Éborinus en est préservée par ses prières au tombeau de saint Martin.

XXXV. Guérison de trois infirmes en présence de Badégisile, évêque du Mans (1).

XXXVI. Guérison d'Augustus, citoyen de Tours, perclus.

XXXVII. Guérison d'une jeune fille attaquée par le démon.

XXXVIII. Guérison d'un diacre de Châlons qui était devenu aveugle en punition de son ivrognerie.

XXXIX. Guérison d'une femme contrefaite et aveugle.

XL. Guérison d'un paralytique venu de Bourges.

XLI. « Une jeune fille, née de parents affranchis, fut au mépris de sa liberté contrainte par les fils de son patron de subir le joug de la servitude ; et comme elle refusait d'exécuter aucun travail pour ses injustes maîtres, elle fut garrottée avec des chaînes et des menottes. Elle restait en prison tandis que les autres se rendaient à la bienheureuse fête, pleurant et se lamentant de ne pouvoir y assister, quand tout à coup la poutre dans laquelle ses pieds étaient resserrés se fendit, et bien qu'elle fût encore chargée de chaînes elle s'enfuit et gagna la sainte basilique ; dès que ses pieds en touchèrent le seuil sacré, ses chaînes se brisèrent et tombèrent de son cou. Ainsi obtint-elle à la fois le salut et la liberté. »

XLII. Un livre de la vie de saint Martin, mis au feu par mégarde avec de la paille, demeure intact. « Et afin que personne ne puisse dire que cela n'est pas croyable, on saura que ce livre est encore aujourd'hui conservé par moi. »

XLIII. Deux palefreniers de Grégoire guéris en voyage par de la poussière du saint tombeau.

XLIV. Malulfus, citoyen de Tours, guéri d'une paralysie.

XLV. Guérison d'un infirme venu de Bourges. « Les faits que je raconte ne doivent pas paraître indignes de créance parce que les noms de tous les individus ne sont pas marqués dans ces pages. Cela vient de ce qu'ils s'en vont dès qu'ils ont

(1) De 581 à 586. Cf. *Hist.* VI, IX.

été rendus à la santé par le saint de Dieu, et ils s'en retournent si secrètement parfois qu'il n'y a personne, pour ainsi dire, qui les voie. Lorsque le bruit se répand que la puissance du bienheureux pontife a apparu, nous appelons les gardiens du temple et nous apprenons ce qui s'est passé ; cependant ils ne nous instruisent pas toujours des noms. Quant à ceux que nous avons pu voir ou que nous examinons nous-mêmes, nous écrivons ordinairement leurs noms. »

XLVI. Guérison d'une femme du Poitou contrefaite.

XLVII. Un homme était prisonnier pour dettes à Soissons. Son créancier voyant qu'il n'en pouvait rien arracher lui refusait le boire et le manger en lui disant : « Je te ferai languir dans la faim pour servir d'exemple à tout le monde, jusqu'à ce que tu m'aies tout rendu. » Mais des reliques de saint Martin ayant passé sur la place au chant des cantiques, ce prisonnier implora le saint et ses liens se rompirent. Il se réfugia dans la basilique, et fut ensuite racheté par des hommes pieux qui payèrent pour lui.

XLVIII. Guérison d'une femme aveugle.

XLIX. Guérison d'un enfant impotent.

L. Lupus, prêtre de la ville de Bordeaux, se guérit de la fièvre en prenant sur le tombeau de saint Martin deux petites chandelles faites de cire et de papyrus, et en avalant la cendre du papyrus, délayée dans de l'eau.

LI. « Cardégisile, surnommé Gyson, citoyen de Saintes, nous reçut dans sa maison et nous invita à nous rendre dans l'oratoire que sa mère avait construit et consacré par les reliques du bienheureux Martin. Après avoir fait notre prière, nous lui demandâmes si la puissance du saint s'était manifestée en ce lieu. » L'hôte de Grégoire lui raconte que son fils, à l'âge de trois ans, y avait été guéri d'une maladie de langueur.

LII. Un clerc de Grégoire guéri de la dyssenterie.

LIII. Un serf de Génitor, citoyen de Tours, avait été condamné à la potence pour vol. Il est sauvé par la ferveur avec laquelle il invoque saint Martin pendant qu'on le conduisait au supplice. Autre malfaiteur également condamné à être pendu et sauvé de même.

LIV. Guérison d'un homme du bourg de Montlouis qui était devenu muet par suite d'une frayeur.

LV. Guérison d'une femme dont la main s'était contractée parce qu'elle avait travaillé le dimanche.

LVI. Guérison d'une femme dont les deux mains s'étaient contractées parce qu'elle avait cuit un pain le samedi soir.

LVII. Guérison d'un aveugle.

LVIII. Un aveugle qui avait été donné étant enfant par ses père et mère à des mendiants avec lesquels il avait parcouru les campagnes et les villes pendant dix ans et plus, est guéri, en même temps que deux possédés, au tombeau du saint.

LIX. Un enfant guéri de la fièvre et des vers par une potion de la poussière de ce tombeau.

LX. Grégoire se rendant sur le territoire de la ville de Cavaillon pour aller visiter sa mère emporte avec lui de cette poussière précieuse avec laquelle il guérit un de ses serviteurs saisi de la fièvre pendant le voyage. Il apprend que Véranus, évêque de Cavaillon, devait aussi la santé à ses prières à saint Martin. En revenant de Cavaillon il guérit avec sa poussière l'évêque de Clermont, Avitus, deux autres de ses serviteurs et lui-même qui se trouva cruellement atteint d'un mal de dents.

LIVRE SIXIÈME DES MIRACLES.

QUATRIÈME ET DERNIER DES MIRACLES DE SAINT MARTIN.

I. Grégoire de Tours, saisi d'un violent mal de ventre, se met en prière au tombeau de saint Martin, place en secret sous son vêtement un fil des voiles suspendus en ce lieu et avec lequel il représente sur son ventre le signe de la croix ; aussitôt sa douleur se calme, et il s'en retourne guéri.

II. Une autre fois Grégoire incommodé d'un gonflement de la langue par suite duquel il balbutiait, non sans honte, se rend au saint tombeau et y tire sa langue entre les barreaux de bois qui formaient la balustrade. Il guérit aussitôt.

III. Un enfant délivré de la fièvre.

IV. Un homme perclus, une femme aveugle et trois démoniaques tous guéris à la Saint-Martin d'été.

V. La treizième année du règne de Childebert (588), un gardeur de porcs, serf de Théodulf, citoyen de Tours, est guéri d'une cécité.

VI. L'année suivante, à la Saint-Martin d'hiver, guérison de douze paralytiques, trois aveugles et cinq démoniaques. Ces merveilles se passèrent en présence d'Arédius, abbé en Limousin, du maire Florentianus et de Romulf, comte du palais.

VII. Le maire Florentianus raconte à Grégoire un trait de la puissance de saint Martin dont il fut témoin en Galice, où il était allé comme ambassadeur auprès du roi Miron. Le bouffon de ce roi fut puni pour avoir voulu prendre une grappe de raisin d'un berceau de vigne consacré au saint.

VIII. Palladius, évêque de Saintes, ayant demandé des reliques de saint Martin, écrit, trois mois après, à Grégoire qu'elles ont déjà guéri trois paralytiques, deux aveugles et plus de douze fiévreux.

IX. Deux serviteurs de Grégoire, le clerc Dagobald et le

laïque Théodorus, sont délivrés de la fièvre et de la dyssenterie par la poussière du tombeau.

X. « Nous avons une patène de couleur de saphir que le saint a, dit-on, rapportée du trésor de l'empereur Maximus, et dont la vertu agit souvent sur ceux qui ont des frissons. » Grégoire ajoute qu'en y buvant, Bodillon, l'un de ses scribes, s'est guéri.

XI. Un citoyen du pays Chartrain nommé Blidéric, marié depuis trente ans sans avoir d'enfants, eut un fils aussitôt après avoir institué l'église de Saint-Martin pour donataire de tous ses biens.

XII. Guérison d'une aveugle à Tornes, village du pays Cénoman.

XIII. Un homme venu à la fête du saint avec une main desséchée est rétabli, et cela en présence d'Aunacharius, évêque d'Auxerre (1).

XIV. Guérison d'un perclus du bourg de Gennes (*Geinensis*), en Anjou, nommé Baudégisile, fils de Bandulf.

XV. Sur le territoire d'Azay (*Ausiensis*), un essaim d'abeilles s'étant échappé, leur propriétaire, nommé Célestus, les fait revenir en faisant vœu de consacrer désormais à saint Martin la cire qui proviendra de cet essaim.

XVI. Des prisonniers, à Tours et à Poitiers, délivrés pour avoir invoqué avec foi le nom de saint Martin.

XVII. Un enfant, nommé Leudovald, serf de Baudeleif, au bourg de Craon en Anjou, est délivré à la basilique de Saint-Martin d'une cécité accidentelle.

XVIII. Guérison de Viliogunde, jeune fille aveugle, du même bourg.

XIX. Guérison de Litovéus, impotent.

XX. Guérison de Leudard, aveugle, serf d'Emérius, diacre de Nantes.

XXI. Mothaire, citoyen de Tours, guérit une femme dé-

(1) Cf. *Hist.*, IX, XLI.

moniaque en lui faisant boire du vin qui avait passé la nuit sur le tombeau de saint Martin.

XXII. Guérison de Silluvius, habitant du pays de Bayeux et perclus.

XXIII. Erménegunde, femme aveugle du bourg de Craon (*Croviensis*), et Charimund, impotent venu de Brion (*Bricilonnus*), sont guéris à la fête de saint Martin.

XXIV. Guérison de Léodemund et de trois autres aveugles.

XXV. Une fille de serf appartenant à Léon, prêtre de Tours, guérie de la fièvre par une potion de la poussière du saint tombeau.

XXVI. Grégoire en se rendant auprès du roi Childebert (en 591), rencontre dans le pays Rémois un homme qui lui raconte une délivrance miraculeuse de prisonniers opérée en ce pays par l'intercession de saint Martin. « Arrivés chez le roi, dit Grégoire, nous publiâmes ce miracle, et le roi assura que quelques-uns de ceux qui avaient été délivrés s'étaient présentés à lui et qu'il leur avait fait don de la composition due au fisc, appelée *fredum* (1) par les Francs.

XXVII. Nonnichius, évêque de Nantes, amène à la fête de saint Martin son serviteur Baudégisile, impotent, et le remmène sain et sauf.

XXVIII. Claudius, un des chanceliers du roi, ayant été pris par la fièvre tandis que Grégoire résidait auprès de Childebert, est guéri en buvant de la poussière du tombeau.

XXIX. Récit fait par Agnès, abbesse de Poitiers, de la protection accordée par saint Martin à un marchand de Trèves qui faisait le commerce du sel avec Metz, et qui avait couru un grand danger dans son bateau sur la Moselle.

XXX. Guérison au monastère de Ligugé, fondé par saint Martin, d'une femme paralytique qui demandait l'aumône en parcourant le pays sur un chariot traîné par des bœufs.

XXXI. Un habitant du pays de Saintes raconte à Grégoire

(1) *Friede*, la paix.

qu'un village voisin, Nicul (Najogialus), est arrosé par une source due à un miracle de saint Martin.

XXXII. Platon, évêque de Poitiers, peu après son élévation à l'épiscopat, arrête un incendie en élevant contre le feu un vase contenant de la poussière du tombeau.

XXXIII. Le même remède guérit de la fièvre un serviteur de Platon.

XXXIV. Guérison de Léodulf, insensé et impotent.

XXXV. Délivrance par l'intervention de Grégoire d'un homme innocent qu'on menait injustement en prison.

XXXVI. La femme de Sérénatus, serf de Grégoire, tomba un jour sans connaissance. « Des devins étant venus dirent que c'était une attaque du démon du Midi et apportèrent des ligaments d'herbes et des paroles d'enchantement ; mais, comme d'ordinaire, ils ne purent procurer aucun soulagement à la moribonde. » Eusténia, nièce de Grégoire, lui ôta ces ligaments que des sots avaient mis, et la guérit avec de l'huile et un cierge empruntés au saint tombeau.

XXXVII. « A l'époque où le très-glorieux roi Guntchramn étant mort, le roi Childebert entra dans la ville d'Orléans (1), un des serviteurs de la cour, gravement tourmenté par la fièvre, s'en plaignit à nous, et nous lui donnâmes à boire de la poussière du saint tombeau. » Cet homme se rétablit, ainsi qu'une jeune fille de la reine, tourmentée aussi de la fièvre et traitée de même.

XXXVIII. Guérison de quatre aveugles, de deux possédés et deux paralytiques.

XXXIX. Prisonniers délivrés merveilleusement. Le juge leur permet de s'en retourner chez eux.

XL. Un homme du pays de Biscaye, nommé Mauranus, se fait conduire à Bordeaux pour y invoquer saint Martin, et obtient sa guérison.

XLI. Guérison (à la Saint-Martin d'hiver, 594) de Maurellus, du domaine de Ponthion, serf du duc Aginus.

(1) En 593

XLII. Guérison d'un impotent du village de Chemillé (?? *Themellus*) bourg d'Amboise, pays de Tours.

XLIII. Les prêtres Euthymus et Ulfaricus guérissent deux enfants atteints de la fièvre en leur faisant avaler de la poussière du tombeau et en attachant à leur cou des franges de la tapisserie placée au-dessus.

XLIV. Guérison de Principius, citoyen de Périgueux.

XLV. Guérison de Léodulf, habitant de Bourges, devenu aveugle pour avoir rentré son foin un dimanche.

XLVI. Guérison de Paternianus qui était venu de Bretagne aveugle, muet et sourd.

XLVII. Un incendie, à Bordeaux, arrêté par l'invocation du nom de saint Martin, et Laudovald, serviteur de Grégoire, guéri de la dyssenterie par une potion de la poussière du tombeau de ce saint pontife.

LIVRE SEPTIÈME DES MIRACLES.

DE LA GLOIRE DES CONFESSEURS.

Préface «... Je crains, si j'entreprends d'écrire, qu'on ne me dise : Penses-tu par tes efforts incorrects et grossiers placer ton nom parmi ceux des écrivains? ou espères-tu faire accepter des gens habiles cette œuvre dénuée des grâces de l'art et dépourvue de toute science du style? Toi qui n'as aucune pratique des lettres, qui ne sais pas distinguer les mots, qui prends souvent pour masculins ceux qui sont féminins, pour féminins les neutres et pour neutres les masculins, et qui mets souvent souvent hors de leur place jusqu'aux prépositions dont l'emploi a été réglé par les plus illustres auteurs, puisque tu leur joins des accusatifs pour des ablatifs, et à l'inverse des ablatifs pour des accusatifs ; crois-tu qu'on ne s'apercevra pas que c'est le bœuf pesant voulant jouer à la palestre, ou l'âne indolent s'efforçant de prendre son vol à travers la rangée des joueurs de paume... De même que cela n'est pas possible, de même tu ne peux être compté parmi les écrivains. Cependant je répondrai et je dirai : Je travaille pour vous, et grâce à ma rusticité vous exercerez votre savoir, car ce que nous écrivons grossièrement et rapidement en notre style obscur, vous pourrez, à main posée, l'étendre avec élégance et clarté en pages plus abondantes... »

I. Des vertus des anges. « Quand je demeurais dans le pays Arverne, un homme véridique me rapporta une chose que je sais d'ailleurs être vraie. On fait faire pour les moissonneurs une boisson qui se prépare avec des grains infusés et cuits dans l'eau ; c'est cette décoction qu'on appelle *ceria* (1). » Mais il y en avait trop peu ; cet homme craignant le mécontentement

---

(1) Au moyen âge *cerevisia*, cervoise, bière.

de son maître et ne sachant comment donner à boire tout le jour à soixante-dix ouvriers qui moissonnaient sur le domaine avec un tonneau qui ne contenait pas plus de cinq muids, invoqua dévotement les noms des saints anges que les Écritures nous font connaître. Chose merveilleuse ! on puisa au tonneau jusqu'à la nuit sans que le liquide manquât aux buveurs.

II. De saint Hilaire, évêque de Poitiers. « Il y avait dans le pays de Gévaudan, sur une montagne nommée *Helanus*, un grand lac (1). Là, à une certaine époque, une multitude de gens de la campagne faisait comme des libations à ce lac ; elle y jetait des linges ou des pièces d'étoffe servant aux vêtements des hommes ; quelques-uns des toisons de laine ; le plus grand nombre y jetaient des fromages, des gâteaux de cire et chacun, suivant sa richesse, divers objets qu'il serait trop long d'énumérer. Ils venaient avec des chariots, apportant de quoi boire et manger, abattaient des animaux, et pendant trois jours se livraient à la bonne chère. Le quatrième jour, au moment de partir, ils étaient assaillis par une tempête accompagnée de tonnerre et d'éclairs immenses, et il descendait du ciel une pluie si forte et une grêle si violente qu'à peine chacun des assistants croyait-il pouvoir échapper. Les choses se passaient ainsi tous les ans, et la superstition tenait enveloppé ce peuple irréfléchi. Après une longue suite de temps, un prêtre qui avait été élevé à l'épiscopat vint de la ville même (Javouls) à cet endroit et prêcha la foule afin qu'elle s'abstînt de ces pratiques de peur d'être dévorée par la colère céleste ; mais sa prédication ne pénétrait nullement ces rustres épais. Alors, inspiré par la Divinité, le prêtre de Dieu construisit, loin la rive du lac, une église en l'honneur du bienheureux Hilaire de Poitiers, et y plaça des reliques du saint en disant au peuple : « Craignez, mes enfants, craignez de pécher devant le Seigneur ; il n'y a rien à vénérer dans cet étang.... » Ces

(1) Le lac de S. Andéol, sur la montagne d'Aubrac (Lozère), d'après un mém. de M. Ignon (*Soc. d'agric. de Mende*, 1840.)

hommes touchés au cœur se convertirent et abandonnèrent le lac ; ce qu'ils avaient coutume d'y jeter, ils le portèrent à la basilique sainte, et furent ainsi délivrés des liens de l'erreur. »

III. De saint Eusèbe, évêque de Verceil. A son tombeau guérissent les possédés. « Ma mère plaça des reliques de ce saint dans l'oratoire de sa maison. Il arriva une fois, pendant l'hiver, que dans un joyeux entretien prolongé jusque fort avant dans la nuit, comme elle avait été longtemps assise devant le feu qui était formé d'un grand monceau de bois, elle se leva et ses gens étant déjà couchés, elle se mit sur un lit près du feu. Tout le monde dormait lorsque des étincelles montèrent du foyer jusqu'aux solives du plafond dont l'une se trouva prise et commença à projeter vivement la flamme. Mais cette flamme, par la puissance, je crois, du saint dont les reliques étaient près de là, ne faisait que courir le long des poutres sans les brûler jusqu'à ce que la mère de famille s'étant éveillée et ayant appelé ses serviteurs, elle fit verser de l'eau et éteindre cet incendie. »

IV. De Gatianus, premier évêque de Tours (vers l'an. 300). Saint Martin étant venu prier à son tombeau, ils se parlèrent.

V. A Artonne, bourg arverne, où se trouvait inhumée une sainte femme nommée Vitalina, saint Martin s'entretint de même avec elle. Comme il sortait de ce bourg, « les sénateurs de la cité arverne, ceux qui brillaient en ce lieu par des ancêtres de noblesse romaine, apprenant que le saint homme approchait de la ville, sortirent à sa rencontre avec des chevaux, des voitures, des chars, des calèches ; mais lui, monté sur un âne, assis sur la selle la plus grossière, en atteignant au sommet du mont Belénus, d'où l'on voit à l'aise le bourg de Riom se dessiner, les aperçut qui s'approchaient avec cette pompe.., et tirant la bride de son âne en arrière, il se mit à revenir par où il était venu. » Il revint auprès de Vitalina. Poisson et vin trouvés miraculeusement un jour qu'on célébrait les vigiles en l'honneur de celle-ci et qu'on faisait un repas auquel Eulalius, archiprêtre du lieu, avait invité les clercs, tandis qu'Edatius, l'autre prêtre, préparait à manger pour la foule des veuves et des pauvres.

VI. Un certain prêtre nommé Léon est saisi de la fièvre et meurt au bout de trois jours pour avoir déplacé, dans l'intention de s'en servir pour son tombeau, une pierre sur laquelle le grand saint Martin s'était assis.

VII. Arbre au territoire de Neuilli (*Nobiliacensi pago*) pays de Tours, qui avait été déraciné et que saint Martin releva par un signe de croix. Il sert beaucoup aux malades qui prennent de son écorce dissoute dans l'eau. « Nous avons nous-« même vu cet arbre debout. »

VIII. Oratoire du village de Martigni près Tours. Saint Martin y pria souvent. L'abbé Gunthaire, devenu évêque (de Tours, 552-555), forcé par son cheval de s'y arrêter pour prier aussi.

IX. Vertus médicales de l'huile prise à une lampe qui brûlait au tombeau de saint Martin ; d'après le témoignagne d'Arédius, prêtre du pays de Limoges.

X. Vertus semblables, d'après le même témoignage, du raisin d'une vigne que le saint avait plantée, et de la cire des cierges mis sur son tombeau.

XI. « Sur le territoire du château de Tonnerre qui appartient à la cité de Langres », saint Martin apparaît à un prêtre boiteux, et le guérit.

XII. Un monastère de saint Martin en Espagne miraculeusement préservé du pillage lors de l'expédition du roi Leuvield contre son fils (1).

XIII. Un évêque arien ayant comploté avec un de ses adhérents de lui donner quarante sous d'or pour qu'il contrefît l'aveugle, et que lui, évêque, parût faire un miracle en lui rendant la vue, cet homme est frappé d'une véritable et douloureuse cécité (2).

---

(1) VI, XLIII, ci-dessus p. 60.
(2) Cf. *Hist*, II, III (t. Ier, page 49), et IX, XV.

XIV. Un catholique prouve contre un hérétique l'existence de la Trinité en tenant dans sa main, sans éprouver aucun mal, une bague d'or rougie sur des charbons ardents.

XV. Venantius enterré près de l'église de Saint-Martin. L'on obtient à son tombeau la guérison de la fièvre.

XVI. Sainte Pappola se fait religieuse dans un couvent d'hommes. On ne découvre son sexe qu'à sa mort arrivée trente ans après.

XVII. Un pauvre homme ayant pris pour recouvrir le sépulcre de son fils le couvercle d'un tombeau qu'il avait trouvé dans la campagne caché parmi les ronces et les épines, mais qui se trouvait être celui d'un évêque nommé Bénignus (1), devient sourd, muet, aveugle et paralytique jusqu'à ce qu'il l'ait fait rapporter.

XVIII. Découverte miraculeuse du tombeau des deux vierges Maura et Britta (2).

XIX. Eufronius, évêque de Tours (556-573), annonce par une inspiration miraculeuse la mort du roi Charibert.

XX. Feu mystique aperçu au moment où Grégoire entrait dans une salle nouvellement consacrée au culte par ses ordres et sur l'autel de laquelle il venait déposer des reliques des saints Saturninus, Martin, Illidius et Julianus.

XXI. « Dans le pays de Tours, à Maillé (3), monastère bâti sur le haut d'une montagne et entouré d'anciens édifices détruits, » on découvrit par l'intervention divine le tombeau de saint Solemnis (4). Lithoméris, homme de cette contrée, vint avec un seul serviteur y porter des cierges et s'y guérit de la fièvre quarte.

XXII. Maximus (*saint Mesme*), après avoir été religieux à l'abbaye de Sainte-Barbe de Lyon, « vint au château de Chinon,

---

(1) Il ne s'agit pas de saint Bénigne de Dijon.
(2) Patronnes du bourg de Sainte-Maure près Chinon.
(3) *Malliacense mon.*; appelé Luynes depuis 1619.
(4) Vulgairement *saint Solenne* ou *saint Soulein*, évêque de Chartres, mort vers 490.

dans le territoire de Tours, et y établit un monastère. Un jour cette forteresse, où le peuple de la contrée s'était renfermé étant assiégée par Égidius (1), l'ennemi acharné bouche un puits creusé sur le flanc de la montagne et qui fournissait à boire aux assiégés. » Par ses prières le saint obtint du ciel une pluie abondante dont ceux-ci profitèrent pour remplir d'eau tous les vases qu'ils possédaient, et l'ennemi dut se retirer. Un enfant et une jeune fille, tous deux serfs de l'église de Tours, guérirent de la fièvre au tombeau de ce saint. « Lorsque nous eûmes connaissance de ces faits, nous cédâmes le garçon au monastère de Maximus après l'avoir tonsuré et nous ordonnâmes que la fille, changeant son vêtement, fût reçue dans une communauté de religieuses, afin qu'ils servissent Dieu. »

XXIII. Non loin de là repose un vénérable prêtre nommé Jean, Breton de nation, qui pendant sa vie se tenait dans une étroite cellule en face de l'église de Chinon, à l'ombre de lauriers qu'il avait plantés et dont on a reconnu la secrète vertu.

XXIV. A Tours mourut (en 570) la bienheureuse Monegunde, née dans le pays chartrain, qui pendant sa vie guérissait les ulcères avec les feuilles de quelque légume ou de quelque fruit qu'elle humectait de sa salive en faisant le signe de la croix. La servante de Probatus, archidiacre de Grégoire de Tours, guérie de la fièvre au tombeau de cette pieuse femme.

XXV. Après quatre jours de prières au tombeau de l'abbé Sénoch (à Tours), Nantulf, jeune esclave, recouvre la vue, dont il était privé.

XXVI. De saint Siméon à la colonne, dans le pays d'Antioche.

XXVII. « Saint Martialis, envoyé par les évêques de Rome (vers 250), commença de prêcher dans la ville de Limoges. » Auprès de sa sépulture sont enterrés deux prêtres qu'il avait

(1) Vers 463 (dom Ruinart).

amenés avec lui et dont les tombeaux furent une fois miraculeusement changés de place.

XXVIII. Jeune fille perclue d'une main et guérie au tombeau de saint Martialis.

XXIX. Un homme, devenu muet pour avoir proféré un mensonge dans l'église, reprend la parole au tombeau de saint Martialis.

XXX. Saint Stremonius (*Austremoine*), compagnon de saint Gatianus et apôtre de Clermont. Son tombeau est au bourg d'Issoire (*Iciodorus*) où Cautinus alors diacre (et depuis évêque), chargé de gouverner l'église du lieu, s'aperçut que ce tombeau était sanctifié par des miracles.

XXXI. Un prêtre qui voyageait seul en Auvergne ayant obtenu l'hospitalité dans la chaumière d'un pauvre homme de la Limagne (*pauperis Limanici*) bénit, au matin, le pain que son hôte emportait pour aller à son travail. Ce pain le préserva d'être noyé en traversant avec sa voiture et ses bœufs un pont de bateaux.

XXXII. Légende des deux amants développée plus tard par Grégoire dans son *Hist*. (I, XLII).

XXXIII. Amabilis, prêtre du bourg de Riom et d'une sainteté admirable, avait le pouvoir de commander aux serpents. Le duc Victorius ayant dédaigné de prier à son tombeau, lui et son cheval semblaient être devenus de bronze et il fut obligé d'y faire sa prière.

XXXIV. Dans la même ville une pieuse femme nommée Georgia (*sainte George*) étant morte, une bande de colombes suivit, en volant, son convoi.

XXXV. « Dans la basilique de saint Vénérandus, située près celle de saint Illidius, on remarque une chapelle voûtée où se trouvent un grand nombre de tombeaux sculptés parmi lesquels on reconnaît ceux qui sont chrétiens à ce que leurs sculptures représentent des miracles du Seigneur et des apôtres. A l'époque où Georgius, citoyen du Velai, devint comte de Clermont, une partie de cette voûte tomba et mit en pièces le couvercle de l'un des sarcophages. On y vit couchée une jeune fille parfaitement intacte. Son visage, ses mains, tous ses membres étaient entiers et sa chevelure était fort longue ; je crois il est vrai qu'elle avait été embaumée avec des aromates... Quelques-uns disaient qu'on avait trouvé autour d'elle des anneaux et des chaînes d'or ; mais on ne put savoir ni sa naissance, ni son nom. Ce pauvre corps ayant gî ainsi découvert pendant une année, la femme du comte tomba malade et fut avertie en songe qu'elle ne recouvrerait la santé qu'après avoir fait fermer ce tombeau par une pierre ; ce qu'elle fit. »

XXXVI. Tombeaux de sainte Galla, du pieux Alexander que les malades ont si souvent gratté pour en tirer un remède à leurs maux que la pierre est perforée, et du bienheureux martyr Liminius (*S. Linguin*).

XXXVII. Tombeaux des évêques saint Vénérandus et saint Népotianus où les fiévreux obtiennent souvent leur guérison.

XXXVIII. Miracle manifesté sur la personne d'un moine qui se retirait à l'écart pour prier avec plus de ferveur (1).

XXXIX. Feu mystique qui s'échappe des reliques des saints et qui ne brûle pas (2). L'abbé Brachion l'a vu sur les reliques de saint Martin.

XL. Grégoire enfant, ayant son père malade, voit en songe un personnage qui lui dit : « As-tu là le livre de Josué ? » A quoi il répondit : « Je n'ai rien appris en littérature que les lettres de l'alphabet et dans ce moment même je suis péniblement retenu à cette étude. J'ignore entièrement l'existence de ce livre. » — « Va, répondit le personnage, qu'on fasse une petite baguette de bois sur laquelle on puisse mettre ce nom, et après qu'on l'aura écrit avec de l'encre, place-le sous le chevet où repose la tête de ton père. » Le matin venu je fis part à ma mère de ce que j'avais vu, continue Grégoire ; elle or-

---

(1) C'est la légende reprise avec plus de détail dans l'*Hist.*, IV, xxxiv.
(2) Cf. ci-dessus p. 366, ch. XX.

donna que les prescriptions du songe fussent remplies et dès que je m'en fus acquitté mon père se remit de sa maladie. » L'année suivante le père étant retombé malade fut encore guéri par le moyen d'un songe de son fils.

XLI. Germanus, glorieux confesseur, mort à Rome, est inhumé à Auxerre. « Dans le temps de la reine Theudechilde, un certain tribun nommé Nunninus, revenant d'Auvergne après avoir remis à la reine les tributs recueillis en France, entra dans la ville d'Auxerre pour prier pieusement à ce tombeau et tirant son épée du fourreau, il cassa un petit fragment du couvercle qu'il plaça comme relique dans l'église de son pays, où Grégoire la vit avec l'évêque Avitus. » C'était au bourg de Mauzac (*in vico Musiacas*).

XLII. Dans la forteresse de Dijon mourut un sénateur, nommé Hilarius, connu pour l'austérité de mœurs qu'il avait toujours imposée à sa maison. Un an après, sa femme étant morte aussi fut déposée dans le même tombeau, et l'on vit alors avec admiration le mari lever le bras droit pour embrasser son épouse.

XLIII. Dans la même église repose sainte Florida, et dans une autre qui est voisine sainte Paschasia, qui contribua à la construction de la basilique de saint Bénignus (1).

XLIV. Du bienheureux confesseur Tranquillus, sur le tombeau duquel croît une mousse qui offre aux gens « un médicament dont j'ai moi-même fait largement l'expérience. En effet, mes mains s'étant couvertes de petits boutons qui me faisaient souffrir d'insupportables douleurs, je les frottai de cette mousse, et aussitôt l'humeur s'apaisant je fus guéri ».

XLV. De Sévérinus et Amandus, évêques de Bordeaux.

XLVI. De saint Romanus, enterré contre le château de Blaye sur le bord de la Garonne. Les personnes qui naviguent sur la Garonne, et que le fleuve met en danger, ne périssent pas

---

(1) Voy. *Gloire des Mart.*, ch. LI.

tant qu'elles peuvent du milieu du fleuve contempler l'église de Romanus. Grégoire lui-même en a fait l'expérience.

XLVII. Au même pays se trouvent dans une même église les tombeaux de deux prêtres qui prouvent bien de la manière la plus manifeste qu'ils vivent dans l'autre monde. Lorsque pour célébrer l'office les clercs commencent le chant des psaumes, on entend distinctement la voix de ces deux prêtres se mêler à la leur. Cela se passe au bourg de Bouliac (*in vico Vodollacensi*).

XLVIII. Non loin de là est le village de Rions (*Reontium villa*), où les Goths s'étant emparés de l'église catholique, les petits enfants qu'ils y firent baptiser par leur prêtre arien moururent tous peu de temps après.

XLIX. Dans le pays de Bigorre au bourg de Serre (? *in vico Sexciacensi*) repose le prêtre Justinus, et au bourg de Talazac (? *Talvam vicum*) le prêtre Misilinus (*saint Mesclin*), son émule en sainteté ainsi qu'en miracles.

L. Au même pays appartient saint Sévérus, homme d'une noble origine, qui avait été ordonné prêtre et qui transforma deux de ses maisons en églises où lui-même disait la messe.

LI. Un lis cueilli par Sévérus et depuis longtemps desséché reverdit le jour anniversaire de la mort du saint.

LII. Trois tombeaux qu'on voit chaque année s'élever peu à peu au-dessus du sol au bourg Julien (*vicus Juliensis*), appelé aussi Aire (*Atroa*).

LIII. Thaumastus, évêque de... (1), homme admirable par ses vertus, mourut à Poitiers, où son tombeau, placé devant l'église de Saint-Hilaire, guérit de la fièvre et du mal de dents ceux qui en grattent la poussière.

LIV. Miracles qui s'opèrent au tombeau du bienheureux Lupianus, sur le territoire de Poitou, dans le bourg de Retz (*in vico Ratiatensi*).

LV. Melanius, évêque de Rennes. Un incendie éclate au-

---

(1) *Momociacensis urbis episcopus.* Voy. ci-dessus p. 209, n. 2.

dessus de son tombeau sans endommager les tentures qui le recouvraient.

LVI. Victorius, évêque du Mans, arrête un incendie de cette ville par un signe de croix.

LVII. Diverses maladies guéries au tombeau de Martin, abbé à Saintes, disciple de saint Martin de Tours. Ce tombeau transporté d'une place à une autre avec une facilité miraculeuse par Palladius, évêque de Saintes.

LVIII. Femme perclue qui se guérit au tombeau de Vivianus, évêque de Saintes.

LIX. Trojanus, évêque de Saintes (1). Il s'entretient avec saint Martin. Miracles à son tombeau.

LX. Tombeau, à Saintes, de deux époux, parents de saint Hilaire de Poitiers, que Palladius s'efforce vainement de déplacer, et qui se déplace de lui-même pendant la nuit.

LXI. Nicétius, confesseur du Christ, mort à Lyon (2). Un jeune aveugle recouvre la vue en se plaçant sous son cercueil et obtient la protection du roi Guntchramn. Autres cures miraculeuses.

LXII. Grégoire ayant visité en compagnie de Nicétius la sépulture du bienheureux Hélie, évêque de Lyon (3), apprend de lui qu'un malfaiteur, venu pour dépouiller le corps du saint pendant la nuit, fut saisi dans les deux bras du cadavre et retenu ainsi jusqu'au matin.

LXIII. La fille de Léon, empereur romain, était possédée par un démon qui s'écriait que l'archidiacre de Lyon pouvait seul la délivrer. On fit venir à Rome cet archidiacre, qui la guérit en effet, et qui demanda à l'empereur pour sa récompense que le peuple de Lyon, jusqu'à trois milles hors de la ville, fût exempt de tout tribut. « Telle est l'origine de cette exemption dont les habitants de Lyon jouissent encore. » L'empereur

---

(1) Mort le 30 novembre 532. (R.)
(2) Le 2 avril 573. (R.)
(3) Au troisième siècle.

envoya de plus porter en présent à l'église de cette ville une boîte pour mettre les évangiles avec un calice et une patène d'or pur ornés de pierres précieuses. En traversant les Alpes, le messager rencontra un orfèvre par lequel il se laissa séduire et porta à Lyon des joyaux imitant ceux qu'il avait, mais en argent doré, puis revint à cet orfèvre qui les avait fabriqués afin de partager avec lui le fruit du larcin. La maison où ils étaient tous deux fut engloutie pendant la nuit par un tremblement de terre. « Bien souvent, dit Grégoire, j'ai vu ces joyaux dans l'église de Lyon. »

LXIV. Dans le faubourg de Lyon se trouve la sépulture d'une femme qui avait recueilli le soulier que le bienheureux martyr Épipodius avait perdu en marchant au supplice, et au tombeau de laquelle les malades obtiennent guérison.

LXV. Dans la même ville, un homme de race sénatoriale étant mort fut enseveli dans l'église de sainte Marie. Sa veuve, pour le profit de l'âme du défunt, donnait à cette église d'excellent vin de Gaza destiné à la communion ; mais le sous-diacre le gardait pour lui, et donnait en place une sorte de vinaigre. La femme en fut avertie par son mari qui lui apparut en songe.

LXVI. Au tombeau de l'évêque Memmius (*saint Menge*), patron de Châlons, Grégoire vit lui-même des malheureux dont les chaînes se brisaient, et un de ses serviteurs y fut guéri de la fièvre.

LXVII. Lupus (1), évêque de Troyes en Champagne, où il est enseveli, frappe d'une folie subite un certain Maurus qui prétendait arracher d'auprès son tombeau un de ses esclaves qui s'y était réfugié.

LXVIII. Après la mort de Lupus, un pieux homme qui l'assistait dans son ministère, nommé Aventinus, ayant offert de l'argent pour le rachat de quelques captifs et le maître de

---

(1) *Saint Loup*, mort en 479.

ceux-ci se refusant à l'accepter, ce dernier périt misérablement.

LXIX. Marcellinus, évêque d'Embrun, a construit dans cette ville des fonts baptismaux qui s'emplissent d'eux mêmes.

LXX. Marcellus, évêque de Die. L'huile de la lampe allumée sur son tombeau sert de remède aux malades.

LXXI. Métrias, confesseur énergique de la vérité, et qui en son vivant était esclave, appartient à la ville d'Aix. Sous l'épiscopat de Franco (vers 566), l'église de cette ville fut dépouillée d'un de ses domaines par un jugement inique de Childéric, lequel tenait alors le premier rang auprès du roi Sigibert. Childéric mourut une année après quoiqu'il eût fini par restituer le domaine.

LXXII. Arvatius, évêque d'Utrecht au temps de l'invasion des Gaules par les Huns (vers 450), fut enseveli près d'un pont, sur la voie publique. Son tombeau est remarquable en ce que la neige, avec quelque abondance qu'elle tombe, n'ose le toucher. Le zèle des fidèles l'a entouré plusieurs fois d'un oratoire construit en planches, mais le vent a toujours renversé ces édifices simples jusqu'à ce que l'évêque Manulf (évêque de Liége, 558-597) fit bâtir une grande église où il le transporta.

LXXIII. Le cimetière d'Autun renferme un grand nombre de corps saints, car on y entend souvent de mystérieuses psalmodies et on y voit des apparitions.

LXXIV. Dans le même cimetière, sont les tombeaux des bienheureux Cassianus et Simplicius, évêques d'Autun.

LXXV. Saint Riticius, né de parents de la première noblesse, ainsi que sa femme, vécut avec celle-ci comme avec une sœur. Il la perdit et devint ensuite évêque d'Autun. Lorsqu'il eut achevé sa carrière, on le déposa dans le cercueil où était sa femme, et en y entrant il lui parla. Cassianus fut son successeur, puis Égémonius.

LXXVI. A Égémonius succéda le bienheureux Simplicius (an 364), qui était marié et vivait avec sa femme dans une parfaite chasteté. Cependant, après sa nomination à l'épiscopat, les citoyens de la ville voulaient les contraindre à faire lit à part ; mais les deux époux convainquirent la foule de leur innocence en gardant une heure entre leurs bras des charbons ardents sans en être brûlés. Le peuple d'Autun était encore païen, et à la suite de cela plus de mille personnes se convertirent dans l'intervalle de sept jours.

LXXVII. Les habitants de ce pays promenaient dans les champs et les vignes, sur un char traîné par des bœufs, la statue de la déesse Bérécynthia autour de laquelle ils chantaient et dansaient pour obtenir d'abondantes récoltes. Témoin de cette misérable coutume du paganisme, l'évêque Simplicius, par l'effet d'une prière à Dieu et du signe de la croix, fait tomber la statue à terre et obtient la conversion de quatre cents personnes.

LXXVIII. Histoire racontée à l'auteur par Félix, évêque de Nantes, d'un des précédents évêques de cette ville qui, parvenu à l'épiscopat, s'était séparé de sa femme conformément aux canons, mais au grand déplaisir de celle-ci.

LXXIX. Rémigius, évêque de Reims pendant plus de soixante-dix ans (459-533). Punition de l'usurpateur d'un champ de cette église. Reims est préservé par les reliques de Rémigius d'une peste qui ravage la première Germanie (en 546).

LXXX. Ursinus, envoyé par les disciples des apôtres, fut le premier évêque de Bourges. En ces temps d'ignorance on l'ensevelit avec tout le monde dans le cimetière. « Ce peuple « ne comprenait pas encore qu'il faut vénérer les prêtres de « Dieu. » Sous l'épiscopat de Probianus (552-568), un nommé Augustus, qui avait fait partie de la maison de Désidératus, autre évêque de Bourges (545-550), et qui après avoir fondé un oratoire de Saint-Martin à Brives, avait été appelé à gouverner l'église de Saint-Symphorien de Bourges, eut, en même temps que saint Germanus évêque de Paris, une vision d'Ursinus qui leur indiqua lui-même où son cadavre était enseveli.

LXXXI. Marianus, ermite qui ne vivait que de pommes

sauvages et de miel est enterré au bourg d'Évaux, et révéré comme saint par le peuple du pays de Bourges.

LXXXII. Dans le même pays vécut Eusitius (1), ermite admirable par les guérisons qu'il opérait et par sa bonté. « Lorsque Childebert partit pour l'Espagne (2), il l'alla visiter et lui offrit cinquante pièces d'or. — Que m'offres-tu là, dit le vieillard ; donne cela aux pauvres, je n'en ai pas besoin. Et il ajouta : Va, et tu obtiendras la victoire et feras tout ce que tu voudras. Le roi distribua l'or aux pauvres et fit vœu que si le Seigneur le ramenait sain et sauf de son voyage, il bâtirait une église au lieu où serait inhumé le corps du vieillard. Et plus tard il accomplit ce vœu. »

LXXXIII. Un enfant ressuscité au tombeau de Maximus, évêque de Riez (*Regiensis*).

LXXXIV. Valérius, premier évêque de Conserans (vers 450). Son tombeau miraculeusement retrouvé par son successeur Theodorus (vers 550).

LXXXV. Saint Sylvestre mourut (en 514) après avoir gouverné pendant quarante-deux ans l'église de Chalon. Il avait un lit fait de cordelettes tissées avec soin et sur lequel il guérit souvent les malades. Aussi a-t-on porté ce lit dans le trésor de l'église, et il a conservé sa vertu. « Ma mère en ayant coupé une parcelle la fit suspendre au cou d'une jeune fille qui souffrait de la fièvre et qui guérit à l'instant. »

LXXXVI. Désidératus, prêtre d'une magnifique sainteté, était du même pays. Grégoire le vit au monastère de Gourdon. Agricola, évêque de Chalon, le fit ensevelir à l'hôpital de lépreux construit dans le faubourg de cette ville.

LXXXVII. Dans le pays de Tonnerre, diocèse de Langres, il y eut un saint homme nommé Jean qui, en construisant un monastère au lieu appelé Réome, fit la découverte d'un puits immense dont Grégoire puisa, en se rendant à Lyon, de l'eau

---

(1) Mort le 27 nov. 532 ; Marianus le 19 août 513. (R.)
(2) Voy. *Hist.* III, x, t. Ier, p. 120.

avec laquelle il guérit plusieurs fiévreux. Un fratricide condamné, à cause de l'énormité de son crime, à parcourir les lieux saints pendant sept ans, le corps entouré de cercles de fer, se vit délivré de ses chaînes au tombeau de Jean, abbé de Réome. Ce saint vécut, comme Moïse, cent vingt ans.

LXXXVIII. Au tombeau de Séquanus (*saint Seine*) également abbé sur le territoire de Langres, les prisonniers sont délivrés de leurs chaînes. « Le roi Guntchramn ayant perdu par suite d'un vol la corne au son de laquelle il rassemblait ses chiens et donnait la chasse aux troupeaux de cerfs, beaucoup de gens furent jetés dans les fers à cause de cela. Trois d'entre eux ayant atteint le tombeau de ce pieux confesseur, le roi ordonna qu'ils fussent néanmoins saisis et garrottés; mais au milieu de la nuit leurs fers se rompirent. Le roi effrayé leur donna de suite la liberté de s'en aller (1). »

LXXXIX. Marcellus, évêque de la ville de Paris, la délivra d'un énorme serpent, et repose maintenant dans le faubourg. Ragnimod, aussi évêque de Paris, étant venu à son tombeau lorsqu'il n'était encore que prêtre, y guérit de la fièvre quarte.

XC. Le lendemain du jour où le roi Chilpéric entra dans Paris (2), fut guéri un paralytique qui se mettait sous le portique de l'église Saint-Vincentius où repose le corps du bienheureux Germanus.

XCI. Au tombeau de la très-sainte vierge Geneviève, la fièvre se dissipe.

XCII. Le bienheureux Lusor (*saint Ludre*), fils du sénateur Leucadius, est inhumé à Déols, au territoire de Bourges, dans un sépulcre en marbre de Paros admirablement sculpté. Le saint évêque Germanus, de Paris, célébrait les vigiles en ce lieu lorsque les clercs qui l'assistaient s'étant paresseusement appuyés sur le sépulcre en chantant les psaumes, il en sortit un bruit formidable qui effraya les assistants.

XCIII. Dans le faubourg de la ville de Trèves repose saint

(1) Cf. *Hist.* X, x. — (2) 28 mai 576.

Maximinus (1), au tombeau duquel sont punis les parjures, comme le fut un jour le prêtre Arboastes qui, ayant un procès contre un Franc par-devant le roi Théodebert, ne craignit pas de jurer sur ce tombeau qu'il n'avait rien dit que de vrai.

XCIV. Nicétius, évêque de la même ville (2), est enterré dans l'église de Maximinus et y opère aussi de nombreux miracles.

XCV. Le glorieux confesseur Médardus (3) repose auprès de Soissons. Avant de lui dédier un temple, on avait établi sur son tombeau un bosquet dont les arbustes, taillés en petits morceaux de bois, faisaient disparaître le mal de dents. Charimer, maintenant référendaire du roi Childebert (4), a éprouvé l'efficacité de ce remède. « Nous possédons une baguette qui « provient de là et dont nous avons souvent éprouvé la vertu. »

XCVI. Albinus, évêque d'Angers. Guérison d'un paralytique à son tombeau et d'une femme aveugle, du bourg de Craon, qui avait invoqué le nom du saint.

XCVII. Hospitius fut un grand serviteur de Dieu à Nice (5). Son cercueil déposé dans l'île de Lérins.

XCVIII. Ingénuus, ermite du pays d'Autun, usant pour faire cuire les mets destinés à ses repas d'une marmite de bois qui lui servait depuis nombre d'années sans que le feu la consumât.

XCIX. Avitus, abbé dans la partie du pays Chartrain appelée le Perche, fut enterré avec honneur à Orléans. Punition d'un cultivateur qui prétendait travailler le jour de la fête de ce saint.

C. Cyprianus, abbé dans la ville de Périgueux. Beaucoup de diverses maladies se guérissent à son tombeau.

CI. La même chose arrive au tombeau d'Éparchus, jadis reclus à Angoulême.

(1) Mort en 349 (R.).
(2) Mort en 566 (R.).
(3) Mort en 560 (R.).
(4) Voy. ci-dessus IX, xxiv.
(5) Voy. *Hist.*, VI, vi.

CII. De même au tombeau de Félix, évêque de Bourges, qui était en marbre de Paros, recouvert d'une pierre commune que l'on changea au bout de douze ans contre un plus beau couvercle qui fut fait en marbre d'Héraclée.

CIII. De même au tombeau de Junianus, reclus du pays de Limosin.

CIV. Miracles arrivés à la mort de Pélagia, mère du bienheureux abbé Aredius.

CV. Tombeau de Crescentia, sainte fille, dans un faubourg de Paris, non loin de l'église principale. Ce tombeau n'était recouvert par rien; cependant les fiévreux y guérissaient. Le monétaire de la ville, averti par un songe, s'empressa de faire construire sur cette sépulture un oratoire.

CVI. Funérailles de la bienheureuse reine Radegunde de Poitiers, faites en l'absence de Marovée, évêque de cette ville, par Grégoire de Tours (13 août 587).

CVII. De Tétricus, évêque de Langres.

CVIII. De saint Orientius, évêque d'Auch.

CIX. De sainte Quiteria, en Gascogne (1).

CX. De Paulinus, évêque de Nole.

CXI. Un pauvre ayant demandé inutilement l'aumône à des matelots dans un port de mer, changea en pierres tout ce qui était sur leur navire. « J'ai vu moi-même des dattes et des « olives qui en provenaient et qui étaient plus dures que le « marbre tout en ayant conservé leur couleur naturelle. »

CXII. Un habitant de Lyon, qui ne possédait qu'un tiers de sol, parvint à s'enrichir en achetant du vin et en le revendant mélangé d'eau. Il amassa de cette manière cent sous d'or. Mais un jour qu'il avait à la main sa fortune enfermée dans un sac en peau de Phénicie, un milan prenant ce sac pour quelque morceau de chair, le lui enleva des mains, et en s'envolant par-dessus la Saône le laissa tomber dans le fleuve.

---

(1) On n'a que le titre de ce chapitre et des deux précédents.

VIES DES PÈRES

OU DE QUELQUES BIENHEUREUX.

I. Des abbés Lupicinus et Romanus (1). — C'étaient deux frères qui, lorsque la mort de leurs parents les rendit libres, se retirèrent dans les solitudes du mont Jura entre la Bourgogne et l'Allemagne, proche de la cité d'Avenche. Ils y rassemblèrent un grand nombre de moines et fondèrent l'abbaye de Condé (2), puis une maison succursale, puis un troisième monastère sur le territoire allemand (3). Lupicinus, homme sévère pour lui et pour les autres, en fut l'abbé ; Romanus, plus simple d'esprit, se livrait uniquement aux bonnes œuvres. Un jour il visita une maison de lépreux et commença par leur laver les pieds à tous. Ils étaient neuf. Puis il ordonna qu'on fît un large lit, où ils couchèrent tous ensemble et lui avec eux. Le matin ils étaient tous guéris. « Lupicinus, déjà vieux, alla trouver le roi Chilpéric auquel obéissait alors la Bourgogne (4), et qui, à ce qu'il avait appris, habitait la ville de Genève (*Januba*). Lorsqu'il passa la porte, le roi, qui à cette heure était à table, sentit sa chaise trembler et dit aux siens tout effrayé : « Il y a eu un tremblement de terre »…. On lui amena cet homme couvert de vêtements de peau et qui lui demanda de donner de quoi vivre aux brebis du Sei-

(1) Mort, le premier en 480, le second en 460 (Ruin.).

(2) *Condatiscone* ; appelée plus tard abbaye de Saint-Ouyan de Joux (*saint Eugendi*), puis abbaye de Saint-Claude.

(3) La tradition suivant laquelle ce dernier serait l'abbaye de Romainmotier, canton de Vaud, tradition adoptée par dom Ruinart, ne paraît pas fondée. Voy. *Recherches sur Romainmotier* par Fréd. de Charrière, dans les Mém. de la Soc. d'hist. de la Suisse romande, t. III, 1841.

(4) Chilpéric, frère de Gondeuch et oncle de Gondebaud, plutôt que Chilpéric fils de GonJeuch, frère de Gondebaud et père de la reine Clotilde.

gneur. Prenez, répondit le roi, ce qu'il vous faut de champs et de vignes. Le moine reprit : Nous ne recevrons point de champs et de vignes, mais s'il plaît à votre Puissance, assignez-nous quelques revenus, car il ne convient pas que des moines s'enorgueillissent des richesses du monde. Alors le roi leur donna un diplôme pour qu'ils eussent chaque année trois cents muids de blé et autant de vin, plus cent sous d'or pour l'habillement des frères ; ce qu'ils touchent encore aujourd'hui, dit-on, sur les revenus du fisc. » Romanus, Lupicinus ensuite, moururent pleins de jours.

II. De saint Illidius (1), évêque de Clermont. — La renommée de ses vertus étant parvenue jusqu'à l'empereur, à Trèves, celui-ci le fit venir pour guérir sa fille qui était possédée du démon. L'évêque l'ayant en effet guérie, obtint de l'empereur que la cité Arverne, qui payait ses tributs en espèces de blé et de vin, et pour laquelle c'était une lourde charge de les porter au trésor impérial, s'acquitterait désormais en or. Un grand nombre de miracles s'opèrent à son tombeau. L'auteur lui-même étant adolescent, du temps de l'épiscopat de Gallus son oncle, tomba gravement malade d'une toux accompagnée de fièvre, et ne fut guéri qu'en se faisant porter deux fois sur ce tombeau après avoir, la seconde fois, fait vœu d'embrasser l'état de clerc s'il recouvrait la santé. Un esclave du comte Vénérandus a recouvré la vue au même lieu. Saint Avitus, autre évêque de la même ville, fit construire pour Illidius une riche sépulture. Non loin de là repose l'archidiacre de ce dernier qui par son nom comme pour ses mérites s'appelait Juste.

III. De l'abbé saint Abraham. Il naquit sur les rives de l'Euphrate, et étant venu visiter l'Occident il fonda un monastère à Clermont, dans l'église de Saint-Cyricus (1), où il mourut après

---

(1) Vulgairement *saint Allire*. Voy. *Hist.* I, XL.
(2) *Saint-Cirgues*, dit dom Ruinart (elle existait encore de son temps), et non *Saint-Cyr*, comme il a été mis plus haut, II, XXI. (T. Ier, p. 79.)

une vie pleine de vertus et de miracles. « En ce temps-là Clermont avait pour évêque saint Sidonius et pour duc Victorius à qui Eorich, roi des Goths, avait accordé le gouvernement de sept cités. Le bienheureux Sidonius a transcrit l'épitaphe de ce saint (1).

IV. Quintianus, Africain de naissance, neveu de l'évêque Faustus (2), fut élu à l'évêché de Rodez. Chassé de cette ville par les menaces des Goths (3), il se retira à Clermont dont il devint évêque par ordre du roi Theuderic (4), après la mort de saint Eufrasius et d'Apollinaris. Il y trouva un ennemi acharné dans la personne de Proculus, ancien employé du fisc devenu prêtre. Les événements ayant amené Theuderic devant Clermont avec son armée, pour en faire le siége (en 525), Quintianus pria Dieu pour la cité avec tant d'ardeur que « le roi, au milieu de la nuit, sauta hors de son lit et se mit à courir seul sur la grande route. Il avait perdu le sens. Ses gens eurent beaucoup de peine à le joindre et à le retenir. Le duc Hilping s'approcha et lui dit : « Écoute, très-glorieux roi, un conseil de ma petitesse. Les murs de cette ville sont très-forts et le pontife de ce lieu passe pour grand auprès de Dieu. N'exécute pas ton dessein de renverser la ville. » Le roi reçut ce conseil avec clémence et donna l'ordre qu'on ne fît de mal à personne jusqu'à huit milles de la ville. A la même époque l'ennemi ayant forcé le château de Vollore (5), le prêtre Proculus y fut mis en pièces à coups d'épée sur l'autel même de l'église.

Après les ravages de la peste qui désola Clermont, un sénateur nommé Hortensius, qui exerçait les fonctions de comte de cette ville, fit injustement emprisonner un nommé Honoratus, parent du saint. A cette nouvelle, Quintianus, trop vieux pour pouvoir marcher, se fit porter devant la maison d'Horten-

---

(1) L. VII, epist. XVII.
(2) Il y en a plusieurs; on ne sait lequel.
(3) Voy. *Hist.*, II, XXXVI.
(4) Thierri Ier, fils de Clovis.
(5) *Lovolautrensis castri.* Cf. *Hist*, III, 13; t. I p. 122, n. 2.

sius et la maudit. Trois jours après, le comte ayant déjà perdu la plupart de ses serviteurs saisis par la fièvre, vint se jeter aux pieds du saint homme et lui demander pardon. — Quintianus, après avoir guéri un possédé au monastère de Combronde (*Canbidobrinse*) et opéré divers autres miracles, mourut en parfaite sainteté ; il fut enterré dans l'église Saint-Étienne de Clermont à gauche de l'autel.

V. De saint Portianus, abbé. Né esclave d'un certain barbare, il se réfugia plusieurs fois dans un monastère dont l'abbé était obligé de le rendre à son maître ; mais une dernière fois le maître en le remmenant devint aveugle, et ne recouvra l'usage de ses yeux que lorsque Portianus les eût touchés de ses mains. Il fit alors don au monastère de cet esclave qui plus tard devint clerc et brilla d'une éminente vertu. « Theuderic étant entré en Auvergne (en 525) y exterminait et dévastait tout. Le vieillard se rendit au-devant du roi campé alors dans les champs du bourg d'Artonne. Le matin, comme le roi dormait encore, il fut reçu par celui qui était le premier après lui, Sigivald, et fit en sa présence un miracle qui excita l'enthousiasme de toute l'armée. Sigivald voulut le forcer à boire une coupe de vin dans sa tente en signe de bénédiction ; le vieillard après avoir longtemps résisté prit la coupe, et dès qu'il eut fait sur elle le signe de la croix, elle se brisa en deux et laissa tomber à terre, avec le vin qu'elle contenait, un immense serpent. » Le diable essaya vainement d'effrayer saint Portianus qui fut soutenu dans cette circonstance par les encouragements que lui envoya, du monastère de Combronde, le bienheureux Protasius.

VI. De saint Gallus évêque. — Il avait pour père Georgius, pour mère Leocadia de la race de Vectius Épagathus, martyrisé à Lyon suivant que le rapporte Eusébius ; il était donc du premier rang des sénateurs, et il n'y avait pas de sang plus généreux et plus noble dans les Gaules (1). Encore enfant, il fut admis

---

(1) C'est de son oncle paternel que parle ainsi Grégoire. Voy. *Hist.*, IV, v ; *Mir. de saint Jul.*, ch. XXIII et la préface tome Ier, page II.

au monastère de Cournon, à six milles de Clermont. L'évêque Quintianus l'y ayant entendu chanter fut charmé de sa voix et le prit avec lui. Plus tard « le roi Theuderic ayant entendu parler de la voix de Gallus le fit venir auprès de lui et l'aima plus qu'un fils... et lorsqu'il envoya un grand nombre de clercs arvernes à Trèves pour y faire le service divin, il ne voulut point se séparer de Gallus et l'emmena avec lui dans la cité d'Agrippina (Cologne). Là se trouvait un temple plein de richesses diverses où les barbares du voisinage offraient des présents et se gorgeaient de manger et de boire jusqu'à en vomir. On y adorait pour Dieu des idoles et on y déposait des membres sculptés en bois qui représentaient ceux où l'on souffrait de quelque douleur. Gallus, qui était diacre alors, y mit le feu, et comme la foule voulait le tuer à coups d'épée, il se réfugia dans le palais de Theuderic. »

Lorsque Quintianus fut décédé, les citoyens de Clermont s'assemblèrent dans la maison du prêtre Impétratus, oncle de Gallus, pour choisir un nouvel évêque, et malgré l'opposition d'un clerc nommé Viventius, Gallus fut choisi et partit pour aller demander sa confirmation au roi Theuderic. Les habitants de Trèves venaient de perdre leur évêque Aprunculus; ils demandèrent Gallus, mais le roi leur répondit qu'il avait destiné ailleurs le diacre Gallus, et il leur donna saint Nicétius. Quant à Gallus, il fut établi dans l'évêché de Clermont.

Il était d'une patience admirable, au point que son prêtre familier lui ayant donné un coup sur la tête, au milieu du repas, il ne lui fit pas même une réprimande. Il supporta également les injures du prêtre Évodius, homme de race sénatoriale, qui en fut puni plus tard quand, nommé à l'évêché de Javouls, il fut obligé par un soulèvement du peuple de prendre la fuite avant d'avoir été consacré. Il usa aussi d'une semblable patience à l'égard de son diacre Valentinianus, dans les cérémonies qui accompagnèrent la tenue du synode réuni, sur l'ordre du roi Childebert, pour juger des accusations iniques portées contre Marcus, évêque d'Orléans (de 541 à 549).

Il a fait beaucoup de miracles. Pour avoir couché dans son lit, le Défenseur Julianus, qui devint prêtre plus tard, fut guéri de la fièvre. Gallus maîtrisa, à Clermont, l'incendie et la peste. Il mourut à soixante-cinq ans dans la vingt-septième année de son épiscopat (en 554). A ses funérailles on couvrit le corps de gazon, suivant l'usage de la campagne, afin que la chaleur ne le fît point enfler; une vierge pieuse nommée Mératina recueillit ces herbes et en fît des potions précieuses pour les malades.

VII. De saint Grégorius, évêque de Langres. Né d'une famille sénatoriale et instruit dans les lettres, Grégorius brigua l'office de comte de la cité d'Autun et l'exerça, à l'effroi de tous les malfaiteurs, pendant quarante ans. Après la mort de sa femme, nommée Armentaria, il se tourna au Seigneur et fut élu évêque par le peuple de la cité de Langres. La pieuse vie qu'il menait, au château de Dijon, où était sa demeure, le faisait admirer de tous. Aussi commença-t-il à faire des miracles et à chasser les démons. Sa nièce, nommée aussi Armentaria (1), se guérit de la fièvre en se mettant dans le lit du bienheureux. Il mourut à quatre-vingt-dix ans dans la trente-troisième année de son épiscopat (en 539), et fut enterré au château de Dijon, suivant son désir. Nombreux miracles opérés sur son tombeau, que son fils et successeur saint Tétricus fit reconstruire avec magnificence.

VIII. De saint Nicétius (*saint Nizier*), évêque de Lyon. « Le sénateur Florentius, époux d'Artémia et père de deux enfants, était demandé pour l'évêché de Genève. Ayant obtenu le consentement du prince, il revint chez lui et instruisit sa femme de cette affaire. Celle-ci lui dit : Laisse cette idée, je te prie, mon très-doux mari, et ne recherche pas l'épiscopat de la cité, car je porte un évêque dans mon sein et que j'ai reçu de toi. Cet homme sage s'abstint donc, et arrivée à l'é-

---

(1) La mère de notre auteur

poque de l'enfantement, sa femme mit au monde un enfant qu'on appela Nicétius, comme s'il dût être le futur vainqueur du monde (1) et qu'on fit instruire avec le plus grand soin dans les lettres ecclésiastiques. » Il fut honoré de la prêtrise à l'âge de trente ans (en 543), et un peu plus tard (551) son oncle Sacerdos, évêque de Lyon, se trouvant à Paris à l'article de la mort, reçut la visite du roi Childebert l'ancien qui l'aimait beaucoup, et il en obtint que Nicétius lui succédât. Grégoire de Tours, qui était neveu de Nicétius, fut appelé auprès de ce saint évêque lorsqu'il n'avait encore que huit ans et devint ensuite diacre de l'église de Lyon. Ce fut en cette qualité qu'il fut témoin de la douceur avec laquelle Nicétius accueillit un message insolent du comte Armentarius qui exerçait les fonctions judiciaires dans la cité de Lyon, et qui répondit grossièrement par l'intermédiaire du prêtre Basilius à l'avis que Nicétius lui avait fait donner de ne point revenir sur une affaire que l'évêque avait jugée. Nicétius mourut à l'âge de soixante ans, dans la vingt-deuxième année de son épiscopat (573). « Après l'intervalle prescrit par la loi romaine, pour la lecture publique de la volonté de toute personne décédée, le testament du pontife fut porté sur la place publique, puis, en présence de la foule, ouvert et lu par le juge. Le prêtre de la basilique où l'évêque était enterré, plein de colère de ce qu'il n'avait rien laissé à son église, s'écria : On assurait bien que Nicétius était avare, aujourd'hui c'est évident. » Au milieu de la nuit le défunt apparut à ce prêtre avec les deux évêques (de Lyon), Justus et Eucherius, auxquels il disait : Cet homme m'a injurié et n'a pas compris qu'en léguant mon corps à son église je lui ai fait le legs le plus pré-

---

(1) Νικητής. L'auteur parle dans plusieurs autres endroits en homme à qui le grec n'est pas étranger : « Non immerito Georgia nuncupata quæ exercuit mentem *cultura* spiritali. » (*Gl. Conf.*, ch. xxxiv.) — Thaumastus juxta expositionem nominis sui *admirabilis* sanctitate. (*Ibid.*, liii.) — Voy. encore les derniers mots de *Hist.* I, xxxvi et *Gl. m.* xcv.

, cieux ; puis se tournant vers le prêtre, il le frappa sur la gorge de soufflets et de coups de poing qui l'obligèrent à garder le lit, tourmenté de vives douleurs, pendant quarante jours.

Miracles opérés à son tombeau et dont furent témoins Agiulf, diacre, et Jean, prêtre de l'église de Tours ; le premier en revenant de Rome où il avait été chercher des reliques, le second en revenant de Marseille, « d'où il rapportait des mar- « chandises propres à son commerce ». Les fleurs que la dévotion des peuples dépose sur ce tombeau guérissent les malades ; tandis qu'on transférait à Orléans (*Genabensem urb.*) des reliques du saint, les aveugles qui se trouvaient sur le chemin recouvraient la vue et les boiteux la faculté de marcher. Les prisonniers sont délivrés en invoquant son nom. Le lit dans lequel il couchait, lit fabriqué avec grand soin par Æthérius, maintenant évêque de Lyon (1), et les cierges qu'on allume autour produisent aussi des effets miraculeux ; Gallomagnus, évêque de Troyes, atteste l'efficacité des reliques de Nicétius ; moi-même, dit Grégoire, ayant un mouchoir garni de franges qui avait couvert le visage du saint au jour de sa mort et en ayant placé quelques filaments dans une église de Touraine dont je fis la dédicace, l'église de Pernay (*Paterniacensis*), un épileptique qui était serviteur de Phronimius, évêque d'Agde (569-585), y recouvra la santé. Punition d'un bourguignon qui après avoir volé une lettre, que Nicétius avait écrite et signée en faveur d'un pauvre pour lui faire obtenir des aumônes, le niait avec serment.

« Dernièrement, me trouvant en la présence du prince Guntchramn, j'ai entendu Syagrius, évêque d'Autun, raconter au roi qu'en une seule nuit le saint homme était apparu à des prisonniers dans sept diverses cités et les avait délivrés de prison. » Les habitants du bourg de Précigni, du pays de Tours, ayant obtenu de Grégoire des reliques de Nicétius, trois femmes possédées, venues du Berri, furent délivrées du

(1) Il le fut environ de 586 à 602. — Cf. *Gl. C.*, ch. LXXXV.

démon dans l'église de ce lieu. Dadon, qui avait fait partie de l'expédition de Comminges (1), fit vœu que s'il en revenait sain et sauf il donnerait à cette église deux calices d'argent; étant revenu en effet, il tenta de n'en donner qu'un en y joignant cependant de plus un voile sarmatique; mais le bienheureux lui apparut si menaçant durant son sommeil qu'il se hâta d'aller porter le second calice. Un diacre d'Autun atteint d'une ophthalmie très-grave se guérit en posant sur ses yeux un livre contenant le récit des merveilleuses vertus de Nicétius.

IX. « Saint Patroclus, abbé (2). — Le bienheureux Patroclus, habitant du territoire du Berri, fils d'Æthérius, fut destiné, âgé de dix ans, à garder les troupeaux, tandis qu'Antonius son frère était destiné à l'étude des lettres. Ils n'étaient point décorés du titre de nobles, mais ils étaient libres. » Antonius ayant un jour témoigné son dédain à son frère un certain jour qu'ils venaient ensemble, l'un des écoles, l'autre des champs, prendre à midi leur repas dans la maison paternelle, et l'ayant appelé paysan tandis que lui s'adonnait au noble exercice des lettres, Patroclus abandonna pour les lettres ses brebis et devança bientôt tous les autres. « De là, il passa, par un acte de recommandation, chez Nunnion, personnage puissant auprès de Childebert, roi des Parisiens (3), pour y remplir un office. » De retour auprès de sa mère qui lui apprit que son père était mort, au lieu de se marier comme elle le désirait, il alla trouver Arcadius, évêque de Bourges (4), pour le prier de lui couper les cheveux et de le recevoir parmi ses clercs. Il se fit remarquer par sa piété et devint diacre; mais altéré de solitude, il quitta Bourges et vint au bourg de Néris (*Neerensem vicum*), où il construisit un oratoire et se mit à enseigner les lettres aux enfants. Ne trouvant pas encore la solitude qu'il désirait, car les malades et les possédés venaient se faire

---

(1) *Hist.* l. VII, et *Gl. des Mart.*, ch. cv.
(2) Mentionné aussi *Hist.*, V, x. Autre Patrocle, *Gl. m.*, LXIV.
(3) Childebert Ier mort en 558. Patrocle serait mort (d. Ruin.) en 576.
(4) Les listes d'évêques le placent à l'an 538 environ.

guérir par ses prières, il plaça sur l'autel de son oratoire certains écrits qu'il avait faits pour savoir ce que Dieu lui ordonnerait. Après qu'il eut veillé et prié pendant trois nuits, le Seigneur lui indiqua de prendre celui de ces écrits d'après lequel il devait partir pour le désert. En conséquence il fit de son habitation un monastère de religieuses, ne prit avec lui qu'une charrue et une hache à deux tranchants, et il alla se construire une cellule au fond des forêts au lieu appelé *Mediocantus* (1). Là il guérissait les possédés, et un jour qu'il avait découvert l'œuvre du diable, dans des objets remis à une femme nommée Leubella comme préservatif contre la peste, le noir instigateur de nos maux lui apparut.

Patroclus bâtit le monastère de Colombier, à cinq milles de la cellule qu'il habitait dans le désert, et dans laquelle il mourut, très-âgé, très-saint surtout, après y avoir passé dix-huit ans. L'archiprêtre de Néris machina vainement de faire apporter le corps dans son bourg ; ce fut à Colombier qu'on l'enterra. A son tombeau, Prudentia et une autre fille aveugle du pays de Limoges recouvrèrent la vue. Maxonidius de même, après cinq ans de cécité. Y furent aussi guéris les possédés Lupus, Théodulf, Rucco, Scopilia, Nectariola et Tacihildis, avec deux jeunes filles du Limousin qu'on frotta d'huile bénie par le saint. Et tous les jours le Seigneur s'y manifeste pour corroborer la foi des gentils.

X. De saint Friard, reclus.—C'était un pieux cultivateur qui se fit remarquer par la sainte vie dont il vécut dans une île (2) de la cité de Nantes. « Il s'y rendit avec l'abbé Sabaudus qui avait été autrefois serviteur du roi Chlothachaire, pour faire pénitence ensemble. Ils avaient avec eux le diacre Secundellus.

---

(1) Il faudrait traduire par *Moichant*; mais ce nom ne se trouve pas. L'hypothèse suivant laq. ce serait *La Celle*, à 6 kil. sud de Colombier (Allier), est acceptable. Ce lieu se trouve au fond d'un vallon boisé qui a bien pu être un « centre des hurlements ».

(2) Que Grégoire appelle *Vindunitta*, *Vindunitensis insula*, et que les géographes ne retrouvent pas.

L'abbé ne put supporter longtemps cette vie austère. Friard et le diacre y persévérèrent, et le premier mérita par sa sainteté d'opérer des miracles. Au bout de longues années il fit annoncer sa mort prochaine à l'évêque Félix (de Nantes), qui vint l'assister à ses derniers moments (1).

XI. Saint Caluppan (528-578), d'abord religieux au monastère de Mallet (*Meletense*) au pays Arverne, se retira dans une grotte presque inaccessible et hantée par les serpents, où il passa le reste de ses jours et où Grégoire, accompagné de l'évêque Avitus (de Clermont), alla le visiter.

XII. De saint Æmilianus ermite, et de Bracchion abbé. Le bienheureux Æmilianus laissa sa famille et ses biens pour gagner les déserts et se cacher dans les forêts de Pionsat (*Pontiniacensis*), sur le territoire Arverne. Il y vivait maigrement du produit de ce qu'il cultivait. Dans ce pays exerçait alors un grand pouvoir Sigivald (2), au service duquel était un jeune homme nommé Bracchion, ce qui dans la langue de ces gens-là signifie le petit d'un ours (3). Le personnage en question l'avait choisi pour apprendre la chasse au sanglier. Bracchion allait donc avec une bande nombreuse de chiens parcourir les forêts et rapportait à son maître ce qu'il trouvait. Un jour un sanglier d'une taille énorme qu'il poursuivait le conduisit jusqu'à la retraite d'Æmilianus. L'ermite lui dit : « Je te vois, très-cher fils, vêtu avec grande élégance et occupé de choses qui préparent plutôt la ruine de l'âme que son salut. Laisse le maître terrestre et attache-toi au vrai Dieu... » Fort ému de ces paroles, il désirait y obéir, mais il n'osait quitter son maître. Il se levait deux ou trois fois la nuit pour dire l'oraison. « Il ne savait cependant pas le sens des paroles, car il ne connaissait pas ses lettres. Cependant à force de re-

---

(1) Ce saint passe pour être mort en 577.

(2) *Hist.*, III, xiii, xvi et xxiii.

(3) En effet l'on dit encore aujourd'hui en allemand, *baer*, ours ; au diminutif, *baerchen*, que représente assez bien en latin la forme *bracchio, onis*. Dans le langage populaire ce nom est devenu *saint Bravy*.

garder dans l'oratoire les lettres écrites au-dessus des apôtres et des autres saints pour représenter leurs noms, il les copia sur un cahier, et lorsque des clercs ou des abbés venaient avec empressement visiter son maître, il appelait le premier venu de ceux qui étaient les plus jeunes d'entre eux et lui demandait en secret le nom des lettres, et de cette manière il commença à les comprendre; grâce à l'inspiration du Seigneur, il sut lire et écrire avant de bien connaître l'alphabet. » Sigivald mort, Bracchion courut de suite à l'ermite, avec lequel il demeura. Ils formèrent un monastère.

Æmilianus mourut à quatre-vingt-dix ans, laissant pour successeur Bracchion, qui après avoir affermi le monastère obtint de Ranichilde, fille de Sigivald, de grands espaces de terrain, qu'il légua aux religieux : c'étaient les bois dépendants du domaine de Vensat (*e domo Vindiacensi*). Bracchion vint à Tours, où il construisit deux monastères, puis il retourna en Auvergne. Cinq ans après il refit le même voyage et fut ensuite envoyé au monastère de Menat (1) pour y rétablir la règle fort relâchée par suite de la négligence de l'abbé. Il mourut saintement (576), après avoir reçu l'annonce de sa fin par une vision qu'il a racontée lui-même à l'évêque Avitus, et fut enterré dans l'oratoire de la cellule qu'il avait premièrement habitée.

XIII. Saint Lupicinus, homme d'une grande sainteté qui demandait l'aumône pour les autres. Vers le milieu de sa carrière il se rendit au bourg de la Bèbre, maintenant appelé Lipidiacus (2), où il trouva de vieilles murailles parmi les-

(1) *Manatense*, Puy-de-Dôme.
(2) « Vicum *Berberensem* qui nunc *Lipidiaco* dicitur. » Les commentateurs avouent ne point connaître le premier de ces noms, et pour le second ils proposent ou Lugeac, ou Lubilhac, ou Lempde, ou Lempty ou Saint-Loup, tous lieux d'Auvergne. *Berberensis vicus* rappelle évidemment le *Berberis* qu'on a déjà rencontré ci-dessus (*Mir. S. Mart.* I, xxxvi) et le *nunc* semble dire que le bourg autrefois désigné par le nom vague de la rivière qui le traverse a pris ensuite un nom spécial, *Lipidiacus*. Je crois que ce bourg est La Palisse non pas que je voie le moindre rapport entre les deux noms, l'un antique l'autre féodal, mais parce que La

quelles il se cacha à l'abri de tout regard des hommes, si ce n'est que par une petite fenêtre il pouvait recevoir un peu de pain. Là il chantait les psaumes jour et nuit, soumettant son corps aux plus durs traitements. Il posait sur sa tête pendant tout le jour une grande pierre que deux hommes pouvaient à peine lever et la portait par sa chambre en chantant les louanges de Dieu. La nuit, pour augmenter sa peine, il mettait sous son menton afin de s'empêcher de dormir le bâton qu'il portait à la main, après y avoir fixé deux épines la pointe en dehors. Vers la fin de sa vie le poids de la pierre ayant affaibli sa poitrine, il rendait le sang par la bouche et le lançait, en crachant, sur les pierres à sa portée. La nuit quand on approchait de sa cellule on entendait comme un chœur nombreux qui chantait les psaumes, et par le seul toucher ou par le signe de la croix il guérissait les malades. Il annonça sa mort, et trois jours après rendit l'esprit. Tous s'élancent alors, suffoqués par les larmes, les uns pour lui baiser les pieds, les autres pour arracher des parcelles de ses vêtements, d'autres pour extraire du mur en se les disputant les débris sanglants qu'il avait expectorés. Après sa mort un débat s'éleva entre une matrone du bourg de Trézelle (*Transaliciensis*) qui l'ayant nourri quand il était de ce monde, puis ayant fait laver et habiller convenablement le cadavre, voulait le faire transporter à Trézelle, et les habitants de Lipidiacus qui prétendaient le garder. Cette femme finit par l'enlever de force en se faisant aider par des gens qui mirent en fuite les paysans de Lipidiacus; mais le saint opère également des miracles dans les deux endroits. « Et pour que les aboiements des incrédules n'essayent pas de dénaturer ces faits, ils sauront que j'ai vu le prêtre Déodatus, vieillard chargé du poids de quatre-vingts ans qui me les a confirmés tels qu'ils sont écrits

Palisse est à la fois le seul lieu placé à cheval sur la Bèbre et le seul sur tout le parcours qui ait quelque importance. Les *parietes antiquos* que Lupicin avait trouvés à Lipidiacus ne sont pas non plus sans rapport avec l'idée de forteresse qu'implique le nom de La Palisse. — Voy. p. 433.

ici et m'a confirmé par serment qu'il n'y avait rien raconté qui ne fût vrai. »

XIV. De saint Martius, abbé.—Le bienheureux Martius (1), abbé dans la ville de Clermont, se livra dès l'enfance à la piété et à l'aumône. Il se creusa dans une montagne rocheuse une habitation où il se livrait aux austérités et forma un monastère. Il guérissait les possédés, les fiévreux et beaucoup d'autres. Un certain Nivard buvait tellement, dévoré qu'il était par la fièvre, qu'il devint hydropique; Martius le guérit par la seule imposition des mains. « J'ai su cela par le récit de mon père avec qui ce Nivard était lié d'amitié. Mon père assurait aussi qu'il avait vu le saint. Lorsqu'il n'était encore qu'un enfant de onze ans ayant été pris d'un accès de fièvre tierce, des amis le conduisirent à l'homme de Dieu déjà si vieux et si près de sa fin que ses yeux se voilaient. Ayant posé la main sur la tête de l'enfant, il dit : Qui est-il, de qui est-il fils? — Il lui fut répondu : C'est ton serviteur le petit Florentius, fils du feu sénateur Géorgius.— Que le Seigneur Dieu te bénisse, mon fils, dit-il, et qu'il daigne guérir tes maux. » L'enfant lui rendit grâce, lui baisa les mains et s'en alla guéri pour toujours. Saint Martius mourut à quatre-vingts ans.

XV. De saint Sénoch, abbé (2).—Le bienheureux Sénoch, de la race des Teifales, naquit dans la région du Poitou qu'on appelle le Thiffauge (*Theiphalia*). Il se fit clerc et se choisit une retraite monacale en se formant une demeure convenable au moyen d'antiques murailles en ruine qu'il trouva sur le territoire de la cité de Tours. Il y trouva aussi un oratoire où la renommée disait que notre Martin avait prié et dont le bienheureux évêque Euphronius vint consacrer l'autel en conférant à Sénoch l'honneur du diaconat. Lorsque Grégoire se fut établi dans le pays de Tours (comme évêque), ce saint homme

---

(1) *Saint Mars* en Auvergne, saint *Marcy* en Saintonge ; mort en 527.
(2) Ou saint *Senou*, mort en 579. Voy. *Hist.*, V, VII et *Gl. des conf.*, XXV.

sortit de sa cellule pour venir le voir, et s'en retourna après l'avoir salué et embrassé. Les piéges de la vanité obscurcirent pendant un temps sa vertu ; mais à l'aide des conseils de Grégoire il en triompha. Il opéra une multitude de miracles, guérissant les aveugles (notamment un homme appelé Popusitus et une femme appelée Benaia), les rachitiques, les estropiés, les démoniaques et les gens mordus par des serpents. Il avait tant de soin des pauvres qu'il s'occupait d'établir des ponts sur les cours d'eau de peur qu'il n'arrivât quelque malheur quand les eaux devenaient grosses. Il mourut âgé d'environ quarante ans. Appelé auprès de lui, Grégoire ne put arriver qu'une heure avant sa mort, quand il avait déjà perdu la parole. Trente jours après, un rachitique nommé Chaidulf, retrouva l'élasticité de ses membres en baisant le voile posé sur son tombeau.

XVI. Saint Venantius, abbé (1).—Il était né sur le territoire du Berri, de parents libres et catholiques. Ses parents dès son adolescence l'avaient lié par des fiançailles. « Comme il est naturel à cet âge, il se prêtait gracieusement à l'amour d'une jeune fille, et lui apportait souvent de petits cadeaux, même des pantoufles (2), lorsqu'il arriva, par l'inspiration du Seigneur, qu'il vînt à Tours. Il y avait alors près de la basilique de Saint-Martin un monastère ou l'abbé Silvinus gouvernait un troupeau consacré à Dieu. Venantius y alla, et témoin des miracles de saint Martin », il resta dans ce monastère, puis l'abbé étant mort, il fut élu à sa place. Il prit part à divers faits miraculeux : il entendit un jour pendant la messe une voix qui, du fond d'un tombeau, répétait après le chœur *Libera nos a malo;* en s'approchant du lieu où était inhumé le prêtre Passivus, il apprit de lui quelle avait été sa conduite et

---

(1) Mort vers l'an 400. (R.)

(2) *Cum poculis (pauculis?) frequentibus etiam calciamenta deferret.* L'anneau et les pantoufles étaient les présents sacramentels entre époux. Voy. ci-après, ch. xx, p. 399.

s'il éprouvait quelque soulagement. Il guérit Paulus, enfant rachitique. L'esclave d'un nommé Farétrus, par haine de son maître, se réfugia dans l'oratoire du bienheureux ; pendant l'absence de celui-ci, le maître gonflé d'orgueil en tira son esclave et le tua ; mais lui-même fut pris de la fièvre et expira au bout de peu de temps. Venantius guérissait aussi les maladies de peau et chassait les démons. Le serf Mascarpion fut délivré à son tombeau d'un malin esprit qui l'avait tourmenté pendant trois ans. La femme de Julianus y fut délivrée de la fièvre et celle de Baudimund se guérit également de la fièvre en faisant une prière agenouillée auprès du lit du saint homme.

XVII. Saint Nicétius, évêque de Trèves. Ce que Grégoire en rapporte est digne de toute confiance, dit-il, car il le tient d'Arédius, abbé du pays de Limoges, qui avait été élevé par ce saint. Dès sa naissance Nicétius sembla désigné pour la vie cléricale ; car en venant au monde il avait sur la tête complétement nue d'ailleurs, comme l'ont ordinairement les petits enfants, une légère rangée de poils qui ressemblait à une couronne de clerc. Il fut instruit dans l'étude des lettres et placé dans un monastère où sa dévotion lui mérita par la suite d'être élu pour succéder à l'abbé. C'était un abbé sévère qui ne voulait pas même que ses moines parlassent, à moins que ce ne fût pour chanter les louanges de Dieu. « Le roi Théoderic (1), dont il mettait souvent à découvert les vices et les crimes, l'avait en vénération, et l'évêque de Trèves étant mort, il voulut que Nicétius lui succédât (2). Ayant donc réuni le consentement du peuple et la sanction royale, il fut amené, par des personnes du plus haut rang, auprès du roi, pour être consacré. Comme ils arrivèrent proche la ville, au coucher du soleil, ces personnes disposèrent les tentes pour faire halte et aussitôt lâchant leurs chevaux les laissèrent aller parmi les champs ensemencés des

---

(1) Thierri Ier, fils aîné de Clovis.
(2) Saint Nizier de Trèves gouverna l'église de cette ville depuis l'an 527 jusqu'au 5 déc. 566. Voy. Fortunat, III, 11 et 12.

pauvres gens. Ce que voyant, le bienheureux Nicetius fut touché de pitié, et dit : « Chassez tout de suite vos chevaux de la moisson du pauvre, sinon je vous priverai de ma communion. » Ceux-ci courroucés répondirent : « Qu'est-ce que tu dis ? Tu n'es pas encore arrivé à l'épiscopat, et déjà tu menaces d'excommunication ! » Mais lui courut chasser les chevaux et entra dans la ville accompagné du respect de ces hommes.

« Théoderic étant mort (en 534), son fils Théodebert prit possession du pouvoir et il fut souvent repris par Nicétius soit pour les mauvaises actions qu'il commettait, soit pour celles qu'il laissait commettre. Un dimanche le roi entra dans l'église avec des gens à qui l'évêque avait interdit la communion. Après que les leçons eurent été lues et les offrandes déposées sur l'autel, l'évêque dit : On ne célébrera la messe ici aujourd'hui que quand ceux à qui la communion est interdite se seront retirés. Le roi s'opposait à cela lorsque tout à coup, au milieu du peuple, un jeune garçon est saisi du démon et se met à proclamer d'une forte voix au milieu des tourments qu'il endure, et les vertus du saint, et les crimes du roi. Il disait : l'évêque est chaste et le roi adultère; l'un redoute humblement le Christ, l'autre est gonflé de l'orgueil du pouvoir; l'un, sans tache dans son ministère, sera l'élu de Dieu plus tard, l'autre sera brisé par l'instigateur même de son péché. « Le roi frappé de crainte fit sortir de l'église tous ceux que la sentence épiscopale avait condamnés, et aussitôt l'énergumène disparut sans qu'on ait pu le retrouver. L'ardeur du pontife à poursuivre les vices enflamma contre lui les poisons de la haine; mais il disait : Je mourrai volontiers pour la justice ! » Il excommunia souvent le roi Chlotaire pour des actions injustes, et vainement celui-ci le menaçait de l'exil, il n'en fut jamais effrayé. Une fois il était sur le point de partir et les autres évêques, devenus les flatteurs du roi, l'avaient abandonné, lorsqu'il dit au seul diacre qui lui fût resté fidèle : « Demain à pareille heure je reprendrai ma dignité et serai rendu à mon église. » Le lendemain matin, arriva un messager avec des lettres du roi Sigibert annonçant que le roi Chlotaire était mort et que lui Sigibert, au moment d'entrer en possession du royaume, réclamait l'amitié de l'évêque.

Le courage de Nicétius ne reculait devant aucun danger. Il le montra un jour que traversant la Moselle en bateau, il faillit périr en heurtant contre une pile du pont. Il le montra aussi lors de la peste inguinaire qui ravagea les environs de Trèves. Il fit divers miracles. « Je ne crois pas non plus devoir passer sous silence ce qui lui fut révélé par le Seigneur sur les rois des Francs. Il vit en songe pendant la nuit une grande tour tellement prodigieuse de hauteur qu'elle semblait proche du ciel, percée d'un grand nombre de fenêtres, ayant le Seigneur debout à son sommet et des anges de Dieu placés à toutes ses fenêtres. L'un d'entre eux tenait un grand livre à la main, et disait : « Tel et tel roi vivra tant de temps en ce monde. Et il les nomma tous l'un après l'autre, et ceux qui existaient alors et ceux qui naquirent dans la suite, indiquant la nature bonne ou mauvaise de leur règne et la longueur de leur vie. Et après le nom de chaque roi, les autres anges répondaient : Ainsi soit-il. Et il en arriva d'eux plus tard, comme le saint l'avait prédit par cette révélation. »

Un jour se présenta devant Nicétius un homme portant de longs cheveux et une longue barbe qui se jeta à ses pieds pour le remercier de l'avoir sauvé d'un danger qu'il avait couru sur mer, et comme le saint homme le rudoyait d'oser dire cela, il raconta que s'étant embarqué récemment pour l'Italie, il se trouvait seul chrétien au milieu d'une foule rustique de païens. Une tempête s'étant élevée, cette multitude se mit à implorer ses dieux, qui Jupiter, qui Mercure, celui-ci Minerve, un autre Vénus; mais les flots ne s'apaisèrent que lorsque sur l'avis du chrétien ils eurent invoqué l'assistance de Nicétius auprès du Seigneur ; et, ajouta cet homme, j'ai ait vœu de ne point couper mes cheveux jusqu'à ce que j'aie obtenu d'être présenté à tes regards. L'évêque le fit tonsurer, et l'homme regagna Clermont d'où il était.

Nicétius annonça sa mort quelques jours à l'avance, et fut enseveli dans la basilique de Saint-Maximinus.

XVIII. Des abbés Ursus et Léopatius. — L'abbé Ursus (1) habitait le pays de Cahors. Devoué dès son enfance à l'amour de Dieu, il se rendit dans le Berri et y fonda trois monastères, à Touri, Heugne et Pontigni, puis alla en Touraine, où il bâtit un oratoire à Sénevières (*Senaparia*) avec un monastère ; après cela il remit à Léopatius (2) en qualité de prévôt le soin de veiller à l'observation de la règle et fonda encore un monastère appelé Loches, situé sur l'Indre et dominé maintenant par un château. Il s'adjoignit une troupe de moines en ce dernier endroit et résolut de ne plus le quitter, mais de travailler à la terre pour gagner sa nourriture à la sueur de son front. Ses religieux étant obligés de tourner la meule pour écraser leur grain, il construisit un moulin sur la rivière d'Indre. Un certain Goth nommé Sichlair, très-protégé par l'affection du roi Alaric, eut envie de ce moulin, et n'ayant pu obtenir que l'abbé le lui cédât, il en construisit un autre un peu plus haut qui enleva aux moines leur courant d'eau, de telle sorte que leur roue ne pouvait plus tourner. Mais Ursus et tous les frères qu'il avait dans ses divers monastères s'étant mis à prier avec ferveur, le moulin de Sichlair, enlevé sans doute par la puissance divine, disparut tout à coup si complétement qu'il n'en resta ni une planche, ni une pierre, ni un clou. Les possédés sont purifiés et les aveugles recouvrent la vue à son tombeau. Après lui, les prévôts qu'il avait placés dans ses divers monastères devinrent abbés par la décision des évêques. Léopatius fut de même abbé à Sénevières et y fut enseveli après une longue et sainte vieillesse.

XIX. De Monegunde, pieuse femme. — La bienheureuse Monegunde (3) était du pays Chartrain, et d'après le vœu de ses

---

(1) Mort vers l'an 500. (Ruin.)
(2) Vulgairement *saint Leubasse*, ou *Libèce*, ou *Lubais*.
(3) Morte en 530. (Ruin.)

parents elle s'était mariée. Elle eut deux filles qui faisaient sa joie, mais une joie qu'empoisonna l'amertume de ce monde : un peu de fièvre les emporta. La mère désolée se renferma dans une petite cellule percée d'une étroite fenêtre qui ne laissait passer qu'un peu de jour, et là, méprisant les pompes du monde et la société de son époux, elle ne s'occupait que de prier Dieu pour ses péchés et ceux du monde. Dans cette retraite elle opéra déjà des miracles, et glorifiée à cause de cela dans le sein de sa famille, elle voulut venir se prosterner dans l'église de Saint-Martin pour éviter les piéges de la vanité. Chemin faisant, s'étant arrêtée au bourg d'Avoine (*Evena*), situé au pays de Tours et dans lequel on conserve des reliques du bienheureux confesseur Médardus, de Soissons, elle y guérit une jeune fille atteinte d'une mauvaise tumeur. Elle obtint par la suite un grand nombre d'autres guérisons miraculeuses, notamment celles du diacre Boson qui avait une tumeur au pied, de plusieurs muets, de Marcus homme perclus de tous ses membres, de Léodinus et de beaucoup d'autres.

XX. De saint Léobardus, reclus à Marmoutier près Tours.— Le bienheureux Léobardus (1) était du pays Arverne, d'une race non pas sénatoriale mais libre, et s'il ne brillait point par sa naissance, il florissait du moins par d'éclatants mérites. Envoyé à l'école comme les autres enfants, il se grava dans la mémoire des fragments des Psaumes, et sans savoir qu'il serait un clerc un jour, il se préparait déjà, en toute innocence, au divin ministère. Lorsqu'il fut arrivé à l'âge convenable, ses parents l'obligèrent, suivant l'usage du monde, à donner les arrhes à une jeune fille s'engageant à la prendre plus tard pour épouse. Le père réussit aisément à persuader son fils, tout jeune encore, de faire ce qui était contre sa volonté, et celui-ci donna l'anneau à sa promise, lui offrit le baiser, lui remit les pantoufles et célébra la fête des fiançailles (2). Mais

(1) *Saint Libert*, mort en 593. (Ruin.)
(2) Cf. ci-dessus p. 394, n. 2.

son père et sa mère étant morts, il se retira dans l'abbaye de Marmoutier, dans le voisinage de laquelle il occupa une cellule qu'un nommé Alaric avait abandonnée. Là, fabriquant de sa main des parchemins, il s'adonnait à écrire et s'exerçait à l'intelligence des livres saints. Et qu'on ne dise pas que ce soit ici une histoire fabuleuse, car j'en atteste Dieu, je l'ai apprise de la bouche même de Léobardus. Il était savant et d'une grande éloquence; il ne se plaisait pas comme font quelques-uns à laisser flotter ses cheveux et sa barbe, mais il les coupait de temps en temps. Il demeura vingt-deux ans dans sa cellule, guérissant les tumeurs et les fièvres. Eustachius, abbé (de Marmoutier), le vit rendre la vue à un aveugle. Il mourut saintement et fut enterré dans la cellule qu'il avait si longtemps habitée.

DE L'OBSERVATION ECCLÉSIASTIQUE

DU COURS DES ÉTOILES.

C'est à peu près sous ce titre que Grégoire de Tours a composé un petit traité cité au dernier chapitre de son *Histoire des Francs* et que l'on croyait perdu, mais qu'un savant allemand (1) a retrouvé récemment dans un manuscrit de la bibliothèque de Bamberg. Le but de cet opuscule est de donner quelques notions d'astronomie aux fidèles, afin qu'en s'éveillant la nuit pour dire leurs prières (2) ils puissent reconnaître à l'état du ciel ce qu'ils ont de temps à y consacrer, et l'auteur leur indique en outre les offices qu'il convient de dire chaque mois.

Il commence par citer les sept merveilles du monde antique dont la première suivant lui est l'arche de Noé. La seconde est Babylone avec ses cent portes et ses remparts immenses; la troisième le temple de Salomon. Viennent ensuite le tombeau du roi de Perse taillé dans une seule améthyste, le colosse de Rhodes, le théâtre d'Héraclée creusé tout entier dans le flanc d'une montagne et le phare d'Alexandrie. Toutes ces choses, continue-t-il, ont été façonnées par la main des hommes et sont par conséquent périssables; mais il en est d'autres que la destruction ne saurait atteindre : ce sont les merveilles que Dieu lui-même a données au monde. Il y en a sept aussi.

« La première de toutes est le mouvement de la mer Océane dans laquelle il se fait chaque jour une dilatation

---

(1) M. Frédéric Haase, professeur à Breslau. Son travail a été publié dans cette ville en 1853 sous ce titre : *Sancti G. F. Gregorii Toronensis ep. liber ineditus de cursu stellarum, ratio qualiter ad officium implendum debeat observari sive de cursibus ecclesiasticis* (52 p. in-4°).

(2) Voy. ci-dessus p. 177, note 2.

telle que le flot arrivant remplit le littoral et se retirant ensuite laisse à sec le chemin qu'il a parcouru ; une abondante multitude de poissons ou de plantes diverses est recueillie par les populations qui s'avancent alors sur la terre encore humide. Dieu a préparé là au genre humain une première merveille qui fût digne de son admiration et qui marquât bien sa dépendance. »

« La seconde, assez semblable à la précédente, est ce qui se passe pour les grains des plantes et les fruits des arbres, lorsque la semence, jetée sur la terre et couverte par les sillons, se dresse à l'approche de l'été en tiges qui, parées de barbes et d'épis, s'engraissent intérieurement d'une moelle laiteuse. Il en est de même de la nature des arbres ; elle me semble une image de la résurrection, lorsqu'en hiver dépouillés de leurs feuilles ils semblent comme morts, mais qu'au printemps ils se décorent de feuilles nouvelles, s'ornent de fleurs et, l'été, se couvrent de fruits. Quoi qu'il en soit de la justesse de la comparaison, ce miracle annuel apporte constamment aux peuples ce bienfait afin que l'homme sache qu'il reçoit sa nourriture de celui par qui lui-même a été créé de rien. »

La troisième merveille de l'auteur est le phénix, d'après ce que Lactance en rapporte ; la quatrième, le mont Etna ; la cinquième, la fontaine de Grenoble, d'où s'écoulent alternativement l'eau et le feu ; la sixième est le soleil et la septième la lune.

« La septième merveille est que la lune, dans l'espace de trente jours, ou croisse jusqu'à ce qu'elle soit entière ou diminue jusqu'à ce qu'elle devienne très-petite. Nous admirons aussi que les étoiles levées à l'Orient s'abaissent vers l'Occident, et que quelques-unes d'entre elles apparaissent vers le milieu du ciel ; que d'autres, voisines du nord, tournent circulairement au lieu de suivre un chemin rectiligne, que celles-ci se voient toute l'année, que celles-là aient des mois déterminés où elles apparaissent. Ce cours des astres, si Dieu le permet, je veux en rendre compte à ceux qui l'ignorent, autant du moins que l'expérience en est parvenue jusqu'à moi ; mais je laisserai de côté les noms que leur ont donnés Virgile ou les autres poëtes, les appelant seulement de ceux qui sont reçus dans notre usage rustique ou qu'indique la disposition même des étoiles, comme la Croix, la Faux ou autres termes. Dans ces lignes, en effet, je n'enseigne pas la science et n'ai pas le dessein de sonder l'avenir, mais je montre comment le cours d'un jour doit être logiquement rempli par les louanges du Seigneur, c'est-à-dire à quelles heures celui qui désire suivre avec soin le service de Dieu, doit se lever pendant la nuit et prier. »

L'auteur donne ensuite une faible notion de la marche du soleil, de celle de la lune, de celle enfin de quelques étoiles, qu'il ne se contente pas de décrire, mais qu'il reproduit par le dessin. Les constellations dont il s'occupe, avec les offices qui doivent, dit-il, s'y rapporter, sont : Arcturus (qu'il appelle Rubeola), la Couronne boréale (Symma, id est Stefadium), la Lyre, le Cygne (Crux major), le Dauphin (Crux minor aut Alfa), l'Aigle (Trion), le Cocher, la Chèvre et une partie du Taureau (signum Christi), les Gémeaux? (Anguis), les Pléiades (quidam Massam vocant, nonnulli Pliadas, plerique Butrionem), la fin du Taureau ou Aldebaran et les Hyades (Massæ feretrum), Orion? (Falcis), le petit Chien, le grand Chien? (Quinio), la grande Ourse (Plaustrum).

En passant ces astres en revue, Grégoire de Tours nomme seulement les époques de l'année où chacun d'eux se montre. C'est dans une dernière partie de son opuscule qu'en reprenant les mois l'un après l'autre, à commencer du mois de septembre, il apprend à son lecteur quels sont les offices dont l'heure, d'après l'inspection du ciel, est venue.

Le seul endroit où se présente une allusion aux événements du pays et du temps où vivait Grégoire est celui-ci :

« *La Comète*. Cette étoile est ainsi nommée par la plupart des savants. Elle ne se montre pas en tout temps, mais elle paraît principalement à la mort d'un roi ou quand un désastre arrive dans la contrée. Quant à la manière de l'expliquer, la voici : Lorsque sa tête apparaît chevelue et surmontée d'un diadème éclatant, elle annonce un royal décès ; mais si elle porte un glaive, si elle est rougeâtre, si elle noie sa chevelure dans l'ombre de la nuit, elle signifie un ravage de la patrie. C'est ainsi qu'avant la peste du pays Arverne elle demeura pendant une année entière suspendue au-dessus de cette région. (Hist. IV. xxxi ; t. I, p. 180.) Et avant la mort du roi Sigibert elle apparut à beaucoup de gens avec sa chevelure. »

On attribue encore à Grégoire de Tours, sur la foi d'anciens manuscrits, une Histoire des sept Dormants, qui n'a aucun rapport avec celle qui se trouve au ch. xcv de la *Gl. des Martyrs*, une vie de S. Aubin d'Angers, une vie de S. Maurille et une vie de S. Yriez. La justesse de toutes ces attributions est très-douteuse. Il en est de même d'un traité des Miracles de S. André mis aussi sous le nom de Grégoire dont on n'a que la préface et la table des chapitres. Il a certainement écrit des commentaires sur les psaumes puisqu'il les cite à la fin du livre X de son *Histoire*, mais on n'en a conservé qu'une page, et cette page ne contient rien qui puisse faire regretter la perte du reste. On n'a pas retrouvé non plus la préface qu'il avait composée (*Hist.*, II, xxii) pour un recueil de messes de Sidoine Apollinaire.

DE L'AUTORITÉ
DE GRÉGOIRE DE TOURS.

Au moment où s'achevait l'impression de ce volume ont paru trois ouvrages relatifs à Grégoire de Tours.

Le premier en date est une thèse soutenue à l'École des Chartes au mois de janvier dernier et intitulée : « *De l'auto-*
« *rité de Grégoire de Tours;* étude critique sur le texte de
« l'Histoire des Francs, par M. Lecoy de la Marche, archiviste-
« paléographe »; Paris, Durand, viii et 132 p. in-8° (juin1861).

Le deuxième est une seconde édition de la traduction faite en 1823 par monsieur Guizot; elle est revue, sous ses auspices, par M. Alfred Jacobs. (Paris, Didier, 2 vol. in-8°, juillet 1861.)

Le troisième est une seconde édition du travail de M. A. Jacobs sur la *Géographie de Grégoire de Tours*, insérée en appendice à la suite de la traduction précédente.

J'ai déjà eu l'occasion de citer ce dernier ouvrage; la seconde édition diffère peu de la première. Quant à la thèse de M. Lecoy de la Marche, je ne puis me dispenser d'examiner ici, dussé-je être un peu long, un écrit dont le but est de dénier à Grégoire de Tours l'autorité qu'on lui a jusqu'à présent accordée.

Commençons par exposer les conclusions de l'auteur (p. 129) :

« Au milieu d'une époque lointaine et orageuse qu'il nous
« importe de connaître et de comprendre, il s'est trouvé un
« homme doué d'un talent naturel, animé d'une bonne volonté
« alors sans exemple, qui a pris la plume pour raconter ce
« qu'il savait. Cela suffirait à sa gloire. Mais.... on peut dire
« avec raison que l'autorité de l'*Histoire des Francs* a été gé-

« néralement surfaite. La période mérovingienne a été retracée
« maintes fois conformément à cette chronique dans laquelle
« l'amplification et le laconisme ouvrent tour à tour le champ
« à l'arbitraire des commentateurs. Assurément (et il est bon
« de le répéter) elle fournit d'importantes lumières sur les
« usages, les mœurs, les institutions et sur une quantité de
« détails : mais comme récit des événements politiques et par
« suite comme tableau général du temps, son ensemble laisse à
« désirer. En un mot il faut nous servir de l'*Histoire des Francs*
« avec non moins de discernement et de prudence que d'em-
« pressement. Allons y choisir des matériaux ; mais ne prenons
« pas l'édifice tel qu'il est. » Ces dernières paroles n'ont rien
que de fort sage; elles semblent devoir s'imposer d'elles-
mêmes par leur justesse et leur modération. Mais elles ne
disent pas quels rudes coups sont portés par l'auteur contre
l'œuvre de Grégoire, à l'ombre de ce calme apparent.

Dans un premier chapitre intitulé : « Aperçu général de
l'*Histoire des Francs* », M. Lecoy groupe sommairement
les principales critiques auxquelles l'ouvrage lui paraît donner
lieu, c'est-à-dire toutes les raisons, faibles ou fortes, réfutées
ou non, qu'il lui semble pouvoir faire valoir pour amoindrir
la confiance qu'a toujours inspirée le vénérable auteur. Il
rappelle d'abord que des savants du dix-septième siècle, Duchesne, A. de Valois, le p. Lecointe avaient déjà révoqué
en doute la véracité de « plusieurs passages » de l'*Histoire
des Francs;* il insinue ensuite que Grégoire n'est pas « l'auteur unique » de l'ouvrage remanié et interpolé qui porte son
nom ; qu'en sa qualité de noble Arverne il était porté à haïr
les Francs, qu'il les haïssait aussi comme évêque par jalousie
de pouvoir ; que sa position élevée lui donna les moyens, il est
vrai, de bien connaître les événements contemporains, mais
que sa partialité est flagrante et sa crédulité extrême ; que
pour les temps qui le précèdent, il manqua d'éléments sérieux ;
qu'il aspire à l'élégance d'un rhéteur et regrette de ne pas
écrire en vers, ce qui est bien l'indice d'un esprit peu capable

d'écrire l'histoire ; que les dix livres de son grand ouvrage ont été rédigés sans ordre, par épisodes, et sont restés en définitive inachevés ; que son style, bien que barbare, est affecté, travaillé, visant à l'effet aux dépens de la vérité ; que ses citations méritent peu de confiance étant ordinairement faites de mémoire et fausses quelquefois ; enfin que ses indications géographiques sont d'un homme ignorant la géographie.

De tels préliminaires ne laissent pas subsister beaucoup de l'autorité de Grégoire : ce ne sont pourtant que des préliminaires. Le critique entre en matière par un examen détaillé de la première partie de l'*Histoire des Francs*, celle que Grégoire dit lui-même avoir simplement extraite de la Bible et des écrits d'Eusèbe, saint Jérôme, Orose et Sulpice Sévère. Déjà dans cette tâche modeste Grégoire aurait commis une kyrielle de bévues :

Il donne une description suspecte de la grandeur de Babylone (I, vi) et accepte d'Orose qu'elle ait eu 470 stades de tour, tandis que Quinte-Curce ne lui en donne que 368 ;

Il cite, à propos d'Abraham (I, vii) un passage de Sulpice Sévère qu'on ne retrouve pas chez celui-ci ;

Il erre complétement dans les renseignements qu'il offre (I, x) sur le Nil, les pyramides d'Égypte et la mer Rouge ;

Il fait régner Jules César juste après Servius Tullius, et l'appelle *imperator* (I, xvi et xvii) ; il nomme Auguste : *Octavien*, au lieu d'Octave ; ailleurs il prend Marcien pour Majorien (II, xi) ;

Il affirme que Lyon fut fondé onze ans avant l'ère chrétienne, tandis que Dion Cassius témoigne que ce fut quarante-trois ans avant ;

Il se sert du faux évangile de Nicodème et des faux Gestes de Pilate (I, xx et xxi) quoique le pape Gélase les eût mis à l'Index en 494 ;

Il attribue à un des Hérodes, roi de Judée, une mort qui est celle d'un autre de ces princes (I, xxiii) ;

Il annonce dans son *Histoire* (I, xxvii) l'évêque de Lyon, saint Irénée, comme postérieur à saint Pothin et dans la *Gloire des Mart.* (XLIX) comme antérieur ;

Il se perd dans la chronologie des premiers prédicateurs du christianisme en Gaule (I, XXVIII et XXIX);

Il met dans la bouche de saint Saturnin mourant (I, XXVIII) une malédiction qui ne se trouve pas dans les Actes qu'on a de ce saint ; et déjà au neuvième siècle, l'abbé Hilduin de Saint-Denys avait remarqué le tort de Grégoire de rapporter les choses autrement que ne le portaient les Actes des saints ;

Il brouille la chronologie des premiers rois Vandales (406-496) et n'en compte que trois au lieu de cinq (II, II) ; erreur provenant de ce qu'il a le tort de trop se fier aux Actes des martyrs d'Afrique, de même qu'il donne l'histoire des évêques saint Servais de Tongres (II, V) et saint Aignan d'Orléans (II, VII) d'après des Actes de ces saints ;

Il place (I, XXX) sous le règne de Valérien, c'est-à-dire aux années 253 à 260, le martyre de saint Corneille qui eut lieu en 252 ;

Il se trompe constamment d'un chiffre en moins dans la numérotation des évêques de Clermont à partir du quatrième ;

Il est en désaccord de quinze ans avec la chronologie des consuls romains dans la date qu'il assigne à la mort de saint Martin (I, XLIII) ;

Il attribue à saint Paulin de Nola un poëme qui est de saint Paulin de Perigueux ;

Il parle d'un trait de courage d'Ecdicius aidé de *dix* cavaliers (II, XXIV), tandis que Sidoine Apollinaire, d'après qui ce fait est rapporté, rapporte qu'ils étaient dix-huit.

Il fait diverses supputations de l'âge du monde depuis la création jusqu'à la mort de saint Martin, et dans tous les manuscrits ses calculs sont en contradiction les uns avec les autres.

Telle est, à peu près complète, la liste des erreurs matérielles relevées par M. Lecoy dans la partie de l'*Histoire des*

Francs que Grégoire a tirée textuellement de documents antérieurs. Je ne crains pas de dire qu'il n'y a pas une seule de ces objections qui mérite d'être discutée. Il n'en est pas une qui ait quelque valeur aux yeux de ceux qui savent quels étaient, au temps de Grégoire, la difficulté des études, l'absence des moyens d'information et des moyens de contrôle, la pénurie des manuscrits, l'isolement d'un écrivain.

Il cite les sources où il a puisé ; si quelques-uns des faits microscopiques qui viennent d'être signalés sont erronés, il faudrait, pour infirmer l'autorité de celui qui les a recueillis, prouver que l'erreur est de lui et non de la copie qu'il avait entre les mains. Veut-on dire seulement qu'alors il s'est servi de manuscrits incorrects, ou qu'il n'a pas eu assez de critique pour les corriger, ou que ses propres copistes ont introduit (surtout dans les chiffres) des incorrections ? tout cela me paraît également oiseux. Quand nous nous servons d'un vieil auteur, il est clair que nous sommes obligés d'avoir pour lui la critique et les connaissances qui lui manquaient.

On insiste sur les fautes géographiques de Grégoire. Il a nommé la Moselle quand c'était, dit-on, la Meuse (*Mosella ; Mosa*), la Germanie quand c'était l'Aquitaine ; il place une fois la Thuringe sur la rive gauche du Rhin (comme ailleurs il cite Chilpéric pour Gontran). On croirait, à voir ces objections, que l'*Histoire des Francs* n'est sortie des mains de son auteur qu'après avoir passé telle qu'un de nos livres d'aujourd'hui par les épurations multiples dont la typographie nous assure l'avantage ; et l'on pourrait demander quel est l'écrivain de nos jours qui trouverait juste qu'on jetât des doutes sur la confiance qu'il peut mériter parce qu'on aurait découvert des lapsus de ce genre dans sa copie, voire même dans son texte imprimé ?

L'erreur sur Mosa et Mosella n'est d'ailleurs nullement prouvée : il s'agit de savoir si deux fugitifs, ayant la mort à leurs trousses (III, xv), ont pu franchir trente-cinq à quarante lieues à pied en trois jours, ce qui ne paraîtra pas à tout le monde aussi impossible qu'on le prétend. — Celle sur la position des Thuringiens (II, ix ; t. I, p. 67), si elle ne s'explique point par quelque extension temporaire de ce peuple qui eut parfois le dessus dans ses luttes contre les Francs (III, vii), n'est présentée par Grégoire que comme un on dit dont il ne prend pas la responsabilité. D'ailleurs je puis indiquer un auteur allemand, le docteur Bender (*Ueber Ursprung und Heimath der Franken*; Braunsberg, in-4°, 1857) d'après lequel il n'y aurait là aucune faute. — On signale une autre erreur de géographie dans l'endroit où Grégoire raconte (VI, xxxvii) que saint Louvent venu du Gévaudan à la villa de Ponthion (près Vitry-le-Français) après avoir été deux fois traîné en justice par un comte Franc et deux fois acquitté, est ressaisi une troisième fois par son ennemi pendant son retour, étant campé sur les bords de l'Aisne, et tué. Or pour aller directement de Ponthion en Gévaudan, on s'éloigne au contraire de l'Aisne en lui tournant le dos. Voilà l'erreur de Grégoire. Mais qui garantit que ce malheureux saint n'avait pas suivi précisément un chemin détourné dans l'espoir d'échapper à un si acharné persécuteur ? — M. Lecoy nous dit encore (p. 12 et 25) que M. Jacobs a été arrêté dans ses études sur la géographie de Grégoire de Tours par les obscurités et les contradictions du chroniqueur. Ne croirait-on pas d'après cela qu'il y a chez ce dernier une accumulation de fautes inextricable? Or il s'agit seulement de ce que les mots *pagus*, *civitas*, *urbs*, *castrum*, *terminus* et plusieurs autres n'ont sous la plume de notre évêque aucun sens déterminé où l'on puisse asseoir clairement le système des divisions administratives existant de son temps. Ce n'est pas qu'il soit insensible à l'intérêt de ces distinctions; car, en signalant l'importance du *castrum* de Dijon, il ajoute : quæ cur *civitas* dicta non sit, ignoro (III, xix). Mais il n'a pu nous dépeindre ce qui n'existait pas, et nous donner un tableau net et régulier de la géographie mérovingienne, alors que la hiérarchie romaine était presque entièrement dissoute sans qu'aucune organisation nouvelle l'eût encore remplacée?

« Grégoire de Tours, qui n'est pas très-conséquent avec « lui-même (ajoute M. Lecoy, avec M. Jacobs) place la Sep- « timanie tantôt en Gaule, tantôt à côté. En effet, après avoir « fait marcher Gontran à la conquête de cette province *com-* « *prise dans l'enceinte des Gaules*, deux chapitres plus « loin il met ces paroles dans la bouche du même prince : « Emparez-vous d'abord de la Septimanie *qui est voisine des* « *Gaules.* » — Je réponds qu'il n'y a pas l'ombre d'une inconséquence entre ces deux passages. Il faut lire le texte pour apprécier l'objection. Au chapitre xxviii (l. VIII) l'auteur raconte que Gontran irrité se dispose à faire partir l'armée pour *les Espagnes*, « ut prius Septimaniam, que adhuc *infra Galliarum terminum* habetur, ejus dominationi subderent. » Au chapitre xxx, c'est Gontran lui-même qui dit à ses guerriers : « Prius Septimaniam provinciam ditioni nostræ subdite quæ *Galliis est propinqua;* indignum est ut horrendorum Gothorum terminus *usque in Galliis sit extensus.* » La Septimanie s'étendait de la Garonne aux Pyrénées. Elle était donc dans la Gaule. Mais les rois wisigoths d'Espagne l'avaient conquise au commencement du cinquième siècle, en sorte que suivant qu'on se plaçait au point de vue de la géographie naturelle ou de la géographie politique, cette province était alternativement gauloise ou espagnole. Grégoire n'a pas plus commis de faute que celui qui dirait aujourd'hui : « Nice est en France, mais elle est Italienne. » En second lieu lors même que Grégoire eût mal parlé en disant la Septimanie Galliis propinquam après l'avoir mise infra Galliarum terminum, n'est-il pas manifeste que les derniers mots : *usque in Galliis extensus*, rectifient sa phrase, qu'ils rendent parfaitement claire et parfaitement juste? Le lecteur peut apprécier si la citation, privée de ce dernier membre, est loyalement faite. Et ce n'est pas la seule fois que M. Lecoy cite

ainsi. « Il serait inutile (dit-il p. 31) de relever les inexacti-
« tudes de Grégoire quant à l'histoire profane : ainsi après
« Servius, sixième roi des Romains, il fait venir *l'empereur*
« *Jules César.* » On peut voir ci-dessus t. I, p. 19, si Grégoire a l'air de croire que César fut le successeur immédiat
de Servius Tullius. Cette interprétation injuste est obtenue en
réunissant comme un même contexte la dernière phrase d'un
chapitre et la première du chapitre suivant, ce qui ne devrait
se faire qu'avec une grande réserve, puisque l'ouvrage de
Grégoire, ainsi que M. Lecoy le remarque ailleurs, paraît
avoir été composé par morceaux plutôt que d'une manière
suivie. Par le même procédé (p. 107) M. Lecoy trouve encore
Grégoire en faute au livre V ; il applique à *Suessionas*, mot
pénultième du chapitre II, un *ibidem* qui se trouve en tête
du chapitre III, et qui en bonne justice, je crois, doit être
rapporté à l'ensemble de l'épisode qui le précède ; or dans cet
épisode, la scène se passe à Rouen, et Soissons n'apparaît à
la fin que par accident.

J'ai passé en revue la totalité des objections faites à Grégoire sur sa géographie. Elles sont au nombre de six ; trois
qu'on ne peut vérifier et trois qui sont dénuées de tout fondement. C'est à quoi se réduisent les faits d'ignorance articulés
contre l'évêque de Tours comme géographe ; et notons que
les désignations géographiques inscrites par lui dans ses différents ouvrages s'élèvent, pour la Gaule seule, au nombre
de *trois cent trente-huit.* En matière de géographie, il me
paraît si peu mériter de passer pour un esprit confus mettant
légèrement un nom pour un autre, que je le soupçonne d'avoir
visé à l'emploi du mot juste même dans de petits détails.
Ainsi lorsqu'il dit de Givald (III, XXIII) que ce seigneur s'enfuit et *Latium petiit,* je croirais volontiers que Latium désigne
non pas l'Italie, mais précisément la campagne de Rome ;
que quand il nomme *les Bourgognes* il a en vue la Transjurane aussi bien que la Cisjurane, et que s'il dit *les Bretagnes,* c'est pour montrer qu'il parle de l'Angleterre aussi

bien que de notre Armorique. Du moins est-ce là une induction qu'autoriserait l'exactitude avec laquelle il distingue (si l'on s'en rapporte au texte de dom Ruinart) lorsqu'il parle de ce qui se passe du côté des Pyrénées. Tantôt il écrit *Hispania* et tantôt *Hispaniæ*, quelquefois dans le même chapitre, et les traducteurs, gênés par ce pluriel inusité, ont toujours mis *l'Espagne* pour rendre l'un et l'autre. Grégoire semble être plus rigoureux et avoir ordinairement présente à l'esprit la division du royaume des Wisigoths dont il était question tout à l'heure : l'Espagne propre s'arrêtant aux Pyrénées et les Espagnes comprenant jusqu'à la Garonne. S'il veut dire qu'un fait s'est passé dans le cœur du pays wisigothique, à la cour ou dans la ville qu'habite le roi, par exemple qu'Amalaric ou sa femme sont allés prendre possession du trône (II, xxxvii ; III, 1), qu'Athanagilde est mort (IV, xxxviii), qu'Hermenégilde régnait dans une ville de Galice (VI, xliii), que le roi Mir mourut d'une maladie que lui avaient donné le climat et les mauvaises eaux (*ibid*), que Reccared convoqua un colloque de catholiques et d'ariens (IX, xv), que Brunehaut envoya de magnifiques présents à Reccared (IX, xxviii), c'est toujours *in Hispania* que la scène est placée ; mais si la persécution arienne pèse sur les populations, c'est-à-dire spécialement sur la Septimanie (V, xxxix et VI, xviii), si les députés de Chilpéric vont voir la dot destinée à sa fille et composée vraisemblablement en partie de terres septimaniennes (VI, xviii), si les Franks attaquent les possessions wisigothiques de la Gaule (VIII, xxviii, xxx, xxxv, xxxviii), Grégoire ne manque pas de mettre *in Hispaniis, ad Hispanias*. Je n'ose pas affirmer que la même distinction s'applique aux attaques des flottes impériales contre les Wisigoths (IV, viii et V, xxxix), mais elle paraît bien être faite pour ce qui est raconté de Childebert au ch. x du l. III (*voy*. ci-apres la correction faite sur ce chapit.)

Mais c'est trop s'arrêter à de si faibles objections ; passons à de plus sérieuses. L'*Histoire des Franks*, dit-on, mérite peu de confiance parce que son auteur a pour habitude de citer inexactement les textes dont il se sert, parce qu'il reproduit complaisamment des fables qu'il donne et qu'on prend pour de l'histoire, parce qu'il est sous l'empire de ses préventions et voit mal les événements, même ceux auxquels il a pris part, parce qu'enfin ses livres ayant été interpolés et dénaturés, nous ne sommes rien moins que sûrs de posséder ce qu'il a écrit.

Ordinairement en effet Grégoire fait de mémoire ses nombreuses citations de la Bible; il donne le sens, peu soigneux de la fidélité des expressions; quelquefois aussi il annonce rapporter de souvenir certaines vies de saints. Il faut prendre dans le fait tout ce qu'il contient; s'il prouve une habitude passablement inexacte, il prouve aussi que Grégoire avait une forte mémoire, à laquelle il croyoit pouvoir se fier et qu'il possédait à fond les livres de sa profession. On trouve qu'il cite aussi très-infidèlement Orose et Sidoine, mais qui peut garantir qu'il n'en avait pas sous les yeux des copies différant des nôtres? Lorsque nous pouvons vérifier avec certitude ses allégations et ses citations, nous les trouvons généralement exactes. Quoi de plus vrai que ce qu'il dit de la loi Gombette (II, XXXIII), ou du consulat de Clovis (ci-après, p. 427), ou de son attitude à l'égard des populations romaines dans sa guerre contre Alaric (II, XXXVII)? Il raconte le colloque des évêques ariens et des orthodoxes tenus en présence de Gondebaud, en s'attribuant la victoire il est vrai, comme un bon catholique; mais le reste de son récit s'accorde avec le procès-verbal qui nous a été conservé du colloque (d'Achery, *Spic.*, t. V) tout en relatant des circonstances différentes. Un discours du pape saint Grégoire le Grand est transcrit tout au long dans l'*Histoire des Francs* (X, 1), comme pièce authentique; or le même discours existe dans les œuvres du pape (l. II, epist. 2), « avec des différences, » dit M. Lecoy. J'avoue que, même avec des différences, cette transcription faite par Grégoire d'un discours prononcé à Rome de son temps et qu'il n'a dû connaître que par le récit d'un de ses diacres qui l'avait entendu, me paraît une preuve éclatante de son esprit ordonné et de son aptitude à être fidèle. Le critique cite encore comme altérée par Grégoire, en accordant toutefois que les variantes sont légères, les paroles de condoléance que saint Remi écrivait à Clovis sur la mort d'Alboflède sa sœur :

« Angit me et satis me angit vestræ causa tristitiæ quod gloriosæ memoriæ germana vestra transiit Albochledis, sed consolari possumus quia talis de hac luce discessit et recordatione magis suscipi debeat quam lugeri. »

Or voici la leçon de Grégoire (II, xxxi) : « Angit me et satis me angit vestræ causa tristitiæ quod *bonæ* memoriæ germana vestra transiit Alboflœdis, sed *de hac re* consolari possumus quia talis de *hoc mundo migravit* ut *suspici* magis debeat quam lugeri. »

En concédant que le vrai texte de saint Remi soit bien le premier, je ne crois pas que les altérations qui se font remarquer dans le second puissent empêcher personne de reconnaître que Grégoire nous a donné là une transcription suffisamment littérale pour notre usage et plus que suffisante pour lui mériter, eu égard au temps où il vivait, le titre d'auteur exact. J'ajoute qu'en ne prenant que la première phrase de la lettre, il s'est arrêté avec assez de tact à l'endroit où saint Remi commence à tomber dans le verbiage des compliments de condoléance.

Il est cependant très-probable que la plupart des discours mis par Grégoire dans la bouche de ses personnages, ceux notamment qu'il n'a pu entendre ni voir rédigés, sont des discours supposés. Les écrivains de l'antiquité ne lui avaient que trop donné l'exemple de cette fausse éloquence. Toutefois ce n'est point un choix heureux qui a porté M. Lecoy à signaler pour sa fausseté le discours de la reine Clotilde, qui, « prêchant la foi à son époux, lui adresse une longue « et éloquente réfutation du paganisme romain, comme

« si le chef des Francs, tout récemment sorti des forêts
« du nord, eût jamais adoré Saturne, Jupiter, Junon, Mercure
« ou appris Virgile. » On ignore si cette harangue fut réellement prononcée, mais il me semble qu'elle a pu l'être. Nous savons que les Bourguignons étaient beaucoup plus civilisés que les Francs et la reine Clotilde, dont le père et la mère avaient été cruellement tués pour le catholicisme, dont la sœur était religieuse, dont les maîtres et les familiers furent vraisemblablement des évêques catholiques (cf. III, xvii ; X, xxxi, § 10), devait débiter, même à un sectateur d'Odin, l'unique théologie qu'on lui avait apprise.

La lettre de saint Remi sur la mort d'Alboflède prouve que Grégoire de Tours n'a pas parlé de Clovis sans consulter les documents qui se trouvaient à sa portée. Et si l'on considère que Clotilde, devenue veuve, se retira à Tours, et qu'elle y vécut pieusement durant trente-quatre ans, auprès de la basilique de Saint-Martin si chère à Grégoire, on ne saurait douter que celui-ci, né deux ans avant la mort de la reine, n'ait connu des personnes qui avaient vécu avec elle et qu'il n'ait été par conséquent à la source, non pas de vagues traditions comme on le prétend, mais des plus sûres informations qu'on pût avoir sur les actes de Clovis postérieurs à son mariage. En effet la guerre contre Syagrius (II, xxvii) est le seul événement rapporté par Grégoire qui se réfère aux douze années du règne de Clovis qui précèdent son mariage ; tout le reste (ch. xxviii à xliii) se rapporte à Clovis devenu l'époux de Clotilde.

Ceux des actes de ce rude champion de l'Église qui furent des crimes : les meurtres de Sigebert et de Chlodéric, de Chararic et de son fils, de Ragnachaire, de Riquier, de Rignomer, que tous Grégoire appelle les parents du roi des Francs et qu'il aurait massacrés traîtreusement l'un après l'autre pour étendre sa domination, on voudrait que ce fussent autant de fables populaires. M. Lecoy suit phrase à phrase cette partie curieuse du récit de Grégoire et refuse de l'admettre par la raison qu'elle est *invraisemblable*. « Comment, dit-il, les chefs des

« Ripuaires ou d'autres tribus se trouvaient-ils les parents de
« Clovis?... Quelle apparence qu'un roi franc soit descendu
« s'établir jusqu'au Mans?... Clovis, parvenu à l'apogée de
« ses victoires, désiré par les peuples, aimé par l'Église, aurait
« donc eu besoin de recourir à des subterfuges et à des comé-
« dies?... On admettrait difficilement que le même homme qui
« vient de donner un blâme au fils parricide accordât un
« éloge à celui qui a fait périr le fils et le père.... C'est du
« drame qui touche en même temps au comique. » Et
M. Lecoy pense fortifier de si fragiles arguments en citant
d'autres passages de Grégoire qui, dans le prologue du l. III,
par exemple, parle avec éloge du « respect de Clovis pour
la Trinité », et dans celui du l. V le donne comme ayant
laissé une autorité « sans tache »; ou encore il s'appuie sur une
phrase de la Vie de saint Mesmin, où l'on dit que la grandeur
d'âme de Clovis était due « à sa fidélité envers Dieu. » Il invoque de plus, contre le témoignage de Grégoire sur Clovis,
ceux d'Aimoin, Balderic, Hincmar.

En l'absence de contrôle valable, puisque Grégoire est
l'unique historien de son siècle, personne ne peut se porter
garant de la certitude parfaite de ses récits; mais ce n'est nullement les entamer que de plaider contre eux les simples
vraisemblances, et quant aux hommages rendus à la fidélité
chrétienne de Clovis, ils viennent à l'appui des horreurs racontées de lui par l'évêque de Tours.

Ce sont des horreurs à nos yeux et en tout temps; cependant il ne faut pas juger nos prédécesseurs à douze siècles de
distance comme s'ils eussent été dans un milieu équivalent au
nôtre. Le système et les idées de l'empire romain étant dé-
crépits, impuissants, odieux, la société gallo-romaine du cinquième siècle n'avait vu de refuge et de sécurité que dans la mo-
rale de l'Église chrétienne garantie par la solidité de sa foi;
et elle avait ouvert la porte aux Barbares. Ceux qui firent
cette Révolution n'eurent pas le plus à en souffrir, et il était
facile à saint Remi de parler de douceur aux Sicambres étonnés

de leur succès, admirant la beauté de cette Gaule convoitée depuis tant de siècles, serrés autour de leur roi et respectant encore la discipline. Cent ans plus tard, au temps de Grégoire, les choses étaient bien changées, et l'Église avait pleinement à subir les dures conséquences de ce qu'elle avait fait. A la somme des maux de la Gaule elle avait ajouté la brutalité d'une soldatesque étrangère. Mais l'accroissement du danger avait grandi les ardeurs de la piété : Amener à la foi chrétienne, pour amener de là aux véritables sentiments du christianisme, d'une part ces Francs grossiers qui n'étaient convertis que de nom, de l'autre les masses gallo-romaines encore plongées dans un paganisme sensuel, telle était, et telle devait être longtemps encore, la préoccupation incessante de l'Église des Gaules. Donc tout ce qui est fait pour la foi catholique et en vue de son avancement est héroïque, tout ce qui lui est contraire est criminel. A ce titre Clovis docile à saint Remi, Clovis partageant son autorité avec les évêques au concile d'Orléans, et Clovis massacrant les chefs païens jusque dans sa famille, est également fidèle et sans tache. Si Ragnachaire, Sigebert et ses autres victimes étaient des Francs inconvertis, Grégoire doit se féliciter de leur perte et en glorifier l'exécuteur. Or, ils faisaient tous profession du paganisme. L'explication de la fameuse phrase de Grégoire (t. Ier, p. 105, note 1) est là (voy. ci-après p. 429). Il passe rapidement sur ces assassinats et ne leur accorde qu'un mot d'éloge, parce que pour lui ce n'était que du passé, et que le danger était maintenant ailleurs. Mais il faut l'entendre parler des ariens, c'est-à-dire de ceux qui, de son temps, menaçaient véritablement l'orthodoxie. Alors son injustice et sa partialité sont éclatantes ; il triomphe de tout mal arrivé à ces ennemis de la foi (*Gl. M.*, LXXX, LXXXI; GC XLVIII, etc.); il les injurie (II, XXVII et XXXVIII, t. I. 85 et 102), il appelle sur eux les châtiments sanguinaires de l'Ancien Testament : « Ceux qui s'étaient mêlés aux fem-
« mes Moabites furent égorgés et foulés aux pieds par leurs

« proches; le prêtre Phinéas apaisa ainsi la colère de Dieu, et
« *ce zèle lui fut imputé à justice* (II, x). » Il traite de punitions les fins cruelles des rois Alaric, Godegisèle, Gondomar, et dans le prologue de son IIIe livre, il revient sur les louanges dues aux sanglants succès de Clovis : « Hanc (Trinitatem) Chlodovechus rex confessus, ipsos hæreticos adjutorio ejus oppressit regnumque suum per totas Gallias dilatavit.

Est-ce à dire que le sens moral, chez le saint évêque, était perverti ? Oui, en ce que l'intelligence s'obscurcit et le cœur se déprave par le spectacle du mal, par la vue du sang, par les misères longtemps souffertes, par la peur. Toutes les espérances de l'Église étant attachées à la force et à l'unité du christianisme, l'anéantissement de l'incrédule par tous les moyens possibles était œuvre salutaire et pieuse. On ne sait que trop durant combien de siècles cette doctrine a persisté après qu'elle n'avait plus, comme au temps de Grégoire, une sorte de nécessité pour excuse.

Ainsi s'explique en même temps cette simplicité presque affectée, et pour nous presque incroyable, avec laquelle Grégoire se complaît à voir un miracle à chaque pas. L'exhortation chrétienne et l'excommunication ne pouvant avoir d'efficace que contre les croyants, le miracle était la seule arme d'un évêque pour défendre son église et son troupeau. Rien ne peut dompter le Barbare et mettre un frein à ses passions que la terreur d'un péril imaginaire. On peut le voir dans tous les documents des premiers temps du moyen âge. Vivant dès son enfance dans cette atmosphère supernaturelle et habitué à faire sans cesse apparaître des fantômes aux yeux des autres, Grégoire devait lui-même être imbu de ces chimères, et cependant il m'a semblé saisir dans deux passages de son *Histoire* (VII, xxi et VIII, vi) l'aveu que ses visions miraculeuses n'étaient parfois qu'une ruse innocente, sans compter qu'il n'ignore pas l'emploi, par les autres du moins (II, III ; IV, xi) de faux miracles. A ce point de vue l'on ne saurait accepter l'argument qui se tire, contre l'autorité de Grégoire, de son « extrême crédulité », puisqu'elle est spéciale et volontaire. Et d'ailleurs il n'y a point d'écrivain du moyen âge qui puisse échapper au reproche d'être crédule.

On objecte encore à Grégoire l'hostilité qui l'animait contre les Francs en sa qualité de Gallo-Romain de vieille et noble souche. C'est à l'Allemagne qu'il appartenait de formuler ce grief ; et en effet il a été développé par le d^r C. G. Kries, dans une thèse imprimée sous ce titre : *De Gregorii Tur. episc. vita et scriptis* (Breslau, 1839, 106 p. in-8°). Agréablement trompé par le traité de Tacite contre les mauvaises mœurs de Rome, présenté sous forme de plaidoirie en faveur de la pureté germanique, M. Kries ne veut pas admettre les portraits, tout différents, que Grégoire fait des Barbares du nord. C'est un thème où tous les savants allemands sont d'accord. M. George Waitz, malgré les liens d'amitié qui l'unissaient à Benj. Guérard, a blâmé plus d'une fois dans les feuilles alemandes (*Göttingische gelehrte Anzeigen*, 1841, n°s 78, 79 ; 1855, n° 191) ce qu'il appelle « le dé-
« faut évident d'une saine appréciation de l'élément germa-
« nique » dans l'opinion souvent émise par le savant Guérard que les Francs « n'avaient rien apporté de bon dans la
« société et que ce fut seulement en se dénationalisant qu'ils
« parvinrent à s'élever au niveau où les Romains étaient des-
« cendus ». Et pourtant M. Waitz a critiqué comme étant d'un esprit peu familiarisé avec les écrivains du moyen âge la partie du travail de Kries consacrée à élever des objections contre l'autorité de Grégoire (*Gött. gelehrte Anzeig.*, 1839, n° 78). M. Lecoy reprend les arguments de Kries : Grégoire était prévenu ; il a vu les choses pires qu'elles n'étaient, il n'a fait mention que du mal, que des épisodes sanguinaires, et il a passé sous silence « les travaux de la paix ». Il ne dit pas un mot, par exemple, du célèbre et important concile d'Orléans de l'an 511.

Grégoire de Tours parle cependant avec complaisance des assemblées ecclésiastiques tenues de son temps ; quant à celles qui étaient plus anciennes, comme le concile d'Orléans, leurs travaux depuis longtemps accomplis avaient fait place à des préoccupations nouvelles, et l'on sait l'homme ainsi fait qu'un admirable règlement composé par trente vénérables évêques, avec une sagesse parfaite, reste moins gravé dans son esprit qu'un crime dramatique. Grégoire mentionne aussi avec grand soin les érections d'églises.

Il n'y avait pas d'autres travaux de la paix. Et il n'y avait pas de paix. A chaque printemps, suivant leur usage séculaire, les Francs se mettaient en campagne soit pour porter la guerre sur leurs frontières, soit pour se déchirer entre eux, et, bien différents de ce qu'ils s'étaient montrés au commencement, sous Clovis, ils saccageaient tout sur leur passage et emmenaient captifs les gens qu'ils n'avaient pas tués; et cela non pas seulement en pays ennemi, mais dans leurs propres provinces, pendant leurs marches, par simple goût du pillage ou pour subsister. Les Gallo-Romains, foulés ainsi, cherchaient à se venger, à s'indemniser aux dépens les uns des autres; aux luttes publiques se mêlaient les désordres du droit à la guerre privée, autre don funeste apporté par les Francs à la Gaule, et l'on ne connaît guère d'époque plus misérable que celle dont Grégoire nous a conservé la description. C'est un tableau plus étendu et plus circonstancié que ceux qu'on entrevoit dans les autres documents contemporains, dans les lois barbares, les vies de saints, les prescriptions des conciles; mais pour qu'on pût le taxer d'exagération et dire qu'il altère l'histoire, il faudrait qu'il fût en désaccord avec eux; or ils sont tous, au contraire, en pleine harmonie. Outre la sincérité de l'auteur, dont personne ne doute, sa véracité ne ressort-elle pas souvent des faits eux-mêmes qu'il raconte. Qui ne se rappellera toujours, par exemple, s'il l'a une fois lu, ce chapitre où sont dépeintes Frédégonde et Rigonthe, cette mère et cette fille, décorées de la pourpre royale, mais se gratifiant journellement l'une l'autre d'injures, de soufflets, de coups de poing, et la mère, un jour, prenant la tête de sa fille sous le couvercle d'un coffre pour l'étrangler. Dira-t-on ici que Grégoire emprunte à la légende, quand il écrivait du temps même de ces deux femmes, qu'il les connaissait personnellement, qu'il était en rapports affectueux avec Rigonthe (V, L, p. 287), et quand des détails aussi précis que ceux qu'il donne ne peuvent être que complétement inventés ou complétement vrais. Et en même temps où trouver dans l'histoire le féroce et l'ignoble mieux caractérisés?

Grégoire est donc dur pour les Francs par cela seul qu'il est vrai; il leur est hostile, d'une hostilité qui n'est que trop justifiée, et il va parfois jusqu'à l'injustice dans sa sévérité sans réserve à l'égard de Chilpéric, dans son amitié pour l'évêque Prétextatus, dans son indignation contre Frédégonde. Mais qui nous a décrit les côtés brillants que Chilpéric avait dans le caractère? Qui, tout en disculpant de son mieux l'évêque de Rouen, nous laisse deviner ses fautes? Qui, tout en détestant Frédégonde, nous la montre ici brûlant les rôles d'imposition pour décharger les pauvres, là immolant deux familles franques pour faire cesser les maux d'une guerre privée, et bénie de cela par le peuple, qui la défend? C'est Grégoire lui-même et Grégoire seul. Il corrige ainsi par sa bonne foi ce que la nature a mis en lui de passion et de faiblesse humaines.

Après avoir révoqué en doute l'histoire des meurtres commis par Clovis, on nie de même celle de ses petits-fils massacrés par leurs oncles, parce qu'elle est « d'une barbarie contre nature », et celle de son père, Childéric, parce qu'elle semble « empruntée à quelque poëme populaire », comme si un poëme était nécessairement une fable. M. Lecoy emploie aussi un chapitre à démontrer, après Kries et en l'exagérant, que l'*Histoire des Francs* est pleine d'interpolations telles que nous n'avons plus l'ouvrage même de Grégoire; mais il omet de dire que Kries a été très-pertinemment réfuté à cet égard par ses compatriotes MM. Waitz et Giesebrecht. Je ne saurais poursuivre un à un tous les griefs articulés, et me contente d'avoir examiné, sans les énerver je l'espère, les plus importants d'entre eux. Sans doute Grégoire de Tours n'est exempt ni de défauts, ni de lacunes, ni d'exagérations, ni d'aveuglement; il peut nous induire en erreur, et nous ne devons jamais accepter ses dires que d'une oreille judicieuse. Qui a jamais cru le contraire? et quel est l'historien, quel est le document officiel, dont on voudrait accepter les allégations sans contrôle et en s'abdiquant soi-même?

C'est dans les sentiments de son patriotisme que le d^r Kries avait puisé ses arguments contre Grégoire; des idées systématiques ont également dirigé M. Lecoy de la Marche. L'un a voulu défendre la vertu des Germains, l'autre défend celle des prêtres. On n'est pas surpris, dit M. Lecoy (p. 103 et 105), « que Grégoire manque de modération dans son langage en- « vers des princes francs, lorsqu'on le voit agir de même « à l'égard de plusieurs évêques... Mais où l'on a peine à re- « connaître la plume d'un prélat, c'est dans le tableau des « orgies de Sagittaire et de Salonius, évêques de Gap et « d'Embrun et dans celui des cruautés de Cautin, évêque de « Clermont. »

On cesse aussi d'être surpris de tant d'insinuations accumulées contre l'œuvre de Grégoire lorsqu'on découvre de tels sentiments chez leur auteur. Une thèse penche ordinairement vers le paradoxe; mais dresser une montagne d'objections contre la véracité d'un historien, et finir par lui reprocher de ne pas savoir jeter à propos quelques voiles, est une de ces inconséquences où l'on montre l'esprit de parti plus que l'amour sacré de la vérité.

ADDITIONS ET CORRECTIONS.

TOME Ier.

Page XXIX, note 1. Le texte d'Odon de Cluni porte : « In tali loco se sepeliri fecit ubi semper omnium pedibus calcaretur et ipsa loci necessitas cogeret ne unquam in aliqua reverentia haberi posset. » La note concluant de ces mots que Grégoire reposait sous une dalle gravée est trop concise ; mais elle n'est pas, quoi qu'on m'ait objecté à cet égard, contraire aux paroles d'Odon. La nécessité du lieu était celle où se trouvait la foule de marcher avec irrévérence sur cette dalle, mais il n'est pas dit que ce fut l'absence de tout signe propre à la faire reconnaître. Il m'a semblé improbable, malgré sa grande piété, qu'un Gallo-Romain aussi noble que Grégoire et un évêque aussi considérable, fût enseveli sans aucune marque extérieure sur sa tombe ; et improbable ensuite, s'il en eût été cependant ainsi, qu'une place sans marque aucune se fût conservée dans les souvenirs à travers les trois cents ans qui séparent Odon de Grégoire, et pendant lesquels l'église de Saint-Martin fut deux fois incendiée par les Normands.

Page 46, note 1. Traducta. Assimiler nettement Tarifa à Julia Traducta (ou Transducta) est trop affirmatif. C'est bien l'opinion émise par quelques savants (voy. Smith, *Dict. of greek and roman geogr.* : « must be at or near Tarifa »); mais c'est une de ces questions douteuses, comme en fournit beaucoup la partie méridionale de l'Espagne, où se trouvent des lieux sur l'emplacement desquels discutaient déjà les auteurs de l'antiquité. Cette *Julia* que Strabon (L. III, ch. 1, § 8) appelle Ἰουλίαν Ἰόζαν est regardée par les Espagnols comme étant plutôt *Algeciras* : « El sitio individual sue entre Carteya y Melaria, cerca de las Algeciras. » (Florès, *Medallas*, 1758, t. II, p. 596). — « Sa situacion, segun todo lo dicho, no puede ser otra que Algeciras, etc.,... del articulo arabe *al* y de *Ieza Ira*, la ciudad Joza o Jeza. (*Diccion. geogr. de la España antiqua*, por D. M. Cortès y Lopez, 3 vol. in-8°, 1836.)

Page 56, note 3. Le doute laissé dans cette note n'a pas tardé à être justifié. Dans un article récent de la *Bibliothèque de l'Éc. des Chartes*, t. XXI, p. 372, M. d'Arbois de Jubainville, archiviste du dép. de l'Aube, propose avec beaucoup de vraisemblance, comme représentant *Mauriacus campus*, le lieu dit MOIREY (commune de Dierrey-Saint-Julien, arrond. de Nogent, Aube) qu'il trouve appelé en 1407 *Moriacus*, et qui, en répondant aussi bien que *Méry* aux données topographiques de la bataille, satisfait beaucoup mieux aux règles de la transformation des noms.

Page 77, ligne 13. « Dans le bourg de Lignac. » *Licaniacensis* et *Liciniacensis vicus*. Il y a un bourg de Lignac dans le dép. de l'Indre et un Ligignac dans celui de la Corrèze, au revers du Puy-de-Dôme ; mais l'abbé de Marolles, dom Ruinart et les modernes se réunissent pour voir ici : Saint-Germain-de-Lambron (Puy-de-Dôme).

Page 79, ligne 2. « Saint-Cyr », lisez : *Saint-Cirgues* (Dom Ruinart; notes sur le *Vitæ Patr.*, ch. III).

Page 84, note 5. On a maintenant de ce tombeau une savante restitution intitulée : « *Le tombeau de Childéric Ier, roi des Francs*, restitué à l'aide de l'archéologie et des découvertes récentes faites en France, en Belgique, en Suisse, en Allemagne et en Angleterre, par M. l'abbé Cochet; Paris, Derache, 1859; 506, p. in-8°. »

Page 85, note 1. Il y a des personnes qui regardent comme une vaine recherche d'archaïsme la conservation des noms romains ou barbares avec leur physionomie antique. Outre les raisons qu'on peut, après Augustin Thierry, faire valoir à l'appui de l'opinion contraire, Grégoire de Tours me semble fournir en ce qui le concerne une réponse qui, bien vérifiée, serait péremptoire : C'est qu'il aurait apporté dans la manière d'écrire les noms des différences qui ne seraient pas seulement l'effet de la négligence ou du hasard et qui dès lors demandent à être littéralement reproduites. Ainsi l'on a vu ci-dessus (t. II, p. 77, n. 2) ce qui est dit du nom de Clotaire ; la même distinction se présente pour celui de Clotilde. La veuve de Clovis est toujours la reine *Chrothechildis*, tandis que son arrière-petite-fille, la fille de Gontran est *Chlothieldis* (IX, xx) et la révoltée du monastère de Sainte-Radegonde de Poitiers, *Chrodieldis*.

J'avoue cependant qu'il faudrait vérifier par un examen approfondi des manuscrits cette remarque que je tiens pour curieuse si elle ne repose pas seulement sur un choix arbitraire que dom Ruinart aura pu se permettre. — On a vu plusieurs fois dans le cours de ces deux volumes une solution arrêtée et tenue en suspens, parce que nous n'avons pas encore de l'ouvrage de Grégoire un texte sûr et qui satisfasse aux besoins de la critique moderne. Les savants éditeurs du *Monumenta Germaniæ* en ont promis un que le docteur Kries annonçait déjà en 1839, mais rien encore n'en a paru.

Page 86, ligne 14. « Le roi comprima l'outrage ». *Servans abditum sub pectore vulnus*, ces mots sont la réminiscence d'un vers de Virgile, de même que l'expression *auri sacra fames* (VI, xxxvi) plusieurs fois employée par Grégoire.

Page 87, note 1. Je crois pouvoir maintenir l'opinion émise dans cette note. M. Lecoy de la Marche la rejette parce qu'il n'existe pas de trace de persécutions exercées par Gundeuch. Il était arien; cela suffit pour lui mériter les invectives de Grégoire.

Page 103 (II, xxxviii). « Chlodovechus ab Anastasio imperatore codicillos de consulatu accepit, etc. » A ce chapitre on peut joindre comme pièce justificative d'un haut intérêt, la page suivante empruntée à l'*Histoire du Berry* de M. Raynal (Bourges, 1845, t. I, p. 163), à qui j'en laisse et l'honneur et la responsabilité.

« Il se trouve par une coïncidence au moins singulière que l'église de Bourges posséda longtemps des tablettes d'ivoire ou diptyques au nom même d'Anastase et qui ont dû être envoyées par lui à un grand officier de l'empire nouvellement désigné. Ce précieux monument fait maintenant partie de la bibliothèque royale de Paris.

« Les diptyques de Bourges se composent de deux grandes feuilles d'ivoire qui ont environ 38 centim. de hauteur sur plus de 19 de largeur, c'est-à-dire le format d'un volume in folio un peu étroit. Ils avaient dû servir à recevoir les noms des anciens évêques de Bourges, car il reste sur la face intérieure la trace de caractères rouges effacés plus tard. Vers le commencement du xvie siècle on y inséra vingt-trois feuillets de vélin sur lesquels on inscrivit une liste nouvelle, qui fut ensuite continuée, des prélats successivement appelés à occuper le siége de Bourges.

« Extérieurement, on lit sur le haut de l'une des feuilles l'inscription suivante :

> FL. ANASTASIVS. PAVLVS. PROBVS
> SABINIANVS. POMPEIVS. ANASTASIVS.

Elle se rapporte évidemment à l'empereur Anastase dit le Silentiaire, monté sur le trône d'Orient en 491, et tué par le tonnerre en 518. Au-dessous est sculptée sur l'ivoire la figure d'un consul richement vêtu, assis sur la chaise curule, qui d'une main tient le sceptre ou bâton consulaire surmonté de l'aigle impériale et de l'effigie du prince, de l'autre main la *mappa circensis* sorte de mouchoir déployé pour donner le signal des jeux du cirque. Puis encore, au-dessous du consul, on a figuré ces jeux, c'est-à-dire une arène environnée de spectateurs et un combat de lions et de tigres contre des hommes.

« Sur l'autre feuille on lit en tête :

> VIR. INL. COM. DOMESTIC. EQVIT.
> ET. CONS. ORDINA.

« Il faut peut-être lire cette inscription : « Viro inlustri comiti domesticorum equitum et consuli ordinario ». On la lit ordinairement au nominatif et on la rapporte à Anastase. Mais Anastase ne fut consul qu'après être devenu empereur, c'est-à-dire en 492, 497, 507, 517, et on ne saurait surtout lui appliquer les titres de la seconde inscription. Les deux inscriptions réunies paraîtraient donc indiquer que ces diptyques étaient destinés à être offerts par l'empereur, avec le titre qu'ils contenaient ou qui y était inscrit, à tel grand personnage de l'empire désigné consul. « A la suite de cette inscription et au-dessous d'une figure de consul exactement semblable à la première on remarque une double scène : l'une paraît être une course de chevaux ou du moins ses préliminaires ; on interprète l'autre comme se rapportant à une manumission ou affranchissement d'esclave.

« Pourquoi n'admettrait-on pas que ces diptyques ont servi à contenir le titre décerné par Anastase à Clovis et que la basilique de Bourges les reçut de la générosité de l'un de nos successeurs ? »

Page 102 et 108. Bataille de *Vouglé*. Lisez : *Voulon-sur-le-Clain* conformément à la note 5, p. 111.

Page 104, ligne 27. « Ce petit coffre » ; *arcellula*, dit le texte ; mais il faut se défier des diminutifs de Grégoire. Si Chloderic fut obligé de se tant baisser pour atteindre au fond du coffre, c'est que celui-ci était fort grand. Dans ses *Vies des Pères*, ch. I, § IV, Grégoire conte que saint Romain étant venu dans une maison de lépreux, leur lava les pieds lui-même et donna l'ordre ensuite de préparer un *lectulum* (spatiosum lectulum, il est vrai) pour coucher avec eux tous ; or ils étaient neuf, et dix en comptant le saint. Lectulum, vasculum, corpusculum sont des mots affectionnés par Grégoire, et cette tendance est bien d'accord avec celle que les philologues ont remarquée dans certains mots français qui se formèrent, au moyen âge, sur le diminutif et non sur le positif, comme *Chartre* venant de Chartula et non de Charta.

Page 105 (II, XL). *Eo quod ambularet recto corde coram eo.* J'avoue que je n'ai trouvé personne qui acceptât ma proposition (p. 105, note 1) de traduire ces mots par « afin qu'il marchât » au lieu de la traduction usuelle « *parce qu'il marchait* » ; et de plus, M. Lecoy fait observer avec raison (p. 64) que l'idée de l'auteur serait presque aussi inexcusable avec ce palliatif que sans lui. La vérité est que Grégoire ne demandait pas à être excusé, et qu'en cet endroit il fait bien nettement l'éloge des coups d'État de Clovis qui avait usé d'un peu de fourberie et d'un peu d'arbitraire mêlés d'un peu de sang, mais qui, lui aussi, avait sauvé la patrie et la religion ! Annotateurs modernes, critiques, éditeurs, traducteurs, notre étonnement sur cette phrase célèbre est vraiment candide. — Je tiens cependant à prouver, quoique ma preuve soit trop récente en date pour servir en rien à l'explication de Grégoire de Tours, que j'ai vu *eo quod* employé au moyen âge avec le sens de *afin que*. Mon texte est tiré d'un compte des rentes viagères inscrites sur le trésor du roi de France pour l'année 1338 : « Comes Gebennensis, dominus Amedeus, pro termino ascensionis, de dono regis moderni eo quod sit de cetero fidelis et legalis eidem domino regi et suis ac regno Francie. » (*Archiv. Joursanvault*, n° 18 bis.)

Page 110, ligne 25. Le roi Gondebaud mourut tranquille et glorieux.

Page 116, ligne 19. N'était pas très-éloigné, *lisez* : était très-éloigné (non modico spatio elongatus).

Page 120 (III, x). Un plus mûr examen de ce chapitre, basé sur ce qui est dit ci-dessus page 413, me porte à croire qu'il faudrait traduire ainsi : « Childebert ayant été informé positivement de cette « nouvelle s'en revint de Clermont. A cette époque il envoya en Es- « pagne (à la cour) à cause de sa sœur. » Et plus bas : « En sorte « que celui-ci extrêmement irrité envahit les Espagnes. »

Page 117, ligne 20, qui forcés, *lisez* : qu'on forçait.

Page 161 (IV, xiv). Expédition de Clotaire Ier contre les Saxons, chapitre qu'on croirait tiré d'un poëme.

On peut ajouter que ce chapitre semble se diviser naturellement en sept strophes, ou du moins en sept fragments qui sont presque d'égale longueur et dont chacun se termine par le retour périodique d'une idée de force ou de mouvement, ce qui est bien une facture poétique. Voici les sept finales dont je veux parler et dont quelques-unes ont jusqu'à la rime :

His incitatus verbis ad eos dirigit.
Ne tuus exercitus et noster populus collidatur.
Ne super nos Dei ira concitetur.
Et bellum inter nos committatur.
Si eo ire volueritis... ego non sequar.
Chlothacharius invitus fuit cum eis.
Qua obtenta ad propria rediit.

Comparez avec ce morceau le travail que feu M. Ch. Lenormant a publié dans la *Bibliothèque de l'École des Chartes* (t. I, p. 321) pour la restitution en vers octosyllabiques d'une Vie de saint du VIe siècle (Saint-Droctovée) mise en prose par un hagiographe du neuvième. Cependant il faut se défier, dans les restitutions de ce genre, de l'illusion que peut produire l'affectation des prosateurs du moyen âge et leur penchant pour les assonances.

Page 178, note 2. Les savants de la Suisse romande se sont occupés récemment de déterminer l'endroit où était situé *Tauredunum*. D'abord les opinions diverses de ceux qui ont cherché ce lieu au-dessous de Genève, à leur avis, ne soutiennent pas l'examen ; il en est de même de celle qui le place à Bret en Chablais, sur le lac même. Aucun des savants du pays ne fait de doute que le mont Taurédunum ne s'élevât au-dessus du Rhône avant son entrée dans le lac. M. de

Gingins-la-Sarra pense, d'accord en cela avec l'ancienne tradition de l'abbaye de Saint-Maurice, que l'éboulement se fit au Bois-Noir, près de Saint-Maurice, et il a publié à ce sujet une dissertation insérée au t. III des *Mém. de l'Institut génevois* (1856, Genève, in-4°). Deux autres antiquaires suisses, MM. Troyon et Morlot, croient que l'éboulement dut avoir lieu plus près de l'embouchure du Rhône, dans le Léman. En effet, à l'endroit appelé les Yvouettes, près Chazelles (*Castella*), sur un vaste terrain que les habitants nomment la *Derotchiaz*, ils ont reconnu géologiquement un éboulement énorme qui, descendu des sommités bordant la rive gauche du Rhône, a franchi le fleuve et s'est étendu en demi-cercle fort en avant sur la rive droite. Ces messieurs, avant d'affirmer, comme ils l'ont fait depuis (notamment dans les *Mém. de la Société vaudoise des sciences nat.*), que là avait été Taurédunum, ont pris soin de construire une imitation exacte des configurations topographiques du cours supérieur du Rhône et du Léman tout entier; puis ils ont exécuté matériellement, avec des liquides de couleur différente pour en bien reconnaître l'effet, une double répétition, en petit, du désastre de Taurédunum. Si l'on place la crue forcée des eaux du Rhône à Saint-Maurice, la débâcle n'a presque point d'effet sur le Léman, qui ne commence que quatre lieues plus loin; mais si on la place aux Yvouettes, la masse des eaux tombe dans le fond du lac en y faisant la fonction d'un coin qui refoule le Léman avec une telle énergie dans toute sa longueur que Genève est inondée, comme le dit Grégoire.

Page 233, note. « Macliavus devenu Saint-Malo » *ajoutez :* et ailleurs Saint-Maclou.

Page 280, note 1, à la seconde ligne, *supprimez :* « et livre VII, chapitre XXII. »

Page 289, note 1. Ajoutez, comme terme de comparaison : « regressus ad propria (III, VIII), ad propria rediit (IV, XIV), et autres passages où Grégoire emploie cette expression non au figuré.

TOME II.

Page 13, note 1. Autres jeux de mots semblables de Grégoire : « Non immerito Georgia nuncupata est quæ sic exercuit mentem *cultura* spiritali (*Gl. Conf.*, XXXIV). — Juxta nominis sui proprietatem quasi novus *effloruit* Floridus (*M. S. Mart.*, III, 27). — Thaumastus quoque juxta expositionem nominis sui, *admirabilis* (*Gl. Conf.*, LIII). — Quæ ita se in cuncta bonitate ac sanctitate omnibus præbuit ut Thecla (θέσκελος, et par corrupt. θεσκέλη) vocaretur (*Hist.*, I, XXXVI). » — Voy. encore, p. 254 et ailleurs, d'autres facéties analogues sur les noms *Virus*, *Revocatus*, *Justus*. Fortunat de même en est rempli.

Page 28, note 2. Des inscriptions tumulaires hébraïques du treizième siècle ont été trouvées dans le cimetière de la rue Pierre Sarrazin ; elles sont l'objet d'une dissertation de M. Luzzato publiée dans les *Mém. de la Soc. des Antiquaires de France*.

Page 36, note. Quelques explications que je tiens de mon ami M. Augustin Deloye, conservateur de la bibliothèque et du musée d'Avignon, peuvent aider à faire comprendre ce passage obscur. Jusqu'au treizième siècle, le Rhône baignait la moitié environ de l'ancienne enceinte d'Avignon, comme on peut le voir encore sur certaines bulles métalliques de la république avignonaise, et tournant au pied du rocher de Notre-Dame-des-Doms, il laissait en dehors de la ville, à l'état d'îlot sablonneux, la partie occidentale qui forme aujourd'hui les quartiers de la Fusterie et du Limas. C'est seulement au quatorzième siècle que les papes ont joint cet îlot à la ville en rejetant le fleuve au delà. Sous le gouvernement de Mummol, le Rhône, qui n'était séparé de la ville par aucun quai, en battait les murailles et lui tenait lieu de fossés du côté du nord et du couchant, mais par le caprice du cours de ses eaux il devait laisser souvent à sec le petit bras entre la ville et l'îlot. C'est là vraisemblablement que Mummol fit son artificieux travail : « in quo loco fossas magnæ profunditatis fodit, præparatosque dolos aqua decurrens operuit. » Gontran prenant pied sur l'îlot et se portant vers la ville put être facilement trompé par le peu de déclivité des deux grèves et le peu de limpidité des eaux jaunâtres du fleuve.

Page 152, note, *lisez :* Autun.

Page 220, chapitre xxxviii. Faileubu, *lisez :* Faileuba.

Page 250, note 3. C'est ainsi que Grégoire a précédemment raconté qu'en quittant l'arianisme, le prince wisigoth Herménégilde avait pris le nom de Jean (V, xxxix).

Page 299. Bourgs de Chalonne, Brèches, Ruan, Bridoré, Chinon. Grégoire les nomme Catalonum, Briccam, Rotomagum, Briotreidem, Cainonem. *Bricca,* traduit par *Brèches* (Indre-et-Loire, à 30 kil. O. de Tours), est, à ce qu'il paraît, une erreur. M. Victor Luzarche, bibliothécaire de la ville de Tours, consulté sur cette attribution a bien voulu me répondre qu'il n'y a point de doute « quant au mot Bricca, qu'il ne désigne *Le-Fau-Reignac,* village qui portait anciennement le nom de Brays ou Brey ou *Braie*. A quelle époque ce village, situé à 12 kil. au nord de Loches, a-t-il quitté son nom pour prendre celui de la famille Le Fau? Je ne saurais le dire la preuve à la main ».

Page 316, note. La *Gallia christiana,* au t. VI, p. 24 (diocèse de Narbonne), donne une charte de l'an 1085 qui paraît bien relative au Pauliacense monasterium dont parle Grégoire; la voici : « Donatio facta Dalmatio archiepiscopo et abbati Crassensi. — In nomine Domini... ego Bertrannus de Belpoi donator sum domino Deo et S. Mariæ cenobii Crassæ ac domno Dalmatio... et per hanc scripturam dono monachis inibi in perpetuum degentibus ecclesiam S. Saturnini Pauliacensis antiquitus monasterii cum decimis ac oblationibus et cimeterio et cum omnibus rebus ad ipsam ecclesiam pertinentibus sicut S. Saturninus et sui unquam plenius possederant et ego recte sive prave unquam melius habui et tenui ; IV non. aug. anno xxv regnante Philippo rege. »

Page 319 (chapitre lxiii). Mallosus et Victor martyrisés à Xanten. J'ai omis à tort de dire que l'attribution du lieu de ce martyre à Xanten (*ad Sanctos*) est de dom Ruinart et que le texte de Grégoire porte : apud *Bertunense* oppidum; dans quelques manuscrits : Bertinense.

Page 340, xviii L'oratoire en question dans ce chapitre, *Siroia-*

lense oratorium (dans quelques mss : Sirogalense, Sirmalensim, Sirolialensi, Sirojarensi) est généralement identifié avec le *monasterium Latta*, que l'on place au village de Siran ou Ciran-la-Late comme je l'ai dit, t. I, p. 202, note. La traduction de Latta par Saint-Ciran-la-Late me paraissait douteuse, par cela seul que d'après le fait rapporté dans Grégoire au sujet de Latta (*Hist.* IV, XLIX) ce monastère devait être placé à proximité d'un fluvius capable de porter une nacelle chargée de vingt soldats; or Saint-Ciran-la-Late est sur l'Estrigueil, infime ruisseau. Mais je suis averti par l'obligeance de M. Luzarche, que ce ruisseau prend sa source dans un étang qui a pu jadis entourer le monastère et qui s'est conservé considérable assez longtemps pour être encore marqué dans les vieilles cartes de la Touraine, notamment dans celle intitulée : « Ducatus Turonensis perlustratus et descriptus ab Isaaco Franco edili regio et in ea provincia viarum magistro (sans date). » — Quant à l'oratorium Siroialense ou Sirojalense, que les anciens éditeurs de Grégoire, et Adrien de Valois avec eux, nomment *Sirojabense*, dom Ruinart propose avec quelque vraisemblance de le regarder comme représenté par le village de Saint-Ciran-du-Jambot, situé à 22 kilom. de Ciran-la-Late, de l'autre côté de l'Indre et sur le bord de cette rivière, entre Châtillon-sur-Indre et Loches.

Page 365. Ne m'étant pas contenté d'une simple supposition pour l'interprétation des mots Lipidiacus, Transaliensis et Berberis, j'ai reçu de l'amitié de M. A. Chazaud, archiviste du départem. de l'Allier, la note suivante qui confirme et développe si heureusement mes conjectures que je cède au plaisir de la donner ici :

« *Lipidiacus* est, selon moi, dit M. Chazaud, non pas La Palice, qui n'est devenu paroisse qu'au commencement de ce siècle, mais, ce qui revient au même, *Lubié* près La Palice, très-petit mais très-ancien hameau. Cette petite localité est restée jusqu'en 1792 la paroisse de La Palice, comme l'attestent et les pouillés de Clermont et les titres mêmes de la cure conservés aux archives de l'Allier. Lubié est nommé Libiaco dans une bulle de 1122, où le pape Calixte II énumère les églises appartenant au prieuré de Saint-Pourçain en Auvergne. (*Hist. de Tournus* par Juénin, p. 142-149). Lubić, comme La Palice, dont il n'est guère éloigné que d'un kilomètre, est situé sur la Besbre, à 12 kilom. à peu près de Trézelle, ou *Trésail* comme on a écrit dans le pays jusqu'au commencement de ce siècle. Cette dernière paroisse est bien le *Transaliensis* (Transalicensis, Transalia-censis) *vicus* des diverses éditions de Grégoire de Tours, bien que les Bollandistes l'aient pris pour une paroisse du nom de Trézillac située selon eux en Berri (art. de Saint-Lupicin, 24 juin). En 1056 Trezelle, sous le nom de Tresalinum, fut donné à Saint-Pourçain par Foulques, seigneur de Jaligni (Chifflet, *ubi supra*, page 133 et 199). Je ne connais pas le vocable de l'ancienne paroisse, qui est restée jusqu'en 1792 unie au prieuré voisin de Floré appartenant aux Minimes de Moulins. Elle est aujourd'hui sous l'invocation de Saint-Barthélemy patron d'une chapelle déjà existante en 1566.

« Lubié était autrefois sous le vocable de Notre-Dame ; aujourd'hui il n'y a plus d'église à Lubié (réuni pour le culte à La Palice). Le patron commun de la nouvelle paroisse est Saint-Jean, qui était avant 1792 patron de la chapelle qui est devenue l'église paroissiale.

« Quant au *fluvius Berberis*, d'où vient la désignation de Berberensis vicus, ancien nom de Lipidiacus (Lubié), c'est et ce ne peut être que la *Besbre*. Toutefois je n'ai rencontré que dans Grégoire de Tours la forme Berberis. Je trouve dans mes notes pour le dictionnaire géographique de l'Allier, entre autres citations qui donnent le nom latin de la Besbre, celle-ci tirée d'une charte de 1301 (*Bull. de la Soc. d'Émul. de l'Allier*, III, 369) : « Prope parvum pontem Berbere, » et à plusieurs reprises « aqua seu riperia Berbere. » On trouve aussi, mais dans des textes plus récents, la forme Bebra. Le nom de Lupicin n'est peut-être pas inconnu dans le pays, du moins on n'oserait pas l'affirmer : le saint au contraire y est tout à fait inconnu, même des ecclésiastiques, et n'y a été, que l'on sache, patron d'aucune chapelle ni oratoire. »

Pages 419 et 429. Au moment de clore ces pages, je rencontre un auxiliaire inattendu, pour ce que j'ai cru devoir dire des éloges accordés par Grégoire aux crimes du roi Clovis, dans un simple journal, il est vrai (*Le Pays*, 1er oct. 1861), mais sous la plume d'un ancien ecclésiastique (M. Barbey d'Aurevilly), écrivain qui consacre son talent à défendre l'Église et le dogme chrétiens non point avec la douceur chrétienne, mais, à ce qu'il paraît, avec les ardentes lumières de la foi.

« Grégoire de Tours, dit-il, est supérieur à Frédégaire parce qu'il est évêque, parce qu'il est théologien. A chaque page, à chaque ligne de cette chronique deux fois barbare, et par les barbaries et par les barbarismes, l'évêque tout à coup se lève, le théologien intervient. Un évêque tout aussi évêque que Bossuet lui-même, préoccupé de la grande question religieuse de son temps, qui était la question de la Trinité, remuée alors pour la troubler, par l'arianisme. C'est l'évêque toujours retrouvé au fond de l'historien, en Grégoire de Tours, qui lui inspire comme à Bossuet l'idée d'une histoire universelle, qu'il ne réalise pas, il est vrai, comme Bossuet, mais qu'il n'en date pas moins hardiment du premier jour du monde; anneau divin qu'il entrevoit et dont il sent la force, et auquel il essaye de rattacher et de suspendre la chronique de son temps, pan de draperie ensanglantée! Enfin, c'est encore l'évêque qui dans son livre ouvre ses histoires par le symbole de Nicée avec la sublime naïveté d'une tête croyante et la majesté d'un apôtre! Qui sait même si, sans ses devoirs d'évêque, sans l'arianisme toujours debout, il aurait écrit ses chroniques? Toujours est-il que les seuls points enflammés et développés dans ces histoires sont les points où il le combat. Partout ailleurs il n'est plus, comme Frédégaire, qu'un chroniqueur impassible. Blasé par ce qu'il en voyait, il est très-peu étonné des passions et des crimes de son siècle. Prêtre cependant, et par cela d'une charité plus grande que celle de tout autre chrétien, il a presque autant de sang-froid que Machiavel. Mais les superficiels s'y trompent seuls! c'est que la charité du prêtre est étouffée, dévorée en lui par la grande préoccupation de l'évêque, ce gardien vigilant de l'orthodoxie, qui ne voit qu'un crime au milieu de tous les autres crimes, — le crime contre la pureté de la foi! »

TABLE.

Le chiffre romain indique le livre, le chiffre arabe le chapitre; GM la *Gloire des Mart.;* J la *Passion de S. Julien;* MM les *Miracles de S. Martin;* GC la *Gloire des Confesseurs;* VP les *Vies des Pères;* S le *Cursus stellarum.* L'absence de lettre précédant les chiffres de renvoi indique que l'on renvoie à l'*Histoire des Francs.* Les noms en petits caractères sont tirés des notes.

A.

ABRAHAM, I, 7; ses descendants, *ibid.;* rois qui régnaient de son temps, I, 16.
ABRAHAM, abbé, II, 21 *fin.;* VP 3.
ACQS ou DAX (évêques de). *Voyez* FAUSTIANUS, NICÉTIUS.
ADAM, I, 1, 4, 8; VIII, 20.
ÆMILIA (deux), martyres à Lyon, GM 49.
ÆMILIANUS. *Voy.* ÉMIL.
ÆTERNA, guérie miracul., J 49.
ÆTHERIUS, évêq. de Lyon, VP 8.
ÆTHÉRIUS, père de S. Patrocle, VP 9.
AÉTIUS, général romain, II, 7; sa naissance, ses qualités, ses guerres, II, 8; sa mort, *ibid.*
AÉTIUS, archidiacre de Paris, V, 19 (p. 236).
AFRIQUE, soumise aux Vandales, II, 2 *fin;* ses ports, X, 2; ses martyrs, II, 3.
AGASASTUS, roi des Athéniens, I, 16.
AGATADIS, roi des Assyriens, I, 16.
AGAUNE, monast. *Voyez* MAURICE (Saint).
AGDE, IX, 24; VI, 2; GM 78.
AGEN, soumis à Chilpéric, VI, 12. — (pays d') VII, 35; — ses habitants, IX, 31.
AGÉRIC, évêque de Verdun, III, 35; VII, 44; IX, 10, 12; parrain de Childebert, IX, 10, 12; sa mort, IX, 23.

AGILA, roi d'Espagne, III, 30; IV, 8.
AGILA, ambassadeur des Goths, arien, V, 44.
AGINUS, duc, X, 8 *fin.;* MM, IV, 41.
AGIULF, diacre, VP 8.
AGNÈS, abbesse de Poitiers, IX, 41, 42; MM IV, 29.
AGRÉCIUS, évêque de Troyes, VIII, 31.
AGRICOLA, martyr à Bologne, GM 41.
AGRICOLA, évêque de Chalon, V, 46 VIII, 5; GC 86.
AGRICOLA, évêque de Nevers, IX, 44.
AGRICOLA, patrice, IV, 24.
AGRIPPINA (COLONIA). *Voyez* COLOGNE.
AGROÉTIUS, chef des secrétaires de Jovinus, II, 9.
AINAY, à Lyon, GM 49.
AIRE ou vicus Juliensis, GC 52.
AISNE, fleuve, VI, 37.
AIX, en Provence, VIII, 43; GC 71.
ALAINS, II, 9; réunis aux Vandales, *ibid..;* vaincus par les Goths, II, 7, *fin.*
ALARIC, roi des Goths, II, 8.
ALARIC, roi des Visigoths, II, 27, 33; sa conférence avec Clovis, II, 35; établi à Poitiers, II, 37; Clovis marche contre lui, le combat et le tue, *ibid.* — GM 92; VP 18.
ALARIC, ermite, VP 20.
ALBI, II, 3, 37 *fin;* VII, 1; IX, 20;

épidémie, VI, 33; est rendue à Childebert, VIII, 45. — GM 57, 58; MM, III, 30.
ALBINA, martyr, à Lyon, GM 49.
Albinus, empereur, t. I, p. 25 n.
ALBINUS, évêq. d'Angers, GC 96.
ALBINUS, évêque d'Uzès, VI, 7.
ALBINUS, gouverneur de la Provence, IV, 44.
ALBOFLÈDE, sœur de Clovis, II, 31 fin.
ALBOIN, roi des Lombards, IV, 3 fin, 41; envahit l'Italie, V, 15.
ALCHIMA, sœur d'Apollinaire, III, 2; tante d'Arcadius, III, 12; GM 65.
ALCIBIADE, martyr à Lyon, GM, 49.
Aldeberge ou Berthe, femme du roi Ethelbert, t. I, p. 172, n. 1.
ALEMANS, II, 9, 37; vaincus par Clovis, II, 30; dévastent les Gaules, I, 30, 32; désignés sous le nom de Suèves, II, 2; envahissent l'Italie, II, 19.
ALEMANS (rois des). Voy. CHROCUS, RESPENDIAL.
ALEXANDER. Voyez SULPICIUS.
ALEXANDER, martyr à Lyon, GM 49, 50.
ALEXANDER (Saint), GC 36.
Algeciras, t. II, p. 425.
ALITHIUS, évêque de Cahors, II, 13.
ALLEMAGNE, VP 1.
ALLIER, rivière, V, 34.
ALLOMER, perclus, MM II, 33.
ALLUYE, bourg, IV, 50.
ALLYRE. Voyez HILLIDIUS, évêque de Clermont.
ALUMNA, martyre à Lyon, GM 49.
ALPES, GC 63.
ALPINUS, comte de Tours, MM I, 24.
AMABILIS, prêtre de Riom, GC 33.
AMALABERGE, reine des Thuringiens, III, 4.
AMALARIC, roi des Goths, II, 37 fin; épouse la sœur des rois des Francs, III, 1; la maltraite et est tué, III, 10.
AMALO, duc, IX, 27.
AMANDUS, évêque de Bordeaux, II, 13; GC 45.
AMANS (Les Deux), I, 42; GC 32.
AMARANDUS, martyr à Albi, GM 57.
AMATUS, patrice, IV, 42.
AMBASSADE de Chilpéric à Tibère, IV, 2; en Espagne, VI, 18; d'Espagne, VI, 34; VIII, 35, 38; IX, 16; de Gontran à Childebert, VIII, 13; de l'empereur au même, VIII, 18; ambassades confiées à des abbés, X, 31.
AMBASSADEURS, leurs insignes chez les Francs et chez les Grecs, VII, 32; ambassadeurs francs tués à Carthage, X, 2, 4; autres maltraités, VII, 14 fin.
AMBOISE, II, 35; X, 31. — MM II, 17; IV, 42.
AMBROSIUS, évêque de Milan, MM I, 5.
AMBROSIUS, citoyen de Tours, VI, 13; VII, 3.
AMÉLIUS, évêque, VIII, 28; de Tarbes, IX, 6 fin.
AMIENS, MM I, 17.
AMMONIUS, MM I, 20.
AMON, roi de Juda, I, 14, 16.
AMON, duc des Lombards, IV, 45.
AMPSUARIENS, peuple, II, 9.
ANAGILDE, infirme, J 12.
ANASTASE, empereur, fait Clovis consul, II, 38; t. II, p. 417.
ANASTASE, abbé de Saint-Victor de Marseille, VI, 11.
ANASTASE, prêtre arverne, IV, 12.
ANATOLE, reclus à Bordeaux, VIII, 34.
ANDARCHIUS, trompe Ursus, qui le fait périr, IV, 47.
ANDELOT (Congrès et traité d'), IX, 20.
ANDÉOL (Lac de SAINT), GC 2.
ANDRÉ, apôtre, GM 31, 79.
André (Saint), t. II, p. 404 n.
ANGERS, II, 18; IV, 48; V, 30, 41; VI, 21; VIII, 43; X, 9 fin, 14. — (monastère d'), fondé par Licinius, X, 31. — (territoire d'), V, 13; IX, 18 fin.
ANGEVINS, VI, 31; conduits contre les Bretons, V, 27; en proie à la famine, X, 25. — (Ducs et comtes des), voyez BEPPOLEN, THEODULF.
ANGOULÊME, VI, 8; prise par Clovis, III, 37 fin; soumise à Gontran, VIII, 30; y est enterré Théodebert, IV, 51; reçoit Gondovald, VII, 26. — (Comtes d'), voyez NANTINUS, MARACHAIRE.
ANIANUS, évêque d'Orléans, II, 7; son église, IV, 18 fin.
ANIMIUS, tribun, MM II, 11.
ANIMODUS, vicaire, X, 5.
ANINSULA, monastère, V, 14.
ANJOU, VII, 11.
ANSOALD, V, 3 fin.

ANSOVALD, V, 48 ; VI, 45 *fin* ; VIII, 31 ; envoyé de Chilpéric, VI, 18 ; l'un des premiers du royaume, VII, 7 ; sa fuite, VIII, 11.
ANTESTIUS, VIII, 27, 43 ; IX, 31.
ANTHÉMIUS, évêque de Sens, VIII, 31 *fin*.
ANTIDIUS, évêque d'Agen, VIII, 2 *fin* et *n*.
ANTIOCHE, sa ruine, X, 24 ; ses évêques, *voyez* IGNATIUS, BABYLLAS.
ANTIOCHE d'Égypte, prise par les Perses, IV, 39 ; GC 26.
ANTOLIANUS, martyr à Clermont, GM 65.
ANTONIA, martyre à Lyon, GM 49.
ANTONIN, empereur, I, 26.
ANTOINE LE GRAND, moine, I, 35.
ANTONINUS, de Toulouse, GM 89.
ANTONIUS, frère de S. Patrocle, VP 9.
AOUST, fleuve, X, 9.
APAMÉE, ville de Syrie, IV, 39.
APOLLINARIS, citoyen arverne, fils de Sidoine, combat à Voulon, II, 37 ; sa mort, III, 2. — GM 45.
APOLLINARIS, martyr à Reims, GM 55.
APRA, paralytique, MM II, 31.
APRUNCULUS, évêque de Langres, II, 23 ; — de Clermont, II, 23 ; III, 2 ; — de Trèves, VP 6.
APTACHAIRE, roi des Lombards, IX, 25, p. 206, n. 2 ; son ambassade aux rois Gontran et Childebert, X, 3 *fin* ; sa mort, *ibid*.
AQUILÉE, II, 9 ; sa ruine, II, 7 *fin*.
AQUILINUS, fou, MM I, 26.
AQUITAINE (Ducs d'). *Voy*. WILIACHAIRE.
ARAM, duc du roi Théodoric à Arles, GM 78.
ARAVATIUS ou SERVATIUS, évêque de Tongres ou d'Utrecht, II, 5 ; GC 72.
ARBOASTE, prêtre à Trèves, GC 93.
ARBOGASTE, comte, II, 9.
ARCADIUS, empereur, I, 43 ; X, 31.
ARCADIUS, évêq. de Bourges, VP 9.
ARCADIUS, sénateur arverne, trahit sa ville, III, 9, 12 ; se réfugie à Bourges, III, 12 ; trempe dans le meurtre des fils de Clodomir, III, 18.
ARDENNES (forêt des), VIII, 21 ; culte de Diane, VIII, 15.
ARÉDIUS, sauve Gondebaud, II, 32.
ARÉDIUS, abbé, VIII, 15, 27 ; résumé de sa vie, X, 29, — GM 37, 42 ; J,

28, 40, 44 ; MM II, 39 ; III, 23 ; IV, 6 ; GC 9, 104 ; VP 17.
ARÉGISIL, sa mort, III, 14.
ARÉGONDE, femme de Clotaire Ier, IV, 3.
ARESCIUS, martyr à Lyon, GM 49.
ARGÉE, roi des Macédoniens, I, 16.
ARGENTORAT. *Voyez* STRASBOURG.
ARGIENS, leur roi Tropas, I, 16.
ARIAMIR, *voy*. CHARARIC.
ARIENS, I, *Prol*. ; II, 2 ; V, 39 ; rebaptisent les catholiques, II, 2, 3 ; réfutation de leurs croyances, V, 44 ; méconnaissent le Saint-Esprit, *ibid*. ; leur tolérance, *ibid*. ; leur châtiment, III, *Prol*. ; conférence avec leurs évêques devant Gondebaud, II, 34 ; n'opèrent pas de miracles, IX, 15 ; leur manière de communier, III, 31 ; leurs évêques, *voyez* CYROLA, ATHALOCUS.
ARIUS, sa mort, II, 23 ; III, *Prol*. ; V, 44 ; IX, 15 *fin*.
ARLES, I, 32 ; II, 7 ; IX, 40 ; prise par les Goths, III, 23 ; par l'armée de Sigebert, et ensuite par celle de Gontran, IV, 30. — (monastère d'), IV, 25 *fin*. — (province d'), IV, 5, 45 ; VIII, 30 *fin* ; X, 25 ; dévastée par les Goths, IX, 7. — *Voy*. encore GM 78.
ARMANTIUS, évêque de Tours, II, 1 *fin* ; X, 31.
ARMÉNIE, ruinée par les Perses, X, 24 ; Arménie Majeure ou Persarménie, IV, 39. — GM 96.
ARMENTARIA, femme de Grégoire, évêq. de Langres, VP 7.
ARMENTARIA, mère de Grégoire de Tours, V, 5 (t. I, p. 218), GM 51, 86 ; MM I, *Prol*., III, 10, 60 ; GC 3, 40, 85 ; VP 7.
ARMENTARIUS, comte de Lyon, VP 8.
ARMENTARIUS, clerc de Grégoire, MM I, 33.
ARMENTARIUS, médecin de Grégoire, MM II, 1.
ARMENTARIUS, juif, VII, 23.
ARNULF, ensevelit Théodebert, IV, 51.
ARTEMIA, mère de saint Nizier de Lyon, VP 8.
ARTÉMIUS, évêque de Clermont, I, 41 ; II, 13.
ARTONNE, bourg arverne, GC 5 ; VP 5.
ASCHILA, mère de Théodomer, II, 9.
ASCLÉPIUS, VI, 19.

ASCOVINDE, Arverne, IV, 16.
ASIE, persécution, I, 26.
ASSYRIENS, leurs rois Ninus, Agatadis, Eutropes, I, 16.
ASTÉRIOLUS, ami de Théodebert Ier, III, 33.
ASTÉRIUS, patrice, II, 9.
Astronomie (traité de Grégoire), t. II, p. 401.
ATHALOCUS, évêque arien, IX, 15 *fin*.
ATHANAGILD, roi d'Espagne, IV, 38 ; v, 39 ; bat l'armée de l'empereur, IV, 8 ; sa mort, son successeur Leuva, IX, 24 ; père de Brunehaut, IV, 27.
ATHANARIC, roi des Goths, II, 28 ; persécuteur, II, 4.
ATTALUS, neveu de S. Grégoire de Langres, sa captivité et sa délivrance, III, 15.
ATTICUS, consul, I, 43 ; MM I, 3.
ATTILA, roi des Huns, II, 7.
Aubrac, GC 2, p. 363 *n*.
Aubin (Saint), t. II, p. 404 *n*.
AUCH, X, 22 ; ses évêques, *voyez* FAUSTUS, FABIUS.
AUDICA, roi de Galice, VI, 43.
AUDINUS, cit. de Tours, VII, 47 ; IX, 30 *fin*.
AUDON, juge, VII, 15.
AUDOVAIRE, chef de l'armée de Sigebert, IV, 30.
AUDOVALD, chef d'une expédition en Italie, X, 3.
AUDOVÉUS, évêque d'Angers, X, 14.
AUDOVÈRE, femme de Chilpéric, IV, 28 *fin* ; v, 2 (p. 211, n. 4), 40.
AUGUSTE, empereur romain, I, 17, 18.
AUGUSTUS de Bourges, GC 80.
AUGUSTUS de Tours, MM III, 36.
AUNACHARIUS, évêque d'Auxerre, IX, 41 ; MM IV, 13.
AUNON, VII, 47.
AURÉLIANUS, patrice, GM 77.
AURÉLIUS, évêque du Puy, X, 25.
AUSANIUS, tué injustement, III, 36.
AUSTADIUS, évêque de Nicée, VI, 6.
AUSTRAPIUS, duc, IV, 18.
AUSTRASIENS, V, 14 *fin*.
AUSTRECHILDE, femme du roi Gontran, IV, 25 ; v, 17, 21 p. 249, 36.
AUSTREGISIL, VII, 47.
AUSTREMOINE ou STREMONIUS, premier évêque de Clermont, I, 28, 39.

AUSTRINUS, évêque d'Orléans, IX, 18 *fin*.
AUSTROVALD, comte, puis duc, VIII, 45 ; IX, 7, 31.
AUTHARIS. *Voyez* APTACHAIRE.
AUTUN, assiégé, III, 2 ; monastère, IX, 40 ; archidiacre Pappol, v, 5 ; diacre Didier, IX, 41 ; Eustache, x, 26. — GM 52 ; GC 73-77.
AUVERGNE, IV, 5, 9 *fin*, 20 ; v, 13, 34 ; VI, 26 ; VIII, 21 *fin* ; x, 8, 31 ; GM 51, 66, 84 ; J, 13, 14, 34, 45 ; ses comtes, *voy*. FIRMINUS, SALUSTIUS, NICETIUS, EULALIUS. — (Limagne d') ; sa beauté, III, 9, etc. — S, p. 404.
AUVERGNATS ou ARVERNES, II, 37 *fin* ; v. 50 ; VI, 26, ruinés par le roi Théodoric, III, 12 ; maltraités par Chramn, IV, 16 ; trompés par les Saxons, IV, 43 ; s'emparent d'Arles, IV, 30 ; effrayés par des prodiges, IV, 31 ; sauvés par saint Gall, IV, 5 ; captifs délivrés par miracle, X, 6. — (ducs des). *Voy*. VICTORIUS, NICÉTIUS.
AUXERRE, IV, 42 ; v, 14 ; GC 41. — (comtes d'), *voy*. PIONIUS, EUNIUS-MUMMOLUS.
AVENCHES, VP 1.
AVENTINUS (Bienheureux), de Champagne, GC 68.
AVIGNON, II, 32 ; VI, 1, 24, 26 ; VII, 10, 38, 40 ; VIII, 3 ; assiégé, VI, 26 ; pris par Gontran, IV, 30 ; rendu à Sigebert, *ibid.* ; nourrit des philosophes, VI, 9 ; — (territoire d'), IV, 43, 45. *Voy*. t. II, p. 432.
AVITUS, abbé de Micy, III, 6 ; v, 19.
AVITUS, confesseur, sa basilique à Orléans, VIII, 2.
AVITUS, archidiacre, est fait évêque de Clermont, IV, 35 ; baptise des juifs, v, 11 ; — GM 65, 67 ; J, 48 ; MM III, 60 ; GC 41 ; VP 2, 11, 12.
AVITUS, évêque de Vienne, II, 34.
AVITUS, sénateur arverne, est fait empereur, II, 11 ; sa luxure, *ibid.* ; devient évêque de Plaisance et meurt, *ibid.* ; sa fille épouse Sidoine, II, 21 *fin*.
AVITUS, abbé dans le Perche, GC 99.
AVOINE, bourg de Touraine, X, 31 ; VP 19.
AVRANCHES, IX, 20 ; MM II, 36 ; III, 19.
AZAY en Touraine, MM IV, 15.

B.

BABEL, I, 6.
BABYLLAS, évêque et martyr, I, 28.
BABYLONE, I, 6, 14, 16.
BABYLONE d'Égypte, I, 10.
BADDON, envoyé de Frédégonde, VIII, 44 fin.
BADÉRIC, roi des Thuringiens, III, 4.
BALBIACENSIS pagus, MM II, 16.
BALLAN, bourg de Touraine, X, 31.
BALLOMER ou GONDOVALD, VII, 14, 36, 38 ; IX, 28.
BARBARES, nom donné aux Francs par Grégoire de Tours, III, 15 ; VII, 29 ; VIII, 31, etc.
BARBE (Sainte), de Lyon, GC 22.
BARCELONE, III, 10.
BARROU, bourg de Touraine, X, 31.
BARTHÉLEMI, apôtre, GM 33.
BASILÉUS, prêtre, GM 23.
BASILIUS, évêque, II, 25.
BASILIUS (Saint) ; sa règle, X, 29.
BASILIUS, prêtre de Lyon, VP 8.
BASILIUS, citoyen de Poitiers, IV, 46.
BASIN ou BISIN, roi des Thuringiens, II, 12.
BASINE, reine des Thuringiens, II, 12.
BASINE, fille de Chilpéric et d'Audovère, V, 40, n. ; VI, 34, n.; excite des troubles dans le monastère de Poitiers, IX, 39, 43 ; X, 15, 16.
BAUDÉGIL, diacre, V, 14.
BAUDÉGISIL ou BADÉGISIL, évêque du Mans, VI, 9 ; VII, 15 ; VIII, 39 ; sa femme et sa fille, VIII, 39 ; X, 5 ; MM III, 35.
BAUDÉGISILE, serviteur de l'év. de Nantes, MM IV, 27.
BAUDÉGISILE, fils de Bandulf, MM IV, 14. — Voy. BODÉGISIL.
BAUDELEIF, angevin, MM IV, 17.
BAUDILLIUS, martyr (Nîmes), GM 78.
BAUDIMUND, VP 16.
BAUDINUS, référendaire du roi, devient évêque de Tours, IV, 3 fin ; X, 31 ; sa mort, IV, 4 fin ; X, 31. — MM I, 9.
BAUDULF, parent de l'év. Eufronius, MM I, 30.
BAYEUX (Habitants de) conduits contre les Bretons, V, 27. —

(Saxons de), voyez SAXONS. Voy. encore MM IV, 22.
BAYONNE, IX, 20.
BAZAS, GM 12, 13.
BEAUCAIRE, VIII, 30 fin ; pris par les Goths, IX, 7 fin.
BÈBRE (La), rivière, MM I, 36 ; VP 13, et t. II, p. 433.
BECCO, comte, J 16.
BÉELPHÉGOR, II, 10.
BÉELSÉPHON, I, 10 fin.
BELENUS mons, près Riom, GC 5.
BÉLISAIRE, vaincu par Buccelin, III, 32.
BELLA, aveugle, MM I, 19.
BELLINZONA, château d'Italie, X, 3.
BENAIA aveugle, VP 15.
BÉNIGNUS, martyr à Dijon, X, 31 ; GM 51 ; GC 43.
BENIGNUS, autre évêque, GC 17.
BEPPOLEN, duc, V, 30 ; VIII, 31, 42, 43 ; est tué, X, 9, 11.
BERECYNTHIA, déesse d'Autun, GC 77.
BÉRÉGÉSIL, parent d'Eufrasius, IV, 35.
BÉRÉTRUDE, femme du duc Launebod, IX, 35.
BERRI, V, 40 fin, 0 ; VI, 31 ; X, 25. Voy. BOURGES. — (habitants du), I, 29 ; VI, 12, 31 ; VII, 24 ; dépendants de Gontran, VIII, 30.
BERSABÉE, mère de Salomon, I, 12.
BERTEFRED, VI, 4, conspire contre Childebert, IX, 9 ; X, 19 ; est assiégé et tué, IX, 12, 23.
BERTHAIRE, roi des Thuringiens, III, 4, 7.
BERTHEFLÈDE, fille de Charibert, IX, 33.
BERTHEGONDE, fille d'Ingeltrude, parente de Gontran, IX, 33 ; X, 12.
BERTRAMN, évêque de Bordeaux, V, 19, 48 ; VIII, 2, 7, 20 ; IX, 33 ; ami de Gondovald, VII, 31 ; VIII, 2 ; métropolitain, VII, 31 fin ; fils d'Ingeltrude, IX, 33 ; parent de Gontran par sa mère, VIII, 2 fin ; accusé d'adultère, V, 50 ; IX, 33 ; sa mort, VIII, 22 ; IX, 33. — GM 34.
BERTRAMN, évêque du Mans, VIII, 39 ; IX, 18, 41.

25.

BERTRAMN ou WALDON, diacre, VIII, 22.
BERTUNENSE oppidum, II, p. 433.
BÉRULF, duc, VI, 12, 31 ; de Tours, v, 50 ; de Poitiers, VIII, 26.
BESSAI en HERBAUGE, GM 90.
BÉZIERS, III, 22.
BIBLIS, martyre à Lyon, GM 49.
BIÈRE (cervoise), GC 1.
BIGORRE, GC 49.
BISCAYE, MM IV, 40.
BITURIGES. *Voy*. BERRI et BOURGES.
BLADASTES, VI, 31 ; duc, VI, 12 ; VII, 28 ; favorise Gondovald, VII, 28, 34 ; l'abandonne, VII, 37 ; se réconcilie avec Gontran, VIII, 6.
BLANDINE, martyre à Lyon, GM 49.
BLAYE (Chât. de), GC 46.
BLÉSOIS, VII, 21 ; dévastent les champs des Dunois, VII, 2 ; qui se vengent à leur tour, *ibid*.
BLIDÉRIC, chartrain, MM IV, 11.
BOANTE, est tué, VIII, 11.
BOBILA, femme de Gontran, IV, 25.
BOBOLEN, référendaire de Frédégonde, VIII, 32. *Voyez* BEPPOLEN.
BOBON, duc, V, 40 ; fils de Mummolen, VI, 45.
BODÉGISIL, duc, VIII, 22 *fin* ; envoyé vers l'empereur Maurice, x, 2.
BODIC, comte de Bretagne, v, 16.
BODILLON, scribe de Grégoire, MM IV, 10.
BOLOGNE, ville d'Italie, II, 16.
BONULF, possédé, MM II, 25.
BOOZ, fils de Salmon, I, 12.
BORDEAUX, IV, 48 ; V, 34 ; VI, 10, 21, 35 *fin* ; IX, 20, 33 ; séjour de Clovis, II, 37 *fin*; de Gondovald, VII, 31. — (comtes de), *roy*. GARACHAIRE. — (pays de), V, 34 ; IX, 5, 31. — (Saint-Pierre de), GM 34. — *Voy*. encore MM IV, 40, 47.
BOSON, IX, 31.
BOSON, chef d'armée, VII, 38 ; tue Gondovald, *ibid*. *Voyez* GONTRANBOSON.
BOSON, diacre, VP 19.
BOUGHAT, *villa Bulgiatensis*, III, 16.
BOULIAC, *ticus Vodollacensis*, GC 47.
BOURGES, I, 29 ; II, 18 ; v, 34 *fin* ; IX, 24 ; est assiégé, VI, 31 ; dépend de Childebert, III, 12 ; est brûlé, VI, 39 ; dévasté, X, 19 ; en proie à une épidémie, IV, 31 *fin* ; GM 34. — (comtes de), VII, 42 ; OLLON, VII, 38. — (évêque de), appelé patriar-

che, v, 21, *n*. — (territoire de), VIII, 43 ; IX, 19. — *Voy*. encore GC 80 ; VP 9.
BOURGOGNE, III, 6, 11, 17 ; IV, 16 ; V, 13 ; x, 31 ; en proie à la famine, II, 24 ; soumise par les Francs, III, 11 ; sous les Bourguignons, V, 19. — (royaume de), II, 33. — VP 1.
BOURGUIGNONS, II, 9, 37 *fin*; VIII, 30 ; s'établissent en Gaule, II, 9 *fin* ; leurs combats contre Clodomir, III, 6 ; contre les Lombards, IV, 42 ; ariens, II, 9 *fin*, 32 ; ont pour suspects les évêques catholiques, II, 23 ; reçoivent des lois de Gondebaud , II , 33 ; leurs rois : GODÉGISÈLE, GODOMAR, GONDEUCH, GONDEBAUD, CHILPÉRIC, SIGISMOND ; appelés patrices, IV, 24 et *n*.
BOURGUIGNON, neveu de saint Félix, VI, 15.
BRACHION, abbé, GC 39 ; VP 12.
Braga, v, 38, *n*.
BRAINE, V, 26, 40 ; domaine royal, IV, 22 ; v, 35 *fin* ; v, 50 ; maison royale, IV, 47 ; v, 51. — (concile de), v, 50.
BRETAGNE, IV, 20 ; v, 22, 49 ; x, 11 ; saccagée, v, 30 ; Clotaire I y poursuit Chramn, IV, 20 ; Chilpéric y envoie des forces, V, 27 ; soumise à des comtes, IV, 4 ; v, 16. — (duc de), Waroch, x, 9. — (comtes de), *voy*. ! CHANAON, MACLIAU, CHONOMOR , CHONOBRE , BODIC, THÉODORIC, JACOB, WAROCH, etc.
BRETONS, se révoltent, v, 30, 32 ; chassés du Berri, II, 18 ; combattent avec Chramn, IV, 20 ; soumis aux fils de Chlotaire, IX, 18 ; font irruption chez leurs voisins, IX, 18, 24 ; x, 9 ; ont les cheveux rasés, X, 9. — *Voy* encore, GM 85.
BRICCA ou LA-FAU-DE-REIGNAC, son église, x, 31, et t. II, p. 433.
BRICIUS, évêque de Tours, II, 1, et X, 31 ; accusé, va trouver le pape, est absous, II, 1 ; x, 31.
BRIDORÉ, son église, x, 31.
BRION, bourg, MM IV, 23.
BRITTA, Sainte de Touraine, GC 18.
BRITTIANUS, comte, IV, 40.
BRIOUDE, bourg d'Auvergne, II, 11 ; IV, 5 ; son patron, x, 29. — (diocèse de), IV, 13. — (Oratoire de Saint-Saturnin à), GM 48. — *Voy*. encore J 1, 7, 13 et suiv.

BRISAY, bourg de Touraine, son église, X, 31.
BRIVES-LA-CORRÈSE, VII, 10.
BRIVES (orat. de Saint-Martin à), GM 80.
BRUCTÈRES, peuple, II, 9.
BRUNEHAUT, femme de Sigebert, V, 14, 19, 41 ; VI, 37, 38 ; IX, 16, 19, 20 ; fille de Goisvinthe, IV, 38 ; V, 39 ; IX, 1 ; épouse Sigebert, IV, 27 ; Frédégonde cherche à la faire mourir, VII, 20 ; VIII, 29 ; est exilée, V, 1 ; épouse Mérovech, V, 2 ; mère de Childebert et de Clodosuinde, IX, 20 ; sœur de Galsuinthe, IX, 20 ; administre le royaume de son fils, VIII, 22 ; parle en faveur de sa fille Ingonde, VIII, 21 ; favorise Bertefred, IX, 9 *fin* ; intervient dans le traité d'Andelot, IX 20 ; fait des présents au roi d'Espagne, IX, 28 ; opposée à Gontran, VII, 34 ; lui est suspecte, IX, 32 ; le menace de mort, VIII, 4 *fin* ; se purge par serment, IX, 32 ; conjuration contre elle, IX, 9 ; dans laquelle trempe Egidius, évêque de Reims, X, 19 ; son grand caractère, VI, 4.
BUCCELIN, duc de Théodebert, III, 32 ; ses hauts faits en Italie, et sa mort, IV, 9.
BUCHAW (forêt de), II, 40.
BUCIOVALD, abbé de Verdun, ne peut obtenir l'épiscopat, IX, 23.
BULSON, domaine, VIII, 21.
BURGOLEN, mari de Domnola, VIII, 32 ; père de Constantine, IX, 40.
BURSOLEN, fils de Sévère, V, 26 *fin*.

C.

CABARÈDE, château, VIII, 30.
CABRIÈRE, *Capraria*, III, 21.
CAHORS, III, 12 ; IX, 20 ; est ravagé, IV, 48. — VP 18.
CALUMNIOSUS, surnommé Agilan, duc, VIII, 30 *fin*.
CALUPPA, reclus, V, 9 ; VP 11.
CAMBRAI, II, 9 *fin* ; VI, 41 ; résidence royale de Ragnacaire, II, 42. — (Église de), MM I, 10.
CANAON, fils de Waroch, X, 9.
CANDES, bourg de Touraine, I, 43 ; VIII, 40 *fin* ; X, 31. — MM I, 22 ; II, 19, 20, 26, 48 ; III, 22, 23.
CANINI (champs) X, 3.
CAPITOLE de Toulouse, I, 28.
CAPRASIUS; sa basilique à Agen, VI, 12.
CARBONIÈRE (Forêt) II, 9.
CARCASSONNE, VIII, 30, 45 ; soumis à Gontran, IX, 31.
CARDÉGISILE, surnommé Gyson, de Saintes, MM III, 51.
CARIETTON, maître de la milice, II, 9.
CARPILION, comte des domestiques, II, 8.
CARPITANIE (Castille), VI, 33, 44.
CARTHAGE-LA-GRANDE, X, 2 ; périt par la discorde, V, *Prol* ; sous les Vandales, II, 3 ; envoyés de Childebert, y sont tués, X, 2, 4. — (évêques de), *voyez* CYPRIANUS, EUGÉNIUS.
CASSIANUS ; sa règle, X, 29, p. 294.
CASSIANUS, martyr italien, GM 43.
CASSIANUS, évêque d'Autun, GC 74.
CASSIUS, martyr, I, 31 ; IV, 12 ; son église à Clermont, IV, 12.
CASTINUS, comte des domestiques, II, 9.
CATON, prêtre de Clermont, IV, 5 *fin*, 6 ; vaniteux, exclu de l'épiscopat, IV, 7 ; demandé pour évêque par la ville de Tours, IV, 11 ; refuse, *ibid.* et 15 ; ami de Chramn, IV, 11 ; sa mort, IV, 31 *fin*.
CATTES, peuple, II, 9.
CAUTINUS, évêque de Clermont, X, 8 ; d'abord archidiacre, IV, 7 ; rival de Caton, *ibid.*: cherche à lui procurer l'évêché de Tours, IV, 11 ; ses vices, IV, 12 ; est confondu devant Clotaire, IV, 12 *fin* ; fut cher aux juifs, *ibid.*; tourmenté par Chramn, IV, 13, 16 ; sa mort, IV, 31 *fin*, 35. — *Voy.* encore J, 45 ; GC 30.
CAVAILLON, MM III, 60.
CÉCROPS, roi de l'Attique, I, 16.
CEDINUS, X, 3.
CELESTUS, habitants d'Azay, MM IV, 15.
CELSUS, IV, 42 ; prend possession d'Arles, IV, 30 ; est fait patrice, IV, 24 ; ses mœurs, *ibid*.

CELSUS, martyr, GM 47.
CENCHRIS ou PHARAON, noyé dans la mer, I, 16.
CÉNOMANS, assiégent Tours, MM II, 27.
CÉRÉ, X, 31; GM 90.
CERESIUS *lacus*, lac de Lugano, x, 3.
CÉSAR TIBÈRE, IV, 39.
CÉSARIUS, évêque d'Arles; sa règle, IX, 39, 40, 42.
CÉSARIE, femme d'un comte de Bretagne, IV, 40.
CÉSARIE, belle-mère du comte Firminus, IV, 13.
CÉSARIE (Sainte), sa règle, IX, 40, 42.
CÉSARIUS, consul, I, 43; MM I, 3.
CHAIDULF, rachitique, VP 15.
CHAINEMUNDA, aveugle, MM I, 8.
CHAÎNES, supplice volontaire, GC 87.
Chalda, femme de Chramn, IV, 17, *n*.
CHALON-SUR-SAÔNE, IV, 31 *fin*; IX, 3, 13, 27; X, 10, 11; en proie à une épidémie, IV, 31 *fin*; pris par Chramn, IV, 16; résidence de Gontran, VII, 21. — (concile de), V, 28. — (Vins de), III, 19. — (Comte de). *Voy.* GALLUS. — *Voy.* encore GM 53; GC 85.
CHAMAVES, peuple, II, 9.
CHAMBELLANS. *Voy.* CHARÉGISIL, FARAULF, EBERULF, ÉBERON, CHUNDON.
CHAMEAU, VII, 35.
CHAMP-DE-MARS, II, 27; chez les Romains, II, 8 *fin*.
CHAMPAGNE, III, 15; V, 3; IX, 9; X, 27 *fin*. — (rémoise), IV, 17; V, 19. — (duc de), IX, 14. — (peuple de), X, 3, 27 *fin*. — J, 32.
CHANAON, comte de Bretagne, IV, 4.
CHANTOIN, montagne, II, 21; crypte, I, 39 *fin*; monastère, II, 21.
CHARARIC, roi franc, est tonsuré, II, 41.
CHARARIC ou Ariamir, roi de Galice, MM I, 11.
CHARÉGISIL, chambellan de Sigebert, IV, 52.
CHARIBERT, roi, IV, 3, 16, 18, 26, 46; V, 49; réside à Paris, IV, 22; reçoit Gondovald, VI, 24; épouse une religieuse, est excommunié par saint Germain, IV, 26; exempte de tributs les habitants de Tours, IX, 30; sa femme et ses enfants, IV, 26; IX, 26, 33, 39; sa mort, IV, 26;
son royaume, VII, 6, 12; est partagé, IX, 20. — Charib. hait les prêtres, MM I, 29; sa mort, GC 19.
CHARIGISIL, référendaire de Clotaire Ier, MM I, 25.
CHARIMER, évêque de Verdun, IX, 23.
CHARIMER, référendaire de Childebert, GC 97.
CHARIMUND, impotent, MM IV, 23.
CHARIULF, favorise Gondovald, VII, 37; l'abandonne, VII, 38; se réfugie dans la basilique de Saint-Martin, VII, 43.
CHARIVALD, sa mort, X, 27 *fin*. — *Voy.* MM I, 27.
CHARTES, V, 5; des rois, X, 16 *fin*; de la reine Clotilde, IV, 12; de donation faite par les religieuses en entrant au monastère, IX, 42; charte fausse, X, 19, p. 280.
CHARTIER, évêque de Périgueux, VI, 22; VII, 26, *n*.
CHARTRES (diocèse de), VII, 17. — (territoire de), V, 35; IX, 5, 20. (habitants de), V. 7, 2.
CHATEAUDUN, IX, 20. — (comte de), VII, 29. — (habitants de), IV, 51; sont battus, III, 2; dévastent les cantons voisins, *ibid*.
CHÉLIDONIUS, martyr à Calahorra, GM 93.
CHELLES, domaine du territoire de Paris, V, 40; VII, 4; X, 19.
CHER, rivière, V, 4?.
CHEVEUX, chevelure, attribut des rois et des familles royales, II, 41; III, 18; VIII, 10; coupés en signe d'ignominie, V, 40.
CHILDEBERT I, roi, IV, 22, VI, 9; met à mort ses neveux, III, 18; son expédition en Espagne, III, 10; en Bourgogne, III, 11; autre en Espagne, III, 29; menace Théodat, roi d'Italie, III, 31 *fin*; possède Bourges, III, 12; son traité avec Théodoric, III, 15; envahit l'Auvergne, III, 9; tente d'exclure Théodebert du trône, III, 11; prend les armes contre Clotaire, III, 23; se réunit à Chramn contre lui, IV, 16; soulève les Saxons et dévaste la Champagne rémoise, IV, 17; accueille Gondovald, IV, 24; inhume sainte Clotilde, IV, 1; meurt, IV, 20; son éloge, VIII, 4; son royaume acquis par Sigebert, IV, 52. — *Voy.* encore GC 82; VP 6, 8, 9.

CHILDEBERT II, roi d'Austrasie et de Bourgogne, v, 19, 47 *fin* ; vi, 4 *fin*. 25, 26, 45 ; ix, 7, 20, 27 *fin* ; succède à son père, iv, 52 ; est enlevé et fait roi, v, 1, 6 ; heureux présages à sa naissance, viii, 4 ; à lui se joint Gontran-Boson, v, 25 ; et autres, v, 3 *fin* ; son ambassade à Chilpéric, vi, 3, 45, auquel il se réunit, vi, 4, ; par traité, vi, 3 ; paix entre eux, vi, 11, 31 ; reçoit une partie de Marseille, vi, 11, 33 ; Albi, viii, 45 ; les trésors de Sigebert, viii, 26 ; une partie de ceux de Mummol, vii, 40 ; est proclamé majeur, vii, 33 *fin* ; possède les trésors de Chilpéric, x, 19 ; se joint à Gontran, vi, 41 ; qui l'appelle son fils, viii, 13 ; en est tendrement aimé, ix, 20 *fin* ; est mis par lui en possession du trône, vii, 33 ; est adopté par lui, v, 18, viii, 3 ; vient à Paris, vii, 5 ; expédie des envoyés à Gontran, vii, 6, 7, 14 ; ix, 20 ; texte du traité fait entre eux, ix, 20 ; reçoit des envoyés de Gontran, viii, 13 ; la paix est rompue entre eux, vi, 11 *fin* ; les grands de son royaume appellent Gondovald, vii, 32, 33, 34, 35, 36 ; conspirent contre lui, ix, 9 ; x, 19 ; conférence avec Gontran, ix, 10, 11 ; poursuit les conspirateurs, ix, 12 ; est à tort soupçonné par Gontran, ix, 32 ; sa domination au delà de la Garonne, viii, 18 ; habite Meaux, vii, 4 ; Metz, viii, 36 ; Strasbourg, ix, 36 ; le domaine de Bulson, viii, 21 ; où se tiennent deux plaids, vii, 23 *fin* ; viii, 21 ; arme contre les Lombards, ix, 29 ; expédition en Italie, vi, 42 ; viii, 18 ; x, 3 ; paix avec les Lombards, vi, 42 ; trompe ces peuples, ix, 25 ; en reçoit une ambassade avec des paroles de soumission, x, 3 ; expédition en Espagne, vi, 42 ; redoutable à Leuvigild, vi, 40 ; reçoit ses envoyés, vi, 18 *fin* ; viii, 38 ; en reçoit de Reccared, ix, 1, 16 ; confirme l'immunité de Tours, ix, 30 *fin* ; exempte de tributs les ecclésiastiques de Clermont, x, 7 ; cherche à consoler Agéric, ix, 12 *fin* ; pardonne à Égidius, évêque de Reims, ix, 14 ; sa rigueur envers Théodore, évêque de Marseille, viii, 12 ; commet des évêques pour prendre connaissance des troubles du monastère de Poitiers, ix, 43 ; convoque un synode à ce sujet, x, 15 ; soumet le monastère à l'évêque du lieu, ix, 40 ; réclame Frédégonde, vii, 7 ; qui conspire contre lui, viii, 29 ; x, 18 ; sa mère et sa grand'mère, ix, 1 ; ses fils Théodebert et Théodoric, ix, 20 ; Théodebert, viii, 37 ; Théodoric, ix, 4 ; les grands de son royaume, vi, 24 ; son gouverneur Wandelin, viii, 22 *fin* ; son référendaire Otton, x, 19 ; sa sœur épouse Herménégild, vi, 40. — MM iv, 5, 26, 37.

CHILDÉRIC, roi des Francs, ii, 9 *fin jusqu'à* 27 ; rejeté par eux, ii, 12 ; rétabli, ii, 12 ; ses combats, ii, 18 ; sa mort, ii, 27.

CHILDÉRIC, roi des Vandales, ii, 3 *fin.*

CHILDÉRIC, fils de Clotaire Ier, iv, 3.

CHILDÉRIC, Saxon, vii, 3 ; viii, 18 ; sa mort, x, 22.

CHILDÉRIC, officier du roi Sigebert, GC 71.

CHILLON, chef franc, se fait chrétien, GM 60.

CHILPÉRIC, fils (ou frère) du roi Gondeuch, ii, 28 ; VP 1.

CHILPÉRIC, roi des Francs, envahit le royaume de Paris et en est chassé, iv, 22 ; est fait roi à Soissons, *ibid.;* envahit Tours, etc., iv, 46 ; v, 49 ; perd ces villes, iv, 46 ; envahit Reims, iv, 23 ; se prépare à combattre Sigebert, iv, 50, 51 ; lui fait la guerre, iv, 48 ; renouvelle la guerre, iv, 51 ; s'enfuit à Cambrai, vi, 41 ; il lui naît un fils, vi, 41 est assiégé à Tournai, iv, 51 ; v, 23 ; abandonné par les Francs, iv, 52 ; enterre son frère, iv, 52 ; réside à Paris vi, 5 *fin* ; arme contre Gontran, v, 13 ; vi, 12 ; complote contre lui, vii, 6 ; envahit ses villes, vi, 22 ; s'empare de Poitiers, v, 25, 42 ; son armée repoussée, vi, 31 ; fait la paix avec Gontran, vi, 31 ; se lie avec Childebert II, vi, 1, 11 ; expédie des envoyés à l'empereur Tibère, vi, 2 ; en Espagne, vi, 18, 33 ; d'où il reçoit aussi des envoyés, v, 44 ; vi, 18 *fin*, 40, 45 ; sa fille, demandée en mariage par le fils du roi d'Espagne, vi, 34 ; est accordée, iv, 38 ; vient à Paris, v,

1 ; VI, 27 ; rompt le mariage de Mérovech, V, 2 ; qu'il poursuit sans relâche, V. 14, 19 ; envoie des forces en Bretagne, V, 27 ; tombe malade, V, 35 ; se repent et fait du bien aux églises, V, 35 *fin* ; ses femmes, IV, 28 ; en ayant déjà plusieurs, épouse Galsuinthe, IV, 28 ; la fait mourir, *ibid.* ; ses fils, *ibid. fin* ; poursuit son fils Clovis, V, 40 ; Samson, autre fils, V, 23 ; il lui naît un autre fils, VI, 23 ; qui meurt, VI, 34 ; deux de ses fils meurent en même temps, V, 35, 51 *fin* ; ses fils meurent, VII, 36 ; son fils Clotaire, VIII, 31, 42, 43 ; qui reste seul, VIII, 9 ; est fait roi, VII, 7 ; Basine sa fille, IX, 39 ; X, 20, etc. ; Rigonthe, VII, 9 ; dont il célèbre le mariage, VI, 45 ; révoque Leudaste, V, 48 ; qui accusait Grégoire, *ibid.*, et V, 50 ; l'accueille, VI, 32 ; le fait tuer, *ibid. fin* ; son royaume est déserté, V, 3 *fin* ; lié avec Égidius, évêque de Reims, X, 19 ; assemble le concile de Braine, V, 50 ; Grégoire vient le trouver, VI, 2 ; menacé d'excommunication par les évêques pour accusation téméraire, V, 50 ; accuse Prétextat, V, 19 ; construit des cirques, V, 18 *fin* ; dogmatise, V, 45 ; est combattu par Grégoire, *ibid.* ; invente des lettres nouvelles, *ibid. fin* ; écrit à saint Martin, V, 14 ; viole les immunités des clercs et des églises, VI, 11 ; vexe les peuples par des tributs, V, 29 ; force les juifs au baptême, VI, 17 ; sa bienveillance envers les évêques, VI, 36 *fin* ; sa modération envers un archidiacre, etc., V, 50 ; sa mort, VI, 46 ; VII, 2, 9 ; dont est accusé Sunnégisil, X, 19 ; ses trésors passent à Childebert, VII, 4 ; X, 19 ; ses vices exagérés par Grégoire, VI, 46 ; fait des vers, *ibid.* ; sa prudence, V, 50 ; sa bonté, VI, 22 ; ses mauvaises actions réparées par Gontran, VII, 7 *fin*, 19 ; Gontran veut venger sa mort, VIII, 5 ; son comte des étables, Cuppa, X, 5 ; son médecin, Marileif, VIII, 25. — GM 5 ; MM III, 8 ; GC 90.

CHINON, bourg de Touraine, V, 18 ; son église, X, 31 ; GC 22, 23.

CHISSEAU, son église, X, 31.

CHONOBRE, comte des Bretons, IV, 20.

CHONOMOR, comte des Bretons, IV, 4.

CHRAMN, fils de Clotaire Ier, IV, 3 ; appelé roi, IV, 13 ; ses mœurs dépravées, IV, 13, 16 ; envoyé en Auvergne par son père, IV, 9 *fin* ; II, 13, 16 ; GM 66 ; conspire contre son père et trompe ses frères, IV, 16 ; épouse la fille de Wiliachaire, IV, 17 ; cherche l'avenir dans la Bible, IV, 16 *fin* ; se révolte contre son père et meurt, IV, 20. — MM I, 23.

CHRAMNISINDE, citoyen de Tours, VII, 47 ; IX, 19.

Chrasmar, évêque de Tournai, V, 23, *n*.

CHRÉTIENS, s'introduisent à Rome, I, 24 ; schismes, hérésies, dont ils sont atteints, I, 26 ; ne célèbrent pas la pâque le même jour que les juifs, X, 23 ; le mot *chrétiens* ne comprend pas les hérétiques, III, 10 ; V, 14 ; pourquoi sont odieux au sénat de Rome, I, 23. — (bourg des), I, 31.

CHRISTOPHORE, marchand, VII, 46.

CHRIST ; sa naissance, I, 15, 18 ; adoration des mages, I, 18 ; baptême, transfiguration, IV, 40 ; prédiction, miracles, résurrection, ascension, I, 19, 20, 21, 22. — *Voyez* aussi GM 1 à 3, 21, 22, 23.

CHROCUS, roi des Alemans, dévaste les Gaules, I, 30 ; sa mort, I, 32.

CHRODEGILDE, aveugle, GM 5.

CHRODIELDE, X, 22 ; fait régir les biens de son monastère, IX, 41 ; excite des troubles, IX, 39 ; va trouver le roi, IX, 40 ; son obstination, IX, 39 *fin* ; est excommuniée, X, 16, 20 ; calomnie son abbesse, X, 15 *fin*, 16 ; refuse de comparaître, IX, 43 ; X, 16 ; ses méfaits, X, 15 ; s'empare de la croix pour s'en défendre, *ibid.* ; admise à la communion, habite hors du monastère, X, 20.

CHRODIN, sa piété, sa mort, VI, 20.

CHRONA, fille du roi Gondeuch, sœur de Clotilde, II, 28.

CHRONIQUE d'Eusèbe, I, *Prol.* ; II, *Prol.* ; de saint Jérôme, *ibid.* ; d'Eusèbe, de saint Jérôme et de Sévère, I, 7 ; 11, *Prol.* ; d'Eusèbe, continuée par saint Jérôme, I, 34 ; par Orose, I, 37.

Chrotberge, fille de Childebert Ier, IV, 20, *n*.

CHROTECHILDE. *Voy.* CLOTILDE.
CHROTSINDE, fille de Childebert Ier, IV, 20, *n.*
CHRYSANTHÈS, martyr, GM, 38, 83.
CHUNDON, chambellan de Gontran, X, 10.
CHUNSÉNE, femme de Clotaire Ier, IV, 3.
CHUS, inventeur de la magie et de l'idolâtrie, I, 5; appelé Zoroastre et adoré par les Perses, *ibid.*
CIRAN-DU-SAMBOT (Saint), MM I, 18.
CIRAN-LA-LATE, monastère, IV, 49 et t. II, p. 434.
CIRCONCISION, I, *Prol.;* I, 7.
CIRQUE à Constantinople, V, 31; VI, 30 *fin;* cirques en Gaule, construits par Chilpéric, V, 18 *fin.*
CLAIN (le), rivière, IX, 41.
CLARA, femme de Francilion, évêque de Tours, X, 31.
CLAUDIUS, empereur, I, 24.
Claudius, duc de Lusitanie, IX, 31, *n.*
CLAUDIUS, parjure, VII, 29.
CLAUDIUS, chancelier de Childebert II, MM IV, 28.
CLÉMENS, évêque de Rome, martyr, I, 25; son église à Rome, X, 1. — GM 35, 36.
CLERMONT, VP 4, 17. *Voy.* AUVERGNE.
CLOCHILAÏCH, roi des Danois, dévaste les Gaules, est tué, III, 3.
CLODÉRIC, fils de Sigebert-Claude, II, 37, 40.
CLODIELDE, fille de Gontran, IX, 20.
CLODION, roi des Francs, II, 9.
CLODOBERT, fils de Chilpéric, V, 35.
CLODOMIR, roi des Francs, sa naissance, II, 29 *fin;* son royaume, IV, 22; sa capitale Orléans, *ibid.;* par son ordre Omatius fait évêque de Tours, III, 17; excité par sa mère à marcher contre les Bourguignons, III, 6; qui sont vaincus par lui, III, 6; est tué avec sa femme et ses fils, *ibid.;* ses trésors envahis par Clotaire, III, 31 *fin;* ses fils élevés par Clotilde, III, 18; partage de son royaume, *ibid.* — GM 31, 75.
CLODOMIR, fils du roi Gontran, IV, 25.
CLODOSUINDE ou Clotsinde, fille de Sigebert, IX, 20; demandée en mariage par Reccared, IX, 20, 25.
CLODOSINDE, reine des Lombards, IV,

41; fille de Clotaire Ier, IV, 3; mariée au roi Alboin, *ibid. fin.*
CLODOALD, fils de Clodomir, III, 6.
CLOTAIRE Ier, roi, ses frères arment contre lui, III, 28; est délivré miraculeusement, *ibid.;* son expédition en Espagne, III, 29; menace le roi d'Italie, III, 31 *fin;* son expédition en Thuringe, III, 7; découvre les embûches de Théodéric, *ibid. fin;* tente d'exclure Théodebert du trône, III, 23 *fin;* succède à Théodebald, IV, 9 *fin;* expédition en Bourgogne, III, 11; épouse la femme de son frère, III, 6 *fin;* expédition contre les Saxons, IV, 14, 16 *fin;* qui taillent en pièces son armée, IV, 14 *fin;* réprime leur rébellion, IV, 10; revient dans son royaume, IV, 18; accorde des terres aux Suèves, V, 15; vient à Paris, III, 18; tue les fils de Clodomir et partage leur royaume, *ibid.;* s'empare de leurs trésors, III, 31 *fin;* ensevelit sainte Clotilde, IV, 1; envoie son fils Gontaire contre les Goths, III, 21; impose un tribut aux églises, IV, 2; le retire, réprimandé par Injuriosus, *ibid.;* devient roi de tout l'empire des Francs, IV, 20; VII, 13; envoie des forces contre Chramn, IV, 16; le poursuit en Bretagne, IV, 20; commande l'ordination d'un évêque sans le consentement du métropolitain, IV, 26; condamne l'évêque Cautinus, IV, 12 *fin;* ensevelit saint Médard et lui bâtit une église, IV, 19; répare l'église de Saint-Martin et la couvre d'étain, IV, 20; X, 31; dispense du cens les habitants de Tours, IX, 30; visite le tombeau de saint Martin, IV, 21; VI, 9; meurt à Compiègne plein de repentir, IV, 21; sa mort précédée de prodiges, IV, 52; enterré à Soissons, IV, 52; après sa mort les Huns se jettent sur les Gaules, IV, 23; ses fils répriment les Bretons, IV, 18; eut pour femme Radégonde, III, 7; ses femmes et ses enfants, IV, 3; sa fille Chlodosinde, IV, 41; son référendaire, Baudin, X, 31. — GM 48; VP 10, 17.
CLOTAIRE II, roi, fils de Chilpéric, VIII, 43; IX, 9; son royaume administré par Gontran, VIII, 18 *fin;*

son origine, VI, 41 *fin* ; mise en doute par Gontran, VIII, 9 ; IX, 20 *fin* ; est prouvée, VIII, 9 *fin* ; son baptême retardé, VIII, 9 ; accompli, X, 28 *fin* ; est déclaré roi, VII, 7 ; ses villes, VIII, 42 ; tombe malade, X, 11.

CLOTAIRE, fils du roi Gontran, IV, 25.

CLOTILDE, demandée et obtenue en mariage par Clovis, II, 28 ; travaille à le convertir, II, 29, 30 ; excite ses fils à venger ses parents assassinés, III, 6 ; élève les fils de Clodomir, *ibid. fin*, 18 ; ses vertus, III, 18 *fin* ; par ses prières éloigne la guerre civile, III, 28 ; fait donner à Théodore et à Proculus l'évêché de Tours, III, 17 ; bâtit à Paris la basilique des apôtres, IV, 1 ; chartes émanées d'elle, IV, 12 ; sa mort, IV, 1 ; X, 31. — MM I, 7.

CLOTILDE, fille de Clovis, maltraitée par Amalric, sa constance dans la foi, III, 10.

Cloud (Saint-), monastère, III, 18, *n*.

CLOVIS, roi, sa naissance, II, 21 *fin* ; met en fuite et tue Syagrius, II, 27 ; règne dans la Gaule, X, 31 ; punit l'insolence d'un soldat, II, 27 *fin* ; soumet les Thuringiens, *ibid.* ; prend Clotilde en mariage, II, 28 ; invoque le Christ et bat les Alemans, II, 30 ; instruit par saint Remi, II, 31 ; exhorte les Francs à la foi, *ibid.* ; est baptisé, *ibid.* ; se joint à Godégisile contre Gondebaud, II, 32 ; assiège ce dernier dans Avignon, *ibid. fin* ; le rend tributaire, *ibid.* ; entrevue avec Alaric, II, 35 ; expéditions contre ce roi, II, 37 ; respect pour la basilique de saint Martin, *ibid.* ; pour la basilique de saint Hilaire, *ibid.* ; vainqueur des Goths, tue Alaric, *ibid.*, X, 31 ; s'empare de ses trésors, II, 37 *fin* ; prend Angoulême miraculeusement, *ibid.* ; passe l'hiver à Bordeaux, *ibid.* ; revient à Tours, *ibid.* ; subjugue les Bretons, IV, 4 ; fait tuer Sigebert et Clodéric et acquiert leur royaume, II, 40 ; fait de même du roi Chararic, II, 41 ; de Ragnacaire, II, 42 ; de Rignomer et autres rois ses parents, et subjugue toutes les Gaules, *ibid. fin* ; reçoit le titre de consul et d'auguste II, 38 ; fixe à Paris le siège de son empire, *ibid.* et 40 ; modèle des rois, V, *Prol.* ; sa mort, II, 43 ; III, 37, etc. ; sa sépulture à Paris, II, 43 ; à côté de celle de Clotilde, IV, 1 ; Clotilde leur fille, III, 10 ; après sa mort le royaume est divisé, III, 1 ; les Goths reprennent ce qu'ils ont perdu, III, 21 ; sa sœur mariée à Théodoric le Grand, III, 31.

CLOVIS, fils de Chilpéric, IV, 28 *fin*, 46, 48 ; V, 3, 13, 40, etc. ; sa mort, V, 40 ; son corps retrouvé et enseveli à Paris, VIII, 10.

CLYSMA, ville d'Égypte, I, 10.

COBLENTZ, VIII, 13.

COLOGNE, séjour du roi Sigebert-Claude, II, 37, 40 ; appelée Colonie-Agrippine, II, 9 ; VI, 24 ; surprise par les Francs, II, 9, — GM 62 ; VP 6.

COLOMBIER, monast., VP 9.

COMBRONDE, monast., VP 4.

CÔME et DAMIEN, martyrs, leur église à Rome, X, 1 ; leurs reliques à Tours, X, 31. — GM 98.

COMÈTES, IV, 31 ; VI, 14.

COMMINGES, sa position, VII, 34 ; assiégée, VII, 35 ; GM 105 ; VP 8.

COMMINIUS, martyr à Lyon, GM 49.

COMPIÈGNE, VI, 35 ; Clotaire y meurt, IV, 21.

COMPOSITION pour meurtre, VII, 3, 47 *fin* ; pour dommage, VII, 2 ; IX, 18.

COMTE, était juge, VI, 8 ; administrait une seule ville, IX, 7 ; inférieur au duc, *ibid.* et VIII, 18 ; dans la maison royale, IX, 36 ; portrait au fisc les tributs du comté, X, 21. — (des domestiques), II, 8, 9 ; *Voy.* CASTINUS. — (du palais), V, 19 *fin* ; IX, 12. *Voy.* GUCILION, TRUDULF, ROMULF. — (de la milice) dans les Gaules, II, 11. — (des Romains); PAULUS, II, 18. — (de l'étable), V, 49 ; IX, 38. *Voy.* CUPPA, SUNNEGISIL.

CONDÉ, abbaye (Saint-Claude), VP 1.

CONSENTEMENT, pour une élection, IV, 15 ; du pape, X, 1 ; d'un évêque, IV, 26, 35 ; VI, 15.

CONSERANS (auj. Saint-Lizier), IX, 20, p. 196.

CONSTANCE le jeune, empereur romain, I, 35.

CONSTANT, fils du tyran Constantin, II, 9.

CONSTANTIN, tyran, II, 9.
CONSTANTIN LE GRAND, empereur, I, 34; II, 31; GM 9.
CONSTANTINE, religieuse, IX, 40.
CONSTANTINOPLE, I, 38; IV, 39; V, 31; X, 15 *fin*; hérésies d'Eutychès, etc., II, 34; ses évêques portent le titre de papes, V, 31. — (empereurs de). *Voyez* ANASTASE, JUSTIN, JUSTINIEN, TIBÈRE. — *Voy.* encore GM 103.
CONSULS. *Voyez* DÉCIUS, GRATUS, ATTICUS, CÉSARIUS, CLOVIS. — (de Constantinople), V, 31.
CORINTHIENS, leur roi Oxion, I, 16.
CORNELIUS, martyr à Lyon, GM 49.
CORNÉLIUS, pape, I, 30.
CORNUTZ, bourg, V, 30.
COULMIER, bourg, III, 6.
COURNON, monast., IV, 40; VP 6.
COUTANCES, V, 19.
CRAON, bourg, MM II, 48; III, 7; IV, 17; GC 96.
CRAU (La). *Voyez* PIERRES (Champ des).
CRÉPINUS et CRÉPINIANUS, leur basilique, V, 35 *fin*; IX, 9.

CRESCENTIA, sainte parisienne, GC 105.
CRISPUS, fils de Constantin, I, 34.
CROIX du Seigneur, sur le mont Calvaire, I, 7; son invention, I, 34; fait trouver un trésor à Tibère, V, 20; portée au-devant d'un duc, X, 9.
CROIX (SAINTE-), monastère de Poitiers, IX, 40; soumis à l'évêque et ensuite au roi, *ibid.*; troubles, X, 15.
CUISE (forêt de), IV, 21; V, 40.
CUPPA, comte de l'étable, V, 40 *fin*; ses crimes, X, 5; ramène Rigonthe, VII, 39 *fin*.
CYCLE de Victorius, I, *Prol*, *fin*; X, 23.
CYPRIANUS, évêque de Carthage, I, 30; GM 94.
CYPRIANUS, abbé à Périgueux, GC 100.
CIRGUES (Saint-), monastère à Clermont, II, 21 *fin*; VP 3.
CYROLA, évêque arien chez les Vandales, essaye en vain de faire des miracles, II, 3, IX, 15.

D.

DACCON, officier de Childebert, V, 26.
DADON, soldat, VP 8.
DAGARIC, père de Daccon, V, 26.
DAGOBALD, clerc de Grégoire, MM IV, 9.
DAGOBERT, fils de Chilpéric, V, 35.
DAGULF, abbé, ses crimes, VIII, 19.
DALMATIUS, évêque de Rodez, V, 5, 47.
DAMIEN et CÔME, martyrs, leurs reliques, X, 31; leur église à Rome, X, 1. — *Voy.* CÔME.
DANOIS. Ils se jettent sur la Gaule et sont mis en fuite, III, 3.
DANIEL, prophète, I, 14.
DARIA, martyre, GM 38, 83.
DEAS castrum, Die ou Diou, III, 21.
DÉCIUS, empereur romain, I, 28; X, 31; GM 95.
DÉCIMUS ou DÉCIMIUS RUSTICUS, II, 9.
DÉLUGE, I, 4; X, 31 *fin*; en Auvergne, V, 34.
DÉMON, ses embûches, II, 21; V, 14;

VP 2. — (du midi), VIII, 33; MM IV, 36.
DENYS, évêque de Paris, martyr, I, 28; patron des Parisiens, X, 29; sa basilique à Paris, V, 35 *fin*; son tombeau, V, 33; GM 72.
DÉODATUS, VP 13.
DÉOLS en Berri, II, 18; son église, X, 31; GC 92.
DÉSERT d'Égypte, I, 10, 11.
DÉSIDÉRATUS, évêque d'Albi, VIII, 22 *fin*.
DÉSIDÉRATUS, évêque de Bourges, GC 80.
DÉSIDÉRATUS, évêque de Verdun, III, 34.
DÉSIDÉRATUS, prêtre, GC 86.
DÉSIDÉRIUS, diacre d'Autun, IX, 41.
DÉSIDÉRIUS, duc, V, 40; VI, 12, 31; VII, 27; VIII, 45; de Chilpéric, VIII, 45; battu par Mummol, V, 13; enlève Tétradie, femme d'Eulalius, X, 8; se lie avec Gondovald, VII, 28; l'abandonne, VII, 34; se met en sûreté, VII, 43; reçu en grâce,

VIII, 27; enlève les trésors de Rigonthe, VII, 9; est tué, VIII, 45 *fin.*
DESIDERIUS, évêque d'Eause, VIII, 22.
DÉSIDÉRIUS, possédé, MM II, 20.
DÉSIDÉRIUS, imposteur, IX, 6.
DEUTÉRIA, femme de Théodebert Ier, III, 22, 23, 27; tue sa fille, III, 26; abandonnée par Théodebert, III, 27.
DEUTHÉRIUS, évêque de Vence, IX, 24.
DIADÈME, ceint par Clovis Ier, II, 38.
DIALECTIQUE, X, 31.
DIANE, sa statue, VIII, 15.
DIDIMIE, X, 16.
DIE, IV, 45.
DIJON, II, 23 *fin*, 32; IV, 16; V, 5; description, III, 19; basilique, IV, 16 *fin.* — GM 51; GC 42; VP 7.
DIMANCHE, jour du Seigneur, I, 22; appelé jour du soleil, III, 15; on ne pouvait, ce jour, manger avant la messe, III, 15, *n.;* on faisait les consécrations d'évêques, IV, 35.
DIMANCHE, jour de la résurrection du Seigneur, VIII, 31.
DÎMES, VI 6 et *n.*
DINIFIUS, évêque de Tours, III, 2; X, 31; sa mort, III, 17.
DIOCÈSE, coutume de le visiter, V, 5.
DIOCLÉTIEN, empereur, I, 33; persécution, IV, 48 *fin.*
DIOGÉNIANUS, évêque d'Albi, II, 13.
DIOU ou DIE, III, 21 et *n.*
DISCIOLA, sa mort, VI, 29.
DISPARGUM, II, 9.

DIVITIA, Deutz, IV, 16, p. 165.
DODON ou GONDÉGISIL, comte, est fait évêque de Bordeaux, VIII, 22.
DODON, fils de Sévère, V, 26 *fin.*
DOMÉGISIL, VI, 45; VIII, 18 *fin*, 42; envoyé en Espagne, VI, 18.
DOMESTIQUES, leur office, IV, 3 *fin;* VI, 11; dans la maison royale, IX, 36; X, 28. *Voyez* GONDULF, FLAVIANUS. — (comtes des), II, 8. *Voy.* CASTINUS.
DOMINICUS, aveugle guéri, VI, 6, p. 13.
DOMITIANUS, martyr à Nantes, GM60.
DOMITIEN, persécute les chrétiens, I, 24 *fin.*
DOMITIUS, martyr en Syrie, GM 100.
DOMNOLA, veuve de Burgolen, VIII, 32; femme de Nectarius, *ibid.;* VIII, 43.
DOMNOLUS, évêque du Mans, VI, 9; refuse l'évêché d'Avignon, *ibid.*
DORDOGNE, fleuve, VII, 28 *fin*, 32.
DRACOLEN, V, 26.
DRAGON vu à Rome, X, 1.
DROCTIGISIL, évêque de Soissons, IX, 37.
DROCTULF, IX, 38.
DUCS, gouvernaient plusieurs cités, IX, 7; supérieurs aux comtes, VIII, 18; IX, 7.
DUEL ou jugement de DIEU, VII, 14; X, 10.
DYNAMIUS, évêque d'Angoulême, II, 13.
DYNAMIUS d'Arles, X, 2; recteur de la Provence, VI, 7; dresse des embûches à l'évêque Théodore, VI, 11; est rendu à Childebert, IX, 11.

E.

EAUSE (ses évêques), *voyez* LABAN, DÉSIDÉRIUS.
ÉBERON, chambellan de Childebert, VII, 13.
ÉBERULF, VII, 47.
ÉBERULF, chambellan, VII, 21, 29; est puni, VII, 22, 29.
ÉBORINUS, comte de Tours, MM III, 34.
ÉBRACHAIRE, duc, IX, 28; traite avec les Bretons, X, 9.
EBRÉGISIL, évêque de Cologne, X, 15; GM 62.

EBRÉGISIL, envoyé de Brunehaut, IX, 28.
EBRON ou ENACHIM, I, 4.
ECDICIUS, sénateur et patrice, ses aumônes en temps de famine, II, 24.
ÉCLIPSE de lune, VI, 21; de soleil, II, 3 *fin;* X, 23.
ÉDATIUS, prêtre à Artonne, GC 5.
ÉDESSE, GM 32.
ÉDOBÉCUS, II, 9, p. 65.
ÉGÉMONIUS, évêque d'Autun, GC 75, 76.

ÉGIDIUS, maître de la milice, II, 11 ; est fait roi des Francs, II, 12 ; règne simultanément avec Childéric, *ibid.*; sa mort, II, 18. — GC 22.

ÉGIDIUS, évêque de Reims, V, 19 *fin;* VI, 3 ; ami de Chilpéric, X, 19 ; envoyé de Childebert, VI, 31 ; VII, 14; maltraité par Gontran, *ibid.* ; VII, 33 ; prend la fuite, VI, 31 *fin ;* accusé de conjuration contre le roi, X, 19 ; condamné, *ibid*, *fin ;* obtient son pardon, IX, 14. — MM III, 17.

ÉGYPTE, I, 9, 10 ; IV, 39 ; VI, 5, 6 ; ses rois, *voy.* CENCHRIS, THEPHEL, VAFRÈS.

ÉLAFIUS, évêque de Châlons, V, 41.

ÉLÉPHANTS pris sur les Perses, V, 31, *fin.*

ÉLIE, prophète, II, *Prol.;* VI, 40.

ÉLYSÉE, ressuscite des morts, II, *Prol* ; X, 13.

ELPENIPSA, martyre à Lyon, GM 49.

EMBRUN, IV, 42 *fin;* 43, 45 ; GM 47.

EMERIUS, évêque de Saintes, IV, 26.

Éméritus, évêque d'Embrun, V, 28, *n.*

ÉMÉRIUS, diacre de Nantes, MM IV, 20.

ÉMERIUS, tué par Eulalius, X, 8.

EMILIANUS, abbé, VP 12.

EMPEREUR, reprend l'Italie, IV, 9 ; partie de l'Espagne, IV, 8 ; se joint à Herménégild, V, 39 ; reçoit une ambassade de Childebert, IX, 25 ; lui en envoie une, VIII, 18 ; X, 3.

EMPIRE, son commencement, I, 17 ; la Gaule ne lui est point soumise, VI, 24.

ENNODIUS, duc de Tours et de Poitiers, VIII, 26 ; et d'Aire, IX, 7.

ENNODIUS, sénateur arverne, IV, 35.

ÉPACHIUS, prêtre de Riom, GM 87.

EPARCHIUS, évêque de Clermont, II, 21.

ÉPARCHIUS, reclus à Angoulême, VI, 8 ; GC 101.

ÉPHÈSE, I, 26, 27 ; GM 95.

ÉPIDÉMIES, II, 18 ; IV, 5 ; V, 18, 35, 40, 42 ; VI, 14 *fin ;* VII, 1 ; IX, 21, 22 ; X, 30 ; en Espagne, VI, 33 ; en Provence, VIII, 39 *fin ;* X, 23 *fin ;* en Auvergne, IV, 31 ; à Rome, X, 1.

ÉPIPHANIUS, abbé de Saint-Remi de Reims, X, 19.

ÉPIPODIUS, saint lyonnais, GM 50 ; GC 64.

ÉPIRECHIUS, curé de Tournus, GM 54.

ÉPOLONIUS, martyr, I, 28.

ERMÉNEFRID, ERMÉNECHILD, etc. *Voy.* ces mots à la lettre H.

ERMÉNEGUNDE, aveugle, MM IV, 23.

ERPON, duc de Gontran, V, 14 *fin.*

ESCAUT, II, 40.

ESCLAVES chez les Francs, V, 29 ; leurs mariages, V, 3.

ESDRAS, prophète, I, 14.

ESPAGNE, I, 41 ; II, 25, etc. ; dévastée par les Vandales et les Suèves, II, 2 ; ébranlée par un tremblement de terre, V, 34 *fin ;* tourmentée par les sauterelles, VI, 33 ; troublée par les démêlés de Leuvigild et de son fils, VI, 29 ; l'empereur y envoie des troupes, V, 39 et l'envahit en partie, IV, 8 ; pierres précieuses, X, 21. — *Voy.* t. II, p. 413.

Expédition de Childebert Ier, III, 10 ; de Childebert et de Clotaire, III, 29 ; de Gontran, VIII, 28, 30 ; de Childebert II, VI, 42 ; qui en rapporte le butin, III, 10 *fin ;* ambassades envoyées par elle, VI, 18 *fin ;* VIII, 35, 38 ; à Gontran, VIII, 45 ; IX, 1 ; à Childebert II, *ibid.;* envoyé du nom d'Oppila, VI, 40 ; reçoit des ambassadeurs de Frédégonde, VIII, 43. — (église d') agitée par les Priscilianistes, X, 31 ; fonts baptismaux remplis miraculeusement, V, 17 ; X, 23 ; persécution, V, 39 ; état de la religion sous Leuvigild, VI, 18 ; ne célèbre pas la Pâque le même jour que les églises des Gaules, V, 17.

ESTOUBLON, village, IV, 43.

ÉTAIN, couverture d'églises, IV, 20 ; X, 31.

ÉTAMPES, saccagé, X, 19, 20.

ÉTHELBERT, époux de la fille de Charibert, IV, 26 ; IX, 26.

ÉTHÉRIUS, évêque de Lyon, IX, 41 ; X, 28.

ÉTHÉRIUS, évêque de Lisieux, VI, 36.

ÉTIENNE, martyr, I, 24 ; GM 34 ; son église à Rome, X, 1 ; à Clermont, II, 17 ; ses reliques à Bourges, I, 29 ; GM 34.

ETNA (Le mont), S, p. 402.

EUCHÉRIUS, évêque de Lyon, VP 8.

EUCHÉRIUS, sénateur arverne, II, 20.

EUFRASIUS, évêque de Clermont, III, 2 ; VP 4.

EUFRASIUS, prêtre de Clermont, IV, 35.

452   TABLE.

EUFRONIUS, évêque de Tours, IV, 26; V, 50; IX, 39; X, 31; neveu de saint Grégoire, IV, 15; chargé de porter des reliques dans le monastère de Poitiers, IX, 40; réclame l'exemption de tributs pour les habitants de Tours, IX, 30; sa mort, X, 31. — MM I, 29, 30, 32; GC 19; VP 15.

EUFRONIUS, Syrien, marchand, VII, 31.

EUFRONIUS, prêtre, puis évêque d'Autun, II, 15.

EUGÉNIUS, évêque de Carthage, II, 3.

EUGÉNIUS, tyran, II, 9.

EUGÉNIUS, martyr à Albi, GM 58.

EULALIA, martyre à Mérida, GM 91.

EULALIUS, comte de Clermont, X, 6, 8; épouse Tétradie, X, 8; qui l'abandonne, VIII, 27, 45; X, 8; épouse une autre femme, *ibid.*

EULALIUS, ennemi de Nicetius, VIII, 18.

EULALIUS, archiprêtre d'Artonne, GC 5.

EULOGIES, IV, 35 et n.; V, 14 et n. p. 226; VI, 32; VIII, 20; de saint Martin, VIII, 2; des évêques, IV, 35; données dans les monastères, X, 16.

EUNIUS, évêque de Vannes, V, 27, 30, 41.

EUNIUS MUMMOL. *Voyez* MUMMOLUS.

EUNOMIUS, comte de Tours, V, 48, 50; ancien comte, VII, 23.

EUNOMIUS, prêtre arverne, GM 53.

EUNUQUES, X, 15.

EUPHÉMIE (Sainte); son église à Rome, X, 1.

EUPHRATE (L'), VP 3.

EURIC, roi de Galice, VI, 43.

EURIC, roi des Goths, II, 20; persécute les catholiques, II, 25. — VP 3.

EUROPS, roi des Sicyoniens, I, 16.

EUSÈBE, évêque de Césarée, sa Chronique, I, *Prol.*, 34; II, *Prol.*; son Histoire, IX, 14 *fin.* — VP 6.

EUSÈBE, évêque de Verceil, V, 45; GC 3.

EUSÈBE, marchand syrien, est fait évêque de Paris, X, 26.

EUSITIUS, ermite, GC 82.

EUSTACHE ou EUSTASE, diacre d'Autun puis évêque de Bourges, X, 26.

EUSTACHE, abbé de Marmoutier, VP 20.

EUSTENIA, nièce de Grégoire, MM IV, 36.

EUSTOCHIUS, évêque de Tours, II, 1 *fin*; X, 31; sa mort, II, 14.

EUSTOCHIUS, citoyen de Poitiers, MM I, 30.

EUTHYMUS, prêtre MM IV, 43.

EUTICHÈS, hérésiarque, II, 34.

EUTROPE (Saint), II, 17; GM 56.

EUTROPES, roi des Assyriens, I, 16.

EVANTIUS, évêque de Vienne, VIII, 39 *fin*.

EVANTIUS, ambassadeur, X, 2.

EVAUX, bourg, GC 81.

ÉVÊQUES, leur élection, IV, 6, 7, 15; par consentement du peuple et par ordre du roi, IX, 23; IV, 35 *fin*; deux simultanément, III, 17; X, 31; transférés d'un lieu à un autre, etc., IX, 24; X, 31; provinciaux et comprovinciaux, IX, 20, 43; pères de leur église, IX, 42 *fin*; portaient, surtout celui de Rome, les titres d'apostoliques et de papes, IV, 26, n.; IX, 42 *fin*; habitude de baiser leurs mains, II, 1; mollissent dans la défense de Prétextat, V, 19; médiateurs entre les rois, IX, 20; envoyés en ambassade, IX, 38 *fin*, etc.; invités à la table du roi, VIII, 1, 3; juges VIII, 30; réunis en concile par les rois, V, 5, 19; visitent leur diocèse, V, 5; vivaient-ils séparés de leur femme? I, 39; ont près de leurs lits les lits de leurs clercs, VI, 36, afin qu'ils aient sans cesse des témoins de leur vie; se séquestrent pour prier pendant le carême, VIII, 43; reclus, II, 21; leur vêtement, VII, 39 *fin*; leur bien propre distinct du bien de l'Église, VII, 27 *fin*; leur propriété, III, 34; témoins inférieurs ne peuvent être produits contre eux, V, 50; les enchaîner est contre la loi de Dieu, VI, 11 *fin*; Dieu venge leurs injures, III, 13; IV, 40; VIII, 12.

ÉVODIUS, père du comte Salustius, IV, 13.

ÉVODIUS, prêtre à Clermont, VP 6.

EXORCISME par des frictions avec de l'huile, VII, 44.

EXUPÉRIUS, évêque de Toulouse, II, 13.

EXUPÉRIUS, ambassadeur espagnol, MM III, 8.

ÉZÉCHIEL, I, 14.

F.

FABIUS, évêque d'Auch, VIII, 22 *fin*.
FAILEUBA, femme de Childebert II, IX, 20, 38.
FAMINE d'Égypte, I, 9; de Bourgogne, II, 24; dans les Gaules, VII, 45; X, 25.
FARAMOND, prêtre, X, 26.
FARAULF, chambellan du roi, VII, 18.
FARÉTRUS, VP 16.
FARRON, conseiller du roi Ragnacaire, II, 42.
FASTES consulaires, II, 9.
FAUSTINUS, évêque d'Aqs, VII, 31 *fin*; VIII, 2, 20.
FAUSTINE, femme de Constantin le Grand, I, 34.
FAUSTUS, évêque d'Auch, VIII, 22 *fin*.
FAUSTUS, évêque, VP 4.
FEDAMIA, perclue, J, 9.
FEDAMIUS, fils d'un prêtre, GM 53.
FÉLIX, évêque de Belley, IX, 41.
FÉLIX, évêque de Châlons, IX, 41.
FÉLIX, évêque de Nantes, IV, 4, 37; V, 5, 27, 32, 50; VI, 15, 16; IX, 39; GC 78; VP 9.
FÉLIX, évêque de Bourges, GM 34; GC 102.
FÉLIX, envoyé de Gontran, VIII, 13.
FÉLIX, envoyé de Childebert, IX, 20.
FÉLIX, martyr à Girone, IX, 6; GM 92.
FÉLIX, martyr à No'a, GM 104.
FÉLIX, sénateur, IV, 47; VI, 7.
FÉLIX, ami de Fortunat, MM I, 15.
FERRÉOL, évêque de Limoges, VII, 10 *fin*.
FERRÉOL, martyr en Auvergne, J, 1, 2, 40.
FERRÉOL, évêque d'Uzès, VI, 7.
FERRÉOL, martyr à Besançon, GM 71.
FERRUCIO (Ferjeux), martyr à Besançon, GM 71.
FESTUS, roi des Lacédémoniens, I, 16.
FIRMINUS, comte de Clermont, IV, 13, 30 *fin*, 35, 40; envoyé à Constantinople par Childebert, IV, 39.
FISC, ses champs, IX, 20; X, 19; ses bestiaux, VIII, 40; ses maisons, VI,

45; ses domaines, VI, 32 *fin*; ses serfs, VI, 45.
FLAVIANUS, domestique, IX, 19 *fin*; X, 5, 15.
FLAVIUS, référendaire de Gontran, fait évêque de Chalon, V, 46; X, 28.
FLEUREY-SUR-OUCHE, près Dijon, III, 35.
FLORENTIANUS, maire du palais de Childebert, IX, 30; MM IV, 6, 7.
FLORENTIUS, père de Grégoire, VP 14.
FLORENTIUS, père de saint Nisier de Lyon, VP 8.
FLORENTIUS, ambassadeur espagnol, MM III, 8.
FLORIDA, sainte, GC 43.
FLORIDUS, paralytique, MM II, 48.
FLORIDUS, perclus, MM III, 27.
FOCAS, martyr en Syrie, GM 99.
FONTS BAPTISMAUX, remplis miraculeusement en Espagne, VI, 43; X, 23.
FORTUNAT, le poëte, MM I, 13.
FOTIN. *Voyez* PHOTIN.
FRANCE, au delà du Rhin, II, 9; IV, 16 *fin*; royaume d'Austrasie, IV, 14.
FRANCO, évêque d'Aix, GC 71.
FRANCS, appelés Barbares par Grégoire, III, 15; VIII, 31, etc.; sortis de Pannonie, viennent en Thuringe, II, 9; les Francs libres exempts de tributs, VII, 15 *fin*; entrent dans la milice romaine, II, 9; battus par Stilicon, II, 9; Castinus envoyé contre eux, *ibid.*; battent les Romains, II, 9; pillent et brûlent Trèves, II, 9; battent les Vandales, II, 9; mettent en fuite Attila, II, 7; pillent les Germanies, II, 9; répandent la terreur dans les Gaules, II, 23 *fin*; sont désirés par les peuples, *ibid.* et 36; tiraient au sort le butin, II, 27.

Occupent la Gaule, X, 31; idolâtres, II, 10; convertis par saint Remi, II, 31; baptisés, *ibid.*; mettent en fuite les Thuringiens, III, 7; les Bourguignons, III, 6; captifs à Vienne, II, 33; combattent les Goths, II, 18; les mettent en fuite, II, 37 ; tuent Amalaric, III, 10 ; acquièrent une partie de l'Espagne, III, 29 *fin ;* battus par les Goths, IX, 31 ; appréhendent la domination impériale, VI, 24 ; leurs guerres en Italie, IV, 9 ; X, 3 ; craignent l'air de l'Italie, X, 3 ; subjuguent ce pays, III, 32, et la Sicile, *ibid.;* partie de l'Italie leur est soumise, X, 3 *fin ;* battus par les Lombards, IX, 25 ; les rendent tributaires, X, 3 *fin ;* s'emparent des îles des Saxons, II, 19 ; mettent ces peuples en fuite, *ibid. ;* les battent et sont battus par eux, IV, 10, 14, 16 *fin ;* leur refusent la paix, IV, 14 ; leur peu de respect pour leurs rois, IV, 14 *fin ;* abandonnent Chilpéric, IV, 51 ; leurs ambassadeurs tués à Carthage, X, 2.

Gouvernés par des ducs, II, 9 ; Génebaude, Marcomer, Sunnon, II, 9 ; sous des chefs royaux, II, 9 ; sous des rois, *ibid. ;* aux longs cheveux, *ibid. ;* quel fut leur premier roi ? II, 9 ; leur roi Théodomer, II, 9.

FRANCS (mœurs des), mariages, dot, VI, 18 ; insignes des ambassadeurs, VII, 32 ; boisson composée d'absinthe mêlée de vin et de miel, VIII, 31 ; champs-de-mars, II, 27 ; vigueur à poursuivre l'ennemi, VII, 33 ; d'abord pieux, ensuite dépravés, VIII, 30.

FRANCILLON, évêque de Tours, III, 17 ; X, 31.

FRÉDÉGONDE, V, 3, 50 *fin ;* VII, 39 *fin ;* VIII, 9 *fin,* 44 ; IX, 13 ; X, 27 ; mariée à Chilpéric, IV, 28 *fin ;* fait tuer Sigebert, IV, 52 ; tombe malade, V, 23 ; son repentir, V, 25 ; ses fils meurent, *ibid.* et V, 40 ; brûle leurs effets, VI, 35 *fin ;* poursuit Mérovech, V, 14 ; poursuit Clovis, V, 40 ; ennemie de Prétextat, V, 19 ; VIII, 31 ; sa fureur, V, 3, 19 ; cherche à tenter Grégoire, V, 19 ; s'oppose en vain au retour de Prétextat, VII, 16 ; le fait tuer, VIII, 31, 41 ; est accusée de ce crime, VIII, 31 ; ennemie de Beppolen, X, 9 ; le tourmente, VIII, 42 ; le fait tuer, X, 11 ; ennemie de Leudaste, VI, 32 ; le fait tuer, *ibid. fin ;* ennemie d'Ébérulf, VII, 29 ; du préfet Mummolus, qu'elle fait tuer, VI, 35 ; rixes avec Rigonthe sa fille, IX, 34 ; est elle-même poursuivie et menacée de mort, X, 27 *fin ;* est-elle coupable de la mort de Chilpéric? VI, 46, *n.* 2, p. 67 ; se réfugie dans une église, VI, 40 *fin ;* VII, 4 ; implore le secours de Gontran, VII, 5, qu'elle tente de faire tuer, VIII, 44 ; est reléguée à Rueil, VII, 19, 20 ; dresse des embûches à Brunehaut, *ibid.,* 20 ; rejette sur Ébérulf la mort de Chilpéric, VII, 21 ; machine la mort de Childebert et de Brunehaut, VIII, 28, 29 ; est reçue par Childebert, défendue par Gontran, VII, 7 ; ennemie de Childebert, X, 17 ; veut le faire tuer, X, 18 ; envoie des ambassadeurs en Espagne, VIII, 43 ; ses richesses, VI, 45 ; sa méchanceté, VIII, 41 ; fait tuer Chariwald, Léodowald et Waldin, X, 27 ; ennemie de Dieu et des hommes, IX, 20 ; son référendaire Bobolen, VIII, 32.

FREDUM, MM IV, 26.

FRIARD, VP 10 ; sa mort, IV, 37.

FRÉJUS, son évêque Ephiphanius, VI, 24 *fin.*

FRIGERIDUS, son Histoire, II, 8, 9.

FRONIMIUS, évêque d'Agde, ensuite de Vence, IX, 24.

FRONTONIUS, évêque d'Angoulême, V, 37.

FRONTUNIUS, diacre, VI, 22.

G.

GABALES. *Voy.* GÉVAUDAN.

GAGAN, roi des Huns Avares, IV, 29.

GAILEN, V, 14 ; familier de Mérovech, V, 19.

GAISON, comte, IX, 30.

GALATES, c'est-à-dire Gaulois, I, 30.

GALICE, VIII, 35 ; occupée par les Suèves, II, 2. — (royaume de), VI, 43 *fin.* — (évêque de). *Voyez* MARTIN. — (rois de), *voyez* MIR, EURIC, AUDICA, CHARARIC. — *Voy.* encore MM IV, 7.

GALLIEN, empereur romain, I, 30.
GALLIANUS, ami de Grégoire, V, 50.
GALLOMAGNUS, évêque de Troyes, VP 8.
GALLOMAGNUS, référendaire, IX, 38.
GALL (Saint), évêque de Clermont, IV, 5, 6 ; GM 51 ; VP 2, 6.
GALLA (sainte), GC 36.
GALLUS, comte de Châlon, GM 54.
CALSUINTHE, sœur de Brunehaut, IV, 28 ; IX, 20 ; femme de Chilpéric, IV, 28 ; VII, 7, *n.*
GAMNITE, martyre à Lyon, GM 49.
GAP, son évêque Sagittarius, V, 21.
GARACHAIRE, comte de Bordeaux, VIII, 6.
GARARIC, duc, VII, 13, 25,
GARIVALD, IV, 9 *fin* et *n.*
GARONNE, VII, 35 ; GM 105 ; GC 46.
GASCONS, VI, 12, *n.;* IX, 7.
GATIANUS, évêque de Tours, I, 28, 43 *fin ;* X, 31 ; GC 4, 30.
GAUDENTIUS, père d'Aëtius, II, 8.
GAULE, habitée par les Romains, I, 9 *fin ;* Égidius maître de la milice en Gaule, II, 11 ; sénateurs, II, 21 *fin ;* VI, 39, etc. ; troublée, II, 9 ; frappée par diverses calamités, VI, 44 ; dévastée par Chrocus, I, 30 ; par les Vandales, II, 2 ; par les Huns, II, 5, 6, 7, GC 72 ; par les Danois, III, 3 ; par les Lombards, IV, 42, 45 ; VI, 6 ; par les Lombards et les Saxons, IV, 43 ; par Reccared, VIII, 38 ; partie soumise aux Goths, II, 9 *fin ;* VIII, 30 ; aux Bourguignons, II, 9 *fin ;* à Clovis Ier, X, 31 ; qui soumet tout le pays, II, 42 *fin ;* souffre de la famine, VII, 45 ; de famine et de maladie épidémiques, X, 25 ; de la dyssenterie, V, 35.
GAULES, éclairées des lumières de l'Évangile, I, 28 ; premiers progrès de la foi, IX, 39 ; ses martyrs ; I, 26, 27 ; reçoivent saint Martin, X, 31 ; qui y prêche et y fait des miracles, etc., I, 36 ; les lettres s'y éteignent *Préf.*
GAULE-ULTÉRIEURE, II, 9.
GAUSÉRIC, roi des Huns, GM 13.
GAZA (Vins de), VII, 29 ; GC 65.
GÉANT (un), VII, 41.
GEINENSIS *vicus,* MM IV, 14.
GELISIMER, roi des Vandales, II, 3, p. 53.
GEMINUS, martyr à Lyon, GM 49.
GÉNÉBAUDE, duc des Francs, II, 9.

GENEVIÈVE (Sainte), IV, 1 ; sa basilique, II, 43, *n.,* GC 91.
GENESIUS, saint arverne, GM 67.
GENESIUS (saint), d'Arles, GM 67, 68, 69.
GENESIUS, martyr en Bigorre, GM 74.
GENÈVE, IV, 31 ; VP 1, 8.
GENITOR, citoyen de Tours, MM III, 53.
GEORGE (Saint), martyr en Limousin, GM 101.
GEORGE (Sainte), bienheureuse de Riom, GC 34.
GEORGIUS, comte de Clermont, GC 35.
GEORGIUS, père de saint Gall, VP 6, 14.
GERMAIN (Saint) ; son église à Tours, X, 31 ; à Lignac (Saint-Germain de Lembron), II, 20.
GERMAIN, évêque d'Auxerre, sa basilique, V, 14 *fin.* — J, 29 ; GC 41.
GERMAIN, évêque de Paris, V, 14 ; IX, 39 ; excommunie Charibert, IV, 26 ; sa mort, V, 8 ; enterré dans la basilique de Saint-Vincent (Saint-Germain-des-Prés), VIII, 33 ; V, 8. — MM II, 12 ; GC 80, 90, 92.
GERMANUS, préfet de Rome, X, 1.
GERMANIES (Provinces de la Gaule), II, 9 ; p. 60, 63 ; II, 25 et *n.;* GC 79.
GÉRONTIUS, gouverne l'Espagne, II, 9, p. 65.
GERVAIS et PROTAIS, leur église à Rome, X, 1 ; leurs reliques, X, 31. — GM 47.
GÉVAUDAN, X, 8, 25 ; GC 2. *Voyez* JAVOLS, MENDE. — (Comtes du), *voy.* PALLADIUS, INNOCENTIUS.
GIVALD, fils de Sigivald, III, 23, 24.
GOARE, chef alain, II, 9, p. 64.
GODÉGISÈLE, roi des Bourguignons, II, 28, 32, 33.
GODÉGISIL, duc de Sigebert, IV, 51.
GODÉGISIL, gendre du duc Lupus, IX, 12.
GODÉGISILE, roi des Vandales, II, 9, p. 65.
GODIN, V, 3.
GODOMAR, roi des Bourguignons, II, 28 ; III, 2, 6.
GOGON, nourricier du roi, V, 47 ; sa mort, VI, 1.
GOMACHAIRE comte, GM 79.
GONDEBAUD, duc, V, 1 ; enlève Childebert II et le fait roi, *ibid.*

GONDEBAUD, roi des Bourguignons, II, 28 ; fils de Gondeuch, *ibid.;* trahi par son frère, est mis en fuite, II, 32 ; assiégé dans Avignon, *ibid.;* est délivré et assiège son frère dans Vienne, II, 33 ; le tue, *ibid.;* fait des lois, II, 33 *fin ;* consent à abjurer secrètement l'arianisme, II, 34, engage saint Avit à écrire contre les hérésies, *ibid.;* est vacillant dans sa foi, *ibid.;* sa mort, III, 5 ; a pour successeur Sigismond, *ibid.* — *Voy.* encore J 8.
GONDEBAUD, fils de Gontran, IV, 25.
GONDEUCH, roi des Bourguignons, II, 28.
GONDOVALD, comte de Meaux, VIII, 18 *fin.*
GONDOVALD, IX, 28 ; appelé Ballomer, VII, 14, 36 ; IX, 28 ; ses différentes fortunes, VI, 24 *fin ;* se dit fils de Clotaire, VI, 24 ; VII, 27, 32, 36; haï de ses frères, se joint à Narsès, VII, 36 ; se marie, a deux fils, VI, 24 ; VII, 36 ; IX, 28, 32 ; va à Constantinople avec ses fils, VII, 36 ; appelé dans les Gaules par Gontran-Boson, VII, 32 *fin,* 36, 38 ; par les grands de Childebert, VII, 32, 36 ; et reconnu, VII, 34, 36; enlève les trésors de Rigonthe, VII, 35 ; vient à Marseille, VI, 24 ; est accueilli par l'évêque, VII, 36 *fin ;* abandonné par le duc Gontran, *ibid. ;* Mummol se joint à lui, VI, 24 ; VII, 10, 28, 34 ; est fait roi, VII, 10, 14 ; présages de sa mort, VII, 11 *fin ;* parcourt les villes, VII, 26 ; s'introduit dans Toulouse, VII, 27 ; se vante d'être roi, VII, 36 *fin ;* ses envoyés, VII, 30, 32 ; a pour ami l'évêque Bertramn, VII, 31 ; nomme des évêques, *ibid. fin;* VIII, 2 ; est d'accord avec Brunehaut, VII, 33 *fin ;* se renferme dans Comminges, VII, 34, 35, GM 105 ; trompe les citoyens, VII, 34; est assiégé, VII, 35, 36; abandonné des siens, VII, 38 ; tué, *ibid.;* ses biens pillés, VI, 24 *fin ;* et ses trésors, VII, 35 ; dont Waddon s'empare, X, 21 *fin ;* que le roi Gontran distribue aux pauvres, VII, 40 ; ses adhérents, VII, 28, 34, 37, 38; évêques ses complices punis par le concile de Mâcon, VIII, 20.
GONDULF, VI, 26 *fin ;* de domestique est fait duc, VI, 11 ; oncle de Grégoire, *ibid. ;* prend possession de Marseille, VI, 11.
GONDULF, serviteur de Gonthaire fils de Clotaire, MM III, 15.
GONTHAIRE, d'abbé fait évêque de Tours, IV, 4 *fin ;* X, 31 ; sa mort, IV, 11. — GC 8.
GONTHAIRE, fils de Clodomir, III, 6 *fin.*
GONTHAIRE, fils de Clotaire Ier, IV, 3 ; fils aîné, III, 21 ; MM III, 15.
GONTHEUQUE, femme de Clodomir, ensuite de Clotaire son frère, III, 6 *fin.*
GUNTHEDRUDE, aveugle, MM II, 9.
Gontion, fils de Magnachaire, V, 17 ; *n.*
GONTRAN, fils de Clotaire Ier, IV, 3, 16 ; son royaume, VI, 17 *fin ;* Orléans capitale, IV, 22 ; y est reçu solennellement, VIII, 1 ; IX, 33 ; ses femmes et ses fils, IV, 25 ; perd ses fils, V, 17 ; fait la paix avec ses frères, IV, 50 ; abandonne Chilpéric et se lie avec Sigebert, IV, 50, 51 ; fait un traité avec lui, IX, 20 ; fait la paix avec Chilpéric après l'avoir vaincu, VI, 31 ; perd plusieurs villes, VI, 12 ; envahit le royaume de Charibert, VII, 12 ; sa perte tramée par Chilpéric et Childebert, VI, 3 ; Chilpéric lui enlève des villes, VI, 22 ; après la mort de Chilpéric il vient à Paris, VII, 5 ; reçoit les envoyés de Childebert, VII, 6 ; défend Frédégonde, VII, 7 ; s'unit à Childebert, VI, 41 ; VIII, 4 : qu'il adopte, V, 18 ; et chérit tendrem., IX, 20 *fin ;* se dit son père, VIII, 13 ; lui transfère son royaume, VII, 33 ; le conseille, lui rend les villes de Sigebert, *ibid. fin;* Albi, VIII, 45 ; découvre une conjuration, IX, 9 ; conférence, IX, 10 ; traité, IX, 20 ; reçoit de Sigebert une ambassade, VII, 14 ; lui en envoie une, VIII, 13 ; une nouvelle à la naissance d'un fils, VIII, 37 ; Childebert s'éloigne de lui, VI, 1 ; il rompt la paix, VI, 11 *fin ;* il se défie de Brunehaut, IX, 28 ; et de Childebert, IX, 32 ; les Poitevins se donnent à lui, VII, 24 ; il retient Marseille, VI, 31 ; la rend, VI, 33 ; réprime les Bretons, IX, 18 ; X, 9 ; qui lui donnent satisfaction, IX, 18 ; il craint pour sa vie, VII, 8, 18 ; répare les injustices de Chilpéric, VII, 19 ; se met

en route pour Paris et s'en retourne, x, 11 ; se dispose à aller à Paris, x, 28 ; y arrive, VIII, 9 ; x, 28 ; se plaint du retard apporté au baptême de Clotaire, VIII, 9 ; a des doutes sur sa naissance, *ibid.*, et IX, 20 *fin ;* le tient sur les fonts et retourne à Chalon, x, 28 ; veut gouverner son royaume, VIII, 18 *fin ;* père adoptif des rois, VII, 13 ; crée Celsus patrice, IV, 24 ; et Mummol, IV, 4 ; qu'il met à la tête de son armée, IV, 43, 46.

Il envoie une ambassade en Espagne, VII, 10 ; en reçoit une de ce pays, VIII, 35 ; repousse les ambassadeurs d'Espagne, VIII, 45 ; du roi Reccared, IX, 1, 16; veut venger la mort d'Ingonde, IX, 16, 20 ; s'oppose à ce que Clodosuinde soit donnée à Reccared, IX, 20 ; expédition de Septimanie, IX, 31 ; mauvais succès, *ibid. ;* en prépare une contre l'Espagne pour venger la mort d'Herménegild, VIII, 28, 30 ; son armée se livre au pillage, VIII, 30 ; et périt presque entièrement, *ibid.;* il punit les chefs, *ibid. ;* prise d'Arles IV, 30 ; refuse d'envoyer des forces contre les Lombards, IX, 20, 29 ; reçoit une ambassade du roi Aptachaire, x, 3 ; expédition contre Gondovald, VII, 28, 34, 35, 36 ; son armée dévaste la Septimanie, IX, 7 ; il poursuit Gondovald, VI, 26 ; punit ses envoyés, VII, 30, 32, 33 ; et poursuit ses amis, VIII, 2 ; pardonne à Baddon, IX, 13 ; accueille le duc Beppolen, VIII, 42 ; reçoit le duc Lupus, qui se réfugie vers lui, VI, 4 ; craint d'être tué, VII, 8 ; découvre les menées de Frédégonde, VIII, 44 ; conjuration contre lui, x, 19; veut venger la mort de Chilpéric ; VIII, 5 ; fait enterrer ses neveux, VIII, 10 ; revient à Chalon, VIII, 11 ; remplit un serment impie, v, 36 ; fait enfermer Theudechilde, IV, 26 *fin ;* bannit l'évêque Mondéric, v, 5 ; poursuit Théodore, évêque de Marseille, VI, 11 ; VIII, 12 ; le fait enchaîner, VI, 11 ; Gontran-Boson soumis à son jugement par Childebert, IX, 8 ; il le condamne avec Magnéric, IX, 10 ; fait périr les fils de Magnachaire, v, 17 ; sa passion pour la chasse, x, 10 ; GC 88 ; son ressentiment contre Égidius, évêque de Reims, IX, 14 ; contre Childéric le Saxon, VIII, 18.

Il convoque des synodes, IX, 41 ; à Paris, IV, 48 ; à Lyon, v, 21 ; à Châlon, v, 28 ; à Mâcon, VIII, 20 ; recherche les meurtriers des rois, VII, 21 ; ses œuvres pieuses, VII, 7 ; sa bonté, VI, 19 ; VIII, 1, 2 ; IX, 21 ; visite les églises, VIII, 2 ; où il court risque d'être tué, IX, 3 ; ne vendait pas l'épiscopat, VI, 39 ; ordonne des prières publiques, IX, 21 ; guérit un fiévreux, *ibid.;* sa bonté envers les évêques, VI, 36 *fin ;* accueille l'évêque Prétextat, VII, 16 ; ordonne une enquête sur sa mort, VIII, 31 *fin ;* veut que ce point soit soumis à un synode, IX, 20 ; respecte le droit d'asile des églises, VII, 29 ; reçoit des injures de l'évêque Sagittarius, v, 21 ; donne aux pauvres les trésors de Gondovald, VII, 40 ; est gravement malade, VIII, 20 *fin.* — *Voy.* encore GM 76 ; MM IV, 37 ; GC 61, 88 ; VP 8.

GONTRAN, duc de Sigebert, IV, 51.
GONTRAN-BOSON, duc, v, 14 ; se réfugie dans l'église de Saint-Martin, *ibid.* et v, 4 ; trompé par une pythonisse, v, 14 ; favorisé par Frédégonde, *ibid.;* fuit avec Mérovech, v, 14 *fin ;* envoyé à Constantinople, VII, 14 ; se joint à Childebert, v, 25 ; ses filles, *ibid.* et 26 *fin ;* tend des embûches à Mérovech, v, 19 *fin ;* accusé, prend la fuite, VIII, 21 ; avait appelé Gondovald, VI, 26 ; VII, 32 ; pille ses trésors, VII, 36 *fin,* 38 ; haï de Brunehaut, IX, 8 ; condamné à mort, IX, 10 ; est tué, *ibid* et 23 ; ses vices, IX, 10 *fin.* — MM II, 17.

GOSWINDE ou Gontsuinde, reine d'Espagne, mère de Brunehaut, IV, 38 ; v, 39 ; IX, 1.
GOTHE, IV, 52.
GOTHS, VII, 9 ; IX, 31 ; leur royaume, VI, 2 ; battent les Romains, I, 37 ; prennent Rome, II, 9, p. 64 ; leurs possessions dans la Gaule, II, 9 *fin ;* VIII, 30 ; mettent en fuite les Bretons, II, 18 ; se défient des évêques catholiques, II, 36 ; x, 31 ; de saint Quintien, II, 36 ; de Volusien II, 26 ; perdent des provinces, II, 37 *fin ;* vaincus par Clovis, II, 37 ;

x, 31 ; après sa mort reprennent ce qu'ils avaient perdu, III, 21 ; et Arles, III, 23 ; battus par Ecdicius, II, 24 ; par Didier, VIII, 45 ; font irruption dans la Provence, IX, 7 ; ambassades, VI, 15 ; ont l'habitude de tuer leurs rois, III, 30 ; habitués à fuir, II, 37, p. 102 ; sont peureux, II, 27. — GC 48 ; VP 4.

GOURDON (Monast. de), GC 86.

Gouverneurs des fils des rois, III, 18 ; parmi les serviteurs, IX, 36. *Voyez* GOGON, WANDELIN.

GRATA, martyre à Lyon, GM 49.

GRATIEN, empereur, I, 38.

GRATUS, consul, I, 28.

GRECS, trompent Herménégild, v, 39, *fin*; retiennent sa femme Ingonde, VI, 43 *fin*.

GRÉGOIRE (le Grand), pape, x, 1, 31 *fin*.

GRÉGOIRE, comte d'Autun, puis évêque de Langres, III, 15, 19 ; IV, 15 ; V, 5 ; GM 51 ; VP 7.

GRÉGOIRE, évêque de Tours, son époque, x, 31 *fin* ; son frère Pierre, v, 5 ; l'évêque Nizier oncle de sa mère, v, 5 ; ainsi que le duc Gondulf, VI, 11 ; les évêques de Tours furent presque tous ses parents, V, 50 ; est fait évêque de Tours x, 31 ; vient à Paris, IX, 6 ; est désigné par le roi pour examiner l'affaire du monastère de Poitiers IX, 33 *fin* ; pour réprimer les troubles survenus dans ce monastère, x, 15 ; va à Reims, IX, 13 ; est invité à la table de Childebert, VIII, 14 ; à la cour de Gontran, VIII, 1, 2 ; est visité par ce roi et invité à sa table, *ibid. et suiv.*; envoyé en ambassade près de Gontran, IX, 20 ; se rend vers Chilpéric, VI, 2, 5 ; près duquel il est accusé, v, 48, 50 ; se justifie à trois autels, v, 50 ; refuse la communion à Leudaste, VI; 32 ; ses différends avec Félix, évêque de Nantes, v, 5 ; exhorte à la paix les habitants de Tours, VII, 47.

Sa profession de foi, I, *Prol.*; III, *Prol.*; réfute les ariens, III, *Prol.* V, 44 ; VI, 40 ; prouve la résurrection contre un prêtre, x, 13 ; blâme Chilpéric dogmatisant, v, 45 ; dispute contre des juifs, VI, 5 ; observateur des canons, VI, 15 ; son courage à défendre Prétextat, v, 19 ; repousse avec mépris l'argent qui lui est offert, *ibid.*; défend les habitants de Tours que le roi veut soumettre aux tributs, IX, 30 ; dit ses prières dans l'église au milieu de la nuit, VII, 22 ; IX, 6 ; relève des basiliques, construit un baptistère, x, 31 ; bâtit une église et visite les reliques des saints, *ibid.*

S'avoue illettré, *Préf.*; récapitule ses ouvrages, x, 31 ; supplie qu'on n'y change rien, *ibid. et suiv.* Sa vie par Odon de Cluni, t. I, p. XIII. — *Voy.* encore t. Ier, p. XXVII, *n.*, t. II, p. 310, *n.* et le chapitre, p. 405-423.

GRENOBLE, IV, 45 ; S, t. II, p. 402.

GRÈZES-LE-CHATEAU, 1, 32.

GRINDION, attaché à une roue, v, 19 *fin.*

GRIPPON, envoyé à l'empereur Maurice, x, 2, 4.

GUCILION, comte du palais, v, 19 *fin.*

GUERPIN, comte de Meaux, VIII, 18 *fin.*

GUNDÉGISIL, évêque de Bordeaux, IX, 43 ; x, 15, 16 ; métropolitain, IX, 41 ; d'abord comte de Saintes, VIII, 22 ; appelé GUNDÉGISIL-DODON, *ibid.*

GUNDÉRIC, roi des Vandales, II, 2.

GUNTCHRAMN. *Voy.* GONTRAN.

GYGÈS, roi des Lydiens, I, 16.

H.

HADRIEN, empereur, I, 26.

HELANUS *mons*, en Gévaudan, GC 2.

HÉLÈNE, mère de Constantin, I, 34.

HÉLIE, évêque de Lyon, GC 62.

HÉMÉTÉRIUS, martyr à Calahorra, GM 93.

HÉRACLÉE (marbre d'), GC 102 ; son théâtre, S, t. II, p. 401.

HÉRACLIUS, évêque d'Angoulême, v, 37.

HERACLIUS, appelé à l'épiscopat de Saintes, IV, 26.

HÉRACLIUS, tribun des Joviniens, II, 9, p. 62.
HÉRÉSIES, leur origine dans l'Église, I, 26 ; qu'elles troublent, II, 4 ; de Marcion et Valentinien, I, 26 ; d'Arius, II, 2, etc. ; de Pélage, IV, 39 ; de Sabellius, II, 34 ; des Saducéens, X, 13 ; des Priscilianistes, X, 31, *n*. (p. 298).
HÉRÉTIQUES, leur malheur, III, *Prol.*; ne doivent pas être punis par le glaive, X, 31 ; respectent les immunités des églises, V, 14.
HERMÉNÉGILD, VI, 18 ; sa femme, IV, 38 ; *n.;* VI, 40 ; VIII, 28 ; appelé Jean, V, 39 ; uni à l'empereur, *ibid.* ; en guerre avec son père, VI, 33, 43 ; est pris, VI, 43 ; incarcéré, VI, 40 ; tué, VIII, 28 ; IX, 16.
HERMENFROI, roi des Thuringiens, III, 4, 8.
HÉRODES, roi, I, 8 ; sa cruauté, V, 36 ; sa mort, I, 23.
HÉSYCHIUS, évêque de Grenoble, IX, 41.
HEUGNE, *Onia*, monast., VP 18.
HILAIRE, évêque de Poitiers, V, 45 ; confesseur, VII, 6 ; défenseur de la Sainte Trinité, III, *Prol.;* son exil, ses livres, sa mort, I, 35 ; défenseur du monastère de sainte Radegonde, IX, 42 ; protecteur de Clovis, II, 37. — (Basilique de Saint-), V, 25, 50 *fin* ; X, 15, 16 , GC 53 ; respect de Clovis pour elle, II, 37 ; sert de retraite à des religieuses rebelles. IX, 40 *fin*, 41 ; qui maltraitent des prêtres, IX, 41 ; X, 22 ; ses abbés, *voyez* PASCENTIUS, PORCAIRE. — *Voy.* GC 2, 60.
HILARIUS, sénateur de Dijon, GC 42.
HILLIDIUS, évêque de Clermont, I, 40 ; VP 2.
HILLIDIUS, J 7, 8.
HILLIDIUS, saint, GC 20, 35.
HILPING, duc de Thierry Ier, VP 4.
HIPPOLYTE, martyr, I, 28.
HONORATUS, parent de saint Quintien, VP 4.
HONORÉS, titre, IV, 47.
HONORIUS, empereur, I, 43 ; II, 8 ; X, 31.
HORTENSIUS, comte de Clermont, IV, 35 ; VP 4.
HOSPITIUS, reclus à Nice, VI, 6 ; GC 97.
HUNÉRIC, roi des Vandales, II, 3 ; GM 58.
HUNS, sortis de Pannonie, II, 6 ; se jettent sur les Gaules, II, 5 ; IV, 23, 29 ; GC 72 ; mettent en fuite les Francs au moyen de la magie, IV, 29.
Hurepoix, t. II, p. 194, n. 2.

I.

IGNACE, évêque d'Antioche, martyr, I, 25.
ILES : Jersey, V, 19 et *n*. p. 243 ; autre près Vannes, VIII, 25 ; autres près Amboise, II, 35 ; des Saxons sur la Loire, II, 19 ; îles brûlées par le feu du ciel, VIII, 24 ; etc.
IMNACHAIRE, seigneur franc, IV, 13.
IMPETRATUS, oncle de Saint-Gall, VP 6, p. 383.
IMPIES, ressuscitent-ils ? X, 13.
INCARNATION (mystère de l'), V, 45 ; VI, 5.
INDES, I, 10 ; GM 32.
INDRE, riv., VP 18.
INGELTRUDE, V, 22 ; VII, 36 *fin* ; fonde un monastère, etc., IX, 33 ; en fait sa nièce abbesse, meurt, X, 12.
INGENUUS, prêtre de Brioude, J 15.
INGENUUS, ermite à Autun, GC 98.
INGOBERGE, femme de Charibert, IV, 26 ; sa mort pieuse, IX, 26.
INGOMER, fils de Clovis, II, 29 *fin*.
INGONDE, femme de Clotaire, IV, 3.
INGONDE, femme d'Herménégild, IV, 38, *n.;* VIII, 28 ; IX, 24 ; qu'elle convertit, etc., V, 39 ; sa fuite, VI, 43 *fin* ; souffre pour la foi, V, 39 ; transférée à Constantinople, VIII, 18 ; retenue en Afrique, VIII, 21 ; sa mort et sa sépulture, VIII, 28 ; le roi Gontran veut venger sa mort, IX, 16, 20.
INJURIOSUS, évêque de Tours, III, 17 ; X, 31 ; résiste à Clotaire, IV, 2 ; sa mort, IV, 3 *fin*.
INJURIOSUS, l'un de Deux-Amans, I, 42.
INJURIOSUS, vicaire, VII, 23.

INNOCENTIUS, comte de Gévaudan, VI, 37 ; est fait évêque de Rodez, VI, 38 ; X, 8.
INNOCENTIUS, évêque du Mans, VI, 9 *fin.*
INTERDIT mis sur les églises, V, 33 *fin* ; VIII, 31.
INTERPRÈTE, VI, 6.
IRÉNÉE, évêque de Lyon, GM 50.
ISAIE, prouve la résurrection, X, 13.
ISÈRE, fleuve, IV, 45.
ISEURE, près Tours, VI, 12 ; X, 31 ; son église, *ibid.*
ISIDORE, martyr à Scio, GM 102.
ISRAEL, Israélites, I, 9 ; au passage de la mer Rouge, I, 10 ; dans le désert, I, 11 ; leur punition, II, 10 ; séparés de Juda par le roi Iliéroboam, I, 14.

ISSAC, monast., GM 66.
ISSOIRE, t. II, p. 319 note et GC 30.
ITALIE majeure et mineure, III, 32 ; dévastée par Attila, I:, 7 *fin* ; soumise par les Saxons, IV, 43 ; pernicieuse aux Francs, III, 32 ; X, 3 ; prise par eux, *ibid.* et VI, 42 ; perdue, IV, 9 ; une partie obéit à Sigebert, puis à Childebert, X, 3 ; expéditions de Childebert, VIII, 18 ; IX, 25 ; X, 3 ; reconquise par l'empereur, IV, 9 ; Narsès, duc d'Italie, V, 20 ; préfet, VII, 36 ; envahie par les Lombards, IV, 41, 45 ; sous Alboin, V, 15.
IVOIS, VIII, 15, p. 134.

J.

JACINTHE, diacre de Ravenne, GM 81.
JACOB, fils de Macliau, V, 16.
JACQUES, frère de Jésus, I, 21 ; son martyre, I, 24 ; GM 27.
JACQUES, évêque de Nisibe, I, 35.
JAVOLS, I, 32 ; IV, 40 ; VI, 37.
JEAN-BAPTISTE (église de Saint), à Marmoutier, X, 31. — GM 12 à 15.
JEAN ÉVANGÉLISTE, II, 3 ; IX, 42 ; X, 13 ; est-il mort ? I, 24 *fin* ; son disciple Polycarpe, I, 26 ; son église à Rome, X, 1. — GM 30.
JEAN Ier, pape, GM 40.
JEAN III, pape, V, 21.
JEAN, roi. *Voy.* HERMÉNÉGILD.
JEAN, tyran, II, 8.
JEAN (saint), abbé de Réome, GC 87.
JEAN, archidiacre de Nîmes, GM 78.
JEAN, prêtre breton, GC 23.
JEAN, prêtre de Tours, VP 8, p. 387.
JEAN, fils d'Eulalius, X, 8.
JEAN, de Tours, VII, 47.
JEAN, lépreux, GM 19.
JÉRICHO, GM 88.
JÉRÔME (Saint), sa chronique, I, *Prol. fin,* 34, 37 ; II, *Prol.*
JÉRUSALEM, I, 7, 36 ; II, 39 ; calamités sous Ézéchiel, II, *Prol.* ; est relevée et prend le nom d'Elia, I, 26 ; — (évêque de), Siméon, I, 25. — GM 11.
JEUNE, ses conditions, II, 34 *fin* ; son

efficacité, II, 3 ; ordonné par le roi Gontran, IX, 21 ; par Perpétue, X, 31.
JOB ou JOBAB, son époque, I, 8.
JOSEPH, I, 9 ; greniers construits par lui en Égypte, I, 10.
JOSEPH, époux de Marie, I, 15 ; est-il père de saint Jacques ? I, 21.
JOSEPH, ensevelit J.-C., I, 20.
JOSUÉ, I, 4 *fin*, 11 ; GC 40.
JOUAY ou Joué près Tours, V, 14 ; J 39.
JOURDAIN, I, 11 ; VI, 5 ; GM 17, 88.
JOVINIENS, II, 9, p. 62.
JOVINUS, tyran, II, 9, p. 66.
JOVINUS, gouverneur de la Provence, IV, 44 ; évêque d'Uzès, VI, 7 ; ancien préfet, VI, 11.
JOVIUS, tué par sa femme, IX, 38.
JUDAS Quiriacus, I, 34.
JUDÉE (Rois de), I, 14 ; Ézéchias, II, *Prol.* ; Abia et autres jusqu'à Josias, I, 14.
JUIFS, sont les brebis du Christ, V, 11 ; leurs malheurs sous Vespasien, I, 2, 4 *fin* ; baptisés à Clermont, V, 11 ; sont appelés hérétiques, VIII, 1 *fin* ; insultent un nouveau baptisé, V, 11 ; donnent des louanges au roi Gontran, VIII, 1 ; forcés au baptême par Chilpéric, VI, 17 ; l'un d'eux réfuté par Grégoire, VI, 5. — GM 10, 22.

JUGEMENT. Le comte y assisté avec des clercs et des laïcs, v, 49 ; jugement dans l'affaire de Chrodielde, etc. ; sa teneur, x, 16.
Jugement des citoyens, VII, 47.
Jugement de Dieu, v, 19 ; VII, 14.
Jugement dernier, II, 3 ; général, x, 13.
JUGES, v, 50 ; VI, 8 ; VII, 47.
JULES CÉSAR, I, 17.
JULIA, martyre à Lyon, GM 49.
JULIANA, matrone, GM 103.
JULIANUS, défenseur, puis prêtre, VP 6, p. 385.
JULIANUS (autre), VP 16.
JULIANUS (Saint Julien), martyr, sa basilique à Clermont, II, 11, 20 ; III, 16 ; IV, 32 ; à Brives, II, 11 ; IV, 5, 13 etc. ; est pillée, III, 12 ; à Paris, VI, 17 ; IX, 6 ; ses miracles, v, 29 ; sa fête, x, 8 ; J 1 à 50 ; GC 20.
JULIANUS, martyr à Antioche, sa basilique, IV, 39.
JULIANUS, prêtre, sa mort, IV, 32.
JULIANUS, Espagnol, MM III, 21.

JULIENSIS *vicus*, GC 52.
JULIUS, martyr à Lyon, GM 49.
JUNIANUS, reclus en Limousin, GC 103.
JUPITER, II, 29 ; VP 17, p. 397.
JURA (mont), VP 1.
JUSTA, martyre à Lyon, GM 49.
JUSTE, évêque de Lyon, VP 8, p. 386.
JUSTE, archidiacre de Clermont, I, 40.
JUSTINE, prévôtesse du monastère de Poitiers et nièce de Grégoire, x, 15.
JUSTINIEN, empereur, v, 81 ; IV, 39 ; GM 103.
JUSTINIEN, évêque de Tours, II, 1 ; x, 31.
JUSTINUS, empereur ; IV, 39 ; v, 20, 31.
JUSTINUS, martyr, I, 26.
JUSTINUS, beau-frère de Grégoire, MM II, 2.
JUSTINUS, prêtre, GC 49.
JUVENCUS, prêtre et poëte, I, 34.

L.

LABAN, évêque d'Eause, VIII, 22.
LACÉDÉMONIENS, I, 16.
LAÏCS, recevaient à l'autel l'eucharistie dans la main, x, 8.
LACTANCE, S, t. II, p. 402.
LAMBRES, *Lambri*, vill., IV, 52.
LAMPADIUS, diacre, v, 5.
LANDULF de Vienne, MM II, 18.
LANGEAIS, bourg de Touraine, x, 31 ; GM 16.
LANGOBARDS. *Voy*. LOMBARDS.
LANGRES, v, 5 *fin* ; GC II, 87, 89 ; VP 7.
LANTECHILDE, sœur de Clovis, II, 31.
LAODICÉE, Latakić, VII, 29.
LAON, VI, 4.
LA PALICE, t. II, p. 391, n. 2 et 434.
LATINS, leur roi Silvius, I, 16. — (langue des), louanges données au roi Gontran, VIII, 1.
LATIUM, III, 23 et t. II, p. 412.
LATTE. *Voyez* CIRAN-LA-LATTE.
LAUDOVALD, serviteur de Grégoire, MM IV, 47.
Laudebod, duc, IX, 35, *n*.
LAURENT (Saint), martyr, I, 28 ; VI,

6 ; à Clermont, II, 20 ; à Mont-Louis, x, 31 ; à Paris, VI, 9, 25 ; à Milan, GM 46 ; ses reliques, GM 42.
LECTEUR, son office, IV, 6.
LÉGONUS, évêque de Clermont, I, 39 *fin*.
LÉMAN (le lac), GM 76.
LÉOBARDUS, reclus, VP 20.
LÉOCADIA, VP 6.
LÉOCADIUS, sénateur des Gaules, I, 29 ; GC 92.
LÉOCADIUS, père de Leudaste, v, 49.
LÉODEMUND, aveugle, MM IV, 24.
LÉODINUS, VP 19.
LÉODOVALD, évêque d'Avranches, MM II, 36.
LÉODOVALD, Franc, x, 27.
LÉODULF, boiteux, MM II, 46.
LÉODULF, aliéné, MM IV, 34.
LÉODULF de Bourges, MM IV, 45.
LÉOMERIA, aveugle, MM I, 39.
LÉOMERIS, esclave en Anjou, MM I, 22.
LÉON, empereur, GC 63.
LÉON, prêtre de Tours, MM IV, 25.
LÉON, autre prêtre, GC 6.

26.

LÉON, évêque d'Agde, GM 79.
LÉON, abbé, devient évêque de Tours, III, 17 ; X, 31.
LÉON, conseiller d'Alaric, GM 92.
LÉON, Poitevin, IV, 16.
LÉON, cuisinier de l'évêque Grégoire de Langres, III, 15 ; délivre Attale de servitude, *ibid.*
LÉONARD, domestique, VII, 15.
LÉONASTE, archidiacre de Bourges, V, 6.
LÉONCE, évêque de Bordeaux, IV, 26.
LÉOPATIUS, abbé, VP 18.
LÉRINS (île de), GC 97.
LETTRES nouvelles inventées par Chilpéric, V, 45.
LEUBA, belle-mère du duc Bladaste, VIII, 28 *fin.*
LEUBELLA, VP 9.
LEUBASTE, martyraire et abbé, IV, 11.
LEUBOVÈRE, abbesse de Poitiers, IX, 39, etc. ; maltraitée par ses religieuses, X, 15, 16.
LEUBOVEUS, clerc de Bourges, MM II, 7.
LEUDARD, serf du diacre Emerius, MM IV 20.
LEUDASTE, comte de Tours, V, 14, 48, 49, 50 ; VI, 32 ; MM II, 58.
LEUDEGISIL, assiége Comminges, VII, 37 ; et la prend, VII, 38 ; duc, VII, 40 ; VIII, 20 *fin*, 30 *fin.*
LEUDOVALD, évêque de Bayeux, VI, 3 ; VIII, 31, *n.* p. 157 ; IX, 13.
LEUDOVALD, serf du Baudeleif, MM IV, 17.
LEUVA, roi d'Espagne, IV, 38 ; IX, 24.
LEUVIGILD, roi d'Espagne, V, 39 ; VIII, 35, 38 ; IX, 24 ; ses fils, IV, 38 ; V, 39 ; extermine les meurtriers des rois, IV, 38 ; envoie une ambassade à Chilpéric, V, 44 ; dont il demande la fille pour son fils, VI, 34 ; guerre avec ce fils, V, 39 *fin* ; VI, 29, 33, 40, GC 12 ; il le poursuit, VI, 18 ; le prend, VI, 43 *fin* ; le tue, VIII, 28 ; fait pénitence et meurt, VIII, 46.
LÉVIDA, *Livia*, en Palestine, GM 18.
LICANIACENSIS *vicus*, II, 20.
LICINIUS, évêque de Tours, II, 39, 43 ; III, 2 ; visite les lieux saints, II, 39 ; fonde un monastère, X, 31.
LIEUX saints, visités par saint Martin de Galice, V, 38 ; par Licinius de Tours, X, 31.

LIGUGÉ, monast., MM IV, 30.
LIGURIA, plaine de Livière, GM 92.
LIMAGNE d'Auvergne (*Lemanis, Limane*) III, 9 ; V, 34 ; GC 31.
LIMINIUS, martyr arverne, I, 31 ; GC 36.
LIMOGES, VII, 13 ; IX, 20 ; X, 29, 30 ; GC 27.
LIMOUSIN, IV, 20 ; V, 13 ; VII, 10 ; VIII, 15. — (peuple du), V, 29. — (comte du), *voyez* NONNICHIUS, TERENTIOLUS. — *Voy.* encore GM 101.
LIPARI (île de), GM 33.
LISIEUX, MM II 54 ; son évêque Éthérius, VI, 36.
LITANIES, X, 1.
LITHOMÉRIS, de Tours, GC 21.
LITIGIUS, III, 13 *fin.*
LITOMÉRIS bâtit une église de Saint-Julien, J 50.
LITORIUS, évêque de Tours, I, 43 ; X, 31.
LITOVEUS, impotent, MM IV, 19.
LOCHES, X, 31, p. 299 ; VP 18.
Loi Théodosienne, IV, 47 ; suivie par les Bourguignons, II, 33 *fin.*
LOIRE, fleuve, II, 19, 35 ; MM II, 16 ; 17.
LOIRS, VIII, 33.
LOMBARDS, envahissent l'Italie, IV, 41 ; se jettent sur les Gaules, IV, 42, 45 ; battent les Francs, IX, 25 ; X, 3 ; combattent contre Mummol, V, 21 ; Childebert envoie contre eux, IX, 29 ; X, 3 ; ils l'apaisent, IX, 29 ; lui sont soumis, VI, 42 ; tributaires des Francs, X, 3 *fin* ; mis en fuite par l'évêque Épiphane, VI, 24. — (ducs des), *voyez* AMON, ZABAN, RHODAN, IV, 45, etc. — *Voy.* encore GM 69, 85.
LONGINUS, évêque d'Afrique, II, 3.
LUBIÉ, *Lepidiacus*, VP 13 et t. II, p. 434.
Lugano (lac de), X, 3 ; t, II, p. 248, *n.*
LUNE, rencontrée par une étoile, IV, 9 *fin* ; *voy.* S, t. II, p. 462.
LUPENTIUS, abbé de Saint-Privat, VI, 37.
LUPIANUS (Saint), GC 54.
LUPICIN, abbé de Condé (saint Claude), VP 1.
LUPICIN, autre saint, VP 13.
LUPUS, évêque de Troyes, GC 67, 68.
LUPUS, duc de Champagne, IV, 47 ; VI, 4 ; IX, 11, 12, 14 ; X, 19 *fin.*

LUPUS, prêtre de Bordeaux, MM III, 50.
LUPUS, citoyen de Tours, VI, 13 ; VII, 3.
LUPUS, démoniaque, VP 9.
LUSOR ou saint Ludre, GC 92.
LUZILLÉ, bourg, X, 31, p. 303.
LYDIENS, leur roi Gygès, I, 16.
LYON, II, 9 ; III, 5 ; V, 5, 34 ; ville très-noble, I, 17 ; tourmentée par une épidémie, IV, 31 *fin;* second concile, V, 21 ; troisième, VI, 1 ; exemptée d'impôts ; GC 63 ; — GC 64, 65, 87, 112 ; VP 6.
LYON (monastère de), X, 8. — (évêques de), appelés patriarches, V, 21. — (martyrs de) ; Vettius Épagatus et quarante-sept autres chrétiens, I, 27 ; GM 49. — (abbé de), IV, 36 *fin.*

M.

MACARIUS, martyr à Lyon, GM 49.
MACCON, comte, IX, 41 ; X, 15, 16 ; de Poitiers, X, 21.
MACÉDONIENS, leur roi Argée, I, 16.
MACHOVILLA, IV, 45, *n.*
MACLIAU, comte des Bretons, IV, 4 ; V, 16, 27 ; est fait évêque de Vannes, apostasie, IV, 4 ; est tué, V, 16.
MACON, IX, 1 ; concile, VIII, 12, 20.
MAGDAL, ville de la Bible, I, 10 *fin.*
MAGIE, I, 5.
MAGNACHAIRE, V, 21 ; père de Marcatrude, IV, 25 ; ses fils tués, V, 17.
MAGNATRUDE, femme de Badégisil, évêque du Mans, X, 5 *fin.*
MAGNÉRIC, évêque de Trèves, VIII, 37 ; IX, 19 ; sa bonté envers un évêque persécuté, VIII, 12.
MAGNIFIQUES, titre donné à des citoyens, IV, 16 ; IX, 18 ; X, 8 *fin.*
MAGNOVALD, duc, IX, 9 *fin;* est tué, VIII, 36.
MAGNULF, évêque de Toulouse, VII, 27, 32 ; maltraité par Gondovald et les siens, VII, 27.
MAILLÉ, monast., GC 21.
MAINE (Le), GM 101. *Voy.* MANS.
MAIRES du palais, VI, 9 *fin;* de Childebert II, Florentianus, IX, 30 ; de Rigonthe, Waddon, VI, 45 *fin;* VII, 27 *fin,* 28.
MAISON épiscopale, I, 39 ; II, 18, 23 ; IX, 12, etc.
MAÎTRES de la cavalerie, II, 8. — (de la milice), *voyez* SISINNIUS, CARIETTON, SYRUS ; — dans la Gaule, *voyez* NANNENUS, QUINTINUS, EGIDIUS ; — (des offices), II, 9.
MAIXENT, abbé, II, 37.
MAJORIEN, empereur, II, 11.
MALÉFICES découverts, IX, 6 ; auteurs de maléfices punis à Paris, VI, 35.
MALLET, monast. en Auvergne, VP 11.
MALLOSUS, martyr à Xanten, GM 63 et correct., t. II, p. 433.
MALLULF, évêque de Senlis, VI, 46 *fin.*
MALLULF, de Tours, MM III, 44.
MAMERTUS, évêque de Vienne, II, 34 ; J 2.
MANICHÉENS, I, 23.
MANLULF, d'Auxerre, MM II, 5.
MANS (le), II, 42, VI, 46 ; son église, IX, 26 ; monastère d'Aninsule, V, 14 ; (peuples du), V, 1, 4 ; souffrent de la famine, X, 25 ; conduits contre les Bretons, V, 27 ; leur territoire, IX, 33.
MANTHELAN, bourg, X, 31 et *n.*
MANULF, évêque de Liége, GC 72.
MARACHAIRE, comte, devient évêque d'Angoulême, V, 37.
MARATE, roi des Sicyoniens, I, 16.
MARBRE de Paros, IV, 12, etc. ; d'Héraclée, GC 102.
MARCATRUDE, femme de Gontran, IV, 25 ; V, 17, *n.*
MARCEL, évêque d'Uzès, VI, 7.
MARCEL, évêque de Chalon, sa fête, IX, 3 ; sa basilique, IX, 27 *fin;* X, 10 *fin.* — GM 53.
MARCEL, évêque de Paris, GC 89.
MARCEL, évêque de Die, GC 70.
MARCELLIN et PIERRE, leur église, X, 1.
MARCELLINUS, évêque d'Embrun, GC 69.
MARCIEN, empereur, II, 11.
MARCION, hérésiarque, I, 26.
MARCOMER, duc des Francs, II, 9.
MARCOVIÈVE, religieuse, IV, 26 ; de-

vient femme de Charibert, v, 49.
MARCUS, évangéliste, martyr, I, 24.
MARCUS évêque d'Orléans, VP 6, p. 385.
MARCUS, référendaire, v, 29, 35 *fin*; VI, 28.
MARCUS, perclus, VP 19.
MARCUS VALÉRIUS (CORVINUS), J 7.
MAREUIL, maison royale, x, 5 *fin*; son église, VII, 12.
MARIANUS, ermite en Berri, GC 81.
MARIE, mère de Jésus, I, 15, 18; toujours vierge, I, *Prol.*; recommandée à Jean, IX, 42 *fin*; sa basilique à Poitiers, IX, 42; à Rome, x, 1; à Toulouse, VII, 10; à Tours, VIII, 40 *fin*; x, 31; Notre-Dame d'Escrignole à Tours, IX, 33, p. 214, 42. — GM 4, 9, 11, etc.
MARIE, fausse prophétesse, x, 25.
MARILEIF, premier médecin de Chilpéric, v, 14; VII, 25.
MARLHAC (CHASTEL-), III, 13.
MARLHEIM, maison royale, IX, 38 *fin*; x, 18.
MARMOUTIER, x, 31; VP 20.
MARNE, fleuve, v, 40; VI, 25; VIII, 10.
MAROVÉE, évêque de Poitiers, VII, 24; IX, 30, 39, 41, 43, etc.; refuse la direction du monastère de Sainte-Croix, IX, 40; l'accepte, *ibid.*; brise un calice pour délivrer le peuple, VII, 24; est commis pour connaître de l'affaire d'Ingeltrude, IX, 33 *fin*. — GC 106; MM II, 44.
MARS (Le dieu), II, 29; J 5.
MARS (Saint), abbé a Clermont, VP 14.
MARSAS en Bordelais, MM III, 33.
MARSAT en Auvergne, GM 9.
MARSEILLE, IV, 45, 47; v, 5; VI, 11, 31, etc.; en proie à une épidémie, IX, 21, 22; x, 25; accueille Gondovald, VII, 36; rendue à Childebert, VI, 11, 33; VIII, 12; son duc Ratharius, VIII, 12. — (port de), IV, 44. — (évêque de), Théodore, VI, 11. — (Province de), II, 32; a pour gouverneur Nicétius, VIII, 43. — *Voy.* encore GM 83; VP 8, p. 387.
MARTIAL, évêque de Limoges, I, 28; x, 29 *fin*; GC 27-29.
MARTIANUS Capella, x, 31 et *n*.
MARTIGNI, près Tours, GC 8.
MARTIN (Saint), évêque de Tours, sa nativité I, 34; natif de Pannonie, *ibid.* et x, 31; vient dans les Gaules, x, 31; est fait évêque, *ibid.*; est battu de verges à cause de sa constance dans la foi, *ibid.*; moine et abbé, I, 43; ses prédications, ses miracles etc., I, 36; va trouver l'empereur Maxime, I, 38; donne la communion à un homicide, v, 19; sa mort, I, 43; II, 43; IV, 52 *fin*; x, 31 *fin*; sa sépulture, I, 43; confesseur, VII, 6 *fin*; a pour successeur Brice, II, 1; son éloge, IX, 39; eulogies de saint Martin, VIII, 2; son tombeau visité par Clotilde, III, 28; eau recueillie sur ce tombeau, v, 22; serments, v, 49 *fin*, 50; reliques, VII, 12; VIII, 14, 15; portées en Galice, v, 38; sa vertu, v, 1; VII, 29; VIII, 16, etc.; met fin à la guerre et guérit des paralytiques, IV, 50 *fin*; miracles, v, 6; VII, 42; VIII, 34 *fin*; x, 29; autres à Trèves, VIII, 16; vénéré par les rois, IV, 2; qui par respect pour lui exemptent Tours de tributs, IX, 30; lettre que lui écrit Chilpéric, v, 14; monastère de Poitiers mis sous sa protection, IX, 42. — (église de) à Tours, IV, 16, etc.; construite par Brice, x, 31; reconstruite par Perpétue, II, 14; x, 31; respect que lui porte Clovis, II, 37, 38; des voleurs s'y introduisent, VI, 10; brûlée par Willachaire, IV, 20; x, 31; couverte en étain par Clotaire, IV, 20; x, 31; qui vient la visiter, IV, 21; vigiles qui s'y célèbrent, x, 31; lieu de sépulture de la plupart des évêques de Tours, x, 31; asile violé, VII, 29 *fin*; punition du juge violateur, IV, 18; son abbé, VII, 29. — (basiliques de) à Caudes, VIII, 40 *fin*; près d'Ivois, VIII, 15; à Paris, VI, 9 et *n.*; à Rouen, v, 2; au pays de Vaivre, IX, 12. — (monastères de) près d'Ivois, VIII, 15, 16; à Ciran-la-Latte, IV, 49; à Ciran-du-Jambot MM I, 18; à Limoges, VIII, 15; à Paris, VIII, 33.
MARTIN, disciple de saint Martin de Tours, VII, 10.
MARTIN, évêque de Galice, v, 38.
MARTIN, prêtre de Lyon, IV, 36 *fin*.
MARTYRAIRE, IV, 11.
MARTYRS, leur gloire, GM 1 à 107; à Lyon, I, 17, 27; GM 49; sous Dèce,

I, 28 ; en Afrique, II, 3 ; sous les Vandales, *ibid.* ; dans la Gaule, I, 26 ; sous les Goths, II, 4.
MASCARPION, serf, VP 16.
MATERNA, martyre à Lyon, GM 49.
MATINES, II, 23 ; vigiles, IV, 31 ; signal appelant à matines, III, 15 *fin.*
MATRICULES, VII, 29.
MATURUS, martyr à Lyon, GM 49.
MAURA, bienheureuse, GC 18.
MAURANUS, Biscayen, MM, IV, 40.
MAURELLUS, serf, MM IV, 41.
MAURICE (Saint) X, 31, GM 76 ; monastère fondé par Sigismond, III, 5, 6 ; GM 75.
MAURICE, empereur, favorise l'élection du pape Grégoire, X, 1 ; donne de l'or aux Francs pour les exciter contre les Lombards, VI, 42 ; envoie à Childebert les Carthaginois meurtriers d'ambassadeurs francs, X, 4.
MAURIENNE (Pays de), GM 14.
Maurille (Saint), t. II, p. 404, *n.*
MAURILLON, évêque de Cahors, V, 43.
MAURIOPES, bourg, IX, 19.
MAURITANIE, occupée par les Vandales, II, 2 *fin.*
MAURUS de Troyes, GC 67.
MAURUSA, perclue, MM II, 3.
MAUZAC, bourg, GC 41.
MAXIME, empereur, I, 38, 40, t. I, p. 33, *n.* ; II, 9 ; X, 31 ; puni de mort, V, 19 ; son fils, II, 9, p. 60 et 63 ; MM IV, 10.
MAXIME, tyran en Espagne, II, 9, p. 65.
MAXIMIN, évêque de Trèves, I, 35 ; monastère et église, VIII, 12 *fin* ; GC 93, 94 ; VP 17, p. 398.
MAXIMUS, évêque de Riez, GC 83.
MAXIMUS, évêque de Nola, GM 104.
MAXIMUS (saint Mesme), GC 22.
MAXONIDIUS, aveugle, VP 9.
MAYENCE, II, 9 et t. II, p. 209, *n.* 2.
MAYENNE, rivière, X, 9 *fin.*
MEAUX, V, 1 ; IX, 20, 36 ; VII, 4. — (comtes de). *Voyez* GONDOVALD, GUERPIN. — (territoire de), V, 29.
Médaille byzantine, t. II, p. 4, *n.* 1.
MÉDARD, évêque de Noyon, IV, 19 ; V, 50 ; sa mort, IV, 19 ; sa basilique à Soissons, IV, 19, 21 *fin* ; V, 35 *fin*, 50 ; IX, 9 ; où est enterré Clotaire, IV, 21, 52 ; ainsi que Sigebert, *ibid.* — GC 95 ; VP 19.

MÉDARDUS, tribun, VII, 23 *fin.*
MEDIOCANTUS, vill., VP 9, p. 389, *n.*
MEILLANT (CHATEAU-), VI, 31 et *n.* ; X, 19.
MÉLANIE, dame romaine, I, 36.
MÉLANIUS, évêque de Rennes, GC55.
MÉLANIUS, évêque de Rouen, VIII, 31 *fin*, 41 ; VII, 19.
MEMMIUS ou saint Menge, évêque de Châlons, GC 66.
MÉNAT, monast., VP 12.
MENDE, X, 29, p. 295.
MER, sortant de son lit, V, 24. — (Rouge), I, 9 *fin*, 10.
MERCURE (Le dieu) II, 29 ; J 5 ; VP 17, p. 397.
MÉRIDA, VI, 18.
MÉROBAUDE, homme du Poitou, MM II, 15.
MÉROFLÈDE, femme de Charibert, IV, 26.
MÉROVECH, roi des Francs, II, 9 *fin.*
MÉROVECH, fils de Chilpéric, IV, 28 *fin* ; V, 2, 3, 19 ; fils spirituel de Prétextat, V, 19 ; en butte aux embûches de Gontran-Boson, V, 14 ; dépouille Leudaste, V, 49 *fin* ; est fait prêtre, V, 14 ; se réfugie dans la basilique de Saint-Martin, V, 14 ; de Saint-Germain d'Auxerre, V, 13 *fin* ; épouse Brunehaut, V, 2 ; consulte Dieu par les Saintes Écritures, V, 14 ; est tué, V, 19 *fin* ; pleuré par Gontran, VIII, 10 ; qui le fait enterrer dans l'église de Saint-Vincent à Paris, *ibid.*
MESSE, II, 22, 34 *fin* ; IV, 16 *fin*, 31 *fin*, 40 *fin* ; V, 50 ; VI, 40, 46 ; VII, 8 ; VIII, 7 ; IX, 9.
MESSES de Sidoine Apollinaire, II, XXII et t. II, p. 304, *n.*
MÉTRIAS, martyr à Aix, GC 71.
MÉTROPOLITAIN, sa présence nécessaire pour ordonner un évêque, IV, 26.
METZ, IV, 7, etc. ; MM IV, 29 ; brûlé par les Huns, II, 6 ; basilique et moines, VIII, 21 ; tourmenté par la dyssenterie, IX, 13 ; consécration d'Avit, évêque de Clermont, IV, 35 *fin.* — (concile de), X, 19, 20.
MICHEL, transporte au ciel l'âme de la religieuse Disciola, VI, 29.
MICI (*Miciacense mo.*), monastère, son abbé saint Avit, III, 6.
MILICE, les moines y sont soumis par Valens, I, 37. — (maîtres de la). *Voyez* MAÎTRES.

466 TABLE.

MINCIO, fleuve, II, 9, p. 66.
MINERVE (La déesse), VP 17, p. 397.
MIR, roi de Galice ou des Suèves, v, 42; VI, 43; MM IV, 7.
MIRACLES, faits par des chrétiens et non par des ariens, II, 4; IX, 15.
MISILINUS, prêtre, GC 49.
MISSIONS en Gaule, I, 28.
MODESTUS, ouvrier en bois, v, 50.
MOINES, forcés par Valens d'entrer dans la milice, I, 37; leur avarice punie, IV, 31; doivent préférer l'humilité aux miracles, IV, 34.
MOISE, I, 9, 10; III, *Prol.*; v. 44 *fin*; GC 87; rois ses contemporains, I, 16.
MOMOCIACENSIS *episcopatus*, IX, 29; GC 53 et note, t. II, p. 209.
MONASTÈRES. Là étaient instruits les clercs, V, 14; là se retiraient les évêques pour faire pénitence v, 21; monastères soumis aux rois, IX 40; monastères sur les bords du Nil I, 10.
MONDÉRIC, évêque de Tournai, V, 5; ensuite de Larsaguez, *ibid.*
MONDÉRIC, se révolte, III, 14.
MONÉGUNDE (Sainte), de Tours, GC 24.
MONÉGUNDE (Sainte), de Chartres, VP 19.
MONT-LOUIS, Mons *Laudiacus:* bourg de Touraine, II, 1 *fin*; X, 31; MM III, 54.
MORGENGABE, don du matin, IX, 20, p. 198.
MORTS. Ablution des corps, IV, 5 *fin*;

couverts de vêtements, IV, 37, 51 VII, 1.
MOSAÏQUE, I, 30; v, 46.
MOSELLE, III, 15; MM IV, 29; VP 17, p. 397; sa jonction avec le Rhin, VIII, 13.
MOSNE, bourg, x, 31, p. 301.
MOTHAIRE, de Tours, MM IV, 21.
MOUCHES (Armée de), x. 25.
MOUCHOIR, III, 5; IV, 20 *fin*; X, 14 *fin*, 24.
Mouzon (?), IX, 29.
MUMMOL, évêque de Langres, v, 5, *fin*.
MUMMOL EUNIUS, IV, 42; supplante son père dans le comté d'Auxerre, *ibid.*; ses gestes, *ibid. et jusqu'à* 47; met en fuite les Saxons et les Lombards, IV, 42, 43; v, 21; patrice, VII, 1 *fin*, 36 *fin*; fuit le roi Gontran, VI, 1; trompe le duc Gontran, VI, 26; accueille Gondovald, VII, 36 *fin*; se joint à lui, VI, 24; VII, 10, 28, 34; brise les reliques de saint Serge, VII, 31; à Comminges, VII, 38; abandonne Gondovald, *ibid.*; sa femme et ses trésors, VII, 40; VIII, 3; est tué, VIII, 39. — GM 31.
MUMMOL, préfet, VII, 15 *fin*; odieux à Frédégonde, VI, 25; meurt, *ibid.*
MUMMOLA, femme d'Animius, MM II, 11.
MUMMOLEN, VI, 45 *fin*; de Soissons, X, 2.
MUNICIPE d'Auxerre, IV, 42.

N.

NAMATIUS, évêque de Clermont, II, 16; sa femme, II, 17; sa mort, II, 21; GM 44.
NAMATIUS, évêque d'Orléans, IX, 18.
NANNENUS, maître de la milice, II, 9, p. 61.
NANNINUS, prêtre de Vibrac, J 48.
NANTAIS, VI, 31; en proie à la famine, X, 25; à une épidémie, X, 30; leurs vignes, IV, 18 *fin*.
NANTERRE, X, 28; Clovis y est baptisé.
NANTES, V, 32; VI, 15; VIII, 43; IX, 18 *fin*; X, 9, etc. — (territoire de), IX, 18, 24 *fin*; VP 10.

NANTINUS, comte d'Angoulême, v, 37.
NANTULF, esclave, GC 25.
NAPPES d'autel, VII, 22 *fin*; x, 15, 16; sur le tombeau de saint Martin, V, 49 *fin*; nappe de soie, X, 16; prises à témoin des serments, V, 14, 49; sauvegarde contre la violence, VII, 22.
NARBONNE, VI, 15; VIII, 38; désolée par une épidémie, VII, 33. — (province de), IX, 15 *fin*. — GM 23, 92.
NARSÈS, VI, 24; préfet d'Italie, VI, 24; VII, 36; remplace Bélisaire,

III, 32 ; vaincu par les Francs, *ibid.*, tue Buccelin, IV, 9 ; duc d'Italie, v, 20.
NATHAN, prophète, I, 12.
NAZAIRE (Saint), bourg, GM 61.
NAZARIUS, martyr à Embrun, GM 47.
NAZELLES, *Navicellæ*, MM I, 29.
NÉCROMANCIE, IX, 6.
NECTAIRE, VII, 15 ; VIII, 32 ; sa femme Domnola, VIII, 43.
NECTARIOLA, possédée, VP 9.
NÉPOTIANUS, évêque de Clermont, I, 40, 41 ; GC 37.
NÉRIS, VP 9.
NÉRON, I, 24.
NEUILLI, plusieurs bourgs de ce nom, x, 31 ; GC 7.
NEUVI, près Tours, GM 31.
NEVERS, VIII, 1.
NICAISE, évêque d'Angoulême, VIII, 2 *fin* ; IX, 41.
NICE, IV, 43 ; IV, 6.
NICÉE (Concile de), I, *Prol.*; ses canons, IX, 33.
NICÉTIUS, comte d'Acqs, VII, 31 ; fait évêque, VIII, 20.
NICÉTIUS, comte, fait duc d'Auvergne, VIII, 18, 30 ; gouverneur de la Provence, VIII, 43.
NICÉTIUS, évêque de Lyon, v, 5, 21 ; VIII, 5 ; etc.; patriarche, v, 21 ; oncle de la mère de Grégoire de Tours, v, 5 ; ses vertus, IV, 36 ; J 50, GC 61, 62 ; VP 8.
NICÉTIUS, évêque de Trèves, x, 29 ; GC 94 ; VP 6, 17.
NICÉTIUS, patrice, IX, 22.
NICÉTIUS, mari de la nièce de Grégoire de Tours, v, 14.
NIL, I, 10.
NÎMES, VIII, 30 ; GM 78.
NINIVE, ville, I, 7 ; jeûnes des Ninivites, III, 29 ; pénitence, x, 1.
NINUS, roi des Assyriens, I, 7, 16.
NISIER. *Voy.* NICÉTIUS.
NIVARD, ivrogne, VP 14.
NOÉ, I, 4, 5, 7 ; S, p. 401.
NOGENT, VI, 2.
NOIRE (Montagne), en Limousin, IV, 16.
NOISI, v, 40.
NOLA, MM I, 2 ; GC 110.
NOMS, changés lors du baptême, I, 34.
NONNICHIUS, comte de Limoges, VI, 22.
NONNICHIUS, évêque de Nantes, VI, 15 *fin* ; VIII, 43.
NOTAIRE, appelé pour un testament, IX, 26.
NOVATIANUS, hérétique, I, 28.
NOVEMPOPULANIE, II, 25.
NUITZ, II, 9.
NUNNINUS, tribun, GC 41.
NUNNION, officier de Childebert, VP 9.

O.

OCCYLA, soldat romain, II, 8 *fin.*
OCÉAN, S p. 401.
OCTAVIEN, empereur romain, I, 17.
OCTAVIEN, martyr, II, 3.
OCTAVUS, bourg du Lyonnais, IX, 21.
OCTOBER, martyr à Lyon, GM 49.
ODOACRE, II, 18, 19 ; roi des Saxons, II, 18 ; traite avec Childéric, II, 19.
Odon de Cluni, t. I, p. VIII et XIII.
OLLON, comte de Bourges, VII, 38, 42.
OLON, duc en Italie, x, 3.
OMATIUS, évêque de Tours, III, 17 ; x, 31.
OPPILA, envoyé espagnol, VI, 40.
ORBIGNY, x, 31, p. 304 ; GM 90.
ORGE, rivière, VI, 19.
ORIENT ; là furent les premiers hommes, I, 6 ; les mages, I, 18 ; les lieux saints, v, 38 ; visité par Licinius évêque de Tours, III, 39 ; x, 3. — (roi d'), VII, 31.
ORIENTIUS (Saint), évêque d'Auch, GC 108.
Orion, constellation, S p. 403.
ORLÉANS, II, 7 ; v, 34 *fin* ; VII, 46 ; VIII, 1 ; IX, 33 ; combats sous ses murs livrés par Childéric, II, 18 ; délivrée du siége fait par Attila, II, 7 ; réception solennelle de Gontran, VIII, 1. — (comte d'). *Voy.* WILIACHAIRE. — (territoire d'), IX, 5. — GC 99 ; VP 8.
OROSE, v, *Prol.*; son Histoire, I, *Prol. fin* ; 6 ; II, *Prol.*, 9 ; ses livres, I, 37 *fin.*
OSSEN ou OSSER, château, VI, 42 ;

t. II, p. 234, *n.* 4 ; GM 24 à 26.
OTTON, référendaire de Childebert, x, 19.
OUCHE, rivière, II, 32 ; III, 19.

Ouyan (Saint), de Joux, abbaye, t. II,.p. 380, *n.* 2.
OXION, roi des Corinthiens, I, 16.

P.

PALLADIUS, comte des Gabales, IV, 40.
PALLADIUS, évêque de Saintes, VII, 31 *fin* ; VIII, 2, 7, 20, 22 *fin*, 43 ; GM 56 : MM IV 8.
PANCRATIUS, martyr, GM 39.
PANÉAS (statue du Christ à), GM 21.
PANNICHIUS, prêtre de Poitou, GM 107.
PANNONIE, I, 34 ; berceau des Francs, II, 9, p. 67 ; patrie de saint Martin de Tours, I, 34 ; x, 31 ; et de saint Martin de Galice, v, 38 ; pays des Huns, II, 6.
PAPE, II, 1 ; x, 1, 31 ; appel à son autorité, v, 21 ; absout Brice, II, 1 *fin* ; x, 31 ; titre donné à tous les évêques, mais surtout à celui de Rome, IV, 26, *n.* p. 173. — de Constantinople, v, 31.
PAPIANILLA, fille de l'empereur Avitus et femme de l'évêque de Sidoine, II, 21 et *n.*
PAPPOLA, sainte, GC 16.
PAPPOLEN, VI, 16.
PAPPOLUS, évêque de Chartres, VII, 17 ; VIII, 10 *fin.*
PAPPOLUS, évêque de Langres, v, 5.
PARANYMPHE de Rigonthe, IV, 45 *fin.*
PARIS, son patron saint Denis, x, 29 ; incendié, VIII, 33 ; GM 72 ; grande désolation, VI, 45 ; première église où se réfugia Frédégonde, VII, 4, 15 ; église de Saint-Denis, v, 35 *fin*, etc., de Saint-Pierre, v, 50 ; de Saint-Laurent, VI, 9.
Séjour des rois, II, 38 ; x, 28 ; partagé entre les rois, IX, 20 ; séjour de Clovis, II, 38, 40 ; où il est enterré, II, 43 ; résidence de Clotilde, III, 18 ; lieu de la mort de Childebert, IV, 20 ; voyage de Gontran à Paris, VII, 5 ; VIII, 1, 9 ; x, 11, 28 ; et de Childebert II, VII, 5 ; qui n'y est pas reçu, VII,

6 ; de Chilpéric, IV, 22 ; v, 1 ; VI, 5 ; contre les traités, VI, 27 ; il y revient, VI, 31, 32 ; en sort et y rentre, VI, 34 ; y réside, VI, 31 ; y construit des cirques, v, 18 ; voyage de Sigebert, IV, 51 ; de Brunehaut, IV, 52 ; qui y réside, v, 1 ; congrès, x, 28. — (second concile de), IV, 36 ; quatrième, IV, 48 ; pour le jugement de Prétextat, v, 19 ; VII, 16 ; dans l'affaire de Pappolus, VII, 17. — (territoire de) VI, 14 ; x, 19 ; IV, 50 *fin ;* GC 90.
PAROS (marbre de), GC 92, 102.
Parre (Saint). *Voy.* PATROCLE.
PARTHÉNIUS, III, 36.
PARTHÉNIUS, évêque des Gabales, IV, 40.
PASCENTIUS, abbé, puis évêque de Poitiers, IV, 18 *fin.*
PASCHASIE (Sainte), GM 51 ; GC 43.
PASSIVUS, prêtre, VP 16.
PATERNIANUS, breton infirme, MM IV, 46.
PATHMOS, île, I, 24 *fin.*
PATIENT, évêque de Lyon, II, 24 *fin.*
PATRAS en Achaïe, GM 31.
PATRIARCHES, titre donné aux évêques de Lyon, v, 21. *Voyez* PAPE.
PATRICE, dignité, IV, 24 ; t. I, p. 171, *n.* 3. — Patrices bourguignons ; *voyez* ASTÉRIUS, AGRICOLA, CELSUS, AMATUS, MUMMOL.
PATROCLE, reclus à Bourges, v, 10 ; VP 9.
PATROCLE, martyr (à Troyes), GM 64.
PAUL, apôtre, VI, 6 ; le Christ parlait par sa bouche, x, 13 ; meurt à Rome, I, 24 ; GM 29. — (église de Saint) à Rouen, x, 1 ; à Tours, II, 14.
PAUL, roi des Lombards, x, 3.
PAUL, évêque de Narbonne, I, 28.
PAUL, démoniaque, MM I, 38.
PAUL, rachitique, VP 16

PAULELLE, prêtre de Reims, III, 51 fin.
PAULIACENSE mon., GM 48.
PAULIN, II, 13 et n.; sa lettre, X, 31; MM I, pr., 2; GC 110.
PAULUS, comte des Romains, II, 18.
PAUVRES. Gontran leur distribue des trésors, VII, 40 fin; VIII, 3 fin; nourris par l'Église, VII, 29, n.
PÉGASE, évêque de Périgueux, II, 13.
PEINTURES dans les églises, II, 17; VII, 22; GM 23; MM 1, 15.
PÉLAGE, pape, X, 1; sa mort, ibid.
PÉLAGE, gardien des troupeaux du fisc, VIII, 40.
PÉLAGIE, mère de saint Arédius, X, 29; GC 104.
PÉLAGIENNE (Hérésie), IV, 39; suivie par l'empereur Justin, ibid.
PÉONIUS, comte d'Auxerre, IV, 42.
PERCHE (Le), GC 99.
PÈRE, doit être sacré pour son fils, v, 14; fût-il hérétique, VI, 43.
PÈRES, leur autorité, IX, 42; X, 13.
PÉRIGUEUX, VI, 8, etc.; reçoit Gondovald, VII, 26; soumis à Chilpéric, VI, 12. — (habitants de), IX, 31; sous Gontran, VIII, 30; GC 100.
PERNAY, en Touraine, VP 8 p. 387.
PERPÉTUE, évêque de Tours, II, 14; X, 31; MM I, 6.
PERSARMÉNIENS, se réfugient près de Justin leur évêque, IV, 39.
PERSE, pays, X, 24; S, p. 401.
PERSÉCUTIONS contre les chrétiens. Leur origine, I, 23; à Rome, sous Néron, I, 24; sous Domitien, ibid. fin; sous Trajan, I, 25; dans les Gaules, à Lyon, I, 27; sous Dèce, I, 28; sous Valérien et Gallien, I, 30, 31; sous Dioclétien, I, 33; sous Valens I, 37; sous les Vandales en Afrique, II, 3; en Espagne, II, 2; sous les Goths, II, 4; V, 39; sous Euric, II, 25.
PERSES. Leur dieu Zoroastre, I, V; mis en fuite par Tibère, V, 31 fin; dévastent l'Arménie, X, 24; envahissent Antioche, etc., IV, 39.
PEUPLE, petit peuple dans les armées, VI, 51; VII, 35.
PHARAON, roi d'Égypte, I, 9 fin, 10.
PHATIR, juif converti, VI, 17.
PHÉNICIE (Paon de), GC 112.
PHÉNIX, oiseau, S, p. 402.
PHILOMINUS, martyr à Lyon, GM 49.

PHINÉE, nom biblique, II, Prol., 10.
PHOTIN, évêque de Lyon, martyr, I, 27; GM 49, 50.
PHOTIN (autre), martyr à Lyon, GM 49.
PIENTIUS, évêque d'Aix, VI, 11 fin.
PIENTIUS, évêque de Poitiers, IV, 18.
PIERRE, apôtre, VI, 6; meurt à Rome, I, 24; GM 28.
PIERRE (Église de Saint-), à Rome, II, 7; X, 1; — à Clermont, IV, 31; — à Paris, III, 18; IV, 1; V, 19, 50; à Tours, II, 14 fin; X, 31; à Marmoutier, X, 31.
PIERRE, diacre, frère de Grégoire de Tours, V, 5; J 24.
PIERRES (Champ de), près de Marseille, IV, 45.
PIERRES PRÉCIEUSES d'Espagne, X, 31.
PILATE, ses Gestes envoyés à Tibère, I, 20, 23.
PIOLUS, clerc, MM II, 26.
PIONSAT (Forêts de), VP 12.
PLACIDINA, femme d'Apollinaire, III, 2; mère d'Arcadius, III, 12.
PLACIDUS, procurateur à Ravenne; MM I, 16.
PLAIDS, assises, VII, 7, 23; GM 65.
PLAIES d'Égypte, I, 9; VI, 5.
PLAISANCE, a pour évêque l'empereur Avitus, II, 11.
PLATON, archidiacre de Tours, V, 50; évêque de Poitiers, MM IV, 32, 33.
Pléiades, constellation, S, p. 473.
PLUIES excessives, V, 34 VIII, 23; IX, 17.
POITIERS, résidence d'Alaric, II, 37; séjour de Chramn, IV, 16; envahi par Chilpéric, IV, 46, 48; V, 25; repris par Sigebert, IV, 46; son église de Saint-Hilaire, V, 50. — (monastère de), VI, 34 fin; fondé par Radegonde, III, 7; troublé, IX, 19, 49; sa règle, IX, 30, 42. — (pays de), II, 37; respecté par Clovis, ibid.; sous Chilpéric, V, 42. — (diocèse de), IV, 18 fin; habité par les Téïfales, ibid. — (comtes de), voyez MACCON. — (ducs de): voyez ENNODIUS, BÉRULF. — Voy. encore MM I, 30; II, 15, 44, 56; III, 9, 46; IV, 16, 29; GC 2, 53.
POLYCARPE, martyr, I, 26; son disciple Irénée, I, 27. — GM 86.
POLYEUCTE, martyr, VII, 6 fin; GM 103.

27

POMPEIA (deux), martyres à Lyon, GM 49.
PONT-PIERRE, v, 18.
PONTILION, IV, 23 ; VI, 37 ; MM IV, 41.
PONTICUS, martyr à Lyon, GM 49.
PONTIGNI, monast., VP 18.
POPUSITUS, aveugle, VP 15.
PORCAIRE, abbé de Poitiers, IX, 43.
PORT près de Rome, X, 1 fin.
PORTIANUS, abbé, VP 5.
PORTIERS, IV, 31 fin; VI, 11 ; VIII, 11 ; IX, 9.
POSSESSION, possédés, IV, 11 fin ; VII, 35 fin ; VIII, 34 ; IX, 21 fin.
POSTHUMIANA, martyre à Lyon, GM 49.
PRÉCEPTEUR, VI, 36.
PRÉCIGNI, bourg, VP 8, p. 387.
PRÉVOTESSE du monastère de Poitiers, X, 15.
PRÉTEXTAT, évêque de Rouen, accusé par Chilpéric, v, 19 ; défendu par Grégoire, ibid.; envoyé en exil, ibid ; compose des prières, VIII, 20 ; est réintégré, VII, 16 ; altercation avec Frédégonde, VIII, 31 ; est tué, ibid.; par ordre de Frédégonde, VIII, 41 ; Gontran veut venger sa mort, IX, 20 ; était parrain de Mérovech, V, 19.
PRÉTORIENS, II, 8.
PRÊTRES, doivent obéir aux évêques, II, 23 ; prêtre tué par un comte, V, 37; autre relégué dans un monastère, V, 50 ; prêtres suppliciés par Chilpéric, V, 29 ; prêtre d'un bourg, VII, 47 ; châtiment de leurs persécuteurs, V, 37 fin ; vêtus de blanc, II, 23 ; leurs vêtements différent de ceux des laïcs, V, 14.
PRILIDAN, martyr, I, 28.
PRIMICIER dans une église, II, 37.
PRIMUS, martyr à Lyon, GM 49.
PRINCIPIUS, citoyen de Périgueux, MM IV, 41.
PRISCUS, évêque de Lyon, IV, 36 ; VIII, 20 fin ; est puni, IV, 36.
PRISCUS, juif, VI, 5, 17 fin.
PRIVAT ou SAINT-PRIX, évêque des Gabales, martyr, I, 32; VI, 37 ; patron de Mende, X, 29, p. 295.
PROBATUS, archidiacre de Grégoire, GC 24.
PROBIANUS, évêque de Bourges, GC 80.

PROCESSIONS publiques le jour de l'Épiphanie, V, 4 fin ; de l'Ascension, V, 11 ; à Rome, ordonnées par Grégoire le Grand, X, 1 ; processions solennelles lors des funérailles, II, 13.
PROCULUS, évêque de Tours, III, 17 ; X, 31 ; VP 4.
PROCULUS, prêtre de Marseille, VI, 11.
PROCULUS outrage saint Quintien, est tué à l'autel, III, 13.
PRODIGES, IV, 9 fin ; I, 31, 52 ; V, 19 ; 24, 34, 42 ; VI, 14, 21, 25, 33, 44, VII, 11 ; VIII, 8, 17, 24, 42 fin ; IX, 5, 44 ; X, 23, fin.
PROFUTURUS ; voyez FRIGÉRIDUS.
PROMOTUS, évêque de Châteaudun, est dépossédé, VII, 17.
PROPHÈTES (FAUX), X, 25.
PROPRIÉTÉ, biens propres d'un évêque, III, 34 ; ne peut être conservée par les religieux, IX, 42.
PROSERIUS, martyraire, J 46.
PROTAIS, son église à Rome, X, 1 ; ses reliques à Tours, X, 31 ; apportées par saint Martin, ibid.
PROTASIUS, abbé, VP 5.
PROVENCE, VI, 6 ; souffre d'une épidémie, VIII, 39 fin ; ses gouverneurs Dynamius, Jovinus, VI, 7 ; Albinus, IV, 44 ; Nicétius, VIII, 43 ; divisée en deux parties, VIII, 43, n.; province d'Arles, IV, 5, 45 ; VIII, 30 fin ; X, 25 ; dévastée par les Goths, IX, 7 ; sous Gontran, VIII, 43, n.; province de Marseille, II, 32 ; VIII, 43 et n.; X, 25 ; en proie à une épidémie, X, 25.
PROVINCIAUX (Évêques), IX, 20 ; X, 15, 16.
PPUDENTIA, aveugle, VP 9.
PRUNES, III, 15, p. 129.
PSAUMES, commentés par Grégoire, X, 31.
PUBLIANUS, aveugle, J, 22.
PYRAMIDES d'Égypte, I, 10.
PYRÉNÉES, montagnes, II, 9 ; V, 34 fin.
PYTHONISSE, V, 14 ; VII, 44 ; ses mensonges, V, 14 ; exorcisée, VII, 44.

Q.

QUARTA, martyre à Lyon, GM 49.
QUARÊME, IV, 5 fin, 13 ; VI, 6 ; VII, 34, etc. ; temps d'abstinence, V, 4 fin ; un évêque se renferme pour prier, II, 21 fin ; un autre se retire dans une île, VIII, 43.
QUINTIANUS, évêque de Rodez, II, 36 ; par la volonté du roi Théodoric, III, 2 fin ; est fait évêque de Clermont, III, 2, 12 ; IV, 5 ; Dieu punit son injure, III, 13 ; prophétie accomplie, IV, 35 ; VP 4, 6.
QUINTINUS, maître de la milice, II, 9.
QUINTINUS, martyr à Vermand, GM 73.
QUINTUS, évêque de Nola, GM 104.
QUIRINUS, prêtre de Siscia, martyr, I, 33 et n.
QUITÉRIA (Sainte), GC 109.

R.

RADÉGONDE, reine, VI, 29 fin, 34 fin ; IX, 40 ; X, 15 fin, 16 : sa patrie, IX, 39 ; son père, III, 4, 7 ; femme de Clotaire, III, 7 ; fonde le monastère de Sainte-Croix de Poitiers, III, 7 ; VI, 29 ; X, 16 ; lettre à ce sujet, IX, 42 : établit une abbesse à laquelle elle obéit elle-même, IX, 42 ; envoie chercher des reliques en Orient, IX, 40 ; son humilité, ses jeûnes, ses oraisons, IX, 39 ; lettre que lui écrivent les évêques, ibid. ; meurtres commis sur son tombeau, X. 15, 16. — GM 5 ; GC 106.
RAGNACAIRE, roi des Francs, II, 27 : à Cambrai, II, 42 ; réuni à Clovis contre Syagrius, II, 27 ; tué par lui, II, 42.
RAGNEMOD, prêtre, puis évêque de Paris, V, 14, 19, 33 fin ; VI, 27 ; VIII, 4, 16 ; IX, 6 ; X, 14 ; MM II, 12.
RAGNOVALD, duc, VI, 12 ; VII, 10.
RAISINS venus sur un pied de sureau, VI, 9.
RANICHILDE, fille de Sigivald, VP 12.
RATHARIUS, duc de Marseille, VIII, 12.
RAUCHING, duc, VIII, 26, 29 fin ; sa cruauté, V, 3 ; se dit fils de Clotaire, sa femme, IX, 9 ; conspire contre Childebert II, IX, 9 ; X, 19 ; est découvert et tué, IX, 9.
RAVENNE (Écoles de), MM I, 15, 16.
RÉ (Île de), V, 49.

RECCARED, roi, VI, 34, n. ; fils de Leuvigild, VIII, 30 fin, 38 ; succède à son père, VIII, 46 ; envoie une ambassade aux rois francs, IX ; 1, 16 ; convoque les évêques, IX, 15, reconnaît la vérité et se fait baptiser, ibid. ; demande Clodosuinde en mariage, IX, 16 fin, 20 ; son expédition en Gaule, VIII, 30 fin, 38 ; est fiancé à Rigonthe, IV, 38, n. ; VI, 18, 34, 45 ; reçoit des présents de Brunehaut, IX, 28 fin.
RECENSEMENTS, V, 35 fin ; IX, 30.
RECLUS, VI, 29 fin ; VIII, 34 ; IX, 40 fin.
RÉFÉRENDAIRES, voyez MARC, BAUDIN, THEUTHAIRE, GALLOMAGNE, OTTON, URSICIN, BOBOLEN.
RÉGALIS, évêque de Vannes, X, 9.
RÈGLES des monastères. De Cassien et d'autres abbés dans le monastère de Saint-Arédius, X, 29 ; de Saint-Césaire d'Arles, IX, 39 ; de Saint-Césaire et de Sainte-Césarie, IX, 40, 42.
REIMS, envahi par Chilpéric, IV, 23 ; dévasté, IV, 51 ; résidence royale de Sigebert, IV, 23 ; MM IV, 26 ; GC 79.
REINES, prennent soin des affaires du ménage, VI, 45 ; titre donné aux filles de rois, V, 50 ; VII, 9 fin, 27 fin, 28, etc. ; même aux religieuses, IX, 40 fin.
RELIGIEUSES, ne doivent pas sortir du cloître, IX, 39 ; leurs biens pro-

près, IX, 42 ; chevelure conservée, X, 15.
RELIGIEUX, IX, 15, 42 ; changent d'habit, II, 1 ; leurs vêtements, IV, 26 ; IX, 33.
RELIGION, V, 44 fin; catholique, IV, 18 ; profession monastique, IX, 42 ; tolérance des Ariens, V, 44.
RELIQUES suspendues au cou, VIII, 15 ; portées au-devant du roi, VI, 27.
REMI, évêque de Bourges, VI, 39.
REMI, évêque de Reims, II, 27, 31 ; éclaire Clovis, II, 31 ; le baptise, ibid. ; fait des miracles, ibid. ; sa basilique, IX, 14 ; X, 19 fin ; GC 79.
RÉMIGIA, matrone, MM II, 22.
RENATUS FRIGÉRIDUS. Voyez FRIGÉRIDUS.
RENNES, V, 32; X, 9. — (pays de), V, 30. — (habitants de), VIII, 42. — Voy. GC 55.
RENOSINDE, frère de saint Yriez, MM II, 39.
RÉOME, monast., GC 87.
RÉOVAL, médecin, X, 15, p. 272.
RÉPUBLIQUE romaine, II, 3 fin.
RESPENDIAL, roi des Alemans ou des Alains, II, 9.
RESSON, IX, 20.
RÉSURRECTION du Seigneur, eut lieu le premier jour de la semaine, I, 22 ; exprime un dimanche quelconque, VIII, 31.
RETZ, en Poitou, GC 54.
REUIL, VII, 19.
RÉVOCATUS, évêque apostat, II, 3.
RHIN, fleuve, II, 9, 40 ; IV, 50 fin ; ses bords occupés par les Francs, II, 9 fin ; qui le traversent, II, 9 ; son confluent avec la Moselle, VIII, 13.
RHODAN, duc des Lombards, IV, 45.
RHODES (Colosse de), S, p. 401.
RHÔNE, fleuve, son cours arrêté par la chute d'une montagne, IV, 31. — GM 69, 76.
RICHAIRE ou RIQUIER, II, 42 ; tué par Clovis, ibid.
RICHIMER, père d'un roi franc, II, fin.
RICULF, clerc, sous-diacre à Tours, V, 14, 50.
RIEZ (Territoire de), IV, 43. — GC 83.
RIGNOMER, tué par Clovis, II, 42.
RIGONTHE, fille de Chilpéric, reine, V, 50 ; VII, 9, 15, etc. ; promise à Reccared, VI, 34 ; fiancée, IV, 38 ; son mariage, VI, 45 ; envoyée en Espagne, VI, 45 ; VII, 9 ; reste à Toulouse, VII, 9 ; est maltraitée après la mort de son père, ibid., et 10, 15 ; vol de ses trésors, VII, 32 fin, 35 ; revient avec humiliation, VII, 39 fin ; rixes avec sa mère IX, 34.
RIOM, GM 86, 87 ; GC 33.
RIONS, village, GC 48.
RITICIUS, évêque d'Autun, GC 75.
ROCCOLEN, V, 1 ; tourmente Grégoire, V, 4.
RODEZ, II, 37 fin ; III, 21 ; VI, 38. — (territoire de), X, 8.
RODONE, martyre à Lyon, GM 49.
ROGATIANUS, martyr à Nantes, GM 60.
ROIS. Les Israélites en demandent à Dieu, I, 12 ; chez les Ariens communient avec un calice particulier, III, 31 ; s'appellent réciproquement frères, II, 35 ; sont la tête du peuple, II, 34 ; les trahisons envers eux doivent être punies, II, 42 ; leurs meurtriers exterminés en Espagne, IV, 38.
ROIS DES FRANCS, leur maison et leurs richesses, VI, 45 ; manière de les proclamer, II, 40 fin ; V, 18 ; VII, 33 ; de les inaugurer, II, 40 fin ; IV, 42 ; vision de saint Nizier sur leur règne, VP 17, p. 397, leur droit dans l'élection des évêques, IV, 6 ; permission pour en appeler au pape, V, 21 ; doivent suivre les canons et les lois, V, 19 ; on doit recourir à eux contre les persécuteurs de l'Église, IX, 42 ; prières pour eux dans la messe, VII, 8 ; demandaient la bénédiction des évêques, VIII, 1 fin ; peuvent être réprimandés, mais non condamnés, V, 19 ; leurs injustices punies par Dieu, ibid. ; garantissent par serment les biens du monastère de Poitiers, IX, 42 ; et les privilèges des peuples, IX, 30. — (fils des) ; appelés rois, II, 42 ; III, 22 ; IV, 13, etc. — (filles des) ; appelées reines, V, 50, p. 287.
ROMACAIRE, évêque de Coutances, VIII, 31.
ROMAGNAT (Plaine de), IV, 20.
ROMAIN (Saint-), de Blaye, GC 46.
ROMAIN (Saint-), dans le Jura, VP 1.

TABLE. 473

ROMAINS, III, 18, 23 ; vaincus par les Francs, II, 9 ; par Clodion, II, 9 *fin;* combattent contre les Saxons, II, 18, 19.
ROME. Prise par les Goths, II, 9 ; périt par les guerres civiles, v, *Prol.;* épidémie , X, 1 ; son patron saint Pierre, I, 24 ; VI, 6 ; siége apostolique , II, 1 *fin*; IV, 26 GC 27 ; VP 8, p. 387.
ROMULF, évêque de Reims, X, 19 *fin.*
ROMULF, comte du palais, IX, 30 ; MM IV 6.
ROSAMONDE, femme d'Alboin, IV, 41, *n.*
ROUE (Supplice de la), V, 19 *fin.*
ROUEN, IV, 52 ; V, 2, 19 ; ses citoyens, VIII, 31 ; ses églises fermées, *ibid.*
— (territoire de), VII, 19. — (comte de), VI, 31.
RUAN, bourg de Touraine, X, 31.
RUBÉOLA, constellation, S, p. 403.
RUCCO, démoniaque, VP 9.
RUCCOLEN, duc des Cénomans, MM II, 27.
RUEL, IX, 13 ; X, 28.
RUFIN, historien, IX, 15, *n.*
RUFIN, évêque de Comminges , VII, 34, *n.*
RUFUS, évêque de Turin, GM 14.
RUSTICUS, évêque de Clermont, II, 13, 16.
RUSTICUS , évêque d'Aire, VII, 31 *fin.*
RUSTICUS DÉCIMUS, II, 9, p. 65.

S.

SABARIA en Pannonie, MM I, 3.
SABAUDUS, évêque d'Arles, IV, 30; VIII, 39.
SABAUDUS, serviteur du roi Clotaire, VP 9.
SABELLIUS, hérésiarque, II, 34 ; son hérésie renouvelée par Chilpéric, V, 45.
SACERDOS, évêque de Lyon, IV, 36 ; VP 8, p. 336.
SACRIFICE offert à Dieu, VI, 40 ; dès le commencement du monde, I, 2.
SACRISTIE, II, 21 ; V, 19 ; VI, 11 ; VII, 22 ; VIII, 7.
SADUCÉENS, leur hérésie renouvelée, X, 13.
SAFFARACUS, évêque de Paris, IV, 36.
SAFFARIUS, évêque de Périgueux, IX, 41.
SAGITTARIUS, évêque de Gap, IV, 43 ; ses crimes, V, 21 ; dégradé et renfermé, V, 28 ; s'emporte contre le roi Gontran, V, 21 ; se joint à Gondovald, VII, 28 *fin,* 34 ; vient à Comminges, VII, 37 *fin*, 38 ; est tué, VII, 39.
SAINTE-BARBE, abbaye, GC 22.
SAINTES (Concile de), IV, 26 ; V, 37.
— (comtes de), *voyez* WADDON, GUNDÉGISIL. — (habitants de), IX, 31 ; MM III, 51 ; IV, 31 ; GC 57-60, sous Gontran, VIII, 30.
SALLUSTE, son Histoire, IV, 13 *fin*, VII, 1, p. 72.
SALLUSTE, comte de Clermont, IV , 13.
SALOMON, fils de David, I, 12, 13, 14 ; V, 44 ; rois qui régnaient de son temps, I, 16.
SALONIUS, évêque d'Embrun, IV, 43 ; ses crimes, V, 21 ; dégradé, V, 28.
SALVIUS, évêque d'Albi, V, 45, 51 ; VII, 1 ; sa mort, VIII, 22 *fin.*
SAMSON, fils de Chilpéric, V, 23.
SAMUEL, prophète, I, 12 ; le Juste, II *Prol.*
SANCTUS, martyr à Lyon, GM 49.
SANG répandu dans l'église, V, 33 ; coule à la fraction du pain, V, 34 *fin* ; VI, 21. — (pluie de), VI, 14. — (nuages de), VIII, 17. — (étang de), VIII, 25.
SAÔNE, fleuve, II, 32 ; V, 34 ; VIII, 30 ; GM 70.
SARAGOSSE, II, 9 ; assiégée par Childebert, est délivrée, III, 29.
SATURNE, II, 29.
SATURNIN, évêque de Toulouse, ses actes, son martyre, I, 28 ; patron de Toulouse, X, 29 *fin* ; son église, VI, 12 ; GM 48; GC 20.
SAUL, roi des Israélites, I, 12.
SAUTERELLES, armées combattantes, IV, 20 ; désolent la Nouvelle-Castille, VI, 33, 44.

27.

SAXONS, en guerre avec les Romains, II, 18, 19 ; vaincus par les Francs, II, 19 ; Saxons en Italie, v, 15 ; d'où ils se jettent sur la Gaule, IV, 43 ; trompent les Arvernes, IV, 43 *fin* ; de retour dans leur patrie, sont vaincus par les Suèves, v, 15 ; se jettent sur la France ; IV, 16 *fin*, 17 ; rebelles à Clotaire Ier, sont réprimés, IV, 10 ; se révoltent, IV, 14, 16 ; tributaires des Francs, IV, 14 ; demandent la paix, carnage des deux côtés, *ibid. fin.*
SAXONS de Bayeux, v, 27 ; x, 9. — (roi des), *voyez* ODOACRE.
SCAPTHARIUS, l'un des premiers du royaume, IV, 13 *fin.*
SCEAU du roi, v, 3 *fin.*
SCELLÉS, VII, 9 ; VIII, 12.
SCHISMES, leur origine, I, 26.
Scolastica, t. I, p. 37, *n.*
SCOPILIA, possédée, VP 9.
SCYTHIE, II, 8.
SECUNDELLUS, diacre, VP 9.
SECUNDINUS, III, 33.
SECURUS, rachitique, MM I, 40.
SEDULIUS, poëte, v, 45 *fin* ; imité par Chilpéric, VI, 46.
SEIGNEURS, I, 29 ; VI, 24, 45 ; VII, 7, 19, 26 ; IX, 36 ; x, 16.
SEINE, fleuve, IV, 50 ; v, 25 ; VIII, 30.
SELLE en Poitou, son évêque Austrapius, IV, 18, *fin.*
SEMBLIN (Saint), *voyez* SIMILINUS.
SÉNAT romain, sa haine contre les chrétiens, pour quelle cause, I, 23.
SÉNATEURS, I, 29.
SÉNATEURS des Gaules, II, 21 *fin* ; VI, 39, etc. ; d'Auvergne, x, 31 ; leurs fils donnés en otage sont réduits en servitude, III, 15.
SÉNATOR, angevin, MM III, 7.
SÉNEVIÈRES, monast., VP 18.
SENLIS, partagé entre les rois, I, 20 ; sous Childebert II, IX, 20. — (territoire de), VI, 14 *fin.*
SENNAAR (Champ de), I, 6.
SENOCH, abbé à Tours, GC 25 ; VP 15 ; sa mort, v, 7.
SÉNONAIS (Pays), MM II, 55.
SENS, x, 11 *fin* ; son évêque Anthémius, VIII, 31 *fin.*
SEPT DORMANTS (Les), d'Éphèse, GM 95 ; t. II, p. 404, *n.*
SEPTIMANIE, IX, 1 *fin*, 24, 31 ; dans les Gaules, VIII, 28 ; voisine des Gaules, VIII, 30 ; dévastée par Gontran, VIII, 35 ; IX 7.
SEPTIMINE, gouvernante des enfants du roi, IX, 38.
SÉPULTURE refusée aux criminels, IX, 10 *fin* ; dans les églises. IX, 42.
SÉQUANUS ou saint Seine, GC 88.
SÉRÉNATUS, serf de Grégoire, MM IV, 36.
SERGIUS, martyr, VII, 31 ; GM 97.
SERMENT sur l'autel, III, 14 *fin* ; à trois autels, v, 50 ; sur le tombeau de saint Denis, v, 33 ; de saint Martin, v, 49 *fin* ; VIII, 16 ; sa formule, IV, 47 ; des peuples aux rois, IX, 30 ; des rois pour assurer les priviléges des peuples, *ibid.* ; faux serments punis, VIII, 16, 40.
SERPENTS tombés des nuages, IX, 5 ; les premiers vus à Paris, VIII, 33 *fin.*
SERVATIUS. *Voy.* ARAVATIUS.
SERVIUS TULLIUS, roi des Romains, I, 16 *fin.*
SERFS, leur mariage, v, 3.
SÉVÈRE (Saint), GC 51, 52.
SÉVÈRE, v, 26 *fin* ; sa mort, *ibid.*
SÉVÈRE SULPICE. Son livre, etc., de saint Martin, x, 31 ; MM I ; Prol., I, 2 ; II, 32 ; sa Chronique, I, 7 *fin* ; II, *Prol., fin.*
SÉVÉRINUS, évêque de Cologne, MM 1, 4.
SÉVÉRINUS, évêque de Bordeaux, GC 45.
Séville, v. 39 *n.* ; VI, 43, *n.*
SEXCIACENSIS *vicus*, GC 49.
SICAMBRES, II, 31.
SICHAIRE, de Tours, VII, 47 ; IX, 19 ; est tué, VII, 47 *fin* ; IX, 19.
SICHLAIR, Goth., VP 18.
SICILE, envahie par les Francs, III, 32 *fin* ; monastères fondés par saint Grégoire le Grand, x, 1.
SICYONIENS, leurs rois EUROPS, MARATE, 1, 16.
SIDOINE APOLLINAIRE, évêque de Clermont, II, 23, 24, 25, etc. ; ancien préfet, II, 21 *fin* ; sa femme, son éloge, son livre sur les messes, II, 22 ; ses lettres, VI, 7 ; sa mort, II, 23. — GM 65 ; J 2 ; VP 3 ; S, p. 404, *n.*
SIGEBERT, roi, fils de Clotaire Ier, IV, 3 ; fait sa résidence à Reims, IV, 22 *fin* ; reçoit pour femme Brunehaut, IV, 27 ; envoie des ambassadeurs à Constantinople, IV,

39 ; fait la paix avec les Huns, IV, 29, et avec l'empereur Justin, IV, 39 ; accueille les Saxons, IV, 43 ; vaincu par les Huns au moyen de la magie, fait la paix, IV, 29 ; les met en fuite, réprime Chilpéric, prend Soissons, IV, 23 ; donne des terres aux Suèves, V, 15 ; possède en partie l'Italie, IX, 20 ; X, 3 ; fait raser Gondovald, MM I, 29 ; VI, 24 ; succède à Charibert, VII, 12 ; est pourchassé par Chilpéric, IV, 48 ; arme contre lui les nations d'outre Rhin, IV, 50 ; s'empare de son royaume, IV, 52 ; prend Arles, IV, 30 ; qu'il perd avec son armée, *ibid.* ; possède Tours et le perd, V, 49 *fin* ; Poitiers et Tours, IV, 46 ; les reprend, *ibid.*, et tout ce qu'il avait perdu, son courage, IV, 50 ; fait la paix avec Gontran, IX, 20 ; qui lui rend ses villes, VII, 33 *fin* ; favorisé par Mondéric, V, 5 ; incendie Paris, GM 72 ; achève l'église de Saint-Médard, IV, 19 ; exempte Tours du payement des tributs, IX, 30 *fin* ; établit un évêque à Châteaudun, VII, 17 ; sa sévérité envers un archidiacre, IV, 44 *fin* ; est tué, IV, 52 ; V, 6 ; VII, 6 *fin* ; enterré à Soissons, IV, 52 ; sa mort, rejetée par Chilpéric sur Gontran, VI, 31 ; de glorieuse mémoire, VIII, 45 ; de bonne mémoire, IX, 20 ; son fils Childebert, V, 48 ; sa fille Ingonde, IX, 24 ; ses trésors, VIII, 26 ; a pour comte du palais Gucilion, V, 19 *fin* ; pour référendaire Siggo, V, 3 *fin* ; Theuthaire, IX, 33 *fin*. — *Voy.* encore MM I, 32 ; II, 1, 7, 27 ; III, 17 ; GC 71 ; VP 17, p. 397 ; S, p. 404.

SIGEBERT, prêtre de Mouzon, IX, 29.

SIGEBERT CLAUDE, roi à Cologne, II, 37 ; tué par son fils, II, 40.

SIGÉRIC, fils du roi Sigismond, III, 5 ; est tué, *ibid.*

SIGGO, référendaire, V, 3 *fin* ; MM III, 17.

SICHAIRE, citoyen de Poitiers, IV, 46.

SIGILA, Goth ; sa mort, IV, 52.

SIGISMOND, roi des Burgundignons, fonde le monastère de Saint-Maurice, III, 5 ; GM 75 ; ses femmes, *ibid.* ; tue son fils Sigéric, *ibid.* ; marie sa fille à Théodéric, roi des Francs, *ibid. fin* ; est tué, III, 6.

SIGIVALD, VII, 12.

SIGIVALD, duc, V, 12 ; l'un des grands de Théodéric, III, 24 ; VP 5, 12 ; gouverneur de Clermont, III, 13 *fin* ; envahit les biens de l'Église et devient fou, III, 16 ; J 14 ; parent du roi, est tué, III, 23.

SIGULF, IV, 48 ; VII, 27 ; duc, VIII, 18 *fin*.

SILLUVIUS, de Bayeux, MM IV, 22.

SILVESTRE, pape, II, 31 *fin*.

SILVESTRE, élu évêque de Langres, meurt, V, 5.

SILVIUS, roi des Latins, I, 16.

SILVIUS, martyr à Lyon, GM 49.

SIMÉON (Saint) Stylite, GC 26.

SIMÉON, évêque de Jérusalem, I, 25.

SIMÉON d'Antioche, VIII, 15 *fin* ; X, 24.

SIMILINUS, martyr à Nantes, GM 60.

SIMOIS, fleuve, IV, 30.

SIMON, prêtre, MM II, 4.

SIMON, évêque étranger, X, 24.

SIMON le Magicien, I, 24 ; II, 23 *fin* ; V, 50 ; VI, 39.

SIMPLICIUS, évêque de Vienne, II, 13.

SIMPLICIUS, évêque d'Autun, GC 74, 76, 77.

SINA, SINAI, montagne, I, 10.

SIRIVALD, est tué, III, 35.

SIROIALENSE monast., IV, 49 ; MM I, 18 ; *Addit.*, p. 433.

SISCIA, I, 33 et *n.* ; son évêque Quirinus, *ibid.*

SISEGONTHE, t. II, p. 662, *n.* 1.

SISINNIUS, maître de la milice, IV, 45 *fin*.

SISULF, pauvre, MM II, 40.

SIXTE, pape martyr, I, 28.

SOCRATIUS, est tué, X, 8.

SODOME, VI, 5 ; X, 24 *fin*.

SOISSONS, résidence de Syagrius, II, 27 ; de Chilpéric, IV, 22 ; V, 2 *fin* ; qui y bâtit des cirques, V, 18 *fin* ; basilique de Saint-Médard, V, 35 *fin* ; son tombeau, IV, 19, 21 ; sépulture de Sigebert, V, 52 *fin* ; (prisonnier pour dettes à), MM III, 47. — GC 95.

SOISSONS (Pays de), V, 3 ; VI, 34.

SOIE (Étoffe de), X, 16.

SOLEIL, prodiges, IV, 31 ; éclipse, *ibid.* : X, 23 *fin* ; dimanche appelé jour du soleil, III, 15.

476 TABLE.

SOLEMNIS ou Soulein (Saint), GC 21.
SOLLIUS, IV, 12. *Voy.* SIDOINE APOL-
LINAIRE.
SOMME, fleuve, II, 9 *fin.*
SONNAY, bourg, X, 31.
SOPHIE, impératrice, VI, 30 ; femme
de Justin, V, 20 ; dresse des embû-
ches à Tibère, est punie, V, 31.
SORT, consulté au moyen des saintes
Écritures, II, 37 ; IV, 16 *fin* ; V, 14,
et *n.*
SOUCY, maison royale, synode, IX, 37
et *n.*
STADE, mesure, I, 6.
STAMAS, martyr à Lyon, GM 49.
STATUE adorée, I, 5.
STILICON, bat les Francs, II, 9.
STRASBOURG, IX, 36 ; X, 19 *fin.*
STREMONIUS. *Voy.* AUSTREMOINE.
SUAIRE, porté par un juif, VI, 17.
SUAVEGOTHE, femme de Théodoric Ier
roi des Francs, III, 5 *n.*
SUÉTONE, cité, VI, 46.
SUÈVES, vainquent les Saxons, V, 15 ;
reçoivent des terres, *ibid.* ; appelés
Alemans, occupent la Galice, II, 2 ;
leurs envoyés, V, 42.
SULPICE, évêque de Bourges, VI, 38 ;
sa mort, X, 26.

SULPICE ALEXANDRE ; son Histoire,
II, 9.
SUNNÉGISIL, comte de l'étable, IX,
38 ; X, 19.
SUNNIULFE, abbé de Randan, IV, 33.
SUNNON, duc des Francs, II, 9.
SUREAU portant des raisins, IV, 9.
SUSANNE, femme de Priscus, évêque
de Lyon, IV, 36.
SUZE, IV, 45 *fin.*
SYAGRIUS, évêque d'Autun, V, 5 ; IX,
23 *fin,* 41 ; X, 28 ; VP VIII, p. 387.
SYAGRIUS, II, 41 ; maître de la mi-
lice, II, 18 ; roi des Romains, ré-
side à Soissons, est tué, II, 27.
SYAGRIUS, fils de l'évêque Désidératus,
35.
SYLVESTRE (Saint), GC 85.
SYMBOLE de la foi, I, *Prol.*
SYMPHORIEN, martyr ; son église, II,
15 ; à Clermont, VIII, 30 ; sa nati-
vité, X, 31 ; GM 52.
SYRIE, IV, 39.
SYRIENS, X, 26 ; dans l'église de Paris,
ibid. ; louanges adressées au roi
Gontran dans leur langue, VIII, 1 ;
le Syrien Eufronius, VII, 31.
SYRUS, maître de la milice, II, 9.

T.

TABLES (Jeu des), p. 273.
TACIHILDIS, possédée, VP 9.
TAIFLEUR, Parisien, MM II, 58.
TALVA *vicus,* GC 49.
Tarifa, II, 2 et 4 *addit.,* p. 425.
TATTON. *Voyez* WISTRIMOND.
TAUREDUNUM, IV, 31 ; *Addit.,* p. 430.
TEIFALES, peuple établi dans le Poi-
tou, IV, 18 ; V, 7 ; VP 15.
TÉMOINS. Quels peuvent témoigner
contre les évêques, V, 50.
TEMPLE de Salomon, I, 13 ; dépouillé
par Nabuchodonosor, I, 14 ; sa
ruine, I, 22 ; incendié sous les Ro-
mains, I, 24 *fin.*
TENTURES dans les églises, II, 29, 31 ;
IV, 31.
TÉRENTIOLUS, comte de Limoges, VIII,
30.
TÉROUANNE (Habitants de), V, 1.
TERRE (Tremblement de), II, 20
fin ; V, 18, 34 ; VI, 21 ; VII, 119 ;
X, 23. — (promise), I, 11.

TERTIUM, château en Italie, MM I,
14.
TESTAMENT, VI, 45 ; V, 37 ; X, 31.
TÉTRADIE, femme d'Eulalius, se marie
avec Didier, VIII, 45 ; X, 8.
TÉTRADIUS, évêque de Bourges, III,
16 ; J 14.
TÉTRADIUS, cousin de Cautin, IV, 31
fin.
TÉTRICUS, évêque de Langres, IV,
16 ; V, 5 ; VIII, 5 ; GC 107.
TEUTHAIRE, prêtre commis pour exa-
miner la cause de Chrodielde, IX,
43 ; X, 16.
THAU, inscription, IV, 5 *fin.*
THAUMASTUS, évêque, GC 53.
THÉCLA, surnom donné à Mélanie, I,
36.
THEMELLUS, bourg de Touraine, MM
IV, 42.
THÉODA, fille du prêtre Wiliachaire,
MM III, 13.
THÉODAT, roi d'Espagne, III, 30.

THÉODAT, roi de Toscane, ensuite d'Italie, III, 31 *fin.*
THÉODEBALD, roi des Francs, III, 37; IV, 7, 14; jeune enfant, IV, 6; sa femme Vultrade, IV, 9; ses mœurs, sa mort, *ibid.*
THÉODEBALD ou THÉODOALD, fils de Clodomir, III, 6 *fin.*
THÉODEBERT, roi, III, 1; IV, 52 *fin*; X, 29; marche avec son père contre les Thuringiens, III, 7; envoyé contre les Goths, III, 21; succède à son père, III, 23; a pour femmes Deuthérie et Wisigarde, les répudie, III, 20, 22, 27; menace Théodat, roi d'Italie, III, 31 *fin*; en reçoit de l'argent, *ibid.*; expédition en Italie, III, 32; qu'il soumet ainsi que la Sicile, *ibid.*; arme contre Clotaire, III, 28; repousse les Danois, III, 3, et tue leur roi, *ibid.*; tue Badéric, roi des Thuringiens, III, 4; sauve Givald de la mort, III, 23; ses vertus, III, 25; donne de l'argent aux Verdunois, III, 34; sa mort, III, 36, 37. — *Voy.* GM 84; GC 93.
THÉODEBERT II, fils de Childebert II, IX, 9 *fin*, etc., sa naissance, VIII, 37; tombe malade, IX, 29; envoyé à Soissons, IX, 36.
THÉODEBERT, fils de Chilpéric, envahit Tours, V, 49; est pris, IV, 23; ravage le pays de Tours et de Poitiers, IV, 48; qui est rendu à Sigebert, IV, 50 *fin*; est tué et enterré à Angoulême, IV, 51 *fin*; le duc Gontran accusé d'être auteur de sa mort, V, 14.
THÉODÉGISILE, roi d'Espagne, III, 30; GM 26.
THÉODEMUND, sourd-muet, MM I, 7.
THÉODÉRIC, roi d'Italie, sa femme Anaflède, sœur de Clovis, III, 31. — GM 40, 78.
THÉODÉRIC ou THIERRY, roi, fils de Clovis, II, 28 *fin*; III, 1; son expédition contre les Goths, II, 37 *fin*; réside à Reims, IV, 22; fait un traité avec Childebert, III, 15; destine Wisigarde à son fils Théodebert, III, 20; envoie ce fils contre les Goths, III, 21; contre les Danois, III, 3; son expédition en Thuringe, III, 4, 7; bat les Thuringiens, III, 7; est supposé avoir tué leur roi, III, 8; retour, III, 9;

sa femme, fille de Sigismond, III, 5 *fin*; promet à Clodomir de marcher contre les Bourguignons, III, 6; refuse de le faire, III, 11; se prépare à porter la guerre en Auvergne, dévaste ce pays, III, 12; GM 52; J 13; VP 5; en donne le gouvernement à Sigivald, III, 13 *fin*; qu'il fait périr, III, 23; tente de tuer son frère Clotaire, III, 7 *fin*; assiège le rebelle Mondéric, III, 14; tourmente Désiré, évêque de Verdun, III, 34; sur l'accusation de Sirivald, fait périr celui-ci, III, 35; établit saint Quintien évêque de Clermont, III, 2 *fin*; sa mort, III, 23; *voy.* encore VP 4, 6, 17.
THÉODÉRIC, comte des Bretons, V, 16.
THÉODOMER, roi des Francs, II, 9 *fin.*
THÉODORE, évêque de Marseille, VI, 11, 24; reçoit Gondovald, VI, 24; VII, 36 *fin*; est poursuivi par Gontran, VIII, 12, et par Childebert II, *ibid.*; est enchaîné et absous, VI, 11 *fin*; dans un synode, VIII, 20 *fin*; sa sollicitude en temps d'épidémie, IX, 22; son éloge, VIII, 12 *fin.*
THÉODORE, évêque de Tours, III, 17; X, 31.
THÉODORE, évêque de Conserans, GC 84.
THÉODORE, serviteur de Grégoire, MM IV, 9.
THÉODORIC, roi des Goths, II, 7.
THÉODORIC, fils de Chilpéric, VI, 27.
THÉODORIC II, fils de Childebert II, IX, 4, 9.
THÉODOSE, empereur, I, 38; II, 8; GM 95.
THÉODOSE, évêque de Rodez, V, 47 *fin*; VI, 38.
THÉODOSIENNE (Loi), IV, 47.
THÉODULF, abbé, élu évêque du Mans, VI, 9 *fin.*
THÉODULF, comte d'Angers, VIII, 18 *fin.*
THÉODULF, diacre de Paris, X, 14.
THÉODULF, citoyen de Tours, MM IV, 5.
THÉODULF, possédé, VP 9.
THEPHET, roi d'Égypte, t. 16.
THÉROUANNE, ses habitants, V, 19.
THEUDECHILDE, femme de Charibert, IV, 26; cherche à épouser le

roi Gontran, est renfermée, IV, 25 *fin*; reçoit des tributs, GC 41.
THEUDOMER, diacre, MM II, 19.
THEUTHAIRE, référendaire, se fait prêtre, IX, 33 *fin*.
THIERS, château, GM 52.
THOMAS, apôtre, GM 32.
THORISMOND, roi des Goths, II, 7.
TIMOTHÉE, martyr à Reims, GM 55.
TITUS, martyr à Lyon, GM 49.
TOLBIAC, II, 37; III, 8.
TOLÈDE, V, 39 *fin*; VI, 43 *fin*.
TONNERRE, son archiprêtre Mondéric, V, 5; son château, GC 11, 37.
TORNES, village du Maine, MM IV, 12.
TOSCANE, son roi Théodat, III, 31.
TOULOUSE, son patron Saturnin, I, 28; X, 29 *fin*; GM 48; son Capitole, I, 28 *fin*; renferme les trésors d'Alaric, II, 37 *fin*; reçoit Gondovald, VII, 27; Rigonthe, VII, 9; dans la basilique de Sainte-Marie, VII, 10; son évêché promis à Sagittarius, VII, 28.
TOULOUSE (Pays de), VII, 39 *fin*; VIII, 30, 45 *fin*. — (habitants de); VIII, 30; IX, 31. — *Voy.* encore GM 89.
TOURNAI, Chilpéric s'y fortifie, IV, 51 *fin*; V, 23; en sort, IV, 52. — (Francs de), X, 27.
TOURNAISIS, V, 50.
TOURNON, bourg, X, 31.
TOURNUS, GM 54.
TOURS, exempt de tributs, IX, 30; incendié, IV, 20; X, 31; ses églises dévastées par Leudaste, V, 48; Clovis y prend les titres de consul et d'Auguste, II, 38; séjour de Clotilde, I, 43; elle y meurt, IV, 1; sous Charibert, Sigebert, Chilpéric, V, 49; sous Clotaire, Charibert, Sigebert, Childebert, IX, 30; envahi par Chilpéric, IV, 46, 48; V, 1, 2; restitué, IV, 50; rentre dans les mains de Sigebert, IV, 46.
Premier germe de la foi, X, 31; première basilique, *ibid.*; son patron saint Martin, X, 29 *fin*; sa basilique, *voyez* MARTIN; celle de Saint-Julien, *voyez* JULIEN; son cimetière, X, 31; ses fêtes, ses jeûnes, ses vigiles, X, 31; son église, IV, 25; X, 31; reconstruite par Grégoire, X, 31. Église Sainte-Marie et Saint-Jean, GM 20; Saint-Étienne; GM 34. — (habitants de), en proie à une épidémie, X, 30; disputent aux Poitevins le corps de saint Martin, I, 43; marchent contre les Bretons, V, 27; demandent Caton pour évêque, IV, 11; Eufronius, IV, 15; guerre civile, VII, 47; IX, 19. — (pays de), IV, 48 *fin*; V, 14; VI, 12, 21; X, 31; est ravagé, IV, 48 *fin*; VI, 31; préservé par la vertu de saint Martin, II, 37. — GM 105; MM III, 6, etc.
TOURS (Ducs de). *Voyez* ENNODIUS, BÉRULF. — (comtes de). *Voyez* LEUDASTES, EUNOMIUS. — (évêques de); furent presque tous parents de Grégoire, V, 50; leur suite jusqu'à Grégoire, X, 31; leur chronologie, X, 21 *fin*.
TOURY, village, VP 18.
TRADUCTA, ville d'Espagne, II, 2, et *Addit.*, p. 425.
TRAGUILAN, III, 31.
TRAITÉS, terminés par des imprécations, VII, 6 *fin*; traité conclu entre Gontran et Childebert, IX, 20.
TRAJAN, persécuteur, I, 25.
TRANQUILLUS (Saint), GC 44.
TRANSFIGURATION de J.-C., VI, 40 *fin*.
TRANSMIGRATION des Israélites, I, 15.
TRANSOBAD, prêtre de Rodez, V, 47.
TRANSOBAD, prêtre du Gévaudan, VI, 38.
TRASAMOND, roi des Vandales, persécute les catholiques, II, 2; sa mort, II, 3.
TRÈVES, brûlé par les Francs, II, 9; résidence de l'empereur, I, 38; J 4; MM IV, 29; GC 93; VP 2, 6, 17. — (territoire de), III, 15; VIII, 15.
TRÉZELLE, bourg, MM II, 10; VP 13.
TRIBUN, son office, VII, 23; puissance tribunitienne, X, 21. — (des Joviniens), Héraclius, II, 9.
TRIBUNAL de l'Église, X, 15.
TRIBUT public, VI, 45; VII, 23; IX, 30; étranger aux habitants de Tours, IX, 30, et aux ecclésiastiques de Clermont, X, 7; Francs libres soumis de force à le payer, VII, 15 *fin*. *Voyez* RECENSEMENTS.

TRIFIME, martyr à Lyon, GM 49.
TRINITÉ, son défenseur saint Martin, x, 31; attaquée par Chilpéric, v, 45; les biens abondent à ceux qui la vénèrent, III, *Prol.*
TROJANUS, évêque de Saintes, GC 59.
TROIS-CHATEAUX (SAINT-PAUL-); son évêque Victor, v, 21.

TROPAS ou TROPHAS, roi des Argiens, I, 16.
TROPHIME, évêque d'Arles, I, 28.
TROUPEAUX: mortalité, VI, 31 *fin.*
TROYES, ville de Champagne, VIII, 13; GC 67.
TRUDULF, comte du palais, IX, 12.
TRUYES, bourg de Touraine, x, 31.

U.

ULPIUS, martyr à Lyon, GM 49.
ULTROGOTHE, femme de Childebert, IV, 20; son référendaire Ursicin, v, 43; vient prier à Tours, MM I, 12.
URBAIN, diacre, J 46.
UNSTRUT, fleuve, III, 7.
URBAIN, fils de Mélanie, I, 36.
URBAIN, martyr d'Antioche, I, 28.
URBICUS, évêque de Clermont, I, 39
URBICUS, évêque de Riez, IX, 41.
URSICIN, évêque de Cahors, v, 43; VI, 38; ancien référendaire de la reine Ultrogothe, v, 43; excom-

munié, fait pénitence, VIII, 20.
URSINUS, évêque de Bourges, I, 29 GC, 80.
URSION, VI, 4; trempe dans une conjuration, IX, 9; se fortifie dans le château de Vaivre, *ibid.*; assiégé et tué, IX, 12. — (domaine d'), IX, 9 *fin.*
URSULF, serf à Tours, MM II, 13.
URSUS, citoyen de Clermont, IV; 47; autre Ursus, *ibid.*
URSUS, abbé à Cahors, VP 18.
UTRECHT, GC 72.
UZÈS, son duc Nizier, VIII, 18.

V.

VAFRÈS, roi des Égyptiens, I, 16.
VAIVRE, IX, 9 *fin.* — (pays de), IX, 12
VALENCE, IV, 45.
VALENS, empereur, I, 36; x, 31; soumet les moines à la milice, I, 37; sa mort, *ibid.*
VALENTINIEN, empereur, I, 36, X, 31; sa mort, I, 37.
VALENTINIEN II, empereur, II, 9.
VALENTINIEN III, empereur, II, 8; sa mort, *ibid. fin.*
VALENTINIEN, hérésiarque, I, 26, 28.
VALENTINIEN, diacre, VP 6.
VALÉRIEN, empereur romain, I, 30.
VALÉRIEN (Saint), GM 54.
VALÉRIUS, évêque de Conserans, GC 84.
VANDALES, se jettent sur la Gaule, II, 2; passent en Espagne et en Afrique, *ibid. fin*; vaincus par les Francs, II, 9; ariens, persécutent les catholiques en Espagne, II, 2; en Afrique, II, 3.

VANNES, V, 27 *fin*; VIII, 25, etc. — (pays de), IX, 18 *fin.*
VASSO, temple gaulois en Auvergne, I, 30.
VELAY (Le), x, 25; VI, 26; J 7; GC 35. — (territoire du), IV, 47 *fin*; x, 25.
VENANT (Saint-), monastère; ses abbés. *Voyez* LICINIUS, GONTHAIRE.
VENANT (Saint-), GC 15; VP 16.
VENDANGES à Constantinople, v, 31.
VENDÔME, IX, 20.
VÉNÉRANDUS, évêque de Clermont, II, 13; GC 35, 37.
VÉNÉRANDUS, comte, VP 3.
VÉNÉRANDA, concubine de Gontran, IV, 25.
VENSAT (Domaine de), VP 12.
VENNOC ou WINNOCH, reclus, v, 22 s'adonne au vin, VIII, 34.
VENTOUSES, V, 6; VII, 22.
VÉRANUS, évêque de Cavaillon, VIII, 31 *fin*; IX, 4, 41.

480 TABLE.

VÉRANUS, esclave du prêtre Simon, MM II, 4.
VERBE; son incarnation, VI, 5.
VERCEIL, II, 1 *fin*; X, 31; GC 3.
VERMANDOIS (Pays de), MM II, 19.
VERNOU, bourg, X, 31, p. 301.
VERDUN, III, 26; IX, 12; sauvé de la misère par Théodebert, III, 34; son église, IX, 8; concile, X, 19.
VÉRUS, évêque de Tours, II, 26; X, 31.
VESERONCE? III, 6.
VESPASIEN, empereur romain, I, 24 *fin*.
VETTIUS EPAGATUS, martyr à Lyon, I, 27 *fin*, 19; GM 49; VP 6.
VIBRAC (Église de), J 48.
VICAIRES, X, 5.
VICTOR, martyr à Marseille, IX, 22; GM 77.
VICTOR, martyr à Milan, GM 45.
VICTOR, évêque de Saint-Paul-Trois-Châteaux, V, 21.
VICTOR, martyr à Xanten, GM 63.
VICTOR, fils du tyran Maxime, II, 9.
VICTORIN, martyr, I, 31.
VITORINA, à Saintes, J, 47.
VICTORIUS, duc, II, 20, 21 *fin*; d'Auvergne, *ibid.*; tué à Rome, II, 20; GM 45; GC 33; VP 3.
VICTORIUS, évêque de Rennes, VIII, 32; IX, 39.
VICTORIUS, évêque du Mans, GC 56.
VICTORIUS ou VICTOR; son cycle pascal, I, *Prol. fin*; X, 23.
VIDIMACLE, comte de Bretagne, IX, 18.
VIE présente et future, I, 10 *fin*; II, 3.
VIENNE (La), fleuve, I, 43 *fin*; II, 37.
VIENNE, assiégée et prise, II, 33, 34. — *Voy.* encore MM II, 18.
VIGILIUS, archidiacre de Marseille, IV, 44.
VIGILES, célébrées la nuit dans les églises, VII, 22; de Pâques, II, 34; de saint Martin, V, 24; à Saint-Maurice, X, 31; à Tours, instituées par Perpétuus, X, 31.
VILAINE, fleuve, V, 27; X, 9.
VILIOGUNDE, fille aveugle, MM IV,18.
VIN, de Dijon, de Chalon, III, 19; de Gaza, de Latakié, VII, 29; de Gaza; GC 65.
VINASTÈS, aveugle, MM II, 23.
VINCENT, martyr en Espagne, IX, 6; III, 29; GM 90; sa basilique à Paris, IV, 20; VI, 46 *fin*; VIII, 10 *fin*, 33; GC 90; bâtie par Childebert, *voyez* GERMAIN; à Tours, X, 31; à Toulouse; GM 89.
VINCENT, martyr à Agen; sa basilique violée, VII, 35; GM 103.
VINDEMIAL, évêque, II, 3.
VINTHRION, II, 3; duc, VIII, 18.
VIRGILE; ses ouvrages, IV, 30, 47.
VIRGILE, évêque d'Arles, IX, 23.
VIRGINITÉ, son éloge, I, 42 *fin*.
VIRUS, évêque de Vienne, VIII, 39 *fin*.
VIRUS, neveu d'Eulalius, X, 8.
VISIGOTHS. *Voy.* les mots GOTHS, ESPAGNE.
VISIONS, III, 36; IV, 33; VI, 29; VII, 1, etc.
VITALINA (Sainte), GC 5.
VITALIS, martyr à Bologne; II, 16; GM 44.
VITALIS, martyr à Lyon, GM 49.
VITRY, domaine, IV, 52; V, 1; VI, 41 *fin*.
VIVENTIUS, clerc, VP 6.
VIVIANUS, évêque de Saintes, GC 58.
VIVIERS, X, 23 *fin*.
VODOLLACENSIS *vicus*, Bouliac, GC 47.
VOILES. *Voyez* TENTURES.
VOITURES publiques, IX, 9.
VOLLORE, III, 13; VP 4 et *n* 5.
VOULON (Bataille de), II, 37.
VOUTEGON, bourg, MM II, 45.
VULTRADE, femme de Théodebald, IV, 9.

W.

WADDON, IV, 35; X, 21; maire du palais de Rigonthe, V, 27 *fin*, 43; ancien comte de Saintes, VI, 45 *fin*; se joint à Gondovald, VII, 28, 34, 38; l'abandonne, VII, 38; passe à Brunehaut, VII, 43; est tué, IX, 35 *fin*; crimes de ses fils, prend les trésors de Gondovald, X, 21.

TABLE. 481

WALDIN, Franc, est tué, x, 27 fin.
WALDON, surnommé BERTRAM, diacre, VIII, 22.
WALFROIE, VIII, 15.
WANDELIN, gouverneur de Childebert, II, VI, 1 ; VIII, 22 fin.
WARINAIRE, Franc, IV, 39.
WAROCH, fils de Macliau, V, 16 ; comte de Bretagne, V, 27 ; IX, 18 ; viole la foi promise, IX, 18 fin ; duc, se jette sur la Gaule, x, 9 ; fait la paix avec Ebrachaire, et la rompt, ibid.; conspire avec Frédégonde contre Beppolen, x, 11. — *Voy.* GM 61.

WILIACHAIRE, comte, x, 9 fin ; d'Orléans, VII, 13.
WILLIACHAIRE, duc d'Aquitaine ; sa fille mariée à Chramn, IV, 17 ; se réfugie dans l'église de Saint-Martin, IV, 20 MM I, 23 ; l'incendie, x, 31.
WILIACHAIRE, prêtre, MM III, 13.
WILIULF de Poitiers, IX, 13.
WINNOCH. *Voy.* VENNOC.
WISIGARDE, reine, III, 33 ; fiancée à Théodebert, III, 20 ; sa femme, III, 27.
WISTRIMOND, surnommée TATTON, x, 29.

X.

XANTEN. *Voy.* MALLOSUS et VICTOR, et aussi *Addit.*, p. 433.

Y.

YRIEIX (Saint-), monastère, VIII, n.; x, 29, n.   YZEURE en Touraine, GM 59.

Z.

ZABAN, duc des Lombards, IV, 45.
ZACHARIAS, martyr à Lyon, GM 49.
ZAHULF, VII, 32.
ZOTICUS, martyr à Lyon, GM 49.
ZOTIMUS, martyr à Lyon, GM 49.

ZOROASTRE, dieu des Perses, I, 5.
ZOROBABEL, I, 14, 15.
ZOTAN, envoyé de Gondovald, VII, 32.
ZULPIC. *Voy.* TOLBIAC.

FIN DE LA TABLE.

28

MÊME LIBRAIRIE :

JOINVILLE.

Mémoires de Jean, sire de Joinville, ou Histoire et Chronique du très-chrétien roi saint Louis, publiés par M. Francisque-Michel, précédés de dissertations par M. Ambr. Firmin-Didot et d'une notice sur les manuscrits du sire de Joinville, par M. Paulin Paris, membre de l'Institut. 1 fort vol. avec 6 gravures sur acier. *Deuxième édition.* Prix... 5 fr.

EGINHARD.

Vie de Charlemagne, avec notes et notice, par M. Teulet. 1 volume. Prix.. 3 fr.

FROISSART.

Chroniques. Déposition et mort d'Édouard II, roi d'Angleterre. — Bataille de Crécy. — Siége de Calais. — Bataille de Poitiers. — Mort d'Étienne Marcel. — Mort de Pierre le Cruel. — Bataille navale de la Rochelle. — Insurrection de Flandre. — Voyage de Froissart dans le midi de la France. — Entrée de la reine Isabeau à Paris. — Assassinat du connétable de Clisson, etc. 1 vol. Prix... 3 fr.

RABELAIS.

Nouvelle édition, collationnée sur les éditions originales, accompagnée de notes nouvelles, et imprimée d'après l'orthographe des anciens textes; par MM. Burgaud des Marets et Rathery. 2 vol. Prix............ 8 fr.

RONSARD.

Choix de poésies, par M. Noël, professeur de rhétorique à la faculté de Bordeaux. 2 vol.

SOUS PRESSE :

THEROULDE.

La Chanson de Roland, avec notes et notice, par M. Francisque-Michel, et la **Chronique de Turpin**, revue par le même. 1 vol.
Le Loyal serviteur, vie du chevalier Bayard. Avec notes et notice, par M. Teulet. 1 vol

G. DE LORIS.

Le Roman de la Rose, avec notes et notice, par M. Francisque-Michel. 1 vol.

FABLIAUX.

D'après le Grand d'Aussy, Barbazan et autres, avec notes et notice, par M. Francisque-Michel. 1 vol.

Typographie de H. Firmin Didot. — Mesnil (Eure).

www.ingramcontent.com/pod-product-compliance
Lightning Source LLC
Chambersburg PA
CBHW071623230426
43669CB00012B/2047